विवेकानन्द साहित्य

पंचम खंड

अद्वैत आश्रम
(प्रकाशन विभाग)
५ डिही एण्टाली रोड • कोलकाता ७०००१४

प्रकाशक
स्वामी शुद्धिदानन्द
अध्यक्ष, अद्वैत आश्रम
मायावती, चम्पावत, उत्तराखण्ड, भारत
कोलकाता स्थित प्रकाशन केन्द्र द्वारा प्रकाशित
Email: mail@advaitaashrama.org
Website: www.advaitaashrama.org

प्रथम संस्करण, १९६३
त्रयोदश पुनर्मुद्रण, जनवरी २०२३
2M2C

ISBN 978-81-7505-155-3 (अजिल्द सेट)
ISBN 978-81-7505-160-7 (अजिल्द खण्ड ५)
ISBN 978-81-7505-166-9 (सजिल्द सेट)
ISBN 978-81-7505-171-3 (सजिल्द खण्ड ५)

मुद्रक
क्रिएशन
कोलकाता ७०० ०११

विषय-सूची

व्याख्यान

कोलम्बो से अल्मोड़ा तक

प्राची में प्रथम सार्वजनिक व्याख्यान

[कोलम्बो का व्याख्यान]

पाश्चात्य देशों में अपने स्मरणीय प्रचार-कार्य के बाद स्वामी विवेकानन्द १५ जनवरी, १८९७ को तीसरे प्रहर जहाज़ से कोलम्बो में उतरे और वहाँ के हिन्दू समाज ने उनका बड़ा शानदार स्वागत किया। निम्नलिखित मानपत्र उनकी सेवा में प्रस्तुत किया गया :

सेवा में,

श्रीमत् स्वामी विवेकानन्द जी

पूज्य स्वामी जी,

कोलम्बो नगर के हिन्दू निवासियों की एक सार्वजनिक सभा द्वारा स्वीकृत प्रस्ताव के अनुसार आज हम लोग इस द्वीप में आपका हृदय से स्वागत करते हैं। हम इसको अपना सौभाग्य समझते हैं कि पाश्चात्य देशों में आपके महान् धर्मप्रचार-कार्य के बाद स्वदेश वापस आने पर हमको आपका सर्वप्रथम स्वागत करने का अवसर मिला।

ईश्वर की कृपा से इस महान् धर्मप्रचार-कार्य को जो सफलता प्राप्त हुई है उसे देखकर हम सब बड़े कृतकृत्य तथा प्रफुल्लित हुए हैं। आपने यूरोपियन तथा अमेरिकन राष्ट्रों के सम्मुख यह घोषित कर दिया है कि हिन्दू आदर्श का सार्वभौम धर्म वही है, जिसमें सब प्रकार के सम्प्रदायों का सुन्दर सामंजस्य हो, जिसके द्वारा प्रत्येक व्यक्ति को उसके आवश्यकतानुसार आध्यात्मिक आहार प्राप्त हो सके तथा जो प्रेम से प्रत्येक व्यक्ति को ईश्वर के समीप ला सके। आपने उस महान् सत्य का प्रचार किया है तथा उसका मार्ग सिखाया है जिसकी शिक्षा आदि काल से हमारे यहाँ के महापुरुष उत्तराधिकार क्रम से देते आये हैं। इन्हींके पवित्र चरणों के पड़ने से भारतवर्ष की भूमि सदैव पवित्र हुई है तथा इन्हींके कल्याणप्रद चरित्र एवं प्रेरणा से यह देश अनेकानेक परिवर्तनों के बीच गुज़रता हुआ भी सदैव संसार का प्रदीप बना रहा है।

श्री रामकृष्ण परमहंस देव जैसे सद्गुरु की अनुप्रेरणा तथा आपकी त्यागमय लगन द्वारा पाश्चात्य राष्ट्रों को भारतवर्ष की एक आध्यात्मिक प्रतिभा के जीवन्त

सम्पर्क का अमूल्य वरदान मिला है। और साथ ही पाश्चात्य सभ्यता की चकाचौंध से अनेक भारतवासियों को मुक्त कर, आपने उन्हें अपने देश की महान् सांस्कृतिक परम्परा का दायित्व बोध कराया है।

आपने अपने महान् कर्म तथा उदाहरण द्वारा मानव जाति का जो उपकार किया है उसका बदला चुकाना सम्भव नहीं है और आपने हमारी इस मातृभूमि को भी एक नया तेज प्रदान किया है। हमारी यही प्रार्थना है कि ईश्वर के अनुग्रह से आपकी तथा आपके कार्य की उत्तरोत्तर उन्नति होती रहे।

कोलम्बो निवासी हिन्दुओं की ओर से
हम हैं आपके विनम्र
पी० कुमार स्वामी, स्वागताध्यक्ष
तथा मेम्बर, लेजिस्लेटिव कौंसिल, सीलोन
तथा ए० कुलवीरसिंहम्, मंत्री

कोलम्बो, जनवरी, १८९७

स्वामी जी ने संक्षेप में उत्तर दिया और उनका जो स्नेहपूर्ण स्वागत किया गया था उसकी सराहना की। उन्होंने उक्त अवसर का लाभ उठाकर यह व्यक्त किया कि यह भाव प्रदर्शन किसी महान् राजनीतिज्ञ या महान् सैनिक या लखपती के सम्मान में न होकर, वरन् एक भिक्षुक संन्यासी के प्रति हुआ है जो धर्म के प्रति हिन्दुओं की मनोवृत्ति का परिचायक है। उन्होंने इस बात पर ज़ोर दिया कि अगर राष्ट्र को जीवित रहना है तो धर्म को राष्ट्रीय जीवन का मेरुदण्ड बनाये रखने की आवश्यकता है। उन्होंने कहा कि मेरा जो स्वागत हुआ है उसे मैं किसी व्यक्ति का स्वागत नहीं मानता, वरन् मेरा साग्रह निवेदन है कि यह एक मूल तत्त्व की मान्यता है।

१६ तारीख़ की शाम को स्वामी जी ने 'फ़्लोरल हॉल' में निम्नलिखित सार्वजनिक व्याख्यान दिया :

स्वामी जी का भाषण

जो थोड़ा बहुत कार्य मेरे द्वारा हुआ है, वह मेरी किसी अन्तर्निहित शक्ति द्वारा नहीं हुआ, वरन् पाश्चात्य देशों में पर्यटन करते समय, अपनी इस परम पवित्र और प्रिय मातृभूमि से जो उत्साह, जो शुभेच्छा तथा जो आशीर्वाद मुझे मिले हैं उन्हीं की शक्ति द्वारा सम्भव हो सका है। हाँ, यह ठीक है कि कुछ काम तो अवश्य हुआ है, पर पाश्चात्य देशों में भ्रमण करने से विशेष लाभ मेरा ही हुआ है। इसका कारण यह है कि पहले मैं जिन बातों को शायद भावनात्मक प्रकृति से सत्य मान लेता था,

अब उन्हींको मैं प्रमाणसिद्ध विश्वास तथा प्रत्यक्ष और शक्तिसम्पन्न सत्य के रूप में देख रहा हूँ। पहले मैं भी अन्य हिन्दुओं की तरह विश्वास करता था कि भारत पुण्यभूमि है—कर्मभूमि है, जैसा कि माननीय सभापति महोदय ने अभी अभी तुम से कहा भी है। पर आज मैं इस सभा के सामने खड़े होकर दृढ़ विश्वास के साथ कहता हूँ कि यह सत्य ही है। यदि पृथ्वी पर ऐसा कोई देश है, जिसे हम धन्य पुण्य-भूमि कह सकते हैं, यदि ऐसा कोई स्थान है जहाँ पृथ्वी के सब जीवों को अपना कर्मफल भोगने के लिए आना पड़ता है, यदि ऐसा कोई स्थान है जहाँ भगवान् की ओर उन्मुख होने के प्रयत्न में संलग्न रहनेवाले जीवमात्र को अन्ततः आना होगा, यदि ऐसा कोई देश है जहाँ मानव जाति की क्षमा, धृति, दया, शुद्धता आदि सद्-वृत्तियों का सर्वाधिक विकास हुआ है और यदि ऐसा कोई देश है जहाँ आध्यात्मिकता तथा सर्वाधिक आत्मान्वेषण का विकास हुआ है, तो वह भूमि भारत ही है। अत्यन्त प्राचीन काल से ही यहाँ पर भिन्न भिन्न धर्मों के संस्थापकों ने अवतार लेकर सारे संसार को सत्य की आध्यात्मिक सनातन और पवित्र धारा से बारम्बार प्लावित किया है। यहीं से उत्तर, दक्षिण, पूर्व और पश्चिम चारों ओर दार्शनिक ज्ञान की प्रबल धाराएँ प्रवाहित हुई हैं, और यहीं से वह धारा बहेगी, जो आजकल की पार्थिव सभ्यता को आध्यात्मिक जीवन प्रदान करेगी। विदेशों के लाखों स्त्री-पुरुषों के हृदय में भौतिकवाद की जो अग्नि धधक रही है, उसे बुझाने के लिए जिस जीवनदायी सलिल की आवश्यकता है, वह यहीं विद्यमान है। मित्रो, विश्वास रखो, यही होने जा रहा है।

मैं इसी निष्कर्ष पर पहुँचा हूँ। तुम लोग जो संसार की विभिन्न जातियों के इतिहास के विद्यार्थी हो, इस सत्य से अच्छी तरह परिचित हो। संसार हमारे देश का अत्यन्त ऋणी है। यदि भिन्न भिन्न देशों की पारस्परिक तुलना की जाय तो मालूम होगा कि सारा संसार सहिष्णु एवं निरीह भारत का जितना ऋणी है, उतना और किसी देश का नहीं। 'निरीह हिन्दू'—ये शब्द कभी कभी तिरस्कार के रूप में प्रयुक्त होते हैं, पर यदि किसी तिरस्कार में अद्भुत सत्य का कुछ अंश निहित रहता है तो वह इन्हीं शब्दों में—'निरीह हिन्दू'। ये सदा से जगत्पिता की प्रिय सन्तान रहे हैं। यह ठीक है कि संसार के अन्यान्य स्थानों में सभ्यता का विकास हुआ है, प्राचीन और वर्तमान काल में कितनी ही शक्तिशाली तथा महान् जातियों ने उच्च भावों को जन्म दिया है, पुराने समय में और आजकल भी बहुत से अनोखे तत्त्व एक जाति से दूसरी जाति में पहुँचे हैं, और यह भी ठीक है कि किसी किसी राष्ट्र की गतिशील जीवन तरंगों ने महान् शक्तिशाली सत्य के बीजों को चारों ओर बिखेरा है। परन्तु भाइयो! तुम यह भी देख पाओगे कि ऐसे सत्य का प्रचार हुआ है—

रणभेरी के निर्घोष तथा रण-सज्जा से सज्जित सेना-समूह की सहायता से। बिना रक्त-प्रवाह में सिक्त हुए, बिना लाखों स्त्री-पुरुषों के खून की नदी में स्नान किये, कोई भी नया भाव आगे नहीं बढ़ा। प्रत्येक ओजस्वी भाव के प्रचार के साथ ही साथ असंख्य लोगों का हाहाकार, अनाथों और असहायों का करुण क्रन्दन और विधवाओं का अजस्र अश्रुपात होते देखा गया है।

प्रधानतः इसी उपाय द्वारा अन्यान्य देशों ने संसार को शिक्षा दी है, परन्तु इस उपाय का अवलम्बन किये बिना ही भारत हजारों वर्षों से शान्तिपूर्वक जीवित रहा है। जब यूनान का अस्तित्व नहीं था, रोम भविष्य के अंधकार-गर्भ में छिपा हुआ था, जब आधुनिक यूरोपियनों के पुरखे घने जंगलों के अन्दर छिपे रहते थे और अपने शरीर को नीले रंग से रँगा करते थे, तब भी भारत क्रियाशील था। उससे भी पहले, जिस समय का इतिहास में कोई लेखा नहीं है, जिस सुदूर धुंधले अतीत की ओर झाँकने का साहस परम्परा को भी नहीं होता, उस काल से लेकर अब तक न जाने कितने ही भाव एक के बाद एक भारत से प्रसृत हुए हैं, पर उनका प्रत्येक शब्द आगे शान्ति तथा पीछे आशीर्वाद के साथ कहा गया है। संसार के सभी देशों में केवल एक हमारे ही देश ने लड़ाई-झगड़ा करके किसी अन्य देश को पराजित नहीं किया है—इसका शुभ आशीर्वाद हमारे साथ है और इसीसे हम अब तक जीवित हैं।

एक समय था, जब यूनानी सेना के रण-प्रयाण के दर्प से संसार काँप उठता था। पर आज वह कहाँ है? आज तो उसका चिह्न तक कहीं दिखायी नहीं देता। यूनान देश का गौरव आज अस्त हो गया है। एक समय था, जब प्रत्येक पार्थिव भोग्य वस्तु के ऊपर रोम की श्येनांकित विजय-पताका फहराया करती थी, रोमन लोग सर्वत्र जाते और मानव-जाति पर प्रभुत्व प्राप्त करते थे। रोम का नाम सुनते ही पृथ्वी काँप उठती थी, पर आज उसी रोम का कैपिटोलाइन पहाड़[१] एक भग्नावशेष का ढूह मात्र है। जहाँ सीज़र राज्य करता था, वहाँ आज मकड़ी जाल बुनती है। इसी प्रकार कितने ही समान वैभवशाली राष्ट्र उठे और गिरे। विजयोल्लास और भावावेशपूर्ण प्रभुत्व का कुछ काल तक कलुषित राष्ट्रीय जीवन बिताकर, सागर की तरंगों की तरह उठकर फिर मिट गये।

---

१. कैपिटोलाइन पहाड़ : रोम नगर सात पहाड़ों पर बसा हुआ था। उनमें जिस पर रोमवासियों के कुलदेवता जुपिटर का विशाल मन्दिर था, उसीको कैपिटोलाइन पहाड़ कहते हैं। जुपिटर देवता के मन्दिर का नाम था कैपिटोल, इसीसे उस पहाड़ का नाम कैपिटोलाइन पड़ा है।

इसी प्रकार ये सब राष्ट्र मनुष्य-समाज पर किसी समय अपना चिह्न अंकित कर अब मिट गये हैं। परन्तु हम लोग आज भी जीवित हैं। आज यदि मनु इस भारतभूमि पर लौट आयें, तो उन्हें कुछ भी आश्चर्य न होगा, वे ऐसा नहीं समझेंगे कि कहाँ आ पहुँचे? वे देखेंगे कि हज़ारों वर्षों के सुचिन्तित तथा परीक्षित वे ही प्राचीन विधान यहाँ आज भी विद्यमान हैं, शताब्दियों के अनुभव और युगों की अभिज्ञता के फलस्वरूप वही सनातन सा आचार-विचार यहाँ आज भी मौजूद है। और जितने ही दिन बीतते जा रहे हैं, जितने ही दुःख-दुर्विपाक आते हैं और उन पर लगातार आघात करते हैं, उनसे केवल यही उद्देश्य सिद्ध होता है कि वे और भी मज़बूत, और भी स्थायी रूप धारण करते जा रहे हैं। और यह खोजने के लिए कि इन सब का केन्द्र कहाँ है? किस हृदय से रक्त संचार हो रहा है? और हमारे राष्ट्रीय जीवन का मूल स्रोत कहाँ है? तुम विश्वास रखो कि वह यहीं विद्यमान है। सारी दुनिया के अनुभव के बाद ही मैं यह कह रहा हूँ।

अन्यान्य राष्ट्रों के लिए धर्म, संसार के अनेक कृत्यों में एक धंधा मात्र है। वहाँ राजनीति है, सामाजिक जीवन की सुख-सुविधाएँ हैं, धन तथा प्रभुत्व द्वारा जो कुछ प्राप्त हो सकता है और इन्द्रियों को जिससे सुख मिलता है उन सबके पाने की चेष्टा भी है। इन सब विभिन्न जीवन व्यापारों के भीतर तथा भोग से निस्तेज हुई इन्द्रियों को पुनः उत्तेजित करने के लिए उपकरणों की समस्त खोज के साथ, वहाँ सम्भवतः थोड़ा बहुत धर्म-कर्म भी है। परन्तु यहाँ, भारतवर्ष में, मनुष्य की सारी चेष्टाएँ धर्म के लिए हैं, धर्म ही जीवन का एकमात्र उपाय है। चीन-जापान युद्ध हो चुका, पर तुम लोगों में कितने ऐसे व्यक्ति हैं जिन्हें इस युद्ध का हाल मालूम है? अगर जानते हैं तो बहुत कम लोग। पाश्चात्य देशों में जो ज़बरदस्त राजनीतिक तथा सामाजिक आन्दोलन पाश्चात्य समाज को नये रूप में, नये साँचे में ढालने में प्रयत्नशील हैं, उनके विषय में तुम लोगों में से कितनों को जानकारी है? यदि उनकी किसी को कुछ ख़बर है, तो बहुत थोड़े आदमियों को। पर अमेरिका में एक विराट् धर्म-महासभा बुलायी गयी थी और वहाँ एक हिन्दू संन्यासी भी भेजा गया था——बड़े ही आश्चर्य का विषय है कि यह बात हर एक आदमी को, यहाँ के कुली-मज़दूरों तक को मालूम है। इसीसे जाना जाता है कि हवा किस ओर चल रही है, राष्ट्रीय जीवन का मूल कहाँ पर है। पहले मैं पृथ्वी का परिभ्रमण करनेवाले यात्रियों, विशेषतः विदेशियों द्वारा लिखी हुई पुस्तकों को पढ़ा करता था जो प्राच्य देशों के जन-समुदाय की अज्ञता पर खेद प्रकाश करते थे, पर अब मैं समझता हूँ कि यह अंशतः सत्य है और साथ ही अंशतः असत्य भी। इंग्लैण्ड, अमेरिका फ़्रांस, जर्मनी या जिस किसी देश के एक मामूली किसान को बुलाकर तुम पूछो,

"तुम किस राजनीतिक दल के सदस्य हो?"—तो तुम देखोगे कि वह फ़ौरन कहेगा, "मैं रैडिकल दल अथवा कंज़र्वेटिव दल का सदस्य हूँ।" और वह तुमको यह भी बता देगा कि वह अमुक व्यक्ति के लिए अपना मत देनेवाला है। अमेरिका का किसान जानता है कि वह रिपब्लिकन दल का है या डिमोक्रेटिक दल का। इतना ही नहीं, वरन् वह 'रौप्यसमस्या'[1] के विषय से भी कुछ कुछ अवगत है। पर यदि तुम उससे उसके धर्म के विषय में पूछो तो वह केवल कहेगा, "मैं गिरजाघर जाया करता हूँ। और मेरा सम्बन्ध ईसाई धर्म की अमुक शाखा से है।" वह केवल इतना जानता है और इसे पर्याप्त समझता है। दूसरी ओर किसी भारतवासी किसान से पूछो कि क्या वह राजनीति के विषय में कुछ जानता है? तो वह उत्तर देगा, "यह क्या है?" वह समाजवादी आन्दोलनों के सम्बन्ध में अथवा श्रम और पूंजी के पारस्परिक सम्बन्ध के विषय में तथा इसी तरह के अन्यान्य विषयो की ज़रा भी जानकारी नहीं रखता। उसने जीवन में कभी इन बातों को सुना ही नहीं है। वह कठोर परिश्रम कर जीविकोपार्जन करता है। पर यदि उससे पूछा जाय, "तुम्हारा धर्म क्या है?" तो वह उत्तर देगा, "देखो मित्र, मैंने इसको अपने माथे पर अंकित कर रखा है।" धर्म के प्रश्न पर वह तुमको दो चार अच्छी बातें भी बता सकता है। यह बात मैं अपने अनुभव के बल पर कह रहा हूँ। यह है हमारे राष्ट्र का जीवन।

प्रत्येक मनुष्य में कोई न कोई विशेषता होती है, प्रत्येक व्यक्ति भिन्न भिन्न मार्गों से उन्नति की ओर अग्रसर होता है। हम कहते हैं, पिछले अनन्त जीवनों के कर्मों द्वारा मनुष्य का वर्तमान जीवन एक निश्चित मार्ग से चलता है। क्योंकि अतीत काल के कर्मों की समष्टि ही वर्तमान में प्रकट होती है; और वर्तमान समय में हम जो कुछ कर्म कर रहे हैं, हमारा भावी जीवन उसीके अनुसार गठित हो रहा है। इसीलिए यह देखने में आता है कि इस संसार में जो कोई आता है, उसका एक न एक ओर विशेष झुकाव होता है, उस ओर मानो उसे जाना ही पड़ेगा, मानो उस भाव का अवलम्बन किए बिना वह जी ही नहीं सकता। यह बात जैसे व्यक्तिमात्र के लिए सत्य है, वैसे ही जाति के लिए भी। प्रत्येक जाति का भी उसी तरह किसी न किसी तरफ़ विशेष झुकाव हुआ करता है। मानो प्रत्येक जाति का एक एक विशेष जीवनोद्देश्य हुआ करता है। हर एक जाति को समस्त मानव जाति के जीवन को

---

१. रौप्यसमस्या (Silver Question) : व्यवसाय-वाणिज्य की कमी-वेशी, नई खानों का मिलना इत्यादि विभिन्न कारणों से भिन्न भिन्न देशों में चाँदी के परिमाण में कमी-वेशी हुआ करती है।

सर्वांग सम्पूर्ण बनाने के लिए किसी व्रत विशेष का पालन करना होता है। अपने व्रत विशेष को पूर्णतः सम्पन्न करने के लिए मानो हर एक जाति को उसका उद्यापन करना ही पड़ेगा। राजनीतिक श्रेष्ठता या सामरिक शक्ति प्राप्त करना किसी काल में हमारी जाति का जीवनोद्देश्य न कभी रहा है और न इस समय ही है और यह भी याद रखो कि न तो वह कभी आगे ही होगा। हाँ, हमारा दूसरा ही जातीय जीवनोद्देश्य रहा है। वह यह है कि समग्र जाति की आध्यात्मिक शक्ति को मानो किसी डाइनेमो में संगृहीत, संरक्षित और नियोजित किया गया हो और कभी मौक़ा आने पर वह संचित शक्ति सारी पृथ्वी को एक जलप्लावन में बहा देगी। जब कभी फ़ारस, यूनान, रोम, अरब या इंग्लैण्ड वाले अपनी सेनाओं को लेकर दिग्विजय के लिए निकले और उन्होंने विभिन्न राष्ट्रों को एक सूत्र में ग्रथित किया है, तभी भारत के दर्शन और अध्यात्म नवनिर्मित मार्गों द्वारा संसार की जातियों की धमनियों में होकर प्रवाहित हुए हैं। समस्त मानवीय प्रगति में शान्तिप्रिय हिन्दू जाति का कुछ अपना योगदान भी है और आध्यात्मिक आलोक ही भारत का वह दान है।

इस प्रकार इतिहास पढ़कर हम देखते हैं कि जब कभी अतीत में किसी प्रबल दिग्विजयी राष्ट्र ने संसार की अन्यान्य जातियों को एक सूत्र में ग्रथित किया है, और भारत को उसके एकान्त और शेष दुनिया से उसकी पृथकता से, जिसमें बार बार रहने का वह अभ्यस्त रहा है, मानो निकालकर अन्यान्य जातियों के साथ उसका सम्मेलन कराया है—जब कभी ऐसी घटना घटी है, तभी परिणामस्वरूप भारतीय आध्यात्मिकता से सारा संसार आप्लावित हो गया है। उन्नीसवीं शताब्दी के आरम्भ में वेद के किसी एक साधारण से लेटिन अनुवाद को पढ़कर, जो अनुवाद किसी नवयुवक फ़्रांसीसी द्वारा वेद के किसी पुराने फ़ारसी अनुवाद से किया गया था, विख्यात जर्मन दार्शनिक शापेनहॉवर[1] ने कहा है, "समस्त संसार में उपनिषद् के समान

---

१. मुग़ल सम्राट् औरंगज़ेब के बड़े भाई दाराशिकोह ने फ़ारसी भाषा में उपनिषदों का अनुवाद कराया था। सन् १६५७ ई० में वह अनुवाद समाप्त हुआ था। शुजाउद्दौला की राजसभा के सदस्य फ़्रांसीसी रेसिडेन्ट जेन्टिल साहब ने वह अनुवाद र्बनियर साहब के मार्फ़त आंकेतिल दुपेरों नामक सुप्रसिद्ध सैलानी और जेन्दावेस्ता के आविष्कर्ता के पास भेज दिया था। इन्होंने उसका लेटिन भाषा में अनुवाद किया। सुप्रसिद्ध जर्मन दार्शनिक शापेनहॉवर का दर्शन इन्हीं उपनिषदों द्वारा विशेष रूप से अनुप्राणित हुआ है। इस प्रकार पहले पहल यूरोप में उपनिषदों के भावों का प्रवेश हुआ है।

हितकारी और उन्नायक अन्य कोई अध्ययन नहीं है। जीवन भर उसने मुझे शान्ति प्रदान की है और मरने पर भी वही मुझे शान्ति प्रदान करेगा।" आगे चलकर वे ही जर्मन ऋषि यह भविष्यवाणी कर गये हैं, "यूनानी साहित्य के पुनरुत्थान से संसार के चिन्तन में जो क्रान्ति हुई थी, शीघ्र ही विचार-जगत् में उससे भी शक्तिशाली और दिगन्तव्यापी क्रान्ति का विश्व साक्षी होने वाला है।" आज उनकी वह भविष्यवाणी सत्य हो रही है। जो लोग आँखें खोले हुए हैं, जो पाश्चात्य जगत् की विभिन्न राष्ट्रों के मनोभावों को समझते हैं, जो विचारशील हैं तथा जिन्होंने भिन्न भिन्न राष्ट्रों के विषय में विशेष रूप से अध्ययन किया है, वे देख पायेंगे कि भारतीय चिन्तन के इस धीर और अविराम प्रवाह के सहारे संसार के भावों, व्यवहारों, पद्धतियों और साहित्य में कितना बड़ा परिवर्तन हो रहा है।

हाँ, भारतीय प्रचार की अपनी विशेषता है, इस विषय में मैं तुम लोगों को पहले ही संकेत कर चुका हूँ। हमने कभी बन्दूक या तलवार के सहारे अपने विचारों का प्रचार नहीं किया। यदि अंग्रेज़ी भाषा में ऐसा कोई शब्द है जिसके द्वारा संसार को भारत का दान प्रकट किया जाय--यदि अंग्रेज़ी भाषा में कोई ऐसा शब्द है जिसके द्वारा मानव जाति पर भारतीय साहित्य का प्रभाव व्यक्त किया जाय तो वह यही एक मात्र शब्द सम्मोहन (Fascination) है। यह सम्मोहिनी शक्ति वैसी नहीं है जिसके द्वारा मनुष्य एकाएक मोहित हो जाता है, वरन् यह ठीक उसके विपरीत है, यह धीरे धीरे बिना कुछ मालूम हुए, मानो तुम्हारे मन पर अपना आकर्षण डालती है। बहुतों को भारतीय विचार, भारतीय प्रथा, भारतीय आचार-व्यवहार, भारतीय दर्शन और भारतीय साहित्य पहले पहल कुछ प्रतिषेधक से मालूम होते हैं; परन्तु यदि वे धैर्यपूर्वक उक्त विषयों का विवेचन करें, मन लगाकर अध्ययन करें और इन तत्त्वों में निहित महान् सिद्धान्तों का परिचय प्राप्त करें तो फलस्वरूप निन्यानबे प्रतिशत लोग आकर्षित होकर उनसे विमुग्ध हो जायँगे। सबेरे के समय गिरनेवाली कोमल ओस न तो किसी की आँखों से दिखायी देती है और न उसके गिरने से कोई आवाज़ ही कानों को सुनायी पड़ती है, ठीक उसी के समान यह शान्त, सहिष्णु, सर्वंसह धर्मप्राण जाति धीर और मौन होने पर भी विचार साम्राज्य में अपना ज़बरदस्त प्रभाव डालती जा रही है।

प्राचीन इतिहास का पुनरभिनय फिर से आरम्भ हो गया है। कारण, आज, जब कि आधुनिक वैज्ञानिक आविष्कारों द्वारा बारम्बार होनेवाले आघातों से आपात-सुदृढ़ तथा दुर्भेद्य धर्म-विश्वास की जड़ें तक हिल रही हैं, जब कि मनुष्य जाति के भिन्न भिन्न अंशों को अपने अनुयायी कहने वाले विभिन्न धर्म-सम्प्रदायों का ख़ास दावा शून्य में पर्यवसित हो हवा में मिलता जा रहा है, जब कि आधुनिक पुरा-

तत्त्वानुसन्धान के प्रबल मूसलाघात प्राचीन बद्धमूल संस्कारों को शीशे की तरह चूर चूर किये डालते हैं, जब कि पाश्चात्य जगत् में धर्म केवल मूढ़ लोगों के हाथ में चला गया है, और जब कि ज्ञानी लोग धर्म सम्बन्धी प्रत्येक विषय को घृणा की दृष्टि से देखने लगे हैं, ऐसी परिस्थिति में भारत का, जहाँ के अधिवासियों का धर्मजीवन सर्वोच्च दार्शनिक सत्य सिद्धान्तों द्वारा नियमित है, दर्शन संसार के सम्मुख आता है, जो भारतीय मानस की धर्मविषयक सर्वोच्च महत्त्वाकांक्षाओं को प्रकट करता है। इसीलिए आज ये सब महान् तत्त्व—असीम अनन्त जगत् का एकत्व, निर्गुण ब्रह्मवाद, जीवात्मा का अनन्त स्वरूप और उसका विभिन्न जीव-शरीरों में अविच्छेद्य संक्रमणरूपी अपूर्व तत्त्व तथा ब्रह्माण्ड का अनन्तत्व—सहज ही रक्षा के लिए अग्रसर हो रहे हैं। पुराने सम्प्रदाय जगत् को एक छोटा सा मिट्टी का लोंदा भर समझते थे और समझते थे कि काल का आरम्भ भी कुछ ही दिनों से हुआ है। केवल हमारे ही प्राचीन धर्म-शास्त्रों में यह बात मौजूद है कि देश, काल और निमित्त अनन्त हैं एवं इससे भी बढ़कर हमारे यहाँ के तमाम धर्मतत्त्वों के अनुसन्धान का आधार मानवात्मा की अनन्त महिमा का विषय रहा है। जब विकासवाद, ऊर्जा संधारणवाद (Conservation of Engery) आदि आधुनिक प्रबल सिद्धान्त सब तरह के कच्चे धर्ममतों की जड़ में कुठाराघात कर रहे हैं, ऐसी स्थिति में उसी मानवात्मा की अपूर्व सृष्टि, ईश्वर की अद्भुत वाणी वेदान्त के अपूर्व हृदयग्राही तथा मन की उन्नति एवं विस्तार विधायक तत्त्व समूहों के सिवा और कौन सी वस्तु है जो शिक्षित मानव जाति की श्रद्धा और भक्ति पा सकती है ?

साथ ही मैं यह भी कह देना चाहता हूँ कि भारत के बाहर हमारे धर्म का जो प्रभाव पड़ता है, वह यहाँ के धर्म के उन मूल तत्त्वों का है, जिनकी पीठिका और नींव पर भारतीय धर्म की अट्टालिका खड़ी है। उसकी सैकड़ों भिन्न भिन्न शाखा-प्रशाखाएँ, सैकड़ों सदियों में समाज की आवश्यकताओं के अनुसार उसमें लिपटे हुए छोटे छोटे गौण विषय, विभिन्न प्रथाएँ, देशाचार तथा समाज के कल्याण विषयक छोटे मोटे विचार आदि बातें वास्तव में 'धर्म' की कोटि में स्थान नहीं पा सकतीं। हम यह भी जानते हैं कि हमारे शास्त्रों में दो कोटि के सत्य का निर्देश किया गया है और उन दोनों में स्पष्ट भेद भी बतलाया गया है। एक ऐसी कोटि जो सदा प्रतिष्ठित रहेगी—मनुष्य का स्वरूप, आत्मा का स्वरूप, ईश्वर के साथ जीवात्मा का सम्बन्ध, ईश्वर का स्वरूप, पूर्णत्व आदि पर प्रतिष्ठित होने के कारण जो चिरन्तन सत्य है और इसी प्रकार ब्रह्मांडविज्ञान के सिद्धान्त, सृष्टि का अनन्तत्व अथवा यदि अधिक ठीक कहा जाय तो प्रक्षेपण का सिद्धान्त और युगप्रवाह सम्बन्धी अद्भुत नियम आदि शाश्वत सिद्धान्त जो प्रकृति के सार्वभौम नियमों पर आधारित हैं। द्वितीय कोटि

के तत्त्वों के अन्तर्गत गौण नियमों का निरूपण किया गया है और उन्हींके द्वारा हमारे दैनिक जीवन के कार्य संचालित होते हैं। इन गौण विषयों को श्रुति के अन्तर्गत नहीं मान सकते; ये वास्तव में स्मृति के, पुराणों के अन्तर्गत हैं। इनके साथ पूर्वोक्त तत्त्वसमूह का कोई सम्पर्क नहीं है। स्वयं हमारे राष्ट्र के अन्दर भी ये सब बराबर परिवर्तित होते आये हैं। एक युग के लिए जो विधान है, वह दूसरे युग के लिए नहीं होता। इस युग के बाद फिर जब दूसरा युग आयेगा, तब इनको पुनः बदलना पड़ेगा। महामना ऋषिगण आविर्भूत होकर फिर देशकालोपयोगी नये नये आचार-विधानों का प्रवर्तन करेंगे।

जीवात्मा, परमात्मा और ब्रह्माण्ड के इन समस्त अपूर्व, अनन्त, उदात्त और व्यापक धारणाओं में निहित जो महान् तत्त्व हैं वे भारत में ही उत्पन्न हुए हैं। केवल भारत ही ऐसा देश है, जहाँ के लोगों ने अपने क़बीले के छोटे छोटे देवताओं के लिए यह कहकर लड़ाई नहीं की है कि 'मेरा ईश्वर सच्चा है; तुम्हारा झूठा, आओ, हम दोनों लड़कर इसका फ़ैसला कर लें।' छोटे छोटे देवताओं के लिए लड़कर फ़ैसला करने की बात केवल यहाँ के लोगों के मुँह से कभी सुनायी नहीं दी। हमारे यहाँ के ये महान् तत्त्व मनुष्य की अनन्त प्रकृति पर प्रतिष्ठित होने के कारण हज़ारों वर्ष पहले के समान आज भी मानव जाति का कल्याण करने की शक्ति रखते हैं। और जब तक यह पृथ्वी मौजूद रहेगी, जितने दिनों तक कर्मवाद रहेगा, जब तक हम लोग व्यष्टि जीव के रूप में जन्म लेकर अपनी शक्ति द्वारा अपनी नियति का निर्माण करते रहेंगे, तब तक इनकी शक्ति इसी प्रकार विद्यमान रहेगी।

सर्वोपरि, अब मैं यह बताना चाहता हूँ कि भारत की संसार को कौन सी देन होगी। यदि हम लोग विभिन्न जातियों के भीतर धर्म की उत्पत्ति और विकास की प्रणाली का पर्यवेक्षण करें, तो हम सर्वत्र यही देखेंगे कि पहले हर एक उपजाति के भिन्न भिन्न देवता थे। इन जातियों में यदि परस्पर कोई विशेष सम्बन्ध रहता है तो ऐसे भिन्न भिन्न देवताओं का एक साधारण नाम भी होता है। उदाहरणार्थ, बेबिलोनियन देवता को ही ले लो। जब बेबिलोनियन लोग विभिन्न जातियों में विभक्त हुए थे, तब उनके भिन्न भिन्न देवताओं का एक साधारण नाम था 'बाल', ठीक इसी प्रकार यहूदी जाति के विभिन्न देवताओं का साधारण नाम 'मोलोक' था। साथ ही तुम देखोगे कि कभी कभी इन विभिन्न जातियों में कोई जाति सबसे अधिक बलशालिनी हो उठती थी और उस जाति के लोग अपने राजा के अन्य सब जातियों के राजा स्वीकृत होने की माँग करते हैं। इससे स्वभावतः यह होता था कि उस जाति के लोग अपने देवता को अन्यान्य जातियों के देवता के रूप में प्रतिष्ठित करना भी चाहते थे। बेबिलोनियन लोग कहते थे कि 'बाल मेरोडक' महानतम

देवता है और दूसरे सभी देवता उससे निम्न। इसी प्रकार यहूदी लोगों के 'मोलोक याह्वे' अन्य मोलोक देवताओं से श्रेष्ठ बताये जाते थे। और इन प्रश्नों का निर्णय युद्ध द्वारा हुआ करता था। यह संघर्ष यहाँ भी विद्यमान था। प्रतिद्वन्द्वी देवगण अपनी श्रेष्ठता के लिए परस्पर संघर्ष करते थे। परन्तु भारत और समग्र संसार के सौभाग्य से इस अशान्ति और लड़ाई-झगड़े के बीच में यहाँ एक वाणी उठी जिसने उद्घोष किया **एकं सद्विप्रा बहुधा वदन्ति (ऋग्वेद १।१६४।४६)** --'सत्ता एक मात्र है; पंडित लोग उसी एक का तरह तरह से वर्णन करते हैं।' शिव विष्णु की अपेक्षा श्रेष्ठ नहीं हैं—अथवा विष्णु ही सब कुछ हैं, शिव कुछ नहीं—ऐसी भी बात नहीं है। एक सत्ता को ही कोई शिव, कोई विष्णु और कोई और ही किसी नाम से पुकारते हैं। नाम अलग अलग हैं, पर वह एक ही है। इन्हीं कुछ बातों से भारत का समग्र इतिहास जाना जा सकता है। समग्र भारत का इतिहास ज़बरदस्त शक्ति के साथ ओजस्वी भाषा में उसी एक मूल सिद्धान्त की पुनरुक्ति मात्र है। इस देश में यह सिद्धान्त बार बार दोहराया गया है, यहाँ तक कि अन्त में वह हमारी जाति के रक्त के साथ मिलकर एक हो गया है और इसकी धमनियों में प्रवाहित होनेवाले रक्त के प्रत्येक बूद के साथ मिल गया है—वह इस जीवन का एक अंगस्वरूप हो गया है; जिस उपादान से यह विशाल जातीय शरीर निर्मित हुआ है, उसका वह अंशस्वरूप हो गया है; इस प्रकार यह देश दूसरे के धर्म के प्रति सहिष्णुता के एक अद्भुत लीलाक्षेत्र के रूप में परिणत हो गया है। इसी कारण इस प्राचीन मातृभूमि में हमें सब धर्मों और सम्प्रदायों को सादर स्थान देने का अधिकार प्राप्त हुआ है।

इस भारत में, आपाततः एक दूसरे के विरोधी होने पर भी ऐसे बहुत से धर्म-सम्प्रदाय हैं जो बिना किसी विरोध के स्थापित हैं, इस अत्यन्त विचित्र बात का एकमात्र यही कारण है। सम्भव है कि तुम द्वैतवादी हो और मैं अद्वैतवादी। सम्भव है कि तुम अपने को भगवान् का नित्य दास समझते हो और दूसरा यह कहे कि मुझमें और भगवान् में कोई अन्तर नहीं है, पर दोनों ही हिन्दू हैं और सच्चे हिन्दू हैं। यह कैसे सम्भव हो सका है? इस प्रश्न का उत्तर जानने के लिए उसी महावाक्य का स्मरण करो—**एकं सद्विप्रा बहुधा वदन्ति**। मेरे स्वदेशवासी भाइयो, सबसे ऊपर यही महान् सत्य हमें संसार को सिखाना होगा। और देशों के शिक्षित लोग भी नाक मुँह सिकोड़कर हमारे धर्म को मूर्तिपूजक कहते तथा समझते हैं। मैंने स्वयं उन्हें ऐसा कहते देखा है, पर वे कभी स्थिरचित्त होकर यह नहीं सोचते कि उनका मस्तिष्क कैसे कुसंस्कारों से परिपूर्ण है। और आज भी सर्वत्र ऐसा ही है—ऐसी ही घोर साम्प्रदायिकता है, मन में इतनी घोर संकीर्णता है। उनका अपना

जो कुछ है, मानो वही संसार में सबसे अधिक मूल्यवान है। धनदेवता की पूजा और अर्थोपासना ही उनकी राय में सच्चा जीवन-निर्वाह है। उनके पास यत्किंचित् सम्पत्ति है वही मानो सब कुछ है और अन्य कुछ नहीं। अगर वे मिट्टी से कोई असार वस्तु बना सकते हैं अथवा कोई यन्त्र आविष्कृत कर सकते हैं तो और सबको छोड़कर उन्हीं की प्रशंसा करनी है। संसार में शिक्षा और अध्ययन के इतने प्रचार के बावजूद सारी दुनिया की यही हालत है। परन्तु इस जगत् में अब भी असली शिक्षा की आवश्यकता है। और सभ्यता—सच पूछो तो सभ्यता का अभी तक कहीं आरम्भ भी नहीं हुआ है। मनुष्य जाति में अब भी निन्यानबे दशमलव नौ प्रतिशत लोग प्रायः जंगली अवस्था में ही पड़े हुए हैं। हम इस विषय में पुस्तकों में भले ही पढ़ते हों, हम धार्मिक सहिष्णुता के बारे में सुनते हों तथा इसी प्रकार की अन्यान्य बातें भी हों, किन्तु मैं अपने अनुभव के आधार पर कहता हूँ कि संसार में ये भाव बहुत अल्प मात्रा में विद्यमान हैं। निन्यानबे प्रतिशत मनुष्य इन बातों को मन में स्थान तक नहीं देते हैं। संसार के जिस किसी देश में मैं गया, वहीं मैंने देखा कि अब भी दूसरे धर्मों के अनुयायिओं पर घोर अत्याचार जारी है; कुछ भी नया सीखने के विरुद्ध आज भी वही पुरानी आपत्तियाँ उठायी जाती हैं। संसार में दूसरों के धर्म के प्रति सहिष्णुता का यदि थोड़ा बहुत भाव आज भी कहीं विद्यमान है, यदि धर्म भाव से कुछ भी सहानुभूति है, तो वह कार्यतः यहीं—इसी आर्यभूमि में है, और कहीं नहीं। इसी प्रकार यह सिर्फ़ यहीं है कि हम भारतवासी मुसलमानों के लिए मसजिदें और ईसाइयों के लिए गिरजाघर भी बनवा देते हैं—और कहीं नहीं है। यदि तुम दूसरे देश में जाकर मुसलमानों से अथवा अन्य कोई धर्मावलम्बियों से अपने लिए एक मन्दिर बनवाने को कहो, तो फिर तुम देखोगे कि तुम्हें क्या सहायता मिलती है! सहायता का तो प्रश्न ही क्या, वे तुम्हारे मन्दिर को, और हो सका तो तुमको भी विनष्ट कर देने की कोशिश करेंगे। इसीसे संसार को अब भी इस महान् शिक्षा की विशेष आवश्यकता है। संसार को भारतवर्ष से दूसरों के धर्म के प्रति सहिष्णुता की ही नहीं, दूसरों के धर्म के साथ सहानुभूति रखने की भी शिक्षा ग्रहण करनी होगी। इसको 'महिम्न स्तोत्र' में भली भाँति व्यक्त किया गया है—'हे शिव, जिस प्रकार विभिन्न नदियाँ विभिन्न पर्वतों से निकलकर सरल तथा वक्र गति से प्रवाहित होकर अन्ततः समुद्र में ही मिल जाती हैं, उसी प्रकार अपनी विभिन्न प्रवृत्तियों के कारण जिन विभिन्न मार्गों को लोग ग्रहण करते हैं, सरल या वक्र रूप में विभिन्न लगने पर भी वे सभी तुम तक ही पहुँचाते हैं।

---

१. रुचीनां वैचित्र्यादृजुकुटिलनानापथजुषां नृणामेको गम्यस्त्वमसि पयसामर्णव इव।

यद्यपि लोग भिन्न भिन्न मार्गों से चल रहे हैं, तथापि सब लोग एक ही स्थान की ओर जा रहे हैं। कोई ज़रा घूम-फिरकर टेढ़ी राह से चलता है और कोई एकदम सीधी राह से; पर अन्ततः वे सब उस एक प्रभु के पास आयँगे। तुम्हारी शिव-भक्ति तभी सम्पूर्ण होगी, जब तुम सर्वत्र शिव को ही देखोगे, केवल शिवलिंग में ही नहीं। वे ही यथार्थ में साधु हैं, वे ही सच्चे हरिभक्त हैं, जो हरि को सब जीवों में, सब भूतों में देखा करते हैं। यदि तुम शिव जी के यथार्थ भक्त हो, तो तुम्हें उनको सब जीवों में तथा सब भूतों में देखना चाहिए। चाहे जिस नाम से अथवा चाहे जिस रूप में उनकी उपासना क्यों न की जाय, तुम्हें समझना होगा कि उन्हींकी पूजा की जा रही है। चाहे कोई काबा[1] की ओर मुँह करके घुटने टेककर उपासना करे या गिरजाघर में घुटना टेककर अथवा बौद्ध मन्दिर में ही करे, वह जाने या अनजाने उसी परमात्मा की उपासना कर रहा है। चाहे जिसके नाम पर, चाहे जिस मूर्ति को उद्देश्य बनाकर और चाहे जिस भाव से ही पुष्पांजलि क्यों न चढ़ायी जाय, वह उन्हींके चरणों में पहुँचती है; क्योंकि वे ही सबके एकमात्र प्रभु हैं, सब आत्माओं के अन्तरात्मा स्वरूप हैं। संसार में किस बात की कमी है, इस बात को वे हमारी-तुम्हारी अपेक्षा बहुत अच्छी तरह जानते हैं। सब तरह के भेदभावों का दूर होना असम्भव है। विभिन्नताएँ तो रहेंगी ही; उनके बिना जीवन असम्भव है। विचारों का यह पारस्परिक संघर्ष और विभिन्नता ही ज्ञान के प्रकाश और गति का कारण है। संसार में अनन्त प्रकार के परस्पर विरोधी विभिन्न भाव विद्यमान रहेंगे और ज़रूर रहेंगे, परन्तु इसीके लिए एक दूसरे को घृणा की दृष्टि से देखें अथवा परस्पर लड़ें, यह आवश्यक नहीं।

अतएव हमें उसी मूल सत्य की फिर से शिक्षा ग्रहण करनी होगी, जो केवल यहीं से, हमारी इसी मातृभूमि से प्रचारित हुआ था। फिर एक बार भारत को संसार में इसी मूल तत्त्व का—इसी सत्य का प्रचार करना होगा। ऐसा क्यों है? इसलिए नहीं कि यह सत्य हमारे शास्त्रों में लिखा है, वरन् हमारे राष्ट्रीय साहित्य का प्रत्येक विभाग और हमारा राष्ट्रीय जीवन इससे पूर्णतः ओतप्रोत है। यहीं और केवल यहीं, दैनिक जीवन में इसका अनुष्ठान होता है; और कोई भी व्यक्ति

---

१. काबा : हज़रत मुहम्मद साहब की जन्मभूमि, मुसलमानों के प्रधान तीर्थस्थान मक्का नगर में यह एक प्रधान मन्दिर है। वहाँ एक काला पत्थर रखा हुआ है। कहते हैं, देवदूत गेब्रील के पास से यह प्रस्तर-खंड मिला है। मुसलमान लोग इसे बहुत पवित्र समझते हैं। वे जहाँ कहीं रहें, इसी काबा की तरफ़ मुँह करके उपासना करते या नमाज़ पढ़ते हैं।

जिसकी आँखें खुली हैं, यह स्वीकार करेगा कि यहाँ के सिवा और कहीं भी इसका अभ्यास नहीं किया जाता। इसी भाव से हमें धर्म की शिक्षा देनी होगी। भारत इससे भी ऊँची शिक्षाएँ देने की क्षमता अवश्य रखता है; पर वे सब केवल पंडितों के ही योग्य हैं। और विनम्रता की, शान्तभाव की, इस तितिक्षा की, इस धार्मिक सहिष्णुता की तथा इस सहानुभूति की और भ्रातृभाव की महान् शिक्षा प्रत्येक बालक, स्त्री, पुरुष, शिक्षित, अशिक्षित सब जाति और वर्ण वाले सीख सकते हैं। 'तुमको अनेक नामों से पुकारा जाता है, पर तुम एक हो।'—**एकं सद्विप्रा बहुधा वदन्ति।**

वेदान्त

जफना के हिन्दुओं द्वारा निम्नलिखित मानपत्र स्वामी विवेकानन्द की सेवा में भेंट किया गया :

श्रीमत् विवेकानन्द स्वामी

महानुभाव

आज हम जफना निवासी हिन्दू-धर्मावलम्बी आपका हार्दिक स्वागत करते हैं तथा आपने हमारा निमंत्रण स्वीकार कर लंका के हिन्दू धर्म के इस प्रमुख केन्द्र में पधारने की जो कृपा की है, उसके लिए हम आपके बड़े आभारी हैं।

लगभग दो हज़ार वर्ष से अधिक हुए हमारे पूर्वज यहाँ दक्षिण भारत से आये थे और साथ में अपना धर्म भी लाये थे, जिसका संरक्षण इस स्थान के तमिल राजाओं ने किया। परन्तु उन राजाओं के बाद जब पुर्तगाली तथा डच राज्यों की यहाँ स्थापना हुई तब उन्होंने हमारे धर्मानुष्ठानों में हस्तक्षेप प्रारम्भ किया, हमारी धार्मिक विधियों पर प्रतिबन्ध लगा दिये तथा हमारे पवित्र देवालय भी, जिनमें दो अत्यन्त ख्यातिलब्ध थे, अत्याचार के कठोर हाथों से धराशायी हो गये। इन राष्ट्रों ने यद्यपि इस बात की लगातार चेष्टा की कि हम उनके ईसाई धर्म को स्वीकार कर लें, परन्तु फिर भी हमारे पूर्वज अपने प्राचीन धर्म पर आरूढ़ रहे और हमको उन्हींसे अपना प्राचीन धर्म तथा संस्कृति एक अमूल्य दाय के रूप में प्राप्त हुआ है। अब इस अंग्रेज़ी राज्य में हम लोगों का केवल महान् राष्ट्रीय तथा मानसिक पुनरुत्थान ही नहीं हुआ, वरन् हमारे प्राचीन पवित्र भवन भी पुनर्निर्मित हो रहे हैं।

स्वामी जी, आपने जिस उदारता तथा निःस्वार्थ भाव से वेदोक्त धार्मिक सत्य का सन्देश शिकागो धर्म-महासभा में पहुँचाकर हिन्दू धर्म की सेवा की है, भारत के अध्यात्म दर्शन के सिद्धान्तो का जो प्रचार आपने अमेरिका तथा इंग्लैण्ड में किया है तथा पाश्चात्य देशों को हिन्दू धर्म के तत्त्व से परिचित कराकर प्राच्य तथा पाश्चात्य में आपने जो घनिष्ठ सम्बन्ध प्रस्थापित कर दिया है, उसके लिए हम आपके प्रति इस अवसर पर हार्दिक कृतज्ञता प्रकट करते हैं। हम आपके इसलिए भी बड़े ऋणी हैं कि आज इस भौतिकवाद के युग में आपने हमारे प्राचीन धर्म के पुनरुत्थान का क्रम प्रारम्भ कर दिया है और विशेषकर ऐसे अवसर पर जब कि लोगों में धार्मिक

विश्वास का लोप हो रहा है और आध्यात्मिक सत्यान्वेषण के प्रति अश्रद्धा हो रही है।

पाश्चात्य देशों को हमारे प्राचीन धर्म की उदारता समझाकर तथा उन देशों के धुरन्धर विद्वानों के मस्तिष्क में यह सत्य भली भाँति स्थित करके कि पाश्चात्य दर्शन में परिकल्पित तथ्यों की अपेक्षा हिन्दू दर्शन में कहीं अधिक सार है, आपने जो उपकार किया है, उसके लिए समुचित रूप से कृतज्ञता प्रकट करना हमारे सामर्थ्य के बाहर है।

आपको इस बात का आश्वासन दिलाने की हमें आवश्यकता नहीं है कि पाश्चात्य देशों में आपके धर्म-प्रचार को हम बड़ी उत्सुकता से देखते रहे हैं तथा धार्मिक क्षेत्र में आपकी निष्ठा तथा सफल प्रयत्नों पर हमें सदैव गर्व तथा हार्दिक आनन्द रहा है। हमें विदित है कि आधुनिक सभ्यता के प्रतीक उन पाश्चात्य नगरों में, जहाँ बौद्धिक क्रियाशीलता, नैतिक विकास और धार्मिक तत्त्वानुसन्धान का दावा किया जाता है, आपके तथा हमारे धार्मिक साहित्य में आपके बहुमूल्य योगदान के जो प्रशंसात्मक संदर्भ वहाँ के समाचार-पत्रों में आये हैं, उनसे आपके श्लाघ्य एवं महान् कार्य की सहज ही प्रतीति हो जाती है।

आपने हमारे यहाँ उपस्थित होने की जो अनुकम्पा की है उसके लिए हम बहुत कृतज्ञ हैं और आशा करते हैं कि हम लोगों को, जो आप ही के सदृश वेदों के अनुगामी हैं तथा मानते हैं कि वेद ही समस्त आध्यात्मिक ज्ञान का स्रोत है, आपका अपने बीच में स्वागत करने के अनेक अवसर प्राप्त हो सकेंगे।

अन्त में उस परम पिता परमेश्वर से, जिसने अब तक इस महान् धर्म-कार्य में आपको इतनी सफलता प्रदान की है, प्रार्थना है कि वह आपको चिरजीवी करे तथा आपके इस श्रेष्ठ धर्म-कार्य को आगे बढ़ाने के लिए आपको ओज तथा शक्ति प्रदान करे।

हम हैं आपके विनम्र
जफना के हिन्दू निवासियों के प्रतिनिधि

स्वामी जी ने इसका सुन्दर उत्तर दिया और दूसरे दिन सायंकाल वेदान्त पर भाषण किया जिसका विवरण निम्नलिखित है :

स्वामी जी का भाषण

विषय तो बहुत बड़ा है, पर समय है कम। एक ही व्याख्यान में हिन्दुओं के धर्म का पूरा-पूरा विश्लेषण करना असम्भव है। इसलिए मैं तुम लोगों के समीप अपने धर्म के मूल तत्त्वों का, जितनी सरल भाषा में हो सके, वर्णन करूँगा। जिस

हिन्दू नाम से परिचित होना आजकल हम लोगों में प्रचलित है, इस समय उसकी कुछ भी सार्थकता नहीं है, क्योंकि उस शब्द का केवल यह अर्थ था—सिन्धुनद के पार बसनेवाले। प्राचीन फ़ारसियों के ग़लत उच्चारण से यह सिन्धु शब्द 'हिन्दू' हो गया है। वे सिन्धुनद के इस पार रहनेवाले सभी लोगों को हिन्दू कहते थे। इस प्रकार हिन्दू शब्द हमें मिला है। फिर मुसलमानों के शासनकाल से हमने अपने आप यह शब्द अपने लिए स्वीकार कर लिया था। इस शब्द के व्यवहार करने में कोई हानि न भी हो, पर मैं पहले ही कह चुका हूँ कि अब इसकी कोई सार्थकता नहीं रही; क्योंकि तुम लोगों को इस बात पर ध्यान देना चाहिए कि वर्तमान समय में सिन्धुनद के इस पारवाले सब लोग प्राचीनकाल की तरह एक ही धर्म को नहीं मानते। इसलिए उस शब्द से केवल हिन्दू मात्र का ही बोध नहीं होता, बल्कि मुसलमान, ईसाई, जैन तथा भारत के अन्यान्य अधिवासियों का भी होता है। अतः मैं हिन्दू शब्द का प्रयोग नहीं करूँगा। तो हम किस शब्द का प्रयोग करें?—हम वैदिक (अर्थात् वेद के माननेवाले) अथवा वेदान्ती शब्द का, जो उससे भी अच्छा है, प्रयोग कर सकते हैं। जगत् के अधिकांश मुख्य धर्म कई एक विशेष-विशेष ग्रन्थों को प्रमाणस्वरूप मान लेते हैं। लोगों का विश्वास है कि ये ग्रन्थ ईश्वर या और किसी दैवी पुरुष के वाक्य हैं, इसलिए ये ग्रन्थ ही उनके धर्मों की नींव हैं। पाश्चात्य आधुनिक पंडितों के मतानुसार इन ग्रन्थों में से हिन्दुओं के वेद ही सबसे प्राचीन हैं। अतः वेदों के विषय में हमें कुछ जानना चाहिए।

वेद नामक शब्दराशि किसी पुरुष के मुँह से नहीं निकली है। उसका काल-निर्णय अभी नहीं हो पाया है, न आगे होने की संभावना है। हम हिन्दुओं के मतानुसार वेद अनादि तथा अनन्त हैं। एक विशेष बात तुम लोगों को स्मरण रखनी चाहिए, वह यह कि जगत् के अन्यान्य धर्म अपने शास्त्रों को यही कहकर प्रामाणिक सिद्ध करते हैं कि वे ईश्वर रूप व्यक्ति अथवा ईश्वर के किसी दूत या पैग़म्बर की वाणी है, पर हिन्दू कहते हैं, वेदों का दूसरा कोई प्रमाण नहीं है, वेद स्वतःप्रमाण हैं, क्योंकि वेद अनादि अनन्त हैं, वे ईश्वरीय ज्ञानराशि हैं। वेद कभी लिखे नहीं गये, न कभी सृष्ट हुए, वे अनादि काल से वर्तमान हैं। जैसे सृष्टि अनादि और अनन्त है, वैसे ही ईश्वर का ज्ञान भी। यह ईश्वरीय ज्ञान ही वेद है। 'विद्' धातु का अर्थ है जानना। वेदान्त नामक ज्ञानराशि ऋषि नामधारी पुरुषों के द्वारा आविष्कृत हुई है। ऋषि शब्द का अर्थ है मन्त्रद्रष्टा, पहले ही से वर्तमान ज्ञान को उन्होंने प्रत्यक्ष किया है, वह ज्ञान तथा भाव उनके अपने विचार का फल नहीं था। जब कभी तुम यह सुनो कि वेदों के अमुक अंश के ऋषि अमुक हैं, तब यह मत सोचो कि उन्होंने उसे लिखा या अपनी बुद्धि द्वारा रचा है, बल्कि

पहले ही से वर्तमान भावराशि के वे द्रष्टा मात्र हैं—वे भाव अनादि काल से ही इस संसार में विद्यमान थे, ऋषि ने उनका आविष्कार मात्र किया। ऋषिगण आध्यात्मिक आविष्कारक थे।

यह वेद नामक ग्रन्थराशि प्रधानतः दो भागों में विभक्त है—कर्मकाण्ड और ज्ञानकाण्ड, संस्कार पक्ष और अध्यात्म पक्ष। कर्मकाण्ड में नाना प्रकार के याग-यज्ञों की बातें हैं; उनमें अधिकांश वर्तमान युग के अनुपयोगी होने के कारण परित्यक्त हुए हैं और कुछ अभी तक किसी न किसी रूप में मौजूद हैं। कर्मकाण्ड के मुख्य भाव, जैसे साधारण व्यक्ति के कर्तव्य, ब्रह्मचारी, गृहस्थ, वानप्रस्थी तथा संन्यासी, इन विभिन्न आश्रमियों के भिन्न भिन्न कर्तव्य अब भी थोड़ा बहुत माने जा रहे हैं। दूसरा भाग ज्ञानकाण्ड हमारे धर्म का आध्यात्मिक अंश है। उसका नाम वेदान्त है, अर्थात् वेदों का अन्तिम भाग, वेदों का चरम लक्ष्य। वेद ज्ञान के इस सार अंश का नाम है वेदान्त अथवा उपनिषद्, और भारत के सभी सम्प्रदायों को—द्वैतवादी, विशिष्टाद्वैतवादी, अद्वैतवादी अथवा सौर, शाक्त, गाणपत्य, शैव, वैष्णव—जो कोई हिन्दू धर्म के भीतर रहना चाहे उसीको वेदों के इस उपनिषद् अंश को मानना पड़ेगा। उनकी अपनी व्याख्याएँ हो सकती हैं और वे उपनिषदों की अपनी अपनी रुचि के अनुसार व्याख्या कर सकते हैं, पर उनको इनका प्रामाण्य अवश्य मानना पड़ेगा। इसीलिए हम हिन्दू शब्द के बदले वेदान्ती शब्द का प्रयोग करना चाहते हैं। भारतवर्ष के सभी दार्शनिकों को, जो सनातनी हैं, वेदान्त का प्रामाण्य स्वीकार करना पडा और आजकल भारत में हिन्दू धर्म की चाहे जितनी शाखा-प्रशाखाएँ हों—उनमें से कुछ चाहे जितने अपरिपक्व क्यों न मालूम हों, उनके उद्देश्य चाहे जितने जटिल क्यों न प्रतीत हों—जो उनको समझता और उनका अच्छी तरह अध्ययन करता है, वह समझेगा कि उन्हें उपनिषदों के भावों से मूलरूप से सम्बद्ध करके देखा जा सकता है। उन उपनिषदों के भाव हमारी जाति की अस्थि-मज्जा में ऐसे घुस गये हैं कि यदि कोई हिन्दू धर्म की बहुत ही अपरिपक्व शाखाओं के रूपक-तत्त्व का अध्ययन करेगा, तो वह भी उपनिषद् की रूपकमय अभिव्यक्ति को देखकर चकित रह जायगा। उपनिषदों के ही तत्त्व कुछ समय बाद इन धर्मों में रूपक की भाँति मूर्तिमान हुए हैं। उपनिषदों के बड़े बड़े आध्यात्मिक और दार्शनिक तत्त्व आज हमारे घरों में पूजा के प्रतीक-रूप में परिवर्तित होकर विराजमान हैं। इस प्रकार हम आज जितने पूजा के प्रतीकों का व्यवहार करते हैं, वे सबके सब वेदान्त से आये हैं, क्योंकि वेदान्त में उनका रूपक-भाव से प्रयोग किया गया है, फ़िर क्रमशः वे भाव जाति के मर्मस्थान में प्रवेश कर अन्त में पूजा के प्रतीकों के रूप में उसके दैनिक जीवन के अंग बन गये हैं।

वेदान्त के बाद ही स्मृतियों का प्रमाण है। ये भी ऋषिलिखित ग्रन्थ हैं, पर इनका प्रमाण वेदान्त के अधीन है, क्योंकि वे हमारे लिए वैसे ही हैं, जैसे दूसरे धर्म-वालों के लिए उनके शास्त्र। हम यह मानते हैं कि विशेष ऋषियों ने ये स्मृतियाँ रची हैं; इस दृष्टि से अन्यान्य धर्मों के शास्त्रों का जैसा प्रमाण है, स्मृतियों का भी वैसा है पर स्मृतियाँ हमारे लिए अन्तिम प्रमाण नहीं। यदि स्मृतियों का कोई अंश वेदान्त का विरोधी हो, तो उसे त्यागना पड़ेगा, उसका कोई प्रमाण न रहेगा। फिर स्मृतियाँ हर युग में बदलती भी गई हैं। हम शास्त्रों में पढ़ते हैं—सत्ययुग में अमुक स्मृतियों का प्रमाण है, फिर त्रेता, द्वापर और कलियुग में से प्रत्येक युग में अन्यान्य स्मृतियों का। जाति पर पड़ने वाले देश-काल-पात्र के परिवर्तन के प्रभाव के अनुसार आचारों और रीतियों का परिवर्तन होना अनिवार्य है; और स्मृतियों को ही, प्रधानतः इन आचारों और रीतियों का नियामक होने के कारण, समय समय पर बदलना पड़ा है। मैं चाहता हूँ कि तुम लोग इस बात को अच्छी तरह याद रखो। वेदान्त में धर्म के जिन मूल तत्त्वों की व्याख्या हुई है वे अपरिवर्तनीय हैं। क्यों?—इसलिए कि वे मनुष्य तथा प्रकृति सम्बन्धी अपरिवर्तनीय तत्त्वों पर प्रतिष्ठित हैं, वे कभी बदल नहीं सकते। आत्मा, स्वर्ग-प्राप्ति आदि की भावना कभी बदलने की नहीं। हज़ारों वर्ष पहले वे जैसी थीं, अब भी वैसी हैं और लाखों वर्ष बाद भी वैसी ही रहेंगी। परन्तु जो धर्मानुष्ठान हमारी सामाजिक अवस्था और पारस्परिक सम्बन्ध पर निर्भर रहते हैं, समाज के परिवर्तन के साथ वे भी बदल जायँगे। इसलिए विशिष्ट विधि केवल समय विशेष के लिए हितकर और उचित होगी, न कि दूसरे समय के लिए। इसीलिए हम देखते हैं कि किसी समय किसी खाद्यविशेष का विधान रहा है और दूसरे समय नहीं है। वह खाद्य उस विशेष समय के लिए उपयोगी था; पर जलवायु आदि के परिवर्तन तथा अन्यान्य परिस्थितियों की माँग को पूरी करने की दृष्टि से स्मृति ने खाद्य आदि के विषय में विधान बदल दिया है। इसलिए यह स्वतः प्रतीत होता है कि यदि वर्तमान समय में हमारे समाज में किसी परिवर्तन की ज़रूरत हो तो वह अवश्य ही करना पड़ेगा। ऋषि लोग आकर दिखा देंगे कि किस तरह वह परिवर्तन सम्पन्न करना होगा, परन्तु हमारे धर्म के मूल तत्त्वों का एक कण भी परिवर्तित न होगा; वे ज्यों के त्यों रहेंगे।

इसके बाद पुराण आते हैं। पुराण पंचलक्षण हैं। उनमें इतिहास, ब्रह्माण्ड-विज्ञान, विविध रूपकों के द्वारा दार्शनिक तत्त्वों के व्याख्यान इत्यादि नाना विषय हैं। वैदिक धर्म को सर्वसाधारण जनता में लोकप्रिय बनाने के लिए पुराणों की रचना हुई। जिस भाषा में वेद लिखे हुए हैं वह अत्यन्त प्राचीन है; पंडितों में से भी बहुत ही कम लोग उन ग्रन्थों का समय-निर्णय कर सकते हैं। पुराण उस समय

के लोगों की भाषा में लिखे गये हैं जिसे हम आधुनिक संस्कृत कह सकते हैं। वे पंडितों के लिए नहीं, किन्तु साधारण लोगों के लिए हैं, क्योंकि साधारण लोग दार्शनिक तत्त्व नहीं समझ सकते हैं। उन्हें वे तत्त्व समझाने के लिए स्थूल रूप से साधुओं, राजाओं और महापुरुषों के जीवनचरित तथा उस जाति की ऐतिहासिक घटनाओं के सहारे शिक्षा दी जाती थी। धर्म के सनातन तत्त्वों को दृष्टान्त द्वारा समझाने के लिए ही ऋषियों ने इनका उपयोग किया था।

इसके बाद तंत्र हैं। ये कई एक विषयों में प्रायः पुराणों ही के समान हैं और उनमें से कुछ में कर्मकाण्ड के अन्तर्गत प्राचीन याग-यज्ञों की पुनः प्रतिष्ठा का प्रयत्न किया गया है।

ये सब ग्रन्थ हिन्दुओं के शास्त्र हैं। और जिस राष्ट्र तथा जाति में इतने अधिक शास्त्र विद्यमान हैं और जिसने अपनी शक्ति का अधिकांश—किसी को ज्ञात नहीं कि कितने हज़ार वर्षों तक—दार्शनिक और आध्यात्मिक विचारों में नियोजित किया है, उसमें इतने अधिक सम्प्रदायों का उद्‌भव होना बहुत ही स्वाभाविक है। आश्चर्य की बात है कि और भी हज़ारों सम्प्रदाय क्यों न हुए। किसी किसी विषय पर इन सम्प्रदायों में आपस में गहरा मतभेद है। सम्प्रदायों के धार्मिक विचारों के विस्तार में जाने या उनके पारस्परिक छोटे छोटे मतभेदों का पता लगाने का अब हमें अवकाश नहीं। इसलिए हम सम्प्रदायों की सामान्य भावभूमियों और मूल तत्त्वों ही की विवेचना करेंगे जिन पर हिन्दू मात्र का विश्वास रहना चाहिए।

पहला प्रश्न सृष्टि का है कि यह संसार, यह प्रकृति या माया अनादि और अनन्त है। जगत् किसी एक विशेष दिन रचा नहीं गया। एक ईश्वर ने आकर इस जगत् की सृष्टि की और बाद में वह सो रहा, यह हो नहीं सकता। सर्जन की शक्ति निरन्तर गतिशील है। ईश्वर अनन्तकाल से सृष्टि रच रहा है—वह कभी आराम नहीं करता। गीता का वह अंश स्मरण करो जहाँ श्रीकृष्ण कह रहे हैं, "यदि मैं क्षण भर के लिये विश्राम लूँ, तो यह जगत् नष्ट हो जाय।"[1] यदि वह सर्जन-शक्ति जो दिन रात हमारे चारों ओर क्रियाशील है, क्षण भर के लिए रुक जाय तो यह संसार मिट जाय। ऐसा समय कभी न था जब वह शक्ति विश्व भर में क्रियाशील न थी; पर हाँ, कल्प का नियम है और कल्पान्त में प्रलय का सिद्धान्त भी है। हमारी संस्कृति के 'सृष्टि' शब्द का अंग्रेज़ी में ठीक से अनुवाद किया जाय तो वह 'प्रोजेक्शन' (Projection) होना चाहिए, 'क्रियेशन' (Creation) नहीं। खेद

---

१. उत्सीदेयुरिमे लोका न कुर्यां कर्म चेदहम्।
संकरस्य च कर्ता स्यामुपहन्यामिमाः प्रजाः॥ गीता ३।२४॥

का विषय है कि अंग्रेज़ी में 'क्रियेशन' शब्द का अर्थ है—असत् से सत् की उत्पत्ति—अभाव से भाव वस्तु का उद्भव—शून्य से संसार का उदय—यह एक भयंकर और अयौक्तिक मत है। ऐसी बात मान लेने को कहकर मैं तुम लोगों की बुद्धि का अपमान नहीं करना चाहता। 'सृष्टि' का ठीक प्रतिशब्द है 'प्रोजेक्शन'। सारी प्रकृति सदा विद्यमान रहती है, केवल प्रलय के समय वह क्रमशः सूक्ष्म से सूक्ष्म होती जाती है और अन्त में एकदम अव्यक्त हो जाती है। फिर कुछ काल के विश्राम के बाद मानो कोई उसे पुनः प्रक्षेपित करता है; तब पहले ही की तरह समवाय, वैसा ही विकास, वैसे ही रूपों के प्रकाशन का क्रीड़ाक्रम चलता रहता है। कुछ काल तक यह क्रीड़ा चलती रहती है, फिर वह नष्ट हो जाता है, सूक्ष्म से सूक्ष्म हो जाता है और अन्त में लीन हो जाता है। और पुनः वह निकल आता है। अनन्तकाल से वह लहरों की चाल के सदृश एक बार सामने आ जाता है और फिर पीछे हट जाता है। देश, काल, निमित्त तथा अन्यान्य सब कुछ इसी प्रकृति के अन्तर्गत है। इसीलिए यह कहना कि सृष्टि का आदि है बिल्कुल निरर्थक है। सृष्टि का आदि है अथवा अन्त, यह प्रश्न ही नहीं उठ सकता; इसीलिए जहाँ कहीं हमारे शास्त्रों में सृष्टि के आदि-अन्त का उल्लेख हुआ है, वहाँ यह स्मरण रखना चाहिए कि उससे कल्प-विशेष के आदि-अन्त का तात्पर्य है; इससे अधिक कुछ भी नहीं।

यह सृष्टि किसने की? ईश्वर ने। अंग्रेज़ी में 'गॉड' शब्द का जो प्रचलित अर्थ है, उससे मेरा मतलब नहीं। निश्चय ही उस अर्थ में नहीं, बल्कि उससे काफ़ी भिन्न अर्थ में प्रयोग का मेरा अभिप्राय है। अंग्रेज़ी में और कोई उपयुक्त शब्द नहीं है। संस्कृत 'ब्रह्म' शब्द का प्रयोग करना ही सबसे अधिक युक्तिसंगत है। वही इस जगत्-प्रपंच का सामान्य कारण है। ब्रह्म क्या है? वह नित्य, नित्य-शुद्ध, नित्यबुद्ध, सर्वशक्तिमान सर्वज्ञ, परम दयामय, सर्वव्यापी, निराकार, अखंड है। वह इस जगत् की सृष्टि करता है। अब यदि कहें कि यही ब्रह्म संसार का नित्य स्रष्टा और विधाता है, तो इसमें दो आपत्तियाँ उठ खड़ी होती हैं। हम देखते हैं कि जगत् में पक्षपात है। एक मनुष्य जन्मसुखी है, तो दूसरा जन्मदुःखी; एक धनी है तो दूसरा ग़रीब। इससे पक्षपात प्रतीत होता है। फिर यहाँ निष्ठुरता भी है, क्योंकि यहाँ एक जीवन दूसरे के मृत्यु के ऊपर निर्भर करता है। एक प्राणी दूसरे को टुकड़े टुकड़े कर डालता है, और हर एक मनुष्य अपने भाई का गला दबाने की चेष्टा करता है। यह प्रतिद्वन्द्विता, निष्ठुरता, घोर अत्याचार और दिन रात की आह, जिसे सुनकर कलेजा फट जाता है—यही हमारे संसार का हाल है। यदि यही ईश्वर की सृष्टि हुई तो वह ईश्वर निष्ठुर से भी बदतर है, उस शैतान से भी गया-गुज़रा है जिसकी मनुष्य ने कभी कल्पना की हो। वेदान्त कहता है कि यह

ईश्वर का दोष नहीं है जो जगत् में यह पक्षपात, यह प्रतिद्वन्द्विता वर्तमान है। तो किसने इसकी सृष्टि की? स्वयं हमीं ने। एक बादल सभी खेतों पर समान रूप से पानी बरसाता रहता है। पर जो खेत अच्छी तरह जोता हुआ है वही इस वर्षा से लाभ उठाता है। एक दूसरा खेत जो जोता नहीं गया, या जिसकी देखरेख नहीं की गयी, उससे लाभ नहीं उठा सकता। यह बादल का दोष नहीं। ईश्वर की कृपा नित्य और अपरिवर्तनीय है; हमीं लोग वैषम्य के कारण हैं। लेकिन कोई जन्म से ही सुखी है और दूसरा दुखी, इस वैषम्य का कारण क्या हो सकता है? वे तो ऐसा कुछ नहीं करते जिससे यह वैषम्य उत्पन्न हो। उत्तर यह है कि इस जन्म में न सही, पूर्व जन्म में उन्होंने अवश्य किया होगा, और यह वैषम्य पूर्व जन्म के कर्मों ही के कारण हुआ है।

अब हम उस दूसरे तत्त्व पर विचार करेंगे, जिस पर केवल हिन्दू ही नहीं बल्कि सभी बौद्ध और जैन भी सहमत हैं। हम सब यह स्वीकार करते हैं कि जीवन अनन्त है। ऐसा नहीं है कि शून्य से इसकी उत्पत्ति हुई हो, क्योंकि यह हो ही नहीं सकता। ऐसा जीवन भला कौन माँगेगा? हर एक वस्तु, जिसकी काल में उत्पत्ति हुई है, काल ही में लीन होगी। यदि जीवन कल ही शुरू हुआ हो तो अगले दिन इसका अन्त भी होगा, और पूर्ण विश्वास इसका फल होगा। जीवन सदा से अवश्य रहा होगा। आज यह बात समझने में बहुत विचारशक्ति की आवश्यकता नहीं, क्योंकि आधुनिक सभी विज्ञान इस विषय में हमें सहायता दे रहे हैं—वे जड़ जगत् की घटनाओं से हमारे शास्त्रों में लिखे हुए तत्त्वों की व्याख्या कर रहे हैं। तुम लोग यह जानते ही हो कि हममें से प्रत्येक मनुष्य अनादि अतीत कर्म-समष्टि का फल है; बच्चा जब संसार में पैदा होता है तब वह प्रकृति के हाथ से एकदम निकल कर नहीं आता—जैसे कवि बड़े आनन्द से वर्णन करते हैं—वरन् उस पर अनादि अतीत काल का बोझ रहता है। भला हो चाहे बुरा, वह यहाँ अपने पूर्वकृत कर्मों का फल भोगने आता है। उसीसे इस वैषम्य की सृष्टि हुई है। यही कर्म-विधान है। हममें से प्रत्येक मनुष्य अपना अपना अदृष्ट गढ़ रहा है। इसी मतवाद द्वारा भवितव्यतावाद तथा अदृष्टवाद का खंडन होता है तथा ईश्वर और मनुष्य में सामंजस्य स्थापित करने का एकमात्र उपाय इसीसे मिलता है; हम, हमी लोग अपने फलभोगों के लिए ज़िम्मेदार हैं, दूसरा कोई नहीं। हमीं कार्य हैं और हमीं कारण। अतः हम स्वतन्त्र हैं। यदि मैं दुःखी हूँ तो यह अपने ही किये का फल है और उसी से पता चलता है कि यदि मैं चाहूँ तो सुखी हो सकता हूँ। यदि मैं अपवित्र हूँ तो वह भी मेरा अपना ही किया हुआ है, और उसीसे ज्ञात होता है कि यदि मैं चाहूँ तो पवित्र भी हो सकता हूँ। मनुष्य की इच्छाशक्ति किसी भी परिस्थिति के अधीन नहीं। इसके सामने—मनुष्य

की प्रबल, विराट्, अनन्त इच्छाशक्ति और स्वतन्त्रता के सामने—सभी शक्तियाँ, यहाँ तक कि प्राकृतिक शक्तियाँ भी झुक जायँगी, दब जायँगी और इसकी ग़ुलामी करेंगी। यही कर्मविधान का फल है।

दूसरा प्रश्न स्वभावतः यही होगा कि आत्मा क्या है? अपने शास्त्रों में कहे हुए ईश्वर को भी हम बिना आत्मा को जाने नहीं समझ सकते। भारत में और भारत के बाहर भी बाह्य प्रकृति के अध्ययन द्वारा सर्वातीत सत्ता की झलक पाने के प्रयत्न हो चुके हैं और हम सभी जानते हैं कि इनका क्या शोचनीय फल निकला। अतीत वस्तु की झलक पाने के बदले जितना ही हम जड़ जगत् का अध्ययन करते हैं उतने ही हम भौतिकवादी होते जाते हैं। जड़ जगत् को हम जितना नियंत्रित करना चाहते हैं, उतनी ही हमारी शेष आध्यात्मिकता भी काफ़ूर होती जाती है; इसीलिए अध्यात्म का—ब्रह्मतत्त्व के ज्ञान का यह रास्ता नहीं। अपने अन्दर, अपनी आत्मा के अन्दर उसका अनुसन्धान करना होगा। बाह्य जगत् की घटनाएँ उस सर्वातीत अनन्त सत्ता के विषय में हमें कुछ नहीं बताती हैं, केवल अन्तर्जगत् के अन्वेषण से ही उसका पता चल सकता है। अतः आत्मतत्त्व के अन्वेषण तथा उसके विश्लेषण द्वारा ही परमात्म-तत्त्व का ज्ञान प्राप्त होना सम्भव है। जीवात्मा के स्वरूप के विषय में भारत के विभिन्न सम्प्रदायों में मतभेद है सही, पर उनमें कुछ बातों में मतैक्य भी है। हम सभी मानते हैं कि सभी जीवात्माएँ आदि-अन्त रहित हैं और स्वरूपतः अविनाशी हैं; और यह भी कि सर्वविध शक्ति, आनन्द, पवित्रता, सर्वव्यापकता और सर्वज्ञता प्रत्येक आत्मा में अन्तर्निहित है। यह एक महान् तत्त्व है जिसे हमको स्मरण रखना चाहिए। प्रत्येक मनुष्य और प्रत्येक प्राणी में, वह चाहे जितना दुर्बल या दुष्ट, बड़ा या छोटा हो, वही सर्वव्यापी सर्वज्ञ आत्मा विराजमान है। अन्तर आत्मा में नहीं, उसकी बाह्य अभिव्यक्ति में है। मुझमें और एक छोटे से छोटे प्राणी में अन्तर केवल बाह्य अभिव्यक्ति में है, पर सिद्धान्ततः वह और मैं एक ही हैं, वह मेरा भाई है, उसकी और मेरी आत्मा एक ही है। यही सबसे महान् तत्त्व है; इसीका भारत ने जगत् में प्रचार किया है। मानव जाति में भ्रातृभाव की जो बात अन्यान्य देशों में सुन पड़ती है उसने भारत में समस्त चेतन सृष्टि में भ्रातृभाव का रूप धारण किया है, जिसमें सभी प्राणी—छोटी छोटी चींटियों तक का जीवन—शामिल है; ये सभी हमारे शरीर हैं। हमारा शास्त्र भी कहता है, "इसी तरह पण्डित लोग उस प्रभु को सर्व-भूतमय जानकर सब प्राणियों की ईश्वर-बुद्धि से उपासना करें।"[1] यही कारण है कि भारतवर्ष में ग़रीबों, जानवरों, सभी प्राणियों और वस्तुओं के बारे में ऐसी

---

१. एवं तु पण्डितैर्ज्ञात्वा सर्वभूतमयं हरिम्।

करुणापूर्ण धारणाएँ पोषण की जाती हैं। हमारी आत्मा-सम्बन्धी धारणाओं की सर्वमान्य भूमियों में एक यह भी है।

अब हम स्वभावतः ईश्वर-तत्त्व पर आते हैं। परन्तु एक बात आत्मा के सम्बन्ध में और रह गयी। जो लोग अंग्रेज़ी भाषा का अध्ययन करते हैं, उन्हें प्रायः 'सोल एण्ड माइंड' (आत्मा और मन) के अर्थ में भ्रम हो जाता है। संस्कृत 'आत्मा' और अंग्रेज़ी 'सोल' ये दोनों शब्द पूर्णतः भिन्नार्थवाचक हैं। हम जिसे 'मन' कहते हैं, पश्चिम के लोग उसे 'सोल' (आत्मा) कहते हैं। पश्चिम देश वालों का आत्मा का यथार्थ ज्ञान पहले कभी नहीं था, कोई बीस वर्ष हुए संस्कृत दर्शन-शास्त्रों से यह ज्ञान उन्हें प्राप्त हुआ है। यह हमारा स्थूल शरीर है, इसके पीछे मन है, किन्तु यह मन आत्मा नहीं है। यह सूक्ष्म शरीर है—सूक्ष्म तन्मात्राओं का बना हुआ है। यही जन्म और मृत्यु के फेर में पड़ा हुआ है। परन्तु मन के पीछे है आत्मा—मनुष्यों की यथार्थ सत्ता। इस आत्मा शब्द का अनुवाद 'सोल' या 'माइंड' नहीं हो सकता। अतएव हम 'आत्मा' शब्द का ही प्रयोग करेंगे अथवा आजकल के पाश्चात्य दार्शनिकों के मतानुसार 'सेल्फ' शब्द का। तुम चाहे जिस शब्द का प्रयोग करो; किन्तु तुम्हें यह स्पष्ट समझ लेना चाहिए कि स्थूल शरीर तथा मन, दोनों से आत्मा पृथक् है, और वही आत्मा, मन या सूक्ष्म शरीर के साथ, जन्म और मृत्यु के चक्र में घूम रहा है। और जब समय आता है और उसे सर्वज्ञता तथा पूर्णत्व प्राप्त होता है, तब यह जन्म-मृत्यु का चक्र समाप्त हो जाता है। फिर वह स्वतन्त्र होकर चाहे तो मन या सूक्ष्म शरीर को रख सकता है, अथवा उसका त्याग कर चिरकाल के लिए स्वाधीन और मुक्त रह सकता है। जीवात्मा का लक्ष्य मुक्ति ही है। हमारे धर्म की यही एक विशेषता है। हमारे धर्म में भी स्वर्ग और नरक हैं, परन्तु वे चिरस्थायी नहीं हैं, क्योंकि प्रकृतितः स्वर्ग और नरक के स्वरूप पर विचार करने से यह सहज ही मालूम हो जायगा कि ये चिरस्थायी नहीं हो सकते। यदि स्वर्ग हो भी तो वहाँ बृहत्तर पैमाने पर मर्त्यलोक की ही पुनरावृत्ति होगी, वहाँ सुख कुछ अधिक हो सकता है, भोग कुछ ज़्यादा होगा, परन्तु इससे आत्मा का अशुभ ही अधिक होगा। ऐसे स्वर्ग अनेक हैं। इहलोक में जो लोग फल-प्राप्ति की इच्छा से सत्कर्म करते हैं वे लोग मृत्यु के बाद ऐसे ही किसी स्वर्ग में देवताओं के रूप से जन्म लेते हैं, जैसे इन्द्र अथवा अन्य इसी प्रकार। यह देवत्व एक पदविशेष है। देवता भी किसी समय मनुष्य थे और सत्कर्मों के कारण उन्हें देवत्व की प्राप्ति हुई। इन्द्र आदि किसी देवता विशेष के नाम नहीं हैं। हज़ारों इन्द्र होंगे। नहुष महान् राजा था और उसने मृत्यु के पश्चात् इन्द्रत्व पाया था। इन्द्रत्व केवल एक पद है। किसीने अच्छे कर्म किये, फलस्वरूप उसकी उन्नति हुई और उसने इन्द्रत्व का पद पाया, कुछ दिन उसी पद पर प्रतिष्ठित रहा, फिर उस देव-शरीर को

छोड़ मनुष्य का तन धारण किया। मनुष्य का जन्म सब जन्मों से श्रेष्ठ है। कोई कोई देवता स्वर्ग-सुख की इच्छा छोड़ मुक्ति-प्राप्ति की चेष्टा कर सकते हैं, परन्तु जिस प्रकार इस संसार के अधिकांश लोगों को जिस प्रकार धन, मान और भोग विभ्रम में डाल देते हैं, उसी प्रकार अधिकांश देवता भी मोहग्रस्त हो जाते हैं और अपने शुभ कर्मों का फल भोग करके पतित होते हैं और फिर मानव-शरीर धारण करते हैं। अतएव यह पृथ्वी ही कर्म-भूमि है। इस पृथ्वी ही से हम मुक्तिलाभ कर सकते हैं। अतः ये स्वर्ग भी इस योग्य नहीं कि इनकी कामना की जाय।

तो फिर हमें क्या चाहिए?—मुक्ति। हमारे शास्त्र कहते हैं कि ऊँचे ऊँचे स्वर्ग में भी तुम प्रकृति के दास हो। बीस हज़ार वर्ष तक तुमने राज्यभोग किया; पर इससे हुआ क्या? जब तक तुम्हारा शरीर रहेगा, जब तक तुम सुख के दास रहोगे, जब तक देश और काल का तुम पर प्रभुत्व है, तब तक तुम दास ही हो। इसीलिए हमें बाह्य प्रकृति और अन्तः प्रकृति—दोनों पर विजय प्राप्त करनी होगी। प्रकृति को तुम्हारे पैरों तले रहना चाहिए और इसे पददलित कर इससे बाहर निकलकर तुमको स्वाधीन और महिमामंडित होना चाहिए। तब जीवन नहीं रह जायगा, अतएव मृत्यु भी नहीं होगी। तब सुख का प्रश्न नहीं होगा, अतएव दुःख भी नहीं होगा। यही सर्वातीत, अव्यक्त, अविनाशी आनन्द है। यहाँ जिसे हम सुख और कल्याण कहते हैं, वह उसी अनन्त आनन्द का एक कण मात्र है। वही अनन्त आनन्द हमारा लक्ष्य है।

आत्मा लिंगभेदरहित है। आत्मा के विषय में यह नहीं कहा जा सकता कि वह पुरुष है या स्त्री। यह स्त्री और पुरुष का भेद तो केवल देह के सम्बन्ध में है। अतएव आत्मा पर स्त्री-पुरुष के भेद का आरोप करना केवल भ्रम है—यह लिंग-भेद शरीर के विषय में ही सत्य है। आत्मा की आयु का भी निर्देश नहीं किया जा सकता। वह पुरातन पुरुष सदा समस्वरूप ही में वर्तमान है। तो यह आत्मा संसार में बद्ध किस प्रकार हो गयी? इस प्रश्न का केवल एक ही उत्तर शास्त्र देते हैं। अज्ञान ही इस समस्त बन्धन का कारण है। हम अज्ञान के ही कारण बँधे हुए हैं। ज्ञान से अज्ञान दूर होगा, यही ज्ञान हमें उस पार ले जायगा। तो इस ज्ञान-प्राप्ति का क्या उपाय है?—प्रेम और भक्ति से, ईश्वराराधन द्वारा और सर्वभूतों को परमात्मा का मन्दिर समझकर प्रेम करने से ज्ञान होता है। इस प्रकार अनुराग की प्रबलता से ज्ञान का उदय होगा और अज्ञान दूर होगा, सब बन्धन टूट जायँगे और आत्मा को मुक्ति मिलेगी।

हमारे शास्त्रों में परमात्मा के दो रूप कहे गये हैं—सगुण और निर्गुण। सगुण ईश्वर के अर्थ से वह सर्वव्यापी है, संसार की सृष्टि, स्थिति और प्रलय का कर्ता है,

संसार का अनादि जनक तथा जननी है, उसके साथ हमारा नित्य भेद है और मुक्ति का अर्थ—उसके सामीप्य और सालोक्य की प्राप्ति है। सगुण ब्रह्म के ये सब विशेषण निर्गुण ब्रह्म के सम्बन्ध में अनावश्यक और अतार्किक मानकर त्याग दिये गये हैं। वह निर्गुण और सर्वव्यापी पुरुष ज्ञानवान् नहीं कहा जा सकता; क्योंकि ज्ञान मानव-मन का धर्म है। वह चिन्तनशील नहीं कहा जा सकता; क्योंकि चिन्तन ससीम जीवों के ज्ञानलाभ का उपाय मात्र है। वह विचारपरायण नहीं कहा जा सकता; क्योंकि विचार भी ससीम है और दुर्बलता का चिह्न मात्र है। वह सृष्टिकर्ता भी नहीं कहा जा सकता; क्योंकि जो बन्धन में है वही सृष्टि की ओर प्रवृत्त होता है। उसका बन्धन ही क्या हो सकता है? कोई बिना प्रयोजन के कोई काम नहीं कर सकता, उसे फिर प्रयोजन क्या है? कामना पूर्ति के लिए ही सब काम करते हैं। उन्हें क्या कामना है? वेदों में उसके लिए 'सः' शब्द का प्रयोग नहीं किया गया; 'सः' शब्द द्वारा निर्देश न करके निर्गुण भाव समझाने के लिए 'तत्' शब्द द्वारा उसका निर्देश किया गया है। 'सः' शब्द के कहे जाने से वह व्यक्तिविशेष हो जाता, इससे जीव-जगत् के साथ उसका सम्पूर्ण पार्थक्य सूचित हो जाता है। इसलिए निर्गुणवाचक 'तत्' शब्द का प्रयोग किया गया है और 'तत्' शब्द से निर्गुण ब्रह्म का प्रचार हुआ है। इसीको अद्वैतवाद कहते हैं।

इस निर्गुण पुरुष के साथ हमारा क्या सम्बन्ध है? यह कि हम उससे अभिन्न हैं, वह और हम एक हैं। हर एक मनुष्य उसी सब प्राणियों के मूल कारण रूप निर्गुण पुरुष की अलग अलग अभिव्यक्ति है। जब हम इस अनन्त और निर्गुण पुरुष से अपने को पृथक् सोचते हैं तभी हमारे दुःख की उत्पत्ति होती है और इस अनिर्वचनीय निर्गुण सत्ता के साथ अभेद ज्ञान ही मुक्ति है। संक्षेपतः, हम अपने शास्त्रों में ईश्वर के इन्हीं दोनों भावों का उल्लेख देखते हैं।

यहाँ यह कहना आवश्यक है कि निर्गुण ब्रह्मवाद की भावना के माध्यम से ही किसी प्रकार के आचरण-शास्त्र के सिद्धान्त का प्रतिपादन किया जा सकता है। अति प्राचीन काल ही से प्रत्येक जाति में यह सत्य प्रचारित किया गया है कि अपने सह-जीवों को अपने समान प्यार करो, मेरा मतलब है कि मानवप्राणी को आत्मवत् प्यार करना चाहिए। हमने तो मनुष्य और इतर प्राणियों में कोई भेद ही नहीं रखा, भारत में सभी को आत्मवत् प्यार करने का उपदेश दिया गया है, परन्तु अन्य प्राणियों को आत्मवत् प्यार करने से क्यों कल्याण होगा, इसका कारण किसीने नहीं बताया। एकमात्र निर्गुण ब्रह्मवाद ही इसका कारण बतलाने में समर्थ है। यह तुम तभी समझोगे, जब तुम सम्पूर्ण ब्रह्माण्ड की एकात्मकता, विश्व की एकता और जीवन के अखण्डत्व का अनुभव करोगे—जब तुम समझोगे कि दूसरे को प्यार करना अपने

ही को प्यार करना है—दूसरे को हानि पहुँचाना अपनी ही हानि करना है। तभी हम समझेंगे कि दूसरे का अहित करना क्यों अनुचित है। अतएव, यह निर्गुण ब्रह्मवाद ही आचरण-शास्त्र का मूल कारण माना जा सकता है। अद्वैतवाद का प्रसंग उठाते हुए उसमें सगुण ब्रह्म का प्रश्न भी आ जाता है। सगुण ब्रह्म पर विश्वास हो तो हृदय में कैसा अपूर्व प्रेम उमड़ता है, यह मैं जानता हूँ। मैं अच्छी तरह समझता हूँ कि भिन्न भिन्न समय की आवश्यकतानुसार मनुष्यों पर भक्ति की शक्ति और सामर्थ्य का कैसा प्रभाव पड़ा है। परन्तु हमारे देश में अब रोने का समय नहीं है, कुछ वीरता की आवश्यकता है। इस निर्गुण ब्रह्म पर विश्वास कर सब प्रकार के कुसंस्कारों से मुक्त हो 'मैं ही वह निर्गुण ब्रह्म हूँ'—इस ज्ञान के सहारे अपने ही पैरों पर खड़े होने से हृदय में कैसी अद्भुत शक्ति भर जाती है। और फिर भय? मुझे किसका भय है? मैं प्रकृति के नियमों की भी परवाह नहीं करता। मृत्यु मेरे निकट उपहास है। मनुष्य तब अपनी उस आत्मा की महिमा में प्रतिष्ठित हो जाता है, जो असीम अनन्त है, अविनाशी है, जिसे कोई शस्त्र छेद नहीं सकता, आग जला नहीं सकती, पानी गीला नहीं कर सकता, वायु सुखा नहीं सकती,[1]—जो असीम है, जन्म-मृत्यु रहित है, तथा जिसकी महत्ता के सामने सूर्यचन्द्रादि, यहाँ तक कि सारा ब्रह्माण्ड सिन्धु में बिन्दु तुल्य प्रतीत होता है,—जिसकी महत्ता के सामने देश और काल का भी अस्तित्व लुप्त हो जाता है। हमें इसी महामहिम आत्मा पर विश्वास करना होगा, इसी इच्छा से शक्ति प्राप्त होगी। तुम जो कुछ सोचोगे, तुम वही हो जाओगे; यदि तुम अपने को दुर्बल समझोगे, तो तुम दुर्बल हो जाओगे; वीर्यवान सोचोगे तो वीर्यवान बन जाओगे। यदि तुम अपने को अपवित्र सोचोगे तो तुम अपवित्र हो जाओगे; अपने को शुद्ध सोचोगे तो शुद्ध हो जाओगे। इससे हमको शिक्षा मिलती है कि हम अपने को कमज़ोर न समझें, प्रत्युत् अपने को वीर्यवान, सर्वशक्तिमान और सर्वज्ञ मानें। यह भाव हममें चाहे अब तक प्रकाशित न हुआ हो, किन्तु वह हमारे भीतर है ज़रूर। हमारे भीतर सम्पूर्ण ज्ञान, सारी शक्तियाँ, पूर्ण पवित्रता और स्वाधीनता के भाव विद्यमान हैं। फिर हम उन्हें जीवन में प्रकाशित क्यों नहीं कर सकते? क्योंकि उन पर हमारा विश्वास नहीं है। यदि हम उन पर विश्वास कर सकें, तो उनका विकास होगा—अवश्य होगा। निर्गुण ब्रह्म से हमें यही शिक्षा मिलती है। बिल्कुल बचपन से ही बच्चों को बलवान बनाओ—उन्हें दुर्बलता अथवा किसी बाहरी अनुष्ठान की शिक्षा न दी जाय। वे तेजस्वी हों, अपने ही पैरों पर खड़े हो

---

१. **नैनं छिन्दन्ति शस्त्राणि नैनं दहति पावकः।**
न चैनं क्लेदयन्त्यापो न शोषयति मारुतः ॥गीता २:२३॥

सकें—साहसी, सर्वविजयी, सब कुछ सहनेवाले हों; परन्तु सबसे पहले उन्हें आत्मा की महिमा की शिक्षा मिलनी चाहिए। यह शिक्षा वेदान्त में—केवल वेदान्त में प्राप्त होगी। वेदान्त में अन्यान्य धर्मों की तरह भक्ति, उपासना आदि की भी अनेक बातें हैं—यथेष्ट मात्रा में हैं, परन्तु मैं जिस आत्मतत्त्व की बात कह रहा हूँ, वही जीवन है, शक्तिप्रद है और अत्यन्त अपूर्व है। केवल वेदान्त में ही वह महान् तत्त्व है जिससे सारे संसार के भावजगत् में क्रान्ति होगी और भौतिक जगत के ज्ञान के साथ धर्म का सामंजस्य स्थापित होगा।

तुम्हारे सम्मुख मैंने अपने धर्म के मुख्य मुख्य तत्त्वों को स्पष्ट करने का प्रयत्न किया है। अब मुझे उनके प्रयोग और अभ्यास के बारे में कुछ शब्द कहना है। मैंने पहले ही कहा है कि भारत की वर्तमान परिस्थिति के अनुसार उसमें अनेक सम्प्रदायों का रहना स्वाभाविक है। अतः यहाँ अनेक सम्प्रदाय देखने को मिलते हैं; और साथ ही यह जानकर आश्चर्य होता है कि ये सम्प्रदाय आपस में लड़ते-झगड़ते नहीं। शैव यह नहीं कहता कि हर एक वैष्णव जहन्नुम को जा रहा है, न वैष्णव ही शैव को यह कहता है। शैव कहता है कि यह हमारा मार्ग है, तुम अपने में रहो, अन्त में हम एक ही जगह पहुँचेंगे। यह बात भारत के सभी मनुष्य जानते हैं। यही इष्ट-निष्ठा का सिद्धान्त है। अति प्राचीन काल से यह स्वीकृत रहा है कि ईश्वर की उपासना की कितनी ही पद्धतियाँ हैं। यह भी माना गया है कि भिन्न भिन्न स्वभाव के मनुष्यों के लिए भिन्न भिन्न मार्ग आवश्यक हैं। ईश्वर तक पहुँचने का तुम्हारा रास्ता, सम्भव है, मेरा न हो। सम्भव है, उससे मेरी क्षति हो। यह धारणा कि हर एक के लिए एक ही मार्ग है—हानिकर है, निरर्थक है और सर्वथा त्याज्य है। यदि हर एक मनुष्य का धार्मिक मत एक हो जाय और हर एक एक ही मार्ग का अवलम्बन करने लगे तो संसार के लिए वह बड़ा बुरा दिन होगा। तब तो सब धर्म और सारे विचार नष्ट हो जायँगे, सब लोगों की स्वाधीन विचार-शक्ति और वास्तविक विचार-भाव नष्ट हो जायँगे। वैभिन्न्य ही जीवन का मूल सूत्र है। इसका यदि अन्त हो जाय तो सारी सृष्टि का लोप हो जायगा। यह भिन्नता जब तक विचारों में रहेगी तब तक हम अवश्य जीते रहेंगे। अतएव इस भिन्नता के कारण हमें लड़ना न चाहिए। तुम्हारा मार्ग तुम्हारे लिए अत्युत्तम है; परन्तु हमारे लिए नहीं। मेरा मार्ग मेरे लिए अच्छा है, पर तुम्हारे लिए नहीं। इसी मार्ग को संस्कृत में इष्ट कहते हैं। अतएव याद रखो, संसार के किसी भी धर्म से हमारा विरोध नहीं है, क्योंकि हर एक का इष्ट भिन्न है। परन्तु, जब हम मनुष्यों को आकर यह कहते हुए सुनते हैं कि 'एकमात्र मार्ग केवल यही है' और जब भारत में हम अपने ऊपर उसे लादने की कोशिश करते देखते हैं, तब हमें हँसी आ जाती है। क्योंकि ऐसे मनुष्य जो कि अपने भाइयों का, एक

दूसरे पथ से ईश्वर की ओर जाते हुए देख, सत्यानाश करना चाहते हैं, उनके लिए प्यार की चर्चा करना वृथा है। उनके प्रेम का मोल कुछ नहीं है। प्रेम का प्रचार वे किस तरह कर सकते हैं, जब वे किसी को एक दूसरे मार्ग से ईश्वर की ओर जाते नहीं देख सकते? यदि यह प्रेम है तो फिर द्वेष क्या हुआ ? हमारा झगड़ा संसार के किसी भी धर्म से नहीं है, चाहे वह मनुष्यों को ईसा की पूजा करने की शिक्षा दे अथवा मुहम्मद की अथवा किसी दूसरे मसीहा की। हिन्दू कहते हैं–"प्यारे भाइयो ! मैं तुम्हारी सादर सहायता करूँगा, परन्तु तुम भी मुझे अपने मार्ग पर चलने दो। यही हमारा इष्ट है। तुम्हारा मार्ग बहुत अच्छा है, इसमें कोई सन्देह नहीं, परन्तु वह मेरे लिए, सम्भव है, घोर हानिकर हो। मेरा अपना अनुभव मुझे बताता है कि कौन सा भोजन मेरे लिए अच्छा है। यह बात डाक्टरों का समूह भी मुझे नहीं बता सकता। इसी प्रकार अपने निज के अनुभव से मैं जानता हूँ, कौन सा मार्ग मेरे लिए सर्वोत्तम है।" यही लक्ष्य है—इष्ट है; और इसीलिये हम कहते हैं कि यदि मन्दिर, प्रतीक या प्रतिमा के सहारे तुम अपने भीतर आत्मा में स्थित परमेश्वर को जान सको तो इसके लिये हमारी ओर से बधाई है। चाहो तो दो सौ मूर्तियाँ गढ़ो। यदि किसी नियम अनुष्ठान द्वारा तुम ईश्वर को प्राप्त कर सको, तो बिना विलम्ब उसका अनुष्ठान करो। चाहे जो क्रिया हो, चाहे जो अनुष्ठान हो, यदि वह तुम्हें ईश्वर के समीप ले जा रहा है तो उसी का ग्रहण करो, जिस किसी मन्दिर में जाने से तुम्हें ईश्वर लाभ में सहायता मिले तो वहीं जाकर उपासना करो। परन्तु उन मार्गों पर विवाद मत करो। जिस समय तुम विवाद करते हो, उस समय तुम ईश्वर की ओर नहीं जाते, बढ़ते नहीं, वरन् उल्टे पशुत्व की ओर चले जाते हो।

यही कुछ बातें हमारे धर्म की हैं। हमारा धर्म किसी को अलग नहीं करता, वह सभी को समेट लेता है। यद्यपि हमारा जातिभेद और अन्यान्य प्रथाएँ धर्म के साथ आपस में मिली हुई दिखती हैं, ऐसी बात नहीं। ये प्रथाएँ राष्ट्र के रूप में हमारी रक्षा के लिए आवश्यक थीं। और जब आत्मरक्षा के लिए इनकी ज़रूरत न रह जायगी तब स्वभावतः ये नष्ट हो जायँगी। किन्तु मेरी उम्र ज्यों ज्यों बढ़ती जाती है, ये पुरानी प्रथाएँ मुझे भली प्रतीत होती जाती हैं। एक समय ऐसा था जब मैं इनमें से अधिकांश को अनावश्यक तथा व्यर्थ समझता था, परन्तु आयुवृद्धि के साथ उनमें से किसी के विरुद्ध कुछ भी कहते मुझे संकोच होता है; क्योंकि उनका आविष्कार सैकड़ों सदियों के अनभव का फल है। कल का छोकड़ा, कल ही जिसकी मृत्यु हो सकती है, यदि मेरे पास आये और मेरे चिरकाल के संकल्पों को छोड़ देने को कहे और यदि मैं उस लड़के के मतानुसार अपनी व्यवस्था को पलट दूँ, तो मैं ही मूर्ख बनूंगा, और कोई नहीं। भारतेतर भिन्न भिन्न देशों से, समाज-सुधार के विषय के

यहाँ जितने उपदेश आते हैं, वे अधिकांश ऐसे ही हैं। वहाँ के ज्ञानाभिमानियों से कहो, "तुम जब अपने समाज का स्थायी संगठन कर सकोगे तब तुम्हारी बात मानेंगे। तुम किसी भाव को दो दिन के लिए भी धारण नहीं कर सकते। विवाद करके उसको छोड़ देते हो। तुम वसन्तकाल में कीड़ों की तरह जन्म लेते हो और उन्हींकी तरह कुछ क्षणों में मर जाते हो। बुलबुले की भाँति तुम्हारी उत्पत्ति होती है और बुलबुले की भाँति तुम्हारा नाश। पहले हमारे जैसा स्थायी समाज संगठित करो। पहले कुछ ऐसे सामाजिक नियमों और प्रथाओं को संचालित करो। जिनकी शक्ति हजारों वर्ष अक्षुण्ण रहे। तब तुम्हारे साथ इस विषय का वार्तालाप करने का समय आयेगा, किन्तु तब तक मेरे मित्र, तुम मात्र चंचल बालक हो।"

मुझे अपने धर्म के विषय पर जो कुछ कहना था, वह मैं कह चुका। अब मैं तुम्हें उस बात की याद दिलाना चाहता हूँ जिसकी इस समय विशेष आवश्यकता है। धन्यवाद है, महाभारत के प्रणेता महान् व्यास जी को जिन्होंने कहा है, "कलियुग में दान ही एकमात्र धर्म है।" तप और कठिन योगों की साधना इस युग में नहीं होती। इस युग में दान देने तथा दूसरों की सहायता करने की विशेष जरूरत है। दान शब्द का क्या अर्थ है? सब दानों से श्रेष्ठ है—अध्यात्म-दान, फिर है विद्या-दान, फिर प्राण-दान, भोजन-कपड़े का दान सबसे निकृष्ट दान है। जो अध्यात्म ज्ञान का दान करते हैं, वे अनन्त जन्म और मृत्यु के प्रवाह से आत्मा की रक्षा करते हैं। जो विद्यादान करते हैं, वे मनुष्य की आँखें खोलकर अध्यात्म-ज्ञान का पथ दिखा देते हैं। दूसरे दान, यहाँ तक कि प्राण-दान भी, उनके निकट तुच्छ है। अतएव तुम्हें समझ लेना चाहिए कि अन्यान्य सब कर्म आध्यात्मिक ज्ञान दान से निकृष्ट हैं। अतः तुम्हारे लिये यह समझना और स्मरण रखना आवश्यक है कि अध्यात्म-ज्ञान के प्रचार से अन्य सभी काम कम मूल्यवान हैं। आध्यात्मिक ज्ञान ही के विस्तार से मनुष्य जाति की सबसे अधिक सहायता की जा सकती है। आध्यात्मिकता का हमारे शास्त्रों में अनन्त स्रोत है और हमारे इस निवृत्तिमूलक देश को छोड़ और कौन सा देश है जहाँ धर्म की ऐसी प्रत्यक्षानुभूति का दृष्टान्त देखने को मिल सकता है? संसार विषयक कुछ अनुभव मैंने प्राप्त किया है। मेरी बात पर विश्वास करो, अन्यान्य देशों में वागाडम्बर बहुत है, किन्तु ऐसे मनुष्य जिन्होंने धर्म को अपने जीवन में परिणत किया है—यहीं, केवल यहीं हैं। धर्म बातों में नहीं रहता। तोता बोलता है, आजकल मशीनें भी बोल सकती हैं। परन्तु ऐसा जीवन मुझे दिखाओ जिसमें त्याग हो, आध्यात्मिकता हो, तितिक्षा हो, अनन्त प्रेम हो। इस प्रकार का जीवन आध्यात्मिक मनुष्य का निर्देश करता है। जब कि हमारे शास्त्रों में ऐसे सुन्दर भाव विद्यमान हैं और हमारे देश में ऐसे महान् जीवन्त उदाहरण विद्यमान हैं, तब तो यह बड़े दुःख

का विषय होगा यदि हमारे श्रेष्ठ योगियों के मस्तिष्क और हृदय से निकली हुई यह विचार-राशि प्रत्येक व्यक्ति की धनियों और दरिद्रों की, ऊँच या नीच, यहाँ तक कि हर एक की—साधारण सम्पत्ति न हो सके। केवल भारत ही में नहीं, विश्व भर में इसे फैलाना चाहिए। यह हमारे प्रधान कर्तव्य में से एक है। और तुम देखोगे कि जितना अधिक तुम दूसरों को मदद पहुँचाने के लिये कर्म करते हो, उतना ही अधिक तुम अपना ही कल्याण करते हो। यदि सचमुच तुम अपने धर्म पर प्रीति रखते हो, यदि सचमुच तुम अपने देश को प्यार करते हो तो दुर्बोध शास्त्रों में से रत्न-राशि ले लेकर उसके सच्चे उत्तराधिकारियों को देने के लिए जी खोलकर इस महान् व्रत की साधना में लग जाओ।

और सबसे पहले एक बात आवश्यक है। हाय! सदियों की घोर ईर्ष्या द्वारा हम जर्जर हो रहे हैं, हम सदा एक दूसरे के प्रति ईर्ष्या भाव रखते हैं! क्यों अमुक व्यक्ति हमसे बढ़ गया? क्यों हम अमुक से बड़े न हो सके? सर्वदा हमारी यही चिन्ता बनी रहती है। हम इस प्रकार ईर्ष्या के दास हो गए हैं कि धर्म में भी हम इसी श्रेष्ठता की ताक में रहते हैं। इसे हमें दूर करना चाहिए। यदि इस समय भारत में कोई महापाप है, तो वह यही ईर्ष्या की दासता है। हर एक व्यक्ति हुकूमत चाहता है, पर आज्ञा पालन करने के लिए कोई भी तैयार नहीं है; और यह सब इसलिए है कि प्राचीन काल के उस अद्भुत ब्रह्मचर्य-आश्रम का अब पालन नहीं किया जाता। पहले आदेश पालन करना सीखो, आदेश देना फिर स्वयं आ जायगा। पहले सर्वदा दास होना सीखो, तभी तुम प्रभु हो सकोगे। ईर्ष्या-द्वेष छोड़ो, तभी तुम उन महान् कर्मों को कर सकोगे, जो अभी तक बाक़ी पड़े हैं। हमारे पूर्वजों ने बड़े बड़े और अद्भुत कर्म किये हैं, जिन पर हमें श्रद्धा और गर्व है, परन्तु यह समय हमारे कार्य करने का है जिसे देखकर हमारी भावी सन्तान गर्व करेगी और हमें योग्य पूर्वज समझेगी। हमारे पूर्व पुरुष कितने ही श्रेष्ठ और महिमान्वित क्यों न हों, पर प्रभु के आशीर्वाद से, यहाँ जो लोग हैं उनमें से हर एक अब भी ऐसा काम करेगा, जिसके आगे पूर्वजों के कार्य मलिन हो जायँगे।

पाम्बन-अभिनन्दन का उत्तर

स्वामी विवेकानन्द जी के पाम्बन पहुँचने पर रामनाड़ के राजा ने उनसे भेंट की तथा बड़े स्नेह एवं भक्ति से उनके हार्दिक स्वागत का प्रबन्ध किया। जिस घाट पर स्वामी जी की नाव आकर लगी थी, वहाँ औपचारिक स्वागत के लिए बड़ी तैयारियाँ की गई थीं तथा सुरुचि के साथ सज्जित मण्डप के नीचे उनके स्वागत का आयोजन किया गया था। उस अवसर पर पाम्बन की जनता की ओर से स्वामी जी की सेवा में निम्नलिखित मानपत्र पढ़ा गया :

परम पूज्य स्वामी जी,

आज हम अत्यन्त कृतज्ञतापूर्वक तथा परम श्रद्धा के साथ आपका स्वागत करते हुए अत्यन्त उल्लसित हैं। हम आपके प्रति कृतज्ञ इसलिए हैं कि आपने अपने अन्य कितने ही आवश्यक कार्यों के बीच कुछ समय निकाल कर हमारे यहाँ आना कृपापूर्वक इतनी तत्परता के साथ स्वीकार किया। आपके प्रति हमारी परम श्रद्धा है—क्योंकि आपमें अनेकानेक महान् सद्गुण हैं, क्योंकि आपने उस महान् कार्य का दायित्व ग्रहण किया है जिसको आप इतनी योग्यता, दक्षता, उत्साह एवं लगन के साथ सम्पादित कर रहे हैं।

हमें वास्तव में यह देखकर बड़ा हर्ष होता है कि आपने पाश्चात्य लोगों के उर्वर मस्तिष्क में हिन्दू-दर्शन के सिद्धान्तों के बीजारोपण के जो प्रयत्न किये हैं वे इतने अधिक सफल हुए हैं कि हमें अभी से अपने चारों ओर उनके अंकुरित होने, लहलहाने तथा फूलने फलने के चिह्न स्पष्ट रूप से प्रतीत होने लगे हैं। हमारी आपसे अब इतनी ही प्रार्थना है कि आप अपने आर्यावर्त के इस निवास काल में पाश्चात्य देशों की अपेक्षा तनिक अधिक यत्न करके अपने देशवासी बन्धुओं के मानस को थोड़ा जाग्रत कर उन्हें विषादभव चिरनिद्रा से उठा दें तथा उन्हें उस सत्य का फिर स्मरण करा दें जिसे वे बहुत काल से भूले बैठे हैं।

स्वामी जी, आप हमारे आध्यात्मिक नेता हैं। हमारे हृदय आपके प्रति प्रगाढ़ स्नेह, अपूर्व श्रद्धा तथा उच्च श्लाघा से ऐसे परिपूर्ण हैं कि हमारे पास उन भावों को व्यक्त करने के लिए शब्द भी नहीं हैं। हम दयालु ईश्वर से एक स्वर से यही हार्दिक प्रार्थना करते हैं कि वह आपको चिरजीवी करे जिससे कि आप हम लोगों का भला कर सकें तथा वह आपको ऐसी शक्ति दे जिसके द्वारा आप हम लोगों की सोयी हुई विश्व-बन्धुत्व-भावना को फिर से जाग्रत कर सकें।

इस स्वागत भाषण के साथ राजा साहब ने अपनी ओर से व्यक्तिगत संक्षिप्त स्वागत-भाषण भी दिया जो बड़ा ही हृदयस्पर्शी था। इसके अनन्तर स्वामी जी ने निम्नाशय का उत्तर दिया :

स्वामी जी का उत्तर

हमारा पवित्र भारतवर्ष धर्म एवं दर्शन की पुण्य-भूमि है। यहीं बड़े बड़े महात्माओं तथा ऋषियों का जन्म हुआ है, यहीं संन्यास एवं त्याग की भूमि है तथा यहीं, केवल यहीं, आदि काल से लेकर आज तक मनुष्य के लिए जीवन के सर्वोच्च आदर्श का द्वार खुला हुआ है।

मैंने पाश्चात्य देश में भ्रमण किया है और मैं भिन्न भिन्न देशों में बहुत सी जातियों से मिला-जुला हूँ और मुझे यह लगा है कि प्रत्येक राष्ट्र और प्रत्येक जाति का एक न एक विशिष्ट आदर्श अवश्य होता है—राष्ट्र के समस्त जीवन में संचार करने वाला एक महत्त्वपूर्ण आदर्श; कह सकते हैं कि वह आदर्श राष्ट्रीय जीवन की रीढ़ होती है। परन्तु भारत का मेरुदण्ड राजनीति नहीं है, सैन्य-शक्ति भी नहीं है, व्यावसायिक आधिपत्य भी नहीं है और न यांत्रिक शक्ति ही है वरन् है धर्म—केवल धर्म ही हमारा सर्वस्व है और उसीको हमें रखना भी है। आध्यात्मिकता ही सदैव से भारत की निधि रही है। इसमें कोई शक नहीं कि शारीरिक शक्ति द्वारा अनेक महान् कार्य सम्पन्न होते हैं और इसी प्रकार मस्तिष्क की अभिव्यक्ति भी अद्भुत है, जिससे विज्ञान के सहारे तरह तरह के यंत्रों तथा मशीनों का निर्माण होता है, फिर भी जितना ज़बरदस्त प्रभाव आत्मा का विश्व पर पड़ता है उतना किसी का नहीं।

भारतीय इतिहास इस बात का साक्षी है कि भारतवर्ष सदैव से अत्यधिक क्रियाशील रहा है। आज हमें बहुत से लोग जिन्हें और अधिक जानकारी होनी चाहिए, यह सिखा रहे हैं कि हिन्दू जाति सदैव से भीरु तथा निष्क्रिय रही है और यह बात विदेशियों में एक प्रकार से कहावत के रूप में प्रचलित हो गई है। मैं इस विचार को कभी भी स्वीकार नहीं कर सकता कि भारतवर्ष कभी निष्क्रिय रहा है। सत्य तो यह है कि जितनी कर्मण्यता हमारे इस पुण्यक्षेत्र भारतवर्ष में रही है उतनी शायद ही कहीं रही हो और इस कर्मण्यता का सबसे बड़ा प्रमाण यह है कि हमारी यह चिर प्राचीन एवं महान् हिन्दू जाति आज भी ज्यों की त्यों जीवित है—और इतना ही नहीं बल्कि अपने उज्ज्वलतम जीवन के प्रत्येक युग में मानो अविनाशी और अक्षय नवयौवन प्राप्त करती है। यह कर्मण्यता हमारे यहाँ धर्म में प्रकट होती है। परन्तु मानव प्रकृति में यह एक विचित्रता है कि वह दूसरों पर

विचार अपनी ही क्रियाशीलता के प्रतिमानों के आधार पर करता है। उदाहरणार्थ, एक मोची को लो। उसे केवल जूता बनाने का ही ज्ञान होता है और इसलिए वह यह सोचता है कि इस जीवन में जूता बनाने के अतिरिक्त और दूसरा कोई काम ही नहीं। इसी प्रकार एक ईंट ढालनेवाले को ईंटें बनाने के अतिरिक्त और कुछ भी नहीं आता। और अपने जीवन में दिन प्रतिदिन वह यही सिद्ध करता रहता है। इस सब का एक दूसरा कारण है जिससे इसकी व्याख्या की जा सकती है। जब प्रकाश का स्पन्दन बहुत तेज़ होता है तो उसे हम नहीं देख पाते हैं, क्योंकि हमारे नेत्रों की बनावट कुछ ऐसी होती है कि हम अपनी साधारण दृष्टि-शक्ति के परे नहीं जा सकते हैं। परन्तु योगी अपनी आध्यात्मिक अन्तर्दृष्टि से साधारण अज्ञ लोगों के भौतिक आवरण को भेदकर देखने में समर्थ होते हैं।

आज तो समस्त संसार आध्यात्मिक खाद्य के लिए भारत-भूमि की ओर ताक रहा है, और भारत को ही यह प्रत्येक राष्ट्र को देना होगा। केवल भारत में ही मनुष्य जाति का सर्वोच्च आदर्श प्राप्य है और आज कितने ही पाश्चात्य पंडित हमारे इस आदर्श को, जो हमारे संस्कृत साहित्य तथा दर्शन-शास्त्रों में निहित हैं, समझने की चेष्टा कर रहे हैं। सदियों से यही आदर्श भारत की एक विशेषता रही है।

जब से इतिहास का आरम्भ हुआ है, कोई भी प्रचारक भारत के बाहर हिन्दू सिद्धान्तों और मतों का प्रचार करने के लिए नहीं गया, परन्तु अब हममें एक आश्चर्यजनक परिवर्तन आ रहा है। भगवान् श्रीकृष्ण ने गीता में कहा है, "जब जब धर्म की हानि होती है तथा अधर्म की वृद्धि होती है, तब तब साधुओं के परित्राण, दुष्कर्मों के नाश तथा धर्म-संस्थापन के लिए मैं जन्म लेता हूँ।"[1] धार्मिक अन्वेषणों द्वारा हमें इस सत्य का पता चलता है कि उत्तम आचरण-शास्त्र से युक्त कोई भी ऐसा देश नहीं है जिसने उसका कुछ न कुछ अंश हमसे न लिया हो, तथा कोई भी ऐसा धर्म नहीं है जिसमें आत्मा के अमरत्व का ज्ञान विद्यमान है, और उसने भी प्रत्यक्ष या परोक्ष रूप में वह हमसे ही ग्रहण नहीं किया है।

उन्नीसवीं शताब्दी के अन्त में जितनी डाकाज़नी, जितना अत्याचार तथा दुर्बल के प्रति जितनी निर्दयता हुई है उतनी संसार के इतिहास में शायद कभी भी नहीं हुई। प्रत्येक व्यक्ति को यह भली भाँति समझ लेना चाहिए कि जब तक हम अपनी वासनाओं पर विजय नहीं प्राप्त कर लेते, तब तक हमारी किसी प्रकार मुक्ति सम्भव नहीं, जो मनुष्य प्रकृति का दास है, वह कभी भी मुक्त नहीं हो सकता।

---

१. यदा यदा हि धर्मस्य ग्लानिर्भवति भारत।
अभ्युत्थानमधर्मस्य तदात्मानं सृजाम्यहम्॥ गीता ४।७॥

यह महान् सत्य आज संसार की सब जातियाँ धीरे धीरे समझने लगीं हैं तथा उसका आदर करने लगीं हैं। जब शिष्य इस सत्य की धारणा के योग्य बन जाता है तभी उस पर गुरु की कृपा होती है। ईश्वर अपने बच्चों की फिर असीम कृपापूर्वक सहायता करता है जो सभी धर्म मतों में सदा प्रवाहित रहती है। हमारे प्रभु सब धर्मों के ईश्वर हैं। यह उदार भाव केवल भारतवर्ष में ही विद्यमान है और मैं इस बात की चुनौती देकर कहता हूँ कि ऐसा उदार भाव संसार के अन्यान्य धर्म-शास्त्रों में कोई दिखाये तो सही।

ईश्वर के विधान से आज हम हिन्दू बहुत कठिन तथा दायित्वपूर्ण स्थिति में हैं। आज कितनी ही पाश्चात्य जातियाँ हमारे पास आध्यात्मिक सहायता के लिए आ रही हैं। आज भारत की सन्तान के ऊपर यह महान् नैतिक दायित्व है कि वे मानवीय अस्तित्व की समस्या के विषय में संसार के पथ-प्रदर्शन के लिए अपने को पूरी तरह तैयार कर लें। एक बात यहाँ पर ध्यान में रखने योग्य है—जिस प्रकार अन्य देशों के अच्छे और बड़े बड़े आदमी भी स्वयं इस बात का गर्व करते हैं कि उनके पूर्वज किसी एक बड़े डाकुओं के गिरोह के सरदार थे जो समय समय पर अपनी पहाड़ी गुफाओं से निकलकर बटोहियों पर छापा मारा करते थे; इधर हम हिन्दू लोग इस बात पर गर्व करते हैं कि हम उन ऋषि तथा महात्माओं के वंशज हैं जो वन के फल-फूल के आहार पर पहाड़ों की कन्दराओं में रहते थे तथा ब्रह्म-चिन्तन में मग्न रहते थे। भले ही आज हम अधःपतित और पदभ्रष्ट हो गए हों और चाहे जितने भी पदभ्रष्ट होकर क्यों न गिर गये हों, परन्तु यह निश्चित है कि आज यदि हम अपने धर्म के लिए तत्परता से कार्य-संलग्न हो जायँ तो हम अपना गौरव प्राप्त कर सकते हैं।

तुम सबने मेरा स्नेह और श्रद्धापूर्वक जो यह स्वागत किया है उसके लिए मैं तुमको हार्दिक धन्यवाद देता हूँ। रामनाड़ के राजा साहब का मेरे प्रति जो प्रेम है उसका आभार-प्रदर्शन मैं शब्दों द्वारा नहीं कर सकता। मैं कह सकता हूँ कि मुझसे अथवा मेरे द्वारा यदि कोई श्रेष्ठ कार्य हुआ है तो भारतवर्ष उसके लिए राजा साहब का ऋणी है; क्योंकि मेरे शिकागो जाने का विचार सबसे पहले राजा साहब के मन में ही उठा था, उन्हींने वह विचार मेरे सम्मुख रखा तथा उन्होंने ही इसके लिए मुझसे बार बार आग्रह किया कि मैं शिकागो अवश्य जाऊँ। आज मेरे साथ खड़े होकर अपनी स्वाभाविक लगन के साथ वे मुझसे यही आशा कर रहे हैं कि मैं अधिकाधिक कार्य करता जाऊँ। मेरी तो यही इच्छा है कि हमारी प्रिय मातृभूमि में लगन के साथ रुचि लेनेवाले तथा उसकी आध्यात्मिक उन्नति के निमित्त यत्नशील ऐसे आधे दर्जन राजा और हों।

यथार्थ उपासना

[रामेश्वरम् के मन्दिर में दिया हुआ भाषण]

कुछ समय बाद स्वामी जी श्री रामेश्वर-मन्दिर में गये, वहाँ एकत्र जनता को दो शब्द कहने के लिए उनसे प्रार्थना की गयी। उस अवसर पर स्वामी जी ने निम्नलिखित शब्दों में भाषण दिया :

धर्म प्रेम में ही है, अनुष्ठानों में नहीं; और वह भी हार्दिक प्रेम जो शुद्ध तथा निष्कपट हो। यदि मनुष्य शरीर तथा मन दोनों से शुद्ध नहीं है तो उसका मन्दिर में जाकर शिवोपासना करना व्यर्थ ही है। उन्हीं लोगों की प्रार्थना को, जो शरीर तथा मन से शुद्ध हैं, शिव सुनते हैं और इसके विपरीत जो लोग अशुद्ध होकर भी दूसरों को धर्म की शिक्षा देते हैं वे अन्त में निश्चय ही असफल रहेंगे। बाह्य पूजा मानस-पूजा का प्रतीक मात्र है—असल में मानस-पूजा तथा चित्त की शुद्धि ही सच्ची चीज़ें हैं। इनके बिना बाह्य पूजा से कोई लाभ नहीं। इसका सदैव मनन करना चाहिए। अतः तुम सभी को यह अवश्य स्मरण रखना चाहिए।

आजकल कलियुग में लोगों का इतना अधिक मानसिक पतन हो गया है कि वे यह समझ बैठे हैं कि वे चाहे जितना भी पाप करते रहें, परन्तु उसके बाद यदि वे किसी पुण्य तीर्थ में चले जायँ, तो उनके सारे पाप नष्ट हो जायँगे। पर यदि कोई मनुष्य अशुद्ध मन से मन्दिर में जाता है तो उसका पाप और भी अधिक बढ़ जाता है तथा वह अपने घर निम्नतर स्थिति में वापस जाता है। तीर्थ वह स्थान है, जहाँ शुद्ध पवित्र लोग रहते हैं तथा पवित्र वस्तुओं से परिपूर्ण है। किसी स्थान पर पवित्र लोग रहने लगें और यदि वहाँ कोई मन्दिर न भी हो, तो भी वह स्थान तीर्थ बन जाता है। इसी प्रकार किसी ऐसे स्थान में जहाँ सैकड़ों मन्दिर हों, यदि अशुद्ध लोग रहने लगें तो यह समझ लेना चाहिए कि उस स्थान का तीर्थत्व नष्ट हो गया है। अतएव किसी तीर्थ-स्थान में रहना भी बड़ा कठिन काम है, क्योंकि यदि किसी साधारण स्थान पर कोई पाप किया जाता है तो उससे तो छुटकारा सरलता से हो सकता है, परन्तु किसी तीर्थ-स्थान में किया हुआ पाप कभी भी दूर नहीं किया जा सकता। समस्त उपासनाओं का यही धर्म है कि मनुष्य शुद्ध रहे तथा दूसरों के प्रति सदैव भला करे। वह मनुष्य जो शिव को निर्धन, दुर्बल तथा

रुग्ण व्यक्ति में भी देखता है वही सचमुच शिव की उपासना करता है, परन्तु यदि वह उन्हें केवल मूर्ति में ही देखता है तो कहा जा सकता है कि उसकी उपासना अभी नितान्त प्रारम्भिक ही है। यदि किसी मनुष्य ने किसी एक निर्धन मनुष्य की सेवा-शुश्रूषा बिना जाति-पाँति अथवा ऊँच-नीच के भेद-भाव के यह विचार कर की है कि उसमें साक्षात् शिव विराजमान हैं, तो शिव उस मनुष्य से दूसरे एक मनुष्य की अपेक्षा, जो कि उन्हें केवल मन्दिर में देखता है, अधिक प्रसन्न होंगे।

एक धनी व्यक्ति का एक बगीचा था जिसमें दो माली काम करते थे। एक माली बड़ा सुस्त तथा कमज़ोर था परन्तु जब कभी वह अपने मालिक को आते देखता तो झट उठकर खड़ा हो जाता और हाथ जोड़कर कहता, "मेरे स्वामी का मुख कैसा सुन्दर है!" और उसके सम्मुख नाचने लगता। दूसरा माली ज्यादा बातचीत नहीं करता था, उसे तो बस अपने काम से काम था। और वह बड़ी मेहनत से बगीचे में तरह तरह के फल तरकारी पैदा कर उन्हें स्वयं अपने सिर पर रखकर मालिक के घर पहुँचाता था, यद्यपि मालिक का घर बहुत दूर था। अब इन दो मालियों में से मालिक किसको अधिक चाहेगा? बस ठीक इसी प्रकार यह संसार एक बगीचा है, जिसके मालिक शिव हैं। यहाँ भी दो प्रकार के माली हैं--एक तो वह जो सुस्त, अकर्मण्य तथा ढोंगी है और कभी कभी शिव के सुन्दर नेत्र, नासिका तथा अन्य अंगों की प्रशंसा करते रहते हैं। और दूसरा ऐसा है जो शिव की सन्तान की, सारे दीन-दुःखी प्राणियों की और उनकी समस्त सृष्टि की चिन्ता रखता है। इन दो प्रकार के लोगों में से कौन शिव को अधिक प्यारा होगा? निश्चय ही, वही जो उनकी सन्तान की सेवा करता है। जो व्यक्ति अपने पिता की सेवा करना चाहता है, उसे अपने भाइयों की सेवा सबसे पहले करनी चाहिए, इसी प्रकार जो शिव की सेवा करना चाहता है, उसे उनकी सन्तान की, विश्व के प्राणि मात्र की पहले सेवा करनी चाहिए। शास्त्रों में कहा भी गया है कि जो भगवान् के दासों की सेवा करता है वही भगवान् का सर्वश्रेष्ठ दास है। यह बात सर्वदा ध्यान में रखनी चाहिए।

मैं यह फिर कहे देता हूँ कि तुम्हें स्वयं शुद्ध रहना चाहिए तथा यदि कोई तुम्हारे पास सहायतार्थ आए, तो जितना तुमसे बन सके, उतनी उसकी सेवा अवश्य करनी चाहिए। यही श्रेष्ठ कर्म कहलाता है। इसी श्रेष्ठ कर्म की शक्ति से तुम्हारा चित्त शुद्ध हो जायगा और फिर शिव, जो प्रत्येक हृदय में वास करते हैं, प्रकट हो जायँगे। प्रत्येक हृदय में उनका वास है। यह यों समझ लो कि यदि शीशे पर धूल पड़ी है, तो उसमें हम अपना प्रतिबिम्ब नहीं देख सकते। अज्ञान तथा पाप ही हमारे हृदयरूपी शीशे पर धूल की भाँति जमा हो गये हैं। स्वार्थपरता

ही अर्थात् स्वयं के सम्बन्ध में पहले सोचना सबसे बड़ा पाप है। जो मनुष्य यह सोचता रहता है कि मैं ही पहले खा लूँ, मुझे ही सबसे अधिक धन मिल जाय, मैं ही सर्वस्व का अधिकारी बन जाऊँ, मेरी ही सबसे पहले मुक्ति हो जाय तथा मैं ही औरों से पहले सीधा स्वर्ग को चला जाऊँ, वही व्यक्ति स्वार्थी है। निःस्वार्थ व्यक्ति तो यह कहता है, 'मुझे अपनी चिन्ता नहीं है, मुझे स्वर्ग जाने की भी कोई आकांक्षा नहीं है, यदि मेरे नरक में जाने से भी किसी को लाभ हो सकता है, तो भी मैं उसके लिए तैयार हूँ।' यह निःस्वार्थपरता ही धर्म की कसौटी है। जिसमें जितनी ही अधिक निःस्वार्थपरता है वह उतना ही आध्यात्मिक है, तथा उतना ही शिव के समीप। चाहे वह पंडित हो या मूर्ख, शिव का सामीप्य दूसरों की अपेक्षा उसे ही प्राप्त है, उसे चाहे इसका ज्ञान हो अथवा न हो। परन्तु इसके विपरीत यदि कोई मनुष्य स्वार्थी है, तो चाहे उसने संसार के सब मन्दिरों के ही दर्शन क्यों न किये हों, सारे तीर्थ क्यों न गया हो और रंग भभूत रमाकर अपनी शक्ल चीता जैसी क्यों न बना ली हो, शिव से वह बहुत दूर है।

रामनाड़-अभिनन्दन का उत्तर

रामनाड़ में स्वामी विवेकानन्द जी को वहाँ के राजा ने निम्नलिखित मानपत्र भेंट किया :

परम पूज्य, श्री परमहंस, यतिराज, दिग्विजय-कोलाहल-सर्वमत-संप्रतिपन्न, परम योगेश्वर, श्रीमत् भगवान् श्री रामकृष्ण परमहंस-कर-कमलसंजात, राजाधिराज सेवित स्वामी विवेकानन्द जी,

महानुभाव,

हम इस प्राचीन एवं ऐतिहासिक संस्थान सेतुबंध रामेश्वरम् के—जिसे रामनाथपुरम् अथवा रामनाड़ भी कहते हैं–निवासी आज नम्रतापूर्वक बड़ी हार्दिकता के साथ आपका अपनी इस मातृभूमि में स्वागत करते हैं। हम इसे अपना परम सौभाग्य समझते हैं कि भारतवर्ष में आपके पधारने पर हमें ही इस बात का पहला अवसर प्राप्त हुआ कि हम आपके श्रीचरणों में अपनी हार्दिक श्रद्धांजलि भेंट कर सकें, और वह भी उस पुण्य समुद्रतट पर जिसे महावीर तथा हमारे आदरणीय प्रभु श्री रामचन्द्र जी ने अपने चरण-चिह्नों से पवित्र किया था।

हमें इस बात का आन्तरिक गर्व तथा हर्ष है कि पाश्चात्यदेशीय धुरन्धर विद्वानों को हमारे महान् तथा श्रेष्ठ हिन्दू धर्म के मौलिक गुणों तथा उसकी विशेषताओं को भली-भाँति समझा सकने के प्रशंसात्मक प्रयत्नों में आपको अपूर्व सफलता प्राप्त हुई है। आपने अपनी अप्रतिम वाक्पटुता और साथ ही बड़ी सरल तथा स्पष्ट वाणी द्वारा यूरोप और अमेरिका के सुसंस्कृत समाज को यह स्पष्ट कर दिया कि हिन्दू धर्म में एक आदर्श विश्वधर्म के सारे गुण मौजूद हैं और साथ ही इसमें समस्त जातियों तथा धर्मों के स्त्री-पुरुषों की प्रकृति तथा उनकी आवश्यकताओं के अनुकूल बन जाने की भी क्षमता है। नितान्त निःस्वार्थ भावना से प्रेरित हो, सर्वश्रेष्ठ उद्देश्यों को सम्मुख रख तथा प्रशंसनीय आत्म-त्याग के साथ आप असीम सागरों तथा महासागरों को पार करके यूरोप तथा अमेरिका में सत्य एवं शान्ति का सन्देश सुनाने तथा वहाँ की उर्वर भूमि में भारत की आध्यात्मिक विजय तथा गौरव के झंडे को गाड़ने गये। स्वामी जी, आपने अपने उपदेश तथा जीवन, दोनों के द्वारा यह सिद्ध कर दिखाया कि विश्वबन्धुत्व किस प्रकार सम्भव है तथा उसकी क्या आवश्यकता है। इन सबके अतिरिक्त पाश्चात्य देशों में आपके प्रयत्नों द्वारा अप्रत्यक्ष

रूप से और काफ़ी हद तक कितने ही उदासीन भारतीय स्त्री-पुरुषों में यह भाव जाग्रत हो गया है कि उनका प्राचीन धर्म कितना महान तथा श्रेष्ठ है और साथ ही उनके हृदय में अपने उस प्रिय तथा अमूल्य धर्म के अध्ययन करने तथा उसके पालन करने का भी एक आन्तरिक आग्रह उत्पन्न हो गया है।

हम यह अनुभव कर रहे हैं कि आपने प्राच्य तथा पाश्चात्य के आध्यात्मिक पुनरुत्थान के निमित्त जो निःस्वार्थ यत्न किए हैं, उनके लिए शब्दों द्वारा हम आपके प्रति अपनी कृतज्ञता तथा आभार को भली भाँति प्रकट नहीं कर सकते। यहाँ पर हम यह कह देना परम आवश्यक समझते हैं कि हमारे राजा साहब के प्रति आपकी सदैव बड़ी कृपा रही है। वे आपके एक अनुगत शिष्य हैं और आपके अनुग्रहपूर्वक सबसे पहले उनके ही राज्य में पधारने से उन्हें जो आनन्द एवं गौरव का अनुभव हो रहा है, वह अवर्णनीय है।

अन्त में हम परमेश्वर से प्रार्थना करते हैं कि वह आपको चिरजीवी करे, आपको पूर्ण स्वस्थ रखे तथा आपको वह शक्ति दे, जिससे कि आप अपने उस महान् कार्य को सदैव आगे बढ़ाते रहें जिसे आपने इतनी योग्यतापूर्वक आरम्भ किया है।

रामनाड़ महाराज,

२५ जनवरी, १८९७ हम हैं आपके परम विनम्र, आज्ञाकारी भक्त तथा सेवक

स्वामी जी ने मानपत्र का जो उत्तर दिया उसका सविस्तर विवरण निम्नलिखित है :

स्वामी जी का उत्तर

सुदीर्घ रजनी अब समाप्त होती हुई जान पड़ती है। महादुःख का प्रायः अन्त ही प्रतीत होता है। महानिद्रा में निमग्न शव मानो जाग्रत हो रहा है। इतिहास की बात तो दूर रही, जिस सुदूर अतीत के घनान्धकार को भेद करने में अनुश्रुतियाँ भी असमर्थ हैं, वहीं से एक आवाज़ हमारे पास आ रही है। ज्ञान, भक्ति और कर्म के अनन्त हिमालय स्वरूप हमारी मातृभूमि भारत की हर एक चोटी पर प्रतिध्वनित होकर यह आवाज़ मृदु, दृढ़ परन्तु अभ्रान्त स्वर में हमारे पास तक आ रही है। जितना समय बीतता है, उतनी ही वह और भी स्पष्ट तथा गम्भीर होती जाती है—और देखो, वह निद्रित भारत अब जागने लगा है। मानो हिमालय के प्राणप्रद वायु-स्पर्श से मृतदेह के शिथिलप्राय अस्थि-मांस तक में प्राण-संचार हो रहा है। जड़ता धीरे धीरे दूर हो रही है। जो अन्धे हैं, वे ही देख नहीं सकते और जो विकृत बुद्धि हैं वे ही समझ नहीं सकते कि हमारी मातृभूमि अपनी गम्भीर निद्रा से अब

जाग रही है। अब कोई उसे रोक नहीं सकता। अब यह फिर सो भी नहीं सकती। कोई बाह्य शक्ति इस समय इसे दबा नहीं सकती क्योंकि यह असाधारण शक्ति का देश अब जागकर खड़ा हो रहा है।

महाराज एवं रामनाड़ निवासी सज्जनो! आपने जिस हार्दिकता तथा कृपा के साथ मेरा अभिनन्दन किया है, उसके लिए आप मेरा आन्तरिक धन्यवाद स्वीकार कीजिये। मैं अनुभव करता हूँ कि आप लोग मेरे प्रति सौहार्द तथा कृपा-भाव रखते हैं; क्योंकि ज़बानी बातों की अपेक्षा एक हृदय दूसरे हृदय को अपने भाव ज़्यादा अच्छी तरह प्रकट करता है। आत्मा मौन परन्तु अभ्रान्त भाषा में दूसरी आत्मा के साथ बात करती है—इसीलिए मैं आप लोगों के भाव को अपने अन्तस्तल में अनुभव करता हूँ। रामनाड़ के महाराज! अपने धर्म और मातृभूमि के लिए पाश्चात्य देशों में इस नगण्य व्यक्ति के द्वारा यदि कोई कार्य हुआ है, अपने घर में ही अज्ञात और गुप्तभाव से रक्षित अमूल्य रत्नसमूह के प्रति स्वदेशवासियों के हृदय आकृष्ट करने के लिए यदि कुछ प्रयत्न हुआ है, अज्ञानरूपी अन्धेपन के कारण प्यासे मरने अथवा दूसरी जगह के गन्दे गड्ढे का पानी पीने की अपेक्षा यदि अपने घर के पास निरन्तर बहनेवाले झरने के निर्मल जल को पीने के लिए वे बुलाये जा रहे हैं, हमारे स्वदेशवासियों को यह समझाने के लिए कि भारतवर्ष का प्राण धर्म ही है, उसके जाने पर राजनीतिक उन्नति, समाज-संस्कार या कुबेर का ऐश्वर्य भी कुछ नहीं कर सकता, यदि उनको कर्मण्य बनाने का कुछ उद्योग हुआ है, मेरे द्वारा इस दिशा में जो कुछ भी कार्य हुआ है उसके लिए भारत अथवा अन्य हर देश जिसमें कुछ भी कार्य सम्पन्न हुआ है, आपके प्रति ऋणी हैं; क्योंकि आपने ही पहले मेरे हृदय में ये भाव भरे और आप ही मुझे कार्य करने के लिए बार बार उत्तेजित करते रहे हैं। आपने ही मानो अन्तर्दृष्टि के बल से भविष्यत् जानकर निरन्तर मेरी सहायता की है, कभी भी मुझे उत्साहित करने से आप विमुख नहीं हुए। इसलिए यह बहुत ही ठीक हुआ कि आप मेरी सफलता पर आनन्दित होनेवाले प्रथम व्यक्ति हैं। एवं भारत लौटकर मैं पहले आपके ही राज्य में उतरा।

उपस्थित सज्जनो! आपके महाराज ने पहले ही कहा है कि हमें बड़े बड़े कार्य करने होंगे, अद्भुत शक्ति का विकास दिखाना होगा, दूसरे राष्ट्रों को अनेक बातें सिखानी होंगी। यह देश दर्शन, धर्म, आचरण-शास्त्र, मधुरता, कोमलता और प्रेम की मातृभूमि है। ये सब चीज़ें अब भी भारत में विद्यमान हैं। मुझे दुनिया के सम्बन्ध में जो जानकारी है, उसके बल पर मैं दृढ़तापूर्वक कह सकता हूँ कि इन बातों में पृथ्वी के अन्य प्रदेशों की अपेक्षा भारत अब भी श्रेष्ठ है। इस साधारण घटना को ही लीजिए

गत चार-पाँच वर्षों में संसार में अनेक बड़े बड़े राजनीतिक परिवर्तन हुए हैं। पाश्चात्य देशों में सभी जगह बड़े बड़े संगठनों ने विभिन्न देशों में प्रचलित रीति रिवाजों को एकदम दबा देने की चेष्टा की और वे बहुत कुछ सफल भी हुए हैं। हमारे देशवासियों से पूछिए, क्या उन लोगों ने इन बातों के सम्बन्ध में कुछ सुना है? उन्होंने एक शब्द भी नहीं सुना। किन्तु शिकागो में एक धर्म-महासभा हुई थी, भारतवर्ष से उस महासभा में एक संन्यासी भेजा गया था, उसका आदर के साथ स्वागत हुआ, उसी समय से वह पाश्चात्य देशों में कार्य कर रहा है—यह बात यहाँ का एक अत्यन्त निर्धन भिखारी भी जानता है। लोग कहते हैं कि हमारे देश का जन-समुदाय बड़ी स्थूलबुद्धि का है, वह किसी प्रकार की शिक्षा नहीं चाहता और संसार का किसी प्रकार का समाचार नहीं जानना चाहता। पहले मूर्खतावश मेरा भी झुकाव ऐसी ही धारणा की ओर था। अब मेरी धारणा है कि काल्पनिक गवेषणाओं एवं द्रुतगति से सारे भूमंडल की परिक्रमा कर डालनेवालों तथा जल्दबाज़ी में पर्यवेक्षण करनेवालों की लेखनी द्वारा लिखित पुस्तकों के पाठ की अपेक्षा स्वयं अनुभव प्राप्त करने से कहीं अधिक शिक्षा मिलती है। अनुभव के द्वारा यह शिक्षा मुझे मिली है कि हमारे देश का जन-समुदाय निर्बोध और मन्द नहीं है, वह संसार का समाचार जानने के लिए पृथ्वी के अन्य किसी स्थान के निवासी से कम उत्सुक और व्याकुल भी नहीं है; तथापि प्रत्येक जाति के जीवन का कोई न कोई उद्देश्य है। प्रत्येक जाति अपनी निजी विशेषताएँ और व्यक्तित्व लेकर जन्म ग्रहण करती है। सब जातियाँ मिलकर एक सुमधुर एकतान-संगीत की सृष्टि करती हैं, किन्तु प्रत्येक जाति मानो राष्ट्रों के स्वर-सामंजस्य में एक एक पृथक् स्वर का प्रतिनिधित्व करती है। वही उसकी जीवनशक्ति है, वही उसके जातीय जीवन का मेरुदण्ड या मूल भित्ति है। हमारी इस पवित्र मातृभूमि का मेरुदण्ड, मूल भित्ति या जीवनकेन्द्र एकमात्र धर्म ही है। दूसरे लोग राजनीति को, व्यापार के बल पर अगाध धनराशि का उपार्जन करने के गौरव को, वाणिज्य-नीति की शक्ति और उसके प्रचार को, बाह्य स्वाधीनता प्राप्ति के अपूर्व सुख को भले ही महत्त्व दें, किन्तु हिन्दू अपने मन में न तो इनके महत्त्व को समझते हैं और न समझना चाहते ही हैं। हिन्दुओं के साथ धर्म, ईश्वर, आत्मा, अनन्त और मुक्ति के सम्बन्ध में बातें कीजिए; मैं आप लोगों को विश्वास दिलाता हूँ, अन्यान्य देशों के दार्शनिक कहे जाने वाले व्यक्तियों की अपेक्षा यहाँ का एक साधारण कृषक भी इन विषयों में अधिक जानकारी रखता है। सज्जनो, मैंने आप लोगों से कहा है कि हमारे पास अभी भी संसार को सिखाने के लिए कुछ है। इसीलिए सैकड़ों वर्षों के अत्याचार और लगभग हज़ारों वर्षों के वैदेशिक शासन और अत्याचारों के बावजूद भी यह जाति जीवित है। इस जाति के इस समय भी जीवित रहने का

मुख्य प्रयोजन यह है कि इसने अब भी ईश्वर और धर्म तथा अध्यात्म रूप रत्नकोश का परित्याग नहीं किया है।

हमारी इस मातृभूमि में इस समय भी धर्म और अध्यात्म विद्या का जो स्रोत बहता है, उसकी बाढ़ समस्त जगत् को आप्लावित कर, राजनीतिक उच्चाभिलाषाओं एवं नवीन सामाजिक संगठनों की चेष्टाओं में प्रायः समाप्तप्राय, अर्धमृत तथा पतनोन्मुखी पाश्चात्य और दूसरी जातियों में नव-जीवन का संचार करेगी। नाना प्रकार के मतमतान्तरों के विभिन्न सुरों से भारत-गगन गूँज रहा है। यह बात सच है कि इन सुरों में कुछ ताल में हैं और कुछ बेताल; किन्तु यह स्पष्ट पहचान में आ रहा है कि उन सबमें एक प्रधान सुर मानो भैरव-राग के सप्तम स्वर में उठकर अन्य दूसरे सुरों को कर्णगोचर नहीं होने दे रहा है और वह प्रधान सुर है—त्याग। **विषयान् विषवत् त्यज**—भारतीय सभी शास्त्रों की यही एक बात है, यही सभी शास्त्रों का मूलमंत्र है। दुनिया दो दिन का तमाशा है। जीवन तो और भी क्षणिक है। इसके परे, इस मिथ्या संसार के परे उस अनन्त अपार का राज्य है; आइए, उसीका पता लगायें, यह देश महावीर और प्रकाण्ड मेधा तथा बुद्धि वाले मनीषियों से उद्भासित है, जो इस तथाकथित अनन्त जगत् को भी एक गड़हिया मात्र समझते हैं और वे क्रमशः अनन्त जगत् को भी छोड़कर और दूर—अति दूर चले जाते हैं। काल, अनन्तकाल भी उनके लिए कोई चीज़ नहीं है, वे उसके भी पार चले जाते हैं। उनके लिए देश की भी कोई सत्ता नहीं है, वे उसके भी पार जाना चाहते हैं। और दृश्य जगत् के अतीत जाना ही धर्म का गूढ़तम रहस्य है। भौतिक प्रकृति को इस प्रकार अतिक्रमण करने की चेष्टा, जिस प्रकार और चाहे जितना नुक़सान सहकर क्यों न हो, किसी प्रकार प्रकृति के मुँह का घूँघट हटाकर एक बार उस देशकालातीत सत्ता के दर्शन का यत्न करना—यही हमारी जाति का स्वाभाविक गुण है। यही हमारा आदर्श है, परन्तु निश्चय ही किसी देश के सभी लोग पूर्ण त्यागी तो नहीं हो सकते। यदि आप लोग उसको उत्साहित करना चाहते हैं, तो उसके लिए यह एक निश्चित उपाय है। आपकी राजनीति, समाज-संस्कार, धनसंचय के उपाय, वाणिज्य-नीति आदि की बातें बत्तख़ की पीठ से जल के समान उनके कानों से बाहर निकल जायँगी। इसलिए आप लोगों को जगत् को यह धार्मिक शिक्षा देनी ही होगी। अब प्रश्न यह है कि हमें भी संसार से कुछ सीखना है या नहीं? शायद दूसरी जातियों से हमें भौतिक-विज्ञान सीखना पड़े। किस प्रकार दल संगठन और उसका परिचालन हो, विभिन्न शक्तियों को नियमानुसार काम में लगाकर किस प्रकार थोड़े यत्न से अधिक लाभ हो, इत्यादि बातें अवश्य ही हमें दूसरों से सीखनी होंगी। पाश्चात्यों से हमें शायद ये सब बातें कुछ कुछ सीखनी ही होंगी। किन्तु स्मरण रखना चाहिए कि हमारा

उद्देश्य त्याग ही है। यदि कोई भोग और ऐहिक सुख को ही परम पुरुषार्थ मानक भारतवर्ष में उनका प्रचार करना चाहे, यदि कोई जड़-जगत् को ही भारतवासिय का ईश्वर कहने की धृष्टता करे, तो वह मिथ्यावादी है। इस पवित्र भारतभूि में उसके लिए कोई स्थान नहीं है, भारतवासी उसकी बात भी नहीं सुनेंगे। पाश्चात् सभ्यता में चाहे कितनी ही चमक-दमक क्यों न हो, उसमें कितना ही संस्कार औ शक्ति की चाहे कितनी ही अद्‌भुत अभिव्यक्ति क्यों न हो, मैं इस सभा के बीच खड़ा होकर उनसे साफ़-साफ़ कह देता हूँ कि यह सब मिथ्या है, भ्रान्ति—भ्रान्ति मात्र। एकमात्र ईश्वर ही सत्य है, एकमात्र आत्मा ही सत्य है और एकमात्र धर् ही सत्य है। इसी सत्य को पकड़े रखिए। तो भी हमारे जो भाई उच्चतम सत्य के अधिकारी अभी नहीं हुए हैं, उनके लिए इस प्रकार का भौतिक विज्ञान शाय कल्याणकारी हो सकता है; पर, उसे अपने लिए कार्योपयोगी बनाकर लेना होगा सभी देशों और समाजों में एक भ्रम फैला हुआ है। विशेष दुःख की बात तो यह है कि भारतवर्ष में जहाँ पहले कभी नहीं थी, थोड़े दिन हुए इस भ्रान्ति ने प्रवेश किया है। वह भ्रम यह है कि अधिकारी का विचार न कर सभी के लिए समान व्यवस्था देना। सच बात तो यह है कि सभी के लिए एक मार्ग नहीं हो सकता। मेरी पद्धति आवश्यक नहीं है कि वह आपकी भी हो। आप सभी लोग जानते हैं कि संन्यास ही हिन्दू जीवन का आदर्श है। सभी हिन्दू-शास्त्र सभी को त्यागी होने का आदेश देते हैं। जो जीवन की परवर्ती (वानप्रस्थ) अवस्था में त्याग नहीं करता, वह हिन्दू नहीं है और न उसे अपने को हिन्दू कहने का कोई अधिकार ही है। संसार के सभी भोगों का आनन्द लेकर प्रत्येक हिन्दू को अन्त में उनका त्याग करना ही होगा। यही हिन्दुओं का आदर्श है, हम जानते हैं कि भोग के द्वारा अन्तस्तल में जिस समय यह धारणा जम जायगी कि संसार असार है, उसी समय उसका त्याग करना होगा। जब आप भली भाँति परीक्षा करके जानेंगे कि जड़-जगत् सारविहीन केवल राख है, तो फिर आप उसे त्याग देने की ही चेष्टा करेंगे। मन इन्द्रियों की ओर मानो चक्रवत् अग्रसर हो रहा है, उसे फिर पीछे लौटाना होगा। प्रवृत्ति-मार्ग का त्याग कर उसे फिर निवृत्ति-मार्ग का आश्रय ग्रहण करना होगा, यही हिन्दुओं का आदर्श है। किन्तु कुछ भोग भोगे बिना इस आदर्श तक मनुष्य नहीं पहुँच सकता। बच्चों को त्याग की शिक्षा नहीं दी जा सकती। वह पैदा होते ही सुख-स्वप्न देखने लगता है। उनका जीवन इन्द्रिय-सुखों के भोग में है, उसका जीवन कुछ इन्द्रिय-सुखों की समष्टि मात्र है। प्रत्येक समाज में बालकवत् अज्ञानी लोग हैं। संसार की असारता समझने के लिए उन्हें कुछ भोग भोगना पड़ेगा, तभी वे वैराग्य धारण करने में समर्थ होंगे। हमारे शास्त्रों में इन लोगों के लिए यथेष्ट व्यवस्था है। दुःख का विषय है

कि परवर्ती काल में समाज के प्रत्येक मनुष्य को संन्यासी के नियमों में आबद्ध करने की चेष्टा की गयी—यह एक भारी भूल हुई। भारत में जो दुःख और दरिद्रता दिखायी पड़ती है, उनमें से बहुतों का कारण यही भूल है। ग़रीब लोगों के जीवन को इतने कड़े धार्मिक एवं नैतिक बन्धनों में जकड़ दिया गया है जिनसे उनका कोई लाभ नहीं है। उनके कामों में हस्तक्षेप न करिए। उन्हें भी संसार का थोड़ा आनन्द लेने दीजिए। आप देखेंगे कि वे क्रमशः उन्नत होते जाते हैं और बिना किसी विशेष प्रयत्न के उनके हृदय में आप ही आप त्याग का उद्रेक होगा।

सज्जनो, पाश्चात्य जातियों से इस दिशा में हम थोड़ा-बहुत यह सीख सकते हैं, किन्तु यह शिक्षा ग्रहण करते समय हमें बहुत सावधान रहना होगा। मुझे बड़े दुःख से कहना पड़ता है कि आजकल हम पाश्चात्य भावनाओं से अनुप्राणित जितने लोगों के उदाहरण पाते हैं, वे अधिकतर असफलता के हैं, इस समय भारत में हमारे मार्ग में दो बड़ी रुकावटें हैं,—एक ओर हमारा प्राचीन हिन्दू समाज और दूसरी ओर अर्वाचीन यूरोपीय सभ्यता। इन दोनों में यदि कोई मुझसे एक को पसन्द करने के लिए कहे, तो मैं प्राचीन हिन्दू समाज को ही पसन्द करूँगा, क्योंकि, अज्ञ होने पर भी, अपक्व होने पर भी, कट्टर हिन्दुओं के हृदय में एक विश्वास है, एक बल है—जिससे वह अपने पैरों पर खड़ा हो सकता है। किन्तु विलायती रंग में रँगा व्यक्ति सर्वथा मेरुदण्डविहीन होता है, वह इधर उधर के विभिन्न स्रोतों से वैसे ही एकत्र किये हुए अपरिपक्व, विशृंखल, बेमेल भावों की असंतुलित राशि मात्र है। वह अपने पैरों पर खड़ा नहीं हो सकता, उसका सिर हमेशा चक्कर खाया करता है। वह जो कुछ करता है, क्या आप उसका कारण जानना चाहते हैं? अंग्रेज़ों से थोड़ी शाबाशी पा जाना ही उसके सब कार्यों का मूल प्रेरक है। वह जो समाज-सुधार करने के लिए अग्रसर होता है, हमारी कितनी ही सामाजिक प्रथाओं के विरुद्ध तीव्र आक्रमण करता है, इसका मुख्य कारण यह है कि इसके लिए उन्हें साहबों से वाहवाही मिलती है। हमारी कितनी ही प्रथाएँ इसीलिए दोषपूर्ण हैं कि साहब लोग उन्हें दोषपूर्ण कहते हैं! मुझे ऐसे विचार पसन्द नहीं हैं। अपने बल पर खड़े रहिए—चाहे जीवित रहिए या मरिए। यदि जगत् में कोई पाप है, तो वह है दुर्बलता। दुर्बलता ही मृत्यु है, दुर्बलता ही पाप है, इसलिए सब प्रकार से दुर्बलता का त्याग कीजिए। ये असंतुलित प्राणी अभी तक निश्चित व्यक्तित्व नहीं ग्रहण कर सकें हैं; और हम उनको क्या कहें—स्त्री, पुरुष या पशु! प्राचीन पथावलम्बी सभी लोग कट्टर होने पर भी मनुष्य थे—उन सभी लोगों में एक दृढ़ता थी। अब भी इन लोगों में कुछ आदर्श पुरुषों के उदाहरण हैं। और मैं आपके महाराज को इस कथन के उदाहरण रूप में प्रस्तुत करना चाहता हूँ। समग्र भारतवर्ष में आपके जैसा निष्ठा-

वान् हिन्दू नहीं दिखायी पड़ सकता। आप प्राच्य और पाश्चात्य सभी विषयों में अच्छी जानकारी रखते हैं। इनकी जोड़ का कोई दूसरा राजा भारतवर्ष में नहीं मिल सकता। प्राच्य और पाश्चात्य सभी विषयों को छानकर जो उपादेय है, उसे ही आप ग्रहण करते हैं। 'नीच व्यक्ति से भी श्रद्धापूर्वक उत्तम विद्या ग्रहण करनी चाहिए, अन्त्यज से भी मुक्तिमार्ग सीखना चाहिए, निम्नतम जाति के नीच कुल की भी उत्तम कन्या-रत्न को विवाह में ग्रहण करना चाहिए।'[1]

हमारे महान् अप्रतिम स्मृतिकार मनु ने ऐसा ही नियम निर्धारित किया है। पहले अपने पैरों पर खड़े हो जाइए, फिर सब राष्ट्रों से, जो कुछ अपना बनाकर ले सकें, ले लीजिए। जो कुछ आपके काम का है, उसे प्रत्येक राष्ट्र से लीजिए; किन्तु स्मरण रखिएगा कि हिन्दू होने के नाते हमको दूसरी सारी बातों को अपने जातीय जीवन की मूल भावनाओं के अधीन रखना होगा। प्रत्येक व्यक्ति ने किसी न किसी कार्य-साधन के विशेष उद्देश्य से जन्म लिया है; उसके जीवन की वर्तमान गति अनेक पूर्व जन्मों के फलस्वरूप उसे प्राप्त हुई है। आप लोगों में से प्रत्येक व्यक्ति महान् उत्तराधिकार लेकर जन्मा है, जो आपके महिमामय राष्ट्र के अनन्त अतीत जीवन का सर्वस्व है। सावधान, आपके लाखों पुरखे आपके प्रत्येक कार्य को बड़े ध्यान से देख रहे हैं। वह उद्देश्य क्या है, जिसके लिए प्रत्येक हिन्दू बालक ने जन्म लिया है? क्या आपने महर्षि मनु के द्वारा ब्राह्मणों के जन्मोद्देश्य के विषय में की हुई गौरवपूर्ण घोषणा नहीं पढ़ी है?

ब्राह्मणो जायमानो हि पृथिव्यामधिजायते।
ईश्वरः सर्वभूतानां धर्मकोषस्य गुप्तये॥

'धर्मकोषस्य गुप्तये'—धर्मरूपी खजाने की रक्षा के लिए ब्राह्मणों का जन्म होता है। मुझे कहना यह है कि इस पवित्र मातृभूमि पर ब्राह्मण का ही नहीं, प्रत्युत् जिस किसी स्त्री या पुरुष का जन्म होता है, उसके जन्म लेने का कारण यही 'धर्म-कोषस्य गुप्तये' है। दूसरे सभी विषयों को हमारे जीवन के इस मूल उद्देश्य के अधीन करना होगा। संगीत में भी सुर-सामंजस्य का यही नियम है। उसीके अनुगत होने से संगीत में ठीक लय आती है। इस स्थान पर भी वही करना होगा। ऐसा भी राष्ट्र हो सकता है, जिसका मूलमन्त्र राजनीतिक प्रधानता हो, धर्म और दूसरे सभी विषय उसके जीवन के प्रमुख मूल मन्त्र के नीचे निश्चय ही दब जायेंगे, किन्तु

---

१. **श्रद्दधानो शुभां विद्यामाददीतावरादपि।**
अन्त्यादपि परो धर्मः स्त्रीरत्नं दुष्कुलादपि॥ मनुस्मृति २।२३८॥

यहाँ एक दूसरा राष्ट्र है, जिसका प्रधान जीवनोद्देश्य धर्म और वैराग्य है। हिन्दुओं का एकमात्र मूलमन्त्र यह है कि जगत् क्षणस्थायी, भ्रममात्र और मिथ्या है; धर्म के अतिरिक्त ज्ञान, विज्ञान, भोग, ऐश्वर्य, नाम, यश, धन, दौलत जो कुछ भी हो, सभी को उसी एक सिद्धान्त के अन्तर्गत करना होगा। एक सच्चे हिन्दू के चरित्र का रहस्य इस बात में निहित है कि पाश्चात्य ज्ञान-विज्ञान, पद-अधिकार तथा यश को केवल एक सिद्धान्त के, जो प्रत्येक हिन्दू बालक में जन्मजात है—आध्यात्मिकता तथा जाति की पवित्रता—अधीन रखता है। इसलिए पूर्वोक्त दो प्रकार के आदमियों में एक तो ऐसे हैं, जिनमें हिन्दू जाति के जीवन की मूल शक्ति 'आध्यात्मिकता' मौजूद है। दूसरे पाश्चात्य सभ्यता के कितने ही नक़ली हीरा-जवाहर लेकर बैठे हैं, पर उनके भीतर जीवनप्रद शक्ति संचार करनेवाली वह आध्यात्मिकता नहीं है। दोनों की तुलना में मुझे विश्वास है कि उपस्थित सभी सज्जन एकमत होकर प्रथम के पक्षपाती होंगे; क्योंकि उसी से उन्नति की कुछ आशा की जा सकती है। जातीय मूल मंत्र उसके हृदय में जाग रहा है, वही उसका आधार है। अस्तु, उसके बचने की आशा है, और शेष की मृत्यु अवश्यम्भावी है। जिस प्रकार यदि किसी आदमी के मर्मस्थान में कोई आघात न लगे, अर्थात् यदि उसका मर्मस्थान दुरुस्त रहे, तो दूसरे अंगों में कितनी ही चोट लगने पर भी उसे सांघातिक न कहेंगे, उससे वह मरेगा नहीं, इसी प्रकार जब तक हमारी जाति का मर्मस्थान सुरक्षित है, उसके विनाश की कोई आशंका नहीं हो सकती। अतः भली भाँति स्मरण रखिए, यदि आप धर्म को छोड़कर पाश्चात्य भौतिकवादी सभ्यता के पीछे दौड़ियेगा, तो आपका तीन ही पीढ़ियों में अस्तित्व-लोप निश्चित है। क्योंकि इस प्रकार जाति का मेरुदण्ड ही टूट जायगा—जिस भित्ति के ऊपर यह जातीय विशाल भवन खड़ा है, वही नष्ट हो जायगा; फिर तो परिणाम सर्वनाश होगा ही।

अतएव, हे भाइयो, हमारी जातीय उन्नति का यही मार्ग है कि हम लोगों ने अपने पुरखों से उत्तराधिकार-स्वरूप जो अमूल्य सम्पत्ति पायी है, उसे प्राणपण से सुरक्षित रखना ही अपना प्रथम और प्रधान कर्तव्य समझें। आपने क्या ऐसे देश का नाम सुना है, जिसके बड़े बड़े राजा अपने को प्राचीन राजाओं अथवा पुरातन दुर्गनिवासी, पथिकों का सर्वस्व लूट लेनेवाले, डाकू बैरनों (Barons) के वंशधर न बताकर अरण्यवासी अर्धनग्न तपस्वियों की सन्तान कहने में ही अधिक गौरव समझते हैं? यदि आपने न सुना हो तो सुनिए—हमारी मातृभूमि ही वह देश है। दूसरे देशों में बड़े बड़े धर्माचार्य अपने को किसी राजा का वंशधर कहने की बड़ी चेष्टा करते हैं, और भारतवर्ष में बड़े बड़े राजा अपने को किसी प्राचीन ऋषि की सन्तान

प्रमाणित करने की चेष्टा करते हैं। इसीसे मैं कहता हूँ कि आप लोग अध्यात्म में विश्वास कीजिए या न कीजिए, यदि आप राष्ट्रीय जीवन को दुरुस्त रखना चाहते हैं तो आपको आध्यात्मिकता की रक्षा के लिए सचेष्ट होना होगा। एक हाथ से धर्म को मजबूती से पकड़कर दूसरे हाथ को बढ़ा अन्य जातियों से जो कुछ सीखना हो, सीख लीजिए; किन्तु स्मरण रखिएगा कि जो कुछ आप सीखें उसको मूल आदर्श का अनुगामी ही रखना होगा। तभी अपूर्व महिमा से मंडित भावी भारत का निर्माण होगा। मेरा दृढ़ विश्वास है कि शीघ्र ही भारतवर्ष, किसी काल में भी जिस श्रेष्ठता का अधिकारी नहीं था, शीघ्र ही उस श्रेष्ठता का अधिकारी होगा। प्राचीन ऋषियों की अपेक्षा श्रेष्ठतर ऋषियों का आविर्भाव होगा और आपके पूर्वज अपने वंशधरों की इस अभूतपूर्व उन्नति से बड़े सन्तुष्ट होंगे। इतना ही नहीं, मैं निश्चित रूप से कहता हूँ, वे परलोक में अपने अपने स्थानों से अपने वंशजों को इस प्रकार महिमान्वित और महत्त्वशाली देखकर अपने को महान् गौरवान्वित समझेंगे!

हे भाइयो, हम सभी लोगों को इस समय कठिन परिश्रम करना होगा। अब सोने का समय नहीं है। हमारे कार्यों पर भारत का भविष्य निर्भर है। देखिए वह तत्परता से प्रतीक्षा कर रही है। वह केवल सो रही है। उसे जगाइए, और पहले की अपेक्षा और भी गौरवमंडित और अभिनव शक्तिशाली बनाकर भक्ति-भाव से उसे उसके चिरन्तन सिंहासन पर प्रतिष्ठित कर दीजिए। ईश्वरीय तत्त्व का ऐसा पूर्ण विकास हमारी मातृभूमि के अतिरिक्त किसी अन्य देश में नहीं हुआ था, क्योंकि ईश्वर-विषयक इस भाव का अन्यत्र कभी अस्तित्व नहीं था। शायद आप लोगों को मेरी इस बात पर आश्चर्य होता हो; किन्तु किसी दूसरे शास्त्र से हमारे ईश्वर तत्त्व के समान भाव ज़रा दिखाओ तो सही! अन्यान्य जातियों के एक एक जातीय ईश्वर या देवता थे, जैसे यहूदियों के ईश्वर, अरबवालों के ईश्वर इत्यादि; और ये ईश्वर दूसरी जातियों के ईश्वर के साथ लड़ाई-झगड़ा किया करते थे। किन्तु यह तत्त्व कि ईश्वर कल्याणकारी और परम दयालु है, हमारा पिता, माता, मित्र, प्राणों के प्राण और आत्मा की अन्तरात्मा है, केवल भारत ही जानता रहा है। अन्त में जो शैवों के लिए शिव, वैष्णवों के लिए विष्णु, कर्मियों के लिए कर्म, वौद्धों के लिए बुद्ध, जैनों के लिए जिन, ईसाइयों और यहूदियों के लिए जिहोवा, मुसलमानों के लिए अल्ला और वेदान्तियों के लिए ब्रह्म है—जो सब धर्मों, सब सम्प्रदायों के प्रभु हैं—जिनकी सम्पूर्ण महिमा केवल भारत ही जानता था, वे ही सर्वव्यापी, दयामय प्रभु हम लोगों को आशीर्वाद दें, हमारी सहायता करें, हमें शक्ति दें, जिससे हम अपने उद्देश्य को कार्यरूप में परिणत कर सकें।

हम लोगों ने जिसका श्रवण किया, वह खाये हुए अन्न के समान हमारी पुष्टि करे, उसके द्वारा हम लोगों में इस प्रकार का वीर्य उत्पन्न हो कि हम दूसरों की सहायता कर सकें; हम—आचार्य और शिष्य—कभी भी आपस में विद्वेष न करें। ॐ शान्तिः शान्तिः शान्तिः ! हरिः ॐ ।।[१]

१. ॐ सह नाववतु। सह नौ भुनक्तु। सह वीर्यं करवावहै।
तेजस्विनावधीतमस्तु मा विद्विषावहै।।

परमकुड़ी-अभिनन्दन का उत्तर

रामनाड़ से प्रस्थान करने के बाद स्वामी जी ने परमकुड़ी में आकर विश्राम किया। यहाँ उनके स्वागत-सत्कार का बहुत बड़ा आयोजन किया गया था तथा निम्नलिखित मानपत्र उनकी सेवा में भेंट किया गया :

परम पूज्य स्वामी विवेकानन्द जी,

पाश्चात्य देशों में लगभग चार वर्ष तक आध्यात्मिकता का सफल रूप से प्रचार एवं प्रसार करने के बाद आपने यहाँ पधारकर जो कृपा की है उसके लिए आज हम परमकुड़ी-निवासी बड़े कृतज्ञ हैं तथा आपका हृदय से स्वागत करते हैं।

आज हमें अपने देशबन्धुओं के साथ इस बात पर हर्ष एवं गर्व है कि आपने किप उदारता से प्रेरित हो शिकागो की धर्म-महासभा में भाग लिया तथा वहाँ पर एकत्र अन्य धार्मिक प्रतिनिधियों के सम्मुख अपने इस प्राचीन देश के पवित्र तथा छिपे हुए धर्मसिद्धान्तों को प्रकाशित किया। आपने अपनी विशद व्याख्या द्वारा वैदिक धर्मतत्त्वों को पाश्चात्यों के सम्मुख रखकर उनके सुसंस्कृत मस्तिष्क से हमारे प्राचीन हिन्दू धर्म के बारे में उनकी कुसंस्कारपूर्ण धाराणाएँ नष्ट कर दीं, और उन्हें यह भली भाँति समझा दिया कि हमारा यह हिन्दू धर्म केवल सार्वभौम ही नहीं है, वरन् इसमें प्रत्येक युग के विभिन्न बौद्धिक व्यक्तियों को अपनाने की भी गुंजायश तथा क्षमता है।

आज हमारे बीच में आपके साथ आये हुए आपके पाश्चात्य देशीय शिष्य भी यहाँ उपस्थित हैं और उनसे यह स्पष्ट प्रकट होता है कि आपकी धार्मिक शिक्षाएँ वहाँ केवल सैद्धान्तिक रूप में ही नहीं समझी गई, वरन् वे व्यावहारिक रूप में भी सफल हुई हैं। आपके गरिमायुक्त व्यक्तित्व का जो चित्ताकर्षक प्रभाव पड़ता है, उससे तो हमें अपने उन्हीं प्राचीन ऋषियों का स्मरण हो आता है जिनकी तपस्या, साधना तथा आत्मानुभूति ने उन्हें मानव जाति का सच्चा पथप्रदर्शक तथा आचार्य बना दिया था।

अन्त में परम पिता परमेश्वर से हम यही प्रार्थना करते हैं कि वह आपको चिरायु करे, जिससे आप समस्त मानव जाति को आध्यात्मिक शिक्षा देते हुए उसका कल्याण कर सकें।

हम हैं,
परम पूज्य स्वामी जी, आपके विनम्र एवं
चरणसेवी भक्त तथा सेवक

इसके उत्तर में स्वामी जी ने कहा :

स्वामी जी का उत्तर

जिस स्नेह-भाव तथा हार्दिकता से तुम लोगों ने मेरा स्वागत किया है, उसके लिए उचित भाषा में धन्यवाद देना मेरे लिए असम्भव सा प्रतीत हो रहा है। परन्तु यहाँ पर मैं इतना कह देना चाहता हूँ कि मेरे देश के लोग चाहे मेरा हार्दिक स्वागत करें अथवा तिरस्कार, मेरा प्रेम अपने देश के प्रति और विशेषकर अपने देशवासियों के प्रति सदैव उतना ही रहेगा। भगवान् श्री कृष्ण ने भी गीता में कहा है कि मनुष्य को कर्म कर्म के लिए, तथा प्रेम प्रेम के लिए करना चाहिए। जो कुछ कार्य मैंने पाश्चात्य देशों में किया है, वह कोई बहुत नहीं है और मैं यह कह सकता हूँ कि यहाँ पर जितने लोग उपस्थित हैं, उनमें से ऐसा कोई भी नहीं होगा जो उससे सौ गुना अधिक कार्य न कर सकता। और मैं उस शुभ दिन की उत्सुकता से प्रतीक्षा कर रहा हूँ जब महामनीषी, अत्यन्त शक्तिसम्पन्न आध्यात्मिक प्रतिभाएँ इस बात के लिए तत्पर हो जायँगी कि वे भारतवर्ष से संसार के दूसरे देशों को जायँ तथा वहाँ के लोगों को आध्यात्मिकता, त्याग, वैराग्य, आदि विषयों की शिक्षा दें जो भारतवर्ष के वनों से प्राप्त हुए हैं और भारतीय भूमि की सम्पत्ति हैं।

मानव जाति के इतिहास में ऐसे अवसर आते हैं, जब ऐसा अनुभव होता है कि मानो समस्त मनुष्य जातियाँ संसार से ऊब उठी हैं, उनकी सारी योजनाएँ असफल सी प्रतीत होती हैं, प्राचीन आचार तथा पद्धतियाँ नष्ट-भ्रष्ट होकर धूल में मिलती दीखती हैं, उनकी आशाओं पर पानी सा फिरा मालूम होता है तथा उन्हें चारों ओर सब कुछ अस्तव्यस्त सा ही प्रतीत होता है। संसार में सामाजिक जीवन की बुनियाद डालने के लिए दो प्रकार से यत्न किये गये--एक तो धर्म के सहारे और दूसरा सामाजिक प्रयोजन के सहारे। एक आध्यात्मिकता पर आधारित था और दूसरे का आधार था भौतिकवाद। एक की भित्ति है अतीन्द्रियवाद, दूसरे की प्रत्यक्षवाद। पहला इस क्षुद्र जड़-जगत् की सीमा के बाहर दृष्टिपात करता है, इतना ही नहीं बल्कि वह दूसरे के साथ कुछ सम्पर्क न रख केवल आध्यात्मिक भाव के सहारे जीवन व्यतीत करने का साहस करता है। इसके विपरीत दूसरा सांसारिक वस्तुओं के बीच ही अपने को सन्तुष्ट मानता है और इस बात की आशा करता है कि वहीं उसे जीवन का दृढ़ आधार मिल सकेगा। यह एक मनोरंजक बात है कि उसमें तरंग

गति से आध्यात्मिकता तथा भौतिकता का उत्थान-पतन-क्रम चलता रहता है। एक ही देश में विभिन्न समयों पर भिन्न भिन्न तरंगें दिखाई देती हैं। एक समय ऐसा होता है जब भौतिकवादी भावों की बाढ़ अपना आधिपत्य जमा लेती है और जीवन की प्रत्येक चीज़---जिससे आर्थिक अभ्युदय हो, अथवा ऐसी शिक्षा जिसके द्वारा हमें अधिकाधिक धन-धान्य और भोग प्राप्त हो सकें---पहले बड़ी महिमामयी प्रतीत होती है, परन्तु फिर कुछ समय बाद महत्त्वहीन होकर नष्ट हो जाती है। भौतिक अभ्युदय के साथ मानव जाति के अन्तर्निहित पारस्परिक द्वेष तथा ईर्ष्या-भाव भी प्रबल आकार धारण कर लेते हैं। फल यह होता है कि प्रतिद्वन्द्विता तथा घोर निर्दयता मानो उस समय के मूल मंत्र बन जाते हैं। एक साधारण अंग्रेज़ी कहावत है, 'Every one for himself and the devil takes the hind-most' अर्थात् प्रत्येक मनुष्य अपना ही अपना सोचता है और जो बेचारा सब से पीछे रह जाता है, उसे शैतान पकड़ ले जाता है---बस यही कहावत सिद्धान्त-वाक्य हो जाती है। उस समय तब लोग सोचते हैं कि उनकी समस्त जीवन-पद्धति तो नितान्त असफल हो गयी है और यदि धर्म ने उनकी रक्षा न की, डूबते हुए जगत् को सहारा न दिया, तो संसार का ध्वंस तो अवश्यम्भावी ही है। तब संसार को एक नयी आशा की किरण मिलती है, एक नयी इमारत खड़ी करने के लिए एक नयी नींव मिलती है और आध्यात्मिकता की एक दूसरी लहर आती है, जो काल-धर्म के अनुसार पुनः धीरे धीरे दब जाती है। प्रकृति का यह नियम है कि धर्म के अभ्युत्थान के साथ व्यक्तियों के एक ऐसे वर्ग का उदय होता है जो इस बात का दावा करता है कि वह संसार की कुछ विशेष शक्तियों का अधिकारी है। इसका तत्काल परिणाम होता है---फिर से भौतिकवाद की ओर प्रतिक्रिया। और यह प्रतिक्रिया एकाधिकार के स्रोतों को उद्घाटित कर देती है, फिर अन्ततः ऐसा समय आता है जब समग्र जाति की केवल आध्यात्मिक क्षमताएँ ही नहीं, वरन् उसके सब प्रकार के लौकिक अधिकार एवं सुविधाएँ भी कुछ मुट्ठी भर व्यक्तियों के हाथ में केन्द्रित हो जाते हैं। बस फिर से थोड़े से लोग जनता की गर्दन पकड़कर उन पर अपना शासन जमा लेने की चेष्टा करते हैं। उस समय जनता को अपना आश्रय स्वयं ढूँढ़ना पड़ता है। वह भौतिकवाद का सहारा लेती है।

आज यदि तुम अपनी मातृभूमि भारत को देखो तो यहाँ भी वही बात पाओगे। यदि यूरोप के भौतिकवाद ने इसके लिए मार्ग प्रशस्त न किया होता, तो आज तुम सब लोगों का यहाँ एकत्रित होकर एक ऐसे व्यक्ति का स्वागत करना सम्भव न होता, जो यूरोप में वेदान्त के प्रचारार्थ गया था। भौतिकवाद से भारतवर्ष को एक प्रकार से लाभ हुआ है, इसने मनुष्य मात्र को इस बात का अधिकारी बना दिया कि

वह स्वतंत्रतापूर्वक अपने जीवन-पथ पर अग्रसर हो सके, इसने उच्च वर्णों का एकाधिकार दूर कर दिया तथा इसीके द्वारा यह सम्भव हो सका कि लोग उन अमूल्य निधियों पर आपस में परामर्श तथा विचार-विनिमय भी करने लगे। जिनको कुछ लोगों ने अपने अधिकार में छिपा रखा था, जो स्वयं उनका महत्त्व तथा उपयोग तक भूल बैठे हैं। इन अमूल्य धार्मिक तत्त्वों में से आधे या तो चुरा लिए गये अथवा लुप्त हो गये हैं और शेष जो बच रहे वे ऐसे लोगों के हाथ में चले गये हैं जो, जैसी कहावत है, 'न स्वयं खाते हैं, न खाने देते हैं'। जिन राजनीतिक पद्धतियों के लिए दूसरी ओर हम आज भारत में इतना प्रयत्न कर रहे हैं, वे यूरोप में सदियों से रही हैं तथा आज़मायी भी जा चुकी हैं, परन्तु फिर भी वे नितान्त संतोषजनक नहीं पायी गयीं, उनमें भी कमी है। राजनीति से सम्बन्धित यूरोप की संस्थाएँ, प्रणालियाँ तथा और भी शासन-पद्धति की अनेकानेक बातें समय समय पर बिल्कुल व्यर्थ सिद्ध होती रही हैं और आज यूरोप की यह दशा है कि वह बेचैन है, यह नहीं जानता कि अब किस प्रणाली की शरण लें। वहाँ आर्थिक अत्याचार असह्य हो उठे हैं। देश का धन तथा शक्ति उन थोड़े से लोगों ने हाथ में रख छोड़ी है जो स्वयं तो कुछ काम करते नहीं; हाँ, सिर्फ़ लाखों मनुष्यों द्वारा काम चलाने की क्षमता ज़रूर रखते हैं। इस क्षमता द्वारा वे चाहें तो सारे संसार को ख़ून से प्लावित कर दें। धर्म तथा अन्य सभी चीज़ों को उन्होंने पददलित कर रखा है, वे ही शासक हैं और सर्वश्रेष्ठ समझे जाते हैं। आज पाश्चात्य संसार तो बस ऐसे ही इने गिने 'शायलाकों' के द्वारा शासित है, और यह जो तुम वहाँ की वैधानिक सरकार, स्वतंत्रता, आज़ादी, संसद आदि की बातचीत सुना करते हो, वह सब मज़ाक है।

पाश्चात्य देश तो असल में इन 'शायलाकों' के बोझ तथा अत्याचार से जर्जर हो रहा है और इधर प्राच्य देश इन पुरोहितों के अत्याचारों से कातर क्रन्दन कर रहा है। होना तो यह चाहिए कि ये दोनों आपस में एक दूसरे को संयमित रखें। यह कभी मत सोचो कि इनमें से केवल एक से ही संसार का लाभ होगा। उस निष्पक्ष प्रभु ने विश्व में प्रत्येक कण को समान बनाया है। अति अधम असुर-प्रकृति मनुष्य में भी तुमको कुछ ऐसे गुण मिलेंगे जो एक बड़े महात्मा में भी नहीं पाये जाते, एक छोटे से छोटे कीड़े में भी वह ख़ूबियाँ होंगी जो बड़े से बड़े आदमी में नहीं हैं। उदाहरणार्थ एक मामूली कुली को ही ले लो। तुम सोचते होगे कि उसे जीवन का कोई विशेष सुख नहीं है, तुम्हारे सदृश उसमें बुद्धि भी नहीं है, वह वेदान्त आदि विषयों को भी नहीं समझ सकता आदि आदि—परन्तु तुम उसके शरीर की ओर तो देखो। उसका शरीर कष्ट आदि सहने में ऐसा सुकुमार

नहीं है जैसा तुम्हारा। यदि उसके शरीर में कहीं गहरा घाव लग जाय, तो तुम्हारी अपेक्षा उसे जल्दी आराम हो जायगा, उसकी चोट जल्दी भर जायगी। उसका जीवन उसकी इन्द्रियों में है और वह उन्हीं में मस्त रहता है। उसका जीवन ही सामंजस्य तथा संतुलन का है। चाहे इंद्रिय, मानसिक या आध्यात्मिक सुखों में से कोई क्यों न हो, भगवान् ने निष्पक्ष होकर सभी के लिए लेखा जोखा एक ही रखा है। इसलिए हमें यह नहीं समझ लेना चाहिए कि हम ही संसार के उद्धारकर्ता हैं। यह ठीक है कि हम संसार को बहुत सी बातें सिखा सकते हैं, परन्तु साथ ही हमें यह भी जानना चाहिए कि हम संसार से बहुत सी बातें सीख भी सकते हैं। हम संसार को उसी विषय की शिक्षा देने में समर्थ हैं, जिसके लिए संसार अपेक्षा कर रहा है। यदि आध्यात्मिकता की स्थापना नहीं होगी तो आगामी पचास वर्षों में पाश्चात्य सभ्यता तहस-नहस हो जायगी। मानव जाति के ऊपर तलवार से शासन करने की चेष्टा करना नैराश्यजनक और नितान्त व्यर्थ है। तुम देखोगे कि वे केन्द्र, जहाँ से इस प्रकार के 'पाशव बल द्वारा शासन' की चेष्टा उत्पन्न होती है, सब से पहले स्वयं ही डगमगाते हैं, उनका पतन होता है और अन्त में वे नष्टभ्रष्ट हो जाते हैं। अगले पचास वर्ष में ही यह यूरोप, जो आज समस्त भौतिक शक्ति के विकास का केन्द्र बन बैठा है, यदि अपनी स्थिति को परिवर्तित करने की चेष्टा नहीं करता, अपना आधार नहीं बदलता तथा आध्यात्मिकता ही को जीवनाधार नहीं बना लेता है तो बरबाद हो जायेगा, धूल में मिल जायेगा, और यदि यूरोप को कोई शक्ति बचा सकती है तो वह है केवल उपनिषदों का धर्म।

इतने मत-मतान्तरों, विभिन्न दार्शनिक दृष्टिकोणों तथा शास्त्रों के होते हुए भी यदि कोई सिद्धान्त हमारे सब सम्प्रदायों का साधारण आधार है, तो वह है आत्मा की सर्वशक्तिमत्ता में विश्वास, और यह समस्त संसार का भाव-स्रोत परिवर्तित कर सकता है। हिन्दू, जैन तथा बौद्धों में, वस्तुतः भारत में सर्वत्र यह अटल विश्वास परिव्याप्त है कि आत्मा ही समस्त शक्तियों का आधार है। और तुम यह भली भाँति जानते हो कि भारत में ऐसी कोई भी दर्शन प्रणाली नहीं है जो इस बात की शिक्षा देती हो कि हमें शक्ति, पवित्रता अथवा पूर्णता कहीं बाहर से प्राप्त होगी, वरन् हमें सर्वत्र यही शिक्षा मिलती है कि वे तो हमारे जन्मसिद्ध अधिकार हैं, हमारे लिए उनकी प्राप्ति स्वाभाविक है। अपवित्रता तो केवल एक बाह्य आवरण है जिसके नीचे हमारा वास्तविक स्वरूप ढँक गया है; परन्तु जो सच्चा 'तुम' है वह पहले से ही पूर्ण है, शक्तिशाली है। आत्मसंयम के लिए तुम्हें बाह्य सहायता की बिल्कुल आवश्यकता नहीं, तुम पहले से ही पूर्ण संयमी

हों। अन्तर केवल जानने या न जानने में है। इसीलिए शास्त्र निर्देश करते हैं कि अविद्या ही सब प्रकार के अनिष्टों का मूल है। आखिर ईश्वर तथा मनुष्य में, साधु तथा असाधु में प्रभेद किस कारण होता है? केवल अज्ञान से। बड़े से बड़े मनुष्य तथा तुम्हारे पैर के नीचे रेंगनेवाले कीड़े में प्रभेद क्या है? प्रभेद होता है केवल अज्ञान से; क्योंकि उस छोटे से रेंगते हुए कीड़े में भी वही अनन्त शक्ति वर्तमान है, वही ज्ञान है, वही शुद्धता है, यहाँ तक कि साक्षात् अनन्त भगवान् विद्यमान हैं। अन्तर यही है कि उसमें यह सब अव्यक्त रूप में है; ज़रूरत है इसीको व्यक्त करने की।

भारतवर्ष को यही एक महान् सत्य संसार को सिखाना है, क्योंकि यह अन्यत्र कहीं नहीं है। यही आध्यात्मिकता है, यही आत्मविज्ञान है। वह क्या है जिसके सहारे मनुष्य खड़ा होता है और काम करता है?—वह है बल। बल ही पुण्य है तथा दुर्बलता ही पाप है। उपनिषदों में यदि कोई एक ऐसा शब्द है जो बज्र-वेग से अज्ञान-राशि के ऊपर पतित होता है, उसे तो बिल्कुल उड़ा देता है, वह है 'अभीः'—निर्भयता। संसार को यदि किसी एक धर्म की शिक्षा देनी चाहिए तो वह है 'निर्भीकता'। यह सत्य है कि इस ऐहिक जगत् में, अथवा आध्यात्मिक जगत् में भय ही पतन तथा पाप का कारण है। भय से ही दुःख होता है, यही मृत्यु का कारण है तथा इसी के कारण सारी बुराई होती है। और भय होता क्यों है?—आत्मस्वरूप के अज्ञान के कारण। हममें से प्रत्येक सम्राटों के सम्राट् का भी उत्तराधिकारी है, क्योंकि हम उस ईश्वर के ही तो अंश हैं। बल्कि इतना ही नहीं, अद्वैत मतानुसार हम स्वयं ही ईश्वर हैं, ब्रह्म हैं, यद्यपि आज हम अपने को केवल एक छोटा सा आदमी समझकर अपना असली स्वरूप भूल बैठे हैं। उस स्वरूप से हम भ्रष्ट हो गए हैं और इसीलिए आज हमें यह भेद प्रतीत होता है कि मैं अमुक आदमी से श्रेष्ठ हूँ अथवा वह मुझसे श्रेष्ठ है, आदि आदि। यह एकत्व की शिक्षा ही एक ऐसी चीज़ है जो आज भारत को दूसरों को देनी है और यह ध्यान रहे कि जब यह समझ लिया जाता है, तब सारा दृष्टिकोण ही बदल जाता है, क्योंकि अब तो पहले की अपेक्षा तुम संसार को एक दूसरी दृष्टि से देखने लगते हो। फिर यह संसार वह रणक्षेत्र नहीं रह जाता जहाँ प्रत्येक प्राणी इसलिए जन्म लेता है कि वह दूसरों से लड़ता रहे, जो बलवान् हो, वह दूसरों पर विजय प्राप्त कर ले तथा जो कमज़ोर है, वह पिस जाय। फिर यह एक क्रीड़ास्थल बन जाता है जहाँ स्वयं भगवान् एक बालक के सदृश खेलते हैं और हम लोग उनके खेल के साथी तथा उनके कार्य के सहायक हैं। यह सारा दृश्य केवल एक खेल है, वैसे यह चाहे जितना कठिन, घोर, वीभत्स तथा खतरनाक ही क्यों न प्रतीत हो। असल में इसके सच्चे

स्वरूप को हम भूल जाते हैं और जब मनुष्य आत्मा को पहचान लेता है तो वह चाहे जैसा दुर्बल, पतित अथवा घोर पातकी ही क्यों न हो, उसके भी हृदय में एक आशा की किरण निकल आती है। शास्त्रों का कथन केवल यही है कि बस, हिम्मत न हारो, क्योंकि तुम तो सदैव वही हो; तुम कुछ भी करो, अपने असली स्वरूप को तुम नहीं बदल सकते। और फिर प्रकृति स्वयं ही प्रकृति को नष्ट कैसे कर सकती है? तुम्हारी प्रकृति तो नितान्त शुद्ध है। यह चाहे लाखों वर्ष तक क्यों न छिपी-ढकी रहे, परन्तु अन्ततः इसकी विजय होगी तथा यह अपने को अभिव्यक्त करेगी ही। अतएव अद्वैत प्रत्येक व्यक्ति के हृदय में आशा का संचार करता है, न कि निराशा का। वेदान्त कभी भय से धर्माचरण करने को नहीं कहता। वेदान्त की शिक्षा कभी ऐसे शैतान के बारे में नहीं होती, जो निरन्तर इस ताक में रहता है कि तुम्हारा पदस्खलन हो और वह तुम्हें अपने अधिकार में कर ले। वेदान्त में शैतान का उल्लेख ही नहीं है, वेदान्त की शिक्षा यही है कि अपने भाग्य के निर्माता हम ही हैं। तुम्हारा यह शरीर तुम्हारे ही कर्मों के अनुसार बना है, और किसी ने तुम्हारे लिए वह गठित नहीं किया है। सर्वव्यापी परमेश्वर तुम्हारे अज्ञान के कारण तुमसे छिपा रहा है और उसका दायित्व तुम्हारे ही ऊपर है। तुमको यह न समझना चाहिए कि इस घोर तमोमय संसार में तुम बिना अपनी इच्छा के ही ला पटके गये हो, वरन् तुम्हें यह समझ लेना चाहिए कि ठीक जैसे तुम इस क्षण अपने इस शरीर को बना रहे हो, पहले भी तुम्हींने थोड़ा थोड़ा करके इसका निर्माण किया था। तुम स्वयं ही खाते हो, कोई और तो तुम्हारे लिए नहीं खाता? फिर जो तुम खा लेते हो उसे तुम्हीं अपने लिए पचाते हो, कोई और तो नहीं पचाता? फिर उसीसे तुम अपना रक्त, पेशी तथा शरीर बनाते हो, दूसरा कोई कुछ नहीं करता। बस, यही तुम बराबर करते आये हो। शृंखला की एक कड़ी उसके अनन्त विस्तार की व्याख्या करती है। अतएव यदि आज यह बात सत्य है कि तुम स्वयं अपने शरीर का निर्माण करते हो, तो वह बात भविष्य तथा भूत के लिए भी लागू होती है। समस्त अच्छाई या बुराई का दायित्व तुम्हारे ही ऊपर है। यही एक बड़ी आशाजनक बात है। जिसे हमने बनाया है, उसको हम बिगाड़ भी सकते हैं। और साथ ही हमारा धर्म मानवता से भगवत्कृपा को अस्वीकार नहीं करता। वह कृपा तो निरन्तर विद्यमान है। साथ ही भगवान् शुभाशुभ रूपी इस घोर संसार-प्रवाह के उस पार विराजमान हैं। वे स्वयं बन्ध-रहित हैं, दयालु हैं, हमारा बेड़ा पार लगाने को वे सदैव तैयार हैं, उनकी दया अपार है—जो मनुष्य सचमुच हृदय से शुद्ध होता है उस पर उनकी कृपा होती ही है।

एक प्रकार से तुम्हारी आध्यात्मिक शक्ति किसी अंश में समाज को एक नया रूप देने में आधार-स्वरूप होगी। समयाभाव के कारण मैं अधिक नहीं कह सकता, नहीं तो मैं यह बतलाता कि आज पाश्चात्य के लिए अद्वैतवाद के कुछ सिद्धान्तों का सीखना कितना आवश्यक है, क्योंकि आज इस भौतिकवाद के ज़माने में सगुण ईश्वर की बातचीत लोगों को बहुत नहीं जँचती। परन्तु फिर भी, यदि किसी मनुष्य का धर्म नितान्त अमार्जित है, और वह मन्दिरों तथा प्रतिमाओं का इच्छुक है तो अद्वैतवाद में उसे वह भी, जितना चाहे, मिल सकता है। इसी प्रकार यदि उसे सगुण ईश्वर पर भक्ति है तो अद्वैतवाद में उसे सगुण ईश्वर के निमित्त भी ऐसे ऐसे सुन्दर भाव तथा तत्त्व मिलेंगे जैसे उसे संसार में और कहीं नहीं मिल सकते। इसी प्रकार यदि कोई व्यक्ति युक्तिवादी होकर अपनी तर्कबुद्धि को सन्तुष्ट करना चाहता है तो उसे प्रतीत होगा कि निर्गुण ब्रह्म सम्बन्धी बड़े से बड़े युक्तियुक्त विचार उसे यहीं प्राप्त हो सकते हैं।

मानमदुरा-अभिनन्दन का उत्तर

मानमदुरा में शिवगंगा तथा मानमदुरा के ज़मींदारों एवं नागरिकों द्वारा निम्नलिखित मानपत्र स्वामी जी को भेंट किया गया :

स्वामी विवेकानन्द जी,

महानुभाव,

आज हम शिवगंगा तथा मानमदुरा के ज़मींदार एवं नागरिक आपका हार्दिक स्वागत करते हैं। हमें इस बात का कभी अपने जीवन के पूर्णतम आशा के क्षणों में अथवा अतिरंजित स्वप्नों में भी विचार न था कि आप जो हमारे हृदय में सदैव से रहे हैं, एक दिन यहाँ हमारे स्वदेश के इतने समीप पधारेंगे। पहले जब हमें इस बात का तार मिला कि आप यहाँ आने में असमर्थ हैं तो हमारे हृदय में निराशा का अंधकार फैल गया, और यदि बाद में आशा की एक सुनहरी किरण न मिल जाती तो हमको अत्यधिक निराशा होती। जब हमें यह पहले पहल ज्ञात हुआ कि आपने हमारे नगर में पधार कर हम सब को दर्शन देना स्वीकार कर लिया है तो हमें यही अनुभव हुआ कि मानो हमने अपना उच्चतम ध्येय प्राप्त कर लिया। हमें तो ऐसा जान पड़ा मानो 'पहाड़ ने मुहम्मद के पास जाना स्वीकार कर लिया' और फलस्वरूप हमारे हर्ष का पारावार नहीं रहा। परन्तु फिर जब हमें पता चला कि 'पहाड़' के लिए स्वयं चलकर यहाँ आना सम्भव नहीं होगा तथा हम लोगों को सब से अधिक शंका इस बात की थी कि हम स्वयं चलकर 'पहाड़' तक जा सकेंगे, उस समय तो केवल आपने ही महती उदारता से हमारे दृढ़ाग्रह को पूरा किया है।

समुद्री मार्ग की इतनी कठिनाइयाँ तथा अड़चनें होते हुए भी जिस उदार एवं निःस्वार्थ भाव से आप प्राची का महान् संदेश पाश्चात्य देशों को ले गये, जिस अधिकारपूर्ण ढंग से आपने वहाँ अपने उद्देश्य को कार्यरूप में परिणत किया तथा जैसी आश्चर्यजनक अद्वितीय सफलता आपको अपने जगत्कल्याण के प्रयत्नों में हुई, उससे आपकी कीर्ति अमर हो गयी है। ऐसे समय में जब कि रोटी की समस्या का समाधान करनेवाला पाश्चात्य भौतिकवाद भारतीय धार्मिक भावों को अधिकाधिक आक्रान्त करता जा रहा था तथा जब हमारे ऋषियों के कथनों और ग्रन्थों की लोग मात्र गिनती करने लगे थे, आप जैसे एक नए गुरु का अवतीर्ण होना

हमारी धार्मिक प्रगति के इतिहास में एक नये युग का आरम्भ ही है। और हम आशा करते हैं कि धीरे धीरे समय आने पर आप हमारे भारतीय दर्शन रूपी सुवर्ण पर कुछ समय के लिए जम गयी मैल को धो बहाने में पूर्ण रूप से सफल होंगे, और उसीको आप अपनी सशक्त मानसिक टकसाल में ढालकर एक ऐसा सिक्का तैयार कर देंगे जो समस्त संसार में मान्य होगा। जिस उदार भाव से आपने भारत के दार्शनिक चिन्तन का झंडा शिकागो धर्म-महासभा में एकत्र विभिन्न धर्माव-लम्बियों के बीच विजय के साथ लहरा दिया है, उससे हमें इस बात की प्रबल आशा हो रही है कि शीघ्र ही आप अपने समय के राजनीतिक सत्ताधारी के ही सदृश इतने बड़े साम्राज्य पर राज्य करेंगे जिसमें सूरज कभी नहीं डूबता, अन्तर इतना ही होगा कि उसका राज्य भौतिक वस्तुओं पर है तथा आपका मन पर होगा। और जिस प्रकार इस राष्ट्र ने इतने अधिक समय तक तथा इतनी सुंदरता से राज्य करके राजनीतिक इतिहास की सारी पूर्वनिर्धारित सीमाओं का अतिक्रमण किया है, उसी प्रकार हम सर्वशक्तिमान से विनम्र प्रार्थना करते हैं कि जिस कार्य का बीड़ा आपने निःस्वार्थ भाव से केवल दूसरों के कल्याण के लिए उठाया है, उसे पूर्ण करने के लिए वह आपको दीर्घजीवी करे तथा आध्यात्मिकता के इतिहास में आप अपने सभी पूर्वजों में अग्रगण्य हों।

परम पूज्य स्वामी जी

हम हैं,

आपके परम विनम्र तथा भक्त सेवकगण

स्वामी जी ने निम्नलिखित उत्तर दिया :

स्वामी जी का उत्तर

तुम लोगों ने हार्दिक तथा दयापूर्ण अभिनन्दन द्वारा मुझे जिस कृतज्ञता से बाँध लिया है, उसे प्रकट करने के लिए मेरे पास शब्दों का सर्वथा अभाव है। अभाग्यवश प्रबल इच्छा के रहते हुए भी मैं ऐसी स्थिति में नहीं हूँ कि एक दीर्घ वक्तृता दे सकूँ। यद्यपि हम लोगों के संस्कृतज्ञ मित्र ने कृपापूर्वक मेरे लिए बड़े सुन्दर सुन्दर विशेषणों की योजना की है; पर मेरे एक स्थूल शरीर भी तो है, चाहे शरीर धारण विडम्बना मात्र क्यों न हो। और स्थूल शरीर तो जड़ पदार्थ की परिस्थितियों, नियमों तथा संकेतों पर चलता है। अतः थकान और सुस्ती भी कोई ऐसी चीज़ है जिसका असर स्थूल शरीर पर पड़े बिना नहीं रहता।

पश्चिम में मुझसे जो थोड़ा सा काम हुआ है, उसके लिए देश में हर जगह जो अद्भुत प्रसन्नता तथा प्रशंसात्मक भाव दिखायी देता है, वह सचमुच महान् वस्तु

है। मैं इसे इस ढंग से देखता हूँ : इसे मैं उन महान् आत्माओं पर आरोपित करना चाहता हूँ, जो भविष्य में आने वाले हैं। अगर मेरा किया यह थोड़ा सा काम सारी जाति से इतनी प्रशंसा पा सकता है, तो मेरे बाद आने वाले, संसार में उथल-पुथल मचा देने वाले, आध्यात्मिक महावीर इस राष्ट्र से कितनी प्रशंसा न प्राप्त करेंगे? भारत धर्म की भूमि है; हिन्दू—धर्म, केवल धर्म समझते हैं। सदियों से उन्हें इसी मार्ग की शिक्षा मिलती आयी है, जिसका फल यह हुआ कि उनके जीवन के साथ इसीका घनिष्ठ सम्बन्ध हो गया, और तुम लोग जानते हो कि बात ऐसी ही है। इसकी कोई ज़रूरत नहीं कि सभी दूकानदार हो जायँ या सभी अध्यापक कहलावें या सभी युद्ध में भाग लें, किन्तु इन विभिन्न भावों में ही संसार की भिन्न भिन्न जातियाँ सामजस्य की स्थापना कर सकेंगी।

जान पड़ता है कि इस राष्ट्रीय एकता में आध्यात्मिक स्वर अलापने के लिए हम लोग विधाता द्वारा ही नियुक्त किये गये हैं। और यह देख कर मुझे बड़ा आनन्द होता है कि हम लोगों ने अब तक परम्परागत अपने उन महान् अधिकारों को हाथ से नहीं जाने दिया, जो हमें अपने गौरवशाली पूर्व पुरुषों से मिले हैं, जिनका गर्व किसी भी राष्ट्र को हो सकता है। इससे मेरे हृदय में आशा का संचार होता है; यही नहीं, जाति की भविष्य उन्नति का मुझे दृढ़ विश्वास हो जाता है। यह जो मुझे आनन्द हो रहा है, वह मेरी ओर व्यक्तिगत ध्यान के आकर्षित होने के कारण नहीं, वरन् यह जान कर कि राष्ट्र का हृदय सुरक्षित है और अभी स्वस्थ भी है। भारत अब भी जीवित है। कौन कहता है कि वह मर गया? पश्चिमवाले हमें कर्मशील देखना चाहते हैं। परन्तु यदि वे हमारी कुशलता लड़ाई के मैदान में देखना चाहें, तो उनको हताश होना पड़ेगा; क्योंकि वह क्षेत्र हमारे लिए नहीं, जैसे कि अगर हम किसी सिपाही जाति को धर्मक्षेत्र में कर्मशील देखना चाहें तो हताश होंगे। वे यहाँ आवें और देखें, हम भी उनके ही समान कर्मशील हैं; वे देखें, यह जाति कैसे जी रही है और इसमें पहले जैसा ही जीवन अब भी वर्तमान है। हम लोग पहले से हीन हो गये हैं, इस विचार को जितना ही हटाओगे, उतना ही अच्छा है।

परन्तु अब मैं कुछ कड़े शब्द भी कहना चाहता हूँ। मुझे आशा है, उनका ग्रहण तुम असहानुभूति के साथ नहीं करोगे। अभी अभी तुम लोगों ने जो यह दावा दायर किया कि यूरोप के भौतिकवाद ने हमको लगभग प्लावित कर दिया है, सो सारा दोष यूरोपवालों का नहीं, अधिकांश दोष हमारा ही है। जब हम वेदान्ती हैं, तो हमें सभी विषयों का निर्णय भीतरी दृष्टि से, भावात्मक सम्बन्धों के आधार पर करना चाहिए। जब हम वेदान्ती हैं, तो यह बात हम निस्सन्देह

समझते हैं कि अगर पहले हम ही अपने को हानि न पहुँचाएँ, तो संसार में ऐसी कोई शक्ति नहीं, जो हमारा नुक़सान कर सके। भारत की पंचमांश जनता मुसलमान हो गयी, जिस प्रकार इससे पहले प्राचीन काल में दो-तिहाई मनुष्य बौद्ध बन गये थे। इस समय पंचमांश जनसमूह मुसलमान है; दस लाख से भी ज़्यादा मनुष्य ईसाई हो गये हैं, यह किसका दोष है? हमारे इतिहासकारों में से एक का चिरस्मरणीय भाषा में आक्षेप है—'जब सतत प्रवाहशील झरने में जीवन बह रहा है, तो ये अभागे कंगाल भूख-प्यास के मारे क्यों मरें?' प्रश्न है—जिन्होंने अपना धर्म छोड़ दिया, उन लोगों के लिए हमने क्या किया? क्यों वे मुसलमान हो गये? इंग्लैण्ड में मैंने एक सीधी सादी लड़की के सम्बन्ध में सुना था, वह वेश्या बनने के लिए जा रही थी। किसी महिला ने उसे ऐसा काम करने से रोका। तब वह लड़की बोली, "मेरे लिए सहानुभूति प्राप्त करने का एकमात्र उपाय यही है; अभी मुझे किसी से सहायता नहीं मिल सकती। परन्तु मुझे पतित हो जाने दीजिए, गली-गली ठोकरें खानेवाली स्त्रियों की हालत को पहुँच जाऊँ, तब सम्भव है, दयावती महिलाएँ मुझे लेकर किसी मकान में रखें और मेरे लिए सब कुछ करें।" आज हम अपने धर्म को छोड़ देनेवालों के लिए रोते हैं, परन्तु इसके पहले उनके लिए हमने क्या किया? आओ, हम लोग अपनी ही अन्तरात्मा से पूछें कि हमने क्या सीखा; क्या हमने सत्य की मशाल हाथ में ली? अगर हाँ, तो ज्ञानविस्तार के लिए उसे लेकर कितनी दूर बढ़े?—तो समझ में आ जायगा कि उन पतितों के घर तक ज्ञानालोक विकीर्ण करने के लिए हमारी पहुँच नहीं हुई। यही एक प्रश्न है, जो अपनी अन्तरात्मा से हमें पूछना चाहिए। चूँकि हम लोगों ने वैसा नहीं किया, इसलिए वह हमारा ही दोष था—हमारा ही कर्म था। अतएव हमें दूसरों को दोष न देना चाहिए, इसे अपने ही कर्मों का दोष मानना चाहिए।

भौतिकवाद, इस्लाम धर्म, ईसाई धर्म या संसार का कोई 'वाद' कदापि सफल नहीं हो सकता था, यदि तुम स्वयं उसका प्रवेश द्वार न खोल देते। नर-शरीर में तब तक किसी प्रकार रोग के जीवाणुओं का आक्रमण नहीं हो सकता, जब तक वह दुराचरण, क्षय, कुखाद्य और असंयम के कारण पहले ही से दुर्बल और हीनवीर्य नहीं हो जाता। तन्दुरुस्त आदमी सब तरह के विषैले जीवाणुओं के भीतर रह कर भी उनसे बचा रहता है। अस्तु, पहले की भूलों को दूर करो, प्रतिकार का समय अब भी है। सर्वप्रथम, पुराने तर्क-वितर्कों को—अर्थहीन विषयों पर छिड़े हुए उन पुराने झगड़ों को त्याग दो, जो अपनी प्रकृति से ही मूर्खतापूर्ण हैं। गत छः-सात सदियों तक के लगातार पतन पर विचार करो—जब कि सैकड़ों समझदार आदमी सिर्फ़ इस विषय को लेकर वर्षों तर्क करते रह गये कि लोटा भर पानी

दाहिने हाथ से पिया जाय या बाँयें हाथ से, हाथ चार बार धोया जाय या पाँच बार, और कुल्ला पाँच दफ़े करना ठीक है या छः दफ़े। ऐसे आवश्यक प्रश्नों के लिए तर्क पर तुले हुए ज़िन्दगी की ज़िन्दगी पार कर देनेवाले और इन विषयों पर अत्यन्त गवेषणापूर्ण दर्शन लिख डालनेवाले पंडितों से और क्या आशा कर सकते हो? हमारे धर्म के लिए भय यही है कि वह अब रसोईघर में घुसना चाहता है। हममें से अधिकांश मनुष्य इस समय न तो वेदान्ती हैं, न पौराणिक और न तांत्रिक; हम हैं 'छूतधर्मी' अर्थात् 'हमें न छुओ' इस धर्म के माननेवाले। हमारा धर्म रसोईघर में है। हमारा ईश्वर है 'भात की हाँड़ी' और मंत्र है 'हमें न छुओ, हमें न छुओ, हम महा पवित्र हैं।' अगर यही भाव एक शताब्दी और चला, तो हममें से हर एक की हालत पागलख़ाने में क़ैद होने लायक हो जायगी। मन जब जीवन सम्बन्धी ऊँचे तत्त्वों पर विचार नहीं कर सकता, तब समझना चाहिए कि मस्तिष्क दुर्बल हो गया है। जब मन की शक्ति नष्ट हो जाती है, उसकी क्रिया-शीलता, उसकी चिन्तनशक्ति जाती रहती है, तब उसकी सारी मौलिकता नष्ट हो जाती है। फिर वह छोटी से छोटी सीमा के भीतर चक्कर लगाता रहता है। अतएव पहले इस वस्तुस्थिति को बिल्कुल छोड़ देना होगा। और फिर हमें खड़ा होना होगा, कर्मी और वीर बनना होगा। तभी हम अपने उस अशेष धन के जन्मसिद्ध अधिकार को पहचान सकेंगे, जिसे हमारे ही लिए हमारे पूर्व पुरुष छोड़ गये हैं और जिसके लिए आज सारा संसार हाथ बढ़ा रहा है। यदि यह धन वितरित न किया गया, तो संसार मर जायगा। इसको बाहर निकाल लो और मुक्तहस्त इसका वितरण करो। व्यास कहते हैं, इस कलियुग में दान ही एकमात्र धर्म है, और सब प्रकार के दानों में अध्यात्म जीवन का दान ही श्रेष्ठ है। इसके बाद हैं विद्यादान, फिर प्राणदान, और सबसे निकृष्ट है अन्नदान। अन्नदान हम लोगों ने बहुत किया, हमारी जैसी दानशील जाति दूसरी नहीं। यहाँ तो भिखारी के घर भी जब तक रोटी का एक टुकड़ा रहता है, वह उसमें से आधा दान कर देगा। ऐसा दृश्य केवल भारत में ही देखा जा सकता है। हमारे यहाँ इस दान की कमी नहीं, अब हमें अन्य दोनों, धर्मदान और विद्यादान के लिए बढ़ना चाहिए। और अगर हम हिम्मत न हारें, हृदय को दृढ़ कर लें और पूर्ण ईमानदारी के साथ काम में हाथ लगायें, तो पचीस साल के भीतर सारी समस्याओं का समाधान हो जायगा और ऐसा कोई विषय न रह जायगा, जिसके लिए लड़ाई की जाय; तब सम्पूर्ण भारतीय समाज फिर एक बार आर्यों के सदृश हो जायगा।

मुझे तुमसे जो कुछ कहना था, कह चुका। मुझे योजनाओं पर ज़्यादा बहस करना पसन्द नहीं। बल्कि मैं अपनी योजनाओं के विषय में चर्चा करने की अपेक्षा

करके दिखाना चाहता हूँ। मेरी कुछ खास योजनाएँ हैं, और यदि परमात्मा की इच्छा हुई, और मैं जीवित रहा, तो मैं उन्हें सफलता तक पहुँचाने की कोशिश करूँगा। मैं नहीं जानता, मुझे सफलता मिलेगी या नहीं, परन्तु किसी महान् आदर्श को लेकर, उसीके पीछे अपना तमाम जीवन पार कर देना मेरी समझ में एक बड़ी बात है। नहीं तो इस नगण्य मनुष्य-जीवन का मूल्य ही क्या ? जीवन की सार्थकता तो इसीमें है कि वह किसी महान् आदर्श के पीछे लगाया जाय। भारत में करने लायक बड़ा काम इस समय यही है। मैं इस वर्तमान धार्मिक जागरण का स्वागत करता हूँ, और मुझसे महामूर्खता का काम होगा, यदि मैं लोहे के गर्म रहते उस पर हथौड़े की चोट लगाने के इस शुभ मुहूर्त को हाथ से जाने दूँ।

मदुरा[1]-अभिनन्दन का उत्तर

मदुरा में स्वामी जी को वहाँ के हिन्दू बान्धवों ने एक मानपत्र भेंट किया जो **इस प्रकार था :**

परम पूज्य स्वामी जी,

हम मदुरा निवासी हिन्दू लोग आज बड़े आदरपूर्वक आपका अपने इस प्राचीन तथा पवित्र नगर में हार्दिक स्वागत करते हैं। आपमें हम एक ऐसे हिन्दू संन्यासी का जीवन्त उदाहरण पाते हैं, जिसने संसार के सब बन्धनों को तोड़कर तथा उन समस्त साधनों को तिलांजलि देकर, जिनसे केवल स्वार्थ साधन ही होता है, अपने को 'बहुजन हिताय, बहुजन सुखाय' के श्रेष्ठ उद्देश्य में ही लगा दिया है तथा जो कि मानव समाज के आध्यात्मिक उत्थान के लिए निरन्तर प्रयत्नशील है। तुमने स्वयं अपने व्यक्तित्व द्वारा यह दर्शा दिया है कि हिन्दू धर्म का सार तत्त्व केवल नियमों तथा अनुष्ठानों के पालन में ही नहीं है, वरन् यह एक उदात्त दर्शन का रूप है जो दीन, दुःखी तथा पीड़ित लोगों को शान्ति तथा संतोष प्रदान कर सकता है।

आपने अमेरिका तथा इंग्लैण्ड को भी उस धर्म की, उस दर्शन की, महिमा सिखला दी है जिसके द्वारा प्रत्येक व्यक्ति, अपनी अपनी शक्ति, योग्यता तथा परिस्थिति के अनुसार अधिक से अधिक उन्नति कर सकता है। गत तीन वर्ष से यद्यपि आपकी शिक्षाएँ विदेशों में ही हुई है, परन्तु फिर भी उनका मनन इस देश के लोगों ने भी कम उत्सुकता से नहीं किया और हम कहेंगे कि इस देश में विदेशी भूमि से आयात भौतिकवाद के अधिकाधिक बढ़ते हुए असर को रोकने में भी उन्होंने कम काम नहीं किया है।

आज भी भारतवर्ष जीवित है, क्योंकि उसको विश्व की आध्यात्मिक व्यवस्था को सम्पादित करने का व्रत पूरा करना है। इस कलियुग के अन्त में आप जैसे महापुरुष का प्रादुर्भाव होना इस बात का द्योतक है कि निकट भविष्य में उन महान् आत्माओं का अवश्य ही अवतरण होगा, जिनके द्वारा उपर्युक्त उद्देश्य की पूर्ति होगी।

---

१. इसे अब मदुरे कहते हैं।

प्राचीन विद्याओं का केन्द्र, श्री सुन्दरेश्वर भगवान् का प्रिय स्थान तथा योगिराजों का पुण्य द्वादशान्तक क्षेत्र, मदुरा नगर, भारतवर्ष के अन्य किसी नगर से आपके भारतीय दर्शन के प्रतिपादन के प्रति हार्दिक प्रशंसात्मक भावों के प्रकाशन में तथा आपकी मानवता की अमूल्य सेवा के प्रति कृतज्ञता प्रकट करने में पीछे नहीं है।

ईश्वर से हमारी यही प्रार्थना है कि वह आपको दीर्घजीवी करे, शक्तिशाली बनाये तथा आपके द्वारा दूसरों का कल्याण हो।

स्वामी जी ने निम्नलिखित उत्तर दिया :

स्वामी जी का उत्तर

मेरी बड़ी इच्छा है, तुम लोगों के साथ कुछ दिन रह कर तुम्हारे सुयोग्य सभापति महोदय के द्वारा अभी निर्देशित शर्तें पूरी करूँ और गत चार वर्षों तक पश्चिमी देशों में प्रचार करते हुए मुझे वहाँ का जैसा अनुभव हुआ, उसे प्रकट करूँ; परन्तु खेद के साथ कहना पड़ता है कि संन्यासियों के भी शरीर है और गत तीन हफ़्ते तक लगातार घूमते और व्याख्यान देते रहने के कारण मेरी हालत इस समय ऐसी नहीं कि इस शाम को एक लम्बा व्याख्यान दे सकूँ। अतएव मेरे प्रति जो कृपा दिखायी गयी, उसके लिए हार्दिक धन्यवाद देकर ही मुझे सन्तोष करना पड़ेगा। दूसरे विषय मैं भविष्य के किसी दूसरे दिन के लिए रख छोड़ता हूँ, जब अधिक स्वस्थ स्थिति में शाम के इस थोड़े से समय में जितने विषयों पर चर्चा की जा सकती है, उनसे अधिक पर चर्चा का समय मिल जायगा। मदुरा में तुम लोगों के अत्यन्त प्रसिद्ध और उदारचेता देशवासी और रामनाड़ के राजा के अतिथि के रूप में मेरे मन में एक तथ्य प्रमुखता के साथ आ रहा है। शायद तुम लोगों में से अनेक को मालूम है कि ये रामनाड़ के राजा ही थे जिन्होंने पहले पहल मेरे मन में शिकागो जाने का बिचार पैदा किया और इस विचार की रक्षा के लिए जहाँ तक उनसे हो सका, हृदय से और अपने प्रभाव से बराबर मेरी सहायता करते रहे हैं। अतएव इस अभिनन्दन में मेरी जितनी प्रशंसा की गयी, उसका अधिकांश दक्षिण के इस महान् व्यक्ति को ही प्राप्य है। मेरे मन में तो यह आता है कि राजा होने के बजाय उन्हें संन्यासी होना चाहिए था, क्योंकि संन्यास ही उनका योग्य आसन है।

जब कभी संसार के किसी भाग में किसी वस्तु की वास्तविक आवश्यकता होती है, तब उसकी पूर्ति करने का रास्ता निकल आता है और उसे नया जीवन मिलता है। यह बात भौतिक संसार के लिए भी सत्य है और आध्यात्मिक राज्य के लिए भी। यदि संसार के किसी भाग में आध्यात्मिकता है और किसी

दूसरे भाग में उसका अभाव, तो फिर चाहे हम जान-बूझकर उसके लिए प्रयत्न करें या न करें, जहाँ धर्म का अभाव है, वहाँ जाने के लिए आध्यात्मिकता अपना रास्ता साफ़ कर लेगी और इस तरह सामंजस्य की स्थापना करेगी। मनुष्य जाति के इतिहास में हम पाते हैं कि एक या दो बार नहीं, प्रत्युत् पुनः पुनः प्राचीन काल में संसार को आध्यात्मिकता की शिक्षा देनी भारत का भाग्य रहा है। और इस तरह, हम देखते हैं कि जब किसी जाति की दिग्विजय द्वारा अथवा व्यवसाय की प्रधानता से संसार के विभिन्न भाग एक सम्पूर्ण राष्ट्र के रूप में बद्ध हुए और संसार के एक कोने से दूसरे कोने तक दान का भाण्डार खुल पड़ा—एक जाति के लिए दूसरी को कुछ देने का अवसर हाथ आया, तब प्रत्येक जाति ने अपर जातियों को राजनीतिक, सामाजिक अथवा आध्यात्मिक, जिसके निकट जो भाव थे, दिये। मनुष्य जाति के सम्पूर्ण ज्ञान-भाण्डार में भारत का योगदान आध्यात्मिकता और दर्शन का रहा है। फ़ारस साम्राज्य के उदय के बहुत पहले ही वह इस तरह का दान दे चुका था; फ़ारस साम्राज्य के उदय काल में भी उसने दूसरी बार ऐसा दान किया; यूनान की प्रभुता के समय उसका तीसरा दान था; और अंग्रेज़ी की प्रधानता के समय अब चौथी बार विधि के उसी विधान को वह पूर्ण कर रहा है। जिस तरह संघ स्थापना की पश्चिमी कार्यप्रणाली और बाहरी सभ्यता के भाव हमारे देश की नस नस में समा रहे हैं, चाहे हम उनका ग्रहण करें या न करें, उसी तरह भारत की आध्यात्मिकता और दर्शन पाश्चात्य देशों को प्लावित कर रहे हैं। इस गति को कोई नहीं रोक सकता, और हम भी पश्चिम की किसी न किसी प्रकार की भौतिकवादी सभ्यता का पूर्णतः प्रतिरोध नहीं कर सकते। इसका कुछ अंश, सम्भव है, हमारे लिए अच्छा हो और आध्यात्मिकता का कुछ अंश पश्चिम के लिए लाभदायक। इसी तरह सामंजस्य की रक्षा हो सकेगी। यह बात नहीं कि हर एक विषय हमें पश्चिमवालों से सीखना चाहिए, या पश्चिमवालों को जो कुछ सीखना है, हम ही से सीखें; किन्तु भिन्न-भिन्न राष्ट्रों में सामंजस्य स्थापन या एक आदर्श संसार के निर्माण के युगों के भावी स्वप्नों की पूर्ति के लिए हर एक के पास जो कुछ हो, उसे भावी सन्तानों को दाय के रूप में अर्पित करना होगा। ऐसा आदर्श संसार कभी आयगा या नहीं, मैं नहीं जानता; समाज कभी ऐसी सम्पूर्णता तक पहुँच सकेगा, इस सम्बन्ध में मुझको ही सन्देह हो रहा है; परन्तु चाहे ऐसा हो या न हो, हममें से हर एक को इसी भाव को लेकर काम करना चाहिए कि वह संगठन कल ही हो जायगा, और प्रत्येक मनुष्य को यही सोचना चाहिए कि यह काम मानो उसी पर निर्भर है। हममें से प्रत्येक को यही विश्वास रखना चाहिए कि संसार के अन्य सभी लोगों ने अपना अपना कार्य सम्पन्न कर डाला है, एकमात्र

मेरा ही कार्य शेष है, और जब मैं अपना कार्य-भाग पूरा करूँ, तभी संसार सम्पूर्ण होगा। हमें अपने सिर पर यही दायित्व लेना है।

भारत में वर्तमान समय में धर्म का प्रबल पुनरुत्थान हो रहा है। यह गौरव की बात है, पर साथ ही इसमें विपत्ति की भी आशंका है; क्योंकि पुनरुत्थान के साथ उसमें यदा-कदा घोर कट्टरता भी आ जाया करती है। और कभी कभी तो यह कट्टरता इतनी बढ़ जाती है कि अभ्युत्थान को शुरू करनेवाले लोग भी उसे रोकने में असमर्थ होते हैं, उसका नियमन नहीं कर सकते। अतएव पहले से ही सावधान रहना चाहिए। हमें रास्ते के बीचो-बीच चलना चाहिए। एक ओर कुसंस्कारों से भरा हुआ प्राचीन समाज है, और दूसरी ओर भौतिकवाद—आत्मा-हीनता, तथाकथित सुधार और यूरोपवाद (Europeanism) जो पश्चिमी उन्नति के मूल तक में समाया हुआ है। हमें इन दोनों से खूब बचकर चलना होगा। पहले तो, हम पश्चिमी नहीं हो सकते, इसलिए पश्चिमवालों की नक़ल करना वृथा है। मान लो तुम पश्चिमवालों का सम्पूर्ण अनुकरण करने में सफल हो गये, तो उसी समय तुम्हारी मृत्यु अनिवार्य है, फिर तुममें जीवन का लेश भी न रह जायगा। दूसरे, ऐसा होना असम्भव है। काल की प्रारम्भिक अवस्था से निकल-कर मनुष्य जाति के इतिहास में लाखों वर्षों से लगातार एक नदी बहती आ रही है। तुम क्या उसे ग्रहण कर उसके उद्गमस्थान हिमालय के हिमनद में धक्के लगाकर वापस ले जाना चाहते हो? यदि यह सम्भव भी हो, तथापि तुम यूरोपियन नहीं हो सकते। यदि कुछ शताब्दियों की शिक्षा का संस्कार छोड़ना यूरोपियनों के लिए तुम असम्भव सोचते हो, तो सैकड़ों गौरवशाली सदियों के संस्कार छोडना तुम्हारे लिए कब सम्भव है? नहीं, ऐसा कभी हो नहीं सकता। हमें यह भी स्मरण रखना चाहिए कि हम प्रायः जिन्हें अपना धर्म-विश्वास कहते हैं, वे हमारे छोटे छोटे ग्राम-देवताओं पर आधारित या ऐसे ही कुसंस्कारों से पूर्ण लोकाचार मात्र हैं। ऐसे लोकाचार असंख्य हैं और वे एक दूसरे के विरोधी हैं। इनमें से हम किसे मानें और किसे न मानें? उदाहरण के लिए, दक्षिण का ब्राह्मण यदि किसी दूसरे ब्राह्मण को मांस खाते हुये देखे तो भय से आतंकित हो जाता है; परन्तु उत्तर भारत के ब्राह्मण इसे अत्यन्त पवित्र और गौरवशाली कृत्य समझते हैं, पूजा के निमित्त वे सैकड़ों बकरों की बलि चढ़ा देते हैं। अगर तुम अपने लोकाचार आगे रखोगे, तो वे भी अपने लोकाचारों को सामने लायँगे। तमाम भारत में सैकड़ों आचार हैं, परन्तु वे अपने ही स्थान में सीमित हैं। सबसे बड़ी भूल यही होती है कि अज्ञ साधारणजन सर्वदा अपने प्रान्त के ही आचार को हमारे धर्म का सार समझ लेते हैं।

इसके अतिरिक्त, इससे बड़ी एक और कठिनाई है। हम अपने शास्त्रों में दो प्रकार के सत्य देखते हैं। एक मनुष्य के नित्य स्वरूप पर आधारित है, जो परमात्मा, जीवात्मा और प्रकृति के सार्वकालिक सम्बन्ध पर विचार करता है। दूसरे प्रकार का सत्य किसी देश, काल या सामाजिक अवस्था विशेष पर टिका हुआ है। पहला मुख्यतः वेदों या श्रुतियों में संगृहीत है और दूसरा स्मृतियों और पुराणों में। हमें स्मरण रखना चाहिए कि सब समय वेद ही हमारे चरम लक्ष्य और मुख्य प्रमाण रहे हैं। यदि किसी पुराण का कोई हिस्सा वेदों के अनुकूल न हो, तो निर्दयतापूर्वक उतने अंश का त्याग कर देना चाहिए। और हम यह भी देखते हैं कि सभी स्मृतियों की शिक्षाएँ अलग अलग हैं। एक स्मृति बतलाती है— 'यही आचार है, इस युग में इसीका अनुशासन मानना चाहिए।' दूसरी स्मृति इसी युग में एक दूसरे आचार का समर्थन करती है। 'इस आचार का पालन सत्ययुग में करना चाहिए और इसका कलियुग में', कोई स्मृति इस प्रकार सत्ययुग और कलियुग के आचार-भेद बतलाती है। अतः तुम्हारे लिए वही गरिमामण्डित सत्य सबसे बढ़कर है, जो सब काल के लिए सत्य है, जो मनुष्य की प्रकृति पर प्रतिष्ठित है, जिसका परिवर्तन तब तक न होगा, जब तक मनुष्य का अस्तित्व रहेगा। परन्तु स्मृतियाँ तो प्रायः स्थानीय परिस्थिति और अवस्था-भेद के अनुशासन बतलाती और समयानुसार बदलती जाती हैं। यह तुम्हें सदा स्मरण रखना चाहिए कि किंचित् सामाजिक प्रथा के बदल जाने से हम अपना धर्म नहीं खो देंगे। ऐसा कदापि नहीं है। याद रखो, ये आचार-प्रथाएँ चिरकाल से ही बदलती आयी हैं। इसी भारत में कभी ऐसा भी समय था, जब कोई ब्राह्मण बिना गो-मांस खाये ब्राह्मण नहीं रह पाता था; तुम वेद पढ़कर देखो कि किस तरह जब कोई संन्यासी या राजा या बड़ा आदमी मकान में आता था, तब सबसे पुष्ट बैल मारा जाता था। बाद में धीरे धीरे लोगों ने समझा कि हम कृषिजीवी जाति हैं, अतएव अच्छे अच्छे बैलों का मारना हमारी जाति के ध्वंस का कारण है। इसलिए इस हत्या का निषेध कर दिया गया और गो-वध के विरुद्ध तीव्र आन्दोलन उठाया गया। पहले ऐसे भी आचार प्रचलित थे, जिन्हें अब हम वीभत्स मानते हैं। कालान्तर में आचार के नये नियम बनाने पड़े। जब समय का परिवर्तन होगा, तब वे स्मृतियाँ भी न रहेंगी और उनकी जगह दूसरी स्मृतियों की योजना की जायगी। हमारे ध्यान देने योग्य केवल एक विषय है, और वह यह कि वेद चिरन्तन सत्य होने के कारण सभी युगों में समभाव से विद्यमान रहते हैं, किन्तु स्मृतियों की प्रधानता युग-परिवर्तन के साथ ही जाती रहती है। समय ज्यों ज्यों व्यतीत होता जायगा, अनेकानेक स्मृतियों का प्रामाण्य लुप्त होता जायगा और ऋषियों का आविर्भाव

होगा। वे समाज को अच्छे पथों पर प्रवर्तित और निर्दिष्ट करेंगे, उस समय के लिए युगीन समाज की आवश्यकता के अनुसार पथ और कर्तव्य समाज को दिखायेंगे, जिसके बिना समाज का जीना असम्भव हो जायगा। इस तरह हमें इन दोनों विघ्नों से बचकर चलना होगा, और मुझे आशा है, हममें से प्रत्येक में पर्याप्त उदारता होगी और साथ ही इतनी दृढ़ निष्ठा होगी, जिससे समझ सकें कि इसका अर्थ क्या है? मैं समझता हूँ, जिसका उद्देश्य सभी को अपनाना है, किसीका तिरस्कार करना नहीं। मैं 'कट्टरता' वाली निष्ठा भी चाहता हूँ और भौतिकवादियों का उदार भाव भी चाहता हूँ। हमें ऐसे ही हृदय की आवश्यकता है जो समुद्र सा गम्भीर और आकाश सा उदार हो। हमें संसार की किसी भी उन्नत जाति की तरह उन्नतिशील होना चाहिए और साथ ही अपनी परम्पराओं के प्रति वही श्रद्धा तथा कट्टरता रखनी चाहिए, जो केवल हिन्दुओं में ही आ सकती है।

सीधी बात यह है कि पहले हमें प्रत्येक विषय का मुख्य और गौण भेद समझ लेना चाहिए। मुख्य सार्वकालिक है; गौण का मूल्य किसी खास समय तक होता है, उस समय के अनन्तर उसमें यदि कोई परिवर्तन न किया जाय, तो वह निश्चित रूप से भयानक हो जाता है। मेरे कथन का यह उद्देश्य नहीं कि तुम अपने प्राचीन आचारों और पद्धतियों की निन्दा करो—नहीं, ऐसा हरगिज़ न करो। उनमें से अत्यन्त हीन आचार को भी तिरस्कार की दृष्टि से न देखना चाहिए; निन्दा किसी की न करो, क्योंकि जो प्रथाएँ इस समय निश्चित रूप से बुरी लग रही हैं, अतीत के युगों में वे ही जीवनप्रद थीं। अतएव अभिशाप द्वारा उनका बहिष्कार करना ठीक नहीं, किन्तु धन्यवाद देकर और कृतज्ञता दिखाते हुए उनको अलग करना उचित है; क्योंकि हमारी जाति की रक्षा के लिए एक समय उन्होंने भी प्रशंसनीय कार्य किया था। और हमें यह भी स्मरण रखना चाहिए कि हमारे समाज के नेता कभी सेनानायक या राजा न थे, वे थे ऋषि। और ऋषि कौन हैं? उनके सम्वन्ध में उपनिषद् कहती हैं, 'ऋषि कोई साधारण मनुष्य नहीं, वे मन्त्रद्रष्टा हैं।' ऋषि वे हैं, जिन्होंने धर्म को प्रत्यक्ष किया है, जिनके निकट धर्म केवल पुस्तकों का अध्ययन नहीं, न युक्तिजाल ही, और न व्यावसायिक विज्ञान अथवा वाग्वितण्डा ही, वह है प्रत्यक्ष अनुभव—अतीन्द्रिय सत्य का प्रत्यक्ष साक्षात्कार। यही ऋषित्व है और यह ऋषित्व किसी उम्र या समय या किसी सम्प्रदाय या जाति की अपेक्षा नहीं रखता। वात्स्यायन कहते हैं—'सत्य का साक्षात्कार करना होगा और स्मरण रखना होगा कि हममें से प्रत्येक को ऋषि होना है।' साथ ही हमें अगाध आत्मविश्वाससम्पन्न भी होना चाहिए, हम लोग समग्र संसार में शक्ति-संचार करेंगे; **क्योंकि सब शक्ति हममें ही विद्यमान है। हमें धर्म का प्रत्यक्ष साक्षात्कार**

करना होगा, उसकी उपलब्धि करनी होगी, तभी ऋषित्व की उज्ज्वल ज्योति से पूर्ण होकर हम महापुरुष-पद प्राप्त कर सकेंगे; तभी हमारे मुख से जो वाणी निकलेगी, वह सुरक्षा की असीम स्वीकृति से पूर्ण होगी; और हमारे सामने की समस्त बुराई स्वयं अदृश्य हो जायगी, तब हमें किसीको अभिशाप देने की आवश्यकता न रह जायगी, किसीकी निन्दा या किसीके साथ विरोध करने की ज़रूरत न होगी। यहाँ जितने मनुष्य उपस्थित हैं, उनमें से प्रत्येक को अपनी और दूसरों की मुक्ति के लिए ऋषित्व प्राप्त करने में प्रभु सहायता करें।

वेदान्त का उद्देश्य

स्वामी जी के कुम्भकोणम् पधारने के अवसर पर वहाँ की हिन्दू जनता ने निम्नलिखित मानपत्र भेंट किया था :

परम पूज्य स्वामी जी,

इस प्राचीन तथा धार्मिक नगर कुम्भकोणम् के हिन्दू निवासियों की ओर से हम आपसे यह प्रार्थना करते हैं कि आप पाश्चात्य देशों से लौटने के अवसर पर, आज हमारे इस पवित्र नगर में, जो मन्दिरों से परिपूर्ण होने तथा प्रसिद्ध महात्माओं एवं ऋषियों की जन्मभूमि होने के नाते विशेष विख्यात है, हमारा हार्दिक स्वागत स्वीकार करें। आपको अपने धार्मिक प्रचार के कार्य में जो अनुपम सफलता अमेरिका तथा यूरोप आदि देशों में प्राप्त हुई है, उसके लिए हम ईश्वर के परम कृतज्ञ हैं। साथ ही हम उसे इस बात के लिए भी धन्यवाद देते हैं कि उसकी कृपा द्वारा आपने शिकागो धर्म-महासभा में एकत्र संसार के महान् धर्मों के चुने हुए प्रतिनिधि विद्वानों के मन में यह बात बैठा दी कि हिन्दू धर्म तथा दर्शन दोनों ही इतने विशाल तथा इतने युक्तिसंगत रूप में उदार हैं कि उनमें ईश्वर सम्बन्धी समस्त सिद्धान्तों तथा समस्त आध्यात्मिक आदर्शों के समावेश और सामंजस्य की शक्ति है।

यह आस्था हमारे जीवन्त धर्म का हज़ारों वर्षों से मुख्य अंग रही है कि जगत् के प्राण तथा आत्मास्वरूप भगवान् के हाथों में सत्य का हित सर्वदा सुरक्षित है। और आज जब हम आपके उस पवित्र कार्य की सफलता पर हर्ष मनाते हैं जो आपने ईसाइयों के देश में किया है, तो उसका कारण यही है कि उस सत्कार्य के द्वारा भारतवासियों तथा विदेशियों दोनों की आँखें खुल गई हैं और उन्हें यह अन्दाज़ लग गया है कि धर्मप्राण हिन्दू जाति की आध्यात्मिक सम्पत्ति कितनी अनमोल है। अपने महान् कार्य में आपने जो सफलता प्राप्त की है, उससे स्वाभाविकतः आपके परम पूज्य गुरुदेव का पहले से ही विख्यात नाम अधिक आभामण्डित हो उठा है, साथ ही हम लोग भी सभ्य समाज की दृष्टि में बहुत ऊँचे उठ गये हैं और सबसे बड़ी बात तो यह है कि इसके द्वारा हम भी इस बात का अनुभव करने लगे हैं कि एक जाति के नाते हमें भी अपनी अतीत सफलताओं तथा उन्नति पर गर्व करने का अधिकार है; और यह कि हममें आक्रामक वृत्ति की जो कमी है वह किसी

प्रकार हमारी शिथिलता अथवा हमारे पतन का द्योतक नहीं कही जा सकती। आपके सदृश स्पष्ट दृष्टिवाले, निष्ठावान तथा पूर्णतः निःस्वार्थ कार्यकर्ताओं को पाकर हिन्दू जाति का भविष्य निश्चय ही उज्ज्वल तथा आशाजनक है, इसमें सन्देह नहीं। समग्र जगत् का ईश्वर, जो सब जातियों का भी ईश्वर है, आपको पूर्ण स्वास्थ्य तथा दीर्घ जीवन दे और आपको निरन्तर अधिकाधिक शक्ति तथा बुद्धि प्रदान करे, जिससे आप हिन्दू दर्शन तथा धर्म के एक सुयोग्य प्रचारक एवं शिक्षक होने के नाते अपना महान् तथा श्रेष्ठ कार्य योग्यतापूर्वक कर सकें।

इसके बाद उसी नगर के हिन्दू विद्यार्थियों की ओर से भी स्वामी जी को एक मानपत्र भेंट किया गया, और उसके पश्चात् स्वामी जी ने 'वेदान्त का उद्देश्य' नामक विषय पर निम्नलिखित भाषण दिया :

स्वामी जी का भाषण

स्वल्पमप्यस्य धर्मस्य त्रायते महतो भयात् अर्थात् धर्म का थोड़ा भी कार्य करने पर परिणाम बहुत बड़ा होता है। श्रीमद्भगवद्गीता की उपर्युक्त उक्ति के प्रमाण में यदि उदाहरण की आवश्यकता हो, तो अपने इस सामान्य जीवन में मैं इसकी सत्यता का नित्यप्रति अनुभव करता हूँ। मैंने जो कुछ किया है, वह बहुत ही तुच्छ और सामान्य है, तथापि कोलम्बो से लेकर इस नगर तक आने में अपने प्रति मैंने लोगों में जो ममता तथा आत्मीय स्वागत की भावना देखी है, वह अप्रत्याशित है। पर साथ ही साथ मैं यह भी कहूँगा कि यह संवर्धना हमारी जाति के अतीत संस्कार और भावों के अनुरूप ही है; क्योंकि हम वही हिन्दू हैं, जिनकी जीवनी शक्ति, जिनके जीवन का मूलमन्त्र, अर्थात् जिनकी आत्मा ही धर्ममय है। प्राच्य और पाश्चात्य राष्ट्रों में घूमकर मुझे दुनिया की कुछ अभिज्ञता प्राप्त हुई और मैंने सर्वत्र सब जातियों का कोई न कोई ऐसा आदर्श देखा है, जिसे उस जाति का मेरुदण्ड कह सकते हैं। कहीं राजनीति, कहीं समाज-संस्कृति, कहीं मानसिक उन्नति, और इसी प्रकार कुछ न कुछ प्रत्येक के मेरुदण्ड का काम करता है। पर हमारी मातृभूमि भारतवर्ष का मेरुदण्ड धर्म—केवल धर्म ही है। धर्म ही के आधार पर, उसी की नींव पर, हमारी जाति के जीवन का प्रासाद खड़ा है। तुममें से कुछ लोगों को शायद मेरी वह बात याद होगी, जो मैंने मद्रासवासियों के द्वारा अमेरिका भेजे गये स्नेहपूर्ण मानपत्र के उत्तर में कही थी। मैंने इस तथ्य का निर्देश किया था कि भारतवर्ष के एक किसान को जितनी धार्मिक शिक्षा प्राप्त है, उतनी पाश्चात्य देशों के पढ़े-लिखे सभ्य कहलानेवाले नागरिकों को भी प्राप्त नहीं है और आज मैं अपनी उस बात की सत्यता का प्रत्यक्ष अनुभव कर रहा हूँ। एक समय था, जब कि

भारत की जनता की संसार के समाचारों से अनभिज्ञता और दुनिया की जानकारी हासिल करने की चाह के अभाव से मुझे कष्ट होता था, परन्तु आज मैं उसका कारण समझ रहा हूँ। भारतवासियों की अभिरुचि जिस ओर है, उस विषय की अभिज्ञता प्राप्त करने के लिए वे संसार के अन्यान्य देशों के, जहाँ मैं गया हूँ, साधारण लोगों की अपेक्षा बहुत अधिक उत्सुक रहते हैं। अपने यहाँ के किसानों से यूरोप के गुरुतर राजनीतिक परिवर्तनों के विषय में, सामाजिक उथल-पुथल के बारे में पूछो तो वे उस विषय में कुछ भी नहीं बता सकेंगे, और न उन बातों के जानने की उनमें उत्कण्ठा ही है। परन्तु भारतवासियों की कौन कहे, लंका के किसान भी—भारत से जिनका सम्बन्ध बहुत कुछ विच्छिन्न है और भारत से जिनका बहुत कम लगाव है—इस बात को जानते हैं कि अमेरिका में एक धर्म-महासभा हुई थी, जिसमें भारतवर्ष से कोई संन्यासी गया था और उसने वहाँ कुछ सफलता भी पाई थी।

इसी से जाना जाता है कि जिस विषय की ओर उनकी अभिरुचि है, उस विषय की जानकारी रखने के लिए वे संसार की अन्यान्य जातियों के बराबर ही उत्सुक रहते हैं। और वह विषय है—धर्म जो भारतवासियों की मूल अभिरुचि का एकमात्र विषय है। मैं अभी इस विषय पर विचार नहीं कर रहा हूँ कि किसी जाति की जीवनी शक्ति का राजनीतिक आदर्श पर प्रतिष्ठित होना अच्छा है अथवा धार्मिक आदर्श पर; परन्तु, अच्छा हो या बुरा, हमारी जाति की जीवनी शक्ति धर्म में ही केन्द्रीभूत है। तुम इसे बदल नहीं सकते, न तो इसे विनष्ट कर सकते हो, और न इसे हटाकर इसकी जगह दूसरी किसी चीज़ को रख ही सकते हो। तुम किसी विशाल उगते हुए वृक्ष को एक भूमि से दूसरी पर स्थानान्तरित नहीं कर सकते और न वह शीघ्र ही वहाँ जड़ें पकड़ सकता है। भला हो या बुरा, भारत में हज़ारों वर्ष से धार्मिक आदर्श की धारा प्रवाहित हो रही है। भला हो या बुरा, भारत का वायुमण्डल इसी धार्मिक आदर्श से बीसियों सदियों तक पूर्ण रहकर जगमगाता रहा है। भला हो या बुरा, हम इसी धार्मिक आदर्श के भीतर पैदा हुए और पले हैं—यहाँ तक कि अब वह हमारे रक्त में ही मिल गया है; हमारे रोम-रोम में वही धार्मिक आदर्श रम रहा है, वह हमारे शरीर का अंश और हमारी जीवनी शक्ति बन गया है। क्या तुम उस शक्ति की प्रतिक्रिया जाग्रत कराये बिना, उस वेगवती नदी के तल को, जिसे उसने हज़ारों वर्ष में अपने लिए तैयार किया है, भरे बिना ही धर्म का त्याग कर सकते हो? क्या तुम चाहते हो कि गंगा की धारा फिर बर्फ़ से ढके हुए हिमालय को लौट जाय और फिर वहाँ से नवीन धारा बन कर प्रवाहित हो? यदि ऐसा होना सम्भव भी हो, तो भी, वह कदापि सम्भव नहीं हो सकता कि यह देश अपने धर्ममय जीवन के विशिष्ट मार्ग को छोड़

सके और अपने लिए राजनीति अथवा अन्य किसी नवीन मार्ग का प्रारम्भ कर सके। जिस रास्ते में बाधाएँ कम हैं, उसी रास्ते में तुम काम कर सकते हो। और भारत के लिए धर्म का मार्ग ही स्वल्पतम बाधावाला मार्ग है। धर्म के पथ का अनुसरण करना हमारे जीवन का मार्ग है, हमारी उन्नति का मार्ग है और हमारे कल्याण का मार्ग भी यही है।

परन्तु अन्यान्य देशों में धर्म अनेक आवश्यक वस्तुओं में से केवल एक है। यहाँ पर मैं एक सामान्य उदाहरण देता हूँ जो मैं अक्सर दिया करता हूँ। एक गृह-स्वामिनी के अपने वार्ताकक्ष में अनेक वस्तुएँ सज्जित रहती हैं, और आजकल के फ़ैशन के अनुसार एक जापानी कलश रहना आवश्यक है, अतः वह उसे ज़रूर प्राप्त करेगी, क्योंकि उसके बिना कमरे की सजावट पूरी नहीं होती। इसी तरह हमारे गृहस्वामी या स्वामिनी की अनेक प्रकार की सांसारिक व्यस्तताएँ हैं, इनके साथ कुछ धर्म भी चाहिए, नहीं तो जीवन अधूरा रह जाता है। इसीलिए वे थोड़ी-बहुत धर्म-चर्चा करते हैं। राजनीति, सामाजिक उन्नति अथवा एक शब्द में, यह संसार ही पाश्चात्य देशवासियों के जीवन का एकमात्र ध्येय और उद्देश्य है। ईश्वर और धर्म तो केवल उनके सांसारिक सुख के ही साधन स्वरूप हैं। उनका ईश्वर एक ऐसा जीव है, जो उनके लिए दुनिया को साफ़-सुथरा रखता है और साधन-सम्पन्न बनाता है। प्रत्यक्षतः उनकी दृष्टि में ईश्वर का इतना ही मूल्य है। क्या तुम नहीं जानते कि इधर सौ दो सौ वर्षों से तुम बारम्बार उन लोगों के मुख से कैसी कैसी बातें सुनते रहे हो, जो अज्ञ होकर भी ज्ञान का प्रदर्शन करते हैं। वे भारतीय धर्म के विरुद्ध जो युक्तियाँ पेश करते हैं, वे यही हैं कि हमारा धर्म सांसारिक उन्नति करने की शिक्षा नहीं देता, हमारे धर्म से धन की प्राप्ति नहीं होती, हमारा धर्म हमें देशों का लुटेरा नहीं बनाता, हमारा धर्म बलवानों को दुर्बलों की छाती पर मूँग दलने की शिक्षा नहीं देता और न हमें बलवान बनाकर दुर्बलों का ख़ून चूसने की शक्ति प्रदान करता है। सचमुच हमारा धर्म यह सब काम नहीं करता। हमारा धर्म ऐसी सेना नहीं भेजता, जिसके पैरों के नीचे धरती काँपती है, और जो संसार में रक्तपात, लूटमार और इतर जातियों का सर्वनाश करने में ही अपना गौरव मानती है। इसीलिए वे कहते हैं, 'तो फिर तुम्हारे धर्म में है क्या? जब इससे उदर-दरी की पूर्ति नहीं हो सकती, शक्ति-सामर्थ्य की वृद्धि नहीं होती, तब फिर ऐसे धर्म में रखा ही क्या है?'

वे स्वप्न में भी इस बात की कल्पना नहीं करते कि यही वह युक्ति है जिसके द्वारा हमारे धर्म की श्रेष्ठता प्रमाणित होती है, क्योंकि हमारा धर्म पार्थिवता पर आश्रित नहीं है। हमारा धर्म तो इसलिए सच्चा धर्म है कि यह सभीको इन तीन

दिनों के क्षुद्र इन्द्रियाश्रित सीमित संसार को ही अपना अभीष्ट और उद्दिष्ट मानने से मना करता है और इसीको हमारा महान् ध्येय नहीं बताते। इस पृथ्वी का यह क्षुद्र क्षितिज, जो केवल कई एक हाथ ही विस्तृत है, हमारे धर्म की दृष्टि को सीमित नहीं कर सकता। हमारा धर्म दूर तक, बहुत दूर तक फैला हुआ है; वह इन्द्रियों की सीमा से भी आगे तक फैला है; वह देश और काल के भी परे है। वह दूर, और दूर विस्तृत होता हुआ उस सीमातीत स्थिति में पहुँचता है जहाँ इस भौतिक जगत् का कुछ भी शेष नहीं रहता और सारा विश्व-ब्रह्माण्ड ही आत्मा के दिगन्तव्यापी महामहिम अनन्त सागर की एक बूँद के समान दिखाई देता है। वह हमें यह सिखाता है कि एकमात्र ईश्वर ही सत्य है; संसार असत्य और क्षणभंगुर है; तुम्हारा सोने का ढेर खाक के ढेर जैसा है, तुम्हारी सारी शक्तियाँ परिमित और सीमाबद्ध हैं; बल्कि तुम्हारा यह जीवन भी निःसार है। यही कारण है कि हमारा धर्म ही सच्चा है। हमारा धर्म इसलिए भी सत्य है कि उसकी सर्वोच्च शिक्षा है त्याग; और युगों के अनुभव से प्राप्त अपने अगाध विज्ञान और प्रज्ञा को लेकर यह सिर ऊँचा कर खड़ा होता और उन जातियों के सामने, जो हम हिन्दुओं की तुलना में अभी दुधमुँहे बच्चे के बराबर है, ललकार कर घोषणा करता हुआ कहता है, 'बच्चो! तुम इन्द्रिय-जनित सुखों के गुलाम हो, ये सुख सीमाबद्ध हैं, बरबादी के कारण हैं, भोग-विलास के ये तीन दिन अन्त में बरबादी ही लाते हैं। इस सबको छोड़ दो, भोग-विलास की लालसा को त्याग दो, संसार की माया में न लिपटो। यही धर्म का मार्ग है।' त्याग के द्वारा ही तुम अपने अभीष्ट तक पहुँच सकते हो, भोग-विलास के द्वारा नहीं। इसीलिए हमारा धर्म ही सच्चा धर्म है।

हाँ, यह बड़े ही मार्के की बात है कि एक के बाद दूसरी और दूसरी के बाद तीसरी, इस तरह कितने ही राष्ट्र दुनिया के रंगमंच पर आये और कुछ दिनों तक बड़े जोशोखरोश के साथ अपना नाट्य दिखाकर लगभग बिना एक भी चिह्न अथवा एक भी लहर छोड़े काल के अनन्त सागर में विलीन हो गये। और हम यहाँ इस तरह से जीवित हैं, मानो हमारा जीवन अनन्त है। पाश्चात्य देशवाले 'बलिष्ठ की अतिजीविता' (Survival of the fittest) के नये सिद्धान्तों के विषय में बड़ी लम्बी-चौड़ी बातें करते हैं। और वे सोचते हैं कि जिसकी भुजाओं में सर्वापेक्षया अधिक बल है, वही सबसे अधिक काल तक जीवित रहेगा। यदि यह बात सच होती, तो पुरानी दुनिया की कोई वैसी ही जाति, जिसने अपने भुजबल से कितने ही देशों पर विजय पायी थी, आज अपने अप्रतिहत गौरव से संसार में जगमगाती हुई दिखायी देती और हमारी कमज़ोर हिन्दू जाति, जिसने कभी किसी जाति या राष्ट्र को पराजित नहीं किया है, **आज** पृथ्वी से विलुप्त हो गयी होती। पर अब

भी हम तीस करोड़ हिन्दू जीवित हैं। (एक दिन एक अंग्रेज़ युवती ने मुझसे कहा कि हिन्दुओं ने किया क्या है? उन्होंने तो एक भी देश पर विजय नहीं पायी है!) फिर इस बात में तनिक भी सत्यता नहीं है कि हमारी सारी शक्तियाँ खर्च हो गयी हैं, हमारा शरीर बिल्कुल अकर्मण्य हो गया है। यह बिल्कुल ग़लत बात है। हमारे अन्दर अभी भी यथेष्ट जीवनी शक्ति विद्यमान है, जो कभी उचित समय पर आवश्यकतानुसार प्रवेग से निकलकर सारे संसार को आप्लावित कर देती है।

हमने मानो बहुत ही पुराने ज़माने से सारे संसार को एक समस्यापूर्ति के लिए ललकारा है। पाश्चात्य देशवाले वहाँ इस बात की चेष्टा कर रहे हैं कि मनुष्य अधिक से अधिक कितना विभव संग्रह कर सकता है, और यहाँ हम लोग इस बात की चेष्टा करते हैं कि कम से कम कितने में हमारा काम चल सकता है। यह द्वन्द्वयुद्ध और यह पार्थक्य अभी सदियों तक जारी रहेगा। परन्तु, यदि इतिहास में कुछ भी सत्यता है और वर्तमान लक्षणों में भविष्य का कुछ भी आभास दिखायी देता है, तो अन्त में उन्हीं की विजय होगी जो बहुत ही कम द्रव्यों पर निर्भर रहते हुए जीवन व्यतीत करने और अच्छी तरह से आत्मसंयम का अभ्यास करने की चेष्टा करते हैं; और जो भोग-विलास तथा ऐश्वर्य के उपासक हैं, वे वर्तमान में कितने ही बलशाली क्यों न हों, अन्त में अवश्य ही विनष्ट होंगे तथा संसार से विलुप्त हो जायँगे। मनुष्य मात्र के जीवन में एक ऐसा समय आता है—वरन्, प्रत्येक राष्ट्र के इतिहास में एक ऐसा समय आता है, जब संसार के प्रति एक प्रकार की वितृष्णा का उसका मुख्यतः पीड़ाजनक अनुभव होता है। ऐसा जान पड़ता है कि पाश्चात्य देशों में यह संसार-विरक्ति का भाव फैलना आरम्भ हो गया है। वहाँ भी विचारशील, विवेचनाशील महान् व्यक्ति हैं जो धन और बाहुबल की इस घुड़दौड़ को बिल्कुल मिथ्या समझने लगे हैं। बहुतेरे प्रायः वहाँ के अधिकतर शिक्षित स्त्री-पुरुष, अब इस होड़ से, इस प्रतिद्वन्द्विता से ऊब गये हैं; वे अपनी इस व्यापार-वाणिज्य प्रधान सभ्यता की पाशविकता से तंग आ गये हैं, और इससे अच्छी परिस्थिति में पहुँचना चाहते हैं। परन्तु वहाँ ऐसे मनुष्यों की भी एक श्रेणी है, जो अब भी राजनीतिक और सामाजिक उन्नति को पाश्चात्य देशों की सारी बुराइयों के लिए रामबाण समझकर उससे सटे रहना चाहते हैं। पर वहाँ जो महान् विचारशील व्यक्ति हैं, उनकी धारणा बदल रही है, उनका आदर्श परिवर्तित हो रहा है। वे अच्छी तरह समझ गये हैं कि चाहे जैसी भी राजनीतिक या सामाजिक उन्नति क्यों न हो जाय, उससे मनुष्य-जीवन की बुराइयाँ दूर नहीं हो सकतीं। उन्नततर जीवन के लिए आमूल हृदय-परिवर्तन की आवश्यकता है; केवल इसी-से मानव-जीवन का सुधार सम्भव है। चाहे जैसी बड़ी से बड़ी शक्ति का प्रयोग

किया जाय, और चाहे कड़े से कड़े क़ायदे-कानून का आविष्कार ही क्यों न किया जाय, पर इससे किसी जाति की दशा बदली नहीं जा सकती। समाज या जाति की असद्वृत्तियों को सद्वृत्तियों की ओर फेरने की शक्ति तो केवल आध्यात्मिक और नैतिक उन्नति में ही है। इस प्रकार पश्चिम की जातियाँ किसी नये विचार के लिए, किसी नवीन दर्शन के लिए उत्कण्ठित और व्यग्र सी हो रही हैं। उनका ईसाई धर्म यद्यपि कई अंशों में बहुत अच्छा है, पर वहाँ वालों ने सम्यक् रूप से उसे समझा नहीं है, और अब तक जितना समझा है वह उन्हें पर्याप्त नहीं दिखायी देता। वहाँ के विचारशील मनुष्यों को हमारे यहाँ के प्राचीन दर्शनों में, विशेषतः वेदान्त में विचारों की नयी चेतना मिली है वे, जिसकी खोज में रहे हैं और विशेषकर जिस आध्यात्मिक भूख और प्यास से व्याकुल से रहे हैं। और ऐसा होने में कुछ अनोखापन या आश्चर्य नहीं है।

संसार में जितने भी धर्म हैं, उनमें से प्रत्येक की श्रेष्ठता स्थापित करने के अनोखे अनोखे दावे सुनने का मुझे अभ्यास हो गया है। तुमने भी शायद हाल में मेरे एक बड़े मित्र डाक्टर बैरोज़ द्वारा पेश किये गये दावे के विषय में सुना होगा कि ईसाई धर्म ही एक ऐसा धर्म है, जिसे सार्वजनीन कह सकते हैं। मैं अब इस प्रश्न की मीमांसा करूँगा और तुम्हारे सम्मुख उन तर्कों को प्रस्तुत करूँगा जिनके कारण मैं वेदान्त—सिर्फ़ वेदान्त को ही सार्वजनीन मानता हूँ, और वेदान्त के सिवा कोई अन्य धर्म सार्वजनीन नहीं कहला सकता। हमारे वेदान्त धर्म के सिवा दुनिया के रंगमंच पर जितने भी अन्यान्य धर्म हैं, वे उनके संस्थापकों के जीवन के साथ सम्पूर्णतः संश्लिष्ट और सम्बद्ध हैं। उनके सिद्धान्त, उनकी शिक्षाएँ, उनके मत और उनका आचार-शास्त्र जो कुछ हैं, सब किसी न किसी व्यक्ति विशेष या धर्म-संस्थापक के जीवन के आधार पर ही खड़े हैं और उसीसे वे अपने आदेश, प्रमाण और शक्ति ग्रहण करते हैं। और आश्चर्य तो यह है कि उसी अधिष्ठाता विशेष के जीवन की ऐतिहासिकता पर ही उन धर्मों की सारी नींव प्रतिष्ठित है। यदि किसी तरह उसके जीवन की ऐतिहासिकता पर आघात लगे, जैसा कि वर्तमान युग में प्रायः देखने में आता है कि बहुधा सभी धर्म-संस्थापकों और अधिष्ठाताओं की जीवनी के आधे भाग पर तो विश्वास किया ही नहीं जाता; बाकी बचे आधे हिस्से पर भी संदिग्ध दृष्टि से देखा जात है; और जब ऐसी स्थिति है कि तथाकथित ऐतिहासिकता की चट्टान हिल गयी है और ध्वस्त हो रही है, तब सम्पूर्ण भवन अर्राकर गिर पड़ता है और सदा के लिए अपना महत्त्व खो देता है।

हमारे धर्म के सिवा संसार में अन्य जितने बड़े धर्म हैं, सभी ऐसे ही ऐतिहासिक जीवनियों के आधार पर खड़े हैं। परन्तु हमारा धर्म कुछ तत्त्वों की नींव पर खड़ा

है। पृथ्वी में कोई भी व्यक्ति—स्त्री हो अथवा पुरुष—वेदों के निर्माण करने का दम नहीं भर सकता। अनन्तकाल-स्थायी सिद्धान्तों द्वारा इनका निर्माण हुआ है; ऋषियों ने इन सिद्धान्तों का पता लगाया है, और कहीं-कहीं प्रसंगानुसार उन ऋषियों के नाम-मात्र आये हैं। हम यह भी नहीं जानते कि वे ऋषि कौन थे और क्या थे? कितने ही ऋषियों के पिता का नाम तक नहीं मालूम होता, और इसका तो कहीं ज़िक्र भी नहीं आया है कि कौन ऋषि कब और कहाँ पैदा हुए हैं? पर इन ऋषियों को अपने नाम-धाम की परवाह क्या थी? वे सनातन तत्त्वों के प्रचारक थे, उन्होंने अपने जीवन को ठीक वैसे ही साँचे में ढाल रखा था जैसे मत या सिद्धान्त का वे प्रचार किया करते थे। फिर जिस प्रकार हमारे ईश्वर सगुण और निर्गुण दोनों हैं, ठीक उसी प्रकार हमारा धर्म भी पूर्णतः निर्गुण है—अर्थात् किसी व्यक्ति विशेष के ऊपर हमारा धर्म निर्भर नहीं करता, तो भी इसमें असंख्य अवतार और महापुरुष स्थान पा सकते हैं। हमारे धर्म में जितने अवतार, महापुरुष और ऋषि हैं उतने और किस धर्म में हैं? इतना ही नहीं, हमारा धर्म यहाँ तक कहता है कि वर्तमान समय तथा भविष्य में और भी बहुतेरे महापुरुष और अवतारादि आविर्भूत होंगे। श्रीमद्भागवत में कहा है : **अवताराः ह्यसंख्ययाः।** अतएव हमारे धर्म में नये नये धर्मप्रवर्तकों के आने के मार्ग में कोई रुकावट नहीं। इसीलिए भारतवर्ष के धार्मिक इतिहास में यदि कोई एक व्यक्ति या अधिक व्यक्तियों, एक या अधिक अवतारी महापुरुषों अथवा हमारे एक या अधिक पैग़म्बरों की ऐतिहासिकता अप्रमाणित हो जाय, तो भी हमारे धर्म पर किसी प्रकार का आघात नहीं लग सकता। वह पहले की ही तरह अटल और दृढ़ रहेगा; क्योंकि यह धर्म किसी व्यक्ति विशेष के ऊपर अधिष्ठित न होकर केवल चिरंतन तत्त्वों के ऊपर ही अधिष्ठित है। संसार भर के लोगों से किसी व्यक्ति विशेष की महत्ता बलपूर्वक स्वीकार कराने की चेष्टा वृथा है—यहाँ तक कि सनातन और सार्वभौम तत्त्व-समूह के विषय में भी बहुसंख्यक मनुष्यों को एकमतावलम्बी बनाना भी बड़ा कठिन काम है। अगर कभी संसार के अधिकांश मनुष्यों को धर्म के विषय में एकमतावलम्बी बनाना सम्भव है तो वह किसी व्यक्ति विशेष की महत्ता स्वीकार कराने से नहीं हो सकता; वरन् सनातन सत्य सिद्धान्तों के ऊपर विश्वास कराने से ही हो सकता है। फिर भी हमारा धर्म विशेष व्यक्तियों की प्रामाणिकता या प्रभाव को पूर्णतया स्वीकार कर लेता है—जैसा कि मैं पहले ही कह चुका हूँ। हमारे देश में 'इष्ट निष्ठा' रूपी जो अपूर्व सिद्धान्त प्रचलित है, जिसके अनुसार इन महान् धार्मिक व्यक्तियों में अपना इष्ट देवता चुनने की पूरी स्वाधीनता दी जाती है। तुम चाहे जिस अवतार या आचार्य को अपने जीवन का आदर्श बनाकर विशेष रूप से

उपासना करना चाहो, कर सकते हो। यहाँ तक कि तुमको यह सोचने की भी स्वाधीनता है कि जिसको तुमने स्वीकार किया है, वह सब पैग़म्बरों में महान् है और सब अवतारों में श्रेष्ठ है, इसमें कोई आपत्ति नहीं है; परन्तु सनातन तत्त्वसमूह पर ही तुम्हारे धर्मसाधन की नींव होनी चाहिए। यहाँ अद्‌भुत तथ्य यह है कि जहाँ तक वे वैदिक सनातन सत्य सिद्धान्तों के ज्वलन्त उदाहरण हैं, वहीं तक हमारे अवतार मान्य हैं। भगवान् श्रीकृष्ण का माहात्म्य यही है, कि वे भारत में इसी तत्त्ववादी सनातन धर्म के सर्वश्रेष्ठ प्रचारक और वेदान्त के सर्वोत्कृष्ट व्याख्याता हुए हैं।

संसार भर के लोगों को वेदान्त के विषय में ध्यान देने का दूसरा कारण यह है कि संसार के समस्त धर्म-ग्रन्थों में एकमात्र वेदान्त ही ऐसा एक धर्म-ग्रन्थ है जिसकी शिक्षाओं के साथ बाह्य प्रकृति के वैज्ञानिक अनुसन्धान से प्राप्त परिणामों का सम्पूर्ण सामंजस्य है। अत्यन्त प्राचीन समय में समान आकार-प्रकार, समान वंश और सदृश भावों से पूर्ण दो विभिन्न मेधाएँ भिन्न भिन्न मार्गों से संसार के तत्त्वों का अनुसन्धान करने को प्रवृत्त हुईं। एक प्राचीन हिन्दू मेधा है और दूसरी प्राचीन यूनानी मेधा। यूनानी जाति के लोग बाह्य जगत् का विश्लेषण करते हुए उसी अन्तिम लक्ष्य की ओर अग्रसर हुए थे, जिस ओर हिन्दू भी अन्तर्जगत् का विश्लेषण करते हुए आगे बढ़े। इन दोनों जातियों की इस विश्लेषण क्रिया के इतिहास की विभिन्न अवस्थाओं की आलोचना करने पर मालूम होता है कि दोनों ने उस सुदूर चरम लक्ष्य पर पहुँचकर एक ही प्रकार की प्रतिध्वनि की है। इससे यह स्पष्ट प्रतीत होता है कि आधुनिक भौतिक विज्ञान के सिद्धान्तसमूह को केवल वेदान्ती ही, जो हिन्दू कहे जाते हैं, अपने धर्म के साथ सामंजस्यपूर्वक ग्रहण कर सकते हैं। इससे यह बात स्पष्ट हो जाती है कि वर्तमान भौतिकवाद अपने सिद्धान्तों को छोड़े बिना यदि केवल वेदान्त के सिद्धान्त को ग्रहण कर ले, तो वह आप ही आध्यात्मिकता की ओर अग्रसर हो सकता है। हमें और उन सबको जो जानने की चेष्टा करते हैं, यह स्पष्ट दिखायी देता है कि आधुनिक भौतिक विज्ञान उन्हीं निष्कर्षों तक पहुँचा है जिन तक वेदान्त युगों पहले पहुँच चुका था। अन्तर केवल इतना ही है कि आधुनिक विज्ञान में ये सिद्धान्त जड़ शक्ति की भाषा में लिखे गये हैं। वर्तमान पाश्चात्य जातियों के लिए वेदान्त की चर्चा करने का और एक कारण है वेदान्त की युक्तिसिद्धता अर्थात् आश्चर्यजनक युक्तिवाद। पाश्चात्य देशों के कई बड़े बड़े वैज्ञानिकों ने मुझसे स्वयं वेदान्त के सिद्धान्तों की युक्तिपूर्णता की मुक्तकण्ठ से प्रशंसा की है। इनमें से एक वैज्ञानिक महाशय के साथ मेरा विशेष परिचय है। वे अपनी वैज्ञानिक गवेषणाओं में इतने व्यस्त रहते हैं कि उन्हें स्थिरता के साथ

खाने-पीने या कहीं घूमने-फिरने की भी फ़ुरसत नहीं रहती, परन्तु जब कभी मैं वेदान्तसम्बन्धी विषयों पर व्याख्यान देता, तब वे घण्टों मुग्ध रहकर सुना करते थे। क्योंकि उनके कथनानुसार 'वेदान्त की सब बातें ऐसी विज्ञानसम्मत हैं, वर्तमान वैज्ञानिक युग की आकांक्षाओं को वे ऐसी सुन्दरता के साथ पूर्ण करती हैं, और आधुनिक विज्ञान बड़े बड़े अनुसन्धानों के बाद जिन सिद्धान्तों पर पहुँचता है, उनसे इनका सामंजस्य है।'

विभिन्न धर्मों की तुलनात्मक समालोचना करने पर हमें उसमें से जो दो वैज्ञानिक सिद्धान्त प्राप्त होते हैं, मैं उनकी ओर तुम लोगों का ध्यान आकृष्ट करना चाहता हूँ। पहला धर्मों की सार्वभौम भावना और दूसरी संसार की वस्तुओं की अभिन्नता पर आधारित है। बैबिलोनियनों और यहूदियों के धार्मिक इतिहास में हमें एक बड़ी दिलचस्प विशेषता दिखाई देती है। बैबिलोनियनों और यहूदियों में बहुत सी छोटी छोटी शाखाओं के पृथक् पृथक् देवता थे। इन सारे अलग अलग देवताओं का एक साधारण नाम भी था। बैबिलोनियनों में इन देवताओं का साधारण नाम था—'बाल'। उनमें 'बाल मेरोडक' सबसे प्रधान देवता माने जाते थे। समय समय पर एक उपजातिवाले उसी जाति के अन्यान्य उपजातिवालों को जीतकर अपने में मिला लेते थे। जो उपजातिवाले जितने समय तक औरों पर अधिकार किये रहते थे उनके देवता भी उतने समय तक औरों के देवताओं से श्रेष्ठ माने जाते थे। वहाँ की 'सेमाईट' जाति के लोग तथाकथित एकेश्वरवाद के जिस सिद्धान्त के कारण अपना गौरव समझते हैं, वह इसी प्रकार बना है। यहूदियों के सारे देवताओं का साधारण नाम 'मोलोक' था। इनमें से इसरायल जातिवालों के देवता का नाम था 'मोलोक याह्वे' या 'मोलोक याव'। इसी इसरायल उपजाति ने अपने समकक्षी कई अन्यान्य उपजातियों को जीतकर अपने देवता 'मोलोक याह्वे' को औरों के देवताओं से श्रेष्ठ होने की घोषणा की। इस प्रकार के धर्मयुद्धों में कितनी खून-खराबी, अत्याचार तथा बर्बरता हुई है, यह बात शायद तुम लोगों में बहुतों को मालूम होगी। कुछ काल बाद बैबिलोनियनों ने यहूदियों के इस 'मोलोक याह्वे' की प्रधानता का लोप करने की चेष्टा की थी, पर इस चेष्टा में वे कृतकार्य नहीं हुए।

मैं समझता हूँ कि भारत की सीमाओं में भी पृथक पृथक उपजातियों में धर्म सम्बन्धी प्रधानता पाने की चेष्टा हुई थी। और सम्भवतः भारतवर्ष में भी प्राचीन आर्य जाति की विभिन्न शाखाओं ने परस्पर अपने अपने देवता की प्रधानता स्थापित करने की चेष्टा की थी। परन्तु भारत का इतिहास दूसरे प्रकार होना था, उसे यहूदियों के इतिहास की तरह नहीं होना था। समस्त देशों में भारत को ही सहिष्णुता और आध्यात्मिकता का देश होना था और इसीलिए यहाँ की विभिन्न

उपजातियों या सम्प्रदायों में अपने देवता की प्रधानता का झगड़ा दीर्घकाल तक नहीं चल सका। जिस समय का हाल बताने में इतिहास असमर्थ है, यहाँ तक कि परम्परा भी जिसका कुछ आभास नहीं दे सकती है, उस अति प्राचीन युग में भारत में एक महापुरुष प्रकट हुए और उन्होंने घोषित किया, **एकं सद्विप्रा बहुधा वदन्ति** अर्थात् वास्तव में संसार में एक ही वस्तु (ईश्वर) है; ज्ञानी लोग उसी एक वस्तु का नाना रूपों में वर्णन करते हैं। ऐसी चिरस्मरणीय पवित्र वाणी संसार में कभी और कहीं उच्चरित नहीं हुई थी; ऐसा महान् सत्य इसके पहले कभी आविष्कृत नहीं हुआ था। और यही महान् सत्य हमारे हिन्दू राष्ट्र के राष्ट्रीय जीवन का मेरुदण्डस्वरूप हो गया है। सैकड़ों सदियों तक **एकं सद्विप्रा बहुधा वदन्ति**— इस तत्त्व का हमारे यहाँ प्रचार होते होते हमारा राष्ट्रीय जीवन उससे ओतप्रोत हो गया है। यह सत्य सिद्धान्त हमारे खून के साथ मिल गया है और वह जीवन के साथ एक हो गया है। हम लोग इस महान् सत्य को बहुत पसन्द करते हैं, इसीसे हमारा देश धर्मसहिष्णुता का एक उज्ज्वल दृष्टान्त बन गया है! यहाँ और केवल यहीं, लोग अपने धर्म के विद्वेषियों के लिए, परधर्मावलम्बी लोगों के लिए—उपासना-गृह और गिर्जे आदि बनवा देते हैं। समग्र संसार हमसे इस धर्मसहिष्णुता की शिक्षा ग्रहण करने के इन्तज़ार में बैठा हुआ है। हाँ, तुम लोग शायद नहीं जानते कि विदेशों में कितना पर-धर्म-विद्वेष है। विदेशों में कई जगह तो मैंने लोगों में दूसरों के धर्म के प्रति ऐसा घोर विद्वेष देखा कि उनके आचरण से मुझे जान पड़ा कि यदि ये मुझे मार डालते तो भी आश्चर्य नहीं। धर्म के लिए किसी मनुष्य की हत्या कर डालना पाश्चात्य देशवासियों के लिए इतनी मामूली बात है कि आज नहीं तो कल गर्वित पाश्चात्य सभ्यता के केन्द्रस्थल में ऐसी घटना हो सकती है। अगर कोई पाश्चात्य देशवासी हिम्मत बाँधकर अपने देश के प्रचलित धर्ममत के विरुद्ध कुछ कहे तो उसे समाज बहिष्कार का भयानकतम रूप स्वीकार करना पड़ेगा। यहाँ वे हमारे जातिभेद के सम्बन्ध में सहज भाव से बकवादी आलोचना करते दिखायी देते हैं, परन्तु मेरी तरह यदि तुम लोग भी कुछ दिनों के लिए पाश्चात्य देशों में जाकर रहो, तो तुम देखोगे कि वहाँ के कुछ बड़े बड़े आचार्य भी, जिनका नाम तुम सुना करते हो, निरे कापुरुष हैं और धर्म के सम्बन्ध में जिन बातों को सत्य समझकर विश्वास करते हैं, जनमत के भय से वे उनका शतांश भी कह नहीं सकते।

इसीलिए संसार धर्मसहिष्णुता के महान् सार्वभौम सिद्धान्त को सीखने की प्रतीक्षा कर रहा है। आधुनिक सभ्यता के अन्दर यह भाव प्रवेश करने पर उसका विशेष कल्याण होगा। वास्तव में उस भाव का समावेश हुए बिना कोई भी सभ्यता

स्थायी नहीं हो सकती। जब तक धर्मोन्माद, खून-खराबी और पाशविक अत्याचारं का अन्त नहीं होता तब तक किसी सभ्यता का विकास ही नहीं हो सकता। जब तक हम लोग एक दूसरे के साथ सद्भाव रखना नहीं सीखते, तब तक कोई भी सभ्यत सिर नहीं उठा सकती ! और इस पारस्परिक सद्भाव-वृद्धि की पहली सीढ़ी है— एक दूसरे के धार्मिक विश्वास के प्रति सहानुभूति प्रकट करना। केवल यही नहीं वास्तव में हृदय के अन्दर यह भाव जमाने के लिए केवल मित्रता या सद्भाव से ही काम नहीं चलेगा, वरन् हमारे धार्मिक भावों तथा विश्वासों में चाहे जितना ही अन्तर क्यों न हो, हमें परस्पर एक दूसरे की सहायता करनी होगी। हम लोग भारतवर्ष में यही किया करते हैं, यही मैंने तुम लोगों से अभी कहा है। इसी भारत-वर्ष में हिन्दुओं ने ईसाइयों के लिए गिर्जे और मुसलमानों के लिए मसजिदें बनवायी हैं और अब भी बनवा रहे हैं। ऐसा ही करना पड़ेगा। वे हमें चाहे जितनी घृणा की दृष्टि से देखें, चाहे जितनी पशुता दिखायें, चाहे जितनी निष्ठुरता दिखायें, अथवा अत्याचार करें और हमारे प्रति चाहे जैसी कुत्सित भाषा का प्रयोग करें, पर हम ईसाइयों के लिए गिर्जे और मुसलमानों के लिए मस्जिदें बनवाना नहीं छोड़ेंगे। हम तब तक यह काम न बन्द करें, जब तक हम अपने प्रेमबल से उन पर विजय न प्राप्त कर लें, जब तक हम संसार के सम्मुख यह प्रमाणित न कर दें कि घृणा और विद्वेष की अपेक्षा प्रेम के द्वारा ही राष्ट्रीय जीवन स्थायी हो सकता है। केवल पशुत्व और शारीरिक शक्ति विजय नहीं प्राप्त कर सकती, क्षमा और नम्रता ही संसार-संग्राम में विजय दिला सकती है।

हमें संसार को—यूरोप के ही नहीं वरन् सारे संसार के विचारशील मनुष्यों को—एक और महान् तत्त्व की शिक्षा देनी होगी। समग्र संसार का आध्यात्मिक एकत्व रूपी यह महान् सनातन तत्त्व सम्भवतः ऊँची जातियों की अपेक्षा छोटी जातियों के लिए, शिक्षितों की अपेक्षा अशिक्षित मूक जनता के लिए और बलवानों की अपेक्षा दुर्बलों के लिए ही अधिक आवश्यक है। मद्रास विश्वविद्यालय के शिक्षित सज्जनों को विस्तारपूर्वक यह बताना नहीं पड़ेगा कि यूरोप की वर्तमान वैज्ञानिक अनुसन्धान-प्रणाली किस तरह भौतिक दृष्टि से सारे जगत् का एकत्व सिद्ध कर रही है ! भौतिक दृष्टि से भी हम, तुम, सूर्य, चन्द्र और सितारे इत्यादि सब अनन्त जड़-समुद्र की छोटी छोटी तरंगों के समान हैं। इधर सैकड़ों सदियों पहले भारतीय मनोविज्ञान ने जड़विज्ञान की तरह यह प्रमाणित कर दिया है कि शरीर और मन दोनों ही समष्टि रूप में जड़-समुद्र की क्षुद्र तरंगें हैं, फिर एक क़दम आगे बढ़कर वेदान्त में दिखाया गया है कि जगत् के इस एकत्व भाव के पीछे जो आत्मा है, वह भी एक ही है। समस्त ब्रह्माण्ड में केवल एक आत्मा ही विद्यमान

है—सब कुछ एक उसीकी सत्ता है। विश्वब्रह्माण्ड की जड़ में वास्तव में एकत्व है, इस महान् सत्य को सुनकर बहुतेरे लोग डर जाते हैं। दूसरे देशों की बात दूर रही, इस देश में भी इस सिद्धान्त के माननेवालों की अपेक्षा इसके विरोधियों की संख्या ही अधिक है। तो भी तुम लोगों से मेरा कहना है कि यदि संसार हमसे कोई तत्त्व ग्रहण करना चाहता है और भारत की मूक जनता अपनी उन्नति के लिए चाहती है तो वह यही जीवनदायी तत्त्व है। क्योंकि कोई भी हमारी इस मातृभूमि का पुनरुत्थान अद्वैतवाद को व्यावहारिक और कारगर तरीक़े से कार्यरूप में परिणत किये बिना नहीं कर सकता।

युक्तिवादी पाश्चात्य जाति अपने यहाँ के सारे दर्शनों और आचारशास्त्रों का मुख्य प्रयोजन खोजने की प्राणपण से चेष्टा कर रही है। पर तुम सब भली भाँति जानते हो कि कोई व्यक्ति विशेष, चाहे वह कितना महान् देवोपम क्यों न हो —जब वह जन्म-मरण के अधीन है, तो उसके द्वारा अनुमोदित होने से ही किसी धर्म या आचार-शास्त्र की प्रामाणिकता नहीं मानी जा सकती। दर्शन या नीति के विषय में यदि केवल यही एकमात्र प्रमाण पेश किया जायगा, तो संसार के उच्च कोटि के चिन्तनशील लोगों को वह प्रमाण स्वीकृत नहीं हो सकता। वे किसी व्यक्ति विशेष द्वारा अनुमोदित होने को प्रामाणिकता नहीं मान सकते, पर वे उसी दार्शनिक या नैतिक सिद्धान्त को मानने के लिए तैयार हैं, जो सनातन तत्त्वों के आधार पर खड़ा हो। आचारशास्त्र की नींव सनातन आत्मतत्त्व के सिवा और क्या हो सकती है? यही एक ऐसा सत्य और अनन्त तत्त्व है तो तुममें, हममें और हम सबकी आत्माओं में विद्यमान है। आत्मा का अनंत एकत्व ही सब तरह के आचरण की नींव है। हममें और तुममें केवल 'भाई-भाई' का ही सम्बन्ध नहीं है—मनुष्य जाति को दासता के बन्धन से मुक्त करने की चेष्टा से जितने भी ग्रन्थ लिखे गये हैं, उन सब में मनुष्य के इस परस्पर 'भाई-भाई' के सम्बन्ध का उल्लेख है—परन्तु वास्तविक बात तो यह है कि तुम और हम बिल्कुल एक हैं। भारतीय दर्शन का यही आदेश है। सब तरह के आचरण-शास्त्र और धर्म-विज्ञान की एकमात्र तार्किक आधार यही है।

जिस प्रकार पैरों तले कुचले हुए हमारे जनसमूह को, उसी प्रकार यूरोप के लोगों को भी इस सिद्धान्त की चाहना है। सच तो यह है कि इंग्लैण्ड, जर्मनी, फ्रान्स और अमेरिका में जिस तरीक़े से राजनीतिक और सामाजिक उन्नति की चेष्टा की जा रही है, उससे स्पष्ट प्रतीत होता है कि उसकी जड़ में—यद्यपि वे इसे नहीं जानते—यही महान् तत्त्व मौजूद है। और भाइयो! तुम यह भी देख पाओगे कि साहित्य में जहाँ मनुष्य की मुक्ति—विश्व की मुक्ति प्राप्त करने

की चेष्टा की चर्चा की गयी है, वहीं भारतीय वेदान्ती सिद्धान्त भी परिस्फुटित होते हैं। कहीं कहीं लेखकों को अपने भावों के मूल प्रेरणा-स्रोत का पता नहीं है। फिर कहीं कहीं प्रतीत होता है कि कुछ लेखकों ने अपनी मौलिकता प्रकट करने की चेष्टा की है। और कुछ ऐसे साहसी और कृतज्ञहृदय लेखक भी हैं, जिन्होंने स्पष्ट शब्दों में अपने प्रेरणा-स्रोत का उल्लेख किया है और उनके प्रति अपनी हार्दिक कृतज्ञता व्यक्त की है।

जब मैं अमेरिका में था, तब कई बार लोगों ने मेरे ऊपर यह अभियोग लगाया था कि मैं द्वैतवाद पर विशेष ज़ोर नहीं देता, बल्कि केवल अद्वैतवाद का ही प्रचार किया करता हूँ। द्वैतवाद के प्रेम, भक्ति और उपासना में कैसा अपूर्व आनन्द प्राप्त होता है, यह मैं जानता हूँ। उसकी अपूर्व महिमा को मैं भली भाँति समझता हूँ। परन्तु भाइयो! हमारे आनन्दपुलकित होकर आँखों से प्रेमाश्रु बरसाने का अब समय नहीं है। हमने बहुत बहुत आँसू बहाये हैं। अब हमारे कोमल भाव धारण करने का समय नहीं है। कोमलता की साधना करते करते हम लोग रुई के ढेर की तरह कोमल और मृतप्राय हो गये हैं। हमारे देश के लिए इस समय आवश्यकता है, लोहे की तरह ठोस मांस-पेशियों और मज़बूत स्नायुवाले शरीरों की। आवश्यकता है इस तरह के दृढ़ इच्छा-शक्तिसम्पन्न होने की कि कोई उसका प्रतिरोध करने में समर्थ न हो। आवश्यकता है ऐसी अदम्य इच्छा-शक्ति की, जो ब्रह्माण्ड के सारे रहस्यों को भेद सकती हो। यदि यह कार्य करने के लिए अथाह समुद्र के मार्ग में जाना पड़े, सदा सब तरह से मौत का सामना करना पड़े, तो भी हमें यह काम करना ही पड़ेगा। यही हमारे लिए परम आवश्यक है और इसका आरम्भ, स्थापना और दृढ़ीकरण अद्वैतवाद अर्थात् सर्वात्मभाव के महान् आदर्श को समझने तथा उसके साक्षात्कार से ही सम्भव है। श्रद्धा श्रद्धा! अपने आप पर श्रद्धा, परमात्मा में श्रद्धा—यही महानता का एकमात्र रहस्य है। यदि पुराणों में कहे गये तैंतीस करोड़ देवताओं के ऊपर, और विदेशियों ने बीच बीच में जिन देवताओं को तुम्हारे बीच घुसा दिया है उन सब पर भी, यदि तुम्हारी श्रद्धा हो, और अपने आप पर श्रद्धा न हो, तो तुम कदापि मोक्ष के अधिकारी नहीं हो सकते। अपने आप पर श्रद्धा करना सीखो! इसी आत्मश्रद्धा के बल से अपने पैरों आप खड़े होओ, और शक्तिशाली बनो। इस समय हमें इसीकी आवश्यकता है। हम तैंतीस करोड़ भारतवासी हज़ारों वर्ष से मुट्ठी भर विदेशियों के द्वारा शासित और पददलित क्यों हैं? इसका यही कारण है कि हमारे ऊपर शासन करनेवालों में अपने आप पर श्रद्धा थी, पर हममें वह बात नहीं थी। मैंने पाश्चात्य देशों में जा कर क्या सीखा? ईसाई धर्म सम्प्रदायों के इन निरर्थक कथनों के पीछे कि मनुष्य

पापी था और सदा से निरुपाय पापी था मैंने उनकी राष्ट्रीय उन्नति का कारण क्या देखा ? देखा कि अमेरिका और यूरोप दोनों के राष्ट्रीय हृदय के अन्तरतम प्रदेश में महान् आत्मश्रद्धा भरी हुई है। एक अंग्रेज़ बालक तुमसे कह सकता है, "मैं अंग्रेज़ हूँ, मैं सब कुछ कर सकता हूँ।" एक अमेरिकन या यूरोपियन बालक इसी तरह की बात बड़े दावे के साथ कह सकता है। हमारे भारतवर्ष के बच्चे क्या इस तरह की बात कह सकते हैं? कदापि नहीं। लड़कों की कौन कहे, लड़कों के बाप भी इस तरह की बात नहीं कह सकते। हमने अपनी आत्मश्रद्धा खो दी है। इसीलिए वेदान्त के अद्वैतवाद के भावों का प्रचार करने की आवश्यकता है, ताकि लोगों के हृदय जाग जायँ, और वे अपनी आत्मा की महत्ता समझ सकें। इसीलिए मैं अद्वैतवाद का प्रचार करता हूँ। और इसका प्रचार किसी साम्प्रदायिक भाव से प्रेरित होकर नहीं करता, बल्कि मैं सार्वभौम, युक्तिपूर्ण और अकाट्य सिद्धान्तों के आधार पर इसका प्रचार करता हूँ।

यह अद्वैतवाद इस प्रकार प्रचारित किया जा सकता है कि द्वैतवादी और विशिष्टाद्वैतवादी किसीको कोई आपत्ति करने का मौक़ा नहीं मिल सकता, और इन सब मतवादों का सामंजस्य दिखाना भी कोई कठिन काम नहीं है। भारत का कोई भी धर्मसम्प्रदाय ऐसा नहीं है, जो यह सिद्धान्त न मानता हो कि भगवान् हमारे अन्दर हैं और देवत्व सबके भीतर विद्यमान है। हमारे वेदान्त मतावलम्बियों में जो भिन्न भिन्न मतवादी हैं, वे सभी यह स्वीकार करते हैं कि जीवात्मा में पहले से ही पूर्ण पवित्रता, शक्ति और पूर्णत्व अन्तर्निहित है। पर किसी किसी के अनुसार यह पूर्णत्व मानो कभी संकुचित और कभी विकसित हो जाता है। जो हो, पर वह पूर्णत्व है तो हमारे भीतर ही—इसमें कोई सन्देह नहीं। अद्वैतवाद के अनुसार वह न संकुचित होता और न विकसित ही होता है। हाँ, कभी वह प्रकट होता और कभी अप्रकट रहता है। फलतः द्वैतवाद और अद्वैतवाद में बहुत ही कम अन्तर रहा। इतना कहा जा सकता है कि एक मत दूसरे की अपेक्षा अधिक युक्तिसम्मत है, परन्तु परिणाम में दोनों प्रायः एक ही हैं। इस मूलतत्त्व का प्रचार संसार के लिए आवश्यक हो गया है और हमारी इस मातृभूमि में, इस भारतवर्ष में, इसके प्रचार का जितना अभाव है, उतना और कहीं नहीं।

भाइयो! मैं तुम लोगों को दो चार कठोर सत्यों से अवगत कराना चाहता हूँ। समाचार पत्रों में पढ़ने में आया कि हमारे यहाँ के एक व्यक्ति को किसी अंग्रेज ने मार डाला है अथवा उसके साथ बहुत बुरा बर्ताव किया है। बस, यह खबर पढ़ते ही सारे देश में हो-हल्ला मच गया, इस समाचार को पढ़कर मैंने भी आँसू बहाये; पर थोड़ी ही देर बाद मेरे मन में यह सवाल पैदा हुआ कि इस प्रकार

की घटना के लिए उत्तरदायी कौन है? चूँकि मैं वेदान्तवादी हूँ, मैं स्वयं अपने से यह प्रश्न किये बिना नहीं रह सकता। हिन्दू सदा से अन्तर्दृष्टिपरायण रहा है। वह अपने अन्दर ही उसीके द्वारा सब विषयों का कारण ढूँढ़ा करता है। जब कभी मैं अपने मन से यह प्रश्न करता हूँ कि इसके लिए कौन उत्तरदायी है, तभी मेरा मन बार बार यह जवाब देता है कि इसके लिए अंग्रेज़ उत्तरदायी नहीं हैं; बल्कि अपनी इस दुरवस्था के लिए, अपनी इस अवनति और इन सारे दुःख-कष्टों के लिए, एकमात्र हमीं उत्तरदायी हैं—हमारे सिवा इन बातों के लिए और कोई ज़िम्मेवार नहीं हो सकता। हमारे अभिजात पूर्वज साधारण जनसमुदाय को ज़माने से पैरों तले कुचलते रहे। इसके फलस्वरूप वे बेचारे एकदम असहाय हो गये। यहाँ तक कि वे अपने आपको मनुष्य मानना भी भूल गये। सदियों तक वे धनी-मानियों की आज्ञा सिर-आँखों पर रखकर केवल लकड़ी काटते और पानी भरते रहे हैं। उनकी यह धारणा बन गयी कि मानो उन्होंने गुलाम के रूप में ही जन्म लिया है। और यदि कोई व्यक्ति उनके प्रति सहानुभूति का शब्द कहता है, तो मैं प्रायः देखता हूँ कि आधुनिक शिक्षा की डींग हाँकने के बावजूद हमारे देश के लोग इन पददलित निर्धन लोगों के उन्नयन के दायित्व से तुरन्त पीछे हट जाते हैं। यही नहीं, मैं यह भी देखता हूँ कि यहाँ के धनी-मानी और नवशिक्षित लोग पाश्चात्य देशों के आनुवंशिक संक्रमणवाद (Hereditary transmission) आदि अंड-बंड कमज़ोर मतों को लेकर ऐसी दानवीय और निर्दयतापूर्ण युक्तियाँ पेश करते हैं कि ये पददलित लोग किसी तरह उन्नति न कर सकें और उन पर उत्पीड़न एवं अत्याचार करने का उन्हें काफ़ी सुभीता मिले। अमेरिका में जो धर्म-महासभा हुई थी, उसमें अन्यान्य जाति तथा सम्प्रदायों के लोगों के साथ ही एक अफ़्रीकी युवक भी आया था। वह अफ़्रीका की नीग्रो जाति का था। उसने बड़ी सुन्दर वक्तृता भी दी थी। मुझे उस युवक को देखकर बड़ा कुतूहल हुआ। मैं उससे बीच बीच में बातचीत करने लगा, पर उसके बारे में विशेष कुछ मालूम न हो सका। कुछ दिन बाद इंग्लैण्ड में मेरे साथ कई अमेरिकनों की मुलाक़ात हुई। उन लोगों ने मुझे उस नीग्रो युवक का परिचय इस प्रकार दिया, 'यह युवक मध्य अफ़्रीका के किसी नीग्रो सरदार का लड़का है। किसी कारण से वहीं के किसी दूसरे नीग्रो सरदार के साथ उसके पिता का झगड़ा हो गया, और उसने इस युवक के पिता और माता को मार डाला, और दोनों का मांस पकाकर खा गया। उसने इस युवक को भी मारकर इसका मांस खा जाने का हुक्म दे दिया था। पर यह बड़ी कठिनाई से वहाँ से भाग निकला और सैकड़ों कोसों का रास्ता तय कर समुद्र के किनारे पहुँचा। वहाँ से यह एक अमेरिकन जहाज़ पर सवार होकर यहाँ आया।'

उस नीग्रो नवयुवक ने ऐसी सुन्दर वक्तृता दी! इसके बाद मैं तुम्हारे वंशानुक्रम के सिद्धान्त पर क्या विश्वास करूँ?

हे ब्राह्मणो! यदि वंशानुक्रम के आधार पर पैरियों[1] की अपेक्षा ब्राह्मण आसानी से विद्याभ्यास कर सकते हैं, तो उनकी शिक्षा पर धन व्यय मत करो, वरन् पैरियों को शिक्षित बनाने पर वह सब धन व्यय करो। दुर्बलों की सहायता पहले करो, क्योंकि उनको हर प्रकार के प्रतिदान की आवश्यकता है। यदि ब्राह्मण जन्म से ही बुद्धिमान होते हैं, तो वे किसी की सहायता बिना ही शिक्षा प्राप्त कर सकते हैं। यदि दूसरे लोग जन्म से कुशल नहीं हैं तो उन्हें आवश्यक शिक्षा तथा शिक्षक प्राप्त करने दो। हमें तो ऐसा करना ही न्याय और युक्तिसंगत जान पड़ता है। भारत के इन दीन-हीन लोगों को, इन पददलित जाति के लोगों को, उनका अपना वास्तविक रूप समझा देना परमावश्यक है। जात-पाँत का भेद छोड़कर, कमज़ोर और मज़बूत का विचार छोड़कर, हर एक स्त्री-पुरुष को, प्रत्येक बालक-बालिका को, यह सन्देश सुनाओ और सिखाओ कि ऊँच-नीच, अमीर-ग़रीब और बड़े-छोटे सभी में उसी एक अनन्त आत्मा का निवास है, जो सर्वव्यापी है; इसलिए सभी लोग महान् तथा सभी लोग साधु हो सकते हैं। आओ हम प्रत्येक व्यक्ति में घोषित करें—**उत्तिष्ठत जाग्रत प्राप्य वरान् निबोधत (कठोपनिषद, १।३।१४)**—'उठो, जागो और जब तक तुम अपने अन्तिम ध्येय तक नहीं पहुँच जाते, तब तक चैन न लो'। उठो, जागो—निर्बलता के इस व्यामोह से जाग जाओ। वास्तव में कोई भी दुर्बल नहीं है। आत्मा अनन्त, सर्वशक्तिसम्पन्न और सर्वज्ञ है। इसलिए उठो, अपने वास्तविक रूप को प्रकट करो। तुम्हारे अन्दर जो भगवान् है, उसकी सत्ता को ऊँचे स्वर में घोषित करो, उसे अस्वीकार मत करो। हमारी जाति के ऊपर घोर आलस्य, दुर्बलता और व्यामोह छाया हुआ है। इसलिए ऐ आधुनिक हिन्दुओ! अपने को इस व्यामोह से मुक्त करो। इसका उपाय तुमको अपने धर्मशास्त्रों में ही मिल जायगा। तुम अपने को और प्रत्येक व्यक्ति को अपने सच्चे स्वरूप की शिक्षा दो और घोरतम मोह-निद्रा में पड़ी हुई जीवात्मा को इस नींद से जगा दो। जब तुम्हारी जीवात्मा प्रबुद्ध होकर सक्रिय हो उठेगी, तब तुम आप ही शक्ति का अनुभव करोगे, महिमा और महत्ता पाओगे, साधुता आयगी, पवित्रता भी आप ही चली जायगी—मतलब यह कि जो कुछ अच्छे गुण हैं, वे सभी तुम्हारे पास आ पहुँचेंगे। गीता में यदि कोई ऐसी बात है, जिसे मैं पसन्द करता हूँ,

---

१. दक्षिण की एक अस्पृश्य जाति।

तो ये दो श्लोक हैं। कृष्ण के उपदेश के सारस्वरूप इन श्लोकों से बड़ा भारी बल प्राप्त होता है :

समं सर्वेषु भूतेषु तिष्ठन्तं परमेश्वरम्।
विनश्यत्स्वविनश्यन्तं यः पश्यति स पश्यति॥ १३।२७॥

और,

समं पश्यन् हि सर्वत्र समवस्थितमीश्वरम्।
न हिनस्त्यात्मनात्मानं ततो याति परां गतिम्॥ १३।२८॥

—'विनाश होनेवाले सब भूतों में जो लोग अविनाशी परमात्मा को स्थित देखते हैं, यथार्थ में उन्हींका देखना सार्थक है, क्योंकि ईश्वर को सर्वत्र समान भाव से देखकर वे आत्मा के द्वारा आत्मा की हिंसा नहीं करते, इसलिए वे परमगति को प्राप्त होते हैं।'

इस प्रकार इस देश और अन्यान्य देशों में कल्याण कार्य की दृष्टि से वेदान्त के प्रचार और प्रसार के लिए विस्तृत क्षेत्र है। इस देश में, और विदेशों में भी, मनुष्य जाति के दुःख दूर करने के लिए तथा मानव-समाज की उन्नति के लिए हमें परमात्मा की सर्वव्यापकता, और सर्वत्र समान रूप से उसकी विद्यमानता का प्रचार करना होगा। जहाँ भी बुराई दिखाई देती है, वहीं अज्ञान भी मौजूद रहता है। मैंने अपने ज्ञान और अनुभव द्वारा मालूम किया है और यही शास्त्रों में भी कहा गया है कि भेद-बुद्धि से ही संसार में सारे अशुभ और अभेद-बुद्धि से ही सारे शुभ फलते हैं। यदि सारी विभिन्नताओं के अन्दर ईश्वर के एकत्व पर विश्वास किया जाय, तो सब प्रकार से संसार का कल्याण किया जा सकता है। यही वेदान्त का सर्वोच्च आदर्श है। प्रत्येक विषय में आदर्श पर विश्वास करना एक बात है और प्रतिदिन के छोटे छोटे कामों में उसी आदर्श के अनुसार काम करना बिल्कुल दूसरी बात है। एक ऊँचा आदर्श दिखा देना अच्छी बात है, इसमें सन्देह नहीं; पर उस आदर्श तक पहुँचने का उपाय कौन सा है?

स्वभावतः यहाँ वही कठिन और उद्विग्न करने वाला जाति-भेद तथा समाज-सुधार का सवाल आ उपस्थित होता है, जो कई सदियों से सर्वसाधारण के मन में उठता रहा है। मैं तुमसे यह बात स्पष्ट शब्दों में कह देना चाहता हूँ कि मैं केवल जाति-पाँति का भेद मिटानेवाला अथवा समाज-सुधारक मात्र नहीं हूँ। सीधे अर्थ में जाति-भेद या समाज-सुधार से मेरा कुछ मतलब नहीं। तुम चाहे जिस जाति या समाज के क्यों न हो, उससे कुछ बनता-बिगड़ता नहीं, पर तुम किसी और जातिवाले को घृणा की दृष्टि से क्यों देखो? मैं केवल प्रेम और मात्र प्रेम की

शिक्षा देता हूँ और मेरा यह कहना विश्वात्मा की सर्व-व्यापकता और समतारूपी वेदान्त के सिद्धान्त पर आधारित है। प्रायः पिछले एक सौ वर्ष से हमारे देश में समाज-सुधारकों और उनके तरह तरह के समाज-सुधार सम्बन्धी प्रस्तावों की बाढ़ आ गयी है। व्यक्तिगत रूप से इन समाज-सुधारकों में मुझे कोई दोष नहीं मिलता। अधिकांश अच्छे व्यक्ति और सदुद्देश्यवाले हैं। और किसी किसी विषय में उनके उद्देश्य बहुत ही प्रशंसनीय हैं। परन्तु इसके साथ ही साथ यह भी बहुत ही निश्चित और प्रामाणिक बात है कि सामाजिक सुधारों के इन सौ वर्षों में सारे देश का कोई स्थायी और बहुमूल्य हित नहीं हुआ है। व्याख्यान-मंचों से हजारों वक्तृताएँ दी जा चुकी हैं, हिन्दू जाति और हिन्दू-सभ्यता के माथे पर कलंक और निन्दा की न जाने कितनी बौछारें हो चुकी हैं, परन्तु इतने पर भी समाज का कोई वास्तविक उपकार नहीं हुआ है। इसका क्या कारण है? कारण ढूँढ़ निकालना बहुत मुश्किल काम नहीं है। यह भर्त्सना ही इसका कारण है। मैंने पहले ही तुमसे कहा है कि हमें सबसे पहले अपनी ऐतिहासिक जातीय विशेषता की रक्षा करनी होगी। मैं यह स्वीकार करता हूँ कि हमें अन्यान्य जातियों से बहुत कुछ शिक्षा प्राप्त करनी पड़ेगी; पर मुझे बड़े दुःख के साथ कहना पड़ता है कि हमारे अधिकांश समाज-सुधार आन्दोलन केवल पाश्चात्य कार्य-प्रणाली के विवेकशून्य अनुकरणमात्र हैं। इस कार्य-प्रणाली से भारत का कोई उपकार होना सम्भव नहीं है। इसलिए हमारे यहाँ जो सब समाज-सुधार के आन्दोलन हो रहे हैं, उनका कोई फल नहीं होता।

दूसरे, किसीकी भर्त्सना करना किसी प्रकार भी दूसरे के हित का मार्ग का नहीं है। एक छोटा सा बच्चा भी जान सकता है कि हमारे समाज में बहुतेरे दोष हैं—और दोष भला किस समाज में नहीं है? ऐ मेरे देशवासी भाइयो! मैं इस अवसर पर तुम्हें यह बात बता देना चाहता हूँ कि मैंने संसार की जितनी भिन्न भिन्न जातियों को देखा है, उनकी तुलना करके मैं इसी निश्चय पर पहुँचा हूँ कि अन्यान्य जातियों की अपेक्षा हमारी यह हिन्दू जाति ही अधिक नीतिपरायण और धार्मिक है। और हमारी सामाजिक प्रथाएँ ही अपने उद्देश्य तथा कार्य-प्रणाली में मानव जाति को सुखी करने में सबसे अधिक उपयुक्त हैं। इसीलिए मैं कोई सुधार नहीं चाहता। मेरा आदर्श है, राष्ट्रीय मार्ग पर समाज की उन्नति, विस्तृति तथा विकास। जब मैं देश के प्राचीन इतिहास की पर्यालोचना करता हूँ, तब सारे संसार में मुझे कोई ऐसा देश नहीं दिखाई देता, जिसने भारत के समान मानव-हृदय को उन्नत और संस्कृत बनाने की चेष्टा की हो। इसीलिए, मैं अपनी हिन्दू जाति की न तो निन्दा करता हूँ और न अपराधी ठहराता हूँ। मैं उनसे कहता हूँ, 'जो कुछ

तुमने किया है, अच्छा ही किया है; पर इससे भी अच्छा करने की चेष्टा करो।' पुराने ज़माने में इस देश में बहुतेरे अच्छे काम हुए हैं; पर अब भी उससे बढ़े चढ़े काम करने का पर्याप्त समय और अवकाश हैं। मैं निश्चित हूँ कि तुम जानते हो कि हम एक जगह एक अवस्था में चुपचाप बैठे नहीं रह सकते। यदि हम एक जगह स्थिर रहे, तो हमारी मृत्यु अनिवार्य है। हमें या तो आगे बढ़ना होगा या पीछे हटना होगा—हमें उन्नति करते रहना होगा, नहीं तो हमारी अवनति आप से आप होती जायगी। हमारे पूर्व पुरुषों ने प्राचीन काल में बहुत बड़े बड़े काम किये हैं, पर हमें उनकी अपेक्षा भी उच्चतर जीवन का विकास करना होगा और उनकी अपेक्षा और भी महान् कार्यों की ओर अग्रसर होना पड़ेगा। अब पीछे हटकर अवनति को प्राप्त होना यह कैसे हो सकता है? ऐसा कभी नहीं हो सकता। नहीं, हम कदापि वैसा होने नहीं देंगे। पीछे हटने से हमारी जाति का अधःपतन और मरण होगा। अतएव 'अग्रसर होकर महत्तर कर्मों का अनुष्ठान करो'—तुम्हारे सामने यही मेरा वक्तव्य है।

मैं किसी क्षणिक समाज-सुधार का प्रचारक नहीं हूँ। मैं समाज के दोषों का सुधार करने की चेष्टा नहीं कर रहा हूँ। मैं तुमसे केवल इतना ही कहता हूँ कि तुम आगे बढ़ो और हमारे पूर्वपुरुष समग्र मानव जाति की उन्नति के लिए जो सर्वांग सुन्दर प्रणाली बता गये हैं, उसीका अवलम्बन कर उनके उद्देश्य को सम्पूर्ण रूप से कार्य में परिणत करो। तुमसे मेरा कहना यही है कि तुम लोग मानव के एकत्व और उसके नैसर्गिक ईश्वरत्व-भावरूपी वेदान्ती आदर्श के अधिकाधिक समीप पहुँचते जाओ। यदि मेरे पास समय होता, तो मैं तुम लोगों को बड़ी प्रसन्नता के साथ यह दिखाता और बताता कि आज हमें जो कुछ कार्य करना है, उसे हज़ारों वर्ष पहले हमारे स्मृतिकारों ने बता दिया है। और उनकी बातों से हम यह भी जान सकते हैं कि आज हमारी जाति और समाज के आचार-व्यवहार में जो सब परिवर्तन हुए हैं और होंगे, उन्हें भी उन लोगों ने आज से हज़ारों वर्ष पहले जान लिया था। वे भी जाति-भेद को तोड़ने वाले थे, पर आजकल की तरह नहीं। जाति-भेद को तोड़ने से उनका मतलब यह नहीं था कि शहर भर के लोग एक साथ मिलकर शराब कबाब उड़ायें, या जितने मूर्ख और पागल हैं, वे सब चाहे जिसके साथ शादी कर लें और सारे देश को एक बहुत बड़ा पागलखाना बना दें, और न उनका यही विश्वास था कि जिस देश में जितने ही अधिक विधवा-विवाह हों, वह देश उतना ही उन्नत समझा जायगा। इस प्रकार से किसी जाति को उन्नत होते मुझे अभी देखना है।

ब्राह्मण ही हमारे पूर्वपुरुषों के आदर्श थे। हमारे सभी शास्त्रों में ब्राह्मण

ा आदर्श विशिष्ट रूप से प्रतिष्ठित है। यूरोप के बड़े बड़े धर्माचार्य भी यह माणित करने के लिए हज़ारों रुपये खर्च कर रहे हैं कि उनके पूर्वपुरुष उच्च वंशों े थे और तब तक वे सन्तुष्ट नहीं होंगे जब तक अपनी वंशपरम्परा किसी भयानक ूर शासक से स्थापित नहीं कर लेंगे, जो पहाड़ पर रहकर राही बटोहियों की ताक ं रहते थे और मौक़ा पाते ही उन पर आक्रमण कर लूट लेते थे। आभिजात्य प्रदान रने वाले इन पूर्वजों का यही पेशा था और हमारे धर्माध्यक्ष कार्डिनल इनमें से केसीसे अपनी वंशपरम्परा स्थापित किये बिना संतुष्ट नहीं रहते थे। फिर सरी ओर भारत के बड़े से बड़े राजाओं के वंशधर इस बात की चेष्टा कर रहे हैं के हम अमुक कौपीनधारी, सर्वस्वत्यागी, वनवासी, फल-मूलाहारी और वेदपाठी ऋषि की सन्तान हैं। भारतीय राजा भी अपनी वंशपरम्परा स्थापित्त करने के लिए वहीं जाते हैं। अगर तुम अपनी वंशपरम्परा किसी महर्षि से स्थापित कर सकते हो, तो ऊँची जाति के माने जाओगे, अन्यथा नहीं।

अतएव, हमारा उच्च वंश का आदर्श अन्यान्य देशवासियों के आदर्श से बिल्कुल भिन्न है। आध्यात्मिक साधनासम्पन्न महात्यागी ब्राह्मण ही हमारे आदर्श हैं। इस ब्राह्मण-आदर्श से मेरा क्या मतलब है? आदर्श ब्राह्मणत्व वही है, जिसमें सांसारिकता एकदम न हो और असली ज्ञान पूर्ण मात्रा में विद्यमान हो। हिन्दू जाति का यही आदर्श है। क्या तुमने नहीं सुना है, शास्त्रों में लिखा है कि ब्राह्मण के लिए कोई क़ानून-क़ायदा नहीं है—वे राजा के शासनाधीन नहीं हैं, और उनके लिए फाँसी की सज़ा नहीं हो सकती? यह बात बिल्कुल सच है। स्वार्थपर मूढ़ लोगों ने जिस भाव से इस तत्त्व की व्याख्या की है, उस भाव से उसको मत समझो; सच्चे वेदान्ती भाव से इस तत्त्व को समझने की चेष्टा करो। यदि ब्राह्मण कहने से ऐसे मनुष्य का बोध हो, जिसने स्वार्थपरता का एकदम नाश कर डाला है, जिसका जीवन ज्ञान और प्रेम की शक्ति को प्राप्त करने में तथा इनका विस्तार करने में ही बीतता है, जो देश ऐसे ही सच्चरित्र, नैष्ठिक तथा आध्यात्मिक ब्राह्मणों, स्त्री तथा पुरुषों से परिपूर्ण है, वह देश यदि विधिनिषेध के परे हो, तो इसमें आश्चर्य की कौन सी बात है? ऐसे लोगों पर शासन करने के लिए सेना या पुलिस इत्यादि की क्या आवश्यकता है? ऐसे आदमियों पर शासन करने का ही क्या काम है? अथवा ऐसे लोगों को किसी शासन-तन्त्र के अधीन रहने की ही क्या जरूरत है। ये लोग साधुस्वभाव महात्मा हैं—ईश्वर के अन्तरंगस्वरूप हैं, ये ही हमारे आदर्श ब्राह्मण हैं और हम शास्त्रों में देखते हैं—सत्ययुग में पृथ्वी पर केवल एक जाति थी और वह ब्राह्मण थी। महाभारत में हम देखते हैं, पुराकाल में सारी पृथ्वी पर केवल ब्राह्मणों का ही निवास था। क्रमशः ज्यों ज्यों उनकी अवनति होने लगी,

वह जाति भिन्न भिन्न जातियों में विभक्त होती गयी। फिर, जब कल्प चक्र घूमत घूमता सत्ययुग आ पहुँचेगा, तब फिर से सभी ब्राह्मण ही हो जायँगे। वर्तमान युग चक्र भविष्य में सत्ययुग के आने की सूचना दे रहा है, इसी बात की ओर मैं तुम्हार ध्यान आकृष्ट करना चाहता हूँ। ऊँची जातियों को नीची करने, मनचाहे आहार विहार करने और क्षणिक सुख-भोग के लिए अपने अपने वर्णाश्रम-धर्म की मर्याद तोड़ने से इस जातिभेद की समस्या हल नहीं होगी। इसकी मीमांसा तभी होगी जब हम लोगों में से प्रत्येक मनुष्य वेदान्ती धर्म का आदेश पालन करने लगेगा, जब हर कोई सच्चा धार्मिक होने की चेष्टा करेगा, और प्रत्येक व्यक्ति आदर्श बन जायगा। तुम आर्य हो या अनार्य, ऋषि-सन्तान हो, ब्राह्मण हो या अत्यन्त नीच अन्त्यज जाति के ही क्यों न हो, भारतभूमि के प्रत्येक निवासी के प्रति तुम्हारे पूर्वपुरुषों का दिया हुआ एक महान् आदेश है। तुम सबके प्रति बस एक ही आदेश है कि चुपचाप बैठे रहने से काम न होगा। निरन्तर उन्नति के लिए चेष्टा करते रहना होगा। ऊँची से ऊँची जाति से लेकर नीची से नीची जाति के लोगों (पैरिया) को भी ब्राह्मण होने की चेष्टा करनी होगी। वेदान्त का यह आदर्श केवल भारतवर्ष के लिए ही नहीं, वरन् सारे संसार के लिए उपयुक्त है। हमारे जातिभेद का लक्ष्य यही है कि धीरे धीरे सारी मानव जाति आध्यात्मिक मनुष्य के महान् आदर्श को प्राप्त करने के लिए अग्रसर हो, जो धृति, क्षमा, शौच, शान्ति, उपासना और ध्यान का अभ्यासी है। इस आदर्श में ईश्वर की स्थिति स्वीकृत है।

इस उद्देश्य को कार्यरूप में परिणत करने का उपाय क्या है? मैं तुम लोगों को फिर एक बार याद दिला देना चाहता हूँ कि कोसने, निन्दा करने या गालियों की बौछार करने से कोई सदुद्देश्य पूर्ण नहीं हो सकता। लगातार वर्षों तक इस प्रकार की कितनी ही चेष्टाएँ की गयी हैं, पर कभी अच्छा परिणाम प्राप्त नहीं हुआ। केवल पारस्परिक सद्भाव और प्रेम के द्वारा ही अच्छे परिणाम की आशा की जा सकती है। यह महान् विषय है, और मेरी दृष्टि में जो योजनाएँ हैं उनकी व्याख्या के लिए कई भाषणों की आवश्यकता होगी, जिनमें मैं प्रतिदिन उठनेवाले अपने विचारों को व्यक्त कर सकूँ। अतएव, आज मैं यहीं पर अपनी वक्तृता का उपसंहार करता हूँ। हिन्दुओ! मैं तुम्हें केवल इतनी ही याद दिला देना चाहता हूँ कि हमारा यह राष्ट्रीय बेड़ा हमें सदियों से इस पार से उस पार करता आ रहा है। शायद आजकल इसमें कुछ छेद हो गये हैं, शायद यह कुछ पुराना भी पड़ गया है। यदि यही बात है, तो हम सारे भारतवासियों को प्राणों की बाज़ी लगाकर इन छेदों को बन्द कर देने और इसका जीर्णोद्धार करने की चेष्टा करनी चाहिए। हमें अपने सभी देशभाइयों को इस खतरे की सूचना दे देनी चाहिए। वे जागें और

हमारी सहायता करें। मैं भारत के एक छोर से दूसरे छोर तक जोर से चिल्लाकर लोगों को इस परिस्थिति और कर्तव्य के प्रति जागरूक करूँगा। मान लो, लोगों ने मेरी बात अनसुनी कर दी, तो भी मैं इसके लिए उन्हें न तो कोसूँगा और न भर्त्सना ही करूँगा। पुराने ज़माने में हमारी जाति ने बहुत बड़े बड़े काम किये हैं, और यदि हम उनसे भी बड़े बड़े काम न कर सकें, तो एक साथ ही शान्तिपूर्वक डूब मरने में हमें सन्तोष होगा। देशभक्त बनो—जिस जाति ने अतीत में हमारे लिए इतने बड़े बड़े काम किये हैं, उसे प्राणों से भी अधिक प्यारी समझो। हे स्वदेशवासियो! मैं संसार के अन्यान्य राष्ट्रों के साथ अपने राष्ट्र की जितनी ही अधिक तुलना करता हूँ, उतना ही अधिक तुम लोगों के प्रति मेरा प्यार बढ़ता जाता है। तुम लोग शुद्ध, शान्त और सत्स्वभाव हो, और तुम्हीं लोग सदा अत्याचारों से पीड़ित रहते आये हो—इस मायामय जड़ जगत् की पहेली ही कुछ ऐसी है। जो हो, तुम इसकी परवाह मत करो। अन्त में आत्मा की ही जय अवश्य होगी। इस बीच आओ हम काम में संलग्न हो जायँ। केवल देश की निन्दा करने से काम नहीं चलने का। हमारी इस परम पवित्र मातृभूमि के काल-जर्जर कर्मजीर्ण आचारों और प्रथाओं की निन्दा मत करो। एकदम अंधविश्वासपूर्ण और अतार्किक प्रथाओं के विरुद्ध भी एक शब्द मत कहो, क्योंकि उनके द्वारा भी अतीत में हमारी जाति और देश का कुछ न कुछ उपकार अवश्य हुआ है। सदा याद रखना कि हमारी सामाजिक प्रथाओं के उद्देश्य ऐसे महान् हैं, जैसे संसार के किसी और देश की प्रथाओं के नहीं हैं। मैंने संसार में प्रायः सर्वत्र जाति-पाँति का भेदभाव देखा है, पर उद्देश्य ऐसा महिमामय नहीं है। अतएव, जब जातिभेद का होना अनिवार्य है, तब उसे धन पर खड़ा करने की अपेक्षा पवित्रता और आत्मत्याग के ऊपर खड़ा करना कहीं अच्छा है। इसलिए निन्दा के शब्दों का उच्चारण एकदम छोड़ दो। तुम्हारा मुँह बन्द हो और हृदय खुल जाय। इस देश और सारे जगत् का उद्धार करो। तुम लोगों में से प्रत्येक को यह सोचना होगा कि सारा भार तुम्हारे ही ऊपर है। वेदान्त का आलोक घर घर ले जाओ, प्रत्येक जीवात्मा में जो ईश्वरत्व अन्तर्निहित है, उसे जगाओ। तब तुम्हारी सफलता का परिमाण जो भी हो, तुम्हें इस बात का सन्तोष होगा कि तुमने एक महान् उद्देश्य की सिद्धि में ही अपना जीवन बिताया है, कर्म किया है और प्राण उत्सर्ग किया हैं। जैसे भी हो, महत्-कार्य की सिद्धि होने पर मानव जाति का दोनों लोकों में कल्याण होगा।

मद्रास अभिनन्दन का उत्तर

स्वामी जी जब मद्रास पहुँचे तो वहाँ मद्रास स्वागत-समिति द्वारा उन्हें एक मानपत्र भेट किया गया। वह इस प्रकार था :

परम पूज्य स्वामी जी,

आज हम सब आपके पाश्चात्य देशों में धार्मिक प्रचार से लौटने के अवसर पर आपके मद्रासनिवासी सहधर्मियों की ओर से आपका हार्दिक स्वागत करते हैं। आज आपकी सेवा में जो हम यह मानपत्र अर्पित कर रहे हैं उसका अर्थ यह नहीं है कि यह एक प्रकार का लोकाचार अथवा व्यवहार है, वरन् इसके द्वारा हम आपकी सेवा में अपने आन्तरिक एवं हार्दिक प्रेम की भेंट देते हैं तथा आपने ईश्वर की कृपा से भारतवर्ष के उच्च धार्मिक आदर्शों क। प्रचार कर सत्य के प्रतिपादन का जो महान् कार्य किया है, उसके निमित्त अपनी कृतज्ञता प्रकट करते हैं।

जब शिकागो शहर में धर्म-महासभा का आयोजन किया गया, उस समय स्वाभाविकतः हमारे देश के कुछ भाइयों के मन में इस बात की उत्सुकता उत्पन्न हुई कि हमारे श्रेष्ठ तथा प्राचीन धर्म का भी प्रतिनिधित्व वहाँ योग्यतापूर्वक किया जाय तथा उसका उचित रूप से अमेरिकन राष्ट्र में और फिर उसके द्वारा अन्य समस्त पाश्चात्य देशों में प्रचार हो। उस अवसर पर हमारा यह सौभाग्य था कि हमारी आपसे भेंट हुई और पुनः हमें उस बात का अनुभव हुआ, जो बहुधा विभिन्न राष्ट्रों के इतिहास में सत्य सिद्ध हुआ है अर्थात् समय आने पर ऐसा व्यक्ति स्वयं आविर्भूत हो जाता है जो सत्य के प्रचार में सहायक होता है। और जब आपने उस धर्म-महासभा में हिन्दू धर्म के प्रतिनिधि रूप में जाने का बीड़ा उठाया तो हममें से अधिकांश लोगों के मन में यह निश्चित भावना उत्पन्न हुई कि उस चिरस्मरणीय धर्म-महासभा में हिन्दू धर्म का प्रतिनिधित्व बड़ी योग्यतापूर्वक होगा, क्योंकि आपकी अनेकानेक शक्तियों को हम लोग थोड़ा बहुत जान चुके थे। हिन्दू धर्म के सनातन सिद्धान्तों का प्रतिपादन आपने जिस स्पष्टता, शुद्धता तथा प्रामाणिकता से किया, उससे केवल धर्म-महासभा पर ही एक महत्त्वपूर्ण प्रभाव नहीं पड़ा, वरन् उसके द्वारा अन्य पाश्चात्य देशों के स्त्री-पुरुषों को भी यह अनुभव हो गया कि भारतवर्ष के इस आध्यात्मिक स्रोत में कितना ही अमरत्व तथा प्रेम का सुखद पान किया जा सकता है और उसके फलस्वरूप मानव जाति का इतना सुन्दर, पूर्ण व्यापक

तथा शुद्ध विकास हो सकता है, जितना कि इस विश्व में पहले कभी नहीं हुआ। हम इस बात के लिए आपके विशेष कृतज्ञ हैं कि आपने संसार के महान् धर्मों के प्रतिनिधियों का ध्यान हिन्दू धर्म के उस विशेष सिद्धान्त की ओर आकर्षित किया, जिसको 'विभिन्न धर्मों में बन्धुत्व तथा सामंजस्य' कहा जा सकता है। आज यह सम्भव नहीं रहा है कि कोई वास्तविक शिक्षित तथा सच्चा व्यक्ति इस बात का ही दावा करे कि सत्य तथा पवित्रता पर किसी एक विशेष स्थान, सम्प्रदाय अथवा वाद का ही स्वामित्व है या वह यह कहे कि कोई विशेष धर्म-मार्ग या दर्शन ही अन्त तक रहेगा और अन्य सब नष्ट हो जायँगे। यहाँ पर हम आप ही के उन सुन्दर शब्दों को दुहराते हैं, जिनके द्वारा श्रीमद्भागवद्गीता का केन्द्रीय सामंजस्य भाव स्पष्ट प्रकट होता है कि 'संसार के विभिन्न धर्म एक प्रकार के यात्रास्वरूप हैं, जहाँ तरह तरह के स्त्री-पुरुष इकट्ठे हुए हैं तथा जो भिन्न भिन्न दशाओं तथा परिस्थितियों में से होकर एक ही लक्ष्य की ओर जा रहे हैं।'

हम तो यह कहेंगे कि यदि आपने सिर्फ़ इस पुण्य एवं उच्च उद्देश्य को ही, जो आपको सौंपा गया था, अपने कर्त्तव्य रूप में निबाहा होता, तो उतने से ही आपके हिन्दू भाई बड़ी प्रसन्नता तथा कृतज्ञतापूर्वक आपके उस अमूल्य कार्य के लिए महान् आभार मानते। परन्तु आप केवल इतना ही न करके पाश्चात्य देशों में भी गये, तथा वहाँ जाकर आपने जनता को ज्ञान तथा शान्ति का संदेश सुनाया जो भारतवर्ष के सनातन धर्म की प्राचीन शिक्षा है। वेदान्त धर्म के परम युक्तिसम्मत होने को प्रमाणित करने में आपने जो यत्न किया है उसके लिए आपको हार्दिक धन्यवाद देते समय हमें आपके उस महान् संकल्प का उल्लेख करते हुए बड़ा हर्ष होता है, जिसके आधार पर प्राचीन हिन्दू धर्म तथा हिन्दू दर्शन के प्रचार के लिए अनेकानेक केन्द्रों वाला एक सक्रिय मिशन स्थापित होगा। आप जिन प्राचीन आचार्यों के पवित्र मार्ग का अनुसरण कर रहे हैं, एवं जिस महान् गुरु ने आपके जीवन और उसके उद्देश्यों को उत्प्रेरित कियो है, उन्हींके योग्य अपने को सिद्ध करने के लिए आपने इस महान् कार्य में अपनी सारी शक्ति लगाने का संकल्प किया है। हम इस बात के प्रार्थी हैं कि ईश्वर हमें वह सुअवसर दे जिससे कि हम आपके साथ इस पुण्य कार्य में सहयोग दे सकें। साथ ही हम उस सर्व-शक्तिमान दयालु परमपिता परमेश्वर से करबद्ध होकर यह भी प्रार्थना करते हैं कि वह आपको चिरंजीवी करे, शक्तिशाली बनाए तथा आपके प्रयत्नों को वह गौरव तथा सफलता प्रदान करे जो सनातन सत्य के ललाट पर सदैव अंकित रहती है।

इसके बाद खेतड़ी के महाराजा का निम्नलिखित मानपत्र भी पढ़ा गया :

पूज्यपाद स्वामी जी,

इस अवसर पर जब कि आप मद्रास पधारे हैं, मैं यथाशक्ति शीघ्रातिशीघ्र आपकी सेवा में उपस्थित होकर विदेश से आपके कुशलपूर्वक वापस लौट आने पर अपनी हार्दिक प्रसन्नता प्रकट करता हूँ तथा पाश्चात्य देशों में आपके निःस्वार्थ प्रयत्नों को जो सफलता प्राप्त हुई है, उस पर आपको हार्दिक बधाई देता हूँ। हम जानते हैं कि ये पाश्चात्य देश वे ही हैं, जिनके विद्वानों का यह दावा है कि 'यदि किसी क्षेत्र में विज्ञान ने अपना अधिकार जमा लिया, तो फिर धर्म की मजाल भी नहीं है कि वह वहाँ अपना पैर रख सके' यद्यपि सच बात तो यह है कि विज्ञान ने स्वयं अपने को कभी भी सच्चे धर्म का विरोधी नहीं ठहराया। हमारा यह पवित्र आर्यावर्त देश इस बात में विशेष भाग्यशाली है कि शिकागो की धर्म-महासभा में प्रतिनिधि के रूप में जाने के लिए उसे आप जैसा एक महापुरुष मिल सका और, स्वामी जी, यह केवल आपकी ही विद्वत्ता, साहसिकता तथा अदम्य उत्साह का फल है कि पाश्चात्य देश वाले भी यह बात भली भाँति जान गए कि आज भी भारत के पास आध्यात्मिकता की कैसी असीम निधि है। आपके प्रयत्नों के फलस्वरूप आज यह बात पूर्ण रूप से सिद्ध हो गई है कि संसार के अनेकानेक मतमतान्तरों के विरोधाभास का सामंजस्य वेदान्त के सार्वभौम प्रकाश में हो सकता है। और संसार के लोगों को यह बात भली भाँति समझ लेने तथा इस महान् सत्य को कार्यान्वित करने की आवश्यकता है कि विश्व के विकास में प्रकृति की सदैव योजना रही है 'विविधता में एकता'। साथ ही विभिन्न धर्मों में समन्वय, बन्धुत्व तथा पारस्परिक सहानुभूति एवं सहायता द्वारा ही मनुष्य जाति का जीवनव्रत उद्यापित एवं उसका चरमोद्देश्य सिद्ध होना सम्भव है। आपके महान् तथा पवित्र तत्त्वावधान में तथा आपकी श्रेष्ठ शिक्षाओं के स्फूर्तिदायक प्रभाव के आधार पर हम वर्तमान पीढ़ी के लोगों को इस बात का सौभाग्य प्राप्त हुआ है कि हम अपनी ही आँखों के सामने संसार के इतिहास में एक उस युग का प्रादुर्भाव देख सकेंगे, जिसमें धर्मान्धता, घृणा तथा संघर्ष का नाश होकर, मुझे आशा है कि शान्ति, सहानुभूति तथा प्रेम का साम्राज्य होगा। और मैं अपनी प्रजा के साथ ईश्वर से यह प्रार्थना करता हूँ कि उसकी कृपा आप पर तथा आपके प्रयत्नों पर सदैव बनी रहे!

जब यह मानपत्र पढ़ा जा चुका तो स्वामी जी सभामंडप से उठ गये और एक गाड़ी में चढ़ गये जो उन्हीं के लिए खड़ी थी। स्वामी जी के स्वागत के लिए आई हुई जनता की भीड़ इतनी ज़बरदस्त थी तथा उसमें ऐसा जोश समाया था कि उस अवसर पर तो स्वामी जी केवल निम्नलिखित संक्षिप्त उत्तर ही दे सके; अपना पूर्ण उत्तर उन्होंने किसी दूसरे अवसर के लिए स्थगित रखा।

स्वामी जी का उत्तर

बन्धुओ, मनुष्य की इच्छा एक होती है परन्तु ईश्वर की दूसरी। विचार यह था कि तुम्हारे मानपत्र का पाठ तथा मेरा उत्तर ठीक अंग्रेज़ी शैली पर हो; परन्तु यहीं ईश्वरेच्छा दूसरी प्रतीत होती है—मुझे इतने बड़े जनसमूह से 'रथ' में चढ़कर गीता के ढंग से बोलना पड़ रहा है। इसके लिए हम कृतज्ञ ही हैं, अच्छा ही है कि ऐसा हुआ! इससे भाषण में स्वभावतः ओज आ जायगा तथा जो कुछ मैं तुम लोगों से कहूँगा उसमें शक्ति का संचार होगा। मैं कह नहीं सकता कि मेरी आवाज़ तुम सब तक पहुँच सकेगी या नहीं, परन्तु मैं यत्न करूँगा। इसके पहले शायद खुले मैदान में व्यापक जनसमूह के सामने भाषण देने का अवसर मुझे कभी नहीं मिला था।

जिस अपूर्व स्नेह तथा उत्साहपूर्वक उल्लास से मेरा कोलम्बो से लेकर मद्रास पर्यन्त स्वागत किया गया है तथा जैसा लगता है कि सम्पूर्ण भारतवर्ष में किये जाने की सम्भावना है, वह मेरी सर्वाधिक स्वप्नमयी रंगीन आशाओं से भी अधिक है। परन्तु इससे मुझे हर्ष ही होता है। और वह इसलिए कि इसके द्वारा मुझे अपना वह कथन प्रत्येक बार सिद्ध होता दिखाई देता है जो मैं कई बार पहले भी व्यक्त कर चुका हूँ कि प्रत्येक राष्ट्र का एक ध्येय उसके लिए संजीवनीस्वरूप होता है, प्रत्येक राष्ट्र का एक विशेष निर्धारित मार्ग होता है, और भारतवर्ष का विशेषत्व है धर्म। संसार के अन्य देशों में धर्म तो केवल कई बातों में से एक है, असल में वहाँ तो वह एक छोटी सी चीज़ गिना जाता है। उदाहरणार्थ, इंग्लैंड में धर्म राष्ट्रीय नीति का केवल एक अंश है, इंग्लिश चर्च शाही घराने की एक चीज़ है और इसीलिए उनकी चाहे उसमें श्रद्धा-भक्ति हो अथवा नहीं, वे उसके सहायक सदैव बने रहेंगे, क्योंकि वे तो यह समझते हैं कि वह उनका चर्च है। और प्रत्येक भद्र पुरुष तथा महिला से यही आशा की जाती है कि वह उसी चर्च का एक सदस्य बनकर रहे, और वही मानो भद्रता का चिह्न है। इसी प्रकार अन्य देशों में भी एक एक प्रबल राष्ट्रीय शक्ति होती है; यह शक्ति या तो ज़बरदस्त राजनीति के रूप में दिखाई देती है अथवा किसी बौद्धिक खोज के रूप में। इसी प्रकार कहीं या तो यह सैन्यवाद के रूप में दिखाई देती है अथवा वाणिज्यवाद के रूप में। कह सकते हैं कि उन्हीं क्षेत्रों में राष्ट्र का हृदय स्थित रहता है और इस प्रकार धर्म तो उस राष्ट्र की अन्य बहुत सी चीज़ों में से केवल एक ऊपरी सजावट की सी चीज रह जाती है।

पर भारतवर्ष में धर्म ही राष्ट्र के हृदय का मर्मस्थल है, इसीको राष्ट्र की रीढ़ कह लो अथवा वह नींव समझो जिसके ऊपर राष्ट्ररूपी इमारत खड़ी है। इस देश

में राजनीति, बल, यहाँ तक कि बुद्धिविकास भी गौण समझे जाते हैं । भारत में धर्म को सर्वोपरि समझा जाता है। मैंने यह बात सैकड़ों बार सुनी है कि भारतीय जनता साधारण जानकारी की बातों से भी अभिज्ञ नहीं है और यह बात सचमुच ठीक भी है। जब मैं कोलम्बो में उतरा तो मुझे यह पता चला कि वहाँ किसी को भी इस बात का ज्ञान न था कि यूरोप में कैसी राजनीतिक उथलपुथल मची हुई है, वहाँ क्या क्या परिवर्तन हो रहे हैं, मंत्रिमंडल की कैसी हार हो रही है, आदि आदि। एक भी व्यक्ति को यह ज्ञान न था कि समाजवाद, अराजकतावाद आदि शब्दों का अथवा यूरोप के राजनीतिक वातावरण में अमुक परिवर्तन का क्या अर्थ है। परन्तु दूसरी ओर यदि तुम लंका के ही लोगों को ले लो तो, वहाँ के प्रत्येक स्त्री-पुरुष तथा बच्चे बच्चे को मालूम था कि उनके देश में एक भारतीय संन्यासी आया है जो शिकागो की धर्म-महासभा में भाग लेने के लिए भेजा गया था तथा जिसने वहाँ अपने क्षेत्र में सफलता प्राप्त की। इससे सिद्ध होता है कि उस देश के लोग, जहाँ तक ऐसी सूचना से सम्बन्ध है, जो उनके मतलब की है अथवा जिससे उनके दैनिक जीवन का ताल्लुक़ है, उससे वे ज़रूर अवगत हैं तथा जानने की इच्छा रखते हैं। राजनीति तथा उस प्रकार की अन्य बातें भारतीय जीवन के अत्यावश्यक विषय कभी नहीं रहे हैं। परन्तु धर्म एवं आध्यात्मिकता ही एक ऐसा मुख्य आधार रहे हैं जिसके ऊपर भारतीय जीवन निर्भर रहा है तथा फला-फूला है और इतना ही नहीं, भविष्य में भी इसे इसीपर निर्भर रहना है।

संसार के राष्ट्रों द्वारा बड़ी समस्याओं का समाधान हो रहा है। भारत ने सदैव एक का पक्ष ग्रहण किया है तथा अन्य समस्त संसार ने दूसरे का पक्ष। वह समस्या यह है कि भविष्य में कौन टिक सकेगा? क्या कारण है कि एक राष्ट्र जीवित रहता है तथा दूसरा नष्ट हो जाता है? जीवनसंग्राम में घृणा टिक सकती है अथवा प्रेम, भोगविलास चिरस्थायी है अथवा त्याग, भौतिकता टिक सकती है या आध्यात्मिकता। हमारी विचारधारा उसी प्रकार की है जैसी हमारे पूर्वजों की अति प्राचीन प्रागैतिहासिक काल में थी। जिस अन्धकारमय प्राचीन काल तक पौराणिक परम्पराएँ भी पहुँच नहीं सकतीं, उसी समय हमारे यशस्वी पूर्वजों ने अपनी समस्या के पक्ष का ग्रहण कर लिया और संसार को चुनौती दे दी। हमारी समस्या को हल करने का रास्ता है वैराग्य, त्याग, निर्भीकता तथा प्रेम। बस ये ही सब टिकने योग्य हैं। जो राष्ट्र इन्द्रियों की आसक्ति का त्याग कर देता है, वही टिक सकता है। और इसका प्रमाण यह है कि आज हमें इतिहास इस बात की गवाही दे रहा है कि प्रायः प्रत्येक सदी में बरसाती मेढकों की तरह नये राष्ट्रों का उत्थान तथा पतन हो रहा है—लगभग शून्य से प्रारम्भ करते हैं, कुछ दिनों तक खुराफ़ात

मचाते हैं और फिर समाप्त हो जाते हैं। परन्तु यह भारत का महान् राष्ट्र जिसको अनेकानेक ऐसे दुर्भाग्यों, ख़तरों तथा उथलपुथल की कठिनतम समस्याओं से उलझना पड़ा है, जैसा कि संसार के किसी अन्य राष्ट्र को करना नहीं पड़ा, आज भी क़ायम है, टिका हुआ है, और इसका कारण है सिर्फ़ वैराग्य तथा त्याग क्योंकि यह स्पष्ट ही है कि बिना त्याग के धर्म रह ही नहीं सकता। इसके विपरीत यूरोप एक दूसरी ही समस्या के सुलझाने में लगा हुआ है। उसकी समस्या यह है कि एक आदमी अधिक से अधिक कितनी सम्पत्ति इकट्ठा कर सकता है; वह कितनी शक्ति जुटा सकता है, भले ही वह ईमानदारी से हो या बेईमानी से, नेकनामी से हो या बदनामी से। क्रूर, निर्दय, हृदयहीन, प्रतिद्वन्द्विता, यही यूरोप का नियम रहा है। पर हमारा नियम रहा है वर्ण-विभाग, प्रतिस्पर्धा का नाश, प्रतिस्पर्धा के बल को रोकना, इसके अत्याचारों को रौंद डालना तथा इस रहस्यमय जीवन में मानव का पथ शुद्ध एवं सरल बना देना।

स्वामी जी का भाषण इस प्रकार हो ही रहा था कि इस अवसर पर जनता की ऐसी भीड़ उमड़ी कि उनका भाषण सुनना कठिन हो गया। इसलिए स्वामी जी ने यह कहकर ही संक्षेप में अपना भाषण समाप्त कर दिया।

मित्रो, मैं तुम्हारा जोश देखकर बहुत प्रसन्न हूँ, यह परम प्रशंसनीय है। यह मत सोचना कि मैं तुम्हारे इस भाव को देखकर नाराज़ हूँ, बल्कि मैं तो खुश हूँ, बहुत खुश हूँ—बस ऐसा ही अदम्य उत्साह चाहिए, ऐसा ही जोश हो। सिर्फ़ इतना ही है कि इसे चिरस्थायी रखना—इसे बनाये रखना। इस आग को बुझ मत जाने देना। हमें भारत में बहुत बड़े बड़े कार्य करने हैं। उसके लिए मुझे तुम्हारी सहायता की आवश्यकता है। ठीक है, ऐसा ही जोश चाहिए। अच्छा, अब इस सभा को जारी रखना असम्भव प्रतीत होता है। तुम्हारे सदय व्यवहार तथा जोशीले स्वागत के लिए मैं तुम्हें अनेक धन्यवाद देता हूँ। किसी दूसरे मौक़े पर शान्ति में हम-तुम फिर कुछ और बातचीत तथा भावविनिमय करेंगे—मित्रो, अभी के लिए नमस्ते।

चूँकि तुम लोगों की भीड़ चारों ओर है और चारों ओर घूमकर व्याख्यान देना असम्भव है, इसलिए इस समय तुम लोग केवल मुझे देखकर ही संतुष्ट हो जाओ। अपना विस्तृत व्याख्यान मैं फिर किसी दूसरे अवसर पर दूँगा। तुम्हारे उत्साहपूर्ण स्वागत के लिए पुनः धन्यवाद।

मेरी क्रान्तिकारी योजना

[मद्रास के विक्टोरिया हॉल में दिया गया भाषण]

उस दिन अधिक भीड़ के कारण मैं व्याख्यान समाप्त नहीं कर सका था, अतएव मद्रास निवासी मेरे प्रति जो निरन्तर सदय व्यवहार करते आये हैं, उसके लिए आज मैं उन्हें अनेकानेक धन्यवाद देता हूँ। मैं यह नहीं जानता कि अभिनन्दन-पत्रों में मेरे लिए जो सुन्दर सुन्दर विशेषण प्रयुक्त हुए हैं, उनके लिए मैं किस प्रकार अपनी कृतज्ञता प्रकट करूँ। मैं प्रभु से इतनी ही प्रार्थना करता हूँ कि वे मुझे इन कृपापूर्ण तथा उदार प्रशंसाओं के योग्य बना दें और इस योग्य भी कि मैं अपना सारा जीवन अपने धर्म और मातृभूमि की सेवा में अर्पण कर सकूँ; प्रभु मुझे इनके योग्य बनाये।

मैं समझता हूँ कि मुझमें अनेक दोषों के होते हुए भी थोड़ा साहस है। मैं भारत से पाश्चात्य देशों में कुछ सन्देश ले गया था, और उसे मैंने निर्भीकता से अमेरिका और इंग्लैण्डवासियों के सामने प्रकट किया। आज का विषय आरम्भ करने के पूर्व मैं साहसपूर्वक दो शब्द तुम लोगों से कहना चाहता हूँ। कुछ दिनों से मेरे चारों ओर कुछ ऐसी परिस्थितियाँ उपस्थित हो रही हैं, जो मेरे कार्य की उन्नति में विशेष रूप से विघ्न डालने की चेष्टा कर रही हैं; यहाँ तक कि, यदि सम्भव हो सके, तो वे मुझे एकबारगी कुचल कर मेरा अस्तित्व ही नष्ट कर डालें। पर ईश्वर को धन्यवाद कि ये सारी चेष्टाएँ विफल हो गयी हैं, और इस प्रकार की चेष्टाएँ सदैव विफल ही सिद्ध होती हैं। मैं गत तीन वर्षों से देख रहा हूँ, कुछ लोग मेरे एवं मेरे कार्यों के सम्बन्ध में कुछ भ्रान्त धारणाएँ बनाये हुए हैं। जब तक मैं विदेश में था, मैं चुप रहा; मैं एक शब्द भी नहीं बोला। पर आज मैं अपने देश की भूमि पर खड़ा हूँ, मैं स्पष्टीकरण के रूप में कुछ शब्द कहना चाहता हूँ। इन शब्दों का क्या फल होगा, अथवा ये शब्द तुम लोगों के हृदय में किन किन भावों का उद्रेक करेंगे, इसकी मैं परवाह नहीं करता। मुझे बहुत कम चिन्ता है; क्योंकि मैं वही संन्यासी हूँ, जिसने लगभग चार वर्ष पहले अपने दंड और कमंडल के साथ तुम्हारे नगर में प्रवेश किया था, और वही सारी दुनिया इस समय भी मेरे सामने पड़ी है।

बिना और अधिक भूमिका के मैं अब अपने विषय को आरम्भ करता हूँ। सबसे पहले मुझे थियोसॉफ़िकल सोसायटी के सम्बन्ध में कुछ कहना है। यह कहने की आवश्यकता नहीं कि उक्त सोसायटी से भारत का कुछ भला हुआ है और इसके लिए प्रत्येक हिन्दू उक्त सोसायटी और विशेषकर श्रीमती बेसेंट का कृतज्ञ है। यद्यपि मैं श्रीमती बेसेंट के सम्बन्ध में बहुत कम ही जानता हूँ, पर जो कुछ भी मुझे उनके बारे में मालूम है, उसके आधार पर मेरी यह धारणा है कि वे हमारी मातृभूमि की सच्ची हितचिन्तक हैं और यथाशक्ति उसकी उन्नति की चेष्टा कर रही हैं, इसलिए वे प्रत्येक सच्ची भारत-सन्तान की विशेष कृतज्ञता की अधिकारिणी हैं। प्रभु उन पर तथा उनसे सम्बन्धित सब पर आशीर्वाद की वर्षा करें! परन्तु यह एक बात है, और थियोसॉफ़िकल सोसायटी में सम्मिलित होना एक दूसरी बात। भक्ति, श्रद्धा और प्रेम एक बात है, और कोई मनुष्य जो कुछ कहे, उसे बिना विचारे, बिना तर्क किये, बिना उसका विश्लेषण किये निगल जाना सर्वथा दूसरी बात। एक अफ़वाह चारों ओर फैल रही है और वह यह कि अमेरिका और इंग्लैण्ड में जो कुछ काम मैंने किया है, उसमें थियोसॉफ़िस्टों ने मेरी सहायता की है। मैं तुम लोगों को स्पष्ट शब्दों में बता देना चाहता हूँ कि इसका प्रत्येक शब्द ग़लत है, प्रत्येक शब्द झूठ है। हम लोग इस जगत् में उदार भावों एवं भिन्न मतवालों के प्रति सहानभूति के सम्बन्ध में बड़ी लम्बी-चौड़ी बातें सुना करते हैं। यह है तो बहुत अच्छी बात, पर कार्यतः हम देखते हैं कि जब कोई मनुष्य किसी दूसरे मनुष्य की सब बातों में विश्वास करता है, केवल तभी तक वह उससे सहानुभूति पाता है; पर ज्यों ही वह किसी विषय में उससे भिन्न विचार रखने का साहस करता है, त्यों ही वह सहानभूति ग़ायब हो जाती है, वह प्रेम खत्म हो जाता है। फिर, कुछ ऐसे भी लोग हैं, जिनका अपना अपना स्वार्थ रहता है। और यदि किसी देश में ऐसी कोई बात हो जाय, जिससे उनके स्वार्थ में कुछ धक्का लगता हो, तो उनके हृदय में इतनी ईर्ष्या और घृणा उत्पन्न हो जाती है कि वे उस समय क्या कर डालेंगे, कुछ कहा नहीं जा सकता। यदि हिन्दू अपने घरों को साफ़ करने की चेष्टा करते हों, तो इससे ईसाई मिशनरियों का क्या बिगड़ता है? यदि हिन्दू प्राणपण से अपना सुधार करने का प्रयत्न करते हों, तो इसमें ब्राह्मसमाज और अन्यान्य सुधारसंस्थाओं का क्या जाता है? ये लोग हिन्दुओं के सुधार के विरोध में क्यों खड़े हों? ये लोग इस आन्दोलन के प्रबलतम शत्रु क्यों हों? क्यों?— यही मेरा प्रश्न है। मेरी समझ में तो उनकी घृणा और ईर्ष्या की मात्रा इतनी अधिक है कि इस विषय में उनसे किसी प्रकार का प्रश्न करना भी सर्वथा निरर्थक है।

आज से चार वर्ष पहले जब मैं अमेरिका जा रहा था—सात समुद्र पार, बिना किसी परिचय-पत्र के, बिना किसी जान-पहचान के, एक धनहीन, मित्रहीन, अज्ञात संन्यासी के रूप में—तब मैंने थियोसॉफ़िकल सोसायटी के नेता से भेंट की। स्वभावतः मैंने सोचा था कि जब ये अमेरिकावासी हैं और भारत-भक्त हैं, तो सम्भवतः अमेरिका के किसी सज्जन के नाम मुझे एक परिचय-पत्र दे देंगे। किन्तु जब मैंने उनके पास जाकर इस प्रकार के परिचय-पत्र के लिए प्रार्थना की, तो उन्होंने पूछा, "क्या आप हमारी सोसायटी के सदस्य बनेंगे?" मैंने उत्तर दिया, "नहीं, मैं किस प्रकार आपकी सोसायटी का सदस्य हो सकता हूँ? मैं तो आपके अधिकांश सिद्धान्तों पर विश्वास नहीं करता।" उन्होंने कहा, "तब मुझे खेद है, मैं आपके लिए कुछ भी नहीं कर सकता।" क्या यही मेरे लिए रास्ता बना देना था? जो हो, मैं अपने कतिपय मद्रासी मित्रों की सहायता से अमेरिका गया। उन मित्रों में से अनेक यहाँ पर उपस्थित हैं, केवल एक ही अनुपस्थित हैं, न्यायाधीश सुब्रह्मण्य अय्यर जिनके प्रति अपनी परम कृतज्ञता प्रकट करना शेष है। उनमें प्रतिभाशाली पुरुष की अन्तर्दृष्टि विद्यमान है। इस जीवन में मेरे सच्चे मित्रों में से वे एक हैं, वे भारत-माता के सच्चे सपूत हैं। अस्तु, धर्म-महासभा के कई मास पूर्व ही मैं अमेरिका पहुँच गया। मेरे पास रुपये बहुत कम थे, और वे शीघ्र ही समाप्त हो गये। इधर जाड़ा भी आ गया, और मेरे पास थे सिर्फ़ गरमी के कपड़े। उस घोर शीतप्रधान देश में मैं आखिर क्या करूँ, यह कुछ सूझता न था। यदि मैं मार्ग में भीख माँगने लगता, तो परिणाम यही होता कि मैं जेल भेज दिया जाता। उस समय मेरे पास केवल कुछ ही डालर बचे थे। मैंने अपने मद्रासवासी मित्रों के पास तार भेजा। यह बात थियोसॉफ़िस्टों को मालूम हो गयी और उनमें से एक ने लिखा, 'अब शैतान शीघ्र ही मर जायगा; ईश्वर की कृपा से अच्छा ही हुआ। बला टली!' तो क्या यही मेरे लिए रास्ता बना देना था? मैं ये बातें इस समय कहना नहीं चाहता था, किन्तु मेरे देशवासी यह सब जानने के इच्छुक थे, अतः कहनी पड़ी। गत तीन वर्षों तक इस सम्बन्ध में एक शब्द भी मैंने मुँह से नहीं निकाला। चुपचाप रहना ही मेरा मूलमंत्र रहा, किन्तु आज ये बातें मुँह से निकल पड़ीं। पर बात यहीं पर पूरी नहीं हो जाती। मैंने धर्म-महासभा में कई थियोसॉफ़िस्टों को देखा। मैंने उनसे बातचीत करने और मिलने-जुलने की चेष्टा की। उन लोगों ने जिस अवज्ञा भरी दृष्टि से मेरी ओर देखा, वह आज भी मेरी नज़रों पर नाच रही है—मानो वह कह रही थी, "यह कहाँ का क्षुद्र कीड़ा, यहाँ देवताओं के बीच आ गया?" मैं पूछता हूँ, क्या यही मेरे लिए रास्ता बना देना था? हाँ, तो धर्म-महासभा में मेरा बहुत नाम तथा यश हो गया, और तब से मेरे ऊपर अत्यधिक कार्य भार आ गया। पर प्रत्येक स्थान

पर इन लोगों ने मुझे दबाने की चेष्टा की। थियोसॉफ़िकल सोसायटी के सदस्यों को मेरे व्याख्यान सुनने की मनाही कर दी गयी। यदि वे मेरी वक्तृता सुनने आते, तो वे सोसायटी की सहानुभूति खो देते; क्योंकि इस सोसायटी के गुप्त (एसोटेरिक) विभाग का यह नियम ही है कि जो मनुष्य उक्त विभाग का सदस्य होता है, उसे केवल कुथमी और मोरिया (वे जो भी हों) के पास से ही शिक्षा ग्रहण करनी पड़ती है—अवश्य इनके दृश्य प्रतिनिधि, मिस्टर जज और मिसेज़ बेसेन्ट से। अतः उक्त विभाग के सदस्य होने का अर्थ यह है कि मनुष्य अपना स्वाधीन विचार बिल्कुल छोड़कर पूर्ण रूप से इन लोगों के हाथ में आत्मसमर्पण कर दे। निश्चय ही मैं ये सब बातें नहीं कर सकता था, और जो मनुष्य ऐसा करे, उसे मैं हिन्दू कह भी नहीं सकता। मेरे हृदय में स्वर्गीय मिस्टर जज के लिए बड़ी श्रद्धा है। वे गुणवान, उदार, सरल और थियोसॉफ़िस्टों के योग्यतम प्रतिनिधि थे। उनमें और श्रीमती बेसेन्ट में जो विरोध हुआ था, उसके सम्बन्ध में कुछ भी राय देने का मुझे अधिकार नहीं है, क्योंकि दोनों ही अपने अपने 'महातमा' की सत्यता का दावा करते हैं। और यहाँ आश्चर्य की बात तो यह है कि दोनों एक ही 'महात्मा' का दावा करते हैं। ईश्वर जानें, सत्य क्या है,—वे ही एकमात्र निर्णायक हैं। और जब दोनों पक्षों में प्रमाण की मात्रा बराबर है, तब ऐसी अवस्था में किसी भी पक्ष में अपनी राय प्रकट करने का किसी को अधिकार नहीं।

हाँ, तो इस प्रकार उन लोगों ने समस्त अमेरिका में मेरे लिए मार्ग प्रशस्त किया! पर वे यहीं पर नहीं रुके, वे दूसरे विरोधी पक्ष—ईसाई मिशनरियों—से जा मिले। इन ईसाई मिशनरियों ने मेरे विरुद्ध ऐसे ऐसे भयानक झूठ गढ़े, जिनकी कल्पना तक नहीं की जा सकती। यद्यपि मैं उस परदेश में अकेला और मित्रहीन था, तथापि उन्होंने प्रत्येक स्थान में मेरे चरित्र पर दोषारोपण किया। उन्होंने मुझे प्रत्येक मकान से बाहर निकाल देने की चेष्टा की, और जो भी मेरा मित्र बनता, उसे मेरा शत्रु बनाने का प्रयत्न किया। उन्होंने मुझे भूखों मार डालने की कोशिश की; और यह कहते मुझे दुःख होता है कि इस काम में मेरे एक भारतवासी भाई का भी हाथ था। वे भारत में एक सुधारक दल के नेता हैं। ये सज्जन प्रतिदिन घोषित करते हैं कि 'ईसा भारत में आये हैं।' तो क्या इसी प्रकार ईसा भारत में आयेंगे? क्या इसी प्रकार भारत का सुधार होगा? इन सज्जन को मैं अपने बचपन से ही जानता था, ये मेरे परम मित्र भी थे। जब मैं उनसे मिला, तो बड़ा ही प्रसन्न हुआ, क्योंकि मैंने बहुत दिनों से अपने किसी देशभाई को नहीं देखा था। पर उन्होंने मेरे प्रति ऐसा व्यवहार किया! जिस दिन धर्म-महासभा ने मुझे सम्मानित किया, जिस दिन शिकागो में मैं लोकप्रिय हो गया, उसी दिन से

उनका स्वर बदल गया और छिपे छिपे मुझे हानि पहुँचाने में उन्होंने कोई कसर उठा नहीं रखी। मैं पूछता हूँ, क्या इसी तरह ईसा भारतवर्ष में आयेंगे? क्या बीस वर्ष ईसा की उपासना कर उन्होंने यही शिक्षा पाई है? हमारे ये बड़े बड़े सुधारकगण कहते हैं कि ईसाई धर्म और ईसाई लोग भारतवासियों को उन्नत बनायेंगे। तो क्या वह इसी प्रकार होगा? यदि उक्त सज्जन को इसका एक उदाहरण लिया जाय, तो निस्सन्देह स्थिति कोई आशाजनक प्रतीत नहीं होती।

एक बात और। मैंने समाज-सुधारकों के मुखपत्र में पढ़ा था कि मैं शूद्र हूँ, और मुझसे पूछा गया था कि एक शूद्र को संन्यासी होने का क्या अधिकार है? तो इसपर मेरा उत्तर यह है कि मैं उन महापुरुष का वंशधर हूँ, जिनके चरणकमलों पर प्रत्येक ब्राह्मण 'यमाय धर्मराजाय चित्रगुप्ताय वै नमः', उच्चारण करते हुए पुष्पांजलि प्रदान करता है और जिनके वंशज विशुद्ध क्षत्रिय हैं। यदि अपने पुराणों पर विश्वास हो, तो इन समाज-सुधारकों को जान लेना चाहिए कि मेरी जाति ने पुराने ज़माने में अन्य सेवाओं के अतिरिक्त, कई शताब्दियों तक आधे भारतवर्ष का शासन किया था। यदि मेरी जाति की गणना छोड़ दी जाय, तो भारत की वर्तमान सभ्यता का क्या शेष रहेगा? अकेले बंगाल में ही, मेरी जाति में सबसे बड़े दार्शनिक, सबसे बड़े कवि, सबसे बड़े इतिहासज्ञ, सबसे बड़े पुरातत्त्ववेत्ता और सबसे बड़े धर्मप्रचारक उत्पन्न हुए हैं। मेरी ही जाति ने वर्तमान समय के सबसे बड़े वैज्ञानिकों से भारतवर्ष को विभूषित किया है। इन निन्दकों को थोड़ा अपने देश के इतिहास का तो ज्ञान प्राप्त करना था; ब्राह्मण, क्षत्रिय, तथा वैश्य इन तीनों वर्णों के सम्बन्ध में ज़रा अध्ययन तो करना था; ज़रा यह तो जानना था कि तीनों ही वर्णों को संन्यासी होने और वेद के अध्ययन करने का समान अधिकार है। ये बातें मैंने यों ही प्रसंगवश कह दीं। वे जो मुझे शूद्र कहते हैं, इसकी मुझे तनिक भी पीड़ा नहीं। मेरे पूर्वजों ने ग़रीबों पर जो अत्याचार किया था, इससे उसका कुछ परिशोध हो जायगा। यदि मैं पैरिया (नीच चाण्डाल) होता, तो मुझे और भी आनन्द आता, क्योंकि मैं उन महापुरुष का शिष्य हूँ, जिन्होंने सर्वश्रेष्ठ ब्राह्मण होते हुए भी एक पैरिया (चाण्डाल) के घर को साफ़ करने की अपनी इच्छा प्रकट की थी। अवश्य वह इस पर सहमत हुआ नहीं—और भला होता भी कैसे? एक तो ब्राह्मण, फिर उस पर संन्यासी, वे आकर घर साफ़ करेंगे, इस पर क्या वह कभी राज़ी हो सकता था? निदान, एक दिन आधी रात को उठकर गुप्त रूप से उन्होंने उस पैरिया के घर में प्रवेश किया और उसका पाखाना साफ़ कर दिया, उन्होंने अपने लम्बे लम्बे बालों से उस स्थान को पोंछ डाला। और यह काम वे लगातार कई दिनों तक करते रहे, ताकि वे अपने को

सबका दास बना सकें। मैं उन्हीं महापुरुष के श्री चरणों को अपने मस्तक पर धारण किये हूँ। वे ही मेरे आदर्श हैं—मैं उन्हीं आदर्श पुरुष के जीवन का अनुकरण करने की चेष्टा करूँगा। सबका सेवक बनकर ही एक हिन्दू अपने को उन्नत करने की चेष्टा करता है। उसे इसी प्रकार, न कि विदेशी प्रभाव की सहायता से, सर्वसाधारण को उन्नत करना चाहिए। बीस वर्ष की पश्चिमी सभ्यता मेरे मन में उस मनुष्य का दृष्टान्त उपस्थित कर देती है, जो विदेश में अपने मित्र को भूखा मार डालना चाहता है। क्यों?—केवल इसीलिए कि उसका मित्र लोकप्रिय हो गया है और उसके विचार में वह मित्र उसके धनोपार्जन में बाधक होता है। और असल, सनातन हिन्दू धर्म के उदाहरणस्वरूप हैं ये दूसरे व्यक्ति, जिनके सम्बन्ध में मैंने अभी कहा है। इससे विदित हो जायगा कि सच्चा हिन्दू धर्म किस प्रकार कार्य करता है। हमारे इन सुधारकों में से एक भी, ऐसा जीवन गठन करके दिखाये तो सही जो एक पैरिया की भी सेवा के लिए तत्पर हो। फिर तो मैं उसके चरणों के समीप बैठकर शिक्षा ग्रहण करूँ, पर हाँ, उसके पहले नहीं। लम्बी-चौड़ी बातों की अपेक्षा थोड़ा कुछ कर दिखाना लाख गुना अच्छा है।

अब मैं मद्रास की समाज-सुधारक समितियों के बारे में कुछ कहूँगा। उन्होंने मेरे साथ बड़ा सदय व्यवहार किया है। उन्होंने मेरे लिए अनेक मधुर शब्दों का प्रयोग किया है और मुझे बताया है कि मद्रास और बंगाल के समाज-सुधारकों में बड़ा अन्तर है। मैं उनसे इस बात में सहमत हूँ। मैंने अक्सर तुम लोगों से कहा है, और यह तुम लोगों में से बहुतों को याद भी होगा कि मद्रास इस समय बड़ी अच्छी अवस्था में है। बंगाल में जैसी क्रिया-प्रतिक्रिया चल रही है, वैसी मद्रास में नहीं है। यहाँ पर धीरे धीरे स्थायी रूप से सब विषयों में उन्नति हो रही है; यहाँ पर समाज का क्रमशः विकास हो रहा है, किसी प्रकार की प्रतिक्रिया नहीं। बंगाल में कहीं कहीं कुछ कुछ पुनरुत्थान हुआ है, पर मद्रास में यह पुनरुत्थान नहीं है, यह है समाज की स्वाभाविक उन्नति। अतएव दोनों प्रदेशों के निवासियों की विभिन्नता के सम्बन्ध में समाज-सुधारक जो कुछ कहते हैं, उनसे मैं सर्वथा सहमत हूँ। परन्तु एक विभिन्नता और है, जिसे वे नहीं समझते। इन संस्थाओं में से कुछ मुझे डराकर अपना सदस्य बनाना चाहती हैं। ये लोग ऐसा करें, यह एक आश्चर्यजनक बात है। जो मनुष्य अपने जीवन के चौदह वर्षों तक लगातार फ़ाक़ाकशी का मुक़ाबला करता रहा हो, जिसे यह भी न मालूम रहा हो कि दूसरे दिन का भोजन कहाँ से आयेगा, सोने के लिए स्थान कहाँ मिलेगा, वह इतनी सरलता से धमकाया नहीं जा सकता। जो मनुष्य बिना कपड़ों के और बिना यह जाने कि दूसरे समय भोजन कहाँ से मिलेगा, उस स्थान पर रहा हो, जहाँ का तापमान शून्य से भी तीस

डिग्री कम हो, वह भारत में इतनी सरलता से नहीं डराया जा सकता। यही पहली बात है, जो मैं उनसे कहूँगा—मुझमें अपनी थोड़ी दृढ़ता है, मेरा थोड़ा निज का अनुभव भी है और मेरे पास संसार के लिए एक सन्देश है, जो मैं बिना किसी डर के, बिना भविष्य की चिन्ता किये सब को दूँगा। सुधारकों से मैं कहूँगा कि मैं स्वयं उनसे कहीं बढ़ कर सुधारक हूँ। वे लोग केवल इधर-उधर थोड़ा सुधार करना चाहते हैं। और मैं चाहता हूँ आमूल सुधार । हम लोगों का मतभेद है केवल सुधार की प्रणाली में। उनकी प्रणाली विनाशात्मक है, और मेरी संघटनात्मक। मैं सुधार में विश्वास नहीं करता, मैं विश्वास करता हूँ स्वाभाविक उन्नति में। मैं अपने को ईश्वर के स्थान पर प्रतिष्ठित कर अपने समाज के लोगों के सिर पर यह उपदेश मढ़ने का साहस नहीं कर सकता कि 'तुम्हें इसी भाँति चलना होगा, दूसरी तरह नहीं।' मैं तो सिर्फ़ उस गिलहरी की भाँति होना चाहता हूँ, जो राम के सेतु बाँधने के समय अपने योगदानस्वरूप थोड़ा बालू लाकर सन्तुष्ट हो गयी थी। यही मेरा भाव है। यह अद्‌भुत राष्ट्र-जीवनरूपी यंत्र युग युग से कार्य करता आ रहा है, राष्ट्रीय जीवन का यह अद्‌भुत प्रवाह हम लोगों के सम्मुख बह रहा है। कौन जानता है, कौन साहसपूर्वक कह सकता है कि यह अच्छा है या बुरा, और यह किस प्रकार चलेगा? हजारों घटनाचक्र उसके चारों ओर उपस्थित होकर उसे एक विशिष्ट प्रकार की स्फूर्ति देकर कभी उसकी गति को मन्द और कभी उसे तीव्र कर देते हैं। उसके वेग को नियमित करने का कौन साहस कर सकता है? हमारा काम तो फल की ओर दृष्टि न रख केवल काम करते जाना है, जैसा कि गीता में कहा है। राष्ट्रीय जीवन को जिस इंधन की ज़रूरत है, देते जाओ, बस वह अपने ढंग से उन्नति करता जायगा; कोई उसकी उन्नति का मार्ग निर्दिष्ट नहीं कर सकता। हमारे समाज में बहुत सी बुराइयाँ हैं, पर इस तरह बुराइयाँ तो दूसरे समाजों में भी हैं। यहाँ की भूमि विधवाओं के आँसू से कभी कभी तर होती है, तो पाश्चात्य देश का वायुमण्डल अविवाहित स्त्रियों की आहों से भरा रहता है। यहाँ का जीवन ग़रीबी की चपेटों से जर्जरित है, तो वहाँ पर लोग विलासिता के विष से जीवन्मृत हो रहे हैं। यहाँ पर लोग इसलिए आत्महत्या करना चाहते हैं कि उनके पास खाने को कुछ नहीं है, तो वहाँ खाद्यान्न (भोग) की प्रचुरता के कारण लोग आत्महत्या करते हैं। बुराइयाँ सभी जगह हैं, यह तो पुराने वात-रोग की तरह है। यदि उसे पैर से हटाओ, तो वह सिर में चला जाता है। वहाँ से हटाने पर वह दूसरी जगह भाग जाता है। बस उसे केवल एक जगह से दूसरी जगह ही भगा सकते हैं। ऐ बच्चो, बुराइयों के निराकरण की चेष्टा करना ही सही उपाय नहीं है। हमारे दर्शनशास्त्रों में लिखा

कि अच्छे और बुरे का नित्य सम्बन्ध है। वे एक ही सिक्के के दो पहलू हैं। यदि म्हारे पास एक है, तो दूसरा अवश्य रहेगा। जब समुद्र में एक स्थान पर लहर ठती है तो दूसरे स्थान पर गड्ढा होना अनिवार्य है। इतना ही नहीं, सारा ोवन ही दोषयुक्त है। बिना किसी की हत्या किये एक साँस तक नहीं ली जा कती, बिना किसी का भोजन छीने हम एक कौर भी नहीं खा सकते। यही कृति का नियम है, यही दार्शनिक सिद्धान्त है।

इसलिए हमें केवल यह समझ लेना होगा कि सामाजिक दोषों के निराकरण ा कार्य उतना वस्तुनिष्ठ नहीं है, जितना आत्मनिष्ठ। हम कितनी भी लम्बी ौड़ी डींग क्यों न हाँकें समाज के दोषों को दूर करने का कार्य जितना स्वयं के लिए शक्षात्मक है, उतना समाज के लिए वास्तविक नहीं। समाज के दोष दूर करने के सम्बन्ध में सबसे पहले इस तत्त्व को समझ लेना होगा, और इसे समझकर अपने मन को शान्त करना होगा, अपने खून की चढ़ती गरमी को रोकना होगा, अपनी उत्तेजना को दूर करना होगा। संसार का इतिहास भी हमें यह बताता है कि जहाँ कहीं इस प्रकार की उत्तेजना से समाज के सुधार करने का प्रयत्न हुआ है, वहाँ केवल यही फल हुआ कि जिस उद्देश्य से वह किया गया था, उस उद्देश्य को ही उसने विफल कर दिया। दासत्व को नष्ट कर देने के लिए अमेरिका में जो लड़ाई ठनी थी, उसकी अपेक्षा, अधिकार और स्वतंत्रता की स्थापना के लिए किसी बड़े सामाजिक आन्दोलन की कल्पना ही नहीं की जा सकती। तुम सभी लोग उसे जानते हो। पर उसका फल क्या हुआ? यही कि आजकल के दास इस युद्ध के पूर्व के दासों की अपेक्षा सौगुनी अधिक बुरी दशा को पहुँच गये। इस युद्ध के पूर्व ये बेचारे नीग्रो कम से कम किसी की सम्पत्ति तो थे, और सम्पत्ति होने के नाते इनकी देखभाल की जाती थी कि ये कहीं दुर्बल और बेकाम न हो जायँ। पर आज तो ये किसी की सम्पत्ति नहीं हैं, इनके जीवन का कुछ भी मूल्य नहीं है। माम़ूली बातों के लिए ये जीते जी जला दिये जाते हैं, गोली से उड़ा दिये जाते हैं, और इनके हत्यारों पर कोई क़ानून ही लागू नहीं होता। क्यों? इसीलिए कि ये 'निगर' हैं, मानो ये मनुष्य तो क्या पशु भी नहीं हैं! समाज के दोषों को प्रबल उत्तेजनापूर्ण आन्दोलन द्वारा अथवा क़ानून के बल पर सहसा हटा देने का यही परिणाम होता है। इतिहास इस बात का साक्षी है—इस प्रकार का आन्दोलन चाहे किसी भले उद्देश्य से ही क्यों न किया गया हो। यह मेरा प्रत्यक्ष अनुभव है। प्रत्यक्ष अनुभव से ही मैंने यह सीखा है। यही कारण है कि मैं केवल दोष ही देखनेवाली इन संस्थाओं का सदस्य नहीं हो सकता। दोषारोपण अथवा निन्दा करने की भला आवश्यकता क्या? ऐसा कौन सा समाज है, जिसमें दोष न हों? सभी

समाज में तो दोष हैं। यह तो सभी कोई जानते हैं। आज का एक बच्चा भी इसे जानता है; वह भी सभामंच पर खड़ा होकर हमारे सामने हिन्दू धर्म की भयानक बुराइयों पर एक लम्बा भाषण दे सकता है। जो भी अशिक्षित विदेशी पृथ्वी की प्रदक्षिणा करता हुआ भारत में पहुँचता है, वह रेल पर से भारत को उड़ती नज़र से देख भर लेता है, और बस, फिर भारत की भयानक बुराइयों पर बड़ा सारगर्भित व्याख्यान देने लगता है! हम जानते हैं कि यहाँ बुराइयाँ हैं पर बुराई तो हर कोई दिखा सकता है। मानव समाज का सच्चा हितैषी तो वह है जो इन कठिनाइयों से बाहर निकलने का उपाय बताये। यह तो इस प्रकार है कि कोई एक दार्शनिक एक डूबते हुए लड़के को गम्भीर भाव से उपदेश दे रहा था तो लड़के ने कहा, "पहले मुझे पानी से बाहर निकालिये, फिर उपदेश दीजिये।" बस ठीक इसी तरह भारतवासी भी कहते हैं, "हम लोगों ने बहुत व्याख्यान सुन लिये, बहुत सी संस्थाएँ देख लीं, बहुत से पत्र पढ़ लिये, अब तो ऐसा मनुष्य चाहिए, जो अपने हाथ का सहारा दे, हमें इन दुःखों के बाहर निकाल दे। कहाँ है वह मनुष्य जो हमसे वास्तविक प्रेम करता है, जो हमारे प्रति सच्ची सहानुभूति रखता है?" बस उसी आदमी की हमें ज़रूरत है। यहीं पर मेरा इन समाज-सुधारक आन्दोलनों से सर्वथा मतभेद है। आज सौ वर्ष हो गये ये आन्दोलन चल रहे हैं, पर सिवाय निन्दा और विद्वेषपूर्ण साहित्य की रचना के इनसे और क्या लाभ हुआ है? ईश्वर करता, यहाँ ऐसा न होता। इन्होंने पुराने समाज की कठोर आलोचना की है, उस पर तीव्र दोषारोपण किया है, उसकी कटु निन्दा की है, और अन्त में पुराने समाज ने भी इनके समान स्वर उठाकर ईंट का जवाब ईंट से दिया है। इसके फलस्वरूप प्रत्येक भारतीय भाषा में ऐसे साहित्य की रचना हो गयी है, जो जाति के लिए, देश के लिए कलंकस्वरूप है। क्या यही सुधार है? क्या इसी तरह देश गौरव के पथ पर बढ़ेगा? यह दोष है किसका?

इसके बाद एक और महत्त्वपूर्ण विषय पर हमें विचार करना है। भारतवर्ष में हमारा शासन सदैव राजाओं द्वारा हुआ है, राजाओं ने ही हमारे सब क़ानून बनाये हैं। अब वे राजा नहीं है, और इस विषय में अग्रसर होने के लिए हमें मार्ग दिखलानेवाला अब कोई नहीं रहा। सरकार साहस नहीं करती। वह तो जनमत की गति देखकर ही अपनी कार्य-प्रणाली निश्चित करती है। अपनी समस्याओं को हल कर लेनेवाला एक कल्याणकारी और प्रबल लोकमत स्थापित करने में समय लगता है—काफ़ी लम्बा समय लगता है, और इस बीच हमें प्रतीक्षा करनी होगी। अतएव सामाजिक सुधार की सम्पूर्ण समस्या यह रूप लेती है : कहाँ हैं वे लोग, जो सुधार चाहते हैं? पहले उन्हें तैयार करो। सुधार चाहने-

ाले लोग हैं कहाँ? कुछ थोड़े से लोग किसी बात को उचित समझते हैं और बस उसे अन्य सब पर ज़बरदस्ती लादना चाहते हैं। इन अल्पसंख्य व्यक्तियों के अत्याचार के समान दुनिया में और कोई अत्याचार नहीं। मुट्ठी भर लोग, जो सोचते हैं कि कतिपय बातें दोषपूर्ण हैं, राष्ट्र को गतिशील नहीं कर सकते। राष्ट्र में आज प्रगति क्यों नहीं है? क्यों वह जड़भावापन्न है? पहले राष्ट्र को शिक्षित करो, अपनी निजी विधायक संस्थाएँ बनाओ, फिर तो क़ानून आप ही आ जायँगे। जिस शक्ति के बल से, जिसके अनुमोदन से क़ानून का गठन होगा, पहले उसकी सृष्टि करो। आज राजा नहीं रहे; जिस नयी शक्ति से, जिस नये दल की सम्मति से नयी व्यवस्था गठित होगी, वह लोक-शक्ति कहाँ है? पहले उसी लोक-शक्ति को संगठित करो। अतएव समाज-सुधार के लिए भी प्रथम कर्तव्य है—लोगों को शिक्षित करना। और जब तक यह कार्य सम्पन्न नहीं होता, तब तक प्रतीक्षा करनी ही पड़ेगी।

गत शताब्दी में सुधार के लिए जो भी आन्दोलन हुए हैं, उनमें से अधिकांश केवल ऊपरी दिखावा मात्र रहे हैं। उनमें से प्रत्येक ने केवल प्रथम दो वर्णों से ही सम्बन्ध रखा है, शेष दो से नहीं। विधवा-विवाह के प्रश्न से ७० प्रतिशत भारतीय स्त्रियों का कोई सम्बन्ध नहीं है। और देखो, मेरी बात पर ध्यान दो, इस प्रकार के सब आन्दोलनों का सम्बन्ध भारत के केवल उच्च वर्णों से ही रहा है, जो जनसाधारण का तिरस्कार करके स्वयं शिक्षित हुए हैं। इन लोगों ने अपने अपने घर को साफ़ करने एवं अंग्रेज़ों के सम्मुख अपने को सुन्दर दिखाने में कोई कसर बाक़ी नहीं रखी। पर यह तो सुधार नहीं कहा जा सकता। सुधार करने में हमें चीज़ के भीतर, उसकी जड़ तक पहुँचाना होता है। इसीको मैं आमूल सुधार कहता हूँ। आग जड़ में लगाओ और उसे क्रमशः ऊपर उठने दो एवं एक अखंड भारतीय राष्ट्र संगठित करो।

पर यह एक बड़ी भारी समस्या है, और इसका समाधान भी कोई सरल नहीं है। अतएव शीघ्रता करने की आवश्यकता नहीं। यह समस्या तो गत कई शताब्दियों से हमारे देश के महापुरुषों को ज्ञात थी।

आजकल, विशेषतः दक्षिण में, बौद्ध धर्म और उसके अज्ञेयवाद की आलोचना करने की एक प्रथा सी चल पड़ी है। यह उन्हें स्वप्न में भी ध्यान नहीं आता कि जो विशेष दोष आजकल हमारे समाज में वर्तमान हैं, वे सब बौद्ध धर्म द्वारा ही छोड़े गये हैं। बौद्ध धर्म ने हमारे लिए यही वसीयत छोड़ी है। जिन लोगों ने बौद्ध धर्म की उन्नति और अवनति का इतिहास कभी नहीं पढ़ा, उनके द्वारा लिखी गयी पुस्तकों में हम पढ़ते हैं कि बौद्ध धर्म के इतने विस्तार का कारण था—गौतम

बुद्ध द्वारा प्रचारित अपूर्व आचार-शास्त्र और उनका लोकोत्तर चरित्र। भगवान् बुद्धदेव के प्रति मेरी यथेष्ट श्रद्धा-भक्ति है। पर मेरे शब्दों पर ध्यान दो, बौद्ध धर्म का विस्तार उक्त महापुरुष के मत और अपूर्व चरित्र के कारण उतना नहीं हुआ, जितना बौद्धों द्वारा निर्माण किये गये बड़े बड़े मन्दिरों एवं भव्य प्रतिमाओं के कारण, समग्र देश के सम्मुख किये गये भड़कीले उत्सवों के कारण। इसी भाँति बौद्ध धर्म ने उन्नति की। इन सब बड़े बड़े मन्दिरों एवं आडम्बर भरे क्रियाकलापों के सामने घरों में हवन के लिए प्रतिष्ठित छोटे छोटे अग्निकुण्ड ठहर न सके। पर अन्त में इन सब क्रिया कलापों में भारी अवनति हो गयी—ऐसी अवनति कि उसका वर्णन भी श्रोताओं के सामने नहीं किया जा सकता। जो इस सम्बन्ध में जानने के इच्छुक हों, वे इसे किंचित् परिमाण में दक्षिण भारत के नाना प्रकार के कलाशिल्प से युक्त बड़े बड़े मन्दिरों में देख लें, और बौद्धों से उत्तराधिकार के रूप में हमने केवल यही पाया।

इसके बाद महान् सुधारक श्री शंकराचार्य और उनके अनुयायिओं का अभ्युदय हुआ। उस समय से आज तक इन कई सौ वर्षों में भारतवर्ष की सर्वसाधारण जनता को धीरे धीरे उस मौलिक विशुद्ध वेदान्त के धर्म की ओर लाने की चेष्टा की गयी है। उन सुधारकों को बुराइयों का पूरा ज्ञान था, पर उन्होंने समाज की निन्दा नहीं की। उन्होंने यह नहीं कहा कि 'जो कुछ तुम्हारे पास है, वह सभी ग़लत है, उसे तुम फेंक दो।' ऐसा कभी नहीं हो सकता था। आज मैंने पढ़ा, मेरे मित्र डाक्टर बैरोज़ कहते हैं कि ईसाई धर्म के प्रभाव ने ३०० वर्षों में यूनानी और रोमन धर्म के प्रभाव को उलट दिया। पर जिसने कभी यूरोप, यूनान और रोम को देखा है, वह ऐसा कभी नहीं कह सकता। रोमन और यूनानी धर्मों का प्रभाव प्रोटेस्टेन्ट देशों तक में सर्वत्र व्याप्त है। प्राचीन देवता नये वेश में वर्तमान हैं—केवल नाम भर बदल दिये गये हैं। देवियाँ तो हो गयी हैं 'मेरी', देवता हो गये हैं 'सन्त' (saints) और अनुष्ठानों ने नया नया रूप धारण कर लिया है। यहाँ तक कि प्राचीन उपाधि पांटिफ़ेक्स मैक्सिमस[1] पूर्ववत् ही विद्यमान है। अतएव, अचानक परिवर्तन नहीं हो सकते। शंकराचार्य और रामानुज इसे जानते थे। इसलिए उस समय प्रचलित धर्म को धीरे धीरे उच्चतम आदर्श तक पहुँचा देना ही उनके लिए एक उपाय शेष था। यदि वे दूसरी प्रणाली का सहारा लेते, तो वे पाखंडी सिद्ध होते, क्योंकि उनके धर्म का प्रधान मत ही है क्रम-विकासवाद। उनके धर्म

---

१. रोम में पुरोहित विद्यालय के प्रधानाध्यापक इसी नाम से पुकारे जाते हैं। इसका अर्थ है—प्रधान पुरोहित। अभी पोप इसी नाम से सम्बोधित किये जाते हैं।

का मूलतत्त्व यही है कि इन सब नाना प्रकार की अवस्थाओं में से होकर आत्मा उच्चतम लक्ष्य पर पहुँचती है। अतः ये सभी अवस्थाएँ आवश्यक और हमारी सहायक हैं। भला कौन इनकी निन्दा करने का साहस कर सकता है?

आजकल मूर्ति-पूजा को ग़लत बताने की प्रथा सी चल पड़ी है, और सब लोग बिना किसी आपत्ति के उसमें विश्वास भी करने लग गये हैं। मैंने भी एक समय ऐसा ही सोचा था और उसके दंडस्वरूप मुझे ऐसे व्यक्ति के चरण कमलों में बैठ कर शिक्षा ग्रहण करनी पड़ी, जिन्होंने सब कुछ मूर्ति-पूजा के ही द्वारा प्राप्त किया था, मेरा अभिप्राय श्री रामकृष्ण परमहंस से है। यदि मूर्ति-पूजा के द्वारा श्री रामकृष्ण जैसे व्यक्ति उत्पन्न हो सकते हैं, तब तुम क्या पसन्द करोगे—सुधारकों का धर्म, या मूर्ति-पूजा? मैं इस प्रश्न का उत्तर चाहता हूँ। यदि मूर्ति-पूजा के द्वारा इस प्रकार श्री रामकृष्ण परमहंस उत्पन्न हो सकते हों, तो और हज़ारों मूर्तियों की पूजा करो। प्रभु तुम्हें सिद्धि दे! जिस किसी भी उपाय से हो सके, इस प्रकार के महापुरुषों की सृष्टि करो। और इतने पर भी मूर्ति-पूजा की निन्दा की जाती है! क्यों? यह कोई नहीं जानता। शायद इसलिए कि हज़ारों वर्ष पहले किसी यहूदी ने इसकी निन्दा की थी। अर्थात् उसने अपनी मूर्ति को छोड़कर और सब की मूर्तियों की निन्दा की थी। उस यहूदी ने कहा था, यदि ईश्वर का भाव किसी विशेष प्रतीक या सुन्दर प्रतिमा द्वारा प्रकट किया जाय, तो यह भयानक दोष है, एक जघन्य पाप है; परन्तु यदि उसका अंकन एक सन्दूक के रूप में किया जाय, जिसके दोनों किनारों पर दो देवदूत बैठे हैं और ऊपर बादल का एक टुकड़ा लटक रहा है, तो वह बहुत ही पवित्र, पवित्रतम होगा। यदि ईश्वर पेंडुकी का रूप धारण करके आये, तो वह महापवित्र होगा; पर यदि वह गाय का रूप लेकर आये, तो यह मूर्ति-पूजकों का कुसंस्कार होगा!—उसकी निन्दा करो। दुनिया का बस यही भाव है। इसीलिए कवि ने कहा है, 'हम मर्त्य जीव कितने निर्बोध हैं!' परस्पर एक दूसरे के दृष्टिकोण से देखना और विचार करना कितना कठिन है! और यही मनुष्य समाज की उन्नति में घोर विघ्नस्वरूप है। यही है ईर्ष्या, घृणा और लड़ाई-झगड़े की जड़। अरे बालको, अपरिपक्व बुद्धिवाले नासमझ लड़को, तुम लोग कभी मद्रास के बाहर तो गये नहीं, और खड़े होकर सहस्रों प्राचीन संस्कारों से नियन्त्रित तीस करोड़ मनुष्यों पर क़ानून चलाना चाहते हो! क्या तुम्हें लज्जा नहीं आती? दूर हो जाओ धर्मनिन्दा के इस कुकर्म से, और पहले खुद अपना सबक़ सीखो। श्रद्धाहीन बालको, तुम काग़ज़ पर कुछ पंक्तियाँ घसीट सकने में और किसी मूर्ख को पकड़कर उन्हें छपवा लेने में अपने को समर्थ समझकर सोचते हो कि तुम जगत् के शिक्षक हो, तुम्हारा मत ही भारत का जनमत है! तो

क्या ऐसी बात है? इसीलिए मैं मद्रास के समाज-सुधारकों से कहना चाहता हूँ कि मुझमें उनके प्रति बड़ी श्रद्धा और प्रेम है। उनके विशाल हृदय, उनकी स्वदेश प्रीति, पीड़ित और निर्धन के प्रति उनके प्रेम के कारण ही मैं उनसे प्यार करता हूँ। किन्तु भाई जैसे भाई से स्नेह करता है और साथ ही उसके दोष भी दिखा देता है, ठीक इसी तरह मैं उनसे कहता हूँ कि उनकी कार्यप्रणाली ठीक नहीं है। यह प्रणाली भारत में सौ वर्ष तक आज़मायी गयी, पर वह क़ामयाब न हो सकी। अब हमें किसी नयी प्रणाली का सहारा लेना होगा।

क्या भारतवर्ष में कभी सुधारकों का अभाव था? क्या तुमने भारत का इतिहास पढ़ा है? रामानुज, शंकर, नानक, चैतन्य, कबीर और दादू कौन थे? ये सब बड़े बड़े धर्माचार्य, जो भारत-गगन में अत्यन्त उज्ज्वल नक्षत्रों की तरह एक के बाद एक उदय हुए और फिर अस्त हो गये, कौन थे? क्या रामानुज के हृदय में नीच जातियों के लिए प्रेम नहीं था? क्या उन्होंने अपने सारे जीवन भर पैरिया (चाण्डाल) तक को अपने सम्प्रदाय में ले लेने का प्रयत्न नहीं किया? क्या उन्होंने अपने सम्प्रदाय में मुसलमान तक को मिला लेने की चेष्टा नहीं की? क्या नानक ने मुसलमान और हिन्दू दोनों को समान भाव से शिक्षा देकर समाज में एक नयी अवस्था लाने का प्रयत्न नहीं किया? इन सबने प्रयत्न किया, और उनका काम आज भी जारी है। भेद केवल इतना है कि वे आज के समाज-सुधारकों की तरह दम्भी नहीं थे; वे इनके समान अपने मुँह से कभी अभिशाप नहीं उगलते थे। उनके मुँह से केवल आशीर्वाद ही निकलता था। उन्होंने कभी भर्त्सना नहीं की। उन्होंने लोगों से कहा कि जाति को सतत उन्नतिशील होना चाहिए। उन्होंने अतीत में दृष्टि डालकर कहा, "हिन्दुओ, तुमने अभी तक जो किया अच्छा ही किया, पर भाइयो, तुम्हें अब इससे भी अच्छा करना होगा।" उन्होंने यह नहीं कहा, "पहले तुम दुष्ट थे, और अब तुम्हें अच्छा होना होगा।" उन्होंने यही कहा, "पहले तुम अच्छे थे, अब और भी अच्छे बनो।" इससे ज़मीन-आसमान का फ़र्क़ पैदा हो जाता है। हम लोगों को अपनी प्रकृति के अनुसार उन्नति करनी होगी। विदेशी संस्थाओं ने बलपूर्वक जिस कृत्रिम प्रणाली को हममें प्रचलित करने की चेष्टा की है, उसके अनुसार काम करना वृथा है। वह असम्भव है। जय हो प्रभु! हम लोगों को तोड़-मरोड़कर नये सिरे से दूसरे राष्ट्रों के ढाँचे में गढ़ना असम्भव है! मैं दूसरी क़ौमों की सामाजिक प्रथाओं की निन्दा नहीं करता। वे उनके लिए अच्छी हैं, पर हमारे लिए नहीं। उनके लिए जो कुछ अमृत है, हमारे लिए वही विष हो सकता है। पहले यही बात सीखनी होगी। अन्य प्रकार के विज्ञान, अन्य प्रकार के परम्परागत संस्कार और अन्य प्रकार के आचारों से उनकी वर्तमान

ामाजिक प्रथा गठित हुई है। और हम लोगों के पीछे हैं हमारे अपने परम्परागत ंस्कार और हज़ारों वर्षों के कर्म। अतएव हमें स्वभावतः अपने संस्कारों के नुसार ही चलना पड़ेगा; और यह हमें करना ही होगा।

तब फिर मेरी योजना क्या है? मेरी योजना है––प्राचीन महान् आचार्यों े उपदेशों का अनुसरण करना। मैंने उनके कार्य का अध्ययन किया है, और जिस णाली से उन्होंने कार्य किया, उनके आविष्कार करने का मुझे सौभाग्य मिला। े सब महान् समाज-संस्थापक थे। बल, पवित्रता और जीवन-शक्ति के वे अद्भुत आधार थे। उन्होंने सबसे अद्भुत कार्य किया––समाज में बल, पवित्रता और जीवन-शक्ति संचारित की। हमें भी सबसे अद्भुत कार्य करना है। आज अवस्था कुछ बदल गयी है, इसलिए कार्यप्रणाली में कुछ थोड़ा सा परिवर्तन करना होगा; बस इतना ही इससे अधिक कुछ नहीं। मैं देखता हूँ कि प्रत्येक व्यक्ति की भाँति प्रत्येक राष्ट्र का भी एक विशेष जीवनोद्देश्य है। वही उसके जीवन का केन्द्र है, उसके जीवन का प्रधान स्वर है, जिसके साथ अन्य सब स्वर मिलकर समरसता उत्पन्न करते हैं। किसी देश में, जैसे इंग्लैंड में, राजनीतिक सत्ता ही उसकी जीवन-शक्ति है। कलाकौशल की उन्नति करना किसी दूसरे राष्ट्र का प्रधान लक्ष्य है। ऐसे ही और दूसरे देशों का भी समझो। किन्तु भारतवर्ष में धार्मिक जीवन ही राष्ट्रीय जीवन का केन्द्र है और वही राष्ट्रीय जीवनरूपी संगीत का प्रधान स्वर है। यदि कोई राष्ट्र अपनी स्वाभाविक जीवन-शक्ति को दूर फेंक देने की चेष्टा करे––शताब्दियों से जिस दिशा की ओर उसकी विशेष गति हुई है, उससे मुड़ जाने का प्रयत्न करे––और यदि वह अपने इस कार्य में सफल हो जाय, तो वह राष्ट्र मृत हो जाता है। अतएव यदि तुम धर्म को फेंककर राजनीति, समाज-नीति अथवा अन्य किसी दूसरी नीति को अपनी जीवन-शक्ति का केन्द्र बनाने में सफल हो जाओ, तो उसका फल यह होगा कि तुम्हारा अस्तित्व तक न रह जायगा। यदि तुम इससे बचना चाहो, तो अपनी जीवन-शक्तिरूपी धर्म के भीतर से ही तुम्हें अपने सारे कार्य करने होंगे––अपनी प्रत्येक क्रिया का केन्द्र इस धर्म को ही बनाना होगा। तुम्हारे स्नायुओं का प्रत्येक स्पन्दन तुम्हारे इस धर्मरूपी मेरुदंड के भीतर से होकर गुज़रे।

मैंने देखा है कि 'सामाजिक जीवन पर धर्म का कैसा प्रभाव पड़ेगा', यह बिना दिखाये मैं अमेरिकावासियों में धर्म का प्रचार नहीं कर सकता था। इंग्लैंड में भी, बिना यह बताये कि 'वेदान्त के द्वारा कौन कौन से आश्चर्यजनक राजनीतिक परिवर्तन हो सकेंगे,' मैं धर्म-प्रचार नहीं कर सका। इसी भाँति भारत में सामाजिक सुधार का प्रचार तभी हो सकता है, जब यह दिखा दिया जाय कि उस नयी प्रथा से

आध्यात्मिक जीवन की उन्नति में कौन सी विशेष सहायता मिलेगी। राजनीति का प्रचार करने के लिए हमें दिखाना होगा कि उसके द्वारा हमारे राष्ट्रीय जीवन की आकांक्षा—आध्यात्मिक उन्नति—की कितनी अधिक पूर्ति हो सकेगी। इस संसार में प्रत्येक व्यक्ति को अपना अपना मार्ग चुन लेना पड़ता है, उसी भाँति प्रत्येक राष्ट्र को भी। हमने युगों पूर्व अपना पथ निर्धारित कर लिया था, और अब हमें उसीसे लगे रहना चाहिए—उसीके अनुसार चलना चाहिए। फिर, हमारा यह चयन भी तो उतना कोई बुरा नहीं। जड़ के बदले चैतन्य का, मनुष्य के बदले ईश्वर का चिन्तन करना क्या संसार में इतनी बुरी चीज़ है? परलोक में दृढ़ आस्था, इस लोक के प्रति तीव्र विरक्ति, प्रबल त्याग-शक्ति एवं ईश्वर और अविनाशी आत्मा में दृढ़ विश्वास तुम लोगों में सतत विद्यमान है। क्या तुम इसे छोड़ सकते हो? नहीं, तुम इसे कभी नहीं छोड़ सकते। तुम कुछ दिन भौतिकवादी होकर और भौतिकवाद की चर्चा करके भले ही मुझमें विश्वास जमाने की चेष्टा करो, पर मैं जानता हूँ कि तुम क्या हो। तुमको थोड़ा धर्म अच्छी तरह समझा देने भर की देर है कि तुम परम आस्तिक हो जाओगे। सोचो, अपना स्वभाव भला कैसे बदल सकते हो?

अतः भारत में किसी प्रकार का सुधार या उन्नति की चेष्टा करने के पहले धर्म-प्रचार आवश्यक है। भारत को समाजवादी अथवा राजनीतिक विचारों से प्लावित करने के पहले आवश्यक है कि उसमें आध्यात्मिक विचारों की बाढ़ ला दी जाय। सर्वप्रथम, हमारे उपनिषदों, पुराणों और अन्य सब शास्त्रों में जो अपूर्व सत्य छिपे हुए हैं, उन्हें इन सब ग्रन्थों के पन्नों से बाहर निकालकर, मठों की चहारदीवारियाँ भेदकर, वनों की शून्यता से दूर लाकर, कुछ सम्प्रदाय-विशेषों के हाथों से छीनकर देश में सर्वत्र बिखेर देना होगा, ताकि ये सत्य दावानल के समान सारे देश को चारों ओर से लपेट लें—उत्तर से दक्षिण और पूर्व से पश्चिम तक सब जगह फैल जायँ—हिमालय से कन्याकुमारी और सिन्धु से ब्रह्मपुत्र तक सर्वत्र वे धधक उठें। सबसे पहले हमें यही करना होगा। सभी को इन सब शास्त्रों में निहित उपदेश सुनाने होंगे, क्योंकि उपनिषद् में कहा है, "पहले इसे सुनना होगा, फिर मनन करना होगा और उसके बाद निदिध्यासन।"[1] पहले लोग इन सत्यों को सुनें। और जो भी व्यक्ति अपने शास्त्र के इन महान् सत्यों को दूसरों को सुनाने में

---

१. **आत्मा वा अरे द्रष्टव्यः श्रोतव्यो मन्तव्यो**
निदिध्यासितव्यो मैत्रेय्यात्मनि खल्वरे दृष्टे श्रुते
मते विज्ञात इदं सर्वं विदितम्॥ बृहदारण्यक ४।५।६॥

सहायता पहुँचायेगा, वह आज एक ऐसा कर्म करेगा, जिसके समान कोई दूसरा कर्म ही नहीं। महर्षि व्यास ने कहा है, "इस कलियुग में मनुष्यों के लिए एक ही कर्म शेष रह गया है। आजकल यज्ञ और कठोर तपस्याओं से कोई फल नहीं होता। इस समय दान ही एकमात्र कर्म है।"[१] और दानों में धर्मदान, अर्थात् आध्यात्मिक ज्ञान का दान ही सर्वश्रेष्ठ है। दूसरा दान है विद्यादान, तीसरा प्राणदान और चौथा अन्नदान। इस अपूर्व दानशील हिन्दू जाति की ओर देखो! इस निर्धन, अत्यन्त निर्धन देश में लोग कितना दान करते हैं, इसकी ओर ज़रा नज़र डालो। यहाँ के लोग इतने अतिथिसेवी हैं कि एक व्यक्ति बिना एक कौड़ी अपने पास रखे उत्तर से दक्षिण तक यात्रा करके आ सकता है। और हर स्थान में उसका ऐसा सत्कार होगा, मानो वह परम मित्र हो। यदि यहाँ कहीं पर रोटी का एक टुकड़ा भी है, तो कोई भिक्षुक भूख से नहीं मर सकता।

इस दानशील देश में हमें पहले प्रकार के दान के लिए अर्थात् आध्यात्मिक ज्ञान के विस्तार के लिए साहसपूर्वक अग्रसर होना होगा। और यह ज्ञान-विस्तार भारतवर्ष की सीमा में ही आबद्ध नहीं रहेगा, इसका विस्तार तो सारे संसार भर में करना होगा। और अभी तक यही होता भी रहा है। जो लोग कहते हैं कि भारत के विचार कभी भारत से बाहर नहीं गये, जो सोचते हैं कि मैं ही पहला संन्यासी हूँ जो भारत के बाहर धर्मप्रचार करने गये, वे अपनी जाति के इतिहास को नहीं जानते। यह कई बार घटित हो चुका है। जब कभी भी संसार को इसकी आवश्यकता हुई, उसी समय इस निरन्तर बहनेवाले आध्यात्मिक ज्ञान-स्रोत ने संसार को प्लावित कर दिया। राजनीति सम्बन्धी विद्या का विस्तार रणभेरियों और सुसज्जित सेनाओं के बल पर किया जा सकता है। लौकिक एवं समाज सम्बन्धी विद्या का विस्तार आग और तलवारों के बल पर हो सकता है। पर आध्यात्मिक विद्या का विस्तार तो शान्ति द्वारा ही सम्भव है। जिस प्रकार चक्षु और कर्णगोचर न होता हुआ भी मृदु ओस-बिन्दु गुलाब की कलियों को विकसित कर देता है, बस वैसा ही आध्यात्मिक ज्ञान के विस्तार के सम्बन्ध में भी समझो। यही एक दान है, जो भारत दुनिया को बार बार देता आया है। जब कभी भी कोई दिग्विजयी जाति उठी, जिसने संसार के विभिन्न देशों को एक साथ ला दिया और आपस में यातायात तथा संचार की सुविधा कर दी, त्यों ही भारत उठा और

१. इसी आशय की व्यवस्था निम्नलिखित श्लोक में भी है :
तपः परं कृते युगे त्रेतायां ज्ञानमुच्यते।
द्वापरे यज्ञमेवाहुर्दानमेकं कलौ युगे।। मनुसंहिता १।८६।।

उसने संसार की समग्र उन्नति में अपने आध्यात्मिक ज्ञान का भाग भी प्रदान कर दिया। बुद्धदेव के जन्म के बहुत पहले से ही ऐसा होता आया है, और इसके चिह्न आज भी चीन, एशिया माइनर और मलय द्वीप समूह में मौजूद हैं। जब उस महाबलशाली दिग्विजयी यूनानी ने उस समय के ज्ञात संसार के सब भागों को एक साथ ला दिया था, तब भी यही बात घटी थी—भारत के आध्यात्मिक ज्ञान की बाढ़ ने बाहर उमड़कर संसार को प्लावित कर दिया था। आज पाश्चात्य देशवासी जिस सभ्यता का गर्व करते हैं, वह उसी प्लावन का अवरोध मात्र है। आज फिर से वही सुयोग उपस्थित हुआ है। इंग्लैंड की शक्ति ने सारे संसार की जातियों को एकता के सूत्र में इस प्रकार बाँध दिया है, जैसा पहले कभी नहीं हुआ था। अंग्रेज़ों के यातायात और संचार के साधन संसार के एक छोर से लेकर दूसरे छोर तक फैले हुए हैं। आज अंग्रेज़ों की प्रतिभा के कारण संसार अपूर्व रूप से एकता की डोर में बँध गया है। इस समय संसार के भिन्न भिन्न स्थानों में जिस प्रकार के व्यापारिक केन्द्र स्थापित हुए हैं, वैसे मानव जाति के इतिहास में पहले कभी नहीं हुए थे। अतएव इस सुयोग में भारत फ़ौरन उठकर ज्ञात अथवा अज्ञात रूप से जगत् को अपने आध्यात्मिक ज्ञान का दान दे रहा है। अब इन सब मार्गों के सहारे भारत की यह भाव राशि समस्त संसार में फैलती रहेगी। मैं जो अमेरिका गया, वह मेरी या तुम्हारी इच्छा से नहीं हुआ, वरन् भारत के भाग्य-विधाता भगवान् ने मुझे अमेरिका भेजा, और वे ही इसी भाँति सैकड़ों आदमियों को संसार के अन्य सब देशों में भेजेंगे। इसे दुनिया की कोई ताक़त नहीं रोक सकती। अतएव तुमको भारत के बाहर भी धर्म-प्रचार के लिए जाना होगा। इसका प्रचार जगत् की सब जातियों और मनुष्यों में करना होगा। पहले यही धर्म-प्रचार आवश्यक है। धर्म-प्रचार करने के बाद उसके साथ ही साथ लौकिक विद्या और अन्यान्य आवश्यक विद्याएँ आप ही आ जायँगी। पर यदि तुम लौकिक विद्या, बिना धर्म के ग्रहण करना चाहो, तो मैं तुमसे साफ़ कहे देता हूँ कि भारत में तुम्हारा ऐसा प्रयास व्यर्थ सिद्ध होगा, वह लोगों के हृदयों में स्थान प्राप्त न कर सकेगा। यहाँ तक कि इतना बड़ा बौद्ध धर्म भी कुछ अंशों में इसी कारणवश यहाँ अपना प्रभाव न जमा सका।

इसलिए, मेरे मित्रो, मेरा विचार है कि मैं भारत में कुछ ऐसे शिक्षालय स्थापित करूँ, जहाँ हमारे नवयुवक अपने शास्त्रों के ज्ञान में शिक्षित होकर भारत तथा भारत के बाहर अपने धर्म का प्रचार कर सकें। मनुष्य, केवल मनुष्य भर चाहिए। बाक़ी सब कुछ अपने आप हो जायगा। आवश्यकता है वीर्यवान, तेजस्वी, श्रद्धा-सम्पन्न और दृढ़विश्वासी निष्कपट नवयुवकों की। ऐसे सौ मिल जायँ, तो संसार का कायाकल्प हो जाय। इच्छाशक्ति संसार में सबसे अधिक बलवती है। उसके

सामने दुनिया की कोई चीज़ नहीं ठहर सकती; क्योंकि वह भगवान्—साक्षात् भगवान् से आती है। विशुद्ध और दृढ़ इच्छाशक्ति सर्वशक्तिमान है। क्या तुम इसमें विश्वास नहीं करते ? सबके समक्ष अपने धर्म के महान् सत्यों का प्रचार करो, संसार इनकी प्रतीक्षा कर रहा है। सैकड़ों वर्षों से लोगों को मनुष्य की हीनावस्था का ही ज्ञान कराया गया है। उनसे कहा गया है कि वे कुछ नहीं हैं। संसार भर में सर्वत्र सर्वसाधारण से कहा गया है कि तुम लोग मनुष्य ही नहीं हो। शताब्दियों से इस प्रकार डराये जाने के कारण वे बेचारे सचमुच ही क़रीब क़रीब पशुत्व को प्राप्त हो गये हैं। उन्हें कभी आत्मतत्त्व के विषय में सुनने का मौक़ा नहीं दिया गया। अब उनको आत्मतत्त्व सुनने दो, यह जान लेने दो कि उनमें से नीच से नीच में भी आत्मा विद्यमान है—वह आत्मा, जो न कभी मरती है, न जन्म लेती है, जिसे न तलवार काट सकती है न आग जला सकती है और न हवा सुखा सकती है,[1] जो अमर है, अनादि और अनन्त है, जो शुद्धस्वरूप, सर्वशक्तिमान और सर्वव्यापी है।

उन्हें अपने में विश्वास करने दो। आखिर अंग्रेज़ों में और तुममें किसलिए इतना अन्तर है ? उन्हें अपने धर्म अपने कर्तव्य आदि के सम्बन्ध में कहने दो। पर मुझे अन्तर मालूम हो गया है। अन्तर यही है कि अंग्रेज़ अपने ऊपर विश्वास करता है, और तुम नहीं। जब वह सोचता है कि मैं अंग्रेज़ हूँ, तो वह उस विश्वास के बल पर जो चाहता है वही कर सकता है। इस विश्वास के आधार पर-उसके अन्दर छिपा हुआ ईश्वर भाव जाग उठता है। और तब वह उसकी जो भी इच्छा होती है, वही कर सकने में समर्थ होता है। इसके विपरीत, लोग तुमसे कहते आये हैं, तुम्हें सिखाते आये हैं कि तुम कुछ भी नहीं हो, तुम कुछ भी नहीं कर सकते, और फलस्वरूप तुम आज इस प्रकार अकर्मण्य हो गये हो। अतएव आज हम जो चाहते हैं, वह है—बल, अपने में अटूट विश्वास।

हम लोग शक्तिहीन हो गये हैं। इसीलिए गुप्तविद्या और रहस्यविद्या —इन रोमांचक वस्तुओं ने धीरे धीरे हममें घर कर लिया है। भले ही उनमें अनेक सत्य हों, पर उन्होंने लगभग हमें नष्ट कर डाला है। अपने स्नायु बलवान बनाओ। आज हमें जिसकी आवश्यकता है, वह है—लोहे के पुट्ठे और फ़ौलाद के स्नायु। हम लोग बहुत दिन रो चुके। अब और रोने की आवश्यकता नहीं। अब अपने पैरों पर खड़े हो जाओ और 'मर्द' बनो। हमें ऐसे धर्म की आवश्यकता है, जिससे

---

१. नैनं छिन्दन्ति शस्त्राणि नैनं दहति पावकः।
न चैनं क्लेदयन्त्यापो न शोषयति मारुतः॥ गीता २।२३॥

हम मनुष्य बन सकें। हमें ऐसे सिद्धान्तों की ज़रूरत है, जिससे हम मनुष्य हो सकें। हमें ऐसी सर्वांगसम्पन्न शिक्षा चाहिए, जो हमें मनुष्य बना सके। और यह रही सत्य की कसौटी—जो भी तुमको शारीरिक, मानसिक और आध्यात्मिक दृष्टि से दुर्बल बनाये उसे ज़हर की भाँति त्याग दो, उसमें जीवन-शक्ति नहीं है, वह कभी सत्य नहीं हो सकता। सत्य तो बलप्रद है, वह पवित्रता है, वह ज्ञानस्वरूप है। सत्य तो वह है जो शक्ति दे, जो हृदय के अन्धकार को दूर कर दे, जो हृदय में स्फूर्ति भर दे। भले ही इन रहस्य-विद्याओं में कुछ सत्य हो, पर ये तो साधारणतया मनुष्य को दुर्बल ही बनाती हैं। मेरा विश्वास करो, मेरा यह जीवन भर का अनुभव है। मैं भारत के लगभग सभी स्थानों में घूम चुका हूँ, सभी गुफाओं का अन्वेषण कर चुका हूँ और हिमालय पर भी रह चुका हूँ। मैं ऐसे लोगों को भी जानता हूँ, जो जीवन भर वहीं रहे हैं। और अन्त में मैं इसी निष्कर्ष पर पहुँचा हूँ कि इन सब रहस्य-विद्याओं से मनुष्य दुर्बल ही होता है। मैं अपने देश से प्रेम करता हूँ; मैं तुम्हें और अधिक पतित और ज़्यादा कमज़ोर नहीं देख सकता। अतएव तुम्हारे कल्याण के लिए, सत्य के लिए और जिससे मेरी जाति और अधिक अवनत न हो जाय, इसलिए मैं ज़ोर से चिल्लाकर कहने के लिए बाध्य हो रहा हूँ—बस ठहरो। अवनति की ओर और न बढ़ो—जहाँ तक गये हो, बस उतना ही काफ़ी हो चुका। अब वीर्यवान होने का प्रयत्न करो, कमज़ोर बनानेवाली इन सब रहस्यविद्याओं को तिलांजलि दे दो, और अपने उपनिषदों का—उस बलप्रद, आलोकप्रद, दिव्य दर्शन शास्त्र का—आश्रय ग्रहण करो। सत्य जितना ही महान् होता है, उतना ही सहज बोधगम्य होता है—स्वयं अपने अस्तित्व के समान सहज। जैसे अपने अस्तित्व को प्रमाणित करने के लिए और किसी की आवश्यकता नहीं होती, बस वैसा ही। उपनिषद् के सत्य तुम्हारे सामने हैं। इनका अवलम्बन करो, इनकी उपलब्धि कर इन्हें कार्य में परिणत करो। बस देखोगे, भारत का उद्धार निश्चित है।

एक बात और कहकर मैं समाप्त करूँगा। लोग देशभक्ति की चर्चा करते हैं। मैं भी देशभक्ति में विश्वास करता हूँ, और देशभक्ति के सम्बन्ध में मेरा भी एक आदर्श है। बड़े काम करने के लिए तीन बातों की आवश्यकता होती है। पहला है हृदय की अनुभव-शक्ति। बुद्धि या विचार-शक्ति में क्या है? वह तो कुछ दूर जाती है और बस वहीं रुक जाती है। पर हृदय तो प्रेरणा-स्रोत है? प्रेम असम्भव द्वारों को भी उद्‌घाटित कर देता है। यह प्रेम ही जगत् के सब रहस्यों का द्वार है। अतएव, ऐ मेरे भावी सुधारको, मेरे भावी देशभक्तो, तुम अनुभव करो। क्या तुम अनुभव करते हो? क्या तुम हृदय से अनुभव करते हो कि देव और ऋषियों की करोड़ों सन्तानें आज पशुतुल्य हो गयी हैं? क्या तुम हृदय

से अनुभव करते हो कि लाखों आदमी आज भूखों मर रहे हैं, और लाखों लोग शताब्दियों से इसी भाँति भूखों मरते आये हैं ? क्या तुम अनुभव करते हो कि अज्ञान के काले बादल ने सारे भारत को ढक लिया है ? क्या तुम यह सब सोचकर बेचैन हो जाते हो ? क्या इस भावना ने तुमको निद्राहीन कर दिया है ? क्या यह भावना तुम्हारे रक्त के साथ मिलकर तुम्हारी धमनियों में बहती है ? क्या वह तुम्हारे हृदय के स्पन्दन से मिल गयी है ? क्या उसने तुम्हें पागल सा बना दिया है ? क्या देश की दुर्दशा की चिन्ता ही तुम्हारे ध्यान का एकमात्र विषय बन बैठी है ? और क्या इस चिन्ता में विभोर हो जाने से तुम अपने नाम-यश, पुत्र-कलत्र, धन-सम्पत्ति, यहाँ तक कि अपने शरीर की भी सुध बिसर गये हो ? क्या तुमने ऐसा किया है ? यदि 'हाँ', तो जानो कि तुमने देशभक्त होने की पहली सीढ़ी पर पैर रखा है—हाँ, केवल पहली ही सीढ़ी पर ! तुममें से अधिकांश जानते हैं, मैं अमेरिका धर्म-महासभा के लिए नहीं गया, वरन् इस भावना का दैत्य मुझमें, मेरी आत्मा में था। मैं पूरे बारह वर्ष सारे देश भर भ्रमण करता रहा, पर अपने देशवासियों के लिए कार्य करने का मुझे कोई रास्ता ही नहीं मिला। यही कारण था कि मैं अमेरिका गया। तुममें से अधिकांश, जो मुझे उस समय जानते थे, इस बात को अवश्य जानते हैं। इस धर्म-महासभा की कौन परवाह करता था ? यहाँ मेरे देशवासी, मेरे ही रक्त-मांसमय देहस्वरूप मेरे देशवासी, दिन पर दिन डूबते जा रहे थे। उनकी कौन ख़बर ले ? बस यही मेरा पहला सोपान था।

अच्छा, माना कि तुम अनुभव करते हो; पर पूछता हूँ, क्या केवल व्यर्थ की बातों में शक्तिक्षय न करके इस दुर्दशा का निवारण करने के लिए तुमने कोई यथार्थ कर्तव्य-पथ निश्चित किया है ? क्या लोगों की भर्त्सना न कर उनकी सहायता का कोई उपाय सोचा है ? क्या स्वदेशवासियों को उनकी इस जीवन्मृत अवस्था से बाहर निकालने के लिए कोई मार्ग ठीक किया है ? क्या उनके दुःखों को कम करने के लिए दो सान्त्वनादायक शब्दों को खोजा है ? यही दूसरी बात है।

किन्तु इतने ही से पूरा न होगा। क्या तुम पर्वताकार विघ्न-बाधाओं को लाँघकर कार्य करने के लिए तैयार हो ? यदि सारी दुनिया हाथ में नंगी तलवार लेकर तुम्हारे विरोध में खड़ी हो जाय, तो भी क्या तुम जिसे सत्य समझते हो, उसे पूरा करने का साहस करोगे ? यदि तुम्हारे पुत्र-कलत्र तुम्हारे प्रतिकूल हो जायँ, भाग्य-लक्ष्मी तुमसे रूठकर चली जाय, नाम की कीर्ति भी तुम्हारा साथ छोड़ दे, तो भी क्या तुम उस सत्य में संलग्न रहोगे ? फिर भी क्या तुम उसके पीछे लगे रहकर अपने लक्ष्य की ओर सतत बढ़ते रहोगे ? जैसा कि महान् राजा भर्तृ-

हरि ने कहा है, 'चाहे नीतिनिपुण लोग निन्दा करें या प्रशंसा, लक्ष्मी आय या जहाँ उसकी इच्छा हो चली जाय, मृत्यु आज हो या सौ वर्ष बाद, धीर पुरुष तो वह है जो न्याय के पथ से तनिक भी विचलित नहीं होता।'[1] क्या तुममें ऐसी दृढ़ता है? बस यही तीसरी बात है। यदि तुममें ये तीन बातें हैं, तो तुममें से प्रत्येक अद्‌भुत कार्य कर सकता है। तब फिर तुम्हें समाचारपत्रों में छपवाने की अथवा व्याख्यान देते हुए फिरते रहने की आवश्यकता न होगी, स्वयं तुम्हारा मुख ही दीप्त हो उठेगा? फिर तुम चाहे पर्वत की कन्दरा में रहो, तो भी तुम्हारे विचार पर्वत की चट्टानों को भेदकर बाहर निकल आयेंगे और सैकड़ों वर्ष तक सारे संसार में प्रतिध्वनित होते रहेंगे। और हो सकता है, तब तक ऐसे ही रहें, जब तक उन्हें किसी मस्तिष्क का आधार न मिल जाय, और वे उसीके माध्यम से कार्यशील हो उठें। विचार निष्कपटता और पवित्र उद्देश्य में ऐसी ही ज़बरदस्त शक्ति है।

मुझे डर है कि तुम्हें देर हो रही है, पर एक बात और। ऐ मेरे स्वदेशवासियो, मेरे मित्रो, मेरे बच्चो, राष्ट्रीय जीवनरूपी यह जहाज़ लाखों लोगों को जीवनरूपी समुद्र के पार करता रहा है। कई शताब्दियों से इसका यह कार्य चल रहा है और इसकी सहायता से लाखों आत्माएँ इस सागर के उस पार अमृतधाम में पहुँची हैं। पर आज शायद तुम्हारे ही दोष से इस पोत में कुछ ख़राबी हो गई है, इसमें एक दो छेद हो गये हैं, तो क्या तुम इसे कोसोगे? संसार में जिसने तुम्हारा सबसे अधिक उपकार किया है, उसके विरुद्ध खड़े होकर उस पर गाली बरसाना क्या तुम्हारे लिए उचित है? यदि हमारे इस समाज में, इस राष्ट्रीय जीवनरूपी जहाज़ में छेद है, तो हम तो उसकी सन्तान हैं। आओ चलें, उन छेदों को बन्द कर दें —— उसके लिए हँसते हँसते अपने हृदय का रक्त बहा दें। और यदि हम ऐसा न कर सकें तो हमें मर जाना ही उचित है। हम अपना भेजा निकालकर उसकी डाट बनायेंगे और जहाज़ के उन छेदों में भर देंगे। पर उसकी कभी भर्त्सना न करें? इस समाज के विरुद्ध एक कड़ा शब्द तक न निकालो। उसकी अतीत की गौरव-गरिमा के लिए मेरा उस पर प्रेम है। मैं तुम सबको प्यार करता हूँ, क्योंकि तुम देवताओं की सन्तान हो, महिमाशाली पूर्वजों के वंशज हो। तब भला मैं तुम्हें कैसे कोस सकता हूँ? यह असम्भव है। तुम्हारा सब प्रकार से कल्याण हो। ऐ मेरे बच्चो, मैं तुम्हारे पास आया हूँ अपनी सारी योजनाएँ तुम्हारे सामने रखने के लिए। यदि तुम उन्हें सुनो, तो मैं तुम्हारे साथ काम करने को तैयार हूँ। पर यदि तुम उनको

---

१. निन्दन्तु नीतिनिपुणा यदि वा स्तुवन्तु लक्ष्मीः समाविशतु गच्छतु वा यथेष्टम्।
अद्यैव वा मरणमस्तु युगान्तरे वा न्याय्यात् पथः प्रविचलन्ति पदं न धीराः॥

न सुनो, और मुझे ठुकराकर अपने देश के बाहर भी निकाल दो, तो भी मैं तुम्हारे पास वापस आकर यही कहूँगा, "भाई, हम सब डूब रहे हैं।" मैं आज तुम्हारे बीच बैठने आया हूँ। और यदि हमें डूबना है, तो आओ, हम सब साथ ही डूबें, पर एक भी कटु शब्द हमारे ओठों पर न आने पाये।

भारतीय जीवन में वेदान्त का प्रभाव

[मद्रास में दिया हुआ भाषण]

हमारी जाति और धर्म को व्यक्त करने के लिए एक शब्द बहुत प्रचलित हो गया है। वेदान्त धर्म से मेरा क्या अभिप्राय है, इसको समझाने के लिए उक्त शब्द 'हिन्दू' की किंचित् व्याख्या करने की आवश्यकता है। प्राचीन फ़ारस देशनिवासी सिन्धु नद के लिए 'हिन्दू' इस नाम का प्रयोग करते थे। संस्कृत भाषा में जहाँ 'स' आता है, प्राचीन फ़ारसी भाषा में वही 'ह' रूप में परिणत हो जाता है, इसलिए सिन्धु का 'हिन्दू' हो गया। तुम सभी लोग जानते हो कि यूनानी लोग 'ह' का उच्चारण नहीं कर सकते थे, इसलिए उन्होंने 'ह' को छोड़ दिया और इस प्रकार हम 'इण्डियन' नाम से जाने गये। प्राचीन काल में इस शब्द का अर्थ जो भी हो, अब इस हिन्दू शब्द की, जो सिन्धु नद के दूसरे किनारे से निवासियों के लिए प्रयुक्त होता था, कोई सार्थकता नहीं है, क्योंकि सिन्धु नद के इस ओर रहने वाले सभी एक धर्म के माननेवाले नहीं हैं। इस समय यहाँ हिन्दू, मुसलमान, पारसी, ईसाई, बौद्ध और जैन भी वास करते हैं। 'हिन्दू' शब्द के व्यापक अर्थ के अनुसार इन सबको हिन्दू कहना होगा, किन्तु धर्म के हिसाब से इन सबको हिन्दू नहीं कहा जा सकता। हमारा धर्म भिन्न भिन्न प्रकार के धार्मिक विश्वास, भाव तथा अनुष्ठान और क्रिया-कर्मों का समष्टि-स्वरूप है। सब एक साथ मिला हुआ है, किन्तु यह कोई साधारण नियम से संगठित नहीं हुआ, इसका कोई एक साधारण नाम भी नहीं है और न इसका कोई संघ ही है। कदाचित् केवल एक यही विषय है जहाँ सारे सम्प्रदाय एकमत हैं कि हम सभी अपने शास्त्र, वेदों पर विश्वास करते हैं। यह भी निश्चित है कि जो व्यक्ति वेदों की सर्वोच्च प्रामाणिकता को स्वीकार नहीं करता, उसे अपने को हिन्दू कहने का अधिकार नहीं है। तुम जानते हो कि ये वेद दो भागों में विभक्त हैं—कर्मकांड और ज्ञानकांड। कर्मकांड में नाना प्रकार के यागयज्ञ और अनुष्ठान-पद्धतियाँ हैं, जिनका अधिकांश आजकल प्रचलित नहीं है। ज्ञानकांड में वेदों के आध्यात्मिक उपदेश लिपिबद्ध हैं—वे उपनिषद् अथवा 'वेदान्त' के नाम से परिचित हैं और द्वैतवादी, विशिष्टाद्वैतवादी अथवा अद्वैतवादी समस्त दार्शनिकों और आचार्यों ने उनको ही उच्चतम प्रमाण कहकर स्वीकार किया है। भारत

समस्त दर्शन और सम्प्रदायों को यह प्रमाणित करना होता है कि उसका दर्शन थवा सम्प्रदाय उपनिषद्‌रूपी नींव के ऊपर प्रतिष्ठित है। यदि कोई ऐसा करने में मर्थ न हो सके तो वह दर्शन अथवा सम्प्रदाय धर्म-विरुद्ध गिना जाता है; इसलिए र्तमान समय में समग्र भारत के हिन्दुओं को यदि किसी साधारण नाम से परिचित रना हो तो उनको 'वेदान्ती' अथवा 'वैदिक' कहना उचित होगा। मैं वेदान्ती धर्म ौर वेदान्त इन दोनों शब्दों का व्यवहार सदा इसी अभिप्राय से करता हूँ।

मैं इसको और भी स्पष्ट करके समझाना चाहता हूँ, कारण यह है कि आजकल छ लोग वेदान्त दर्शन की 'अद्वैत' व्याख्या को ही 'वेदान्त' शब्द के समानार्थक प में प्रयोग करते हैं। हम सब जानते हैं कि उपनिषदों के आधार पर जिन मस्त विभिन्न दर्शनों की सृष्टि हुई है, अद्वैतवाद उनमें से एक है। अद्वैतवादियों ो उपनिषदों के ऊपर जितनी श्रद्धा-भक्ति है, विशिष्टाद्वैतवादियों की भी उतनी ी है और अद्वैतवादी अपने दर्शन को वेदान्त की भित्ति पर प्रतिष्ठित कह कर जितना पनाते हैं, विशिष्टाद्वैतवादी भी उतना ही। द्वैतवादी और भारतीय अन्यान्य मस्त सम्प्रदाय भी ऐसा ही करते हैं। ऐसा होने पर भी साधारण मनुष्यों के मन ं 'वेदान्ती' और 'अद्वैतवादी' समानार्थक हो गये हैं और शायद इसका कुछ कारण ी है। यद्यपि वेद ही हमारे प्रधान शास्त्र हैं, हमारे पास वेदों के सिद्धान्तों की याख्या दृष्टान्त रूप से करने वाले परवर्ती स्मृति और पुराण भी निश्चित रूप से दों के समान प्रामाणिक नहीं हैं। यह शास्त्र का नियम है कि जहाँ श्रुति एवं ुराण और स्मृति में मतभेद हो, वहाँ श्रुति के मत का ग्रहण और स्मृति के मत का रित्याग करना चाहिए। इस समय हम देखते हैं कि अद्वैत दार्शनिक शंकराचार्य और उनके मतावलम्बी आचार्यों की व्याख्या में अधिक परिमाण में उपनिषद् माण-स्वरूप उद्‌धृत हुए हैं। केवल जहाँ ऐसे विषय की व्याख्या का प्रयोजन ुआ, जिसको श्रुति में किसी रूप में पाने की आशा न हो, ऐसे थोड़े से स्थानों में ही केवल स्मृति-वाक्य उद्‌धृत हुए हैं। अन्यान्य मतावलम्बी स्मृति के ऊपर ही अधिकाधिक निर्भर रहते हैं, श्रुति का आश्रय कम ही लेते हैं और ज्यों ज्यों हम द्वैतवादियों की ओर ध्यान देते हैं, हमको विदित होता है कि उनके उद्‌धृत स्मृति-वाक्यों के अनुपात का परिणाम इतना अधिक है कि वेदान्तियों से इस अनुपात की आशा नहीं की जाती। ऐसा प्रतीत होता है कि इनके स्मृति-पुराणादि प्रमाणों के ऊपर इतना अधिक निर्भर रहने के कारण, अद्वैतवादी ही क्रमशः विशुद्ध वेदान्ती कहे जाने लगे।

जो हो, हमने प्रथम ही यह दिखा दिया है कि वेदान्त शब्द से भारत के समस्त धर्म समष्टिरूप से समझे जाते हैं, और यह वेदान्त वेदों का एक भाग होने के कारण

सभी लोगों द्वारा स्वीकृत हमारा सबसे प्राचीन ग्रन्थ है। आधुनिक विद्वानों विचार जो भी हों, एक हिन्दू यह विश्वास करने को कभी तैयार नहीं है कि वे का कुछ अंश एक समय में और कुछ अन्य समय में लिखा गया है। उनका अब यह दृढ़ विश्वास है कि समग्र वेद एक ही समय में उत्पन्न हुए थे, अथवा, यदि कह सकूँ, उनकी सृष्टि कभी नहीं हुई, वे चिरकाल से सृष्टिकर्ता के मन में वर्तमा थे। 'वेदान्त' शब्द से मेरा यही अभिप्राय है और भारत के द्वैतवाद, विशिष्ट द्वैतवाद और अद्वैतवाद सभी उसके अन्तर्गत हैं। सम्भवतः हम बौद्ध धर्म, य तक कि जैन धर्म के भी अंशविशेषों को ग्रहण कर सकते हैं, यदि उक्त धर्मावलम् अनुग्रहपूर्वक हमारे मध्य में आने को सहमत हों। हमारा हृदय यथेष्ट प्रशस्त हम उनको ग्रहण करने के लिए प्रस्तुत हैं, वे ही आने को राजी नहीं हैं। हम उनव ग्रहण करने के लिए सदा प्रस्तुत हैं; कारण यह है कि विशिष्ट रूप से विश्लेष करने पर तुम देखोगे कि बौद्ध धर्म का सार भाग इन्हीं उपनिषदों से लिया गया है यहाँ तक कि, बौद्ध धर्म का तथाकथित अद्भुत और महान् आचार-शास्त्र किस न किसी उपनिषद् में अविकल रूप से विद्यमान है। इसी प्रकार जैन धर्म के उत्तमो त्तम सिद्धान्त भी उपनिषदों में वर्तमान हैं; केवल असंगत और मनमानी बातों क छोड़कर इसके पश्चात् भारतीय धार्मिक विचारों का जो समस्त विकास हुआ है उसका बीज हम उपनिषदों में देखते हैं। कभी कभी इस प्रकार का निर्मूल अभियो लगाया जाता है कि उपनिषदों में भक्ति का आदर्श नहीं है। जिन्होंने उपनिषदों क अध्ययन अच्छी तरह किया है, वे जानते हैं कि यह अभियोग बिल्कुल सत्य नह है। प्रत्येक उपनिषद् में अनुसन्धान करने से यथेष्ट भक्ति का विषय पाया जात है, किन्तु इनमें से अधिकांश भाव, जो परवर्ती काल में पुराण तथा अन्यान्य स्मृतिय में इतनी पूर्णता से विकसित पाये जाते हैं, उपनिषदों में बीजरूप में विद्यमान हैं उपनिषदों में मानो उसका ढाँचा, उसकी रूपरेखा ही वर्तमान है। किसी किस पुराण में यह ढाँचा पूर्ण किया गया है; किन्तु कोई भी ऐसा पूर्ण विकसित भारतीय आदर्श नहीं है, जिसका मूल स्रोत उपनिषदों में खोजा न जा सकता हो। विना उपनिषद्-विद्या के विशेष ज्ञान के अनेक व्यक्तियों ने भक्तिवाद को विदेशी स्रोत से विकसित सिद्ध करने की हास्यास्पद चेष्टा की है, किन्तु तुम सब जानते हो कि उनकी सम्पूर्ण चेष्टा विफल हुई है। तुम्हें जितनी भक्ति की आवश्यकता है, सब उपनिषदों में ही क्यों, संहिता पर्यन्त सबमें विद्यमान है—उपासना, प्रेम, भक्ति और जो कुछ आवश्यक है सब विद्यमान है। केवल भक्ति का आदर्श अधिकाधिक उच्च होता रहा है। संहिता के भागों में भय और क्लेशयुक्त धर्म के चिह्न पाये जाते हैं। संहिता के किसी किसी स्थल पर देखा जाता है कि उपासक, वरुण

अथवा अन्य किसी देवता के सम्मुख भय से काँप रहा है। और कई स्थलों पर यह भी देखा जाता है कि वे अपने को पापी समझकर अधिक यंत्रणा पाते हैं; किन्तु उपनिषदों में इस प्रकार के वर्णन के लिए कोई स्थान नहीं है, उपनिषदों में भय का धर्म नहीं है; उपनिषदों में प्रेम और ज्ञान का धर्म है।

ये उपनिषद् ही हमारे शास्त्र हैं। इनकी व्याख्या भिन्न भिन्न रूप से हुई है और मैं तुमसे पहले कह चुका हूँ कि जहाँ परवर्ती पौराणिक ग्रन्थों और वेदों में मतभेद होता है, वहाँ पुराणों के मत को अग्राह्य कर वेदों का मत ग्रहण करना पड़ेगा। किन्तु कार्यरूप में हममें से ९० प्रतिशत मनुष्य पौराणिक और शेष १० प्रतिशत वैदिक हैं और इतने भी हैं या नहीं, इसमें भी सन्देह है। साथ ही हम यह भी देखते हैं कि हमारे बीच नाना प्रकार के अत्यन्त विरोधी आचार भी विद्यमान हैं—हमारे समाज में ऐसे भी धार्मिक विचार प्रचलित हैं, जिनका हिन्दू शास्त्रों में कोई प्रमाण नहीं है। शास्त्रों का अध्ययन करके हमें यह देखकर आश्चर्य होता है कि हमारे देश में अनेक स्थानों पर ऐसे कई आचार प्रचलित हैं, जिनका प्रमाण वेद, स्मृति अथवा पुराण आदि में कहीं भी नहीं पाया जाता, वे केवल लोकाचार हैं। तथापि प्रत्येक अबोध ग्रामवासी सोचता है कि यदि उसका ग्राम्य आचार उठ जाय, तो वह हिन्दू नहीं रह सकता। उसकी धारणा यही है कि वेदान्त धर्म और इस प्रकार के समस्त क्षुद्र लोकाचार परस्पर घुलमिल कर एकरूप हो गये हैं। शास्त्रों का अध्ययन करने पर भी वे नहीं समझ सकते कि वे जो करते हैं, उसमें शास्त्रों की सम्मति नहीं है। उनके लिए यह समझना बड़ा कठिन होता है कि ऐसे समस्त आचारों का परित्याग करने से उनकी कुछ क्षति नहीं होगी, वरन् इससे वे अधिक अच्छे मनुष्य बनेंगे। इसके अतिरिक्त एक और कठिनाई है—हमारे शास्त्र बहुत विस्तृत है। पतंजलिप्रणीत 'महाभाष्य' नामक भाषा-विज्ञान ग्रन्थ में लिखा है कि सामवेद की सहस्र शाखाएँ थीं। वे सब कहाँ हैं? कोई नहीं जानता। प्रत्येक वेद का यही हाल है। इन समस्त ग्रन्थों के अधिकांश का लोप हो गया है, सामान्य अंश ही हमारे निकट वर्तमान हैं। एक एक ऋषि परिवार ने एक एक शाखा का भार ग्रहण किया था। इन परिवारों में से अधिकांशों का स्वाभाविक नियम के अनुसार वंशलोप हो गया, अथवा विदेशी अत्याचार से मारे गये या अन्य कारणों से उनका नाश हो गया। और उन्हींके साथ साथ जिस वेद की शाखा विशेष की रक्षा का भार उन्होंने ग्रहण किया था, उसका भी लोप हो गया। यह बात हमको विशेष रूप से स्मरण रखनी चाहिए, कारण यह है कि जो कोई नये विषय का प्रचार अथवा वेदों के विरोधी भी किसी विषय का समर्थन करना चाहते हैं, उनके लिए यह युक्ति प्रधान सहायक है। जब भारत में श्रुति और लोकाचार को लेकर तर्क

होता है अथवा जब यह सिद्ध किया जाता है कि यह लोकाचार श्रुति-विरुद्ध है, तब दूसरा पक्ष यही उत्तर देता है,—नहीं, यह श्रुति-विरुद्ध नहीं है, यह श्रुति की उस शाखा में था, जिसका इस समय लोप हो गया है, अतः यह प्रथा भी वेद-सम्मत है। शास्त्रों की ऐसी समस्त टीका और टिप्पणियों में किसी ऐसे सूत्र को पाना वास्तव में बड़ा कठिन है, जो सबमें समान रूप से मिलता हो। किन्तु हमको इस बात का सहज ही में विश्वास हो जाता है कि इन नाना प्रकार के विभागों तथा उपविभागों में कहीं न कहीं अवश्य ही कोई सम्मिलित भूमि अन्तर्निहित है। भवनों के ये छोटे छोटे खंड अवश्य किसी विशेष आदर्श योजना तथा सामंजस्य के आधार पर निर्मित किये गये होंगे। इस प्रतीयमान निराशाजनक विभ्रम पुंज के, जिसको हम अपना धर्म कहते हैं, मूल में अवश्य कोई न कोई एक समन्वय निहित है। अन्यथा यह इतने समय तक कदापि खड़ा नहीं रह सकता थां, यह अब तक रक्षित नहीं रह सकता था।

अपने भाष्यकारों के भाष्यों को देखने से हमें एक दूसरी कठिनाई का सामना करना पड़ता है। अद्वैतवादी भाष्यकार जब अद्वैत सम्बन्धी श्रुति की व्याख्या करता है, उस समय वह उसके वैसे ही भाव रहने देता है, किन्तु वही भाष्यकार जब द्वैत-भावात्मक सूत्रों की व्याख्या करने में प्रवृत्त होता है, उस समय वह उसके शब्दों की खींचातानी करके अद्भुत अर्थ निकालता है। भाष्यकारों ने समय समय पर अपना अभीष्ट अर्थ व्यक्त करने के लिए 'अजा' (जन्मरहित) शब्द का अर्थ बकरी' भी किया है—कैसा अद्भुत परिवर्तन है! इसी प्रकार, यहाँ तक कि इससे भी बुरी तरह, द्वैतवादी भाष्यकारों ने भी श्रुति की व्याख्या की है। जहाँ उनको द्वैत के अनुकूल श्रुति मिली है, उसको उन्होंने सुरक्षित रखा है, किन्तु जहाँ भी अद्वैतवाद के अनुसार पाठ आया है, वहीं उन्होंने उस श्रुति के अंश की मनमाने ढंग से विकृत करके व्याख्या की है। यह संस्कृत भाषा इतनी जटिल है, वैदिक संस्कृत इतनी प्राचीन है, संस्कृत भाषा-शास्त्र इतना पूर्ण है कि एक शब्द के अर्थ के सम्बन्ध में युग युगान्तर तक तर्क चल सकता है। यदि कोई पंडित कृतसंकल्प हो जाय तो वह किसी व्यक्ति की बकवाद को भी युक्तिबल से अथवा शास्त्र और व्याकरण के नियम उद्धृत कर शुद्ध संस्कृत सिद्ध कर सकता है। उपनिषदों को समझने के मार्ग में इस प्रकार की कई विघ्न-बाधाएँ उपस्थित होती हैं। विधाता की इच्छा से मुझे एक ऐसे व्यक्ति के साथ रहने का अवसर प्राप्त हुआ था जो जैसे ही पक्के द्वैतवादी थे वैसे ही अद्वैतवादी भी थे, जैसे ही परम भक्त थे, वैसे ही ज्ञानी भी थे। इसी व्यक्ति के साथ रह कर प्रथम बार मेरे मन में आया कि उपनिषद् और अन्यान्य शास्त्रों के पाठ को केवल अन्धविश्वास से भाष्यकारों का अनुसरण

न करके, स्वाधीन और उत्तम रूप से समझना चाहिए। और मैं अपने मत में तथा अपने अनुसन्धान में इसी सिद्धान्त पर पहुँचा हूँ कि ये समस्त शास्त्र परस्पर विरोधी नहीं हैं; इसलिए हमको शास्त्रों की विकृत व्याख्या का भय नहीं होना चाहिए। समस्त श्रुतिवाक्य अत्यन्त मनोरम हैं, अत्यन्त अद्भुत हैं और वे परस्पर विरोधी नहीं हैं, उनमें अपूर्व सामंजस्य विद्यमान है, एक तत्त्व मानो दूसरे का सोपानस्वरूप है। मैंने इन समस्त उपनिषदों में एक यही भाव देखा है कि प्रथम द्वैत भाव का वर्णन उपासना आदि से आरम्भ हुआ है, अन्त में अपूर्व अद्वैत भाव के उच्छ्वास में वह समाप्त हुआ है।

इसीलिए अब मैं इसी व्यक्ति के जीवन के प्रकाश में देखता हूँ कि द्वैतवादी और अद्वैतवादियों को परस्पर विवाद करने की कोई आवश्यकता नहीं है, दोनों का ही राष्ट्रीय जीवन में विशेष स्थान है। द्वैतवादी का रहना आवश्यक है; अद्वैतवादी के समान द्वैतवादी का भी राष्ट्रीय धार्मिक जीवन में विशेष स्थान है। एक के बिना दूसरा नहीं रह सकता; एक दूसरे का पूरक है; एक मानो गृह है, दूसरा छत। एक मानो मूल है और दूसरा फलस्वरूप। इसलिए उपनिषदों का मनमाना विकृत अर्थ करने की चेष्टा को मैं अत्यन्त हास्यास्पद समझता हूँ। कारण, मैं देखता हूँ कि उनकी भाषा ही अपूर्व है। श्रेष्ठतम दर्शन रूप में उनके गौरव के बिना भी, मानव जाति के मुक्ति-पथ-प्रदर्शक धर्मविज्ञान रूप में उनके अद्भुत गौरव को छोड़ देने पर भी, उपनिषदों के साहित्य में उदात्त भावों का ऐसा अत्यन्त अपूर्व चित्रण है, जैसा संसार भर में और कहीं नहीं है। यहीं मानवीय मन के उस प्रबल विशेषत्व का, अन्तर्दृष्टिपरायण, अन्तःप्रेरणीय उस हिन्दू मन का विशेष परिचय पाया जाता है। अन्यत्र अन्य जातियों के भीतर भी इस उदात्त भाव के चित्र को अंकित करने की चेष्टा देखी जाती है; किन्तु प्रायः सर्वत्र ही तुम देखोगे कि उनका आदर्श बाह्य प्रकृति के महान् भाव को ग्रहण करना है। उदाहरणस्वरूप मिल्टन, दान्ते, होमर अथवा अन्य किसी पाश्चात्य कवि को लिया जा सकता है। उनके काव्यों में स्थान स्थान पर उदात्त भावव्यंजक अपूर्व स्थल हैं, किन्तु उनमें सर्वत्र ही बाह्य प्रकृति की अनन्तता को इन्द्रियों के माध्यम से ग्रहण करने की चेष्टा है—बाह्य प्रकृति के अनन्त विस्तार, देश की अनन्तता के आदर्श को प्राप्त करने का प्रयत्न है। हम वेदों के संहिता भाग में भी यही चेष्टा देखते हैं। कुछ अपूर्व ऋचाओं में जहाँ सृष्टि का वर्णन है, बाह्य प्रकृति के विस्तार का उदात्त भाव, देश का अनन्तत्व, अभिव्यक्ति की उच्चतम भूमियाँ उपलब्ध कर सका है। किन्तु उन्होंने शीघ्र ही जान लिया कि इन उपायों से अनन्तत्व को प्राप्त नहीं किया जा सकता, उन्होंने समझ लिया कि अपने मन के जिन सकल भावों को वे भाषा में व्यक्त करने की चेष्टा कर रहे थे,

उनको अनन्त देश, अनन्त विस्तार और अनन्त बाह्य प्रकृति प्रकाशित करने में असमर्थ है। तब उन्होंने जगत्-समस्या की व्याख्या के लिए अन्य मार्गों का अवलम्बन किया। उपनिषदों की भाषा ने नया रूप धारण किया, उपनिषदों की भाषा एक प्रकार से 'नेति' वाचक है, स्थान स्थान पर अस्फुट है, मानो वह तुम्हें अतीन्द्रिय राज्य में ले जाने की चेष्टा करती है; केवल तुम्हें एक ऐसी वस्तु दिखा देती है, जिसे तुम ग्रहण नहीं कर सकते, जिसका तुम इन्द्रियों से बोध नहीं कर पाते, फिर भी उस वस्तु के सम्बन्ध में तुमको साथ ही यह निश्चय भी है कि उसका अस्तित्व है। संसार में ऐसा स्थल कहाँ हैं जिसके साथ इस श्लोक की तुलना हो सके?—

न तत्र सूर्यो भाति न चन्द्रतारकम्।
नेमा विद्युतो भान्ति कुतोऽयमग्निः॥[1]

—'वहाँ सूर्य की किरण नहीं पहुँचती, वहाँ चन्द्रमा और तारे भी नहीं चमकते, बिजली भी उस स्थान को प्रकाशित नहीं कर सकती, इस सामान्य अग्नि का तो कहना ही क्या?'

पुनश्च, समस्त संसार के समग्र दार्शनिक भाव की अत्यन्त पूर्ण अभिव्यक्ति संसार में और कहाँ पाओगे; हिन्दू जाति के समग्र चिन्तन का सारांश, मानव जाति की मोक्षाकांक्षा की समस्त कल्पना जिस प्रकार अद्भुत भाषा में अंकित हुई है, जिस प्रकार अपूर्व रूपक में वर्णित हुई है, ऐसी तुम और कहाँ पाओगे? यथा:

द्वा सुपर्णा सयुजा सखाया समानं वृक्षं परिषस्वजाते।
तयोरन्यः पिप्पलं स्वाद्वत्त्यनश्नन्नन्यो अभिचाकशीति॥
समाने वृक्षे पुरुषो निमग्नोऽनीशया शोचति मुह्यमानः।
जुष्टं यदा पश्यत्यन्यमीशमस्य महिमानमिति वीतशोकः॥[2]

एक ही वृक्ष के ऊपर सुन्दर पंखवाली दो चिड़ियाँ रहती हैं—दोनों बड़ी मित्र हैं; उनमें एक उसी वृक्ष के फल खाती है, दूसरी फल न खाकर स्थिर भाव से चुपचाप बैठी है। नीचे की शाखा में बैठी चिड़िया कभी मीठे, कभी कड़वे फल खाती है—और इसी कारण कभी सुखी अथवा कभी दुःखी होती है, किन्तु ऊपर की शाखा में बैठी हुई चिड़िया स्थिर और गम्भीर है; वह अच्छे-बुरे कोई फल नहीं खाती; वह सुख और दुःख की परवाह नहीं करती; अपनी ही महिमा में मग्न है, ये दोनों पक्षी जीवात्मा और परमात्मा हैं। मनुष्य इस जीवन के मीठे और कड़वे फल खाता है, वह धन की खोज में मस्त है, वह इन्द्रिय सुख के

---

१. कठोपनिषद् ॥२।२।१५॥
२. मुंडकोपनिषद् ॥३।१।१-३॥

छे दौड़ता है, सांसारिक क्षणिक वृथा सुख के लिए उन्मत्त होकर पागल के समान ौड़ता है। उपनिषदों ने एक और स्थान पर सारथि और उसके असयंत दुष्ट घोड़े साथ मनुष्य के इस इन्द्रिय-सुखान्वेषण की तुलना की है। वृथा सुख के अनुसन्धान ी चेष्टा में मनुष्य का जीवन ऐसा ही बीतता है। बच्चे कितने सुनहले वप्न देखते हैं; अन्ततः केवल यह जानने के लिए कि ये निरर्थक हैं। वृद्धावस्था ं वे अपने अतीत कर्मों की पुनरावृत्ति करते हैं, और फिर भी नहीं जानते कि इस ंजाल से कैसे निकला जाय। संसार यही है। किन्तु सभी मनष्यों के जीवन में मय समय पर ऐसे स्वर्णिम क्षण आते हैं—मनुष्य के अत्यन्त शोक में, यहाँ तक कि हा आनन्द के समय ऐसे उत्तम सुअवसर आ उपस्थित होते हैं, जब सूर्य के प्रकाश ो छिपानेवाला मेघखंड मानो थोड़ी देर के लिए हट जाता है। उस समय इस क्षण-ाल के लिए अपने इस सीमाबद्ध भाव के परे उस सर्वातीत सत्ता की एक झलक ा जाते हैं जो अत्यन्त दूर हैं, जो पंचेन्द्रियाबद्ध जीवन से परे बहुत दूर है, जो इस ंसार के व्यर्थ भोग और इसके सुख-दुःख से परे बहुत ही दूर है, जो प्रकृति के उस ार दूर है, जो इहलोक अथवा परलोक में हम जिस सुख-भोग की कल्पना करते हैं उससे भी बहुत दूर है, जो धन, यश और सन्तान की तृष्णा से भी परे बहुत दूर है। मनुष्य क्षण-काल के लिए दिव्य दृश्य देखकर स्थिर होता है—और देखता है कि दूसरी चिड़िया शान्त और महिमामय है, वह खट्टे या मीठे कोई भी फल नहीं खाती, वह अपनी महिमा में स्वयं आत्मतृप्त है, जैसा गीता में कहा है :

यस्त्वात्मरतिरेव स्यादात्मतृप्तश्च मानवः।
आत्मन्येव च सन्तुष्टस्तस्य कार्यं न विद्यते॥३।१७॥

—'जो आत्मा में रत है, जो आत्मतृप्त है और जो आत्मा में ही सन्तुष्ट है, उसके करने के लिए और कौन कार्य शेष रह गया है ?'

वह वृथा कार्य करके क्यों समय गँवाये? एक बार अचानक ब्रह्म-दर्शन प्राप्त करने के पश्चात् मनुष्य पुनः भूल जाता है, पुनः जीवन के खट्टे और मीठे फल खाता है—और उस समय उसको कुछ भी स्मरण नहीं रहता। कदाचित् कुछ दिनों के पश्चात् वह पुनः ब्रह्म के दर्शन प्राप्त करता है और जितनी चोट खाता है, उतना ही नीचे का पक्षी ऊपर बैठे हुए पक्षी के निकट आता जाता है। यदि वह सौभाग्य से संसार के तीव्र आघात पाता रहे, तो वह अपने साथी, अपने प्राण, अपने सखा उसी दूसरे पक्षी के निकट क्रमशः आता है। और वह जितना ही निकट आता है, उतना ही देखता है कि उस ऊपर बैठे हुए पक्षी की देह की ज्योति आकर उसके पंखों के चारों ओर खेल रही है।

और वह जितना ही निकट आता जाता है, उतना ही रूपान्तरण घटित होता है धीरे धीरे वह जब अत्यन्त निकट पहुँच जाता है, तब देखता है कि मानों वह क्रमश मिटता जा रहा है—अन्त में उसका पूर्ण रूप से लोप हो जाता है। उस समय व समझता है कि उसका पृथक् अस्तित्व भी न था, वह उसी हिलते हुए पत्तों के भीत शान्त और गम्भीर भाव से बैठे हुए दूसरे पक्षी का प्रतिबिम्ब मात्र था। उस सम वह जानता है कि वह स्वयं ही वही ऊपर बैठा हुआ पक्षी है, वह सदा से शान्त भा में बैठा हुआ था—यह उसीकी महिमा है। वह निर्भय हो जाता है, उस सम वह सम्पूर्ण रूप से तृप्त होकर धीरे और शान्त भाव में निमग्न रहता है। इसी रूप में उपनिषद् द्वैत भाव से आरम्भ कर पूर्ण अद्वैत भाव में हमें ले जाते हैं।

उपनिषदों के अपूर्व कवित्व, उदात्त चित्रण तथा उच्चतम भावसमूह दिखला के लिए अनन्त उदाहरण उद्धृत किये जा सकते हैं, किन्तु इस व्याख्यान में इसके लिए समय नहीं है। तो भी एक बात और कहूँगा, उपनिषदों की भाषा और भा की गति सरल है, उनकी प्रत्येक बात तलवार की धार के समान, हथौड़े की चोट के समान साक्षात् भाव से हृदय में आघात करती है। उनके अर्थ समझने में कुछ भी भूल होने की सम्भावना नहीं—उस संगीत के प्रत्येक सुर में शक्ति है, और वह हृदय पर पूरा असर करता है। उनमें अस्पष्टता नहीं, असम्बद्ध कथन नहीं, किसी प्रकार की जटिलता नहीं, जिससे दिमाग़ घूम जाय। उनमें अवनति के चिह्न नहीं हैं, अन्योक्तियों द्वारा वर्णन की भी ज़्यादा चेष्टा नहीं की गयी है। उपनिषदों में इस प्रकार के वर्णन भी नही मिलेंगे कि विशेषण के पश्चात् विशेषण देकर क्रमागत भाव को जटिल करने से प्रकृत विषय का पता न लगे, दिमाग़ चक्कर खाने लगे, और उस साहित्यिक गोरखधंधा के बाहर निकलने का उपाय ही न सूझे। यदि यह मानवप्रणीत है, तो यह एक ऐसी जाति का साहित्य है, जिसमें अभी अपनी जातीय तेजस्विता का ह्रास नहीं हुआ।

उपनिषदों का प्रत्येक पृष्ठ मुझे शक्ति का सन्देश देता है। यह विषय विशेष रूप से स्मरण रखने योग्य है, समस्त जीवन में मैंने यही महाशिक्षा प्राप्त की है—उपनिषद् कहते हैं, हे मानव, तेजस्वी बनो, वीर्यवान बनो, दुर्बलता को त्यागो। मनुष्य प्रश्न करता है, क्या मनुष्य में दुर्बलता नहीं है? उपनिषद् कहते हैं, अवश्य है, किन्तु अधिक दुर्बलता द्वारा क्या यह दुर्बलता दूर होगी? क्या तुम मैल से मैल धोने का प्रयत्न करोगे? पाप के द्वारा पाप अथवा निर्बलता द्वारा निर्बलता दूर होती है? उपनिषद् कहते हैं, हे मनुष्य, तेजस्वी बनो, वीर्यवान बनो, उठकर खड़े हो जाओ। जगत् के साहित्य में केवल इन्हीं उपनिषदों में 'अभीः' (भयशून्य) यह शब्द बार बार व्यवहृत हुआ है—और संसार के किसी शास्त्र में ईश्वर अथवा

मानव के प्रति 'अभीः'—'भयशून्य' यह विशेषण प्रयुक्त नहीं हुआ है। 'अभीः' —निर्भय बनो! और मेरे मन में अत्यन्त अतीत काल के उस पाश्चात्य सम्राट् सिकन्दर का चित्र उदित होता है और मैं देख रहा हूँ—वह महाप्रतापी सम्राट् सिन्धु नद के तट पर खड़ा होकर अरण्यवासी, शिलाखंड पर बैठे हुए वृद्ध, नग्न, हमारे ही एक संन्यासी के साथ बात कर रहा है। सम्राट् संन्यासी के अपूर्व ज्ञान से विस्मित होकर उसको अर्थ और मान का प्रलोभन दिखाकर यूनान देश में आने के लिए निमंत्रित करता है। और वह व्यक्ति उसके स्वर्ण पर मुसकराता है, उसके प्रलोभनों पर मुसकराता है और अस्वीकार कर देता है। और तब सम्राट् ने अपने अधिकार-बल से कहा, "यदि आप नहीं आयेंगे तो मैं आपको मार डालूँगा।" यह सुनकर संन्यासी ने खिलखिलाकर कहा, "तुमने इस समय जैसा मिथ्या भाषण किया, जीवन में ऐसा कभी नहीं किया। मुझको कौन मार सकता है? जड़ जगत् के सम्राट्, तुम मुझको मारोगे? कदापि नहीं! मैं चैतन्यस्वरूप, अज और अक्षय हूँ! मेरा कभी जन्म नहीं हुआ और न कभी मेरी मृत्यु हो सकती है! मैं अनन्त, सर्वव्यापी और सर्वज्ञ हूँ। क्या तुम मुझको मारोगे? निरे बच्चे हो तुम!" यही सच्चा तेज है, यही सच्चा वीर्य है! हे बन्धुगण, हे स्वदेशवासियो, मैं जितना ही उपनिषदों को पढ़ता हूँ, उतना ही मैं तुम्हारे लिए आँसू बहाता हूँ; क्योंकि उपनिषदों में वर्णित इसी तेजस्विता को ही हमको विशेष रूप से जीवन में चरितार्थ करना आवश्यक हो गया है। शक्ति, शक्ति—यही हमको चाहिए, हमको शक्ति की बड़ी आवश्यकता है। कौन प्रदान करेगा हमको शक्ति? हमको दुर्बल करने के लिए सहस्रों विषय हैं, कहानियाँ भी बहुत हैं। हमारे प्रत्येक पुराण में इतनी कहानियाँ हैं कि जिससे संसार में जितने पुस्तकालय हैं, उनका तीन चौथाई भाग पूर्ण हो सकता है; जो हमारी जाति को शक्तिहीन कर सकती हैं, ऐसी दुर्बलताओं का प्रवेश हममें विगत एक हज़ार वर्ष से ही हुआ है। ऐसा प्रतीत होता है, मानो विगत एक हज़ार वर्ष से हमारे जातीय जीवन का यही एकमात्र लक्ष्य था कि किस प्रकार हम अपने को दुर्बल से दुर्बलतर बना सकेंगे। अन्त में हम वास्तव में हर एक के पैर के पास रेंगनेवाले ऐसे केंचुओं के समान हो गये हैं कि इस समय जो चाहे वही हमको कुचल सकता है। हे बन्धुगण, तुम्हारी और मेरी नसों में एक ही रक्त का प्रवाह हो रहा है, तुम्हारा जीवन-मरण मेरा भी जीवन-मरण है। मैं तुमसे पूर्वोक्त कारणों से कहता हूँ कि हमको शक्ति, केवल शक्ति ही चाहिए। और उपनिषद् शक्ति की विशाल खान हैं। उपनिषदों में ऐसी प्रचुर शक्ति विद्यमान है कि वे समस्त संसार को तेजस्वी बना सकते हैं। उनके द्वारा समस्त संसार पुनरुज्जीवित, सशक्त और वीर्यसम्पन्न हो सकता है। समस्त जातियों को, सकल मतों को, भिन्न भिन्न सम्प्र-

दाय के दुर्बल, दुःखी, पददलित लोगों को स्वयं अपने पैरों खड़े होकर मुक्त होने के लिए वे उच्च स्वर में उद्घोष कर रहे हैं। मुक्ति अथवा स्वाधीनता—दैहिक स्वाधीनता, मानसिक स्वाधीनता, आध्यात्मिक स्वाधीनता यही उपनिषदों के मूल मंत्र हैं।

संसार भर में ये ही एकमात्र शास्त्र हैं, जिनमें उद्धार (salvation) का वर्णन नहीं, किन्तु मुक्ति का वर्णन है। प्रकृति के बन्धन से मुक्त हो जाओ, दुर्बलता से मुक्त हो जाओ। और उपनिषद् तुमको यह भी बतलाते हैं कि यह मुक्ति तुममें पहले से ही विद्यमान है। उपनिषदों के उपदेश की यह और भी एक विशेषता है। तुम द्वैतवादी हो—कुछ चिन्ता नहीं, किन्तु तुमको यह स्वीकार करना ही होगा कि आत्मा स्वभाव ही से पूर्णस्वरूप है, केवल कितने ही कार्यों के द्वारा वह संकुचित हो गयी है। आधुनिक विकासवादी (evolutionist) जिसको क्रमविकास (evolution) और क्रमसंकोच (atavism) कहते हैं, रामानुज का संकोच और विकास का सिद्धान्त भी ठीक ऐसा ही है। आत्मा स्वाभाविक पूर्णता से भ्रष्ट होकर मानो संकोच को प्राप्त होती है, उसकी शक्ति अव्यक्त भाव धारण करती है; सत्कर्म और अच्छे विचारों द्वारा वह पुनः विकास को प्राप्त होती है और उसी समय उसकी स्वाभाविक पूर्णता प्रकट हो जाती है। अद्वैतवादी के साथ द्वैतवादी का इतना ही मतभेद है कि अद्वैतवादी आत्मा के विकास को नहीं, किन्तु प्रकृति के विकास को स्वीकार करता है। उदाहरणार्थ, एक परदा है और इस परदे में एक छोटा सूराख। मैं इस परदे के भीतर से इस भारी जनसमुदाय को देख रहा हूँ। मैं प्रथम केवल थोड़े से मनुष्यों को देख सकूँगा। मान लो, छेद बढ़ने लगा, छिद्र जितना ही बड़ा होगा, उतना ही मैं इन एकत्र व्यक्तियों में से अधिकांश को देख सकूँगा। अन्त में छिद्र बढ़ते बढ़ते परदा और छिद्र एक हो जायँगे; तब इस स्थिति में तुम्हारे और मेरे बीच कुछ भी नहीं रह जायगा। यहाँ तुममें और मुझमें किसी प्रकार का परिवर्तन नहीं हुआ। जो कुछ परिवर्तन हुआ, वह परदे में ही हुआ। तुम आरम्भ से अन्त तक एक से थे, केवल परदे में ही परिवर्तन हुआ था। विकास के सम्बन्ध में अद्वैतवादियों का यही मत है—प्रकृति का विकास और आत्मा की आभ्यन्तर अभिव्यक्ति। आत्मा किसी प्रकार भी संकोच को प्राप्त नहीं हो सकती। यह अपरिवर्तनशील और अनन्त है। वह मानो मायारूपी परदे से ढँकी हुई है—जितना ही यह मायारूपी परदा क्षीण होता जाता है, उतनी ही आत्मा की स्वयंसिद्ध स्वाभाविक महिमा अभिव्यक्त होती है और क्रमशः वह अधिकाधिक प्रकाशमान होती है। संसार इसी एक महान् तत्त्व को भारत से सीखने की अपेक्षा कर रहा है। वे चाहे जो कहें, वे कितना ही अहंकार करने की चेष्टा करें, पर वे क्रमशः दिन प्रतिदिन जान लेंगे

कि बिना इस तत्त्व को स्वीकार किये कोई समाज टिक नहीं सकता। क्या तुम नहीं देख रहे हो कि समस्त पदार्थों में कैसा भीषण परिवर्तन हो रहा है? क्या तुम नहीं जानते कि पहले यह प्रथा थी कि जब तक कोई वस्तु अच्छी कहकर प्रमाणित न हो जाय तब तक उसे निश्चित रूप से बुरी माना जाय? शिक्षाप्रणाली में, अपराधियों की दण्ड-व्यवस्था में, पागलों की चिकित्सा में, यहाँ तक कि साधारण रोग की चिकित्सा पर्यन्त सबमें इसी प्राचीन नियम को लागू किया जाता था। आधुनिक नियम क्या है? आधुनिक नियम के अनुसार शरीर स्वभाव ही से स्वस्थ है, वह अपनी प्रकृति से ही रोगों को दूर करता है। औषधि अधिक से अधिक शरीर में सार पदार्थों के संचय में सहायता कर सकती है। अपराधियों के सम्बन्ध में यह आधुनिक नियम क्या कहता है? आधुनिक नियम यह स्वीकार करता है कि कोई अपराधी, वह कितना ही हीन क्यों न हो, उसमें भी ईश्वरत्व है, जिसका कभी परिवर्तन नहीं होता है और इसलिए अपराधियों के प्रति हमको तदनुरूप व्यवहार करना चाहिए। अब पहले के ये सब भाव बदल रहे हैं और अब सुधारालय तथा प्रायश्चित्त-गृहों की स्थापना की जा रही है। ऐसा ही सर्वत्र है। जान कर कहो अथवा बिना जाने, यह भारतीय भाव कि प्रत्येक व्यक्ति के भीतर ईश्वरत्व वर्तमान है, नाना भावों से व्यक्त हो रहा है। और तुम्हारे शास्त्रों में ही इसकी व्याख्या है; उनको यह स्वीकार करना पड़ेगा। मनुष्य के प्रति मनुष्य के व्यवहार में महान् परिवर्तन हो जायगा और मनुष्य की दुर्बलताओं को बतलानेवाले ये प्राचीन विचार नहीं रहेंगे। इसी शताब्दी में इन भावों का लोप हो जायगा। इस समय लोग हमारे विरोध में खड़े होकर हमारी आलोचना कर सकते हैं। 'संसार में पाप नहीं है', इस घोर पैशाचिक सिद्धान्त के प्रचारक के रूप में संसार के प्रत्येक भाग में मेरी आलोचना की गयी है। बहुत अच्छा, किन्तु इस समय जिन्होंने मुझको बुरा भला कहा है, उनके ही वंशज मुझको अधर्म का प्रचारक नहीं, किन्तु धर्म का प्रचारक कहकर आशीर्वाद देंगे। मैं धर्म का प्रचारक हूँ, अधर्म का नहीं। मैंने अज्ञानान्धकार का प्रचार नहीं किया, किन्तु ज्ञान प्रकाश के विस्तार की चेष्टा की है, इसे मैं अपना गौरव समझता हूँ।

समग्र संसार का अखण्डत्व, जिसको ग्रहण करने के लिए संसार प्रतीक्षा कर रहा है, हमारे उपनिषदों का दूसरा महान् भाव है। प्राचीन काल की हदबन्दी और पार्थक्य इस समय तेज़ी से कम होते जा रहे हैं। बिजली और भाप की शक्ति, यातायात तथा संचार की सुविधाएँ बढ़ाकर संसार के विभिन्न देशों का परस्पर परिचय करा रही है। इसके फलस्वरूप, हम हिन्दू इस समय अपने देश के अतिरिक्त अन्य सब देशों को केवल भूत-प्रेत, राक्षस, पिशाचों से पूर्ण नहीं देख रहे हैं और

ईसाई धर्म-प्रधान देशों के लोग भी नहीं कहते कि भारत में केवल नरमांसभोजी और असभ्य लोग रहते हैं। अपने देश से बाहर जाकर हम देखते हैं कि वही बन्धु मानव सहायता के लिए अपना वही शक्तिशाली हाथ बढ़ा रहा है और उसी मुख से उत्साहित कर रहा है। जिस देश में हमने जन्म लिया है उसकी अपेक्षा कभी कभी अन्य देशों में अधिक अच्छे लोग मिल जाते हैं। जब वे यहाँ आते हैं, वे भी यहाँ वैसा ही भ्रातृभाव, उत्साह और सहानुभूति पाते हैं। हमारे उपनिषदों ने ठीक ही कहा है, अज्ञान ही सर्व प्रकार के दु:खों का कारण है। सामाजिक अथवा आध्यात्मिक, अपने जीवन को चाहे जिस अवस्था में देखो, यह बिल्कुल सही उतरता है। अज्ञान से ही हम परस्पर घृणा करते हैं, अज्ञान से ही हम एक दूसरे को जानते नहीं और इसीलिए प्यार नहीं करते। जब हम एक दूसरे को जान लेंगे, प्रेम का उदय होगा। प्रेम का उदय निश्चित है; क्योंकि क्या हम सब एक नहीं हैं? इसलिए हम देखते हैं कि चेष्टा न करंने पर भी, हम सबका एकत्वभाव स्वभाव ही से आ जाता है। यहाँ तक कि राजनीति और समाजनीति के क्षेत्रों में भी जो समस्याएँ बीस वर्ष पहले केवल राष्ट्रीय थीं, इस समय उनकी मीमांसा केवल राष्ट्रीयता के आधार पर ही नहीं की जा सकती। उक्त समस्याएँ क्रमश: कठिन हो रही हैं और विशाल आकार धारण कर रही हैं। केवल अन्तर्राष्ट्रीय आधार पर उदार दृष्टि से विचार करने पर ही उनको हल किया जा सकता है। अन्तर्राष्ट्रीय संगठन, अन्तर्राष्ट्रीय संघ, अन्तर्राष्ट्रीय विधान, ये ही आजकल के मूलमन्त्रस्वरूप हैं। सब लोगों के भीतर एकत्वभाव किस प्रकार विस्तृत हो रहा है, यही उसका प्रमाण है। विज्ञान में भी जड़ तत्त्व के सम्बन्ध में ऐसे ही सार्वभौम भाव ही इस समय आविष्कृत हो रहे हैं। इस समय तुम समग्र जड़ वस्तु को, समस्त संसार को एक अखण्ड वस्तुरूप में, बृहत् जड़-समुद्र सा वर्णन करते हो, जिसमें तुम, मैं, चन्द्र, सूर्य और शेष सब कुछ, सभी विभिन्न क्षुद्र भँवर मात्र हैं, और कुछ नहीं। मानसिक दृष्टि से देखने पर वह एक अनन्त विचार-समुद्र प्रतीत होता है; तुम और मैं उस विचार-समुद्र के अत्यन्त छोटे छोटे भँवरों के सदृश हैं। आत्मपरक दृष्टि से देखने पर समग्र जगत् एक अचल, अपरिवर्तनशील सत्ता अर्थात् आत्मा प्रतीत होता है। नैतिकता का स्वर भी आ रहा है और यह भी हमारे ग्रन्थों में विद्यमान है। नैतिकता की व्याख्या और आचार-शास्त्र के मूल स्रोत के लिए भी संसार व्याकुल है, यह भी हमारे शास्त्रों से ही मिलेगा।

हम भारत में क्या चाहते हैं? यदि विदेशियों को इन पदार्थों की आवश्यकता है, तो हमको इनकी आवश्यकता बीस गुना अधिक है। क्योंकि हमारे उपनिषद् कितने ही महत्त्वपूर्ण क्यों न हों, अन्यान्य जातियों के साथ तुलना में हम अपने

पूर्वपुरुष ऋषिगणों पर कितना ही गर्व क्यों न करें, मैं तुम लोगों से स्पष्ट भाषा में कहे देता हूँ कि हम दुर्बल हैं, अत्यन्त दुर्बल हैं। प्रथम तो है हमारी शारीरिक दुर्बलता। यह शारीरिक दुर्बलता कम से कम हमारे एक तिहाई दुःखों का कारण है। हम आलसी हैं, हम कार्य नहीं कर सकते; हम पारस्परिक एकता स्थापित नहीं कर सकते, हम एक दूसरे से प्रेम नहीं करते, हम बड़े स्वार्थी हैं, हम तीन मनुष्य एकत्र होते ही एक दूसरे से घृणा करते हैं, ईर्ष्या करते हैं। हमारी इस समय ऐसी अवस्था है कि हम पूर्ण रूप से असंगठित हैं, घोर स्वार्थी हो गये हैं, सैकड़ों शताब्दियों से इसीलिए झगड़ते हैं कि तिलक इस तरह धारण करना चाहिए या उस तरह। अमुक व्यक्ति की नज़र पड़ने से हमारा भोजन दूषित होगा या नहीं, ऐसी गुरुतर समस्याओं के ऊपर हम बड़े बड़े ग्रन्थ लिखते हैं। पिछली कई शताब्दियों से हमारा यही कारनामा रहा है। जिस जाति के मस्तिष्क की समस्त शक्ति ऐसी अपूर्व सुन्दर समस्याओं और गवेषणाओं में लगी है, उससे किसी उच्च कोटि की सफलता की क्या आशा की जाय! और क्या हमको अपने पर शर्म भी नहीं आती? हाँ, कभी कभी शर्मिन्दा होते भी हैं। यद्यपि हम उनकी निस्सारता को समझते हैं, पर उनका परित्याग नहीं कर पाते। हम अनेक बातें सोचते हैं, किन्तु उनके अनुसार कार्य नहीं कर सकते। इस प्रकार तोते के समान बातें करना हमारा अभ्यास हो गया है—आचरण में हम बहुत पिछड़े हुए हैं। इसका कारण क्या है? शारीरिक दौर्बल्य। दुर्बल मस्तिष्क कुछ नहीं कर सकता, हमको अपने मस्तिष्क को बलवान बनाना होगा। प्रथम तो हमारे युवकों को बलवान बनना होगा। धर्म पीछे आयेगा। हे मेरे युवक बन्धु, तुम बलवान बनो—यही तुम्हारे लिए मेरा उपदेश है। गीता-पाठ करने की अपेक्षा तुम्हें फुटबाल खेलने से स्वर्ग-सुख अधिक सुलभ होगा। मैंने अत्यन्त साहसपूर्वक ये बातें कही हैं, और इनको कहना अत्यावश्यक है, कारण मैं तुमको प्यार करता हूँ। मैं जानता हूँ कि कंकड़ कहाँ चुभता है। मैंने कुछ अनुभव प्राप्त किया है। बलवान शरीर से अथवा मज़बूत पुट्ठों से तुम गीता को अधिक समझ सकोगे। शरीर में ताज़ा रक्त होने से तुम कृष्ण की महती प्रतिभा और महान् तेजस्विता को अच्छी तरह समझ सकोगे। जिस समय तुम्हारा शरीर तुम्हारे पैरों के बल दृढ़ भाव से खड़ा होगा, जब तुम अपने को मनुष्य समझोगे, तब तुम उपनिषद् और आत्मा की महिमा भली भाँति समझोगे। इस तरह वेदान्त को अपनी आवश्यकताओं के अनुसार काम में लगाना होगा।

लोग मेरे अद्वैतवाद के प्रचार से बहुधा विरक्त हो जाते हैं। अद्वैतवाद, द्वैतवाद अथवा अन्य किसी वाद का प्रचार करना मेरा उद्देश्य नहीं है। हमें इस समय आवश्यकता है केवल आत्मा की—उसके अपूर्व तत्त्व, उसकी अनन्त शक्ति,

अनन्त वीर्य, अनन्त शुद्धता और अनन्त पूर्णता के तत्त्व को जानने की। यदि मेरे कोई सन्तान होती तो मैं उसे जन्म के समय से ही सुनाता 'त्वमसि निरंजनः'। तुमने अवश्य ही पुराण में रानी मदालसा की वह सुन्दर कहानी पढ़ी होगी। उसके सन्तान होते ही वह उसको अपने हाथ से झूले पर रखकर झुलाते हुए उसके निकट गाती थी, 'तुम हो मेरे लाल निरंजन अतिपावन निष्पाप; तुम हो सर्वशक्तिशाली, तेरा है अमित प्रताप।' इस कहानी में महान् सत्य छिपा हुआ है। अपने को महान् समझो और तुम सचमुच महान् हो जाओगे। सभी लोग पूछते हैं, आपने समग्र संसार में भ्रमण करके क्या अनुभव प्राप्त किया? अंग्रेज़ लोग पापियों की बातें करते हैं; पर वास्तव में यदि सभी अंग्रेज़ अपने को पापी समझते, तो वे अफ़्रीक़ा के मध्य भाग के रहनेवाले हब्शी जैसे हो जाते। ईश्वर की कृपा से इस बात पर वे विश्वास नहीं करते। इसके विपरीत अंग्रेज़ तो यह विश्वास करता है कि संसार के अधीश्वर होकर उसने जन्म धारण किया है। वह अपनी श्रेष्ठता पर पूरा विश्वास रखता है। उसकी धारणा है कि वह सब कुछ कर सकता है, इच्छा होने पर सूर्य-लोक और चन्द्रलोक की भी सैर कर सकता है। इसी इच्छा के बल से वह बड़ा हुआ है। यदि वह अपने पुरोहितों के इन वाक्यों पर कि मनुष्य क्षुद्र है, हतभाग्य और पापी है, अनन्तकाल तक वह नरकाग्नि में दग्ध होगा, विश्वास करता, तो वह आज वही अंग्रेज़ न होता जैसा वह आज है। यही बात मैं प्रत्येक जाति के भीतर देखता हूँ। उनके पुरोहित लोग चाहे जो कुछ कहें, और वे कितने ही कुसंस्कारपूर्ण क्यों न हों, किन्तु उनके अभ्यन्तर का ब्रह्मभाव लुप्त नहीं होता, उसका विकास अवश्य होता है। हम श्रद्धा खो बैठे हैं। क्या तुम मेरे इस कथन पर विश्वास करोगे कि हम अंग्रेज़ों की अपेक्षा कम आत्मश्रद्धा रखते हैं—सहस्रगुण कम आत्म-श्रद्धा रखते हैं? मैं साफ़-साफ़ कह रहा हूँ। बिना कहे दूसरा उपाय भी मैं नहीं देखता। तुम देखते नहीं?—अंग्रेज़ जब हमारे धर्मतत्त्व को कुछ कुछ समझने लगते हैं तब वे मानो उसीको लेकर उन्मत्त हो जाते हैं। यद्यपि वे शासक हैं, तथापि अपने देशवासियों की हँसी और उपहास की उपेक्षा करके भारत में हमारे ही धर्म का प्रचार करने के लिए वे आते हैं। तुम लोगों में से कितने ऐसे हैं जो ऐसा काम कर सकते हैं? तुम क्यों ऐसा नहीं कर सकते? क्या तुम जानते नहीं, इसलिए नहीं कर सकते? उनकी अपेक्षा तुम अधिक ही जानते हो। इसीसे तो ज्ञान के अनुसार तुम काम नहीं कर सकते। जितना जानने से कल्याण होगा उससे तुम ज्यादा जानते हो, यही आफ़त है। तुम्हारा रक्त पानी जैसा हो गया है, मस्तिष्क मुर्दार और शरीर दुर्बल! इस शरीर को बदलना होगा। शारीरिक दुर्बलता ही सब अनिष्टों की जड़ है और कुछ नहीं। गत कई सदियों से तुम

नाना प्रकार के सुधार, आदर्श आदि की बातें कर रहे हो और जब काम करने का समय आता है तब तुम्हारा पता ही नहीं मिलता। अतः तुम्हारे आचरणों से सारा संसार क्रमशः हताश हो रहा है और समाज-सुधार का नाम तक समस्त संसार के उपहास की वस्तु हो गयी है ! इसका कारण क्या है ? क्या तुम जानते नहीं हो ? तुम अच्छी तरह जानते हो। ज्ञान की कमी तो तुम में है ही नहीं ! सब अनर्थों का मूल कारण यही है कि तुम दुर्बल हो, अत्यन्त दुर्बल हो; तुम्हारा शरीर दुर्बल है, मन दुर्बल है, और अपने पर आत्मश्रद्धा भी बिल्कुल नहीं है। सैकड़ों सदियों से ऊँची जातियों, राजाओं और विदेशियों ने तुम्हारे ऊपर अत्याचार करके, तुमको चकनाचूर कर डाला है। भाइयो ! तुम्हारे ही स्वजनों ने तुम्हारा सब बल हर लिया है। तुम इस समय मेरुदण्डहीन और पददलित कीड़ों के समान हो। इस समय तुमको शक्ति कौन देगा ? मैं तुमसे कहता हूँ, इसी समय हमको बल और वीर्य की आवश्यकता है। इस शक्ति को प्राप्त करने का पहला उपाय है—उपनिषदों पर विश्वास करना और यह विश्वास करना कि 'मैं आत्मा हूँ।' 'मुझे न तो तलवार काट सकती है, न बरछी छेद सकती है, न आग जला सकती है और न हवा सुखा सकती है, मैं सर्वशक्तिमान हूँ, सर्वज्ञ हूँ।'[१] इन आशाप्रद और परित्राणपद वाक्यों का सर्वदा उच्चारण करो। मत कहो—हम दुर्बल हैं। हम सब कुछ कर सकते हैं। हम क्या नहीं कर सकते ? हमसे सब कुछ हो सकता है। हम सबके भीतर एक ही महिमामय आत्मा है। हमें इस पर विश्वास करना होगा। नचिकेता के समान श्रद्धाशील बनो। नचिकेता के पिता ने जब यज्ञ किया था, उसी समय नचिकेता के भीतर श्रद्धा का प्रवेश हुआ। मेरी इच्छा है—तुम लोगों के भीतर इसी श्रद्धा का आविर्भाव हो, तुममें से हर एक आदमी खड़ा होकर इशारे से संसार को हिला देनेवाला प्रतिभासम्पन्न महापुरुष हो, हर प्रकार से अनन्त ईश्वरतुल्य हो। मैं तुम लोगों को ऐसा ही देखना चाहता हूँ। उपनिषदों से तुमको ऐसी ही शक्ति प्राप्त होगी और वहीं से तुमको ऐसा विश्वास प्राप्त होगा।

प्राचीन काल में केवल अरण्यवासी संन्यासी ही उपनिषदों की चर्चा करते थे। वे रहस्य के विषय बन गये थे। उपनिषद् संन्यासियों तक ही सीमित थे। शंकर ने कुछ सदय हो कहा है, 'गृही मनुष्य भी उपनिषदों का अध्ययन कर सकते हैं; इससे उनका कल्याण ही होगा, कोई अनिष्ट न होगा।' परन्तु अभी तक यह संस्कार कि उपनिषदों में वन, जंगल अथवा एकान्तवास का ही वर्णन है, मनुष्यों के मन से

---

१. नैनं छिन्दन्ति शस्त्राणि नैनं दहति पावकः।
न चैनं क्लेदयन्त्यापो न शोषयति मारुतः ॥गीता।२।२३॥

नहीं हटा। मैंने तुम लोगों से उस दिन कहा था कि जो स्वयं वेदों के प्रकाशक हैं, उन्हीं श्री कृष्ण के द्वारा वेदों की एकमात्र प्रामाणिक टीका, गीता, एक ही बार चिर-काल के लिए बनी है, यह सबके लिए और जीवन की सभी अवस्थाओं के लिए उपयोगी है। तुम कोई भी काम करो, तुम्हारे लिए वेदान्त की आवश्यकता है। वेदान्त के इन सब महान् तत्त्वों का प्रचार आवश्यक है, ये केवल अरण्य में अथवा गिरिगुहाओं में आबद्ध नहीं रहेंगे; वकीलों और न्यायाधीशों में, प्रार्थना-मन्दिरों में, दरिद्रों की कुटियों में, मछुओं के घरों में, छात्रों के अध्ययन-स्थानों में—सर्वत्र ही इन तत्त्वों की चर्चा होगी और ये काम में लाये जायँगे। हर एक व्यक्ति, हर एक सन्तान चाहे जो काम करे, चाहे जिस अवस्था में हो—उनकी पुकार सबके लिए है। भय का अब कोई कारण नहीं है। उपनिषदों के सिद्धान्तों को मछुए आदि साधारण जन किस प्रकार काम में लायेंगे? इसका उपाय शास्त्रों में बताया गया है। मार्ग अनन्त है, धर्म अनन्त है, कोई इसकी सीमा के बाहर नहीं जा सकता। तुम निष्कपट भाव से जो कुछ करते हो तुम्हारे लिए वही अच्छा है। अत्यन्त छोटा कर्म भी यदि अच्छे भाव से किया जाय, तो उससे अद्भुत फल की प्राप्ति होती है। अतएव जो जहाँ तक अच्छे भाव से काम कर सके, करे। मछुआ यदि अपने को आत्मा समझकर चिन्तन करे, तो वह एक उत्तम मछुआ होगा। विद्यार्थी यदि अपने को आत्मा विचारे, तो वह एक श्रेष्ठ विद्यार्थी होगा। वकील यदि अपने को आत्मा समझे, तो वह एक अच्छा वकील होगा। औरों के विषय में भी यही समझो। इसका फल यह होगा कि जातिविभाग अनन्त काल तक रह जायगा; क्योंकि विभिन्न श्रेणियों में विभक्त होना ही समाज का स्वभाव है। पर रहेगा क्या नहीं? विशेष अधिकारों का अस्तित्व न रह जायगा। जातिविभाग प्राकृतिक नियम है। सामाजिक जीवन में एक विशेष काम मैं कर सकता हूँ, तो दूसरा काम तुम कर सकते हो। तुम एक देश का शासन कर सकते हो तो मैं एक पुराने जूते की मरम्मत कर सकता हूँ, किन्तु इस कारण तुम मुझसे बड़े नहीं हो सकते। क्या तुम मेरे जूते की मरम्मत कर सकते हो? मैं क्या देश का शासन कर सकता हूँ? यह कार्यविभाग स्वाभाविक है। मैं जूते की सिलाई करने में चतुर हूँ, तुम वेदपाठ में निपुण हो। यह कोई कारण नहीं कि तुम इस विशेषता के लिए मेरे सिर पर पाँव रखो। तुम यदि हत्या भी करो तो तुम्हारी प्रशंसा और मुझे एक सेब चुराने पर ही फाँसी पर लटकना हो, ऐसा नहीं हो सकता। इसको समाप्त करना ही होगा। जातिविभाग अच्छा है। जीवन-समस्या के समाधान के लिए यही एकमात्र स्वाभाविक उपाय है। मनुष्य अलग अलग वर्गों में विभक्त होंगे, यह अनिवार्य है। तुम जहाँ भी जाओ, जातिविभाग से छुटकारा न मिलेगा; किन्तु इसका अर्थ यह नहीं है कि इस प्रकार

ा विशेषाधिकार भी रहेगा। इनको जड़ से उखाड़ फेंकना होगा। यदि मछुआ ो तुम वेदान्त सिखलाओगे तो वह कहेगा, हम और तुम दोनों बराबर हैं। तुम ार्शनिक हो, मैं मछुआ; पर इससे क्या? तुम्हारे भीतर जो ईश्वर है, वही झमें भी है। हम यही चाहते हैं कि किसीको कोई विशेष अधिकार प्राप्त न हो, ौर प्रत्येक मनुष्य की उन्नति के लिए समान सुभीते हों। सब लोगों को उनके ीतर स्थित ब्रह्मतत्त्व सम्बन्धी शिक्षा दो। प्रत्येक व्यक्ति अपनी मुक्ति के लिए वयं चेष्टा करेगा।

उन्नति के लिए सबसे पहले स्वाधीनता की आवश्यकता है। यदि तुम लोगों ं से कोई यह कहने का साहस करे कि मैं अमुक स्त्री अथवा अमुक लड़के की मुक्ति ; लिए काम करूँगा, तो यह ग़लत है, हज़ार बार ग़लत होगा। मुझसे बार-बार ह पूछा जाता है कि विधवाओं की समस्या के बारे में और स्त्रियों के प्रश्न के वषय में आप क्या सोचते हैं? मैं इस प्रश्न का अन्तिम उत्तर यह देता हूँ— या मैं विधवा हूँ, जो तुम ऐसा निरर्थक प्रश्न मुझसे पूछते हो? क्या मैं स्त्री हूँ, ो तुम बारंबार मुझसे यही प्रश्न करते हो? स्त्री जाति के प्रश्न को हल करने े लिए आगे बढ़नेवाले तुम हो कौन? क्या तुम हर एक विधवा और हर एक स्त्री ; भाग्यविधाता भगवान् हो? दूर रहो! अपनी समस्याओं का समाधान वे वयं कर लेंगी। अरे अत्याचारियो, क्या तुम समझते हो कि तुम सबके लिए सब कुछ कर सकते हो? हट जाओ, दूर रहो! ईश्वर सबकी चिन्ता करेंगे। अपने को सर्वज्ञ समझनेवाले तुम हो कौन? नास्तिको, तुम यह सोचने का दुस्साहस कैसे करते हो कि तुम्हारा ईश्वर पर अधिकार है? क्या तुम जानते नहीं कि प्रत्येक आत्मा ईश्वर ही का स्वरूप है? तुम अपना ही कर्म करो, तुम्हारे लिए तुम्हारे सिर पर बहुत से कर्मों का भार है। नास्तिको! तुम्हारी जाति तुमको आसमान पर चढ़ा दे, तुम्हारा समाज तुम्हारी प्रशंसा के पुल बाँध दे, मूर्ख लोग तुम्हारी तारीफ़ करें, किन्तु ईश्वर सो नहीं रहे हैं; इस लोक में या परलोक में इसका दण्ड तुम्हें अवश्य मिलेगा।

अतएव हर एक स्त्री को, हर एक पुरुष को और सभी को ईश्वर के ही समान देखो। तुम किसी की सहायता नहीं कर सकते, तुम्हें केवल सेवा करने का अधिकार है। प्रभु की सन्तान की, यदि भाग्यवान हो तो, स्वयं प्रभु की ही सेवा करो। यदि ईश्वर के अनुग्रह से उसकी किसी सन्तान की सेवा कर सकोगे, तो तुम धन्य हो जाओगे; अपने ही को बहुत बड़ा मत समझो। तुम धन्य हो, क्योंकि सेवा करने का तुमको अधिकार मिला और दूसरों को नहीं मिला। केवल ईश्वर-पूजा के भाव से सेवा करो। दरिद्र व्यक्तियों में हमको भगवान् को देखना चाहिए, अपनी

ही मुक्ति के लिए उनके निकट जाकर हमें उनकी पूजा करनी चाहिए। अने दुःखी और कंगाल प्राणी हमारी मुक्ति के माध्यम हैं, ताकि हम रोगी, पागल, कोढ़ी पापी आदि स्वरूपों में विचरते हुए प्रभु की सेवा करके अपना उद्धार करें। मे शब्द बड़े गम्भीर हैं और मैं उन्हें फिर दुहराता हूँ कि हम लोगों के जीवन का सर्व श्रेष्ठ सौभाग्य यही है कि हम इन भिन्न भिन्न रूपों में विराजमान भगवान् की सेव कर सकते हैं। प्रभुत्व से किसीका कल्याण कर सकने की धारणा त्याग दो जिस प्रकार पौधे के बढ़ने के लिए जल, मिट्टी, वायु आदि पदार्थों का संग्रह क देने पर फिर वह पौधा अपनी प्रकृति के नियमानुसार आवश्यक पदार्थों का ग्रहण आप ही कर लेता है और अपने स्वभाव के अनुसार बढ़ता जाता है, उसी प्रका दूसरों की उन्नति के साधन एकत्र करके उनका हित करो।

संसार में ज्ञान के प्रकाश का विस्तार करो; प्रकाश, सिर्फ़ प्रकाश लाओ प्रत्येक व्यक्ति ज्ञान के प्रकाश को प्राप्त करे। जब तक सब लोग भगवान् के निक न पहुँच जायँ, तब तक तुम्हारा कार्य शेष नहीं हुआ है। ग़रीबों में ज्ञान का विस्ता करो, धनियों पर और भी अधिक प्रकाश डालो; क्योंकि दरिद्रों की अपेक्षा धनिय को अधिक प्रकाश की आवश्यकता है। अपढ़ लोगों को भी प्रकाश दिखाओ शिक्षित मनुष्यों के लिए और अधिक प्रकाश चाहिए, क्योंकि आजकल शिक्षा क मिथ्याभिमान ख़ूब प्रबल हो रहा है। इसी तरह सबके निकट प्रकाश का विस्ता करो। और शेष सब भगवान् पर छोड़ दो, क्योंकि स्वयं भगवान् के शब्दों में—

कर्मण्येवाधिकारस्ते मा फलेषु कदाचन।
मा कर्मफलहेतुर्भूर्मा ते संगोऽस्त्वकर्मणि॥

(गीता २।४७)

—'कर्म में ही तुम्हारा अधिकार है, फल में नहीं; तुम इस भाव से कर्म मत करो, जिससे तुम्हें फल-भोग करना पड़े। तुम्हारी प्रवृत्ति कर्म त्याग करने की ओर न हो।'

सैकड़ों युग पूर्व हमारे पूर्वपुरुषों को जिस प्रभु ने ऐसे उदात्त सिद्धान्त सिखलाये हैं, वे हमें उन आदर्शों को काम में लाने की शक्ति दें और हमारी सहायता करें।

भारत के महापुरुष

[मद्रास में दिया हुआ भाषण]

भारतीय महापुरुषों के विषय में कुछ कहने के पहले मुझे उस समय का स्मरण होता है, जिस समय का पता इतिहास को नहीं मिला; जिस अतीत के अन्धकार में पैठकर भेद खोलने का पौराणिक परम्पराएँ वृथा प्रयत्न करती हैं। भारत में इतने महापुरुष पैदा हुए हैं कि उनकी गणना नहीं हो सकती; और महापुरुष पैदा करना छोड़ हज़ारों वर्षों से इस हिन्दू जाति ने और किया ही क्या? अतः इन महर्षियों में से युगान्तर करनेवाले कुछ सर्वश्रेष्ठ आचार्यों का वर्णन अर्थात् उनके चरित्र की आलोचना करके जो कुछ मैंने समझा है, वही तुम्हारे समक्ष प्रस्तुत करूँगा।

पहले अपने शास्त्रों के सम्बन्ध में हमें कुछ जान लेना चाहिए। हमारे शास्त्रों में सत्य के दो आदर्श हैं। पहला वह है, जिसे हम सनातन सत्य कहते हैं; और दूसरा वह, जो पहले की तरह प्रामाणिक न होने पर भी, विशेष विशेष देश, काल और पात्र पर प्रयुज्य है। श्रुति अथवा वेदों में जीवात्मा और परमात्मा के स्वरूप का पारस्परिक सम्बन्ध वर्णित है। मन्वादि स्मृतियों में, याज्ञवल्क्यादि संहिताओं में, पुराणों और तन्त्रों में दूसरे प्रकार का सत्य है। ये दूसरी कोटि के ग्रन्थ और शिक्षाएँ श्रुति के अधीन हैं; क्योंकि स्मृति और श्रुति में यदि विरोध हो तो श्रुति को ही प्रमाणस्वरूप ग्रहण करना होगा। शास्त्रसम्मति यही है। अभिप्राय यह कि श्रुति में जीवात्मा की नियति और उसके चरम लक्ष्यविषयक मुख्य सिद्धान्तों का वर्णन है; और इनकी व्याख्या तथा विस्तार का काम स्मृतियों और पुराणों पर छोड़ दिया गया है—वे प्रथमोक्त सत्य के ही सविस्तर वर्णन हैं। साधारणतया मार्ग-निर्देश के लिए श्रुति ही पर्याप्त है। धार्मिक जीवन बिताने के लिए सारतत्त्व के विषय में श्रुति के कहे उपदेशों से अधिक न और कुछ कहा जा सकता है, और न कुछ जानने की आवश्यकता ही है। इस विषय में जो कुछ आवश्यक है, वह श्रुति में है; जीवात्मा की सिद्धि-प्राप्ति के लिए जो जो उपदेश चाहिए, उनका सम्पूर्ण वर्णन श्रुति में है। केवल विशेष अवस्थाओं के विधान श्रुति में नहीं है। समय समय पर स्मृतियों ने इनकी व्यवस्था दी है।

श्रुति की एक अन्य विशेषता यह है कि अनेक महर्षियों ने श्रुति में विभिन्न सत्य सकलित किये हैं, इनमें पुरुष अधिक हैं, किन्तु कुछ महिलाएँ भी हैं। उनके

व्यक्तिगत जीवन के सम्बन्ध में अथवा उनके जन्म-काल आदि के विषय में हमें बहुत कम ज्ञान है, किन्तु उनके सर्वोत्कृष्ट विचार, जिन्हें श्रेष्ठ आविष्कार कहना ही उपयुक्त होगा, हमारे देश के धर्म-साहित्य वेदों में लेखबद्ध और रक्षित हैं। पर स्मृतियों में ऋषियों की जीवनी और प्रायः उनके कार्यकलाप विशेष रूप से देखने को मिलते हैं, स्मृतियों में ही हम अद्भुत, महाशक्तिशाली, प्रभावोत्पादक और संसार को संचालित करनेवाले व्यक्तियों का सर्वप्रथम परिचय प्राप्त करते हैं। कभी कभी उनके समुन्नत और उज्ज्वल चरित्र उनके उपदेशों से भी अधिक उत्कृष्ट जान पड़ते हैं।

हमारे धर्म में निर्गुण सगुण ईश्वर की शिक्षा है, यह उसकी एक विशेषता है, जिसे हमें समझना चाहिए। उसमें व्यक्तिगत सम्बन्धों से रहित अनन्त सनातन सिद्धान्तों के साथ साथ असंख्य व्यक्तित्वों अर्थात् अवतारों के भी उपदेश हैं, परन्तु श्रुति अथवा वेद ही हमारे धर्म के मूल स्रोत हैं, जो पूर्णतः अपौरुषेय हैं। बड़े बड़े आचार्यों, बड़े बड़े अवतारों और महर्षियों का उल्लेख स्मृतियों और पुराणों में है। और ध्यान देने योग्य एक बात यह भी है कि केवल हमारे धर्म को छोड़कर संसार में प्रत्येक अन्य धर्म किसी धर्म-प्रवर्तक अथवा धर्म-प्रवर्तकों के जीवन से ही अविच्छिन्न रूप से सम्बद्ध है। ईसाई धर्म ईसा के, इस्लाम धर्म मुहम्मद के, बौद्ध धर्म बुद्ध के, जैन धर्म जिनों के और अन्यान्य धर्म अन्यान्य व्यक्तियों के जीवन के ऊपर प्रतिष्ठित हैं। इसलिए इन महापुरुषों के जीवन के ऐतिहासिक प्रमाणों को लेकर उन धर्मों में जो यथेष्ठ वाद-विवाद होता है, वह स्वाभाविक है। यदि कभी इन प्राचीन महापुरुषों के अस्तित्वविषयक ऐतिहासिक प्रमाण दुर्बल होते हैं तो उनकी धर्मरूपी अट्टालिका गिरकर चूर चूर हो जाती है। हमारा धर्म व्यक्तिविशेष पर प्रतिष्ठित न होकर सनातन सिद्धान्तों पर प्रतिष्ठित है, अतः हम उस विपत्ति से मुक्त हैं। किसी महापुरुष, यहाँ तक कि किसी अवतार के कथन को ही तुम अपना धर्म मानते हो, ऐसा नहीं है। कृष्ण के वचनों से वेदों की प्रामाणिकता सिद्ध नहीं होती; किन्तु वे वेदों के अनुगामी हैं, इसीसे कृष्ण के वे वाक्य प्रमाणस्वरूप हैं। कृष्ण वेदों के प्रमाण नहीं हैं, किन्तु वेद ही कृष्ण के प्रमाण हैं। कृष्ण की महानता इस बात में है कि वेदों के जितने प्रचारक हुए हैं, उनमें सर्वश्रेष्ठ वे ही हैं। अन्यान्य अवतार और समस्त महर्षियों के सम्बन्ध में भी ऐसा ही समझो। हमारा प्रथम सिद्धान्त है कि मनुष्य की पूर्णता-प्राप्ति के लिए, उसकी मुक्ति के लिए, जो कुछ आवश्यक है, उसका वर्णन वेदों में है। कोई और नया आविष्कार नहीं हो सकता। समस्त ज्ञान के चरम लक्ष्यस्वरूप पूर्ण एकत्व के आगे तुम कभी बढ़ नहीं सकते। इस पूर्ण एकत्व का आविष्कार बहुत पहले ही वेदों ने किया है; इससे अधिक अग्रसर

होना असम्भव है। 'तत्त्वमसि' का आविष्कार हुआ कि आध्यात्मिक ज्ञान सम्पूर्ण हो गया। यह 'तत्त्वमसि' वेदों में ही है। विभिन्न देश, काल, पात्र के अनुसार समय समय की केवल लोकशिक्षा शेष रह गयी। इस प्राचीन सनातन मार्ग में मनुष्यों का चलना ही शेष रह गया; इसीलिए समय समय पर विभिन्न महापुरुषों और आचार्यों का अभ्युदय होता है। गीता में श्री कृष्ण की इस प्रसिद्ध वाणी के अतिरिक्त उस तत्त्व का वर्णन ऐसे सुन्दर और स्पष्ट रूप से कहीं नहीं हुआ है:

यदा यदा हि धर्मस्य ग्लानिर्भवति भारत।
अभ्युत्थानमधर्मस्य तदात्मानं सृजाम्यहम्॥
(गीता ४।७)

—'हे भारत, जब धर्म की हानि और अधर्म की वृद्धि होती है, तब मैं धर्म की रक्षा और अधर्म के नाश के लिए समय समय पर अवतार ग्रहण करता हूँ।' यही भारतीय धारणा है।

इससे निष्कर्ष क्या निकलता है? एक ओर ये सनातन तत्त्व हैं, जो स्वतः प्रमाण हैं, जो किसी प्रकार की युक्ति के ऊपर नहीं टिके हैं, जो बड़े से बड़े ऋषियों के अथवा तेजस्वी से तेजस्वी अवतारों के वाक्यों के ऊपर नहीं ठहरे हैं। यहाँ हमारा कहना है कि भारतीय विचारों की उक्त विशेषता के कारण हम वेदान्त को ही संसार का एकमात्र सार्वभौम धर्म कहने का दावा कर सकते हैं और यह संसार का एकमात्र वर्तमान सार्वभौम धर्म है, क्योंकि यह व्यक्तिविशेष के स्थान पर सिद्धान्त की शिक्षा देता है। व्यक्तिविशेष के चलाये हुए धर्म को संसार की समग्र मानव जाति ग्रहण नहीं कर सकती। अपने ही देश में हम देखते हैं कि यहाँ कितने महापुरुष हो गये हैं। हम एक छोटे से शहर में देखते हैं कि उस शहर के लोग अनेक व्यक्तियों को अपना आदर्श चुनते हैं। अतः समस्त संसार का एकमात्र आदर्श मुहम्मद, बुद्ध अथवा ईसा मसीह ऐसा कोई एक व्यक्ति किस प्रकार हो सकता है? अथवा समस्त नैतिकता, आचरण, आध्यात्मिकता तथा धर्म का सत्य एक व्यक्ति, केवल एक व्यक्ति की आज्ञाप्ति पर किस प्रकार आधारित हो सकता है? वेदान्त धर्म में इस प्रकार किसी व्यक्तिविशेष के वाक्यों को प्रमाण मान लेने की आवश्यकता नहीं। मनुष्य की सनातन प्रकृति ही इसका प्रमाण है, इसका आचार-शास्त्र मानव के सनातन आध्यात्मिक एकत्व पर प्रतिष्ठित है, जो चेष्टा द्वारा प्राप्त नहीं होता, किन्तु पहले ही से लब्ध है। दूसरी ओर हमारे ऋषियों ने अत्यन्त प्राचीन काल से ही समझ लिया था कि मानव जाति का अधिकांश किसी व्यक्तित्व पर निर्भर करता है। उनको किसी न किसी रूप में व्यक्तिविशेष ईश्वर अवश्य चाहिए।

जिन बुद्धदेव ने व्यक्तिविशेष ईश्वर के विरुद्ध प्रचार किया था, उनके देहत्याग के पश्चात् पचास वर्ष में ही उनके शिष्यों ने उनको ईश्वर मान लिया। किन्तु व्यक्तिविशेष ईश्वर की भी आवश्यकता है; और हम जानते हैं कि किसी व्यक्तिविशेष ईश्वर की वृथा कल्पना से बढ़कर जीवित ईश्वर इस लोक में समय समय पर उत्पन्न होकर हम लोगों के साथ रहते भी हैं; जब कि काल्पनिक व्यक्तिविशेष ईश्वर तो सौ में निन्यानबे प्रतिशत उपासना के अयोग्य ही होते हैं। किसी प्रकार के काल्पनिक ईश्वर की अपेक्षा, अपनी काल्पनिक रचना की अपेक्षा, अर्थात् ईश्वर सम्बन्धी जो भी धारणा हम बना सकते हैं, उसकी अपेक्षा वे पूजा के अधिक योग्य हैं। ईश्वर के सम्बन्ध में हम लोग जो भी धारणा रख सकते हैं, उसकी अपेक्षा श्री कृष्ण बहुत बड़े हैं। हम अपने मन में जितने उच्च आदर्श का विचार कर सकते हैं, उसकी अपेक्षा बुद्धदेव अधिक उच्च आदर्श हैं, जीवित आदर्श हैं। इसीलिए सब प्रकार के काल्पनिक देवताओं को पदच्युत करके वे चिर काल से मनुष्यों द्वारा पूजे जा रहे हैं।

हमारे ऋषि यह जानते थे, इसीलिए उन्होंने समस्त भारतवासियों के लिए इन महापुरुषों की, इन अवतारों की, पूजा करने का मार्ग खोला है। इतना ही नहीं, जो हमारे सर्वश्रेष्ठ अवतार हैं, उन्होंने और भी आगे बढ़कर कहा है:

यद्यत् विभूतिमत् सत्त्वं श्रीमदूर्जितमेव वा।
तत्तदेवावगच्छ त्वं मम तेजोंऽशसम्भवम्॥
(गीता १०।४१)

—'मनुष्यों में जहाँ अद्भुत आध्यात्मिक शक्ति का प्रकाश होता है, समझो, वहाँ मैं वर्तमान हूँ; मुझसे ही इस आध्यात्मिक शक्ति का प्रकाश होता है।'

यह हिन्दुओं के लिए समस्त देशों के समस्त अवतारों की उपासना करने का द्वार खोल देता है। हिन्दू किसी भी देश के किसी भी साधु-महात्मा की पूजा कर सकते हैं। हम बहुधा ईसाइयों के गिरजों और मुसलमानों की मसजिदों में जाकर उपासना भी करते हैं। यह अच्छा है। हम इस तरह उपासना क्यों न करें? मैंने पहले ही कहा है, हमारा धर्म सार्वभौम है। यह इतना उदार, इतना प्रशस्त है कि यह सब प्रकार के आदर्शों को आदरपूर्वक ग्रहण कर सकता है। संसार में धर्मों के जितने आदर्श हैं, उनको इसी समय ग्रहण किया जा सकता है और भविष्य में जो समस्त विभिन्न आदर्श होंगे, उनके लिए हम धैर्य के साथ प्रतीक्षा कर सकते हैं। उनको भी इसी प्रकार ग्रहण करना होगा, वेदान्त धर्म ही अपनी विशाल भुजाओं को फैलाकर सबको हृदय से लगा लेगा।

ईश्वर के अवतारस्वरूप, महान् ऋषियों के सम्बन्ध में हमारी लगभग यही

ारणा है। इनकी अपेक्षा एक प्रकार के नीचे दर्जे के महापुरुष और हैं। वेदों में ऋषि शब्द का उल्लेख बारम्बार पाया जाता है और आजकल तो यह एक प्रचलित ब्द हो गया है। आर्ष वाक्य विशेष प्रमाण माने जाते हैं। हमें इसका भाव मझना चाहिए। ऋषि का अर्थ है मंत्रद्रष्टा अर्थात् जिसने किसी तत्त्व का दर्शन किया हो। अत्यन्त प्राचीन काल से ही प्रश्न पूछा जाता है कि धर्म का प्रमाण क्या है? बाह्य इन्द्रियों में धर्म की सत्यता प्रमाणित नहीं होती, यह अत्यन्त प्राचीन काल से ही ऋषियों ने कहा है: **यतो वाचो निवर्तन्ते अप्राप्य मनसा सह।** —'मन के सहित वाणी जिसको न पाकर जहाँ से लौट आती है।' **न तत्र चक्षुर्गच्छति न वागच्छति नो मनः।** —'जहाँ आँखों की पहुँच नहीं, जहाँ वाणी भी नहीं जा सकती और मन भी नहीं जा सकता।' युग युग से यही घोषणा रही है। आत्मा का अस्तित्व, ईश्वर का अस्तित्व, अनन्त जीवन, मनुष्यों का चरम लक्ष्य आदि प्रश्नों का उत्तर बाह्य प्रकृति नहीं दे सकेगी। यह मन सदा परिवर्तनशील है, मानो यह सदा बहता जा रहा है। यह परिमित है, मानो इसके छोटे छोटे टुकड़े कर दिये गये हैं। यह प्रकृति किस प्रकार उस अनन्त, अपरिवर्तनशील, अखंड, अविभाज्य सनातन के विषय में कुछ कह सकती है? यह कदापि सम्भव नहीं। इतिहास इसका साक्षी है कि चैतन्यहीन जड़ पदार्थ से इन प्रश्नों का उत्तर प्राप्त करने की मनुष्य जाति ने जब कभी वृथा चेष्टा की है, परिणाम कितना भयानक हुआ है। फिर यह वेदोक्त ज्ञान कहाँ से आया? ऋषि होने से यह ज्ञान प्राप्त होता है। यह ज्ञान इन्द्रियों में नहीं है। पर क्या इन्द्रियाँ ही मनुष्यों के लिए सब कुछ हैं? यह कहने का किसे साहस है कि इन्द्रियाँ ही सारसर्वस्व हैं? हमारे जीवन में, हममें से प्रत्येक के जीवन में, सम्भवतः जब हमारे सामने ही किसी प्रियजन की मृत्यु हो जाती है, जब हमको कोई आघात पहुँचता है अथवा जब अत्यधिक आनन्द हमको प्राप्त होता है, उसमें शान्ति के क्षण आते हैं। अनेक दूसरे अवसरों पर ऐसा भी होता है कि मन स्थिर होकर क्षण भर के लिए अपने सच्चे स्वरूप का अनुभव करता है, उस अनन्त की झलक पा जाता है, जहाँ न मन की पहुँच है और न शब्दों की। साधारण जनों के भी जीवन में ऐसा होता है, पर इसको अभ्यास के द्वारा प्रगाढ़, स्थिर और पूर्ण रूप देना होगा। युगों पहले ऋषियों ने आविष्कार किया था कि आत्मा न तो इन्द्रियों द्वारा ही बद्ध है और न किसी सीमा से ही घिर सकती है; केवल इतना ही नहीं, वह इन्द्रियग्राह्य ज्ञान के द्वारा भी सीमाबद्ध नहीं हो सकती। हमें समझना होगा कि ज्ञान उस आत्मारूपी अनन्त शृंखला का एक क्षुद्र अंश-मात्र है। सत्ता ज्ञान से अभिन्न नहीं है, ज्ञान उसी सत्ता का एक अंश है। ऋषियों ने ज्ञान की अतीत भूमि में निर्भय होकर

आत्मा का अनुसन्धान किया था। ज्ञान पंचेन्द्रियों द्वारा सीमाबद्ध है। आध्यात्मि जगत् के सत्य को प्राप्त करने के लिए मनुष्यों को ज्ञान की अतीत भूमि में इन्द्रि के परे जाना होगा। और इस समय भी ऐसे मनुष्य हैं, जो पंचेन्द्रियों की सीमा परे जा सकते हैं। ये ही ऋषि कहलाते हैं, क्योंकि उन्होंने आध्यात्मिक सत्यों क साक्षात्कार किया है।

अपने सामने की इस मेज़ को जिस प्रकार हम प्रत्यक्ष प्रमाण से जानते है उसी तरह वेदोक्त सत्यों का प्रमाण भी प्रत्यक्ष अनुभव है। यह हम इन्द्रियों से दे रहे हैं और आध्यात्मिक सत्यों का भी हम जीवात्मा की ज्ञानातीत अवस्था साक्षात् करते हैं। ऐसा ऋषित्व प्राप्त करना देश, काल, लिंग अथवा जातिविशे के ऊपर निर्भर नहीं करता। वात्स्यायन निर्भयतापूर्वक घोषणा करते हैं कि यह ऋषित्व ऋषियों की सन्तानों, आर्य-अनार्यों, यहाँ तक कि म्लेच्छों की भी साधारण सम्पत्ति है।

यही वेदों का ऋषित्व है। हमको भारतीय धर्म के इस आदर्श को सर्वदा स्मरण रखना होगा और मेरी इच्छा है कि संसार की अन्य जातियाँ भी इस आदर्श को समझकर याद रखें, क्योंकि इससे धार्मिक लड़ाई-झगड़े कम हो जायँगे। शास्त्र-ग्रन्थों में धर्म नहीं होता, अथवा सिद्धान्तों, मतवादों, चर्चाओं तथा तार्किक उक्तियों में भी धर्म की प्राप्ति नहीं होती। धर्म तो स्वयं साक्षात्कार करने की वस्तु है। ऋषि होना होगा। ऐ मेरे मित्रो, जब तक तुम ऋषि नहीं बनोगे, जब तक आध्यात्मिक सत्य के साथ साक्षात् नहीं होगा, निश्चय है कि तब तक तुम्हारा धार्मिक जीवन आरम्भ नहीं हुआ। जब तक तुम्हारी यह अतिचेतन (ज्ञानातीत) अवस्था आरम्भ नहीं होती, तब तक धर्म केवल कहने ही की बात है, तब तक यह केवल धर्म-प्राप्ति के लिए तैयार होना ही है। तुम केवल दूसरों से सुनी सुनायी बातों को दुहराते तिहराते भर हो, और यहाँ बुद्ध का कुछ ब्राह्मणों से वाद-विवाद करते समय का सुन्दर कथन लागू होता है। ब्राह्मणों ने बुद्धदेव के पास आकर ब्रह्म के स्वरूप पर प्रश्न किये। उस महापुरुष ने उन्हींसे प्रश्न किया, "आपने क्या ब्रह्म को देखा है?" उन्होंने कहा, "नहीं, हमने ब्रह्म को नहीं देखा।" बुद्धदेव ने पुनः उनसे प्रश्न किया, "आपके पिता ने क्या उसको देखा है?"—"नहीं, उन्होंने भी नहीं देखा।" "क्या आपके पितामह ने उसको देखा है?"—"हम समझते हैं कि उन्होंने भी उसको नहीं देखा।" तब बुद्धदेव ने कहा, "मित्रो, आपके पितृ-पितामहों ने भी जिसको नहीं देखा, ऐसे पुरुष के विषय पर आप किस प्रकार विचार द्वारा एक दूसरे को परास्त करने की चेष्टा कर रहे हैं?" समस्त संसार यही कर रहा है। वेदान्त की भाषा में हम कहेंगे—**नायमात्मा प्रवचनेन लभ्यो न मेधया न बहुना श्रुतेन।**

—'यह आत्मा वागाडम्बर से प्राप्त नहीं की जा सकती, प्रखर बुद्धि से भी नहीं, यहाँ तक कि बहुत वेदपाठ से भी उसकी प्राप्ति करना सम्भव नहीं।'

संसार की समस्त जातियों से वेदों की भाषा में हमको कहना होगा : तुम्हारा लड़ना और झगड़ना वृथा है, तुम जिस ईश्वर का प्रचार करना चाहते हो, क्या तुमने उसको देखा है? यदि तुमने उसको नहीं देखा तो तुम्हारा प्रचार वृथा है; जो तुम कहते हो, वह स्वयं नहीं जानते; और यदि तुम ईश्वर को देख लोगे तो तुम झगड़ा नहीं करोगे, तुम्हारा चेहरा चमकने लगेगा। उपनिषदों के एक प्राचीन ऋषि ने अपने पुत्र को ब्रह्मज्ञान प्राप्त करने के लिए गुरु के पास भेजा था। जब लड़का वापस आया, तो पिता ने पूछा, "तुमने क्या सीखा?" पुत्र ने उत्तर दिया, "अनेक विद्याएँ सीखी हैं।" पिता ने कहा, "यह कुछ नहीं है; जाओ, फिर वापस जाओ।" पुत्र गुरु के पास गया, लड़के के लौट आने पर पिता ने फिर वही प्रश्न पूछा और लड़के ने फिर वही उत्तर दिया। उसको एक बार और वापस जाना पड़ा। इस बार जब वह लौटकर आया तो उसका चेहरा चमक रहा था। तब पिता ने कहा, "बेटा, आज तुम्हारा चेहरा ब्रह्मज्ञानी के समान चमक रहा है।" जब तुम ईश्वर को जान लोगे तो तुम्हारा मुख, स्वर, सारी आकृति बदल जायगी। तब तुम मानव जाति के लिए महाकल्याणस्वरूप हो जाओगे। ऋषि की शक्ति को कोई नहीं रोक सकेगा। यही ऋषित्व है और यही हमारे धर्म का आदर्श। और शेष जो कुछ है—ये सब वाग्विलास, युक्ति-विचार, दर्शन, द्वैतवाद, अद्वैतवाद, यहाँ तक कि वेद भी—यही ऋषित्व प्राप्त करने के सोपान मात्र हैं, गौण हैं। ऋषित्व प्राप्त करना ही मुख्य है। वेद, व्याकरण, ज्योतिषादि सब गौण हैं। जिसके द्वारा हम उस अव्यय ईश्वर की प्रत्यक्ष अनुभूति प्राप्त करते हैं, वही चरम ज्ञान है। जिन्होंने यह प्राप्त किया है, वे ही वैदिक ऋषि हैं। हम समझते हैं कि यह ऋषि एक कोटि, एक वर्ग का नाम है, जिस ऋषित्व को यथार्थ हिन्दू होते हुए हमें अपने जीवन की किसी न किसी अवस्था में प्राप्त करना ही होगा, और ऋषित्व प्राप्त करना ही हिन्दुओं के लिए मुक्ति है। कुछ सिद्धान्तों में ही विश्वास करने से, सहस्रों मन्दिरों के दर्शन से अथवा संसार भर की कुल नदियों में स्नान करने से, हिन्दू मत के अनुसार मुक्ति नहीं होगी। ऋषि होने पर, मंत्रद्रष्टा होने पर ही मुक्ति प्राप्त होगी।

बाद के युगों पर विचार करने पर हम देखते हैं कि उस समय सारे संसार को आलोड़ित करनेवाले अनेक महापुरुषों तथा श्रेष्ठ अवतारों ने जन्म ग्रहण किया है। अवतारों की संख्या बहुत है। भागवत के अनुसार भी अवतारों की संख्या असंख्य है; इनमें से राम और कृष्ण ही भारत में विशेष भाव से पूजे जाते हैं। प्राचीन वीर युगों के आदर्शस्वरूप, सत्यपरायणता और समग्र नैतिकता के साकार मूर्ति-

स्वरूप, आदर्श तनय, आदर्श पति, आदर्श पिता, सर्वोपरि आदर्श राजा राम का चरित्र हमारे सम्मुख महान् ऋषि वाल्मीकि के द्वारा प्रस्तुत किया गया है। महाकवि ने जिस भाषा में रामचरित का वर्णन किया है, उसकी अपेक्षा अधिक पावन, प्रांजल, मधुर अथवा सरल भाषा हो ही नहीं सकती। और सीता के विषय में क्या कहा जाय! तुम संसार के समस्त प्राचीन साहित्य को छान डालो, और मैं तुमसे निःसंकोच कहता हूँ कि तुम संसार के भावी साहित्य का भी मंथन कर सकते हो, किन्तु उसमें से तुम सीता के समान दूसरा चरित्र नहीं निकाल सकोगे। सीता-चरित्र अद्वितीय है। यह चरित्र सदा के लिए एक ही बार चित्रित हुआ है। राम तो कदाचित् अनेक हो गये है, किन्तु सीता और नहीं हुई। भारतीय स्त्रियों को जैसा होना चाहिए, सीता उनके लिए आदर्श हैं। स्त्री-चरित्र के जितने भारतीय आदर्श हैं, वे सब सीता के ही चरित्र से उत्पन्न हुए हैं, और समस्त आर्यावर्त भूमि में सहस्रों वर्षों से वे स्त्री-पुरुष-बालक की पूजा पा रही हैं। महामहिमामयी सीता, स्वयं शुद्धता से भी शुद्ध, धैर्य तथा सहिष्णुता का सर्वोच्च आदर्श सीता सदा इसी भाव से पूजी जायँगी। जिन्होंने अविचलित भाव से ऐसे महादुःख का जीवन व्यतीत किया, वही नित्य साध्वी, सदा शुद्धस्वभाव सीता, आदर्श पत्नी सीता, मनुष्य लोक की आदर्श, देवलोक की भी आदर्श नारी पुण्य-चरित्र सीता सदा हमारी राष्ट्रीय देवी बनी रहेंगी। हम सभी उनके चरित्र को भली भाँति जानते हैं, इसलिए उनका विशेष वर्णन करने की आवश्यकता नहीं। चाहे हमारे सब पुराण नष्ट हो जायं, यहाँ तक कि हमारे वेद भी लुप्त हो जायँ, हमारी संस्कृत भाषा सदा के लिए काल स्रोत में विलुप्त हो जाय, किन्तु मेरी बात ध्यानपूर्वक सुनो, जब तक भारत में अतिशय ग्राम्य भाषा बोलनेवाले पाँच भी हिन्दू रहेंगे, तब तक सीता की कथा विद्यमान रहेगी। सीता का प्रवेश हमारी जाति की अस्थि-मज्जा में हो चुका है; प्रत्येक हिन्दू नर-नारी के रक्त में सीता विराजमान हैं; हम सभी सीता की सन्तान हैं। हमारी नारियों को आधुनिक भावों में रँगने की जो चेष्टाएँ हो रही हैं, यदि उन सब प्रयत्नों में उनको सीता-चरित्र के आदर्श से भ्रष्ट करने की चेष्टा होगी, तो वे सब असफल होंगे, जैसा कि हम प्रतिदिन देखते हैं। भारतीय नारियों से सीता के चरण-चिह्नों का अनुसरण कराकर अपनी उन्नति की चेष्टा करनी होगी, यही एकमात्र पथ है।

उसके पश्चात् हैं भगवान् श्रीकृष्ण, जो नाना भाव से पूजे जाते हैं और जो पुरुष के समान ही स्त्री के, बच्चों के समान ही वृद्ध के परम प्रिय इष्ट देवता हैं। मेरा अभिप्राय उनसे है, जिन्हें भागवतकार अवतार कह के भी तृप्त नहीं होते, बल्कि कहते हैं—

"अन्यान्य अवतार उस भगवान् के अंश और फलस्वरूप हैं, किन्तु कृष्ण तो स्वयं भगवान् हैं।"[1]

और जब हम उनके विविध भाव-समन्वित चरित्र का अवलोकन करते हैं, तब उनके प्रति प्रयुक्त ऐसे विशेषणों से हमको आश्चर्य नहीं होता। वे एक ही स्वरूप में अपूर्व संन्यासी और अद्भुत गृहस्थ थे, उनमें अत्यन्त अद्भुत रजोगुण तथा शक्ति का विकास था और साथ ही वे अत्यन्त अद्भुत त्याग का जीवन बिताते थे। बिना गीता का अध्ययन किये कृष्ण-चरित्र कभी समझ में नहीं आ सकता, क्योंकि अपने उपदेशों के वे आकारस्वरूप थे। प्रत्येक अवतार, जिसका प्रचार करने वे आये थे, उसके जीवित उदाहरण के रूप में अवतरित हुए। गीता के प्रचारक कृष्ण सदा भगवद्गीता के उपदेशों की साकार मूर्ति थे, वे अनासक्ति के उज्ज्वल उदाहरण थे। उन्होंने अपना सिंहासन त्याग दिया और कभी उसकी चिन्ता नहीं की। जिनके कहने ही से राजा अपने सिंहासनों को छोड़ देते थे, ऐसे समग्र भारत के नेता ने स्वयं राजा होना नहीं चाहा। उन्होंने बाल्यकाल में जिस सरल भाव से गोपियों के साथ क्रीड़ा की, जीवन की अन्य अवस्थाओं में भी उनका वह सरल स्वभाव नहीं छूटा। उनके जीवन की उस चिरस्मरणीय घटना की याद आती है, जिसका समझना अत्यन्त कठिन है। जब तक कोई पूर्ण ब्रह्मचारी और पवित्र स्वभाव का नहीं बनता, तब तक उसे इसके समझने की चेष्टा करना उचित नहीं। उस प्रेम के अत्यन्त अद्भुत विकास को, जो उस वृन्दावन की मधुर लीला में रूपक भाव से वर्णित हुआ है, प्रेमरूपी मदिरा के पान से जो उन्मत्त हुआ हो, उसको छोड़कर और कोई नहीं समझ सकता। कौन उन गोपियों को प्रेम से उत्पन्न विरह-यंत्रणा के भाव को समझ सकता है, जो प्रेम आदर्शस्वरूप है, जो प्रेम प्रेम के अतिरिक्त और कुछ नहीं चाहता, जो प्रेम स्वर्ग की भी आकांक्षा नहीं करता, जो प्रेम इहलोक और परलोक की किसी भी वस्तु की कामना नहीं करता? और हे मित्रो, इसी गोपी-प्रेम के माध्यम से सगुण और निर्गुण ईश्वरवाद के संघर्ष का एकमात्र समाधान मिल सका है। हम जानते हैं, सगुण ईश्वर मनुष्य की उच्चतम धारणा है। हम यह भी जानते हैं कि दार्शनिक दृष्टि से समग्र जगद्व्यापी, समस्त संसार जिसकी अभिव्यक्ति है, उस निर्गुण ईश्वर में विश्वास ही स्वाभाविक है। पर साथ ही हम साकार वस्तु की कामना करते हैं, ऐसी वस्तु चाहते हैं, जिसको हम पकड़ सकें, जिसके चरणों पर अपने हृदय को उत्सर्ग कर सकें। इसलिए सगुण ईश्वर ही मनुष्य स्वभाव की उच्चतम धारणा है। किन्तु युक्ति इस धारणा से विस्मित रह

१. एते चांशकलाः पुंसः कृष्णस्तु भगवान् स्वयम्।

जाती है। यह वही अति प्राचीन, प्राचीनतम समस्या है, जिसका ब्रह्मसूत्रों में विचार किया गया है; वनवास के समय युधिष्ठिर के साथ द्रौपदी ने जिसका विचार किया है; यदि एक सगुण, सम्पूर्ण दयामय सर्वशक्तिमान ईश्वर है तो इस नारकीय संसार का अस्तित्व क्यों है? उसने उसकी सृष्टि क्यों की? उस ईश्वर को महापक्षपाती कहना ही उचित है। इसकी किसी प्रकार मीमांसा नहीं होती। इसकी मीमांसा, गोपियों के प्रेम के सम्बन्ध में जो तुम पढ़ते हो, मात्र उससे हो सकती है। वे कृष्ण के प्रति प्रयुक्त किसी विशेषण को घृणा करती हैं; वे यह जानने की चिन्ता नहीं करतीं कि कृष्ण सृष्टिकर्ता हैं, वे यह जानने की चिन्ता नहीं करतीं कि वह सर्वशक्तिमान हैं, वे यह जानने की भी चिन्ता नहीं करतीं कि वह सर्वसमर्थवान हैं। वे केवल यही समझती हैं कि कृष्ण प्रेममय हैं; यही उनके लिए यथेष्ट है। गोपियाँ कृष्ण को केवल वृन्दावन का कृष्ण समझती हैं। बहुत सेनाओं के नेता राजाधिराज कृष्ण उनके निकट सदा गोप ही थे।

न धनं न जनं न च सुन्दरीं कवितां वा जगदीश कामये।
मम जन्मनि जन्मनीश्वरे भवताद्भक्तिरहैतुकी त्वयि॥

—'हे जगदीश, मैं धन, जन, कविता अथवा सुन्दरी—कुछ भी नहीं चाहता; हे ईश्वर, आपके प्रति जन्मजन्मान्तरों में मेरी अहैतुकी भक्ति हो।' यह अहैतुकी भक्ति, यह निष्काम कर्म, यह निरपेक्ष कर्तव्य-निष्ठा का आदर्श धर्म के इतिहास में एक नया अध्याय है। मानव-इतिहास में प्रथम बार भारतभूमि पर सर्वश्रेष्ठ अवतार श्री कृष्ण के मुँह से पहले पहल यह तत्त्व निकला था। भय और प्रलोभनों के धर्म सदा के लिए विदा हो गये और मनुष्य-हृदय में नरक-भय और स्वर्ग-सुख-भोग के प्रलोभन होते हुए भी ऐसे सर्वोत्तम आदर्श का अभ्युदय हुआ, जैसे प्रेम प्रेम के निमित्त, कर्तव्य कर्तव्य के निमित्त, कर्म कर्म के निमित्त।

और यह प्रेम कैसा है? मैंने तुम लोगों से कहा है कि गोपी-प्रेम को समझना बड़ा कठिन है। हमारे बीच भी ऐसे मूर्खों का अभाव नहीं है, जो श्री कृष्ण के जीवन के ऐसे अति अपूर्व अंश के अद्भुत तात्पर्य को समझने में असमर्थ हैं। मैं पुनः कहता हूँ कि हमारे ही रक्त से उत्पन्न अनेक अपवित्र मूर्ख हैं, जो गोपी-प्रेम का नाम सुनते ही मानो उसको अत्यन्त अपावन समझकर भय से दूर भाग जाते हैं। उनसे मैं सिर्फ़ इतना ही कहना चाहता हूँ कि पहले अपने मन को शुद्ध करो और तुमको यह भी स्मरण रखना चाहिए कि जिस इतिहासकार ने गोपियों के इस अद्भुत प्रेम का वर्णन किया है, वह आजन्म पवित्र, नित्य शुद्ध व्यासपुत्र शुकदेव हैं। जब तक हृदय में स्वार्थपरता रहेगी तब तक भगवत्प्रेम असम्भव है। यह केवल दूकानदारी

है कि 'मैं आपको कुछ देता हूँ, भगवान् आप भी मुझको कुछ दीजिए।' और भगवान् कहते हैं, "यदि तुम ऐसा न भी करोगे, तो तुम्हारे मरने पर मैं तुम्हें देख लूँगा—चिरकाल तक तुम्हें जलाकर मारूँगा।" सकाम व्यक्ति की ईश्वर-धारणा ऐसी ही होती है। जब तक मस्तिष्क में ऐसे भाव रहेंगे, तब तक गोपियों की प्रेमजनित विरह की उन्मत्तता मनुष्य किस प्रकार समझेंगे! 'एक बार, केवल एक ही बार यदि उन मधुर अधरों का चुम्बन प्राप्त हो! जिसका तुमने एक बार चुम्बन किया है, चिरकाल तक तुम्हारे लिए उसकी पिपासा बढ़ती जाती है, उसके सकल दुःख दूर हो जाते हैं, तब अन्यान्य विषयों की आसक्ति दूर हो जाती है, केवल तुम्हीं उस समय प्रीति की वस्तु हो जाते हो।'[1]

पहले कांचन, नाम तथा यश और क्षुद्र मिथ्या संसार के प्रति आसक्ति को छोड़ो। तभी, केवल तभी तुम गोपी-प्रेम को समझोगे। यह इतना विशुद्ध है कि बिना सब कुछ छोड़े इसको समझने की चेष्टा करना ही अनुचित है। जब तक अन्तःकरण पूर्ण रूप से पवित्र नहीं होता, तब तक इसको समझने की चेष्टा करना वृथा है। हर समय जिनके हृदय में काम, धन, यशोलिप्सा के बुलबुले उठते हैं, ऐसे लोग गोपी-प्रेम की आलोचना करने तथा समझने का साहस करते हैं! कृष्ण-अवतार का मुख्य उद्देश्य यही गोपी-प्रेम की शिक्षा है, यहाँ तक कि गीता का महान् दर्शन भी उस प्रेमोन्मत्तता की बराबरी नहीं कर सकता। क्योंकि गीता में साधक को धीरे धीरे उसी चरम लक्ष्य मुक्ति के साधन का उपदेश दिया गया है, किन्तु इसमें रसास्वाद की उन्मत्तता, प्रेम की मदोन्मत्तता विद्यमान है; यहाँ गुरु और शिष्य, शास्त्र और उपदेश, ईश्वर और स्वर्ग सब एकाकार हैं, भय के भाव का चिह्न-मात्र नहीं है; सब बह गया है—शेष रह गयी है केवल प्रेमोन्मत्तता। उस समय संसार का कुछ भी स्मरण नहीं रहता, भक्त उस समय संसार में उसी कृष्ण, एकमात्र उसी कृष्ण के अतिरिक्त और कुछ नहीं देखता, उस समय वह समस्त प्राणियों में कृष्ण के ही दर्शन करता है, उसका मुँह भी उस समय कृष्ण के ही समान दीखता है, उसकी आत्मा उस समय कृष्णमय हो जाती है। यह है कृष्ण की महिमा!

छोटी छोटी बातों में समय वृथा मत गँवाओ, उनके जीवन के जो मुख्य चरित्र हैं, जो तात्त्विक अंश हैं, उन्हींका सहारा लेना चाहिए। कृष्ण के जीवन-चरित्र में बहुत से ऐतिहासिक अन्तर्विरोध मिल सकते हैं, कृष्ण के चरित्र में बहुत से प्रक्षेप हो सकते हैं। ये सभी सत्य हो सकते हैं, किन्तु फिर भी उस समय समाज में जो एक

---

१. **सुरतवर्धनं शोकनाशनं स्वरितवेणुना सुष्ठु चुम्बितम्।**
इतररागविस्मारणं नृणां वितर वीर नस्तेऽधरामृतम्।। श्रीमद्भागवत।।

अपूर्व नये भाव का उदय हुआ था, उसका कुछ आधार अवश्य था। अन्य किसी भी महापुरुष या पैग़म्बर के जीवन पर विचार करने पर यह जान पड़ता है कि वह पैग़म्बर अपने पूर्ववर्ती कितने ही भावों का विकास मात्र है; हम देखते हैं कि उसने अपने देश में, यहाँ तक कि, उस समय जैसी शिक्षा प्रचलित थी, केवल उसीका प्रचार किया है; यहाँ तक कि उस महापुरुष के अस्तित्व पर भी सन्देह हो सकता है, किन्तु मैं चुनौती देता हूँ कि कोई यह साबित कर दे कि कृष्ण के निष्काम कर्म, निरपेक्ष कर्तव्य-निष्ठा और निष्काम प्रेम-तत्त्व के ये उपदेश संसार में मौलिक आविष्कार नहीं हैं। यदि ऐसा नहीं कर सकते तो यह अवश्य स्वीकार करना पड़ेगा कि किसी एक व्यक्ति ने निश्चय ही इन तत्त्वों को प्रस्तुत किया है। यह स्वीकार नहीं किया जा सकता कि ये तत्त्व किसी दूसरे मनुष्य से लिये गये हैं। कारण यह कि कृष्ण के उत्पन्न होने के समय सर्वसाधारण में इन तत्त्वों का प्रचार नहीं था। भगवान् श्री कृष्ण ही इनके प्रथम प्रचारक हैं, उनके शिष्य वेदव्यास ने पूर्वोक्त तत्त्वों का साधारण जनों में प्रचार किया। ऐसा श्रेष्ठ आदर्श और कभी चित्रित नहीं हुआ। हम उनके ग्रन्थ में गोपीजनवल्लभ वृन्दावन-विहारी से और कोई उच्च-तर आदर्श नहीं पाते। जब तुम्हारे हृदय में इस उन्मत्तता का प्रवेश होगा, जब तुम भाग्यवती गोपियों के भाव को समझोगे, तभी तुम जानोगे कि प्रेम क्या वस्तु है! जब समस्त संसार तुम्हारी दृष्टि से अन्तर्धान हो जायेगा, जब तुम्हारे हृदय में और कोई कामना नहीं रहेगी, जब तुम्हारा चित्त पूर्णरूप से शुद्ध हो जायेगा, अन्य कोई लक्ष्य न होगा, यहाँ तक कि जब तुममें सत्यानुसन्धान की वासना भी नहीं रहेगी, तभी तुम्हारे हृदय में उस प्रेमोन्मत्तता का आविर्भाव होगा, तभी तुम गोपियों की अनन्त अहैतुकी प्रेम-भक्ति की महिमा समझोगे। यही लक्ष्य है। यदि तुमको यह प्रेम मिला तो सब कुछ मिल गया।

इस बार हम नीचे की तहों में प्रवेश करते हुए गीता-प्रचारक कृष्ण की विवेचना करेंगे। भारत में इस समय कितने ही लोगों में ऐसी चेष्टा दिखायी पड़ती है, जो घोड़े के आगे गाड़ी जोतनेवालों की सी होती है। हममें से बहुतों की यह धारणा है कि श्री कृष्ण का गोपियों के साथ प्रेमलीला करना बड़ी ही खटकनेवाली बात है। यूरोप के लोग भी इसे पसन्द नहीं करते। अमुक पंडित इस गोपी-प्रेम को अच्छा नहीं समझते, अतएव अवश्य गोपियों को बहा दो! बिना यूरोप के साहबों के अनुमोदन के कृष्ण कैसे टिक सकते हैं? कदापि नहीं टिक सकते। महाभारत में दो-एक स्थानों को छोड़कर, वे भी वैसे उल्लेखनीय नहीं, गोपियों का प्रसंग तो है ही नहीं। केवल द्रौपदी की प्रार्थना में और शिशुपाल-वध के समय शिशुपाल की वक्तृता में वृन्दावन का वर्णन आया है। ये सब प्रक्षेप अंश हैं।

यूरोप के साहब लोग जिसको नहीं चाहते, वह सब फेंक देना चाहिए। गोपियों का वर्णन, यहाँ तक कि कृष्ण का वर्णन भी प्रक्षिप्त है ! जो लोग ऐसी घोर वाणिज्य-वृत्ति के हैं, जिनके धर्म का आदर्श भी व्यवसाय ही से उत्पन्न हुआ है, उनका विचार यही है कि वे इस संसार में कुछ करके स्वर्ग प्राप्त करेंगे। व्यवसायी सूद दर सूद चाहते हैं, वे यहाँ ऐसा कुछ पुण्य-संचय करना चाहते हैं, जिसके फल से स्वर्ग में जाकर सुख-भोग करेंगे। इनके धर्ममत में गोपियों के लिए अवश्य स्थान नहीं है। अब हम उस आदर्श-प्रेमी श्री कृष्ण का वर्णन छोड़कर और भी नीचे की तह में प्रवेश करके गीता-प्रचारक श्री कृष्ण की विवेचना करेंगे। यहाँ भी हम देखते हैं कि गीता के समान वेदों का भाष्य कभी नहीं बना है और बनेगा भी नहीं। श्रुति अथवा उपनिषदों का तात्पर्य समझना बड़ा कठिन है; क्योंकि नाना भाष्यकारों ने अपने अपने मतानुसार उनकी व्याख्या करने की चेष्टा की है। अन्त में जो स्वयं श्रुति के प्रेरक हैं, उन्हीं भगवान् ने आविर्भूत होकर गीता के प्रचारक रूप से श्रुति का अर्थ समझाया और आज भारत में उस व्याख्या-प्रणाली की जैसी आवश्यकता है, सारे संसार में इसकी जैसी आवश्यकता है, वैसी किसी और वस्तु की नहीं। यह बड़े ही आश्चर्य की बात है कि परवर्ती शास्त्र-व्याख्याता गीता तक की व्याख्या करने में बहुधा भगवान् के वाक्यों का अर्थ और भाव-प्रवाह नहीं समझ सके। गीता में क्या है और आधुनिक भाष्यकारों में हम क्या देखते हैं? एक अद्वैतवादी भाष्यकार ने किसी उपनिषद् की व्याख्या की, जिसमें बहुत से द्वैतभाव के वाक्य हैं। उसने उनको तोड़-मरोड़कर कुछ अर्थ ग्रहण किया और उन सबका अपनी व्याख्या के अनुरूप मनमाना अर्थ लगा लिया। फिर द्वैतवादी भाष्यकार ने भी व्याख्या करनी चाही; उसमें अनेक अद्वैतमूलक अंश हैं, जिनकी खींचतान उसने उनसे द्वैतमूलक अर्थ ग्रहण करने के लिए की। परन्तु गीता में इस प्रकार के किसी अर्थ के बिगाड़ने की चेष्टा तुमको नहीं मिलेगी। भगवान् कहते हैं, ये सब सत्य हैं, जीवात्मा धीरे धीरे स्थूल से सूक्ष्म, सूक्ष्म से अति सूक्ष्म सीढ़ियों पर चढ़ती जाती है, इस प्रकार क्रमशः वह उस चरम लक्ष्य अनन्त पूर्णस्वरूप को प्राप्त होती है। गीता में इसी भाव को समझाया गया है, यहाँ तक कि कर्मकांड भी गीता में स्वीकृत हुआ है और यह दिखलाया गया है कि यद्यपि कर्मकांड साक्षात् मुक्ति का साधन नहीं है, किन्तु गौण भाव से मुक्ति का साधन है, तथापि वह सत्य है; मूर्ति-पूजा भी सत्य है सब प्रकार के अनुष्ठान और क्रिया-कर्म भी सत्य हैं, केवल एक विषय पर ध्यान रखना होगा—वह है चित्त की शुद्धि। यदि हृदय शुद्ध और निष्कपट हो, तभी उपासना ठीक उतरती है और हमें चरम लक्ष्य तक पहुँचा देती है। ये विभिन्न

उपासना-प्रणालियाँ सत्य हैं, क्योंकि यदि वे सत्य न होतीं तो उनकी सृष्टि ही क्यों हुई? विभिन्न धर्म और सम्प्रदाय कुछ पाखंडी एवं दुष्ट लोगों द्वारा नहीं बनाये गये हैं, और न उन्होंने धन के लोभ से इन धर्मों और सम्प्रदायों की सृष्टि की है, जैसा कि कुछ आधुनिक लोगों का मत है। बाह्यदृष्टि से उनकी व्याख्या कितनी ही युक्तियुक्त क्यों न प्रतीत हो, पर यह बात सत्य नहीं है, इनकी सृष्टि इस तरह नहीं हुई। जीवात्मा की स्वाभाविक आवश्यकता के लिए इन सबका अभ्युदय हुआ है। विभिन्न श्रेणियों के मनुष्यों की धर्म-पिपासा को परितृप्त करने के लिए इनका अभ्युदय हुआ है, इसलिए तुम्हें इनके विरुद्ध शिक्षा देने की आवश्यकता नहीं। जिस दिन इनकी आवश्यकता नहीं रहेगी, उस दिन उस आवश्यकता के अभाव के साथ साथ इनका भी लोप हो जायगा। पर जब तक उनकी आवश्यकता रहेगी, तब तक तुम्हारी आलोचना और तुम्हारी शिक्षा के बावजूद ये अवश्य विद्यमान रहेंगे। तलवार और बन्दूक के ज़ोर से तुम संसार को खून में बहा दे सकते हो, किन्तु जब तक मूर्तियों की आवश्यकता रहेगी, तब तक मूर्ति-पूजा अवश्य रहेगी। ये विभिन्न अनुष्ठान-पद्धतियाँ और धर्म के विभिन्न सोपान अवश्य रहेंगे और हम भगवान् श्री कृष्ण के उपदेश से समझ सकते हैं कि इनकी क्या आवश्यकता है।

इसके बाद ही भारतीय इतिहास का एक शोकजनक अध्याय शुरू होता है। हम गीता में भी भिन्न भिन्न सम्प्रदायों के विरोध के कोलाहल की दूर से आती हुई आवाज़ सुन पाते हैं, और देखते हैं कि समन्वय के वे अद्भुत प्रचारक भगवान् श्री कृष्ण बीच में पकड़कर विरोध को हटा रहे हैं। वे कहते हैं, सारा जगत् मुझमें उसी तरह गुँथा हुआ है, जिस तरह तागे में मणि गुँथी रहती है।"[1] साम्प्रदायिक झगड़ों की दूर से सुनायी देनेवाली धीमी आवाज़ हम तभी से सुन रहे हैं। सम्भव है कि भगवान् के उपदेश से ये झगड़े कुछ देर के लिए रुक गये हों तथा समन्वय और शान्ति का संचार हुआ हो, किन्तु यह विरोध फिर उत्पन्न हुआ। केवल धर्ममत ही पर नहीं, सम्भवतः वर्ण के आधार पर भी यह विवाद चलता रहा—हमारे समाज के दो प्रबल अंग ब्राह्मणों तथा क्षत्रियों, राजाओं तथा पुरोहितों के बीच विवाद आरम्भ हुआ था। और एक हज़ार वर्ष तक जिस विशाल तरंग ने समग्र भारत को सराबोर कर दिया था, उसके सर्वोच्च शिखर पर हम एक और महामहिम मूर्ति को देखते हैं और वे

---

१. मत्तः परतरं नान्यत्किंचिदस्ति धनंजय।
मयि सर्वमिदं प्रोतं सूत्रे मणिगणा इव॥ गीता ७।७॥

ारे शाक्यमुनि गौतम हैं। उनके उपदेशों और प्रचार-कार्य से तुम सभी अवगत । हम उनको ईश्वरावतार समझकर उनकी पूजा करते हैं, नैतिकता का इतना ड़ा निर्भीक प्रचारक संसार में और उत्पन्न नहीं हुआ, कर्मयोगियों में सर्वश्रेष्ठ यं कृष्ण ही मानो शिष्यरूप से अपने उपदेशों को कार्यरूप में परिणत करने के लिए त्पन्न हुए। पुनः वही वाणी सुनाई दी, जिसने गीता में शिक्षा दी थी, **स्वल्पमप्यस्य र्मस्य त्रायते महतो भयात्।** (गीता २।४०)—'इस धर्म का थोड़ा सा अनुष्ठान रने पर भी महाभय से रक्षा होती है।' **स्त्रियो वैश्यास्तथा शूद्रास्तेऽपि यान्ति रां गतिम्।** (गीता ९।३२)—'स्त्री, वैश्य और शूद्र तक परमगति को प्राप्त ते हैं। गीता के वाक्य, श्री कृष्ण की वज्र के समान गम्भीर और महती वाणी, बके बन्धन, सबकी श्रृंखला तोड़ देती है और सभी को उस परम पद पाने का धिकारी कर देती है।

इहैव तैर्जितः सर्गो येषां साम्ये स्थितं मनः।
निर्दोषं हि समं ब्रह्म तस्माद् ब्रह्मणि ते स्थिताः॥
(गीता ५।१९)

—'जिनका मन साम्य भाव में अवस्थित है, उन्होंने यहीं सारे संसार को जीत लया है। ब्रह्म समस्वभाव और निर्दोष है, इसलिए वे ब्रह्म में ही अवस्थित हैं।'

समं पश्यन् हि सर्वत्र समवस्थितमीश्वरम्।
न हिनस्त्यात्मनात्मानं ततो याति परां गतिम्॥
(गीता १३।२८)

—'परमेश्वर को सर्वत्र तुल्य रूप से अवस्थित देखकर ज्ञानी आत्मा से ात्मा की हिंसा नहीं करता, इसलिए वह परम गति को प्राप्त होता है।'

गीता के उपदेशों के जीते-जागते उदाहरणस्वरूप, गीता के उपदेशक दूसरे रूप में पुनः इस मर्त्य लोक में पधारे, जिससे जनता द्वारा उसका एक कण भी कार्य-रूप में परिणत हो सके। ये ही शाक्यमुनि हैं। ये दीन-दुःखियों को उपदेश देने लगे। सर्वसाधारण के हृदय तक पहुँचने के लिए देवभाषा संस्कृत को भी छोड़ लोकभाषा में उपदेश देने लगे। राजसिंहासन को त्यागकर ये दुःखी, ग़रीब, तित, भिखमंगों के साथ रहने लगे। इन्होंने दूसरे राम के समान चांडाल को भी छाती से लगा लिया।

तुम सभी उनके महान् चरित्र और अद्भुत प्रचार-कार्य को जानते हो। किन्तु इस प्रचार-कार्य में एक भारी त्रुटि थी, जिसके लिए हम आज तक दुःख

भोग रहे हैं। भगवान् बुद्ध का कुछ दोष नहीं है, उनका चरित्र परम विशु और उज्ज्वल है। खेद का विषय है कि बौद्ध धर्म के प्रचार से जो विभिन्न असभ् और अशिक्षित जातियाँ धर्म में घुसने लगीं, वे बुद्धदेव के उच्च आदर्शों का ठीक अनुसरण न कर सकीं। इन जातियों में नाना प्रकार के कुसंस्कार और वीभत्स उपासना-पद्धतियाँ थीं, उनके झुंड के झुंड आर्यों के समाज में घुसने लगे। कुछ समय के लिए ऐसा प्रतीत हुआ कि वे सभ्य बन गये, किन्तु एक ही शताब्दी में उन्होंने अपने सर्प, भूत-प्रेत आदि निकाल लिये, जिनकी उपासना उनके पूर्वज किया करते थे और इस प्रकार सारा भारत कुसंस्कारों का लीलाक्षेत्र बनकर घोर अवनति को पहुँचा। पहले बौद्ध प्राणिहिंसा की निन्दा करते हुए वैदिक यज्ञ के घोर विरोधी हो गये थे। उस समय घर घर इन यज्ञों का अनुष्ठान होता था हर एक घर पर यज्ञ के लिए आग जलती थी—बस, उपासना के लिए और कुछ ठाट-बाट न था। बौद्ध धर्म के प्रचार से इन यज्ञों का लोप हो गया। उनकी जगह बड़े बड़े ऐश्वर्ययुक्त मन्दिर, भड़कीली अनुष्ठान-पद्धतियाँ, शानदार पुरोहित तथा वर्तमान काल में भारत में और जो कुछ दिखायी देता है, सबका आविर्भाव हुआ। कितने ही ऐसे आधुनिक पंडितों के, जिनसे अधिक ज्ञान की अपेक्षा की जाती है, ग्रन्थों को पढ़ने से यह विदित होता है कि बुद्ध ने ब्राह्मणों की मूर्ति-पूजा उठा दी थी। मुझे यह पढ़कर हँसी आ जाती है। वे नहीं जानते कि बौद्ध धर्म ही ने भारत में ब्राह्मण-धर्म और मूर्ति-पूजा की सृष्टि की थी।

एक ही दो वर्ष हुए, रूस-निवासी एक प्रतिष्ठित पुरुष ने एक पुस्तक प्रकाशित की। उसमें उन्होंने लिखा कि उन्हें ईसा मसीह के एक अद्भुत् जीवन-चरित का पता लगा है। उसी पुस्तक में एक स्थान पर उन्होंने लिखा है कि ईसा धर्म-शिक्षार्थ ब्राह्मणों के पास जगन्नाथ जी के मन्दिर में गये थे, किन्तु उनकी संकीर्णता और मूर्ति-पूजा से तंग आकर वे वहाँ से तिब्बत के लामाओं के पास गये और वहाँ से सिद्ध होकर स्वदेश लौटे। जिन्हें भारत के इतिहास का थोड़ा भी ज्ञान है, वे इसी विवरण से जान सकते हैं कि पुस्तक में आद्योपान्त कैसा छल-प्रपंच भरा हुआ है, क्योंकि जगन्नाथ जी का मन्दिर तो एक प्राचीन बौद्ध मन्दिर है। हमने इसको एवं अन्यान्य बौद्ध मन्दिरों को हिन्दू मन्दिर बना लिया। इस प्रकार के कार्य हमें इस समय भी बहुत करने पड़ेंगे। यही जगन्नाथ का इतिहास है और उस समय वहाँ एक भी ब्राह्मण न था, फिर भी कहा जा रहा है कि ईसा मसीह वहाँ ब्राह्मणों से उपदेश लेने के लिए गये थे। हमारे दिग्गज रूसी पुरातत्त्ववेत्ता की ऐसी ही राय है।

इस प्रकार प्राणिमात्र के प्रति दया की शिक्षा, अपूर्व आचारनिष्ठ धर्म और

नत्य आत्मा के अस्तित्व या अनस्तित्व सम्बन्धी बाल की खाल निकालनेवाले प्रचारों के होते हुए भी समग्र बौद्ध धर्मरूपी प्रासाद चूर चूर होकर गिर गया और सका खँडहर बड़ा ही वीभत्स है। बौद्ध धर्म की अवनति से जिन घृणित आचारों ा आविर्भाव हुआ, उनका वर्णन करने के लिए मेरे पास न समय है, न इच्छा ी। अति कुत्सित अनुष्ठान-पद्धतियाँ, अत्यन्त भयानक और अश्लील ग्रन्थ—जो मनुष्यों द्वारा न तो कभी लिखे गये थे, और न मनुष्य ने जिनकी कभी कल्पना तक की थी, अत्यन्त भीषण पाशव अनुष्ठान-पद्धतियाँ, जो और कभी धर्म के नाम से प्रचलित नहीं हुई थीं—ये सभी गिरे हुए बौद्ध धर्म की सृष्टि हैं।

परन्तु भारत को जीवित रहना ही था, इसीलिए पुनः भगवान् का आविर्भाव हुआ। जिन्होंने कहा था, "जब कभी धर्म की हानि होती है, तभी मैं आता हूँ"—वे फिर से आये। इस बार दक्षिण देश में भगवान् का आविर्भाव हुआ। उस ब्राह्मण युवक का, जिसके बारे में कहा गया है कि उसने सोलह वर्ष की उम्र में ही अपनी सारी ग्रन्थ-रचना समाप्त की थी, उसी अद्भुत प्रतिभाशाली शंकराचार्य का अभ्युदय हुआ। इस सोलह वर्ष के बालक के लेखों से आधुनिक सभ्य संसार विस्मित हो रहा है, वह अद्भुत बालक था। उसने संकल्प किया था कि समग्र भारत को उसके प्राचीन विशुद्ध मार्ग में ले जाऊँगा। पर यह कार्य कितना कठिन और विशाल था, इसका विचार भी करो। उस समय भारत की जैसी अवस्था थी, इसका भी तुम लोगों को दिग्दर्शन कराता हूँ। जिन भीषण आचारों का सुधार करने को तुम लोग अग्रसर हो रहे हो, वे उसी अधःपतन के युग के फल हैं। तातार, बलूची आदि भयानक जातियों के लोग भारत में आकर बौद्ध बने और हमारे साथ मिल गये। अपने राष्ट्रीय आचारों को भी वे साथ लाये। इस तरह हमारा राष्ट्रीय जीवन अत्यन्त भयानक पाशव आचारों से भर गया। उक्त ब्राह्मण युवक को बौद्धों से विरासत में यही मिला था और उसी समय से अब तक भारत भर में इसी अधःपतित बौद्ध धर्म पर वेदान्त की पुनर्विजय का कार्य सम्पन्न हो रहा है। अब भी यही काम जारी है, अब भी उसका अन्त नहीं हुआ। महा-दार्शनिक शंकर ने आकर दिखलाया कि बौद्ध धर्म और वेदान्त के सारांश में विशेष अन्तर नहीं है। किन्तु उनके शिष्य अपने आचार्य के उपदेशों का मर्म न समझ हीन हो गये और आत्मा तथा ईश्वर का अस्तित्व अस्वीकार करके नास्तिक हो गये। शंकर ने यही दिखलाया और तब सभी बौद्ध अपने प्राचीन धर्म का अवलम्बन करने लगे। पर वे उन अनुष्ठानों के आदी बन गये थे। इन अनुष्ठानों के लिए क्या किया जाय, यह कठिन समस्या उठ खड़ी हुई।

तब मतिमान रामानुज का अभ्युदय हुआ। शंकर की प्रतिभा प्रखर थी, किन्तु उनका हृदय रामानुज के समान उदार नहीं था। रामानुज का हृदय शंकर की अपेक्षा अधिक विशाल था। उन्होंने पददलितों की पीड़ा का अनुभव किया और उनसे सहानुभूति की। उस समय की प्रचलित अनुष्ठान-पद्धतियों में उन्होंने यथाशक्ति सुधार किया और नयी अनुष्ठान-पद्धतियों, नयी उपासना-प्रणालियों की सृष्टि उन लोगों के लिए की, जिनके लिए ये अत्यावश्यक थीं। इसीके साथ साथ उन्होंने ब्राह्मण से लेकर चाण्डाल तक सबके लिए सर्वोच्च आध्यात्मिक उपासना का द्वार खोल दिया। यह था रामानुज का कार्य! उनके कार्य का प्रभाव चारों ओर फैलने लगा, उत्तर भारत तक उसका प्रसार हुआ; वहाँ भी कई आचार्य इसी तरह कार्य करने लगे; किन्तु यह बहुत देर में, मुसलमानों के शासन-काल में हुआ। उत्तर भारत के इन अपेक्षाकृत आधुनिक आचार्यों में से चैतन्य सर्वश्रेष्ठ हुए। रामानुज के समय से धर्म-प्रचार की एक विशेषता की ओर ध्यान दो—तब से धर्म का द्वार सर्वसाधारण के लिए खुला रहा। शंकर के पूर्ववर्ती आचार्यों का यह जैसा मूल मन्त्र था, रामानुज के परवर्ती आचार्यों का भी यह वैसा ही मूल मन्त्र रहा। मैं नहीं जानता कि लोग शंकर को अनुदार मत के पोषक क्यों कहते हैं। उनके लिखे ग्रन्थों में ऐसा कुछ भी नहीं मिलता, जो उनकी संकीर्णता का परिचय दे। जिस तरह भगवान् बुद्धदेव के उपदेश उनके शिष्यों के हाथ बिगड़ गये हैं, उसी तरह शंकराचार्य के उपदेशों पर संकीर्णता का जो दोष लगाया जाता है, सम्भवतः वह उनकी शिक्षा के कारण नहीं, वरन् उनके शिष्यों की अयोग्यता के कारण है। उत्तर भारत के महान् सन्त चैतन्य गोपियों के प्रेमोन्मत्त भाव के प्रतिनिधि थे। चैतन्यदेव स्वयं एक ब्राह्मण थे, उस समय के एक प्रसिद्ध नैयायिक वंश में उनका जन्म हुआ था। वे न्याय के अध्यापक थे, तर्क द्वारा सबको परास्त करते थे—यही उन्होंने बचपन से जीवन का उच्चतम आदर्श समझ रखा था। किसी महापुरुष की कृपा से इनका सम्पूर्ण जीवन बदल गया; तब इन्होंने वाद-विवाद, तर्क, न्याय का अध्यापन, सब कुछ छोड़ दिया। संसार में भक्ति के जितने बड़े बड़े आचार्य हुए हैं, प्रेमोन्मत्त चैतन्य उनमें से एक श्रेष्ठ आचार्य हैं। उनकी भक्ति-तरंग सारे बंगाल में फैल गयी, जिससे सबके हृदय को शान्ति मिली। उनके प्रेम की सीमा न थी। साधु, असाधु, हिन्दू, मुसलमान, पवित्र, अपवित्र, वेश्या, पतित—सभी उनके प्रेम के भागी थे, वे सब पर दया रखते थे। यद्यपि काल के प्रभाव से सभी अवनति को प्राप्त होते हैं और उनका चलाया हुआ सम्प्रदाय घोर अवनति की दशा को पहुँच गया है। फिर भी आज तक वह दरिद्र, दुर्बल, जातिच्युत, पतित, किसी भी समाज में जिनका स्थान नहीं है, ऐसे लोगों का

आश्रयस्थान है। परन्तु साथ ही सत्य के लिए मुझे स्वीकार करना ही होगा कि दार्शनिक सम्प्रदायों में ही हम अद्‌भुत उदार भाव देखते हैं। शंकर-मतावलम्बी कोई भी यह बात स्वीकार नहीं करेगा कि भारत के विभिन्न सम्प्रदायों में वास्तव में कोई भेद है, किन्तु जाति-भेद के विषय में शंकर अत्यन्त संकीर्णता का भाव रखते थे। इसके विपरीत, प्रत्येक वैष्णवाचार्य में हम जातिविषयक प्रश्नों की शिक्षा के बारे में अद्‌भुत उदारता देखते हैं, जब कि उनमें धार्मिक प्रश्नों के विषय में अत्यन्त संकीर्णता पाते हैं।

एक का था अद्‌भुत मस्तिष्क, दूसरे का था विशाल हृदय। अब एक ऐसे अद्‌भुत पुरुष के जन्म लेने का समय आ गया था, जिसमें ऐसा ही हृदय और मस्तिष्क दोनों एक साथ विराजमान हों, जो शंकर के प्रतिभा-सम्पन्न मस्तिष्क एवं चैतन्य के अद्‌भुत, विशाल, अनन्त हृदय का एक ही साथ अधिकारी हो, जो देखे कि सब सम्प्रदाय एक ही आत्मा, एक ही ईश्वर की शक्ति से चालित हो रहे हैं और प्रत्येक प्राणी में वही ईश्वर विद्यमान है, जिसका हृदय भारत में अथवा भारत के बाहर दरिद्र, दुर्बल, पतित सबके लिए द्रवित हो, लेकिन साथ ही जिसकी विशाल बुद्धि ऐसे महान् तत्त्वों की परिकल्पना करे, जिनसे भारत में अथवा भारत के बाहर सब विरोधी सम्प्रदायों में समन्वय साधित हो और इस अद्‌भुत समन्वय द्वारा वह एक हृदय और मस्तिष्क के सार्वभौम धर्म को प्रकट करे। एक ऐसे ही पुरुष ने जन्म ग्रहण किया और मैंने वर्षों तक उनके चरणों तले बैठकर शिक्षा-लाभ का सौभाग्य प्राप्त किया। ऐसे एक पुरुष के जन्म लेने का समय आ गया था, इसकी आवश्यकता पड़ी थी, और वह उत्पन्न हुआ। सबसे अधिक आश्चर्य की बात यह थी कि उसका समग्र जीवन एक ऐसे शहर के पास व्यतीत हुआ, जो पाश्चात्य भावों से उन्मत्त हो रहा था, जो भारत के सब शहरों की अपेक्षा विदेशी भावों से अधिक भरा हुआ था। वहाँ पुस्तकीय ज्ञान से हर प्रकार से अनभिज्ञ वह रहता था, यह महाप्रतिभासम्पन्न व्यक्ति अपना नाम तक लिखना नहीं जानता था।[१] किन्तु हमारे विश्वविद्यालय के बड़े बड़े अत्यन्त प्रतिभावान स्नातकों ने उसको एक महान् बौद्धिक प्रतिभा के रूप में स्वीकार किया। वे अद्‌भुत महापुरुष थे—श्री रामकृष्ण परमहंस । यह तो एक बड़ी लम्बी कहानी है, आज रात को तुम्हें उनके विषय में कुछ भी बताने का समय नहीं है। इसलिए मुझे भारतीय

---

१. सामान्यतः यह प्रचलित है कि वे बिलकुल निरक्षर थे, पर बाद में अनुसंधान से पता चला कि वे थोड़ा बहुत लिखना-पढ़ना भी जानते थे।—संपादक।

सब महापुरुषों के पूर्णप्रकाशस्वरूप, युगाचार्य श्री रामकृष्ण का उल्लेख भर कर आज समाप्त करना होगा। उनके उपदेश आजकल हमारे लिए विशेष कल्याणकारी हैं। उनके भीतर जो ईश्वरीय शक्ति थी, उस पर विशेष ध्यान दो। एक दरिद्र ब्राह्मण के लड़के थे। उनका जन्म बंगाल के सुदूर, अज्ञात, अपरिचित किसी एक गाँव में हुआ था। आज यूरोप, अमेरिका के सहस्रों व्यक्ति वास्तव में उनकी पूजा कर रहे हैं, भविष्य में और भी सहस्रों मनुष्य उनकी पूजा करेंगे। ईश्वर की लीला कौन समझ सकता है?

भाइयो, तुम यदि इसमें विधाता का हाथ नहीं देखते तो अन्धे हो, सचमुच जन्मान्ध हो। यदि समय मिला, यदि दूसरा अवसर मिल सका तो इनके सम्बन्ध में विस्तारपूर्वक कहूँगा। इस समय केवल इतना ही कहना चाहता हूँ कि यदि मैंने जीवन भर में एक भी सत्य वाक्य कहा है तो वह उन्हींका, केवल उनका ही वाक्य है; पर यदि मैंने ऐसे वाक्य कहे हैं, जो असत्य, भ्रमपूर्ण अथवा मानव जाति के लिए हितकारी न हों, तो वे सब मेरे ही वाक्य हैं और उनके लिए पूरा उत्तरदायी मैं ही हूँ।

हमारा प्रस्तुत कार्य

यह व्याख्यान ट्रिप्लिकेन, मद्रास की साहित्य-समिति में दिया गया था। अमेरिका जाने के पहले स्वामी विवेकानन्द जी का इस समिति के सदस्यों से परिचय हुआ था। इन सदस्यों के साथ स्वामी जी ने अनेक विषयों पर चर्चा की थी। इससे वे सदस्यगण तथा मद्रास की जनता बहुत ही प्रभावित हुई थी। अन्त में इन सज्जनों के विशेष आग्रह एवं प्रयत्न से ही वे अमेरिका की शिकागो धर्म-महासभा में हिन्दू धर्म के प्रतिनिधि के रूप में भेजे गये थे। अतएव इस व्याख्यान का एक विशेष महत्त्व है।

स्वामी जी का भाषण

संसार ज्यों ज्यों आगे बढ़ रहा है, त्यों त्यों जीवन-समस्या गहरी और व्यापक हो रही है। उस पुराने ज़माने में जब कि समस्त जगत् के अखंडत्वरूप वेदान्ती सत्य का प्रथम आविष्कार हुआ था, तभी से उन्नति के मूल मंत्रों और सार तत्त्वों का प्रचार होता आ रहा है। विश्वब्रह्मांड का एक परमाणु सारे संसार को अपने साथ बिना घसीटे तिल भर भी नहीं हिल सकता। जब तक सारे संसार को साथ साथ उन्नति के पथ पर आगे नहीं बढ़ाया जायगा, तब तक संसार के किसी भी भाग में किसी भी प्रकार की उन्नति सम्भव नहीं है। और दिन प्रति दिन यह और भी स्पष्ट हो रहा है कि किसी प्रश्न की मीमांसा सिर्फ़ जातीय, राष्ट्रीय या किन्हीं संकीर्ण भूमियों पर नहीं टिक सकती। हर एक विषय को तथा हर एक भाव को तब तक बढ़ाना चाहिए, जब तक उसमें सारा संसार न आ जाय, हर एक आकांक्षा को तब तक बढ़ाते रहना चाहिए, जब तक वह समस्त मनुष्य जाति को ही नहीं, वरन् समस्त प्राणिजगत् को आत्मसात् न कर ले। इससे विदित होगा कि क्यों हमारा देश गत कई सदियों से वैसा महान् नहीं रह गया है, जैसा वह प्राचीन काल में था। हम देखते हैं कि जिन कारणों से वह गिर गया है, उनमें से एक कारण है, दृष्टि की संकीर्णता तथा कार्यक्षेत्र का संकोच।

जगत् में ऐसे दो आश्चर्यजनक राष्ट्र हो गये हैं, जो एक ही जाति से प्रस्फुटित हुए हैं, परन्तु भिन्न परिस्थितियों और घटनाओं में स्थापित रहकर हर एक ने जीवन की समस्याओं को अपने ही निराले ढंग से हल कर लिया है—मेरा मतलब

प्राचीन हिन्दू और प्राचीन यूनानी जातियों से है। भारतीय आर्यों की उत्तरी सीमा हिमालय की उन बर्फ़ीली चोटियों से घिरी हुई है, जिनके तल में सम भूमि पर सम सी स्वच्छतोया सरिताएँ हिलोरें मार रही हैं और वहाँ वे अनंत अरण्य वर्तमा हैं, जो आर्यों को संसार के अन्तिम छोर से प्रतीत हुए। इन सब मनोरम दृश्यों क देखकर आर्यों का मन सहज ही अंतर्मुख हो उठा। आर्यों का मस्तिष्क सूक्ष्म भावग्राह था, और चारों ओर घिरी हुई महान् दृश्यावली देखने का यह स्वाभाविक फल हुअ कि आर्य अन्तस्तत्त्व के अनुसंधान में लग गये, चित्त का विश्लेषण भारतीय आय का मुख्य ध्येय हो गया। दूसरी ओर, यूनानी जाति संसार के एक दूसरे भाग पहुँची, जो उदात्त की अपेक्षा सुन्दर अधिक था। यूनानी टापुओं के भीतर के सुन्दर दृश्य, उनके चारों ओर की वह हास्यमयी किन्तु निराभरण प्रकृति देखक यूनानियों का मन स्वभावतः बहिर्मुख हुआ और उसने बाह्य संसार का विश्लेष करना चाहा। परिणामतः हम देखते हैं कि समस्त विश्लेषात्मक विज्ञानों का विकास भारत से हुआ और सामान्यीकरण के विज्ञानों का विकास यूनान से। हिन्दुओं का मानस अपनी ही कार्य-दिशा में अग्रसर हुआ और उसने अद्‌भुत परिणाम प्राप्त किये हैं। यहाँ तक कि वर्तमान समय में भी, हिन्दुओं की वह विचार-शक्ति —वह अपूर्व शक्ति जिसे भारतीय मस्तिष्क अब तक धारण करता है, बेजोड़ है हम सभी जानते हैं कि हमारे लड़के दूसरे देश के लड़कों से प्रतियोगिता में सदा ही विजय प्राप्त करते हैं। परन्तु साथ ही, शायद मुसलमानों के विजय प्राप्त करने के दो शताब्दी पहले ही जब हमारी जातीय शक्ति क्षीण हुई, उस समय हमारी यह जातीय प्रतिभा ऐसी अतिरंजित हुई कि वह स्वयं ही अधःपतन की ओर अग्रसर हुई थी, और वही अधःपतन अब भारतीय शिल्प, संगीत, विज्ञान आदि हर विषय में दिखायी दे रहा है। शिल्प में अब वह व्यापक परिकल्पना नही रह गयी, भावों की वह उदात्तता तथा रूपाकार के सौष्ठव की वह चेष्टा अब और नहीं रह गयी, किन्तु उसकी जगह अत्यधिक अलंकरण तथा भड़कीलेपन का समावेश हो गया। जाति की सारी मौलिकता नष्ट हो चली। संगीत में चित्त को मस्त कर देनेवाले वे गम्भीर भाव, जो प्राचीन संस्कृत में पाये जाते हैं, अब नहीं रहे—पहले की तरह उनमें से प्रत्येक स्वर अब अपने पैरों नहीं खड़ा हो सकता, वह अपूर्व एकतानता नहीं छेड़ सकता। हर एक स्वर अपनी विशिष्टता खो बैठा। हमारे समग्र आधुनिक संगीत में नाना प्रकार के स्वर-रागों की खिचड़ी हो गयी है, उसकी बहुत ही बुरी दशा हो गयी है। संगीत की अवनति का यही चिह्न है। इसी प्रकार यदि तुम अपनी भावात्मक परिकल्पनाओं का विश्लेषण करके देखो तो तुमको वही अतिरंजना और अलंकरण की ही चेष्टा और मौलिकता का नाश मिलेगा। और, यहाँ तक कि

तुम्हारे विशेष क्षेत्र धर्म में भी, वही भयानक अवनति हुई है। उस जाति से तुम क्या आशा कर सकते हो, जो सैकड़ों वर्ष तक यह जटिल प्रश्न हल करतीरह गयी कि पानी भरा लोटा दाहिने हाथ से पीना चाहिए या बायें हाथ से। इससे और अधिक अवनति क्या हो सकती है कि देश के बड़े बड़े मेधावी मनुष्य भोजन के प्रश्न को लेकर तर्क करते हुए सैकड़ों वर्ष बिता दें, इस बात पर वाद-विवाद करते हुए कि तुम हमें छूने लायक हो या हम तुम्हें, और इस छूत-अछूत के कारण कौन सा प्रायश्चित्त करना पड़ेगा? वेदान्त के वे तत्त्व, ईश्वर और आत्मा सम्बन्धी सबसे उदात्त तथा महान् सिद्धान्त, जिनका सारे संसार में प्रचार हुआ था, प्रायः नष्ट हो गये, निबिड़ अरण्यनिवासी कुछ संन्यासियों द्वारा रक्षित होकर वे छिपे रहे और शेष सब लोग केवल छूत-अछूत, खाद्य-अखाद्य और वेशभूषा जैसे गुरुतर प्रश्नों को हल करने में व्यस्त रहे! हमें मुसलमानों से कई अच्छे विषय मिले, इसमें कुछ सन्देह नहीं। संसार में हीनतम मनुष्य भी श्रेष्ठ मनुष्यों को कुछ न कुछ शिक्षा अवश्य दे सकते हैं, किन्तु वे हमारी जाति में शक्ति-संचार नहीं कर सके।

इसके पश्चात् शुभ के लिए हो, चाहे अशुभ के लिए, भारत में अंग्रेज़ों की विजय हुई। किसी जाति के लिए विजित होना निःसंदेह बुरी चीज़ है; विदेशियों का शासन कभी भी कल्याणकारी नहीं होता। किन्तु तो भी, अशुभ के माध्यम से कभी कभी शुभ का आगमन होता है। अतएव अंग्रेज़ों की विजय का शुभ फल यह है : इंग्लैण्ड तथा समग्र यूरोप को सभ्यता के लिए यूनान के प्रति ऋणी होना चाहिए, क्योंकि यूरोप के सभी भावों में मानो यूनान की ही प्रतिध्वनि सुनाई दे रही है, यहाँ तक कि उसके हर एक मकान में, मकान के हर एक फ़रनीचर में यूनान की ही छाप दीख पड़ती है। यूरोप के विज्ञान, शिल्प आदि सभी यूनान ही के प्रतिबिम्ब हैं। आज वही प्राचीन यूनान तथा प्राचीन हिन्दू भारतभूमि पर मिल रहे हैं। इस प्रकार धीर और निःस्तब्ध भाव से एक परिवर्तन आ रहा है और आज हमारे चारों ओर जो उदार, जीवनप्रद पुनरुत्थान का आन्दोलन दिखाई दे रहा है, वह सब इन दोनों विभिन्न भागों के सम्मिलन का ही फल है। अब मानव जीवन सम्बन्धी अधिक व्यापक और उदार धारणाएँ हमारे सम्मुख हैं। यद्यपि हम पहले कुछ भ्रम में पड़ गये थे और भावों को संकीर्ण करना चाहते थे, पर अब हम देखते हैं कि आजकल ये जो महान् भाव और जीवन की ऊँची धारणाएँ काम कर रही हैं, हमारे प्राचीन ग्रन्थों में लिखे हुए तत्त्वों की स्वाभाविक परिणति ही हैं। ये उन बातों का यथार्थ न्यायसंगत कार्यान्वय मात्र हैं, जिनका हमारे पूर्वजों ने पहले ही प्रचार किया था। विशाल बनना, उदार बनना, क्रमशः सार्वभौम भाव में उपनीत होना—यही

हमारा लक्ष्य है। परन्तु हम ध्यान न देकर अपने शास्त्रोपदेशों के विरुद्ध दिनों दिन अपने को संकीर्ण से संकीर्णतर करते जा रहे हैं।

हमारी उन्नति के मार्ग में कुछ विघ्न हैं और उनमें प्रधान है, हमारी यह धारणा कि संसार में हम प्रमुख जाति के हैं। मैं हृदय से भारत को प्यार करता हूँ, स्वदेश के हितार्थ मैं सदा कमर कसे तैयार रहता हूँ, पूर्वजों पर मेरी आन्तरिक श्रद्धा और भक्ति है, फिर भी मैं अपना यह विचार नहीं त्याग सकता कि संसार से हमें भी बहुत कुछ शिक्षा प्राप्त करनी है, शिक्षाग्रहणार्थ हमें सबके पैरों तले बैठना चाहिए, क्योंकि ध्यान इस बात पर देना आवश्यक है कि सभी हमें महान् शिक्षा दे सकते हैं। हमारे महान्. श्रेष्ठ स्मृतिकार मनु महाराज की उक्ति है, 'नीच जातियों से भी श्रद्धा के साथ हितकारी विद्या ग्रहण करनी चाहिए, और निम्नतम अन्त्यज ही क्यों न हो, सेवा द्वारा उससे भी श्रेष्ठ धर्म की शिक्षा प्राप्त करनी चाहिए।'[१]

अतएव यदि हम मनु की सच्ची सन्तान हैं तो हमें उनके आदेशों का अवश्य ही प्रतिपालन करना चाहिए और जो कोई हमें शिक्षा देने के योग्य है, उसीसे ऐहिक या पारमार्थिक विषयों में शिक्षा ग्रहण करने के लिए हमें सदा तैयार रहना चाहिए। किन्तु साथ ही यह भी न भूलना चाहिए कि संसार को हम भी कोई विशेष शिक्षा दे सकते हैं। भारत का बाहर के देशों से सम्बन्ध जोड़े बिना हमारा काम नही चल सकता। किसी समय हम लोगों ने जो इसके विपरीत सोचा था, वह हमारी मूर्खता मात्र थी और उसीकी सज़ा का फल है कि हज़ारों वर्षों से हम दासता के बन्धनों में बँध गये हैं। हम लोग दूसरी जातियों से अपनी तुलना करने के लिए विदेश नहीं गये और हमने संसार की गति पर ध्यान रखकर चलना नहीं सीखा। यही है भारतीय मन की अवनति का प्रधान कारण। हमें यथेष्ट सज़ा मिल चुकी, अब हमें ऐसा नहीं करना चाहिए। भारत से बाहर जाना भारतीयों के लिए अनुचित है—इस प्रकार की वाहियात बातें बच्चों की ही हैं। उन्हें दिमाग़ से बिल्कुल निकाल फेंकनी चाहिए। जितना ही तुम भारत से बाहर अन्यान्य देशों में घूमोगे, उतना ही तुम्हारा और तुम्हारे देश का कल्याण होगा। यदि तुम पहले ही से—कई सदियों के पहले ही से—ऐसा करते, तो तुम आज उन राष्ट्रों से पदाक्रान्त न होते, जिन्होंने तुम्हें दबाने की कोशिश की। जीवन का पहला और स्पष्ट लक्षण है विस्तार। अगर तुम जीवित रहना चाहते हो, तो तुम्हें विस्तार करना ही होगा। जिस क्षण से तुम्हारे जीवन का विस्तार बन्द हो जायेगा, उसी

---

१. श्रद्दधानो शुभां विद्यामाददीतावरादपि।
अन्त्यादपि परं धर्मं स्त्रीरत्नं दुष्कुलादपि ॥

क्षण से जान लेना कि मृत्यु ने तुम्हें घेर लिया है, विपत्तियाँ तुम्हारे सामने हैं। मैं यूरोप और अमेरिका गया था, इसका तुम लोगों ने सहृदयतापूर्ण उल्लख किया है। मुझे वहाँ जाना पड़ा, क्योंकि यही विस्तार या राष्ट्रीय जीवन के पुनर्जागरण का पहला चिह्न है। इस फिर से जगनेवाले राष्ट्रीय जीवन ने भीतर ही भीतर विस्तार प्राप्त करके मुझे मानो दूर फेंक दिया था और इस तरह और भी हज़ारों लोग फेंके जायँगे। मेरी बात ध्यान से सुनो। यदि राष्ट्र को जीवित रहना है, तो ऐसा होना आवश्यक है। अतएव यह विस्तार राष्ट्रीय जीवन के पुनरभ्युदय का सर्वप्रधान लक्षण है और मनुष्य की सारी ज्ञानसमष्टि तथा समग्र जगत् की उन्नति के लिए हमारा जो कुछ योगदान होना चाहिए, वह भी इस विस्तार के साथ भारत से बाहर दूसरे देशों को जा रहा है। परन्तु यह कोई नया काम नहीं। तुम लोगों में से जिनकी यह धारणा है कि हिन्दू अपने देश की चहारदीवारी के भीतर ही चिर काल से पड़े हैं, वे बड़ी ही भूल करते हैं। तुमने अपने प्राचीन शास्त्र पढ़े नहीं, तुमने अपने जातीय इतिहास का ठीक ठीक अध्ययन नहीं किया। हर एक जाति को अपनी प्राण-रक्षा के लिए दूसरी जातियों को कुछ देना ही पड़ेगा। प्राण देने पर ही प्राणों की प्राप्ति होती है, दूसरों से कुछ लेना होगा तो बदले में मूल्य के रूप में उन्हें कुछ देना ही होगा। हम जो हज़ारों वर्षों से जीवित हैं, यह हमको विस्मित करता है, और इसका समाधान यही है कि हम संसार के दूसरे देशों को सदा देते रहे हैं, अनजान लोग भले ही जो सोचें।

भारत का दान है धर्म, दार्शनिक ज्ञान और आध्यात्मिकता। धर्म-प्रचार के लिए यह आवश्यक नहीं कि सेना उसके आगे आगे मार्ग निष्कंटक करती हुई चले। ज्ञान और दार्शनिक तत्त्व को शोणित-प्रवाह पर से ढोने की आवश्यकता नहीं। ज्ञान और दार्शनिक तत्त्व खून से भरे ज़ख्मी आदमियों के ऊपर से सदर्प विचरण नहीं करते। वे शान्ति और प्रेम के पंखों से उड़कर शान्तिपूर्वक आया करते हैं, और सदा हुआ भी यही। अतएव संसार के लिए भारत को सदा कुछ देना पड़ा है। लन्दन में किसी युवती ने मुझसे पूछा, "तुम हिन्दुओं ने क्या किया? तुमने कभी किसी भी जाति को नहीं जीत पाया है।" अंग्रेज जाति की दृष्टि में—वीर साहसी, क्षत्रियप्रकृति अंग्रेज़ जाति की दृष्टि में—दूसरे व्यक्ति पर विजय प्राप्त करना ही एक व्यक्ति के लिए सर्वश्रेष्ठ गौरव की बात समझी जाती है। यह उनके दृष्टिविन्दु से सत्य भले ही हो, किन्तु हमारी दृष्टि इसके बिल्कुल विपरीत है। जब मैं अपने मन से यह प्रश्न करता हूँ कि भारत के श्रेष्ठत्व का क्या कारण है, तब मुझे यह उत्तर मिलता है कि हमने कभी दूसरी जाति पर विजय प्राप्त नहीं की, यही हमारा महान् गौरव है। तुम लोग आजकल सदा यह निन्दा सुन रहे हो

कि हिन्दुओं का धर्म दूसरों के धर्म को जीत लेने में सचेष्ट नहीं; और मैं बड़े दुःख से कहता हूँ कि यह बात ऐसे ऐसे व्यक्तियों के मुँह की होती है, जिनसे हम अधिकतर ज्ञान की अपेक्षा करते हैं। मुझे यह जान पड़ता है कि हमारा धर्म दूसरे धर्मों की अपेक्षा सत्य के अधिक निकट है। इस तथ्य के समर्थन की प्रधान युक्ति यही है कि हमारे धर्म ने कभी दूसरे धर्मों पर विजय प्राप्त नहीं की, उसने कभी खून की नदियाँ नहीं बहायीं, उसने सदा आशीर्वाद और शान्ति के शब्द कहे, सबको उसने प्रेम और सहानुभूति की कथा सुनायी। यहीं, केवल यहीं, दूसरे धर्म से द्वेष न रखने के भाव सबसे पहले प्रचारित हुए, केवल यहीं परधर्म-सहिष्णुता तथा सहानुभूति के ये भाव कार्यरूप में परिणत हुए। अन्य देशों में यह केवल सिद्धान्त-चर्चा मात्र है। यहीं, केवल यहीं, यह देखने में आता है कि हिन्दू मुसलमानों के लिए मसजिदें और ईसाइयों के लिए गिरजे बनवाते हैं।

अतएव, भाइयो, तुम समझ गये होगे कि किस तरह हमारे भाव धीरे धीरे शान्त और अज्ञात रूप से दूसरे देशों में गये हैं। भारत के सब विषयों में यही बात है। भारतीय विचार का सबसे बड़ा लक्षण है, उसका शान्त स्वभाव और उसकी नीरवता। जो प्रभूत शक्ति इसके पीछे है, उसका प्रकाश ज़बरदस्ती से नहीं होता। भारतीय विचार सदा जादू सा असर करता है। जब कोई विदेशी हमारे साहित्य का अध्ययन करता है तो पहले वह उसे अरुचिपूर्ण प्रतीत होता है, क्योंकि इसमें उसके निज के साहित्य जैसी उद्दीपना नहीं, तीव्र गति नहीं, जिससे उसका हृदय सहज ही उछल पड़े। यूरोप के दुःखान्त नाटकों की हमारे करुण नाटकों से तुलना करो, पश्चिमी नाटक कार्य-प्रधान हैं, वे कुछ देर के लिए उद्दीप्त तो कर देते हैं, किन्तु समाप्त होते ही तुरन्त प्रतिक्रिया शुरू हो जाती है और तुम्हारे मस्तिष्क से उसका सम्पूर्ण प्रभाव निकल जाता है। भारत के करुण नाटकों में मानो सम्मोहन की शक्ति भरी हुई है। वे मन्दगति से चुपचाप अपना काम करते हैं, किन्तु तुम ज्यों ज्यों उनका अध्ययन करते हो, त्यों त्यों तुम्हें मुग्ध करने लगते हैं। फिर तुम टस से मस नहीं हो सकते, तुम बँध जाते हो, हमारे साहित्य में जिस किसीने प्रवेश किया, उसे उसका बन्धन अवश्य ही स्वीकार करना पड़ा और चिर काल के लिए हमारे साहित्य से उसका अनुराग हो गया। अनदेखे और अनसुने गिरनेवाला कोमल ओस कण जिस प्रकार सुन्दरतम गुलाब की कलियों को खिला देता है, वैसा ही असर भारत के दान का संसार की विचारधारा पर पड़ता रहता है। शांत, अज्ञेय किन्तु महाशक्ति के अदम्य बल से, उसने सारे जगत् की विचार-राशि मे क्रान्ति मचा दी है—एक नया ही युग खड़ा कर दिया है; किन्तु तो भी कोई नहीं जानता, कब ऐसा हुआ। किसी ने प्रसंगवशात् मुझसे कहा था, "भारत के किसी

प्राचीन ग्रन्थकार का नाम ढूंढ़ निकालना कितना कठिन काम है!" इसपर मैंने यह उत्तर दिया कि यही भारतीयों का स्वभाव है। भारत के लेखक आजकल के लेखकों जैसे नहीं थे, जो ग्रन्थों का ९० फ़ीसदी भाव दूसरे लेखकों से साफ़ उड़ा लेते हैं और जिनका अपना केवल दशमांश होता है, किन्तु तो भी जो ग्रन्थारम्भ में भूमिका लिखते हुए यह कहते नहीं चूकते कि इन मत-मतान्तरों का पूरा उत्तर-दायित्व मुझ पर है। मनुष्य जाति के हृदय में उच्च भाव भरनेवाले वे महामनीषी उन ग्रन्थों की रचना करके ही सन्तुष्ट थे, उन्होंने ग्रन्थों में अपना नाम तक नहीं दिया, और अपने ग्रन्थ भावी पीढ़ियों को सौंपकर वे शान्तिपूर्वक इस संसार से चल बसे। हमारे दर्शनकारों या पुराणकारों के नाम कौन जानता है? वे सभी व्यास, कपिल आदि उपाधियों ही से परिचित हैं, वे ही श्री कृष्ण के योग्य सपूत हैं, वे ही गीता के यथार्थ अनुयायी हैं, उन्होंने ही श्रीकृष्ण के इस महान उपदेश—'कर्म में ही तुम्हारा अधिकार है, फल में कदापि नहीं'[1]—का पालन कर दिखाया।

मित्रो, इस प्रकार भारत ने संसार में अपना कर्म किया, परन्तु इसके लिए भी एक बात अत्यन्त आवश्यक है। वाणिज्य-द्रव्य की भाँति, विचारों का समूह भी किसीके बनाये हुए मार्ग से ही चलता है। विचार-राशि के एक देश से दूसरे देश को जाने के पहले, उसके जाने का मार्ग तैयार होना चाहिए। संसार के इतिहास में, जब कभी किसी बड़े दिग्विजयी राष्ट्र ने संसार के भिन्न भिन्न देशों को एक सूत्र में बाँधा है, तब उसके बनाये हुए मार्ग से भारत की विचारधारा बह चली है और प्रत्येक जाति की नस नस में समा गयी है। आये दिन इस प्रकार के प्रमाण जुटते जा रहे हैं कि बुद्ध के जन्म के पहले ही भारत के विचार सारे संसार में फैल चुके थे। बौद्ध धर्म के उदय के पहले ही चीन, फ़ारस और पूर्वी द्वीप-समूहों[2] में वेदान्त का प्रवेश हो चुका था। फिर जब यूनान की प्रबल शक्ति ने पूर्वी भूखंडों को एक ही सूत्र में बाँधा था, तब वहाँ भारत की विचार धारा प्रवाहित हुई थी, और ईसाई धर्मावलम्बी जिस सभ्यता की डींग हाँक रहे हैं, वह भी भारतीय विचारों के छोटे छोटे कणों के संग्रह के सिवा और कुछ नहीं। बौद्ध धर्म, अपनी समस्त महानता के साथ जिसकी विद्रोही सन्तान है और ईसाई धर्म जिसकी नगण्य नक़ल मात्र है, वही हमारा धर्म है। युगचक्र फिर घूमा है, वैसा ही समय फिर आया है, इंग्लैण्ड की प्रचंड शक्ति ने भूमंडल के भिन्न भिन्न भागों को फिर एक दूसरे से जोड़ दिया है। अंग्रेज़ों के मार्ग रोमन जाति के मार्गों की तरह केवल स्थल भाग में ही

---

१. कर्मण्येवाधिकारस्ते मा फलेषु कदाचन।। गीता २।४७।।

२. सुमात्रा, जावा, बोर्नियो आदि।

नहीं, अतल महासागरों के सब भागों में भी दौड़ रहे हैं। संसार के सभी भाग एक दूसरे से जुड़ गये हैं और विद्युत् शक्ति नव संदेश-वाहक की भाँति अपना अद्भुत नाटक खेल रही हैं। इन अनुकूल अवस्थाओं को प्राप्त कर भारत फिर जाग रहा है और संसार की उन्नति तथा सारी सभ्यता को अपने योगदान के लिए वह तैयार हो रहा है। इसीके फलस्वरूप प्रकृति ने मानो ज़बरदस्ती मुझे धर्म का प्रचार करने के लिए इंग्लैण्ड और अमेरिका भेजा। हममें से हर एक को यह अनुभव करना चाहिए था कि प्रचार का समय आ गया है। चारों ओर शुभ लक्षण दीख रहे हैं और भारतीय आध्यात्मिक और दार्शनिक विचारों की फिर से सारे संसार पर विजय होगी। अतएव हमारे सामने समस्या दिन दिन बृहत्तर आकार धारण कर रही है। क्या हमें केवल अपने ही देश को जगाना होगा? नहीं, यह तो एक तुच्छ बात है, मैं एक कल्पनाशील मनुष्य हूँ—मेरी यह भावना है कि हिन्दू जाति सारे संसार पर विजय प्राप्त करेगी।

जगत् में बड़ी बड़ी विजयी जातियाँ हो चुकी हैं, हम भी महान् विजेता रह चुके हैं। हमारी विजय की कथा को भारत के महान् सम्राट् अशोक ने धर्म और आध्यात्मिकता ही की विजय बताया है। फिर से भारत को जगत् पर विजय प्राप्त करना होगा। यही मेरे जीवन का स्वप्न है, और मैं चाहता हूँ कि तुममें से प्रत्येक, जो कि मेरी बातें सुन रहा है, अपने अपने मन में उसी स्वप्न का पोषण करे, और उसे कार्य रूप में परिणत किये बिना न छोड़े। लोग हर रोज़ तुमसे कहेंगे कि पहले अपने घर को सँभालो, बाद में विदेशों में प्रचार करना। पर मैं तुम लोगों से स्पष्ट शब्दों में कह देता हूँ कि तुम सबसे अच्छा काम तभी करते हो, जब दूसरे के लिए करते हो। अपने लिए सबसे अच्छा काम तुमने तभी किया, जब कि तुमने औरों के लिए काम किया। अपने विचारों का समुद्रों के उस पार विदेशी भाषाओं में प्रचार करने का प्रयत्न किया; और यह सभा ही इस बात का प्रमाण है कि तुम्हारा अन्यान्य देशों को अपने विचारों से शिक्षित करने का प्रयत्न तुम्हारे अपने देश को भी लाभ पहुँचा रहा है। यदि मैं अपने विचारों को भारत ही में सीमाबद्ध रखता, तो उस प्रभाव का एक चौथाई भी न हो पाता, जो कि मेरे इंग्लैड और अमेरिका जाने से इस देश में हुआ। हमारे सामने यही एक महान् आदर्श है, और हर एक को इसके लिए तैयार रहना चाहिए—वह आदर्श है भारत की विश्व पर विजय—उससे छोटा कोई आदर्श न चलेगा और हम सभी को इसके लिए तैयार होना चाहिए और भरसक कोशिश करनी चाहिए। अगर विदेशी आकर इस देश को अपनी सेनाओं से प्लावित कर दें तो कुछ परवाह नहीं। उठो भारत, तुम अपनी आध्यात्मिकता द्वारा जगत् पर विजय प्राप्त करो! जैसा कि इसी देश में पहले पहल

प्रचार किया गया है, प्रेम ही घृणा पर विजय प्राप्त करेगा, घृणा घृणा को नहीं जीत सकती, हमें भी वैसा ही करना पड़ेगा। भौतिकवाद और उससे उत्पन्न क्लेश भौतिकवाद से कभी दूर नहीं हो सकते। जब एक सेना दूसरी सेना पर विजय प्राप्त करने की चेष्टा करती है तो वह मानव जाति को पशु बना देती है और इस प्रकार वह पशुओं की संख्या बढ़ा देती है। आध्यात्मिकता पाश्चात्य देशों पर अवश्य विजय प्राप्त करेगी। धीरे धीरे पाश्चात्यवासी यह अनुभव कर रहे हैं कि उन्हें राष्ट्र के रूप में बने रहने के लिए आध्यात्मिकता की आवश्यकता है। वे इसकी प्रतीक्षा कर रहे हैं; चाव से इसकी बाट जोह रहे हैं। उसकी पूर्ति कहाँ से होगी? वे आदमी कहाँ हैं, जो भारतीय महर्षियों का उपदेश जगत् के सब देशों में पहुँचाने के लिए तैयार हों? कहाँ हैं वे लोग, जो इसलिए सब कुछ छोड़ने को तैयार हों कि ये कल्याणकर उपदेश संसार के कोने कोने तक फैल जायँ? सत्य के प्रचार के लिए ऐसे ही वीर हृदय लोगों की आवश्यकता है। वेदान्त के महासत्यों को फैलाने के लिए ऐसे वीर कर्मियों को बाहर जाना चाहिए। जगत् को इसकी चाहना है, इसके बिना जगत् विनष्ट हो जायगा। सारा पाश्चात्य जगत् मानों एक ज्वालामुखी पर स्थित है, जो कल ही फूटकर उसे चूर चूर कर सकता है। उन्होंने सारी दुनियाँ छान डाली, पर उन्हें तनिक भी शान्ति नहीं मिली। उन्होंने इन्द्रिय-सुख का प्याला पीकर खाली कर डाला, पर फिर भी उससे उन्हें तृप्ति नहीं मिली। भारत के धार्मिक विचारों को पाश्चात्य देशों की नस नस में भर देने का यही समय है। इसलिए मद्रासी नवयुवको, मैं विशेषकर तुम्हींको इसे याद रखने को कहता हूँ। हमें बाहर जाना ही पड़ेगा, अपनी आध्यात्मिकता तथा दार्शनिकता से हमें जगत् को जीतना होगा। दूसरा कोई उपाय ही नहीं है, अवश्यमेव इसे करो, या मरो। राष्ट्रीय जीवन, सतेज और प्रबुद्ध राष्ट्रीय जीवन के लिए बस यही एक शर्त है कि भारतीय विचार विश्व पर विजय प्राप्त करें।

साथ ही हमें न भूलना चाहिए कि आध्यात्मिक विचारों की विश्व-विजय से मेरा मतलब है उन सिद्धान्तों के प्रचार से, जिनसे जीवन-संचार हो, न कि उन सैकड़ों कुसंस्कारों से, जिन्हें हम सदियों से अपनी छाती से लगाते आये हैं। इनको तो इस भारत-भूमि से भी उखाड़कर दूर फेंक देना चाहिए, जिससे वे सदा के लिए नष्ट हो जायँ। इस जाति के अधःपतन के ये ही कारण हैं और ये दिमाग़ को कमज़ोर बना देते हैं। हमें उस दिमाग़ से बचना चाहिए, जो उच्च और महान् चिन्तन नहीं कर सकता, जो निस्तेज होकर मौलिक चिन्तन की सारी शक्तियाँ खो बैठता है, और जो धर्म के नाम पर चले आनेवाले सब प्रकार के छोटे-छोटे कुसंस्कारों के विष से अपने को जर्जरित कर रहा है। हमारी दृष्टि में भारत के लिए कई आपदाएँ

खड़ी हैं। इनमें से दो स्काइला और चेरीबाईडिस से, घोर भौतिकवाद और इसकी प्रतिक्रिया से पैदा हुए घोर कुसंस्कार से अवश्य बचना चाहिए। आज हमें एक तरफ़ वह मनुष्य दिखायी पड़ता है, जो पाश्चात्य ज्ञान रूपी मदिरा-पान से मत्त होकर अपने को सर्वज्ञ समझता है। वह प्राचीन ऋषियों की हँसी उड़ाया करता है। उसके लिए हिन्दुओं के सब विचार बिल्कुल वाहियात चीज़ हैं, हिन्दू दर्शन-शास्त्र बच्चों का कलरव मात्र है और हिन्दू धर्म मूर्खों का मात्र अंधविश्वास। दूसरी तरफ़ वह आदमी है, जो शिक्षित तो है, पर जिस पर किसी एक चीज़ की सनक सवार है और वह उल्टी राह लेकर हर एक छोटी सी बात का अलौकिक अर्थ निकालने की कोशिश करता है। अपनी विशेष जाति या देव-देवियों या गाँव से सम्बन्ध रखनेवाले जितने कुसंस्कार हैं, उनको उचित सिद्ध करने के लिए दार्शनिक, आध्यात्मिक तथा बच्चों को सुहानेवाले न जाने क्या क्या अर्थ उसके पास सर्वदा ही मौजूद हैं। उसके लिए प्रत्येक ग्राम्य कुसंस्कार वेदों की आज्ञा है और उसकी समझ में उसे कार्य रूप में परिणत करने पर ही जातीय जीवन निर्भर है। तुम्हें इन सबसे बचना चाहिए।

तुममें से प्रत्येक मनुष्य कुसंस्कारपूर्ण मूर्ख होने के बदले यदि घोर नास्तिक भी हो जाय तो मुझे पसन्द है, क्योंकि नास्तिक तो जीवन्त है, तुम उसे किसी तरह परिवर्तित कर सकते हो। परन्तु यदि कुसंस्कार घुस जायँ, तो मस्तिष्क बिगड़ जायगा, कमज़ोर हो जायगा और मनुष्य विनाश की ओर अग्रसर होने लगेगा। तो इन दो संकटों से बचो। हमें निर्भीक साहसी मनुष्यों का ही प्रयोजन है। हमें खून में तेज़ी और स्नायुओं में बल की आवश्यकता है—लोहे के पुट्ठे और फ़ौलाद के स्नायु चाहिए, न कि दुर्बलता लानेवाले वाहियात विचार। इन सबको त्याग दो, सब प्रकार के रहस्यों से बचो। धर्म में कोई लुका छिपी नहीं है। क्या वेदान्त, वेद, संहिता अथवा पुराण में कोई ऐसी रहस्य की बातें हैं? प्राचीन ऋषियों ने अपने धर्म प्रचार के लिए कौन सी गोपनीय समितियाँ स्थापित की थीं? क्या ऐसा कोई लेखा है कि अपने महान् सत्यों को मानव जाति में प्रचारित करने के लिए उन्होंने ऐसे ऐसे जादूगरों के से हथकंडों का उपयोग किया था? हर बात को रहस्यमय बनाना और कुसंस्कार—ये सदा दुर्बलता के ही चिह्न होते हैं। ये अवनति और मृत्यु के ही चिह्न हैं। इसलिए उनसे बचे रहो, बलवान् बनो और अपने पैरों पर खड़े हो जाओ। संसार में अनेक अद्भुत एवं आश्चर्यजनक वस्तुएँ हैं। प्रकृति के बारे में आज हमारी जो धारणाएँ हैं, उनकी तुलना में हम उन्हें अति प्राकृतिक कह सकते हैं, परन्तु उनमें से एक भी रहस्यमय नहीं है। इस भारतभूमि पर यह कभी प्रचारित नहीं हुआ कि धर्म के सत्य गोपनीय विषय हैं, अथवा यह कि वे हिमालय की बर्फ़ीली चोटियों पर बसनेवाली गुप्त समितियों की ही विशेष सम्पत्ति

। मैं हिमालय में गया था, तुम लोग वहाँ पर नहीं गये होगे, वह स्थान तुम्हारे रों से कई सौ मील दूर है। मैं संन्यासी हूँ और गत चौदह वर्षों से मैं पैदल घूम हा हूँ। ये गुप्त समितियाँ कहीं भी नहीं हैं। इन अंधविश्वासों के पीछे मत दौड़ो। म्हारे और जाति के लिए बेहतर होगा कि तुम घोर नास्तिक बन जाओ—क्योंकि म से कम उससे तुम्हारा कुछ बल बना रहेगा; पर इस प्रकार कुसंस्कारपूर्ण होना ो अवनति तथा मृत्यु है। मानव जाति को धिक्कार है कि शक्तिशाली लोग इन ंधविश्वासों पर अपना समय गँवा रहे हैं, दुनिया के सड़े से सड़े कुसंस्कारों की याख्या के लिए रूपकों के आविष्कार करने में अपना सारा समय नष्ट कर रहे हैं। ाहसी बनो, सब विषयों की उस तरह व्याख्या करने की कोशिश मत करो। बात ह है कि हमारे बहुतेरे कुसंस्कार हैं, हमारी देह पर बहुत से बुरे धब्बे तथा घाव ं—इनको काट और चीर-फाड़कर एकदम निकाल देना होगा—नष्ट कर देना ोगा। इनके नष्ट होने से हमारा धर्म, हमारा जातीय जीवन हमारी आध्यात्मिकता ष्ट नहीं होगी। प्रत्येक धर्म का मूल तत्त्व सुरक्षित है और जितनी जल्दी धब्बे मिटाये जायँगे, उतने ही अधिक ये मूल तत्त्व चमकेंगे। इन्हीं पर डटे रहो।

तुम लोग सुनते हो कि हर एक धर्म जगत् का सार्वभौम धर्म होने का दावा करता है। मैं तुमसे पहले ही कह देता हूँ कि शायद कभी भी ऐसी कोई चीज़ नहीं हो सकेगी, पर यदि कोई धर्म यह दावा कर सके तो वह तुम्हारा ही धर्म है—दूसरा कोई नहीं, क्योंकि दूसरा हर एक धर्म किसी व्यक्ति या व्यक्तियों के समूह पर निर्भर है। अन्यान्य सभी धर्म किन्हीं व्यक्तियों के जीवन पर अवलम्बित होकर बने हैं, जिन्हें उनके अनुयायी ऐतिहासिक पुरुष समझते हैं, और जिसको वे धर्म की शक्ति समझते हैं, वह वास्तव में उनकी निर्बलता है, क्योंकि यदि इन पुरुषों की ऐतिहासिकता का खंडन किया जाय तो उनके धर्मरूपी प्रासाद गिरकर धूलि में मिल जायँगे। इन महान् धर्म-संस्थापकों के जीवन-चरित्रों में से आधा अंश तो उड़ा दिया गया है और बाक़ी आधे के विषय में घोर सन्देह उपस्थित किया गया है। अतएव हर एक सत्य, जिसकी प्रामाणिकता इन्हींके शब्दों पर निर्भर थी, हवा में मिला जा रहा है। पर हमारे धर्म के सत्य किसी व्यक्ति विशेष पर निर्भर नहीं हैं, यद्यपि हमारे धर्म में महापुरुषों की संख्या यथेष्ट है। कृष्ण की महिमा यह नहीं है कि वे कृष्ण थे, पर यह कि वे वेदान्त के महान् आचार्य थे। यदि ऐसा न होता तो उनका नाम भी भारत से उसी तरह उठ जाता जैसे कि बुद्ध का नाम उठ गया है।

अतः चिर काल से हमारी निष्ठा धर्म के तत्त्वों के प्रति ही रही है, न कि व्यक्तियों के प्रति। व्यक्ति केवल तत्त्वों के प्रकट रूप हैं—उनके उदाहरणस्वरूप हैं। यदि

तत्त्व बने रहे तो व्यक्ति एक नहीं, हज़ारों और लाखों की संख्या में पैदा होंगे। यदि तत्त्व बचा रहा तो बुद्ध जैसे सैकड़ों और हज़ारों पुरुष पैदा होंगे, परन्तु यदि तत्त्व का नाश हुआ और वह भुला दिया गया एवं सारी जाति का जीवन तथाकथित ऐतिहासिक व्यक्ति पर ही निर्भर रहने में प्रयत्नशील रहे, तो उस धर्म के सामने आपदाएँ और खतरे हैं। हमारा धर्म ही एकमात्र ऐसा है, जो किसी व्यक्ति या व्यक्तियों पर निर्भर नहीं, वह तत्त्वों पर प्रतिष्ठित है। पर साथ ही उसमें लाखों के लिए स्थान है। नये लोगों को स्थान देने के लिए उसमें काफ़ी गुंजायश है, पर उनमें से प्रत्येक को उन तत्त्वों का एक उदाहरणस्वरूप होना चाहिए। हमें यह न भूलना चाहिए। हमारे धर्म के ये तत्त्व अब तक सुरक्षित हैं, और हममें से प्रत्येक का जीवन-व्रत यही होना चाहिए कि हम उन्हीं की रक्षा करें, उन्हें युग-युगान्तर से जमा होनेवाले मैल और गर्द से बचायें। यह एक अद्भुत् घटना है कि हमारी जाति के बारंबार अवनति के गर्त में गिरने पर भी, वेदान्त के ये तत्त्व कभी मलिन नहीं हुए। किसीने, वह कितना ही दुष्ट क्यों न हो, उन्हें दूषित करने का साहस नहीं किया। संसार भर में अन्य सब शास्त्रों की अपेक्षा हमारे शास्त्र सर्वाधिक सुरक्षित रहे हैं। अन्यान्य शास्त्रों की तुलना में इनमें कोई भी प्रक्षिप्त अंश नहीं घुस पाया है, पाठों की तोड़मरोड़ नहीं हुई है, उनके विचारों का सारभाग नष्ट नहीं हो पाया है। वह ज्यों का त्यों बना रहा है और मानव अथवा मन को आदर्श लक्ष्य की ओर परिचालित करता रहा है।

तुम देखते हो कि इन ग्रन्थों के भाष्य भिन्न भिन्न भाष्यकारों ने किये, उनका प्रचार बड़े बड़े आचार्यों ने किया, और उन्हीं पर सम्प्रदायों की नींव डाली गयी, और तुम देखते हो कि इन वेद ग्रन्थों में ऐसे अनेक तत्त्व हैं, जो आपाततः परस्पर विरोधी प्रतीत होते हैं। कुछ ऐसे पाठांश हैं, जो सम्पूर्ण द्वैतभाव के हैं और कितने ही बिल्कुल अद्वैत भाव के। द्वैतवाद के भाष्यकार द्वैतवाद छोड़कर और कुछ समझ नहीं पाते, अतएव वे अद्वैतवाद के पाठांशों पर बुरी तरह वार करने की कोशिश करते हैं। सभी द्वैतवादी धर्माचार्य तथा पुरोहितगण उन्हें द्वैतात्मक अर्थ देना चाहते हैं। अद्वैतवाद के भाष्यकार द्वैतवाद के सूत्रों की वही दशा करते हैं, परन्तु यह वेदों का दोष नहीं। यह चेष्टा करना कोरी मूर्खता है कि सम्पूर्ण वेद द्वैत भावात्मक हैं। उसी प्रकार समग्र वेदों को अद्वैत भाव समर्थक प्रमाणित करने की चेष्टा भी निरी मूर्खता है। वेदों में द्वैतवाद अद्वैतवाद दोनों ही हैं। आजकल के नये भावों के प्रकाश में हम उन्हें पहले से कुछ अच्छी तरह समझ सकते हैं। ये विभिन्न धारणाएँ जिनकी गति द्वैतवाद और अद्वैतवाद दोनों ओर है, मन की क्रमोन्नति के लिए आवश्यक हैं, और इसी कारण वेद उनका प्रचार करते हैं। समग्र मनुष्य

ति पर कृपा करके वेद उच्चतम लक्ष्य के भिन्न भिन्न सोपानों का निर्देश करते । यह नहीं कि वे एक दूसरे के विरोधी हों। बच्चे जैसे अबोध मनुष्यों को मोहने लिए वेदों ने वृथा वाक्यों का प्रयोग नहीं किया है। उनकी जरूरत है और वह वल बच्चों के लिए नहीं, वरन् प्रौढ़ बुद्धिवालों के लिए भी। जब तक शरीर है ौर जब तक हम इस शरीर से ही अपनी तद्रूपता स्थापित करने के विभ्रम में पड़े हेंगे, जब तक हमारी पाँच इन्द्रियाँ हैं और जब तक हम इस स्थूल जगत् को देखते , हमारे लिए व्यक्तिविशेष ईश्वर या सगुण ईश्वर आवश्यक है। यदि हमारे सभी भाव हैं, तो जैसा कि महामनीषी रामानुज ने प्रमाणित किया है, हमको श्वर, जीव और जगत् इनमें से एक को स्वीकार करने पर शेष सबको स्वीकार रना ही पड़ेगा। अतएव जब तक हम बाहरी संसार देख रहे हैं, तब तक सगुण श्वर और जीवात्मा को स्वीकार न करना निरा पागलपन है। परन्तु महापुरुषों जीवन में वह समय आ सकता है, जब जीवात्मा अपने सब बंधनों से अतीत होकर, कृति के परे, उस सर्वातीत प्रदेश में चला जाता है, जिसके बारे में श्रुति कहती है :

यतो वाचो निवर्तन्ते अप्राप्य मनसा सह।[१]
न तत्र चक्षुर्गच्छति न वाग्गच्छति नो मनः।[२]
नाहं मन्ये सुवेदेति नो न वेदेति वेद च।[३]

—'मन के साथ वाणी जिसे न पाकर लौट आती है।' 'वहाँ न नेत्र पहुँचते हैं, न वाक्य, न मन।' 'मैं उसे जानता हूँ, न यही कह सकता हूँ। और नहीं जानता, न यही।' तभी जीवात्मा सारे बन्धनों को पार कर जाता है, तभी, केवल तभी उसके हृदय में अद्वैतवाद का यह मूल तत्त्व प्रकाशित होता है कि समस्त संसार और मैं एक हूँ, मैं और ब्रह्म एक हूँ। और तुम देखोगे कि यह सिद्धान्त न केवल शुद्ध ज्ञान और दर्शन ही से प्राप्त हुआ है, किन्तु प्रेम के द्वारा भी उसकी कुछ झलक पायी गयी है। तुमने भागवत में पढ़ा होगा कि जब श्री कृष्ण अन्तर्धान हो गये और गोपियाँ उनके वियोग से विकल हो गयीं, तो अन्त तक श्री कृष्ण की भावना का गोपियों के चित्त पर इतना प्रभाव पड़ा कि हर एक गोपी अपनी देह को भूल गयी और सोचने लगी कि वही श्री कृष्ण है, और अपने को उसी तरह सज्जित करके क्रीड़ा करने लगी, जिस तरह श्री कृष्ण करते थे। अतएव हमने यह समझ लिया कि यह एकत्व का अनुभव प्रेम से भी होता है। फ़ारस के एक पुराने सूफ़ी कवि अपनी

---

१. तैत्तिरीयोपनिषद् ॥ २।९ ॥
२. केनोपनिषद् ॥ १।३ ॥
३. कठोपनिषद् ॥ २।२ ॥

एक कविता में कहते हैं—"मैं अपने प्यारे के पास गया और देखा तो द्वार बन्द था, मैंने दरवाज़े पर धक्का लगाया तो भीतर से आवाज़ आयी, 'कौन है ?' मैंने उत्तर दिया—'मैं हूँ।' द्वार न खुला। मैंने दूसरी बार आकर दरवाज़ा खड़खड़ाया तो उसी स्वर ने फिर पूछा कि कौन है, मैंने उत्तर दिया—'मैं अमुक हूँ।' फिर भी द्वार न खुला। तीसरी बार मैं गया और वही ध्वनि हुई–'कौन है ?' मैंने कहा, 'मैं तुम हूँ, मेरे प्यारे।' द्वार खुल गया।"

अतएव हमें समझना चाहिए कि ब्रह्म-प्राप्ति के अनेक सोपान हैं और यद्यपि पुराने भाष्यकारों में, जिन्हें हमें श्रद्धा की दृष्टि से देखना चाहिए, एक दूसरे से विवाद होता रहा, हमें विवाद न करना चाहिए; क्योंकि ज्ञान की कोई सीमा नहीं है। क्या प्राचीन काल में, क्या वर्तमान समय में सर्वज्ञत्व पर किसी एक का सर्वाधिकार नहीं है ! यदि अतीत काल में अनेक ऋषि, महापुरुष हो गये हैं, तो निश्चय जानो कि वर्तमान समय में भी अनेक होंगे। यदि व्यास, वाल्मीकि और शंकराचार्य आदि पुराने ज़माने में हो गये हैं तो क्या कारण है कि अब भी तुममें हर एक शंकराचार्य न हो सकेगा ? हमारे धर्म में एक विशेषता और है, जिसे तुम्हें याद रखना चाहिए। अन्यान्य शास्त्रों में भी ईश्वरी प्रेरणा को प्रमाणस्वरूप बतलाया जाता है। परन्तु इन प्रेरितों की संख्या उनके मत में एक दो अथवा बहुत ही अल्प व्यक्तियों तक सीमित है। उन्हींके माध्यम से सर्व साधारण जनता में इस सत्य का प्रचार हुआ, और हम सभी को उनकी बात माननी ही पड़ेगी। नाज़रथ के ईसा में सत्य का प्रकाश हुआ था, और हम सभी को उसे मान लेना होगा। परन्तु भारत के मंत्रद्रष्टा ऋषियों के हृदय में उसी सत्य का आविर्भाव हुआ था। और सभी ऋषियों में उस सत्य का भविष्य में भी आविर्भाव होगा, किन्तु वह न बातूनियों में होगा, न पुस्तकें चाट जानेवालों में, न बड़े विद्वानों में, न भाषावेत्ताओं में, वह केवल तत्त्व-दर्शियों में ही संभव है।

'आत्मा ज़्यादा बातें गढ़ने से नहीं प्राप्त होती, न वह बड़ी बुद्धिमत्ता से ही सुलभ है और न वह वेदों के पठन से ही मिल सकती है।'[1] वेद स्वयं यह बात कहते हैं। क्या तुम किन्हीं दूसरे शास्त्रों में इस प्रकार की निर्भीक वाणी पाते हो कि शास्त्र-पाठ द्वारा भी आत्मा की प्राप्ति नहीं हो सकती ? तुम्हारे लिए हृदय को मुक्त करना आवश्यक है। धर्म का अर्थ न गिरजे में जाना है, न ललाट रँगना है, न विचित्र ढंग का भेष धरना है। इन्द्रधनुष के सब रंगों से तुम अपने को चाहे भले ही रँग

---

१. नायमात्मा प्रवचनेन लभ्यो न मेधया न बहुना श्रुतेन।

—कठोपनिषद् ॥१।२।२३॥

लो, किन्तु यदि तुम्हारा हृदय उन्मुक्त नहीं हुआ है, यदि तुमने ईश्वर का साक्षात्कार नहीं किया है, तब यह सब व्यर्थ है। जिसने हृदय को रँग लिया है, उसके लिए दूसरे रंग की आवश्यकता नही। यही धर्म का सच्चा अनुभव है। परन्तु हमें यह न भूलना चाहिए कि रंग और ऊपर कही गयी कुल बातें अच्छी तब तक मानी जा सकती हैं, जब तक वे हमें धर्ममार्ग में सहायता दें; तभी तक उनका हम स्वागत करते हैं। परन्तु वे प्राय: अधःपतित कर देती हैं और सहायता की जगह विघ्न ही खड़ा करती हैं, क्योंकि इन्हीं बाह्योपचारों को मनुष्य धर्म समझ लेता है। फिर मन्दिर का जाना आध्यात्मिक जीवन और पुरोहित को कुछ देना ही धर्मजीवन माना जाने लगता है। ये बातें बड़ी भयानक और हानिकारक हैं, इन्हें दूर करना चाहिए। हमारे शास्त्रों में बार बार कहा गया है कि बहिरिन्द्रियों के ज्ञान के द्वारा धर्म कभी प्राप्त नहीं हो सकता। धर्म वही है, जो हमें उस अक्षर पुरुष का साक्षात्कार कराता है, और हर एक के लिए धर्म यही है। जिसने इस इन्द्रियातीत सत्ता का साक्षात्कार कर लिया, जिसने आत्मा का स्वरूप उपलब्ध कर लिया, जिसने भगवान् को प्रत्यक्ष देखा—हर वस्तु में देखा, वही ऋषि हो गया। और तब तक तुम्हारा जीवन धर्मजीवन नहीं, जब तक तुम ऋषि नहीं हो जाते। तभी तुम्हारे प्रकृत धर्म का आरम्भ होगा और अभी तो ये सब तैयारियाँ ही हैं। तभी तुम्हारे भीतर धर्म का प्रकाश फैलेगा, अभी तो तुम केवल मानसिक व्यायाम कर रहे हो और शारीरिक कष्ट झेल रहे हो।

अतएव हमें अवश्य स्मरण रखना चाहिए कि हमारा धर्म स्पष्ट रूप से यह कह रहा है कि जो कोई मुक्ति-प्राप्ति की इच्छा रखे, उसे ही इस ऋषित्व का लाभ करना होगा, मन्त्रद्रष्टा होना होगा, ईश्वर-साक्षात्कार करना होगा। यही मुक्ति है और यही हमारे शास्त्रों के द्वारा प्रतिपादित सिद्धान्त। इसके बाद अपने शास्त्रों का अपने आप अवलोकन करना आसान हो जाता है, हम स्वयं ही अपने शास्त्रों का अर्थ समझ सकते हैं। उनमें से हमारे लिए जितना आवश्यक है, उतना ग्रहण कर सकते हैं तथा स्वयं ही सत्य को समझ सकते हैं। साथ ही हमें उन प्राचीन ऋषियों के प्रति, उनके कार्य के लिए, पूर्ण सम्मान प्रदर्शित करना चाहिए। वे प्राचीन ऋषिगण महान् थे, परन्तु हमें और भी महान् होना है। अतीत काल में उन्होंने बड़े बड़े काम किये, परन्तु हमें उनसे भी बड़ा काम कर दिखाना है। प्राचीन भारत में सैकड़ों ऋषि थे, और अब हमारे बीच लाखों होंगे—निश्चय ही होंगे। इस बात पर तुममें से हर एक जितनी जल्दी विश्वास करेगा, भारत का और समग्र संसार का उतना ही अधिक हित होगा। तुम जो कुछ विश्वास करोगे, तुम वही हो जाओगे। यदि तुम अपने को महापुरुष समझोगे तो कल ही तुम महापुरुष हो जाओगे। तुम्हें

रोक दे, ऐसी कोई चीज़ नहीं है। आपातविरोधी सम्प्रदायों के बीच यदि को साधारण मत है, तो वह यही है कि आत्मा में पहले से ही महिमा, तेज और पवित्रत वर्तमान हैं। केवल रामानुज के मत में आत्मा कभी कभी संकुचित हो जात है और कभी कभी विकसित, परन्तु शंकराचार्य के मतानुसार संकोच-विका भ्रम मात्र है। इस मतभेद पर ध्यान मत दो। सभी तो यह स्वीकार करते कि व्यक्त या अव्यक्त चाहे जिस भाव में रहे, वह शक्ति है ज़रूर। और जितन शीघ्रता से उस पर विश्वास कर सकोगे, उतना ही तुम्हारा कल्याण होगा। समस्त शक्ति तुम्हारे भीतर है, तुम कुछ भी कर सकते हो और सब कुछ कर सकते हो यह विश्वास करो। मत विश्वास करो कि तुम दुर्बल हो। आजकल हममें अधिकांश जैसे अपने को अधपागल समझते हैं, तुम अपने को वैसा मत समझो इतना ही नही, तुम कुछ भी और हर एक काम बिना किसी की सहायता के ह कर सकते हो। तुममें सब शक्ति है। तत्पर हो जाओ। तुममें जो देवत्व छिप हुआ है, उसे प्रकट करो।

भारत का भविष्य

मद्रास का यह अन्तिम व्याख्यान एक विशाल मंडप में लगभग चार हज़ार श्रोताओं के सम्मुख दिया गया था :

स्वामी जी का भाषण

यह वही प्राचीन भूमि है, जहाँ दूसरे देशों को जाने से पहले तत्त्व ज्ञान ने आकर अपनी वासभूमि बनायी थी; यह वही भारत है, जहाँ के आध्यात्मिक प्रवाह का स्थूल प्रतिरूप उसके बहनेवाले समुद्राकार नद हैं, जहाँ चिरन्तन हिमालय श्रेणीबद्ध उठा हुआ अपने हिमशिखरों द्वारा मानो स्वर्गराज्य के रहस्यों की ओर निहार रहा है। यह वही भारत है, जिसकी भूमि पर संसार के सर्वश्रेष्ठ ऋषियों की चरण-रज पड़ चुकी है। यहीं सबसे पहले मनुष्य-प्रकृति तथा अन्तर्जगत् के रहस्योद्‌घाटन की जिज्ञासाओं के अंकुर उगे थे। आत्मा का अमरत्व, अन्तर्यामी ईश्वर एवं जगत्प्रपंच तथा मनुष्य के भीतर सर्वव्यापी परमात्मा विषयक मतवादों का पहले पहल यहीं उद्‌भव हुआ था। और यहीं धर्म और दर्शन के आदर्शों ने अपनी चरम उन्नति प्राप्त की थी। यह वही भूमि है, जहाँ से उमड़ती हुई बाढ़ की तरह धर्म तथा दार्शनिक तत्त्वों ने समग्र संसार को बार बार प्लावित कर दिया, और यही भूमि है, जहाँ से पुनः ऐसी ही तरंगें उठकर निस्तेज जातियों में शक्ति और जीवन का संचार कर देंगी। यह वही भारत है जो शताब्दियों के आघात, विदेशियों के शत शत आक्रमण और सैकड़ों आचार व्यवहारों के विपर्यय सहकर भी अक्षय बना हुआ है। यह वही भारत है जो अपने अविनाशी वीर्य और जीवन के साथ अब तक पर्वत से भी दृढ़तर भाव से खड़ा है। आत्मा जैसे अनादि, अनन्त और अमृतस्वरूप है, वैसे ही हमारी भारतभूमि का जीवन है, और हम इसी देश की सन्तान हैं।

भारत की संतानो, तुमसे आज मैं यहाँ कुछ व्यावहारिक बातें कहूँगा, और तुम्हें तुम्हारे पूर्व गौरव की याद दिलाने का उद्देश्य केवल इतना ही है: कितनी ही बार मुझसे कहा गया है कि अतीत की ओर नज़र डालने से सिर्फ़ मन की अवनति ही होती है और इससे कोई फल नहीं होता; अतः हमें भविष्य की ओर दृष्टि रखनी चाहिए। यह सच है। परन्तु अतीत से ही भविष्य का निर्माण होता है। अतः

जहाँ तक हो सके, अतीत की ओर देखो, पीछे जो चिरन्तन निर्झर बह रहा है, आकंठ उसका जल पिओ और, उसके बाद सामने देखो और भारत को उज्ज्वलतर, महत्तर और पहले से और भी ऊँचा उठाओ। हमारे पूर्वज महान् थे। पहले यह बात हमें याद करनी होगी। हमें समझना होगा कि हम किन उपादानों से बने हैं, कौन सा खून हमारी नसों में बह रहा है। उस खून पर हमें विश्वास करना होगा और अतीत के उसके कृतित्व पर भी, इस विश्वास और अतीत गौरव के ज्ञान से हम अवश्य एक ऐसे भारत की नींव डालेंगे, जो पहले से श्रेष्ठ होगा। अवश्य ही यहाँ बीच बीच में दुर्दशा और अवनति के युग भी रहे हैं, पर उनको मैं अधिक महत्त्व नहीं देता। हम सभी उसके विषय में जानते हैं। ऐसे युगों का होना आवश्यक था। किसी विशाल वृक्ष से एक सुन्दर पका हुआ फल पैदा हुआ, फल ज़मीन पर गिरा, मुरझाया और सड़ा, इस विनाश से जो अंकुर उगा, सम्भव है वह पहले के वृक्ष से बड़ा हो जाय। अवनति के जिस युग के भीतर से हमें गुज़रना पड़ा, वे सभी आवश्यक थे। इसी अवनति के भीतर से भविष्य का भारत आ रहा है, वह अंकुरित हो चुका है, उसके नये पल्लव निकल चुके हैं और उस शक्तिधर विशालकाय ऊर्ध्वमूल वृक्ष का निकलना शुरू हो चुका है। और उसीके सम्बन्ध में मैं तुमसे कहने जा रहा हूँ।

किसी भी दूसरे देश की अपेक्षा भारत की समस्याएँ अधिक जटिल और गुरुतर हैं। जाति, धर्म, भाषा, शासन-प्रणाली—ये ही एक साथ मिलकर एक राष्ट्र की सृष्टि करते हैं। यदि एक एक जाति को लेकर हमारे राष्ट्र से तुलना की जाय तो हम देखेंगे कि जिन उपादानों से संसार के दूसरे राष्ट्र संगठित हुए हैं, वे संख्या में यहाँ के उपादानों से कम हैं। यहाँ आर्य हैं, द्रविड़ हैं, तातार हैं, तुर्क हैं, मुग़ल हैं, यूरोपीय हैं, —मानो संसार की सभी जातियाँ इस भूमि में अपना अपना खून मिला रही हैं। भाषा का यहाँ एक विचित्र ढंग का जमावड़ा है, आचार-व्यवहारों के सम्बन्ध में दो भारतीय जातियों में जितना अन्तर है, उतना पूर्वी और यूरोपीय जातियों में नहीं।

हमारे पास एकमात्र सम्मिलन भूमि है, हमारी पवित्र परम्परा, हमारा धर्म। एकमात्र सामान्य आधार वही है, और उसी पर हमें संगठन करना होगा। यूरोप में राजनीतिक विचार ही राष्ट्रीय एकता का कारण है। किन्तु एशिया में राष्ट्रीय ऐक्य का आधार धर्म ही है, अतः भारत के भविष्य संगठन की पहली शर्त के तौर पर उसी धार्मिक एकता की ही आवश्यकता है। देश भर में एक ही धर्म सबको स्वीकार करना होगा। एक ही धर्म से मेरा क्या मतलब है? यह उस तरह का एक ही धर्म नहीं जिसका ईसाइयों, मुसलमानों या बौद्धों में प्रचार है। हम जानते

हैं, हमारे विभिन्न सम्प्रदायों के सिद्धान्त तथा दावे चाहे कितने ही विभिन्न क्यों न हों, हमारे धर्म में कुछ सिद्धान्त ऐसे हैं जो सभी सम्प्रदायों द्वारा मान्य हैं। इस तरह हमारे सम्प्रदायों के ऐसे कुछ सामान्य आधार अवश्य हैं, उनको स्वीकार करने पर हमारे धर्म में अद्भुत विविधता के लिए गुंजाइश हो जाती है, और साथ ही विचार और अपनी रुचि के अनुसार जीवन निर्वाह के लिए हमें सम्पूर्ण स्वाधीनता प्राप्त हो जाती है। हम लोग, कम से कम वे जिन्होंने इस पर विचार किया है, यह बात जानते हैं। और अपने धर्म के ये जीवनप्रद सामान्य तत्त्व हम सबके सामने लायें और देश के सभी स्त्री-पुरुष, बाल-वृद्ध, उन्हें जानें-समझें तथा जीवन में उतारें—यही हमारे लिए आवश्यक है। सर्वप्रथम यही हमारा कार्य है।

अतः हम देखते हैं कि एशिया में और विशेषतः भारत में जाति, भाषा, समाज सम्बन्धी सभी बाधाएँ धर्म की इस एकीकरण शक्ति के सामने उड़ जाती हैं। हम जानते हैं कि भारतीय मन के लिए धार्मिक आदर्श से बड़ा और कुछ भी नहीं है। धर्म ही भारतीय जीवन का मूल मंत्र है, और हम केवल सबसे कम बाधावाले मार्ग का अनुसरण करके ही कार्य में अग्रसर हो सकते हैं। यह केवल सत्य ही नहीं कि धार्मिक आदर्श यहाँ सबसे बड़ा आदर्श है, किन्तु भारत के लिए कार्य करने का एकमात्र सम्भाव्य उपाय यही है। पहले उस पथ को सुदृढ़ किये बिना, दूसरे मार्ग से कार्य करने पर उसका फल घातक होगा। इसीलिए भविष्य के भारत निर्माण का पहला कार्य, वह पहला सोपान, जिसे युगों के उस महाचल पर खोद कर बनाना होगा, भारत की यह धार्मिक एकता ही है। यह शिक्षा हम सबको मिलनी चाहिए कि हम हिन्दू—द्वैतवादी, विशिष्टाद्वैतवादी या अद्वैतवादी, अथवा दूसरे सम्प्रदाय के लोग, जैसे शैव, वैष्णव, पाशुपत आदि भिन्न भिन्न मतों के होते हुए भी आपस में कुछ सामान्य भाव भी रखते हैं, और अब वह समय आ गया है कि अपने हित के लिए, अपनी जाति के हित के लिए हम इन तुच्छ भेदों और विवादों को त्याग दें। सचमुच ये झगड़े बिल्कुल वाहियात हैं, हमारे शास्त्र इनकी निन्दा करते हैं, हमारे पूर्व पुरुषों ने इनके बहिष्कार का उपदेश दिया है, और वे महापुरुष गण, जिनके वंशज हम अपने को बताते हैं और जिनका खून हमारी नसों में बह रहा है, अपनी संतानों को छोटे छोटे भेदों के लिए झगड़ते हुए देखकर उनको घोर घृणा की दृष्टि से देखते हैं।

लड़ाई झगड़े छोड़ने के साथ ही अन्य विषयों की उन्नति अवश्य होगी, यदि जीवन का रक्त सशक्त एवं शुद्ध है तो शरीर में विषैले कीटाणु नहीं रह सकते। हमारी आध्यात्मिकता ही हमारा जीवन-रक्त है। यदि यह साफ़ बहता रहे,

यदि यह शुद्ध एवं सशक्त बना रहे, तो सब कुछ ठीक है। राजनीतिक, सामाजिक, चाहे जिस किसी तरह की ऐहिक त्रुटियाँ हों, चाहे देश की निर्धनता ही क्यों न हो, यदि खून शुद्ध है तो सब सुधर जायँगे। क्योंकि यदि रोगवाले कीटाणु शरीर से निकाल दिये जायँ तो फिर दूसरी कोई बुराई खून में नहीं समा सकती। उदाहरणार्थ आधुनिक चिकित्सा शास्त्र की एक उपमा लो। हम जानते हैं कि किसी बीमारी के फैलने के दो कारण होते हैं—एक तो बाहर से कुछ विषैले कीटाणुओं का प्रवेश, दूसरा शरीर की अवस्था विशेष। यदि शरीर की अवस्था ऐसी न हो जाय कि वह कीटाणुओं को घुसने दे, यदि शरीर की जीवनी शक्ति इतनी क्षीण न हो जाय कि कीटाणु शरीर में घुसकर बढ़ते रहें, तो संसार में किसी भी कीटाणु में इतनी शक्ति नहीं, जो शरीर में पैठकर बीमारी पैदा कर सके। वास्तव में प्रत्येक मनुष्य के शरीर के भीतर सदा करोड़ों कीटाणु प्रवेश करते रहते हैं, परन्तु जब तक शरीर बलवान् है, हमें उनकी कोई खबर नहीं रहती। जब शरीर कमज़ोर हो जाता है, तभी ये विषैले कीटाणु उस पर अधिकार कर लेते हैं और रोग पैदा करते हैं। राष्ट्रीय जीवन के बारे में भी यही बात है। जब राष्ट्रीय जीवन कमज़ोर हो जाता है, तब हर तरह के रोग के कीटाणु उसके शरीर में इकट्ठे जमकर उसकी राजनीति, समाज, शिक्षा और बुद्धि को रुग्ण बना देते हैं। अतएव उसकी चिकित्सा के लिए हमें इस बीमारी की जड़ तक पहुंचकर रक्त से कुल दोषों को निकाल देना चाहिए। तब उद्देश्य यह होगा कि मनुष्य बलवान् हो, खून शुद्ध हो और शरीर तेजस्वी, जिससे वह सब बाहरी विषों को दबा और हटा देने लायक़ हो सके।

हमने देखा है कि हमारा धर्म ही हमारे तेज, हमारे बल, यही नहीं, हमारे जातीय जीवन की भी मूल भित्ति है। इस समय मैं यह तर्क वितर्क करने नहीं जा रहा हूँ कि धर्म उचित है या नहीं, सही है या नहीं, और अन्त तक यह लाभदायक है या नहीं। किन्तु अच्छा हो या बुरा, धर्म ही हमारे जातीय जीवन का प्राण है; तुम उससे निकल नहीं सकते। अभी और चिर काल के लिए भी तुम्हें उसीका अवलम्ब ग्रहण करना होगा और तुम्हें उसीके आधार पर खड़ा होना होगा, चाहे तुम्हें इस पर उतना विश्वास हो या न हो, जो मुझे है। तुम इसी धर्म में बँधे हुए हो, और अगर तुम इसे छोड़ दो तो चूर चूर हो जाओगे। वही हमारी जाति का जीवन है और उसे अवश्य ही सशक्त बनाना होगा। तुम जो युगों के धक्के सहकर भी अक्षय हो, इसका कारण केवल यही है कि धर्म के लिए तुमने बहुत कुछ प्रयत्न किया था, उस पर सब कुछ निछावर किया था। तुम्हारे पूर्वजों ने धर्म-रक्षा के लिए सब कुछ साहसपूर्वक सहन किया था, मृत्यु को भी उन्होंने हृदय

से लगाया था। विदेशी विजेताओं द्वारा मन्दिर के बाद मन्दिर तोड़े गये, परन्तु उस बाढ़ के बह जाने में देर नहीं हुई कि मन्दिर के कलश फिर खड़े हो गये। दक्षिण के ये ही कुछ पुराने मन्दिर और गुजरात के सोमनाथ के जैसे मन्दिर तुम्हें राशि राशि ज्ञान प्रदान करेंगे। वे जाति के इतिहास के भीतर वह गहरी अन्तर्दृष्टि देंगे, जो ढेरों पुस्तकों से भी नहीं मिल सकती। देखो कि किस तरह ये मन्दिर सैकड़ों आक्रमणों और सैकड़ों पुनरुत्थानों के चिह्न धारण किये हुए हैं, ये बार बार नष्ट हुए और बार बार ध्वंसावशेष से उठकर नया जीवन प्राप्त करते हुए अब पहले ही की तरह अटल भाव से खड़े हैं। इसलिए इस धर्म में ही हमारा जातीय मन है, हमारा जातीय जीवन प्रवाह है। इसका अनुसरण करोगे तो यह तुम्हें गौरव की ओर ले जायगा। इसे छोड़ोगे तो मृत्यु निश्चित है। अगर तुम उस जीवन प्रवाह से बाहर निकल आये तो मृत्यु ही एकमात्र परिणाम होगा और पूर्ण नाश ही एकमात्र परिणति। मेरे कहने का यह मतलब नहीं कि दूसरी चीज़ की आवश्यकता ही नहीं। मेरे कहने का यह अर्थ नहीं कि राजनीतिक या सामाजिक उन्नति अनावश्यक है, किन्तु मेरा तात्पर्य यही है और मैं तुम्हें सदा इसकी याद दिलाना चाहता हूँ कि ये सब यहाँ गौण विषय हैं, मुख्य विषय धर्म है। भारतीय मन पहले धार्मिक है, फिर कुछ और। अतः धर्म को ही सशक्त बनाना होग।। पर यह किया किस तरह जांय ? मैं तुम्हारे सामने अपने विचार रखता हूँ। बहुत दिनों से, यहाँ तक कि अमेरिका के लिए मद्रास का समुद्री तट छोड़ने के वर्षों पहले से ये मेरे मन में थे और उन्हींको प्रचारित करने के लिए मैं अमेरिका और इंग्लैण्ड गया था। धर्म-महासभा या किसी और वस्तु की मुझे बिल्कुल परवाह नहीं थी, वह तो एक सुयोग मात्र था। वस्तुतः मेरे ये संकल्प ही थे जो सारे संसार में मुझे लिये फिरते रहे।

मेरा विचार है, पहले हमारे शास्त्र ग्रन्थों में भरे पड़े आध्यात्मिकता के रत्नों को, जो कुछ ही मनुष्यों के अधिकार में मठों और अरण्यों में छिपे हुए हैं, बाहर लाना है। जिन लोगों के अधिकार में ये छिपे हुए हैं, केवल उन्हींसे इस ज्ञान का उद्धार करना नहीं, वरन् उससे भी दुर्भेद्य पेटिका अर्थात् जिस भाषा में ये सुरक्षित हैं, उन शताब्दियों के पर्त खाये हुए संस्कृत शब्दों से उन्हें निकालना होगा। तात्पर्य यह है कि मैं उन्हें सबके लिए सुलभ कर देना चाहता हूँ। मैं इन तत्त्वों को निकालकर सबकी, भारत के प्रत्येक मनुष्य की, सामान्य सम्पत्ति बनाना चाहता हूँ, चाहे वह संस्कृत जानता हो या नहीं। इस मार्ग की बहुत बड़ी कठिनाई हमारी गौरवशाली भाषा संस्कृत ही है, यह कठिनाई तब तक दूर नहीं हो सकती, जब तक यदि सम्भव हो तो हमारी जाति के सभी मनुष्य संस्कृत के अच्छे विद्वान् न हो जायँ। यह कठिनाई

तुम्हारी समझ में आ जायगी, जब मैं कहूँगा कि आजीवन इस संस्कृत भाषा का अध्ययन करने पर भी जब मैं इसकी कोई नयी पुस्तक उठाता हूँ, तब वह मुझे बिल्कुल नयी जान पड़ती है। अब सोचो कि जिन लोगों ने कभी विशेष रूप से इस भाषा का अध्ययन करने का समय नहीं पाया, उनके लिए यह भाषा कितनी अधिक क्लिष्ट होगी। अतः मनुष्यों की बोलचाल की भाषा में उन विचारों की शिक्षा देनी होगी। साथ ही संस्कृत की भी शिक्षा अवश्य होती रहनी चाहिए, क्योंकि संस्कृत शब्दों की ध्वनि मात्र से ही जाति को एक प्रकार का गौरव, शक्ति और बल प्राप्त हो जाता है। महान् रामानुज, चैतन्य और कबीर ने भारत की नीची जातियों को उठाने का जो प्रयत्न किया था, उसमें उन महान् धर्माचार्यों को अपने ही जीवन-काल में अद्भुत सफलता मिली थी। किन्तु फिर उनके बाद उस कार्य का जो शोचनीय परिणाम हुआ, उसकी व्याख्या होनी चाहिए, और जिस कारण उन बड़े बड़े धर्माचार्यों के तिरोभाव के प्रायः एक ही शताब्दी के भीतर वह उन्नति रुक गयी, उसकी भी व्याख्या करनी होगी। इसका रहस्य यह है—उन्होंने नीची जातियों को उठाया था। वे सब चाहते थे कि ये उन्नति के सर्वोच्च शिखर पर आरूढ़ हो जायँ, परन्तु उन्होंने जनता में संस्कृत का प्रचार करने में अपनी शक्ति नहीं लगायी। यहाँ तक कि भगवान् बुद्ध ने भी यह भूल की कि उन्होंने जनता में संस्कृत शिक्षा का अध्ययन बंद कर दिया। वे तुरन्त फल पाने के इच्छुक थे, इसीलिए उस समय की भाषा पाली में संस्कृत से अनुवाद कर उन्होंने उन विचारों का प्रचार किया। यह बहुत ही सुन्दर हुआ था, जनता ने उनका अभिप्राय समझा, क्योंकि वे जनता की बोलचाल की भाषा में उपदेश देते थे। यह बहुत ही अच्छा हुआ था, इससे उनके भाव बहुत शीघ्र फैले और बहुत दूर दूर तक पहुँचे। किन्तु इसके साथ साथ संस्कृत का भी प्रचार होना चाहिए था। ज्ञान का विस्तार हुआ सही, पर उसके साथ साथ प्रतिष्ठा नहीं बनी, संस्कार नहीं बना। संस्कृति ही युग के आघातों को सहन कर सकती है, मात्र ज्ञान-राशि नहीं। तुम संसार के सामने प्रभूत ज्ञान रख सकते हो, परन्तु इससे उसका विशेष उपकार न होगा। संस्कार को रक्त में व्याप्त हो जाना चाहिए। वर्तमान समय में हम कितने ही राष्ट्रों के सम्बन्ध में जानते हैं, जिनके पास विशाल ज्ञान का आगार है, परन्तु इससे क्या ? वे बाघ की तरह नृशंस हैं, वे बर्बरों के सदृश हैं, क्योंकि उनका ज्ञान संस्कार में परिणत नहीं हुआ है। सभ्यता की तरह ज्ञान भी चमड़े की ऊपरी सतह तक ही सीमित है, छिछला है, और एक खरोंच लगते ही वह पुरानी नृशंसता जग उठती है। ऐसी घटनाएँ हुआ करती हैं। यही भय है। जनता को उसकी बोलचाल की भाषा में शिक्षा दो, उसको भाव दो, वह बहुत कुछ जान जायगी, परन्तु साथ ही

कुछ और भी ज़रूरी है : उसको संस्कृति का बोध दो। जब तक तुम यह नहीं कर सकते, तब तक उनकी उन्नत दशा कदापि स्थायी नहीं हो सकती। एक ऐसे नवीन वर्ण की सृष्टि होगी, जो संस्कृत भाषा सीखकर शीघ्र ही दूसरे वर्णों के ऊपर उठेगी और पहले की तरह उनपर अपना प्रभुत्व फैलायेगी। ऐ पिछड़ी जाति के लोगो, मैं तुम्हें बतलाता हूँ कि तुम्हारे बचाव का, तुम्हारी अपनी दशा को उन्नत करने का एकमात्र उपाय संस्कृत पढ़ना है, और यह लड़ना-झगड़ना और उच्च वर्णों के विरोध में लेख लिखना व्यर्थ है। इससे कोई उपकार न होगा, इससे लड़ाई-झगड़े और बढ़ेंगे, और यह जाति, दुर्भाग्यवश पहले ही से जिसके टुकड़े टुकड़े हो चुके हैं, और भी टुकड़ों में बँटती रहेगी। जातियों में समता लाने के लिए एक-मात्र उपाय उस संस्कार और शिक्षा का अर्जन करना है, जो उच्च वर्णों का बल और गौरव है। यदि यह तुम कर सको तो जो कुछ तुम चाहते हो, वह तुम्हें मिल जायगा।

इसके साथ मैं एक और प्रश्न पर विचार करना चाहता हूँ, जो खासकर मद्रास से सम्बन्ध रखता है। एक मत है कि दक्षिण भारत में द्राविड़ नाम की एक जाति के मनुष्य थे, जो उत्तर भारत की आर्य नामक जाति से बिल्कुल भिन्न थे और दक्षिण भारत के ब्राह्मण ही उत्तर भारत से आये हुए आर्य हैं, अन्य जातियाँ दक्षिणी ब्राह्मणों से बिल्कुल ही पृथक् जाति की हैं। भाषा-वैज्ञानिक महाशय, मुझे क्षमा कीजिएगा, यह मत बिलकुल निराधार है। इसका एकमात्र प्रमाण यह है कि उत्तर और दक्षिण की भाषा में भेद है। दूसरा भेद मेरी नज़र में नहीं आता। हम यहाँ उत्तर भारत के इतने लोग हैं, मैं अपने यूरोपीय मित्रों से कहता हूँ कि वे इस सभा के उत्तरी भारत और दक्षिणी भारत के लोगों को चुनकर अलग कर दें। भेद कहाँ है? ज़रा सा भेद भाषा में है। पूर्वोक्त मतवादी कहते हैं कि दक्षिणी ब्राह्मण जब उत्तर से आये थे, तब वे संस्कृत बोलते थे, अभी यहाँ आकर द्राविड़ भाषा बोलते बोलते संस्कृत भूल गये। यदि ब्राह्मणों के सम्बन्ध में ऐसी बात है तो फिर दूसरी जातियों के सम्बन्ध में भी यही बात क्यों न होगी? क्यों न कहा जाय कि दूसरी जातियाँ भी एक एक करके उत्तर भारत से आयी हैं, उन्होंने द्राविड़ भाषा को अपनाया और संस्कृत भूल गयीं? यह युक्ति तो दोनों ओर लग सकती है। ऐसी वाहियात बातों पर विश्वास न करो। यहाँ ऐसी कोई द्राविड़ जाति रही होगी, जो यहाँ से लुप्त हो गयी है, और उनमें से जो कुछ थोड़े से रह गये थे, वे जंगलों और दूसरे दूसरे स्थानों में बस गये। यह बिलकुल सम्भव है कि संस्कृत के बदले वह द्राविड़ भाषा ले ली गयी हो, परन्तु ये सब आर्य ही हैं, जो उत्तर से आये। सारे भारत के मनुष्य आर्यों के सिवा और कोई नहीं।

इसके बाद एक दूसरा विचार है कि शूद्र लोग निश्चय ही आदिम जाति के या अनार्य हैं। तब वे क्या हैं? वे ग़ुलाम हैं। विद्वान् कहते हैं कि इतिहास अपने को दुहराता है। अमरीकी, अंग्रेज़, डच और पुर्तगाली बेचारे अफ़रीकियों को पकड़ लेते थे, जब तक वे जीवित रहते, उनसे घोर परिश्रम कराते थे, और इनकी मिश्रित संतानें भी दासता में उत्पन्न होकर चिर काल तक दासता में ही पड़ी रहती थीं। इस अद्भुत उदाहरण से मन हज़ारों वर्ष पीछे जाकर यहाँ भी उसी तरह की घटनाओं की कल्पना करता है, और हमारे पुरातत्त्ववेत्ता भारत के सम्बन्ध में स्वप्न देखते हैं कि भारत काली आँखोंवाले आदिवासियों से भरा हुआ था, और उज्ज्वल आर्य बाहर से आये—परमात्मा जाने कहाँ से आये। कुछ लोगों के मत से वे मध्य तिब्बत से आये, दूसरे कहते हैं वे मध्य एशिया से आये। कुछ स्वदेशप्रेमी अंग्रेज हैं जो सोचते हैं कि आर्य लाल बालवाले थे। अपनी रुचि के अनुसार दूसरे सोचते हैं कि वे सब काले बालवाले थे। अगर लेखक खुद काले बाल वाला मनुष्य हुआ तो सभी आर्य काले बालवाले थे! कुछ दिन हुए यह सिद्ध करने का प्रयत्न किया गया था कि आर्य स्विट्ज़रलैण्ड की झीलों के किनारे बसते थे। मुझे ज़रा भी दुःख न होता, अगर वे सबके सब, इन सब सिद्धान्तों के साथ, वहीं डूब मरते। आजकल कोई कोई कहते हैं कि वे उत्तरी ध्रुव में रहते थे। ईश्वर आर्यों और उनके निवास स्थलों पर कृपा दृष्टि रखे। इन सिद्धान्तों की सत्यता के बारे में यही कहना है कि हमारे शास्त्रों में एक भी शब्द नहीं है, जो प्रमाण दे सके कि आर्य भारत के बाहर से किसी देश से आये। हाँ, प्राचीन भारत में अफ़ग़ानिस्तान भी शामिल था, बस इतना ही। और यह सिद्धान्त भी कि शूद्र अनार्य और असंख्य थे, बिल्कुल अतार्किक और अयौक्तिक है। उन दिनों यह सम्भव ही नहीं था कि मुट्ठी भर आर्य यहाँ आकर लाखों अनार्यों पर अधिकार जमाकर बस गये हों। अजी, वे अनार्य उन्हें खा जाते, पाँच ही मिनट में उनकी चटनी बना डालते।

इस समस्या की एकमात्र व्याख्या महाभारत में मिलती है। उसमें लिखा है कि सत्ययुग के आरम्भ में एक ही जाति ब्राह्मण थी और फिर पेशे के भेद से वह भिन्न भिन्न जातियों में बँटती गयी। बस, यही एकमात्र व्याख्या सच और युक्तिपूर्ण है। भविष्य में जो सत्ययुग आ रहा है, उसमें ब्राह्मणेतर सभी जातियाँ फिर ब्राह्मण रूप में परिणत होंगी।

इसीलिए भारतीय जाति समस्या की मीमांसा इसी प्रकार होती है कि उच्च वर्णों को गिराना नहीं होगा, ब्राह्मणों का अस्तित्व लोप करना नहीं होगा। भारत में ब्राह्मणत्व ही मनुष्यत्व का चरम आदर्श है। इसे शंकराचार्य ने गीता के भाष्यारम्भ

में बड़े ही सुन्दर ढंग से पेश किया है, जहाँ कि उन्होंने ब्राह्मणत्व की रक्षा के लिए प्रचारक के रूप में कृष्ण के आने का कारण बतलाया है। यही उनके अवतरण का महान् उद्देश्य था। इस ब्राह्मण का, इस ब्रह्मज्ञ पुरुष का, इस आदर्श और सिद्ध पुरुष का रहना परमावश्यक है, इसका लोप कदापि नहीं होना चाहिए। और इस समय इस जाति-भेद की प्रथा में जितने दोष हैं, उनके रहते हुए भी, हम जानते हैं कि हमें ब्राह्मणों को यह श्रेय देने के लिए तैयार रहना होगा कि दूसरी जातियों की अपेक्षा उन्हींमें से अधिसंख्यक मनुष्य यथार्थ ब्राह्मणत्व को लेकर आये हैं। यह सच है। दूसरी जातियों को उन्हें यह श्रेय देना ही होगा, यह उनका प्राप्य है। हमें बहुत स्पष्टवादी होकर साहस के साथ उनके दोषों की आलोचना करनी चाहिए। पर साथ ही उनका प्राप्य श्रेय भी उन्हें देना चाहिए। अंग्रेजी की पुरानी कहावत याद रखो—'हर एक मनुष्य को उसका प्राप्य दो।' अतः मित्रो, जातियों का आपस में झगड़ना बेकार है। इससे क्या लाभ होगा? इससे हम और भी बँट जायँगे, और भी कमज़ोर हो जायँगे, और भी गिर जायँगे। एकाधिकार तथा उसके दावे के दिन लद गये, भारतभूमि से वे चिर काल के लिए अन्तर्हित हो गये और यह भारत में ब्रिटिश शासन का एक सुफल है। यहाँ तक कि मुसलमानों के शासन से भी हमारा उपकार हुआ था, उन्होंने भी इस एकाधिकार को तोड़ा था। सब कुछ होने पर भी वह शासन सर्वांशतः बुरा नहीं था, कोई भी वस्तु सर्वांशतः न बुरी होती है और न अच्छी ही। मुसलमानों की भारत-विजय पददलितों और ग़रीबों का मानो उद्धार करने के लिए हुई थी। यही कारण है कि हमारी एक पंचमांश जनता मुसलमान हो गयी। यह सारा काम तलवार से ही नहीं हुआ। यह सोचना कि यह सभी तलवार और आग का काम था, बेहद पागलपन होगा। अगर तुम सचेत न होगे तो मद्रास के तुम्हारे एक पंचमांश—नहीं, अर्धांश लोग ईसाई हो जायँगे। जैसा मैंने मलाबार प्रदेश में देखा, क्या वैसी वाहियात बातें संसार में पहले भी कभी थीं? जिस रास्ते से उच्च वर्ण के लोग चलते हैं, ग़रीब पैरिया उससे नहीं चलने पाता। परन्तु ज्यों ही उसने कोई बेढब अंग्रेजी नाम या कोई मुसलमानी नाम रख लिया कि बस, सारी बातें सुधर जाती हैं। यह सब देखकर इसके सिवा तुम और क्या निष्कर्ष निकाल सकते हो कि सब मलाबारी पागल हैं, और उनके घर पागलखाने हैं? और जब तक वे होश सँभाल कर अपनी प्रथाओं का संशोधन न कर लें, तब तक भारत की सभी जातियों को उनकी खिल्ली उड़ानी चाहिए। ऐसी बुरी और नृशंस प्रथाओं को आज भी जारी रखना क्या उनके लिए लज्जा का विषय नहीं? उनके अपने बच्चे तो भूखों मरते हैं, परन्तु ज्यों ही उन्होंने किसी दूसरे धर्म का आश्रय लिया कि फिर उन्हे

अच्छा भोजन मिल जाता है। अब जातियों में आपसी लड़ाई बिल्कुल नहीं होनी चाहिए।

उच्च वर्णों को नीचे उतारकर इस समस्या की मीमांसा न होगी, किन्तु नीची जातियों को ऊँची जातियों के बराबर उठाना होगा। और यद्यपि कुछ लोगों को, जिनका अपने शास्त्रों का ज्ञान और अपने पूर्वजों के महान् उद्देश्यों के समझने की शक्ति शून्य से अधिक नहीं, तुम कुछ का कुछ कहते हुए सुनते हो, फिर भी मैंने जो कुछ कहा है, हमारे शास्त्रों में वर्णित कार्य-प्रणाली वही है। वे नहीं समझते, समझते वे हैं जिनके मस्तिष्क है तथा पूर्वजों के कार्यों का समस्त प्रयोजन समझ लेने की क्षमता रखते हैं। वे तटस्थ होकर युग-युगान्तरों से गुज़रते हुए जातीय जीवन की विचित्र गति को लक्ष्य करते हैं। वे नये और पुराने सभी शास्त्रों में क्रमशः इसकी परम्परा देख पाते हैं। अच्छा, तो वह योजना—वह प्रणाली क्या है? उस आदर्श का एक छोर ब्राह्मण है और दूसरा छोर चांडाल, और सम्पूर्ण कार्य चांडाल को उठाकर ब्राह्मण बनाना है। शास्त्रों में धीरे धीरे तुम देख पाते हो कि नीची जातियों को अधिकाधिक अधिकार दिये जाते हैं। कुछ ग्रन्थ भी हैं जिनमें तुम्हें ऐसे कठोर वाक्य पढ़ने को मिलते हैं—'अगर शूद्र वेद सुन ले तो उसके कानों में सीसा गलाकर भर दो, और अगर वह वेद की एक भी पंक्ति याद कर ले तो उसकी जीभ काट डालो, यदि वह किसी ब्राह्मण को 'ऐ ब्राह्मण' कह दे तो भी उसकी जीभ काट लो!' यह पुराने ज़माने की नृशंस बर्बरता है, इसमें ज़रा भी सन्देह नहीं; परन्तु स्मृतिकारों को दोष न दो, क्योंकि उन्होंने समाज के किसी अंश में प्रचलित प्रथाओं को ही सिर्फ़ लिपिबद्ध किया है। ऐसे आसुरी प्रकृति के लोग प्राचीन काल में कभी कभी पैदा हो गये थे। ऐसे असुर लोग कमोबेश सभी युगों में होते आये हैं। इसलिए बाद के समय में तुम देखोगे कि इस स्वर में थोड़ी नरमी आ गयी है, जैसे 'शूद्रों को तंग न करो, परन्तु उन्हें उच्च शिक्षा भी न दो।' फिर धीरे धीरे हम दूसरी स्मृतियों में—खासकर उन स्मृतियों में जिनका आजकल पूरा प्रभाव है, यह लिखा पाते हैं कि अगर शूद्र ब्राह्मणों के आचार-व्यवहारों का अनुकरण करें तो वे अच्छा करते हैं, उन्हें उत्साहित करना चाहिए। इस प्रकार यह सब होता जा रहा है। तुम्हारे सामने इन सब कार्य-पद्धतियों का विस्तृत वर्णन करने का मुझे समय नहीं है और न ही इसका कि इनका विस्तृत विवरण कैसे प्राप्त किया जा सकता है। किन्तु प्रत्यक्ष घटनाओं का विचार करने से हम देखते हैं, सभी जातियाँ धीरे धीरे उठेंगी। आज जो हज़ारों जातियाँ हैं, उनमें से कुछ तो ब्राह्मणों में शामिल भी हो रही हैं। कोई जाति अगर अपने को ब्राह्मण कहने लगे तो इस पर कोई क्या कर सकता है?

जाति-भेद कितना भी कठोर क्यों न हो, वह इसी रूप में ही सृष्ट हुआ है। कल्पना करो कि यहाँ कुछ जातियाँ हैं, जिनमें हर एक की जन-संख्या दस हज़ार है। अगर ये सब इकट्ठी होकर अपने को ब्राह्मण कहने लगें तो इन्हें कौन रोक सकता है? ऐसा मैंने अपने ही जीवन में देखा है। कुछ जातियाँ ज़ोरदार हो गयीं, और ज्योंही उन सब की एक राय हुई, फिर उनसे 'नहीं' भला कौन कह सकता है? —क्योंकि और कुछ भी हो, हर एक जाति दूसरी जाति से सम्पूर्ण पृथक् है। कोई जाति किसी दूसरी जाति के कामों में, यहाँ तक कि एक ही जाति की भिन्न भिन्न शाखाएँ भी एक दूसरे के कार्यों में हस्तक्षेप नहीं करतीं। और शंकराचार्य आदि शक्तिशाली युग-प्रवर्तक ही बड़े बड़े वर्ण-निर्माता थे। उन लोगों ने जिन अद्भुत बातों का आविष्कार किया था, वे सब मैं तुमसे नहीं कह सकता, और सम्भव है कि तुममें से कोई कोई उससे अपना रोष प्रकट करे। किन्तु अपने भ्रमण और अनुभव से मैंने उनके सिद्धांत ढूँढ़ निकाले, और इससे मुझे अद्भुत परिणाम प्राप्त हुए। कभी कभी उन्होंने दल के दल बलूचियों को लेकर क्षण भर में उन्हें क्षत्रिय बना डाला, दल के दल धीवरों को लेकर क्षण भर में ब्राह्मण बना दिया। वे सब ऋषि-मुनि थे और हमें उनकी स्मृति के सामने सिर झुकाना होगा। तुम्हें भी ऋषि-मुनि बनना होगा, कृतकार्य होने का यही गूढ़ रहस्य है। न्यूनाधिक सबको ही ऋषि होना होगा। ऋषि के क्या अर्थ हैं? ऋषि का अर्थ है पवित्र आत्मा। पहले पवित्र बनो, तभी तुम शक्ति पाओगे। 'मैं ऋषि हूँ', कहने मात्र ही से न होगा, किन्तु जब तुम यथार्थ ऋषित्व लाभ करोगे तो देखोगे, दूसरे आप ही आप तुम्हारी आज्ञा मानते हैं। तुम्हारे भीतर से कुछ रहस्यमय वस्तु निःसृत होती है, जो दूसरों को तुम्हारा अनुसरण करने को बाध्य करती है, जिससे वे तुम्हारी आज्ञा का पालन करते हैं। यहाँ तक कि अपनी इच्छा के विरुद्ध अज्ञात भाव से वे तुम्हारी योजनाओं की कार्यसिद्धि में सहायक होते हैं। यही ऋषित्व है।

विस्तृत कार्यप्रणाली के बारे में यही कहना है कि पीढ़ियों तक उसका अनुसरण करना होगा। मैंने तुमसे जो कुछ कहा है, वह एक सुझाव मात्र है। जिसका उद्देश्य यह दिखाना है कि ये लड़ाई-झगड़े बन्द हो जाने चाहिए। मुझे विशेष दुःख इस बात पर होता है कि वर्तमान समय में भी जातियों के बीच में इतना मतभेद चलता रहता है। इसका अन्त हो जाना चाहिए। यह दोनों ही पक्षों के लिए व्यर्थ है, खासकर ब्राह्मणों के लिए, क्योंकि इस तरह के एकाधिकार और विशेष दावों के दिन लद गये। हर एक अभिजात वर्ग का कर्तव्य है कि अपने कुलीन तंत्र की क़ब्र वह आप ही खोदे, और जितना शीघ्र इसे कर सके, उतना ही अच्छा है। जितनी ही वह देर करेगा, उतनी ही वह सड़ेगी और उसकी मृत्यु भी

उतनी ही भयंकर होगी। अतः यह ब्राह्मण जाति का कर्तव्य है कि भारत की दूसरी सब जातियों के उद्धार की चेष्टा करे। यदि वह ऐसा करती है और जब तक ऐसा करती है, तभी तक वह ब्राह्मण है, और अगर वह धन के चक्कर में पड़ी रहती है तो वह ब्राह्मण नहीं है। इधर तुम्हें भी उचित है कि यथार्थ ब्राह्मणों की ही सहायता करो। इससे तुम्हें स्वर्ग मिलेगा। पर यदि तुम अपात्र को दान दोगे तो उसका फल स्वर्ग न होकर उसके विपरीत होगा—हमारे शास्त्रों का यही कथन है। इस विषय में तुम्हें सावधान हो जाना चाहिए। यथार्थ ब्राह्मण वे ही हैं, जो सांसारिक कोई कर्म नहीं करते। सांसारिक कर्म दूसरी जातियों के लिए हैं, ब्राह्मणों के लिए नहीं। ब्राह्मणों से मेरा यह निवेदन है कि वे जो कुछ जानते हैं, उसकी शिक्षा देकर और सदियों से उन्होंने जिस ज्ञान एवं संस्कृति का संचय किया है, उसका प्रचार कर भारतीय जनता को उन्नत करने के लिए भरसक प्रयत्न करें। यथार्थ ब्राह्मणत्व क्या है, इसका स्मरण करना भारतीय ब्राह्मणों का स्पष्ट कर्तव्य है। मनु कहते हैं, 'ब्राह्मणों को जो इतना सम्मान और विशेष अधिकार दिये जाते हैं, इसका कारण यह है कि उनके पास धर्म का भांडार है।'[१] उन्हें वह भांडार खोलकर उसके रत्न संसार में बाँट देने चाहिए। यह सच है कि ब्राह्मणों ने ही पहले भारत की सब जातियों में धर्म का प्रचार किया, और उन्होंने ही सबसे पहले, उस समय जब कि दूसरी जातियों में त्याग के भाव का उन्मेष ही नहीं हुआ था, जीवन के सर्वोच्च सत्य के लिए सब कुछ छोड़ा। यह ब्राह्मणों का दोष नहीं कि वे उन्नति के मार्ग पर अन्य जातियों से आगे बढ़े। दूसरी जातियों ने भी ब्राह्मणों की तरह समझने और करने की चेष्टा क्यों नहीं की? क्यों उन्होंने सुस्त बैठे रहकर ब्राह्मणों को बाजी मार लेने दिया?

परन्तु दूसरों की अपेक्षा अधिक अग्रसर होना तथा सुविधाएँ प्राप्त करना एक बात है और दुरुपयोग के लिए उन्हें बनाये रखना दूसरी बात। शक्ति जब कभी बुरे उद्देश्य के हेतु लगायी जाती है तो वह आसुरी हो जाती है, उसका उपयोग सदुद्देश्य के लिए ही होना चाहिए। अतः युगों की यह संचित शिक्षा तथा संस्कार, जिनके ब्राह्मण संरक्षक होते आये हैं, अब साधारण जनता को देना पड़ेगा, और चूँकि उन्होंने साधारण जनता को वह सम्पत्ति नहीं दी, इसीलिए मुसलमानों का आक्रमण सम्भव हो सका था। हम जो हज़ारों वर्षों तक भारत पर धावा बोलनेवाले जिस किसीके पैरों तले कुचले जाते रहे, इसका कारण यही है कि ब्राह्मणों ने शुरू से ही

---

१. ब्राह्मणो जायमानो हि पृथिव्यामधिजायते।
ईश्वरः सर्वभूतानां धर्मकोषस्य गुप्तये।। मनुस्मृति १-९९।।

धारण जनता के लिए वह खज़ाना खोल नहीं दिया। हम इसीलिए अवनत गये। और हमारा पहला कार्य यही है कि हम अपने पूर्वजों के बटोरे हुए धर्मरूपी मोल रत्न जिन तहखानों में छिपे हुए हैं, उन्हें तोड़कर बाहर निकालें और उन्हें बको दें। यह कार्य सबसे पहले ब्राह्मणों को ही करना होगा। बंगाल में एक राना अंधविश्वास है कि जिस गोखुरे साँप ने काटा हो, यदि वह खुद अपना विष ींच ले तो रोगी जरूर बच जायगा। अतएव ब्राह्मणों को ही अपना विष खींच ना होगा। ब्राह्मणेतर जातियों से मैं कहता हूँ, ठहरो, जल्दी मत करो, ब्राह्मणों लड़ने का मौक़ा मिलते ही उसका उपयोग न करो, क्योंकि मैं पहले दिखा का हूँ कि तुम अपने ही दोष से कष्ट पा रहे हो। तुम्हें आध्यात्मिकता का पार्जन करने और संस्कृत सीखने से किसने मना किया था? इतने दिनों तक म क्या करते रहे? क्यों तुम इतने दिनों तक उदासीन रहे? और दूसरों ने मसे बढ़कर मस्तिष्क, वीर्य, साहस और क्रिया-शक्ति का परिचय दिया, इस पर ब चिढ़ क्यों रहे हो? समाचार पत्रों में इन सब व्यर्थ वाद-विवादों और झगड़ों में शक्ति क्षय न करके, अपने ही घरों में इस तरह लड़ते-झगड़ते न रहकर—जो क पाप है—ब्राह्मणों के समान ही संस्कार प्राप्त करने के लिए अपनी सारी क्ति लगा दो। बस तभी तुम्हारा उद्देश्य सिद्ध होगा। तुम क्यों संस्कृत के डित नहीं होते? भारत की सभी जातियों में संस्कृत शिक्षा का प्रचार करने के लिए तुम क्यों नहीं करोड़ों रुपये खर्च करते? मेरा प्रश्न तो यही है। जिस समय तुम यह कार्य करोगे, उसी क्षण तुम ब्राह्मणों के बराबर हो जाओगे। भारत में शक्तिलाभ का रहस्य यही है।

संस्कृत में पांडित्य होने से ही भारत में सम्मान प्राप्त होता है। संस्कृत भाषा का ज्ञान होने से ही कोई भी तुम्हारे विरुद्ध कुछ कहने का साहस न करेगा। यही एकमात्र रहस्य है, अतः इसे जान लो और संस्कृत पढ़ो। अद्वैतवादी की प्राचीन उपमा दी जाय तो कहना होगा कि समस्त जगत् अपनी माया से आप ही सम्मोहित हो रहा है। इच्छाशक्ति ही जगत् में अमोघ शक्ति है। प्रबल इच्छाशक्ति का अधिकारी मनुष्य एक ऐसी ज्योतिर्मयी प्रभा अपने चारों ओर फैला देता है कि दूसरे लोग स्वतः उस प्रभा से प्रभावित होकर उसके भाव से भावित हो जाते हैं। ऐसे महापुरुष अवश्य ही प्रकट हुआ करते हैं। और इसके पीछे भावना क्या है? जब वे आविर्भूत होते हैं, तब उनके विचार हम लोगो के मस्तिष्क में प्रवेश करते हैं और हममें से कितने ही आदमी उनके विचारों तथा भावों को अपना लेते हैं और शक्तिशाली बन जाते हैं। किसी संगठन या संघ में इतनी शक्ति क्यों होती है? संगठन को केवल भौतिक या जड़ शक्ति मत मानो। इसका क्या कारण है, अथवा

वह कौन सी वस्तु है, जिसके द्वारा कुल चार करोड़ अंग्रेज पूरे तीस करोड़ भारत वासियों पर शासन करते हैं? इस प्रश्न का मनोवैज्ञानिक समाधान क्या है यही, कि वे चार करोड़ मनुष्य अपनी अपनी इच्छाशक्ति को समवेत कर देते अर्थात् शक्ति का अनन्त भांडार बना लेते हैं और तुम तीस करोड़ मनुष्य अपनी अपनी इच्छाओं को एक दूसरे से पृथक् किये रहते हो। बस यही इसका रहस्य कि वे कम होकर भी तुम्हारे ऊपर शासन करते हैं। अतः यदि भारत को महान बनाना है, उसका भविष्य उज्ज्वल बनाना है, तो इसके लिए आवश्यकता है संगठन की, शक्ति-संग्रह की और बिखरी हुई इच्छाशक्ति को एकत्र कर उसमें समन्वय लाने की।

अथर्ववेद संहिता की एक विलक्षण ऋचा याद आ गयी, जिसमें कहा गया है तुम सब लोग एक मन हो जाओ, सब लोग एक ही विचार के बन जाओ, क्योंकि प्राचीन काल में एक मन होने के कारण ही देवताओं ने बलि पायी है।'[1] देवता मनुष्य द्वारा इसीलिए पूजे गये कि वे एकचित्त थे, एक मन हो जाना ही समाज गठन का रहस्य है। और यदि तुम 'आर्य' और 'द्राविड़', 'ब्राह्मण' और 'अब्राह्मण' जैसे तुच्छ विषयों को लेकर 'तू तू मैं मैं' करोगे—झगड़े और पारस्परिक विरोध भाव को बढ़ाओगे—तो समझ लो कि तुम उस शक्ति-संग्रह से दूर हटते जाओगे, जिसके द्वारा भारत का भविष्य बनने जा रहा है। इस बात को याद रखो, कि भारत का भविष्य सम्पूर्णतः उसी पर निर्भर करता है। बस, इच्छा-शक्ति का संचय और उनका समन्वय कर उन्हें एकमुखी करना ही वह सारा रहस्य है। प्रत्येक चीनी अपनी शक्तियों को भिन्न भिन्न मार्गों से परिचालित करता है, तथा मुट्ठी भर जापानी अपनी इच्छा-शक्ति एक ही मार्ग से परिचालित करते हैं, और उसका फल क्या हुआ है, यह तुम लोगों से छिपा नहीं है। इसी तरह की बात सारे संसार में देखने में आती है। यदि तुम संसार के इतिहास पर दृष्टि डालो, तो तुम देखोगे कि सर्वत्र छोटे छोटे सुगठित राष्ट्र बड़े बड़े असंगठित राष्ट्रों पर शासन कर रहे हैं। ऐसा होना स्वाभाविक है, क्योंकि छोटे संगठित राष्ट्र अपने भावों को आसानी के साथ केन्द्रीभूत कर सकते हैं। और इस प्रकार वे अपनी शक्ति को विकसित करने में समर्थ होते हैं। दूसरी ओर जितना बड़ा राष्ट्र होगा, उतना ही संगठित करना कठिन होगा। वे मानो अनियंत्रित लोगों की भीड़ मात्र हैं, वे कभी परस्पर सम्बद्ध नहीं हो सकते। इसलिए ये सब मतभेद के झगड़े एकदम बन्द हो जाने चाहिए।

---

१. संगच्छध्वं संवदध्वं सं वो मनांसि जानताम्।
देवा भागं यथा पूर्वे संजानाना उपासते ॥ ६।६४।१॥

इसके सिवा हमारे भीतर एक और बड़ा भारी दोष है। महिलाएँ मुझे क्षमा करेंगी, पर असल बात यह है कि सदियों से ग़ुलामी करते करते हम औरतों के राष्ट्र के समान बन गये हैं। चाहे इस देश में हो या किसी अन्य देश में, कहीं भी तुम तीन स्त्रियों को शायद ही कभी एक साथ पाँच मिनट से अधिक देर तक झगड़ा किये बिना रख पाओगे। यूरोपीय देशों में स्त्रियाँ बहुत बड़ी बड़ी सभा-समितियाँ स्थापित करती हैं और अपनी शक्ति की बड़ी बड़ी घोषणाएँ करती हैं। इसके बाद वे आपस में झगड़ा करने लग जाती हैं। इसी बीच कोई पुरुष आता है और उन पर अपना प्रभुत्व जमा लेता है। सारे संसार में उन पर शासन करने के लिए अब भी पुरुषों की आवश्यकता होती है। हमारी भी ठीक वही हालत है। हम भी स्त्रियों के समान हो गये हैं। यदि कोई स्त्री स्त्रियों का नेतृत्व करने चलती है, तो सब मिलकर फ़ौरन उसकी खरी आलोचना करना शुरू कर देती हैं—उसकी खिल्लियाँ उड़ाने लग जाती हैं, और अन्त में उसे नेतृत्व से हटाकर, उसे बैठाकर ही दम लेती हैं। यदि कोई पुरुष आता है और उनके साथ ज़रा सख़्त बर्ताव करता है और बीच बीच में डाँट फटकार सुना देता है, तो बस ठीक हो जाती हैं, इस प्रकार के वशीकरण की वे अभ्यस्त हो गयी हैं। सारा ससार ही इस प्रकार के वशीकरण एवं सम्मोहन करनेवालों से भरा है। ठीक इसी तरह यदि हम लोगों में से किसीने आगे बढ़ना चाहा, हमें रास्ता दिखाने की कोशिश की, तो हम फ़ौरन उसकी टाँग पकड़कर पीछे खींचेंगे और उसे बिठा देंगे। परन्तु यदि कोई विदेशी हमारे बीच में कूद पड़े और हमें पैरों से ठोकर मारे, तो हम बड़ी खुशी से उसके पैर सहलाने लग जायँगे। हम लोग इसके अभ्यस्त हो गये हैं। क्या ऐसी बात नहीं है? और कहीं ग़ुलाम स्वामी बन सकता है, इसलिए ग़ुलाम बनना छोड़ो।

आगामी पचास वर्ष के लिए यह जननी जन्मभूमि भारतमाता ही मानो आराध्य देवी बन जाय। तब तक के लिए हमारे मस्तिष्क से व्यर्थ के देवी-देवताओं के हट जाने में कुछ भी हानि नहीं है। अपना सारा ध्यान इसी एक ईश्वर पर लगाओ, हमारा देश ही हमारा जाग्रत देवता है। सर्वत्र उसके हाथ हैं, सर्वत्र उसके पैर हैं और सर्वत्र उसके कान हैं। समझ लो कि दूसरे देवी-देवता सो रहे हैं। जिन व्यर्थ के देवी-देवताओं को हम देख नहीं पाते, उनके पीछे तो हम बेकार दौड़ें और जिस विराट् देवता को हम अपने चारों ओर देख रहे हैं, उसकी पूजा ही न करें? जब हम इस प्रत्यक्ष देवता की पूजा कर लेंगे, तभी हम दूसरे देव-देवियों की पूजा करने योग्य होंगे, अन्यथा नहीं। आध मील चलने की हमें शक्ति ही नहीं और हम हनुमान जी की तरह एक ही छलाँग में समुद्र पार करने की इच्छा करें, ऐसा नहीं हो सकता। जिसे देखो वही योगी बनने की धुन में है, जिसे देखो वही समाधि

लगाने जा रहा है! ऐसा नहीं होने का। दिन भर तो दुनिया के सैकड़ों प्रपं में लिप्त रहोगे, कर्मकांड में व्यस्त रहोगे और शाम को आँख मूँदकर, नाक दबाक साँस चढ़ाओ-उतारोगे। क्या योग की सिद्धि और समाधि को इतना सहज सम रखा है कि ऋषि लोग, तुम्हारे तीन बार नाक फड़फड़ाने और साँस चढ़ाने हवा में मिलकर तुम्हारे पेट में घुस जायँगे? क्या इसे तुमने कोई हँसी मज़ाक म लिया है? ये सब विचार वाहियात हैं। जिसे ग्रहण करने या अपनाने क आवश्यकता है, वह है चित्तशुद्धि। और उसकी प्राप्ति कैसे होती है? इसका उत्त यह है कि सबसे पहले उस विराट् की पूजा करो, जिसे तुम अपने चारों ओर देख र हो—'उसकी' पूजा करो। 'वर्शिप' ही इस संस्कृत शब्द का ठीक समानार्थक है, अंग्रेज़ के किसी अन्य शब्द से काम नहीं चलेगा।[1] ये मनुष्य और पशु, जिन्हें ह आस-पास और आगे-पीछे देख रहे हैं, ये ही हमारे ईश्वर हैं। इनमें सबसे पहले पूज हैं हमारे अपने देशवासी। परस्पर ईर्ष्या-द्वेष करने और झगड़ने के बजाय हमें उनक पूजा करनी चाहिए। यह अत्यन्त भयावह कर्म है, जिसके लिए हम क्लेश झेल रहे हैं। फिर भी हमारी आँखें नहीं खुलतीं।

अस्तु, यह विषय इतना विस्तृत है कि मेरी समझ में ही नहीं आता कि कहाँ पर अपना वक्तव्य समाप्त करूँ। इसलिए मद्रास में मैं किस प्रकार का करना चाहता हूँ, इस विषय में संक्षेप में अपना मत व्यक्त कर व्याख्यान समाप्त करता हूँ। सबसे पहले हमें अपनी जाति की आध्यात्मिक और लौकिक शिक्षा क भार ग्रहण करना होगा। क्या तुम इस बात की सार्थकता को समझ रहे हो? तुम्हें इस विषय पर सोचना विचारना होगा, इस पर तर्क वितर्क और आपस में परामर्श करना होगा, दिमाग़ लगाना होगा और अन्त में उसे कार्य रूप में परिणत करना होगा। जब तक तुम यह काम पूरा नहीं करते हो, तब तक तुम्हारी जाति का उद्धार होना असम्भव है। जो शिक्षा तुम अभी पा रहे हो, उसमें कुछ अच्छा अंश भी है और बुराइयाँ बहुत हैं। इसलिए ये बुराइयाँ उसके भले अंश को दबा देती हैं। सबसे पहली बात तो यह है कि यह शिक्षा मनुष्य बनानेवाली नहीं कही जा सकती। यह शिक्षा केवल तथा सम्पूर्णतः निषेधात्मक है। निषेधात्मक शिक्षा या निषेध की बुनियाद पर आधारित शिक्षा मृत्यु से भी भयानक है। कोमल मति बालक पाठशाला में भर्ती होता है और सबसे पहली बात, जो उसे सिखायी जाती है, वह यह कि तुम्हारा बाप मूर्ख है। दूसरी बात जो वह सीखता है, वह यह है कि

---

१. अथ मां सर्वभूतेषु भूतात्मानं कृतालयम्।
अर्हयेद्दानमानाभ्यां मैत्र्याभिन्नेन चक्षुषा॥ श्रीमद्भागवत ३।२९।२७॥

तुम्हारा दादा पागल है। तीसरी बात है कि तुम्हारे जितने शिक्षक और आचार्य हैं, वे पाखंडी हैं। और चौथी बात है कि तुम्हारे जितने पवित्र धर्म ग्रन्थ हैं, उनमें झूठी और कपोलकल्पित बातें भरी हुई हैं! इस प्रकार की निषेधात्मक बातें सीखते सीखते जब बालक सोलह वर्ष की अवस्था को पहुँचता है, तब वह निषेधों की खान बन जाता है—उसमें न जान रहती है और न रीढ़। अतः इसका जैसा परिणाम होना चाहिए था, वैसा ही हुआ है। पिछले पचास वर्षों से दी जानेवाली इस शिक्षा ने तीनों प्रान्तों में एक भी स्वतंत्र विचारों का मनुष्य पैदा नहीं किया, और जो स्वतंत्र विचार के लोग हैं, उन्होंने यहाँ शिक्षा नहीं पायी है, विदेशों में पायी है, अथवा अपने भ्रममूलक कुसंस्कारों का निवारण करने के लिए पुनः अपने पुराने शिक्षालयों में जाकर अध्ययन किया है। शिक्षा का मतलब यह नहीं है कि तुम्हारे दिमाग़ में ऐसी बहुत सी बातें इस तरह ठूँस दी जायँ कि अन्तर्द्वन्द्व होने लगे और तुम्हारा दिमाग़ उन्हें जीवन भर पचा न सके। जिस शिक्षा से हम अपना जीवन निर्माण कर सकें, मनुष्य बन सकें, चरित्र गठन कर सकें और विचारों का सामंजस्य कर सकें, वही वास्तव में शिक्षा कहलाने योग्य है। यदि तुम पाँच ही भावों को पचा कर तदनुसार जीवन और चरित्र गठित कर सके हो, तो तुम्हारी शिक्षा उस आदमी की अपेक्षा बहुत अधिक है, जिसने एक पूरे पुस्तकालय को कंठस्थ कर रखा है। कहा भी है—**यथा खरश्चन्दनभारवाही भारस्य वेत्ता न तु चन्दनस्य।** अर्थात्—'वह गधा, जिसके ऊपर चन्दन की लकड़ियों का बोझ लाद दिया गया हो, बोझ की ही बात जान सकता है, चन्दन के मूल्य को वह नहीं समझ सकता।' यदि बहुत तरह की ख़बरों का संचय करना ही शिक्षा है, तब तो ये पुस्तकालय संसार में सर्वश्रेष्ठ मुनि और विश्वकोश ही ऋषि हैं। इसलिए हमारा आदर्श यह होना चाहिए कि अपने देश की समग्र आध्यात्मिक और लौकिक शिक्षा के प्रचार का भार अपने हाथों में ले लें और जहाँ तक सम्भव हो, राष्ट्रीय रीति से राष्ट्रीय सिद्धान्तों के आधार पर शिक्षा का विस्तार करें। हाँ, यह ठीक है कि यह एक बहुत बड़ी योजना है। मैं नहीं कह सकता कि यह कभी भी कार्य रूप में परिणत होगी या नहीं, पर इसका विचार छोड़कर हमें यह काम फ़ौरन शुरू कर देना चाहिए। लेकिन कैसे? किस तरह से काम में हाथ लगाया जाय? उदाहरण के लिए मद्रास का ही काम ले लो। सबसे पहले हमें एक मन्दिर की आवश्यकता है, क्योंकि सभी कार्यों में प्रथम स्थान हिन्दू लोग धर्म को ही देते हैं। तुम कहोगे कि ऐसा होने से हिन्दुओं के विभिन्न मतावलम्बियों में परस्पर झगड़े होने लगेंगे। पर मैं तुमको किसी मत विशेष के अनुसार वह मन्दिर बनाने को नहीं कहता। वह इन साम्प्रदायिक भेद भावों के परे होगा। उसका एकमात्र प्रतीक होगा ॐ, जो कि हमारे किसी भी धर्म सम्प्रदाय के

लिए महानतम प्रतीक है। यदि हिन्दुओं में कोई ऐसा सम्प्रदाय हो, जो इस ओंकार को न माने, तो समझ लो कि वह हिन्दू कहलाने योग्य नहीं है। वहाँ सब लोग अपने अपने सम्प्रदाय के अनुसार ही हिन्दुत्व की व्याख्या कर सकेंगे, पर मन्दिर हम सब के लिए एक ही होना चाहिए। अपने सम्प्रदाय के अनुसार जो देवी देवताओं की प्रतिमा-पूजा करना चाहें, अन्यत्र जाकर करें, पर इस मन्दिर में वे औरों से झगड़ा न करें। इस मन्दिर में वे ही धार्मिक तत्त्व समझाये जायँगे, जो सब सम्प्रदायों में समान हैं। साथ ही हर एक सम्प्रदायवाले को अपने मत की शिक्षा देने का यहाँ पर अधिकार रहेगा, पर एक प्रतिबन्ध रहेगा कि वे अन्य सम्प्रदायों से झगड़ा नहीं करने पायेंगे। बोलो, तुम क्या कहते हो? संसार तुम्हारी राय जानना चाहता है, उसे यह सुनने का समय नहीं है कि तुम औरों के विषय में क्या विचार प्रकट कर रहे हो। औरों की बात छोड़, तुम अपनी ही ओर ध्यान दो।

इस मन्दिर के सम्बन्ध में एक दूसरी बात यह है कि इसके साथ ही एक और संस्था हो, जिससे धार्मिक शिक्षक और प्रचारक तैयार किये जायँ और वे सभी घूम-फिरकर धर्म प्रचार करने को भेजे जायँ। परन्तु ये केवल धर्म का ही प्रचार न करें, वरन् उसके साथ साथ लौकिक शिक्षा का भी प्रचार करें। जैसे हम धर्म का प्रचार द्वार द्वार जाकर करते हैं, वैसे ही हमें लौकिक शिक्षा का भी प्रचार करना पड़ेगा। यह काम आसानी से हो सकता है। शिक्षकों तथा धर्म-प्रचारकों के द्वारा हमारे कार्य का विस्तार होता जायगा, और क्रमशः अन्य स्थानों में ऐसे ही मन्दिर प्रतिष्ठित होंगे और इस प्रकार समस्त भारत में यह कार्य फैल जायगा। यही मेरी योजना है। तुमको यह बड़ी भारी मालूम होगी, पर इसकी इस समय बहुत आवश्यकता है। तुम पूछ सकते हो, इस काम के लिए धन कहाँ से आयेगा? धन की जरूरत नहीं। धन कुछ नहीं है। पिछले बारह वर्षों से मैं ऐसा जीवन व्यतीत कर रहा हूँ कि मैं यह नहीं जानता कि आज यहाँ खा रहा हूँ तो कल कहाँ खाऊँगा। और न मैंने कभी इसकी परवाह ही की। धन या किसी भी वस्तु की जब मुझे इच्छा होगी, तभी वह प्राप्त हो जायगी, क्योंकि वे सब मेरे गुलाम हैं, न कि मैं उनका गुलाम हूँ। जो मेरा गुलाम है, उसे मेरी इच्छा होते ही मेरे पास आना पड़ेगा। अतः उसकी कोई चिन्ता न करो।

अब प्रश्न यह है कि काम करनेवाले लोग कहाँ हैं? मद्रास के नवयुवको, तुम्हारे ऊपर ही मेरी आशा है। क्या तुम अपनी जाति और राष्ट्र की पुकार सुनोगे? यदि तुम्हें मुझ पर विश्वास है तो मैं कहूँगा कि तुममें से प्रत्येक का भविष्य उज्ज्वल है। अपने आप पर अगाध, अटूट विश्वास रखो, वैसा ही विश्वास, जैसा मैं बाल्यकाल में अपने ऊपर रखता था और जिसे मैं अब कार्यान्वित कर रहा हूँ। तुममें से प्रत्येक

अपने आप पर विश्वास रखो। यह विश्वास रखो कि प्रत्येक की आत्मा में अनन्त शक्ति विद्यमान है। तभी तुम सारे भारतवर्ष को पुनरुज्जीवित कर सकोगे। फिर तो हम दुनिया के सभी देशों में खुले आम जायँगे और आगामी दस वर्षों में हमारे भाव उन सब विभिन्न शक्तियों के एक अंशस्वरूप हो जायँगे, जिनके द्वारा संसार का प्रत्येक राष्ट्र संगठित हो रहा है। हमें भारत में बसनेवाली और भारत के ब‌ाहर बसनेवाली सभी जातियों के अन्दर प्रवेश करना होगा। इसके लिए हमें कर्म करना होगा। और इस काम के लिए मुझे युवक चाहिए। वेदों में कहा है, 'युवक, बलशाली, स्वस्थ, तीव्र मेधावाले और उत्साहयुक्त मनुष्य ही ईश्वर के पास पहुँच सकते हैं।' तुम्हारे भविष्य को निश्चित करने का यही समय है। इसीलिए मैं कहता हूँ कि अभी इस भरी जवानी में, इस नये जोश के ज़माने में ही काम करो, जीर्ण शीर्ण हो जाने पर काम नहीं होगा। काम करो, क्योंकि काम करने का यही समय है। सबसे अधिक ताजे, बिना स्पर्श किये हुए और बिना सूँघे फूल ही भगवान् के चरणों पर चढ़ाये जाते हैं और वे उसे ही ग्रहण करते हैं। अपने पैरों आप खड़े हो जाओ, देर न करो, क्योंकि जीवन क्षणस्थायी है। वकील बनने की अभिलाषा आदि से कहीं अधिक महत्त्वपूर्ण कार्य करने हैं। तथा इससे भी ऊँची अभिलाषा रखो और अपनी जाति, देश, राष्ट्र और समग्र मानव समाज के कल्याण के लिए आत्मोत्सर्ग करना सीखो। इस जीवन में क्या है? तुम हिन्दू हो और इसलिए तुम्हारा यह सहज विश्वास है कि तुम अनन्त काल तक रहनेवाले हो। कभी कभी मेरे पास नास्तिकता के विषय पर वार्तालाप करने के लिए कुछ युवक आया करते हैं। पर मेरा विश्वास है कि कोई हिन्दू नास्तिक नहीं हो सकता। सम्भव है कि किसीने पाश्चात्य ग्रन्थ पढ़े हों और अपने को भौतिकवादी समझने लग गया हो। पर ऐसा केवल कुछ समय के लिए होता है। यह बात तुम्हारे खून के भीतर नहीं है। जो बात तुम्हारी रग रग में रमी हुई है, उसे तुम निकाल नहीं सकते और न उसकी जगह और किसी धारणा पर तुम्हारा विश्वास ही हो सकता है। इसीलिए वैसी चेष्टा करना व्यर्थ होगा। मैंने भी बाल्यावस्था में ऐसी चेष्टा की थी, पर वैसा नहीं हो सकता। जीवन की अवधि अल्प है, पर आत्मा अमर और अनन्त है, और मृत्यु अनिवार्य है। इसलिए आओ, हम अपने आगे एक महान् आदर्श खड़ा करें और उसके लिए अपना जीवन उत्सर्ग कर दें। यही हमारा निश्चय हो और वे भगवान्, जो हमारे शास्त्रों के अनुसार साधुओं के परित्राण के लिए संसार में बार बार आविर्भूत होते हैं, वे ही महान् कृष्ण हमको आशीर्वाद दें एवं हमारे उद्देश्य की सिद्धि में सहायक हों।

दान

जब स्वामी जी मद्रास में थे, उस समय एक बार उनके सभापतित्व में 'चेन्नापुरी अन्नदान समाजम्' नामक एक दातव्य संस्था का वार्षिक समारोह मनाया गया। उस अवसर पर उन्होंने एक संक्षिप्त भाषण दिया, जिसमें उन्होंने उसी समारोह के एक पूर्व वक्ता महोदय के विचारों पर कुछ प्रकाश डाला। इन वक्ता महोदय ने कहा था कि यह अनुचित है कि अन्य सब जातियों की अपेक्षा केवल ब्राह्मण को ही विशेष दान दिया जाता है। इसी प्रसंग में स्वामी जी ने कहा कि इस बात के दो पहलू हैं—एक अच्छा, दूसरा बुरा। यदि हम ध्यानपूर्वक देखें तो प्रतीत होगा कि राष्ट्र की समस्त शिक्षा एवं सभ्यता अधिकतर ब्राह्मणों में ही पायी जाती है; साथ ही ब्राह्मण ही समाज के विचारशील तथा मननशील व्यक्ति रहे हैं। यदि थोड़ी देर के लिए मान लो कि तुम उनके वे साधन छीन लो, जिनके सहारे वे चिन्तन मनन करते हैं, तो परिणाम यह होगा कि सारे राष्ट्र को धक्का लगेगा। इसके बाद स्वामी जी ने यह बतलाया कि यदि हम भारत के दान की शैली की, जो बिना विचार अथवा भेदभाव के होती है, तुलना दूसरे राष्ट्रों की उस शैली से करें, जिसका एक प्रकार से क़ानूनी रूप होता है, तो हमें यह प्रतीत होगा कि हमारे यहाँ एक भिखमंगा भी बस उतने से सन्तुष्ट हो जाता है, जो उसे तुरन्त दे दिया जाय, और उतने में ही वह अपनी सब्र की जिंदगी बसर करता है। परन्तु इसके विपरीत पाश्चात्य देशों में पहली बात तो यह है कि क़ानून भिखमंगों को सेवाश्रम में जाने के लिए बाध्य करता है। परन्तु मनुष्य भोजन की अपेक्षा स्वतंत्रता अधिक पसन्द करता है, इसलिए वह सेवाश्रम में न जाकर समाज का दुश्मन डाकू बन जाता है। और फिर इसी कारण हमें इस बात की जरूरत पड़ती है कि हम अदालत, पुलिस, जेल तथा अन्य साधनों का निर्माण कर। यह निश्चित है कि समाज के शरीर में जब तक 'सभ्यता' नामक बीमारी बनी रहेगी, तब तक उसके साथ साथ ग़रीबी रहेगी और इसीलिए ग़रीबों को सहायता देने की आवश्यकता भी रहेगी। यही कारण है कि भारतवासियों की बिना भेदभाव की दान शैली और पाश्चात्य देशों की विभेदमूलक दान शैली में उनको चुनना पड़ेगा। भारतीय दान शैली में जहाँ तक संन्यासियों की बात है, उनका तो यह हाल है कि भले ही उनमें से कोई सच्चे संन्यासी न हों, परन्तु फिर भी उन्हें भिक्षाटन करने के लिए अपने शास्त्रों के कम से कम कुछ अंशों को

तो पढ़ ही लेना पड़ता है। और पाश्चात्य देशों की दान देने की प्रथा के कारण निर्धन के लिए कड़े क़ानून बन गये, वहाँ फल यह हुआ कि फ़क़ीरों को डाकू तथा अत्याचारी बन जाना पड़ा।

कलकत्ता-अभिनन्दन का उत्तर

स्वामी जी जब कलकत्ता पहुँचे तो लोगों ने उनका स्वागत बड़े जोश खरोश के साथ किया। शहर के अनेक सजे सजाये रास्तों से उनका बड़ा भारी जुलूस निकला और रास्ते के चारों ओर जनता की ज़बरदस्त भीड़ थी, जो उनका दर्शन पाने के लिए उत्सुक थी। उनका औपचारिक स्वागत एक सप्ताह बाद शोभा बाज़ार के स्व० राजा राधाकान्तदेव बहादुर के निवासस्थान पर हुआ, जिसका सभापतित्व राजा विनयकृष्ण देव बहादुर ने किया। सभापति द्वारा कुछ संक्षिप्त परिचय के साथ स्वामी जी की सेवा में निम्नलिखित मान-पत्र एक सुन्दर चाँदी की मंजूषा में रखकर भेंट किया गया—

सेवा में,

श्रीमत् स्वामी विवेकानन्द जी,

प्रिय बन्धु,

हम कलकत्ता तथा बंगाल के अन्य स्थानों के हिन्दू निवासी आज आपके अपनी जन्मभूमि में वापस आने के अवसर पर आपका हृदय से स्वागत करते हैं। महाराज, आपका स्वागत करते समय हम अत्यन्त गर्व तथा कृतज्ञता का अनुभव करते हैं, क्योंकि आपने महान् कर्म तथा आदर्श द्वारा संसार के भिन्न भिन्न भागों में केवल हमारे धर्म को ही गौरवान्वित नहीं किया है, वरन् हमारे देश और विशेषतः हमारे बंगाल प्रान्त का सिर ऊँचा किया है।

सन् १८९३ ई० में शिकागो शहर में जो विश्व-मेला हुआ था, उसकी अंगभूत धर्म-महासभा के अवसर पर आपने आर्य धर्म के तत्त्वों का विशेष रूप से वर्णन किया। आपके भाषण का सार अधिकतर श्रोताओं के लिए बड़ा शिक्षाप्रद तथा रहस्योद्घाटन करनेवाला था और ओज तथा माधुर्य के कारण वह उसी प्रकार हृदयग्राही भी था। सम्भव है कि आपके उस भाषण को कुछ लोगों ने सन्देह की दृष्टि से सुना हो तथा कुछ ने उस पर तर्क वितर्क भी किया हो, परन्तु इसका सामान्य प्रभाव तो यही हुआ कि उसके द्वारा अधिकांश शिक्षित अमरीकी जनता के धार्मिक विचारों में क्रान्ति हो गयी। उनके मन में जो एक नया प्रकाश पड़ा, उसका उन्होंने अपनी स्वाभाविक निष्कपटता तथा सत्य के प्रति अनुराग के वश हो अधिक से अधिक लाभ उठाने का निश्चय किया। फलतः आपको विस्तृत सुयोग प्राप्त हुआ और

आपका कार्य बढ़ा। अनेक राज्यों के भिन्न भिन्न शहरों से आपके पास निमंत्रण पर निमंत्रण आते रहे और उन्हें भी आपको स्वीकार करना पड़ता था, कितने ही प्रकार की शंकाओं का समाधान करना होता था, प्रश्नों का उत्तर देना पड़ता था, लोगों की अनेक समस्याओं को हल करना पड़ता था और हम जानते हैं कि यह सारा कार्य आपने बड़े उत्साह एवं योग्यता तथा सच्चाई के साथ किया। इस सबका फल भी चिरस्थायी ही निकला। आपकी शिक्षाओं का अमरीकी राष्ट्रमंडल के अनेक प्रबुद्ध क्षेत्रों पर बड़ा गहरा असर पड़ा और उसीके कारण उन लोगों में अनेक दिशाओं में विचार विनिमय, मनन तथा अन्वेषण का भी बीजारोपण हुआ। अनेक लोगों की हिन्दू धर्म के प्रति जो प्राचीन ग़लत धारणाएँ थी, वे भी बदल गयीं और हिन्दू धर्म के प्रति उनकी श्रद्धा एवं भक्ति बढ़ गयी। उसके बाद शीघ्र ही धर्म सम्बन्धी तुलनात्मक अध्ययन तथा आध्यात्मिक तत्त्वों के अन्वेषण के लिए जो अनेक नये नये क्लब तथा समितियाँ स्थापित हुईं, वे इस बात की स्पष्ट द्योतक हैं कि दूर पाश्चात्य देशों में आपके प्रयत्नों का फल क्या हुआ तथा कैसा हुआ! आप तो लन्दन में वेदान्त-दर्शन की शिक्षा प्रदान करनेवाले विद्यालय के संस्थापक कहे जा सकते हैं। आपके नियमित रूप से व्याख्यान होते रहे, जनता भी उन्हें ठीक समय पर सुनने आयी तथा उनकी व्यापक रूप से प्रशंसा हुई। निश्चय ही उनका प्रभाव व्याख्यान-भवन तक ही सीमित नहीं रहा, वरन् उसके बाहर भी हुआ। आपकी शिक्षाओं द्वारा जनता में जिस प्रीति तथा श्रद्धा का उद्रेक हुआ, उसका द्योतक वह भावनापूर्ण मान-पत्र है, जो आपको लन्दन छोड़ते समय वहाँ के वेदान्त-दर्शन के विद्यार्थियों ने दिया था।

वेदान्ताचार्य के नाते आपको जो सफलता प्राप्त हुई, उसका कारण केवल यही नहीं रहा है कि आप आर्य धर्म के सत्य सिद्धान्तों से गहन रूप से परिचित हैं, और न यही कि आपके भाषण तथा लेख इतने सुन्दर तथा जोशीले होते हैं, वरन् इसका कारण मुख्यतः स्वयं आपका व्यक्तित्व ही रहा है। आपके भाषण, निबन्ध तथा पुस्तकों में आध्यात्मिकता तथा साहित्यिक दोनों प्रकार की विशेषताएँ हैं और इसलिए अपना पूरा असर किये बिना वे कभी रह ही नहीं सकते। यहाँ यह कह देना आवश्यक है कि इनका प्रभाव यदि और भी अधिक पड़ा है तो उसका कारण है, आपका सादा, परोपकारी तथा निःस्वार्थ जीवन, आपकी नम्रता, आपकी भक्ति तथा आपकी लगन।

यहाँ पर जब हम आपकी उन सेवाओं का उल्लेख कर रहे हैं जो आपने हिन्दू धर्म के उदात्त सत्य सिद्धान्तों के आचार्य होने के नाते की हैं, तो हम अपना यह परम कर्तव्य समझते हैं कि हम आपके पूज्य गुरुदेव तथा पथप्रदर्शक श्री रामकृष्ण परमहंस

को भी अपनी श्रद्धांजलि अर्पित करें। मुख्यतः उन्हींके कारण हमें आपकी प्राप्ति हुई है। अपनी अद्वितीय रहस्यमयी अन्तर्दृष्टि द्वारा उन्होंने आपमें उस दैवी ज्योति का अंश शीघ्र ही पहचान लिया था और आपके लिए उस उच्च जीवन की भविष्य वाणी कर दी थी, जिसे आज हम हर्षपूर्वक सफल होते देख रहे हैं। यह वे ही थे, जिन्होंने आपकी छिपी हुई दैवी शक्ति तथा दिव्य दृष्टि को आपके लिए खोल दिया, आपके विचारों एवं जीवन के उद्देश्यों को दैवी झुकाव दे दिया तथा उस अदृश्य राज्य के तत्त्वों के अन्वेषण में आपको सहायता प्रदान की। भावी पीढ़ियों के लिए उनकी अमूल्य विरासत आप ही हैं।

हे महात्मन्, दृढ़ता और बहादुरी के साथ उसी मार्ग पर बढ़े चलिए, जो आपने अपने कार्य के लिए चुना है। आपके सम्मुख सारा संसार जीतने को है। आपको हिन्दू धर्म की व्याख्या करनी है और उसका संदेश अनभिज्ञ से लेकर नास्तिक तथा जानबूझकर बने अंधे तक पहुँचाना है। जिस उत्साह से आपने कार्य आरम्भ किया, उससे हम मुग्ध हो गये हैं और आपने जो सफलता प्राप्त कर ली है, वह कितने ही देशों को ज्ञात है। परन्तु अभी भी कार्य का क़ाफ़ी अंश शेष है और उसके लिए हमारा देश, बल्कि हम कह सकते हैं, आपका ही देश आपकी ओर निहार रहा है। हिन्दू धर्म के सिद्धान्तों का प्रतिपादन तथा प्रचार अभी कितने ही हिन्दुओं के निकट आपको करना है। अतएव आप इस महान् कार्य में संलग्न हों। हमें आपमें तथा अपने इस सत्कार्य के ध्येय में पूर्ण विश्वास है। हमारा जातीय धर्म इस बात का इच्छुक नहीं है कि उसे कोई भौतिक विजय प्राप्त हो। इसका ध्येय सदैव आध्यात्मिकता रहा है, और इसका साधन सदैव सत्य रहा है, जो इन चर्मचक्षुओं से परे है तथा जो केवल ज्ञान-दृष्टि से ही देखा जा सकता है। आप समग्र संसार को और जहाँ आवश्यक हो, हिन्दुओं को भी जगा दीजिए, ताकि वे अपने ज्ञान-चक्षु खोलें, इन्द्रियों से परे हों, धार्मिक ग्रन्थों का उचित रूप से अध्ययन करें, परम सत्य का साक्षात्कार करें और मनुष्य होने के नाते अपने कर्तव्य तथा स्थान का अनुभव करें। इस प्रकार की जाग्रति कराने या उद्‌बोधन के लिए आपसे बढ़कर अधिक योग्य कोई नहीं है। अपनी ओर से हम आपको यह सदैव ही पूर्ण विश्वास दिलाते हैं कि आपके इस सत्कार्य में, जिसका बीड़ा आपने स्पष्टतः दैवी प्रेरणा से उठाया है, हमारा सदैव ही हार्दिक, भक्तिपूर्ण तथा सेवारूप में विनम्र सहयोग रहेगा।

परम प्रिय बंधु

हम हैं,

आपके प्रिय मित्र तथा भक्तगण

स्वामी जी ने इसका निम्नलिखित उत्तर दिया :

स्वामी जी का भाषण

मनुष्य अपनी व्यक्ति-चेतना को सार्वभौम चेतना में लीन कर देना चाहता है, वह जगत् प्रपंच का कुल सम्बन्ध छोड़ देना चाहता है, वह अपने समस्त सम्बन्धों की माया काटकर संसार से दूर भाग जाना चाहता है। वह सम्पूर्ण दैहिक पुराने संस्कारों को छोड़ने की चेष्टा करता है। यहाँ तक कि वह एक देहधारी मनुष्य है, इसे भी भूलने का भरसक प्रयत्न करता है। परन्तु अपने अन्तर के अन्तर में सदा ही एक मृदु अस्फुट ध्वनि उसे सुनायी पड़ती है, उसके कानों में सदा ही एक स्वर बजता रहता है, न जाने कौन दिन रात उसके कानों में मधुर स्वर से कहता रहता है, पूर्व में हो या पश्चिम में, **जननी जन्मभूमिश्च स्वर्गादपि गरीयसी।** भारत साम्राज्य की राजधानी के अधिवासियो, तुम्हारे पास मैं संन्यासी के रूप में नहीं, धर्मप्रचारक की हैसियत से भी नहीं, बल्कि पहले की तरह कलकत्ते के उसी बालक के रूप में बातचीत करने के लिए आया हुआ हूँ। हाँ, मेरी इच्छा होती है कि आज इस नगर के रास्ते की धूल पर बैठकर बालक की तरह सरल अन्तःकरण से तुमसे अपने मन की सब बातें खोल कर कहूँ। तुम लोगों ने मुझे अनुपम शब्द 'भाई' सम्बोधित किया है, इसके लिए तुम्हें हृदय से धन्यवाद देता हूँ। हाँ, मैं तुम्हारा भाई हूँ, तुम भी मेरे भाई हो। पश्चिमी देशों से लौटने के कुछ ही समय पहले एक अंग्रेज़ मित्र ने मुझसे पूछा था, 'स्वामी जी, चार वर्षों तक विलास की लीलाभूमि गौरवशाली महाशक्तिमान् पश्चिमी भूमि पर भ्रमण कर चुकने पर आपकी मातृभूमि अब आपको कैसी लगेगी ? मैं बस यही कह सका, 'पश्चिम में आने से पहले भारत को मैं प्यार ही करता था, अब तो भारत की धूलि ही मेरे लिए पवित्र है, भारत की हवा अब मेरे लिए पावन है, भारत अब मेरे लिए तीर्थ है।'

कलकत्तावासियो, मेरे भाइयो, तुम लोगों ने मेरे प्रति जो अनुग्रह दिखाया है, उसके लिए तुम्हारे प्रति कृतज्ञता प्रकट करने में मैं असमर्थ हूँ। अथवा तुम्हें धन्यवाद ही क्या दूं, क्योंकि तुम मेरे भाई हो—तुमने भाई का, एक हिन्दू भाई का ही कर्तव्य निभाया है, क्योंकि ऐसा पारिवारिक बन्धन, ऐसा सम्बन्ध, ऐसा प्रेम हमारी मातृभूमि की सीमा के बाहर और कहीं नहीं है।

शिकागो की धर्म-महासभा निस्सन्देह एक विराट् समारोह थी। भारत के कितने ही नगरों से हम लोगों ने इस सभा के आयोजक महानुभावों को धन्यवाद दिया है। हम लोगों के प्रति उन्होंने जैसी अनुकम्पा प्रदर्शित की है, उसके लिए वे धन्यवाद के पात्र हैं; परन्तु इस धर्म-महासभा का यथार्थ इतिहास मैं तुम्हें सुना

देना चाहता हूँ। उनकी इच्छा थी कि वे अपनी प्रभुता की प्रतिष्ठा करें। महासभा के कुछ व्यक्तियों की इच्छा थी कि ईसाई धर्म की प्रतिष्ठा करें और दूसरे धर्मों को हास्यास्पद सिद्ध करें। परन्तु फल कुछ और ही हुआ। विधाता के विधान में वैसा ही होना था। मेरे प्रति अनेक लोगों ने सदय व्यवहार किया था। उन्हें यथेष्ट धन्यवाद दिया जा चुका है।

सच्ची बात यह है कि मैं धर्म-महासभा का उद्देश्य लेकर अमेरिका नहीं गया। वह सभा तो मेरे लिए एक गौण वस्तु थी, उससे हमारा रास्ता बहुत कुछ साफ हो गया और कार्य करने की बहुत कुछ सुविधा हो गयी, इसमें सन्देह नहीं। इसके लिए हम महासभा के सदस्यों के विशेष रूप से कृतज्ञ हैं। परन्तु वास्तव में हमारा धन्यवाद संयुक्त राज्य अमेरिका के निवासी, सहृदय, आतिथेय, महान् अमरीकी जाति को मिलना चाहिए, जिसमें दूसरी जातियों की अपेक्षा भ्रातृभाव का अधिक विकास हुआ है। रेलगाड़ी पर पाँच मिनट किसी अमेरिकन के साथ बातचीत करने से वह तुम्हारा मित्र हो जायगा, दूसरे ही क्षण तुम्हें अपने घर पर अतिथि के रूप में निमंत्रित करेगा और अपने हृदय की सारी बात खोलकर रख देगा। यही अमरीकी जाति का चरित्र है, और हम इसे खूब पसन्द करते हैं। मेरे प्रति उन्होंने जो अनुकम्पा दिखलायी, उसका वर्णन नहीं हो सकता। मेरे साथ उन्होंने कैसा अपूर्व स्नेहपूर्ण व्यवहार किया, उसे प्रकट करने में मुझे कई वर्ष लग जायँगे। इसी तरह अतलान्तिक महासागर के दूसरे पार रहने वाली अंग्रेज़ जाति को भी हमें धन्यवाद देना चाहिए। ब्रिटिश भूमि पर अंग्रेज़ों के प्रति मुझसे अधिक घृणा का भाव लेकर कभी किसीने पैर न रखा होगा, इस मंच पर जो अंग्रेज़ बन्धु हैं, वे ही इस का साक्ष्य देंगे। परन्तु जितना ही मैं उन लोगों के साथ रहने लगा, जितना ही उनके साथ मिलने लगा, जितना ही ब्रिटिश जाति के जीवन-यन्त्र की गति लक्ष्य करने लगा—उस जाति का हृदय-स्पन्दन किस जगह हो रहा है, यह जितना ही समझने लगा, उतना ही उन्हें प्यार करने लगा। अब मेरे भाइयो, यहाँ ऐसा कोई न होगा जो मुझसे ज्यादा अंग्रेज़ों को प्यार करता हो। उनके सम्बन्ध में यथार्थ ज्ञान प्राप्ति करने के लिए यह जानना आवश्यक है कि वहाँ क्या क्या हो रहा है और साथ ही हमें उनके साथ रहना भी होगा। हमारे जातीय दर्शनशास्त्र वेदान्त ने जिस तरह सम्पूर्ण दुःख को अज्ञान प्रसूत कहकर सिद्धान्त स्थिर किया है, उसी तरह अंग्रेज़ और हमारे बीच का विरोध भाव भी प्रायः अज्ञानजन्य है—यही समझना चाहिए। न हम उन्हें जानते हैं, न वे हमें।

दुर्भाग्य से पश्चिमी देशवालों की धारणा में आध्यात्मिकता, यहाँ तक कि नैतिकता भी, सांसारिक उन्नति के साथ चिरसंश्लिष्ट है। और जब कभी कोई

ंग्रेज़ या कोई दूसरे पश्चिमी महाशय भारत आते हैं और यहाँ दुःख और दारिद्रय ा अबाध राज्य देखते हैं तो वे तुरन्त इस निष्कर्ष पर पहुँचते हैं कि इस देश में धर्म हीं टिक सकता, नैतिकता नहीं टिक सकती। उनका अपना अनुभव निस्सन्देह त्य है। यूरोप की निष्ठुर जलवायु और दूसरे अनेक कारणों से वहाँ दारिद्रय ौर पाप एक जगह रहते देखे जाते हैं, परन्तु भारत में ऐसा नहीं है। मेरा अनुभव ् कि भारत में जो जितना दरिद्र है वह उतना ही अधिक साधु है। परन्तु इसको ानने के लिए समय की ज़रूरत है। भारत के राष्ट्रीय जीवन का यह रहस्य समझने े लिए कितने विदेशी दीर्घ काल तक भारत में रहकर प्रतीक्षा करने के लिए तैयार ैं? इस राष्ट्र के चरित्र का धैर्य के साथ अध्ययन करें और समझें ऐसे मनुष्य ोड़े ही हैं। यहीं, केवल यहीं ऐसी जाति का वास है, जिसके निकट ग़रीबी का मतलब अपराध और पाप नहीं है। यही एक ऐसी जाति है, जहाँ न केवल ग़रीबी का मतलब अपराध नहीं लगाया जाता, बल्कि उसे यहाँ बड़ा ऊँचा आसन दिया जाता है। यहाँ दरिद्र संन्यासी के वेश को ही सबसे ऊँचा स्थान मिलता है। इसी तरह हमें भी पश्चिमी सामाजिक रीति रिवाजों का अध्ययन बड़े धैर्य के साथ करना होगा। उनके सम्बन्ध में एकाएक कोई उन्मत्त धारणा बना लेना ठीक न होगा। उनके स्त्री-पुरुषों का आपस में हेलमेल और उनके आचार व्यवहार सब एक खास अर्थ रखते हैं, सबमें एक पहलू अच्छा भी होता है। तुम्हें केवल यत्नपूर्वक धैर्य के साथ उसका अध्ययन करना होगा। मेरे इस कथन का यह अर्थ नहीं कि हमें उनके आचार व्यवहारों का अनुकरण करना है, अथवा वे हमारे आचारों का अनुकरण करेंगे। सभी जातियों के आचार व्यवहार शताब्दियों के मन्द गति से होनेवाले क्रमविकास के फलस्वरूप हैं, और सभी में एक गम्भीर अर्थ रहता है। इसलिए न हमें उनके आचार व्यवहारों का उपहास करना चाहिए और न उन्हें हमारे आचार व्यवहारों का।

मैं इस सभा के समक्ष एक और बात कहना चाहता हूँ। अमेरिका की अपेक्षा इंग्लैंड में मेरा काम अधिक संतोषजनक हुआ है। निर्भीक, साहसी एवं अध्यवसायी अंग्रेज़ जाति के मस्तिष्क में यदि किसी तरह एक बार कोई भाव संचारित किया जा सके—यद्यपि उसकी खोपड़ी दूसरी जातियों की अपेक्षा स्थूल है, उसमें कोई भाव सहज ही नहीं समाता—तो फिर वह वहीं दृढ़ हो जाता है, कभी बाहर नहीं होता। उस जाति की असीम व्यावहारिकता और शक्ति के कारण बीजरूप से समाये हुए उस भाव से अंकुर का उद्गम होता है और बहुत शीघ्र फल देता है। ऐसा किसी दूसरे देश में नहीं है। इस जाति की जैसी असीम व्यावहारिकता और जीवनी शक्ति है, वैसी तुम अन्य किसी जाति में न देखोगे। इस जाति में कल्पना

कम है और कर्मण्यता अधिक। और कौन जान सकता है कि इस अंग्रेज़ जाति के भावों का मूल स्रोत कहाँ है! उसके हृदय के गहन प्रदेश में, कौन समझ सकता है, कितनी कल्पनाएँ और भावोच्छ्वास छिपे हुए हैं! वह वीरों की जाति है, वे यथार्थ क्षत्रिय हैं, भाव छिपाना—उन्हें कभी प्रकट न करना उनकी शिक्षा है, बचपन से उन्हें यही शिक्षा मिली है। बहुत कम अंग्रेज़ देखने को मिलेंगे, जिन्होंने कभी अपने हृदय का भाव प्रकट किया होगा। पुरुषों की तो बात ही क्या, अंग्रेज़ स्त्रियाँ भी कभी हृदय के उच्छ्वास को ज़ाहिर नहीं होने देतीं। मैंने अंग्रेज़ महिलाओं को ऐसे भी कार्य करते हुए देखा है, जिन्हें करने में अत्यन्त साहसी बंगाली भी लड़खड़ा जायँगे। किन्तु बहादुरी के इस ठाटबाट के साथ ही इस क्षत्रियोचित कवच के भीतर अंग्रेज़ हृदय की भावनाओं का गम्भीर प्रस्रवण छिपा हुआ है। यदि एक बार भी अंग्रेज़ों के साथ तुम्हारी घनिष्ठता हो जाय, यदि उनके साथ तुम घुल मिल गये, यदि उनसे एक बार भी अपने सम्मुख उनके हृदय की बात व्यक्त करवा सके, तो वे तुम्हारे परम मित्र हो जायँगे, सदा के लिए तुम्हारे दास हो जायँगे। इसलिए मेरी राय में दूसरे स्थानों की अपेक्षा इंग्लैंड में मेरा प्रचार-कार्य अधिक संतोषजनक हुआ है। मेरा दृढ़ विश्वास है कि अगर कल मेरा शरीर छूट जाय, तो मेरा प्रचार-कार्य इंग्लैंड में अक्षुण्ण रहेगा और क्रमशः विस्तृत होता जायगा।

भाइयो, तुम लोगों ने मेरे हृदय के एक दूसरे तार—सबसे अधिक कोमल तार को स्पर्श किया है—वह है मेरे गुरुदेव, मेरे आचार्य, मेरे जीवनादर्श, मेरे इष्ट, मेरे प्राणों के देवता श्री रामकृष्ण परमहस का उल्लेख! यदि मनसा, वाचा, कर्मणा मैंने कोई सत्कार्य किया हो, यदि मेरे मुँह से कोई ऐसी बात निकली हो, जिससे संसार के किसी भी मनुष्य का कुछ उपकार हुआ हो, तो उसमें मेरा कुछ भी गौरव नहीं, वह उनका है। परन्तु यदि मेरी जिह्वा ने कभी अभिशाप की वर्षा की हो, यदि मुझसे कभी किसीके प्रति घृणा का भाव निकला हो, तो वे मेरे हैं, उनके नहीं। जो कुछ दुर्बल है, वह सब मेरा है, पर जो कुछ भी जीवनप्रद है, बलप्रद है, पवित्र है, वह सब उन्हींकी शक्ति का खेल है, उन्हींकी वाणी है और वे स्वयं हैं। मित्रो, यह सत्य है कि संसार अभी तक उन महापुरुष से परिचित नहीं हुआ। हम लोग संसार के इतिहास में शत शत महापुरुषों की जीवनी पढ़ते हैं। इसमें उनके शिष्यों के लेखन एवं कार्य-संचालन का हाथ रहा है। हज़ारों वर्ष तक लगातार उन लोगों ने उन प्राचीन महापुरुषों के जीवन-चरितों को काट-छाँटकर सँवारा है। परन्तु इतने पर भी जो जीवन मैंने अपनी आँखों देखा है, जिसकी छाया में मैं रह चुका हूँ, जिनके चरणों में बैठकर मैंने सब सीखा है, उन श्री रामकृष्ण परमहंस का जीवन जैसा उज्ज्वल और महिमान्वित है, वैसा मेरे विचार में और किसी महापुरुष का नहीं।

भाइयो, तुम सभी गीता की वह प्रसिद्ध वाणी जानते हो —

यदा यदा हि धर्मस्य ग्लानिर्भवति भारत।
अभ्युत्थानमधर्मस्य तदात्मानं सृजाम्यहम्॥
परित्राणाय साधूनां विनाशाय च दुष्कृताम्।
धर्मसंस्थापनार्थाय सम्भवामि युगे युगे॥

—'जब जब धर्म की ग्लानि और अधर्म का अभ्युत्थान होता है, तब तब मैं शरीर धारण करता हूँ। साधुओं का परित्राण करने, असाधुओं का नाश करने और धर्म की स्थापना करने के लिए विभिन्न युगों में मैं आया करता हूँ।'

इसके साथ एक और बात तुम्हें समझनी होगी, वह यह कि आज ऐसी ही वस्तु हमारे सामने मौजूद है। इस तरह की एक आध्यात्मिकता की बाढ़ के प्रबल वेग से आने के पहले समाज में कुछ छोटी छोटी तरंगें उठती दीख पड़ती हैं। इन्हींमें से एक अज्ञात, अनजान, अकल्पित तरंग आती है, क्रमशः प्रबल होती जाती है, दूसरी छोटी छोटी तरंगों को मानो निगल कर वह अपने में मिला लेती है। और इस तरह अत्यन्त विपुलाकार और प्रबल होकर वह एक बहुत बड़ी बाढ़ के रूप में समाज पर वेग से गिरती है कि कोई उसकी गति को रोक नहीं सकता। इस समय भी वैसा ही हो रहा है। यदि तुम्हारे पास आँखें हैं तो तुम उसे अवश्य देखोगे। यदि तुम्हारा हृदय-द्वार खुला है तो तुम उसको अवश्य ग्रहण करोगे। यदि तुममें सत्यान्वेषण की प्रवृत्ति है तो तुम उसे अवश्य प्राप्त करोगे। अंधा, बिल्कुल अंधा है वह, जो समय के चिह्न नहीं देख रहा है, नहीं समझ रहा है। क्या तुम नहीं देखते हो, वह दरिद्र ब्राह्मण बालक जो एक दूर गाँव में—जिसके बारे में तुममें से बहुत कम ही लोगों ने सुना होगा—जन्मा था, इस समय सम्पूर्ण संसार में पूजा जा रहा है, और उसे वे पूजते हैं, जो शताब्दियों से मूर्ति-पूजा के विरोध में आवाज उठाते आये हैं? यह किसकी शक्ति है? यह तुम्हारी शक्ति है या मेरी? नहीं, यह और किसीकी शक्ति नहीं। जो शक्ति यहाँ श्री रामकृष्ण परमहंस के रूप में आविर्भूत हुई थी, यह वही शक्ति है; और मैं, तुम, साधु, महापुरुष, यहाँ तक कि अवतार और सम्पूर्ण ब्रह्माण्ड भी उसी न्यूनाधिक रूप में पुंजीभूत शक्ति की लीला मात्र हैं। इस समय हम लोग उस महाशक्ति की लीला का आरम्भ मात्र देख रहे हैं। वर्तमान युग का अन्त होने के पहले ही तुम लोग इसकी अधिकाधिक आश्चर्यमयी लीलाएँ देख पाओगे। भारत के पुनरुत्थान के लिए इस शक्ति का आविर्भाव ठीक ही समय पर हुआ है। क्योंकि जो मूल जीवनी शक्ति भारत को सदा स्फूर्ति प्रदान करेगी, उसकी बात कभी कभी हम लोग भूल जाते हैं।

प्रत्येक जाति के लिए उद्देश्य-साधन की अलग अलग कार्यप्रणालियाँ हैं कोई राजनीति, कोई समाज-सुधार और कोई किसी दूसरे विषय को अपना प्रधान आधार बनाकर कार्य करती है। हमारे लिए धर्म की पृष्ठभूमि लेकर कार्य करने के सिवा दूसरा उपाय नहीं है। अंग्रेज राजनीति के माध्यम से धर्म भी समझ सकते हैं। अमरीकी शायद समाज-सुधार के माध्यम से भी धर्म समझ सकते हैं। परन्तु हिन्दू राजनीति, समाज-विज्ञान और दूसरा जो कुछ है, सबको धर्म के माध्यम से ही समझ सकते हैं। जातीय जीवन-संगीत का मानो यही प्रधान स्वर है, दूसरे तो उसीमें कुछ परिवर्तित किये हुए नाना गौण स्वर हैं और उसी प्रधान स्वर के नष्ट होने की शंका हो रही थी। ऐसा लगता था, मानो हम लोग अपने जातीय जीवन के इस मूल भाव को हटाकर उसकी जगह एक दूसरा भाव स्थापित करने जा रहे थे, हम लोग जिस मेरुदण्ड के बल से खड़े हुए हैं, मानो उसकी जगह दूसरा कुछ स्थापित करने जा रहे थे, अपने जातीय जीवन के धर्मरूप मेरुदंड की जगह राजनीति का मेरुदंड स्थापित करने जा रहे थे। यदि इसमें हमें सफलता मिलती, तो इसका फल पूर्ण विनाश होता; परन्तु एसा होनेवाला नहीं था। यही कारण है कि इस महाशक्ति का अविर्भाव हुआ। मुझे इस बात की चिन्ता नहीं है कि तुम इस महापुरुष को किस अर्थ में ग्रहण करते हो और उसके प्रति कितना आदर रखते हो, किन्तु मैं तुम्हें यह चुनौती के रूप में अवश्य बता देना चाहता हूँ कि अनेक शताब्दियों से भारत में विद्यमान अद्‌भुत शक्ति का यह प्रकट रूप है, और एक हिन्दू के नाते तुम्हारा यह कर्तव्य है कि तुम इस शक्ति का अध्ययन करो, तथा भारत के कल्याण, उसके पुनरुत्थान और समस्त मानव जाति के हित के लिए इस शक्ति के द्वारा क्या कार्य किये गये हैं, इसका पता लगाओ। मैं तुमको विश्वास दिलाता हूँ कि संसार के किसी भी देश में सार्वभौम धर्म और विभिन्न सम्प्रदायों में भ्रातृभाव के उत्थापित और पर्यालोचित होने के बहुत पहले ही, इस नगर के पास, एक ऐसे महापुरुष थे, जिनका सम्पूर्ण जीवन एक आदर्श धर्म-महासभा का स्वरूप था।

हमारे शास्त्रों में सबसे बड़ा आदर्श निर्गुण ब्रह्म है, और ईश्वर की इच्छा से यदि सभी निर्गुण ब्रह्म को प्राप्त कर सकते, तब तो बात ही कुछ और थी, परन्तु चूंकि ऐसा नहीं हो सकता, इसलिए सगुण आदर्श का रहना मनुष्य जाति के बहु-संख्यक वर्ग के लिए बहुत आवश्यक है। इस तरह के किसी महान् आदर्श पुरुष पर हार्दिक अनुराग रखते हुए उनकी पताका के नीचे आश्रय लिये बिना न कोई जाति उठ सकती है, न बढ़ सकती है, न कुछ कर सकती है। राजनीतिक, यहाँ तक कि सामाजिक या व्यापारिक आदर्शों का प्रतिनिधित्व करनेवाले कोई भी

पुरुष सर्वसाधारण भारतवासियों के ऊपर कभी भी अपना प्रभाव नहीं जमा सकते। हमें चाहिए आध्यात्मिक आदर्श। आध्यात्मिक महापुरुषों के नाम पर हमें सोत्साह एक हो जाना चाहिए। हमारे आदर्श पुरुष आध्यात्मिक होने चाहिए। श्री रामकृष्ण परमहंस हमें एक ऐसा ही आदर्श पुरुष मिला है। यदि यह जाति उठना चाहती है, तो मैं निश्चयपूर्वक कहूँगा कि इस नाम के चारों ओर उत्साह के साथ एकत्र हो जाना चाहिए। श्री रामकृष्ण परमहंस का प्रचार हम, तुम या चाहे जो कोई करे, इससे प्रयोजन नहीं। तुम्हारे सामने मैं इस महान् आदर्श पुरुष को रखता हूँ, और अब इस पर विचार करने का भार तुम पर है। इस महान् आदर्श पुरुष को लेकर क्या करोगे, इसका निश्चय तुम्हें अपनी जाति, अपने राष्ट्र के कल्याण के लिए अभी कर डालना चाहिए। एक बात हमें याद रखनी चाहिए कि तुम लोगों ने जितने महापुरुष देखे हैं और मैं स्पष्ट रूप से कहूँगा कि जितने भी महापुरुषों के जीवन-चरित पढ़े हैं, उनमें इनका जीवन सबसे पवित्र था, और तुम्हारे सामने यह तो स्पष्ट ही है कि आध्यात्मिक शक्ति का ऐसा अद्‌भुत आविर्भाव तुम्हारे देखने की तो बात ही अलग, इसके बारे में तुमने कभी पढ़ा भी न होगा। उनके तिरोभाव के दस वर्ष के भीतर ही इस शक्ति ने सम्पूर्ण संसार को घेर लिया है, यह तुम प्रत्यक्ष देख रहे हो। अतएव कर्तव्य की प्रेरणा से अपनी जाति और धर्म की भलाई के लिए मैं यह महान् आध्यात्मिक आदर्श तुम्हारे सामने प्रस्तुत करता हूँ। मुझे देखकर उसकी कल्पना न करना। मैं एक बहुत ही दुर्बल माध्यम मात्र हूँ। उनके चरित्र का निर्णय मुझे देखकर न करना। वे इतने बड़े थे कि मैं या उनके शिष्यों में से कोई दूसरा सैकड़ों जीवन तक चेष्टा करते रहने के बावजूद भी उनके यथार्थ स्वरूप के एक करोड़वें अंश के तुल्य भी न हो सकेगा। तुम लोग स्वयं ही अनुमान करो। तुम्हारे हृदय के अन्तस्तल में वे 'सनातन साक्षी' वर्तमान हैं, और मैं हृदय से प्रार्थना करता हूँ कि हमारी जाति के कल्याण के लिए, हमारे देश की उन्नति के लिए तथा समग्र मानव जाति के हित के लिए वही श्री रामकृष्ण परमहंस तुम्हारा हृदय खोल दें; और इच्छा-अनिच्छा के बावजूद भी जो महायुगान्तर अवश्यम्भावी है, उसे कार्यान्वित करने के लिए वे तुम्हें सच्चा और दृढ़ बनावें। तुम्हें और हमें रुचे या न रुचे, इससे प्रभु का कार्य रुक नहीं सकता, अपने कार्य के लिए वे धूलि से भी सैकड़ों और हज़ारों कर्मी पैदा कर सकते हैं। उनकी अधीनता में कार्य करने का अवसर मिलना ही हमारे परम सौभाग्य और गौरव की बात है। इससे आदर्श का विस्तार होता है। जैसा तुम लोगों ने कहा है, हमें सम्पूर्ण संसार जीतना है। हाँ, यह हमें करना ही होगा। भारत को अवश्य ही संसार पर विजय प्राप्त करनी है। इसकी अपेक्षा किसी छोटे आदर्श से मुझे कभी

भी सन्तोष न होगा। यह आदर्श, सम्भव है बहुत बड़ा हो और तुममें से अनेक को इसे सुनकर आश्चर्य होगा, किन्तु हमें इसे ही अपना आदर्श बनाना है। या तो हम सम्पूर्ण संसार पर विजय प्राप्त करेंगे या मिट जायँगे। इसके सिवा और कोई विकल्प नहीं है। जीवन का चिह्न है विस्तार। हमें संकीर्ण सीमा के बाहर जाना होगा, हृदय का प्रसार करना होगा, और यह दिखाना होगा कि हम जीवित हैं अन्यथा हमें इसी पतन की दशा में सड़कर मरना होगा, इसके सिवा दूसरा कोई रास्ता नहीं है। इन दोनों में एक चुन लो, फिर जिओ या मरो। छोटी छोटी बातों को लेकर हमारे देश में जो द्वेष और कलह हुआ करता है, वह हम लोगों में सभी को मालूम है। परन्तु मेरी बात मानो, ऐसा सभी देशों में है। जिन सब राष्ट्रों के जीवन का मेरुदंड राजनीति है, वे सब राष्ट्र आत्मरक्षा के लिए वैदेशिक नीति का सहारा लिया करते हैं। जब उनके अपने देश में आपस में बहुत अधिक लड़ाई-झगड़ा आरम्भ हो जाता है, तब वे किसी विदेशी राष्ट्र से झगड़ा मोल ले लेते हैं, इस तरह तत्काल घरेलू लड़ाई बन्द हो जाती है, हमारे भीतर भी गृहविवाद है, परन्तु उसे रोकने के लिए कोई वैदेशिक नीति नहीं है। संसार के सभी राष्ट्रों में अपने शास्त्रों का सत्य प्रचार ही हमारी सनातन वैदेशिक नीति होनी चाहिए, यह हमें एक अखंड जाति के रूप में संगठित करेगी। तुम राजनीति में विशेष रुचि लेनेवालों से मेरा प्रश्न है कि क्या इसके लिए तुम कोई और प्रमाण चाहते हो? आज की इस सभा से ही मेरी बात का यथेष्ट प्रमाण मिल रहा है।

दूसरे, इन सब स्वार्थपूर्ण विचारों को छोड़ देने पर भी हमारे पीछे निःस्वार्थ, महान् और सजीव दृष्टान्त पाये जाते हैं। भारत के पतन और दारिद्र्य-दुःख का प्रधान कारण यह है कि घोंघे की तरह अपना सर्वांग समेटकर उसने अपना कार्यक्षेत्र संकुचित कर लिया था तथा आर्येतर दूसरी मानव जातियों के लिए, जिन्हें सत्य की तृष्णा थी, अपने जीवनप्रद सत्य-रत्नों का भांडार नहीं खोला था। हमारे पतन का एक और प्रधान कारण यह भी है कि हम लोगों ने बाहर जाकर दूसरे राष्ट्रों से अपनी तुलना नहीं की; और तुम लोग जानते हो, जिस दिन से राजा राममोहन राय ने संकीर्णता की वह दीवार तोड़ी, उसी दिन से भारत में थोड़ा सा जीवन दिखायी देने लगा, जिसे आज तुम देख रहे हो। उसी दिन से भारत के इतिहास ने एक दूसरा मोड़ लिया और इस समय वह क्रमशः उन्नति के पथ पर अग्रसर हो रहा है। अतीत काल में यदि छोटी छोटी नदियाँ ही यहाँ वालों ने देखी हों तो समझना कि अब बहुत बड़ी बाढ़ आ रही है, और कोई भी उसकी गति रोक न सकेगा। अतः तुम्हें विदेश जाना होगा, आदान-प्रदान ही अभ्युदय का रहस्य है। क्या हम दूसरों से सदा लेते ही रहेंगे? क्या हम लोग सदा ही पश्चिमवासियों

पद-प्रान्त में बैठकर ही सब बातें, यहाँ तक कि धर्म भी सीखेंगे? हाँ, हम उन लोगों से कल-कारखाने के काम सीख सकते हैं, और भी दूसरी बहुत सी बातें उनसे सीख सकते हैं, परन्तु हमें भी उन्हें कुछ सिखाना होगा। और वह है हमारा धर्म, हमारी आध्यात्मिकता। संसार सर्वांगीण सभ्यता की अपेक्षा कर रहा है। शत शत शताब्दियों की अवनति, दुःख और दुर्भाग्य के आवर्त में पड़कर भी हिन्दू जाति उत्तराधिकार में प्राप्त धर्मरूपी जिन अमूल्य रत्नों को यत्नपूर्वक अपने हृदय से लगाये हुए है, उन्हीं रत्नों की आशा से संसार उसकी ओर आग्रहभरी दृष्टि से निहार रहा है। तुम्हारे पूर्वजों के उन्हीं अपूर्व रत्नों के लिए भारत से बाहर के मनुष्य किस तरह उद्ग्रीव हो रहे हैं, यह मैं तुम्हें कैसे समझाऊँ? यहाँ हम अनर्गल बकवास किया करते हैं, आपस में झगड़ते रहते हैं, श्रद्धा के जितने गंभीर विषय हैं उन्हें हँसकर उड़ा देते हैं, यहाँ तक कि इस समय प्रत्येक पवित्र वस्तु को हँसकर उड़ा देने की प्रवृत्ति एक जातीय दुर्गुण हो गयी है। इसी भारत में हमारे पूर्वज जो संजीवक अमृत रख गये हैं, उसका एक कण मात्र पाने के लिए भी भारत से बाहर के लाखों मनुष्य कितने आग्रह के साथ हाथ फैलाये हुए हैं, यह हमारी समझ में भला कैसे आ सकता है! इसलिए हमें भारत के बाहर जाना ही होगा। हमारी आध्यात्मिकता के बदले में वे जो कुछ दें, वही हमें लेना होगा। चैतन्यराज्य के अपूर्व तत्त्वसमूहों के बदले हम जड़ राज्य के अद्भुत तत्त्वों को प्राप्त करेंगे। चिर काल तक शिष्य रहने से हमारा काम न होगा, हमें आचार्य भी होना होगा। समभाव के न रहने पर मित्रता संभव नहीं। और जब एक पक्ष सदा ही आचार्य का आसन पाता रहता है और दूसरा पक्ष सदा ही उसके पदप्रान्त में बैठकर शिक्षा ग्रहण किया करता है, तब दोनों में कभी भी समभाव की स्थापना नहीं हो सकती। यदि अंग्रेज़ और अमरीकी जाति से समभाव रखने की तुम्हारी इच्छा हो, तो जिस तरह तुम्हें उनसे शिक्षा प्राप्त करनी है, उसी तरह उन्हें शिक्षा देनी भी होगी, और अब भी कितनी ही शताब्दियों तक संसार को शिक्षा देने की सामग्री तुम्हारे पास यथेष्ट है। इस समय यही करना होगा। उत्साह की आग हमारे हृदय में जलनी चाहिए। हम बंगालियों को कल्पना शक्ति के लिए प्रसिद्धि मिल चुकी है और मुझे विश्वास है कि यह शक्ति हममें है भी। कल्पनाप्रिय भावुक जाति कहकर हमारा उपहास भी किया गया है। परन्तु, मित्रो! मैं तुमसे कहना चाहूँगा कि निस्संदेह बुद्धि का आसन ऊँचा है, परन्तु यह अपनी परिमित सीमा के बाहर नहीं बढ़ सकती। हृदय—केवल हृदय के भीतर से ही दैवी प्रेरणा का स्फुरण होता है, और उसकी अनुभव शक्ति से ही उच्चतम जटिल रहस्यों की मीमांसा होती है, और इसीलिए 'भावुक' बंगालियों को ही यह काम करना होगा। **उत्तिष्ठत जाग्रत प्राप्य वरा**

त्तिबोधत। —'उठो, जागो, जब तक अभीप्सित वस्तु को प्राप्त नहीं कर लें तब तक बराबर उसकी ओर बढ़ते जाओ।'[१] कलकत्ता निवासी युवको! उठो जागो, शुभ मुहूर्त आ गया है। सब चीज़ें अपने आप तुम्हारे सामने खुलती जा रही हैं। हिम्मत करो और डरो मत। केवल हमारे ही शास्त्रों में ईश्वर के लिए 'अभी' विशेषण का प्रयोग किया गया है। हमें 'अभीः' निर्भय होना होगा, तभी हम अपने कार्य में सिद्धि प्राप्त करेंगे। उठो, जागो, तुम्हारी मातृभूमि को इस महाबलि की आवश्यकता है। इस कार्य की सिद्धि युवकों से ही हो सकेगी। 'युवा, आशिष्ठ, द्रढिष्ठ, बलिष्ठ, मेधावी',[२] उन्हींके लिए यह कार्य है। और ऐसे सैकड़ों—हज़ारों युवक कलकत्ते में हैं। जैसा कि तुम लोग कहते हो, यदि मैंने कुछ किया है, तो याद रखना, मैं वही एक नगण्य बालक हूँ जो किसी समय कलकत्ते की सड़कों पर खेला करता था। अगर मैंने इतना किया तो इससे कितना अधिक तुम कर सकोगे! उठो—जागो, संसार तुम्हें पुकार रहा है। भारत के अन्य भागों में बुद्धि है, धन भी है, परन्तु उत्साह की आग केवल हमारी ही जन्मभूमि में है उसे बाहर आना ही होगा, इसलिए कलकत्ते के युवको, अपने रक्त में उत्साह भरकर जागो। मत सोचो कि तुम ग़रीब हो, मत सोचो कि तुम्हारे मित्र नहीं हैं। अरे, क्या कभी तुमने देखा है कि रुपया मनुष्य का निर्माण करता है? नहीं मनुष्य ही सदा रुपये का निर्माण करता है। यह सम्पूर्ण संसार मनुष्य की शक्ति से, उत्साह की शक्ति से, विश्वास की शक्ति से निर्मित हुआ है।

तुममें से जिन लोगों ने उपनिषदों में सबसे अधिक सुन्दर कठोपनिषद् का अध्ययन किया है, उन्हें स्मरण होगा कि किस तरह वे राजा एक महायज्ञ का अनुष्ठान करने चले थे, और दक्षिणा में अच्छी अच्छी चीज़ें न देकर अनुपयोगी गायें और घोड़े दे रहे थे और कथा के अनुसार उसी समय उनके पुत्र नचिकेता के हृदय में श्रद्धा का आविर्भाव हुआ। मैं तुम्हारे लिए इस 'श्रद्धा' शब्द का अंग्रेज़ी अनुवाद न करूँगा, क्योंकि यह ग़लत होगा। समझने के लिए अर्थ की दृष्टि से यह एक अद्भुत शब्द है और बहुत कुछ तो इसके समझने पर निर्भर करता है। हम देखेंगे कि यह किस तरह शीघ्र ही फल देनेवाली है। श्रद्धा के आविर्भाव के साथ ही हम नचिकेता को आप ही आप इस तरह बातचीत करते हुए देखते हैं: 'मैं बहुतों से श्रेष्ठ हूँ, कुछ लोगों से छोटा भी हूँ, परन्तु कहीं भी ऐसा नहीं हूँ कि सबसे छोटा

---

१. कठोपनिषद् १।३।१४॥

२. युवा स्यात्साधुयुवाध्यायकः। आशिष्ठो द्रढिष्ठो बलिष्ठः। तस्येयं पृथिवी सर्वा वित्तस्य पूर्णा स्यात् ॥ तैत्तिरीयोपनिषद्॥२।८॥

होऊँ, अतः मैं भी कुछ कर सकता हूँ।' उसका यह आत्मविश्वास और साहस बढ़ता गया और जो समस्या उसके मन में थी, उस बालक ने उसे हल करना चाहा, —वह समस्या मृत्यु की समस्या थी। इसकी मीमांसा यम के घर जाने पर ही हो सकती थी, अतः वह बालक वहीं गया। निर्भीक नचिकेता यम के घर जाकर तीन दिन तक प्रतीक्षा करता रहा, और तुम जानते हो कि किस तरह उसने अपना अभीप्सित प्राप्त किया। हमें जिस चीज़ की आवश्यकता है, वह यह श्रद्धा ही है। दुर्भाग्यवश भारत से इसका प्रायः लोप हो गया है, और हमारी वर्तमान दुर्दशा का कारण भी यही है। एकमात्र इस श्रद्धा के भेद से ही मनुष्य मनुष्य में अन्तर पाया जाता है? इसका और दूसरा कारण नहीं। यह श्रद्धा ही है, जो एक मनुष्य को बड़ा और दूसरे को कमज़ोर और छोटा बनाती है। हमारे गुरुदेव कहा करते थे, जो अपने को दुर्बल सोचता है, वह दुर्बल ही हो जाता है, और यह बिल्कुल ठीक ही है। इस श्रद्धा को तुम्हें पाना ही होगा। पश्चिमी जातियों द्वारा प्राप्त की हुई जो भौतिक शक्ति तुम देख रहे हो, वह इस श्रद्धा का ही फल है, क्योंकि वे अपने दैहिक बल के विश्वासी हैं, और यदि तुम अपनी आत्मा पर विश्वास करो तो वह और कितना अधिक कारगर होगा? उस अनन्त आत्मा, उस अनन्त शक्ति पर विश्वास करो, तुम्हारे शास्त्र और तुम्हारे ऋषि एक स्वर से उसका प्रचार कर रहे हैं। वह आत्मा अनन्त शक्ति का आधार है, कोई उसका नाश नहीं कर सकता, उसकी वह अनन्त शक्ति प्रकट होने के लिए केवल आह्वान की प्रतीक्षा कर रही है। यहाँ दूसरे दर्शनों और भारत के दर्शनों में महान् अन्तर पाया जाता है। द्वैतवादी हो, चाहे विशिष्टद्वैतवादी या अद्वैतवादी हो, सभी को यह दृढ़ विश्वास है कि आत्मा में सम्पूर्ण शक्ति अवस्थित है; केवल उसे व्यक्त करना होता है। इसके लिए हमें श्रद्धा की ही ज़रूरत है; हमें, यहाँ जितने भी मनुष्य हैं, सभी को इसकी आवश्यकता है। इसी श्रद्धा को प्राप्त करने का महान् कार्य तुम्हारे सामने पड़ा हुआ है। हमारे जातीय ख़ून में एक प्रकार के भयानक रोग का बीज समा रहा है, और वह है प्रत्येक विषय को हँसकर उड़ा देना, गाम्भीर्य का अभाव, इस दोष का सम्पूर्ण रूप से त्याग करो। वीर बनो, श्रद्धा सम्पन्न होओ, और सब कुछ तो इसके बाद आ ही जायगा।

अब तक मैंने कुछ भी नहीं किया, यह कार्य तुम्हें करना होगा। अगर कल मैं मर जाऊँ तो इस कार्य का अन्त नहीं होगा। मुझे दृढ़ विश्वास है, सर्वसाधारण जनता के भीतर से हज़ारों मनुष्य आकर इस व्रत को ग्रहण करेंगे और इस कार्य की इतनी उन्नति तथा विस्तार करेंगे, जिसकी आशा मैंने कभी कल्पना में भी न की होगी। मुझे अपने देश पर विश्वास है—विशेषतः अपने देश के युवकों पर।

बंगाल के युवकों पर सबसे बड़ा भार है। इतना बड़ा भार किसी दूसरे प्रान्त के युवकों पर कभी नहीं आया। पिछले दस वर्षों तक मैंने सम्पूर्ण भारत का भ्रमण किया। इससे मेरी दृढ़ धारणा हो गयी है कि बंगाल के युवकों के भीतर से ही उस शक्ति का प्रकाश होगा, जो भारत को उसके आध्यात्मिक अधिकार पर फिर से प्रतिष्ठित करेगी। मैं निश्चयपूर्वक कहता हूँ, इन हृदयवान् उत्साही बंगाली युवकों के भीतर से ही सैकड़ों वीर उठेंगे, जो हमारे पूर्वजों द्वारा प्रचारित सनातन आध्यात्मिक सत्यों का प्रचार करने और शिक्षा देने के लिए संसार के एक छोर से दूसरे छोर तक भ्रमण करेंगे। और तुम्हारे सामने यही महान् कर्तव्य है। अतएव एक बार और तुम्हें उस **उत्तिष्ठत जाग्रत प्राप्य वरान्निबोधत** रूपी महान् आदर्श वाक्य का स्मरण दिलाकर मैं अपना वक्तव्य समाप्त करता हूँ। डरना नहीं, क्योंकि मनुष्य जाति के इतिहास में देखा जाता है कि जितनी शक्तियों का विकास हुआ है, सभी साधारण मनुष्यों के भीतर से ही हुआ है। संसार में बड़े बड़े जितने प्रतिभाशाली मनुष्य हुए हैं, सभी साधारण मनुष्यों के भीतर से ही हुए हैं, और इतिहास की घटनाओं की पुनरावृत्ति होगी ही। किसी बात से मत डरो। तुम अद्‌भुत कार्य करोगे। जिस क्षण तुम डर जाओगे, उसी क्षण तुम बिल्कुल शक्ति-हीन हो जाओगे। संसार में दुःख का मुख्य कारण भय ही है, यही सबसे बड़ा कुसंस्कार है, यह भय हमारे दुःखों का कारण है, और यह निर्भीकता है जिससे क्षण भर में स्वर्ग प्राप्त होता है। अतएव, **उत्तिष्ठत जाग्रत प्राप्य वरान्निबोधत।**

महानुभावो, मेरे प्रति आप लोगों ने जो अनुग्रह प्रकट किया है, उसके लिए आप लोगों को मैं फिर से धन्यवाद देता हूँ। मैं आप लोगों से इतना ही कह सकता हूँ कि मेरी इच्छा, मेरी प्रबल और आन्तरिक इच्छा यह है कि मैं संसार की, और सर्वोपरि अपने देश और देशवासियों की थोड़ी सी भी सेवा कर सकूँ।

सर्वाङ्ग वेदान्त

[स्टार थिएटर, कलकत्ता में दिया हुआ भाषण]

स्वामी जी का भाषण

बहुत दूर—जहाँ न तो लिपिबद्ध इतिहास और न परम्पराओं का मन्द प्रकाश ही प्रवेश कर पाता है, अनन्त काल से वह स्थिर उजाला हो रहा है, जो बाह्य परिस्थितिवश कभी तो कुछ धीमा पड़ जाता है और कभी अत्यन्त उज्ज्वल, किन्तु वह सदा शाश्वत और स्थिर रहकर अपना पवित्र प्रकाश केवल भारत में ही नहीं, बल्कि सम्पूर्ण विचार-जगत् में अपनी मौन अननुभाव्य, शान्त फिर भी सर्वसक्षम शक्ति से उसी प्रकार भरता रहा है, जिस प्रकार प्रातःकाल के शिशिरकण लोगों की दृष्टि बचाकर चुपचाप गुलाब की सुन्दर कलियों को खिला देते हैं—यह प्रकाश उपनिषदों के तत्त्वों का, वेदान्त दर्शन का रहा है। कोई नहीं जानता कि इसका पहले पहल भारतभूमि में कब उद्भव हुआ। इसका निर्णय अनुमान के बल से कभी नहीं हो सका। विशेषतः, इस विषय के पश्चिमी लेखकों के अनुमान एक दूसरे के इतने विरोधी हैं कि उनकी सहायता से इन उपनिषदों के समय का निश्चय नहीं किया जा सकता। हम हिन्दू आध्यात्मिक दृष्टि से उनकी उत्पत्ति नहीं स्वीकार करते। मैं बिना किसी संकोच के कहता हूँ कि यह वेदान्त, उपनिषद्-प्रतिपाद्य दर्शन अध्यात्म राज्य का प्रथम और अन्तिम विचार है, जो मनुष्य को अनुग्रह के रूप में प्राप्त हुआ है।

इस वेदान्तरूपी महासमुद्र से ज्ञान की प्रकाश-तरंगें उठ उठकर समय समय पर पश्चिम और पूर्व की ओर फैलती रही हैं। पुराकाल में वे पश्चिम में प्रवाहित हुईं और एथेन्स, सिकन्दरिया और अन्तियोक जाकर उन्होंने यूनानवालों के विचारों को बल प्रदान किया। इसमें कोई सन्देह नहीं कि प्राचीन यूनानवालों पर सांख्य दर्शन की विशेष छाप पड़ी थी। और सांख्य तथा भारत के अन्यान्य सब दार्शनिक मत, उपनिषद् या वेदान्त पर ही प्रतिष्ठित हैं। भारत में भी प्राचीन काल में और आज भी कितने ही विरोधी सम्प्रदायों के रहने पर भी सभी उपनिषद् या वेदान्त रूप एकमात्र प्रमाण पर ही अधिष्ठित हैं। तुम द्वैतवादी हो, चाहे विशिष्टा-द्वैतवादी, शुद्धाद्वैतवादी हो, चाहे अद्वैतवादी अथवा चाहे और जिस प्रकार के अद्वैत-

वादी या द्वैतवादी हो, या तुम अपने को चाहे जिस नाम से पुकारो, तुम्हें अपने शास्त्र, उपनिषदों का प्रामाण्य स्वीकार करना ही होगा। यदि भारत का कोई सम्प्रदाय उपनिषदों का प्रामाण्य न माने तो वह 'सनातन' मत का अनुयायी नहीं कहा जा सकता। और जैनों-बौद्धों के मत भी उपनिषदों का प्रमाण न स्वीकार करने के कारण ही भारतभूमि से हटा दिये गये थे। इसलिए चाहे हम जानें या न जानें, वेदान्त भारत के सब सम्प्रदायों में प्रविष्ट है और हम जिसे हिन्दू धर्म कहते हैं—यह अनगिनती शाखाओंवाला महान् वट वृक्ष के समान हिन्दू धर्म—वेदान्त के ही प्रभाव से खड़ा है। चाहे हम जानें, चाहे न जानें, परन्तु हम वेदान्त का ही विचार करते हैं, वेदान्त ही हमारा जीवन है, वेदान्त ही हमारी साँस है, मृत्यु तक हम वेदान्त ही के उपासक हैं, और प्रत्येक हिन्दू का यही हाल है। अतः भारत-भूमि में भारतीय श्रोताओं के सामने वेदान्त का प्रचार करना मानो एक असंगति है। परन्तु यदि किसी का प्रचार करना है तो वह इसी वेदान्त का, विशेषतः इस युग में इसका प्रचार अत्यन्त आवश्यक हो गया है। क्योंकि हमने तुमसे अभी अभी कहा है कि भारत के सब सम्प्रदायों को उपनिषदों का प्रामाण्य मानकर चलना चाहिए, परन्तु इन सब सम्प्रदायों में हमें ऊपर ऊपर अनेक विरोध देखने को मिलते हैं। बहुत बार प्राचीन बड़े बड़े ऋषि भी उपनिषदों में निहित अपूर्व समन्वय को नहीं समझ सके। बहुधा मुनियों ने भी आपस के मतभेद के कारण विवाद किया है। यह मतविरोध किसी समय इतना बढ़ गया था कि यह एक कहावत हो गयी थी कि जिसका मत दूसरे से भिन्न न हो, वह मुनि ही नहीं—**नासो मुनिर्यस्य मतं न भिन्नम्।** परन्तु अब ऐसा विरोध नहीं चल सकता। अब उपनिषदों के मंत्रों में गूढ़ रूप से जो समन्वय छिपा हुआ है, उसकी विशद व्याख्या और प्रचार की आवश्यकता सभी के लिए आन पड़ी है, फिर चाहे कोई द्वैतवादी हो, विशिष्टाद्वैतवादी हो या अद्वैतवादी, उसे संसार के सामने स्पष्ट रूप से रखना चाहिए। और यह काम सिर्फ़ भारत में ही नहीं, उसके बाहर भी होना चाहिए। मुझे ईश्वर की कृपा से इस प्रकार के एक महापुरुष के पैरों तले बैठकर शिक्षा ग्रहण करने का महासौभाग्य मिला था, जिनका सम्पूर्ण जीवन ही उपनिषदों का महासमन्वयस्वरूप था—जिनका जीवन उनके उपदेशों की अपेक्षा हज़ार गुना बढ़कर उपनिषदों का जीवन्त भाष्य-स्वरूप था। उन्हें देखने पर मालूम होता था, मानों उपनिषद् के भाव वास्तव में मानवरूप धारण करके प्रकट हुए हों। उस समन्वय का कुछ अंश शायद मुझे भी मिला है। मैं नहीं जानता कि इसको प्रकट करने में मैं समर्थ हो सकूँगा या नहीं। परन्तु मेरा प्रयत्न यही है। अपने जीवन में मैं यह दिखाने की कोशिश करूँगा कि वैदान्तिक सम्प्रदाय एक दूसरे के विरोधी नहीं, वे एक दूसरे के अवश्यम्भावी

परिणाम हैं, एक दूसरे के पूरक हैं, वे एक से दूसरे पर चढ़ने के सोपान हैं, जब तक के वह अद्वैत—**तत्त्वमसि**—लक्ष्य प्राप्त न हो जाय।

भारत में एक वह समय था जब कर्मकांड का बोलबाला था। वेदों के इस अंश में अनेक ऊँचे आदर्श हैं, इसमें कोई सन्देह नहीं। हमारी वर्तमान नित्य पूजाओं में से कुछ यद्यपि अभी भी वैदिक कर्मकांड के अनुसार ही की जाती हैं, इतना होते हुए भी भारत में वैदिक कर्मकांड का प्रायः लोप हो गया है। अब हमारा जीवन वेदों के कर्मकांड के अनुसार बहुत ही कम नियमित और अनुशासित होता है। अपने दैनिक जीवन में हम प्रायः पौराणिक अथवा तांत्रिक हैं, यहाँ तक कि जहाँ कहीं भारत के ब्राह्मण वैदिक मंत्रों को काम में लाते हैं, वहाँ अधिकांशतः उनका विचार वेदों के अनुसार नहीं, किन्तु तंत्रों या पुराणों के अनुसार होता है। अतएव वेदों के कर्मकांड के विचार से अपने को वैदिक बताना हमारी समझ में युक्तिपूर्ण नहीं जँचता, परन्तु यह असंदिग्ध है कि हम सभी वेदान्ती हैं। जो लोग अपने को हिन्दू कहते हैं, अच्छा होता यदि वे अपने को वेदान्ती कहते। और जैसा कि हमने तुम्हें पहले ही बतलाया है कि उसी वेदान्ती नाम के भीतर सब सम्प्रदाय—द्वैतवादी हों, चाहे अद्वैतवादी—आ जाते हैं।

वर्तमान समय में भारत में जितने सम्प्रदाय हैं, उनके मुख्यतः दो भाग किये जा सकते हैं—द्वैतवादी और अद्वैतवादी। इनमें से कुछ सम्प्रदाय जिन छोटे छोटे मतभेदों पर अधिक बल देते हैं और जिनकी सहायता से वे विशुद्धाद्वैतवादी और विशिष्टाद्वैतवादी आदि नये नये नाम लेना चाहते हैं, उनसे विशेष कुछ बनता बिगड़ता नहीं। उन्हें या तो द्वैतवादियों की श्रेणी में शामिल किया जा सकता है अथवा अद्वैतवादियों की श्रेणी में। और जो सम्प्रदाय वर्तमान समय के हैं, उनमें से कुछ तो बिल्कुल नये हैं और दूसरे पुराने सम्प्रदायों के नवीन संस्करण जान पड़ते हैं। पहली श्रेणी के प्रतिनिधि स्वरूप मैं रामानुजाचार्य का जीवन और दर्शन प्रस्तुत करूँगा और दूसरी के प्रतिनिधि रूप में शंकराचार्य का जीवन और दर्शन।

रामानुज उत्तरकालीन भारत के प्रधान द्वैतवादी दार्शनिक हैं। अन्य द्वैतवादियों ने प्रत्यक्षतः या परोक्षतः अपने तत्त्व-प्रचार में और अपने सम्प्रदायों के संगठन में, यहाँ तक कि अपने संगठन की छोटी छोटी बातों में भी उन्हींका अनुसरण किया है। रामानुज और उनके प्रचार-कार्य के साथ भारत के दूसरे द्वैतवादी वैष्णव सम्प्रदायों की तुलना करो तो आश्चर्य होगा, कि उनके आपस के उपदेशों, साधना-प्रणालियों और साम्प्रदायिक नियमों में बड़ा सादृश्य है। अन्यान्य वैष्णवाचार्यों में दाक्षिणात्य आचार्य मध्व मुनि और उनके बाद हमारे बंगदेश के महाप्रभु श्री चैतन्य का नाम उल्लेख योग्य है, जिन्होंने मध्वाचार्य के दर्शन का बंगाल

में प्रचार किया था। दक्षिण में कई सम्प्रदाय और हैं, जैसे विशिष्टाद्वैतवादी शैव। शैव प्रायः अद्वैतवादी होते हैं। सिंहल और दक्षिण के कुछ स्थानों को छोड़कर भारत में सर्वत्र शैव अद्वैतवादी हैं। विशिष्टाद्वैतवादी शैवों ने 'विष्णु' नाम की जगह सिर्फ़ 'शिव' नाम बैठाया है और आत्मा विषयक सिद्धान्त को छोड़ अन्यान्य सब विषयों में रामानुज के ही मत को ग्रहण किया है। रामानुज के अनुयायी आत्मा को अणु अर्थात् अत्यन्त छोटा कहते हैं, परन्तु शंकराचार्य के मतानुयायी उसे विभु अर्थात् सर्वव्यापी स्वीकार करते हैं। प्राचीन काल में अद्वैत मत के कई सम्प्रदाय थे। ऐसा लगता है कि प्राचीन समय में ऐसे अनेक सम्प्रदाय थे, जिन्हें शंकराचार्य के सम्प्रदाय ने पूर्णतया आत्मसात् कर अपने में मिला लिया था। वेदान्त के किसी किसी भाष्य में, विशेषतः विज्ञानभिक्षु के भाष्य में शंकर पर बीच बीच में कटाक्ष किया गया दिखायी देता है। विज्ञानभिक्षु यद्यपि अद्वैतवादी थे, फिर भी उन्होंने शंकर के मायावाद को उड़ा देने की कोशिश की थी। अतः साफ़ जान पड़ता है कि ऐसे अनेक सम्प्रदाय थे जिनका मायावाद पर विश्वास न था, यहाँ तक कि उन्होंने शंकर को 'प्रच्छन्न बौद्ध' कहने में भी संकोच नहीं किया। उनकी यह धारणा थी कि मायावाद को बौद्धों से लेकर शंकर ने वेदान्त के भीतर रखा है। जो कुछ भी हो, वर्तमान समय में सभी अद्वैतवादी शंकराचार्य के अनुगामी हैं; और शंकराचार्य तथा उनके शिष्य उत्तर भारत और दक्षिण भारत, दोनों क्षेत्रों में अद्वैतवाद के विशेष प्रचारक रहे हैं। शंकराचार्य का प्रभाव हमारे बंगाल में और पंजाब तथा काश्मीर में ज़्यादा नहीं फैला; परन्तु दक्षिण के सभी स्मार्त शंकराचार्य के अनुयायी हैं, और वाराणसी अद्वैतवाद का एक केन्द्र होने के कारण उत्तर भारत के अनेक स्थानों में उनका प्रभाव बहुत ज़्यादा है।

परन्तु मौलिक तत्त्व के आविष्कार करने का दावा न शंकराचार्य ने किया है और न रामानुज ने। रामानुज ने तो साफ़ कहा है कि हमने बोधायन के भाष्य का अनुसरण करके तदनुसार ही वेदान्त सूत्रों की व्याख्या की है। **भगवद्बोधायनकृतां विस्तीर्णां ब्रह्मसूत्रवृत्तिं पूर्वाचार्याः संचिक्षिपुः तन्मतानुसारेण सूत्राक्षराणि व्याख्यास्यन्ते**।—'भगवान् बोधायन ने ब्रह्मसूत्र पर विस्तारपूर्वक भाष्य लिखा था, जिसे पूर्व आचार्यों ने संक्षिप्त कर दिया। उनके मतानुसार मैं सूत्र के शब्दों की व्याख्या कर रहा हूँ।' अपने 'श्री भाष्य' के आरम्भ में ही रामानुज ने ये बातें लिख दी हैं। उन्होंने बोधायनकृत ब्रह्मसूत्र भाष्य को लिया और उसे संक्षिप्त कर दिया और वही संक्षिप्त रूप आजकल हमें उपलब्ध है। बोधायन भाष्य देखने का अवसर मुझे कभी नहीं मिला। उसे अभी तक देख नहीं सका हूँ। पर-

लोकगत स्वामी दयानन्द सरस्वती व्याससूत्रों के बोधायन भाष्य के सिवा अन्य सभी भाष्यों को अस्वीकार कर देना चाहते थे, और यद्यपि वे अवसर मिलने पर रामानुज के ऊपर कटाक्ष किये बिना न रहते थे, वे भी कभी बोधायन भाष्य को सर्वसाधारण के सामने नहीं रख सके। परन्तु रामानुज ने स्पष्टतः कहा है कि बोधायन के विचार, और कहीं कहीं तो उसके अंश तक, लेकर हमने अपने वेदान्त-भाष्य की रचना की है। यह अनुमान किया जा सकता है कि शंकाराचार्य ने भी प्राचीन भाष्यकारों के ग्रंथों का अवलम्बन कर अपने भाष्य का प्रणयन किया होगा। उनके भाष्य में कई जगह प्राचीन भाष्यों के नाम आये हैं। और जब कि उनके गुरु और गुरु के गुरु स्वयं उन्हींके जैसे एक ही अद्वैत मत के प्रवर्तक और वेदान्ती थे—और कभी कभी किसी विषय में वे शंकर की अपेक्षा अद्वैत तत्त्व के प्रकाशन में अधिक अग्रसर एवं साहसी थे—तब यह साफ़ समझ में आ जाता है कि शंकर ने भी किसी नये भाव तत्त्व का प्रचार नहीं किया। रामानुज ने जिस प्रकार बोधायन भाष्य के सहारे अपना भाष्य लिखा था, अपनी भाष्य-रचना में शंकर ने भी वैसा ही किया। परन्तु अभी तक यह निर्णय नहीं किया जा सका है कि शंकर ने किस भाष्य को आधार मानकर भाष्य लिखा।

जिन दर्शनों को तुमने पढ़ा है या जिनके नाम सुने हैं, वे सब के सब उपनिषद् के प्रमाण पर आधारित हैं। जब भी उन्होंने श्रुति की दुहाई दी है, तब उपनिषदों को ही लक्ष्य किया है। जब वे श्रुति को उद्धृत करते हैं, उनका मतलब उपनिषदों से रहता है। भारत में उपनिषदों के बाद अन्य कई दर्शनों का जन्म हुआ, परन्तु व्यास द्वारा लिखे गये वेदान्त दर्शन की तरह किसी दूसरे दर्शन की प्रतिष्ठा भारत में नहीं हो सकी। पर वेदान्त दर्शन भी प्राचीन सांख्य दर्शन का ही विकसित रूप है। और सारे भारत के, यहाँ तक कि सारे संसार के सभी दर्शन और सभी मत कपिल के विशेष रूप से ऋणी हैं। मनस्तात्त्विक और दार्शनिक विषयों का कपिल जैसा महान् व्याख्याता भारत के इतिहास में शायद ही दूसरा हुआ हो। संसार में सर्वत्र ही कपिल का प्रभाव दीख पड़ता है। जहाँ कोई मान्यताप्राप्त दार्शनिक मत विद्यमान है, वहीं उनका प्रभाव खोजा जा सकता है। वह हज़ार वर्ष पहले का चाहे भले ही हो, किन्तु वहाँ वे ही कपिल—वे ही तेजस्वी, गौरवयुक्त, अपूर्व प्रतिभाशाली कपिल दृष्टिगोचर होते हैं। उनके मनस्तत्त्व और दर्शन के अधिकांश को थोड़ा सा फेर-फार करके भारत के भिन्न भिन्न सभी सम्प्रदायों ने ग्रहण किया है। हमारी जन्मभूमि बंगाल के नैयायिक भारत के दार्शनिक क्षेत्र में विशष प्रभाव फैलाने में समर्थ नहीं हो सके। वे सामान्य, विशेष, जाति, द्रव्य, गुण आदि बोझिल पारिभाषिक क्षुद्र शब्दों में उलझ गये, जिन्हें कोई अच्छी तरह समझना

चाहे तो सारी उम्र बीत जाय। वे दर्शनालोचन का भार वेदान्तियों पर छोड़कर स्वयं 'न्याय' लेकर बैठे। परन्तु आधुनिक काल में भारत के सभी दार्शनिक सम्प्रदायों ने बंग देश के नैयायिकों की तर्क सम्बन्धी पारिभाषिक शब्दावली ग्रहण की हैं। जगदीश, गदाधर और शिरोमणि के नाम मलाबार देश में कहीं कहीं उसी प्रकार प्रसिद्ध हैं, जिस प्रकार नदिया में। किन्तु व्यास का दर्शन, वेदान्तसूत्र भारत में सब जगह दृढ़प्रतिष्ठ है, और दर्शन में वेदान्त-प्रतिपाद्य ब्रह्म को (युक्तिपूर्ण ढंग से) मनुष्य के लिए व्यक्त करने का उसका जो उद्देश्य रहा है, उसे साधित करके उसने स्थायित्व लाभ किया। इस वेदान्त दर्शन में युक्ति को पूर्णतया श्रुति के अधीन रखा गया है, शंकराचार्य ने भी एक जगह घोषित किया है कि व्यास ने युक्ति-विचार का यत्न नहीं किया। उनके सूत्रप्रणयन का एकमात्र उद्देश्य यह था कि वेदान्त मंत्ररूपी पुष्पों को एक ही सूत्र में गूँथकर एक माला तैयार करें। उनके सूत्र वहीं तक मान्य हैं, जहाँ तक वे उपनिषदों के अधीन हैं, इसके आगे नहीं।

इस समय भारत के सभी सम्प्रदाय व्याससूत्रों को प्रामाणिक ग्रन्थों में श्रेष्ठ स्वीकार करते हैं। और जब यहाँ कोई नवीन सम्प्रदाय प्रारम्भ होता है तो वह व्याससूत्रों पर अपने ज्ञानानुकूल नया भाष्य लिखकर अपनी जड़ जमाता है। कभी कभी इन भाष्यकारों के मत में बहुत फ़र्क़ आता दीख पड़ता है। कभी कभी तो मूल सूत्रों की अर्थविकृति देखकर जी ऊब जाता है। अस्तु। व्याससूत्रों को इस समय भारत में सबसे अच्छे प्रमाण ग्रन्थ का आसन मिल गया है और व्याससूत्रों पर एक नया भाष्य बिना लिखे भारत में कोई सम्प्रदाय संस्थापन की आशा नहीं कर सकता।

व्याससूत्रों के बाद ही विश्वप्रसिद्ध गीता का प्रामाण्य है। शंकराचार्य का गौरव गीता के प्रचार से ही बढ़ा। इस महापुरुष ने अपने महान् जीवन में जो बड़े बड़े कर्म किये, गीता का प्रचार और उसकी एक सुन्दर भाष्य-रचना भी उन्हींमें है। और भारत के सनातनमार्गी सम्प्रदाय-संस्थापकों में से हर एक ने उनका अनुगमन किया और तदनुसार गीता पर एक एक भाष्य की रचना की।

उपनिषद् अनेक हैं। कोई कोई यह कहते हैं कि उनकी संख्या एक सौ आठ है और कोई कोई और भी अधिक कहते हैं। उनमें से कुछ स्पष्ट ही आधुनिक हैं, यथा अल्लोपनिषद्। उसमें अल्लाह की स्तुति है और मुहम्मद को रसूलल्ला कहा गया है। मैंने सुना है कि यह अकबर के राज्यकाल में हिन्दू और मुसलमानों में मेल कराने के लिए रचा गया था। कभी कभी संहिता विभाग में अल्ला, इल्ला जैसे किसी शब्द को बरबस ग्रहण कर, उसके आधार पर उपनिषद् रच लिया

या है। इस प्रकार इस अल्लोपनिषद् में मुहम्मद रसूलल्ला हुए। इसका तात्पर्य ाहे जो कुछ हो, किन्तु इस प्रकार के और भी अनेक साम्प्रदायिक उपनिषद् हैं। ह स्पष्ट समझ में आ जाता है कि वे बिल्कुल आधुनिक हैं और उपनिषदों की सी रचना बहुत कठिन भी नहीं थी, क्योंकि वेदों के संहिता भाग की भाषा इतनी रानी है कि उसमें व्याकरण के नियम नहीं माने गये। कई साल हुए, वैदिक याकरण पढ़ने की मेरी इच्छा हुई और मैंने बड़े आग्रह से पाणिनि और महाभाष्य ढ़ना आरम्भ किया। परन्तु मुझे बड़ा आश्चर्य हुआ, जब मैंने देखा कि वैदिक याकरण के प्रधान भाग केवल साधारण नियमों के अपवाद ही हैं। व्याकरण ं एक साधारण विधान माना गया, परन्तु इसके बाद ही यह बतलाया गया कि दों में यह नियम अपवादस्वरूप होगा। अतः हम देखते हैं कि बचाव के लिए ास्क की निरुक्ति का उपयोग कर कोई भी मनुष्य चाहे जो कुछ लिखकर बड़ी आसानी से उसे वेद कहकर प्रचार कर सकता है। साथ ही इसके अधिकांश भाग में बहुसंख्यक पर्याय शब्द रखे गये हैं। जहाँ इतने सुभीते हैं, वहाँ तुम जितना चाहो उपनिषद् लिख सकते हो। यदि संस्कृत का कुछ ज्ञान हो तो प्राचीन वैदिक शब्दों की तरह कुछ शब्द गढ़ लेने ही से काम हो जायगा, व्याकरण का तो कुछ भय रहा ही नहीं। फिर तो रसूलल्ला हो, चाहे जो सुल्ला हो, उसे अपने ग्रन्थ में तुम अनायास रख सकते हो। इस प्रकार अनेक उपनिषदों की रचना हो गयी है और सुनते हैं कि अब भी होती है। मैं अच्छी तरह जानता हूँ कि भारत के कुछ भागों में भिन्न भिन्न सम्प्रदायों के लोग अब भी ऐसे उपनिषदों का प्रणयन करते हैं, परन्तु इन उपनिषदों में कुछ ऐसे हैं, जो स्पष्टतः अपनी प्रामाणिकता की गवाही देते हैं, और इन्हींको शंकर, बाद में रामानुज और दूसरे बड़े बड़े भाष्यकारों ने स्वीकार किया है तथा इनका भाष्य किया है।

उपनिषदों के और भी दो एक तत्त्वों की ओर मैं तुम्हारा ध्यान आकर्षित करना चाहता हूँ, क्योंकि ये उपनिषद् ज्ञानसमुद्र हैं और मुझ जैसा अयोग्य मनुष्य यदि उनके सम्पूर्ण तत्त्वों की व्याख्या करना चाहे तो वर्षों बीत जायँगे, एक व्याख्यान में कुछ न होगा। अतएव उपनिषदों के अध्ययन के प्रसंग में मेरे मन में जो दो एक बातें आयी हैं, उनकी ओर तुम्हारा ध्यान दिलाना चाहता हूँ। पहले तो संसार में इनकी तरह अपूर्व काव्य और नहीं हैं। वेदों के संहिता भाग को पढ़ते समय उसमें भी जगह जगह अपूर्व काव्य-सौन्दर्य का परिचय मिलता है। उदाहरण के लिए ऋग्वेद संहिता के नासदीय सूक्तों को पढ़ो। उसमें प्रलय के गम्भीर अन्धकार के वर्णन में है—**तम आसीत् तमसा गूढमग्रे** इत्यादि—'जब अन्धकार से अन्धकार ढँका हुआ था।' इसके पाठ ही से यह जान पड़ता है कि कवित्व का अपूर्व गाम्भीर्य

इसमें भरा है। तुमने क्या इस ओर दृष्टि डाली है कि भारत के बाहर के देश में तथा भारत में भी गम्भीर भावों के चित्र खींचने के अनेक प्रयत्न किये गये हैं भारत के बाहरी देशों में यह प्रयत्न सदा जड़ प्रकृति के अनन्त भावों के वर्णन ही हुआ है—केवल अनन्त बहिःप्रकृति, अनन्त जड़, अनन्त देश का वर्णन हुआ है। जब भी मिल्टन या दाँते या किसी दूसरे प्राचीन अथवा आधुनिक यूरोपीय बड़े कवि ने अनन्त के चित्र खींचने की कोशिश की है, तभी उन्होंने कवित्व-पंख के सहारे अपने बाहर दूर आकाश में विचरते हुए, बाह्य अनन्त प्रकृति का कुछ कुछ आभास देने की चेष्टा की है। यह चेष्टा यहाँ भी हुई है। बाह्य प्रकृति का अनन्त विस्तार जिस प्रकार वेद संहिता में चित्रित होकर पाठकों के सामने रखा गया है, वैसा अन्यत्र कहीं भी देखने को नहीं मिलता। संहिता के इस 'तम आसीत् तमसा गूढम्' वाक्य को याद रखकर तीन भिन्न भिन्न कवियों के अन्धकार वर्णन के साथ इसकी तुलना करके देखो। हमारे कालिदास ने कहा है—'सूचीभेद्य अन्धकार', उधर मिल्टन कहते हैं. . .'उजाला नहीं है, दृश्यमान अन्धकार है।' परन्तु ऋग्वेद संहिता में है—'अन्धकार से अन्धकार ढँका हुआ है, अन्धकार के भीतर अन्धकार छिपा हुआ है।' हम उष्ण कटिबन्ध के रहनेवाले सहज ही में समझ सकते हैं कि जब सहसा नवीन वर्षागम होता है, तब सम्पूर्ण दिङमंडल अन्धकाराच्छन्न हो जाता है और उमड़ती हुई काली घटाएँ दूसरे बादलों को घेर लेती हैं। इसी प्रकार कविता चलती है, परन्तु संहिता के इस अंश में भी बाहरी प्रकृति का वर्णन किया गया है। बाहरी प्रकृति का विश्लेषण करके मानव-जीवन की महान् समस्याएँ अन्यत्र जैसे हल की गयी हैं, वैसे ही यहाँ भी। जिस प्रकार प्राचीन यूनान अथवा आधुनिक यूरोप जीवन-समस्या का समाधान पाने के लिए तथा जगत्कारण सम्बन्धी पारमार्थिक तत्त्वों की खोज के लिए बाह्य प्रकृति के अन्वेषण में संलग्न हुए, उसी प्रकार हमारे पूर्वजों ने भी किया, और पाश्चात्यों के समान वे भी असफल हुए। परन्तु पश्चिमी जातियों ने इस विषय में और कोई प्रयत्न नहीं किया, जहाँ वे थीं, वहीं पड़ी रहीं। बहिर्जगत् में जीवन और मृत्यु की महान् समस्याओं के समाधान में व्यर्थ प्रयास होने पर वे आगे नहीं बढ़ीं। हमारे पूर्वजों ने भी इसे असम्भव समझा था, परन्तु उन्होंने इस समाधान की प्राप्ति में इन्द्रियों की पूरी अक्षमता संसार के सामने निर्भय होकर घोषित की। उपनिषद से अच्छा उत्तर कहीं नहीं मिलेगा।

यतो वाचो निवर्तन्ते अप्राप्य मनसा सह।

'मन के साथ वाणी जिसे न पाकर जहाँ से लौट आती है।'

न तत्र चक्षुर्गच्छति न वाग्गच्छति नो मनः।

'वहाँ न आँखों की पहुँच है, न वाणी की।'

ऐसे अनेक वाक्य हैं, जिन्होंने इन्द्रियों को इस महासमस्या के समाधान के लिए सर्वथा अक्षम बताया है, किन्तु वे पूर्वज इतना ही कहकर रुक नहीं गये। ाह्य प्रकृति से लौटकर वे मनुष्य की अन्तःप्रकृति की ओर प्रवृत्त हुए। इस श्न का उत्तर पाने के लिए वे स्वयं अपनी आत्मा के निकट गये, वे अन्तर्मुख हुए। समझ गये थे कि प्राणहीन जड़ से कभी सत्य की प्राप्ति न होगी। उन्होंने देखा के बहिःप्रकृति से प्रश्न करने पर कोई उत्तर नहीं मिलता, न उससे कोई आशा की जा सकती है, अतएव बाहर सत्य की खोज की चेष्टा वृथा जानकर बहिःप्रकृति का त्याग करके वे उसी ज्योतिर्मय जीवात्मा की ओर मुड़े और वहाँ उन्हें उत्तर भी मिला: **तमेवैकं जानथ आत्मानं अन्या वाचो विमुंचथ।**—'एकमात्र उसी आत्मा का ज्ञान प्राप्त करो और दूसरे वृथा वाक्य छोड़ो।' उन्होंने आत्मा में ही ारी समस्याओं का समाधान पाया। वहीं उन्होंने विश्वेश्वर परमात्मा को जाना और जीवात्मा के साथ उसका सम्बन्ध, उसके प्रति हमारा कर्तव्य और उसके आधार पर हमारा पारस्परिक सम्बन्ध—आदि ज्ञान प्राप्त किया। और इस आत्मतत्त्व के वर्णन के सदृश उदात्त संसार में और दूसरी कविता नहीं है। जड़ के र्णन की भाषा में इस आत्मा को चित्रित करने की चेष्टा न रही, यहाँ तक कि आत्मा के वर्णन में उन्होंने गुणों का निर्देश करना बिल्कुल छोड़ दिया। तब अनन्त की धारणा के लिए इन्द्रियों की सहायता की आवश्यकता नहीं रही। बाह्य इन्द्रिय-ाह्य, अचेतन, मृत, जड़ स्वभाव, अवकाशरूपी अनन्त का वर्णन लुप्त हो गया। रन् इसके स्थान पर आत्मतत्त्व का ऐसा वर्णन मिलता है, जो इतना सूक्ष्म है, सा कि इस कथन में निर्दिष्ट है:

न तत्र सूर्यो भाति न चन्द्रतारकं नेमा विद्युतो भान्ति कुतोऽयमग्निः।
तमेव भान्तमनुभाति सर्वं तस्यभासा सर्वमिदं विभाति॥[1]

संसार में और कौन सी कविता इसकी अपेक्षा अधिक उदात्त होगी? 'वहाँ न सूर्य का प्रकाश है, न चन्द्रतारकाओं का, यह बिजली उसे प्रकाशित नहीं कर सकती, ो मृत्युलोक की इस अग्नि की बात ही क्या? उसीके प्रकाश से सब कुछ प्रकाशित होता है।'

ऐसी कविता तुमको कहीं नहीं मिल सकती और कहीं न पाओगे। उस अपूर्व कठोपनिषद् को लो। इस काव्य का रचना-चमत्कार कैसा सर्वांग सुन्दर है। किस

---

१. **मुंडकोपनिषद्** ॥२।२।१७॥

मनोहर रीति से यह आरम्भ किया गया है! उस छोटे से बालक नचिकेता के हृदय में श्रद्धा का आविर्भाव, उसकी यमदर्शन की अभिलाषा और सबसे बड़े आश्चर्य की बात तो यह है कि यम स्वयं उसे जीवन और मृत्यु का महान् पाठ पढ़ा रहे हैं। और वह बालक उनसे क्या जानना चाहता है?—मृत्यु-रहस्य।

उपनिषदों के सम्बन्ध की जिस दूसरी बात पर तुम्हें ध्यान देना चाहिए, वह है उनका अपौरुषेयत्व। यद्यपि उनमें हमें अनेक आचार्यों और वक्ताओं के नाम मिलते हैं, पर उनमें से एक भी उपनिषदों के प्रमाणस्वरूप नहीं गिने जाते। उपनिषदों का एक भी मंत्र उनमें से किसीके जीवन के ऊपर निर्भर नहीं है। ये सब आचार्य और वक्ता मानो छायामूर्ति की भाँति रंगमंच के पीछे अवस्थित हैं। उन्हें मानो कोई स्पष्टतया नहीं देख पाता, उनकी सत्ता मानो साफ़ समझ में नहीं आती। यथार्थ शक्ति उपनिषदों के उन अपूर्व महिमामय, ज्योतिर्मय, तेजोमय मंत्रों के भीतर निहित है, जो बिल्कुल व्यक्तिनिरपेक्ष हैं। बीसियों याज्ञवल्क्य आयें रहें और चले जायँ इससे कोई हानि नहीं, मंत्र तो बने ही रहेंगे। किन्तु फिर भी वे क़िसी व्यक्तिविशेष के विरोधी नहीं हैं। वे इतने विशाल और उदार हैं कि संसार में अब तक जितने महापुरुष या आचार्य पैदा हुए और भविष्य में जितने आयेंगे, उन सबको समाहित कर सकते हैं। उपनिषद् अवतारों या महापुरुषों की उपासना के विरोधी नहीं हैं, बल्कि उसका समर्थन करते हैं। किन्तु साथ ही वे सम्पूर्ण रूप से व्यक्तिनिरपेक्ष हैं। उपनिषद् का ईश्वर जिस प्रकार निर्गुण अर्थात् व्यक्तिनिरपेक्ष है, उसी प्रकार समग्र उपनिषद् व्यक्तिनिरपेक्षता-रूप अपूर्व तत्त्व के ऊपर प्रतिष्ठित है। ज्ञानी, चिन्तनशील, दार्शनिक यथा युक्तिवादी उसमें इतनी व्यक्तिनिरपेक्षता पाते हैं, जितना कोई आधुनिक विज्ञानवेत्ता चाह सकता है।

और ये ही हमारे शास्त्र हैं। तुम्हें याद रखना चाहिए कि ईसाइयों के लिए जैसे बाइबिल है, मुसलमानों के लिए क़ुरान, बौद्धों के लिए त्रिपिटक, पारसियों के लिए ज़ेन्द-अवस्ता, वैसे ही हमारे लिए उपनिषद् हैं। ये ही हमारे शास्त्र हैं, दूसरे नहीं। पुराण, तन्त्र और अन्यान्य ग्रन्थ, यहाँ तक कि व्याससूत्र भी, गौण हैं; हमारे मुख्य प्रमाण हैं वेद। मन्वादि स्मृतियों और पुराणों का जितना अंश उपनिषदों से मेल खाता है, उतना ही ग्रहण योग्य है; यदि असहमति प्रकट करें तो उन्हें निर्दयतापूर्वक छोड़ देना चाहिए। हमें यह सदा स्मरण रखना होगा; परन्तु भारत के दुर्भाग्य से वर्तमान समय में हम यह बिल्कुल भूल गये हैं। इस समय छोटे छोटे ग्राम्य आचारों को मानो उपनिषदों के उपदेशों के स्थान पर प्रामाण्य प्राप्त हो गया है। बंगाल के सुदूर देहातों में अब जो आचार प्रचलित हैं, वे मानो वेद-वाक्य ही नहीं, उनसे भी कहीं बढ़कर हैं। और 'सनातन-मतावलम्बी' इस

शब्द का प्रभाव भी कितना विचित्र है ! एक देहाती की निगाह में वही सच्चा हिन्दू है, जो कर्मकांड की हर एक छोटी छोटी बात का पालन करता है और जो नहीं करता, उसे अहिन्दू कहकर दुत्कार दिया जाता है। दुर्भाग्य से हमारी मातृभूमि में ऐसे अनेक लोग हैं, जो किसी तंत्रविशेष का अवलम्बन कर सर्वसाधारण जनता को उसी तंत्र-मत का अनुसरण करने का उपदेश देते हैं। जो वैसा नहीं करते, वे उनके मत में सच्चे हिन्दू नहीं हैं। अतः हमारे लिए यह स्मरण रखना अत्यन्त आवश्यक है कि उपनिषद् ही मुख्य प्रमाण हैं। गृह्य और श्रौत सूत्र भी वेदों के प्रमाणाधीन हैं। यही उपनिषद् हमारे पूर्वपुरुष ऋषियों के वाक्य हैं और यदि तुम हिन्दू होना चाहो तो तुम्हें यह विश्वास करना ही होगा। तुम ईश्वर के बारे में जैसा चाहो विश्वास कर सकते हो, परन्तु वेदों का प्रामाण्य यदि नहीं मानते तो तुम घोर नास्तिक हो। ईसाई, बौद्ध या दूसरे शास्त्रों तथा हमारे शास्त्रों में यही अन्तर है। उन्हें शास्त्र न कहकर पुराण कहना चाहिए, क्योंकि उनमें जलप्लावन का इतिहास, राजाओं और राजवंशधरों का इतिहास, महापुरुषों के जीवन-चरित आदि विषय लेखबद्ध हैं। ये सब पुराणों के लक्षण हैं, अतः इनका जितना अंश वेदों से मेल खाता हो, उतना ही ग्रहणीय है, परन्तु जो अंश नहीं मेल खाता, उसके मानने की आवश्यकता नहीं। बाइबिल और दूसरी जातियों के शास्त्र भी जहाँ तक वेदों से सहमत हैं, वहीं तक अच्छे हैं, लेकिन जहाँ ऐसा नहीं है, वे हमारे लिए अस्वीकार्य हैं। क़ुरान के सम्बन्ध में भी यही बात है। इन ग्रन्थों में अनेक नीति-उपदेश हैं, अतः वेदों के साथ उनका जहाँ तक ऐक्य हो, वहीं तक, पुराणों के समान, उनका प्रामाण्य है, इससे अधिक नहीं। वेदों के सम्बन्ध में मेरा यह विश्वास है कि वेद कभी लिखे नहीं गये, वेदों की उत्पत्ति नहीं हुई। एक ईसाई मिशनरी ने मुझसे किसी समय कहा था, हमारी बाइबिल ऐतिहासिक नींव पर स्थापित है और इसीलिए सत्य है, इस पर मैंने जवाब दिया था, "हमारे शास्त्र इसीलिए सत्य हैं कि उनकी कोई ऐतिहासिक भित्ति नहीं है; तुम्हारे शास्त्र जब कि ऐतिहासिक हैं, तब अवश्य ही वे कुछ दिन पहले किसी मनुष्य द्वारा रचे गये थे; तुम्हारे शास्त्र मनुष्यप्रणीत हैं, हमारे नहीं। हमारे शास्त्रों की अनैतिहासिकता ही उनकी सत्यता का प्रमाण है।" वेदों के साथ आजकल दूसरे शास्त्रों का यही सम्बन्ध है।

अब हम उपनिषदों की शिक्षा की पर्यालोचना करेंगे। उनमें अनेक भावों के श्लोक हैं। कोई कोई सम्पूर्ण द्वैत भावात्मक हैं और अन्य अद्वैत भावात्मक हैं। किन्तु उनमें कई बातें हैं, जिन पर भारत के सभी सम्प्रदाय एकमत हैं। पहले तो सभी सम्प्रदाय संसारवाद या पुनर्जन्मवाद स्वीकार करते हैं। दूसरे, सब

सम्प्रदायों का मनोविज्ञान भी एक ही प्रकार का है: पहले यह स्थूल शरीर, इसके पीछे सूक्ष्म शरीर या मन है और इसके भी परे जीवात्मा है। पश्चिमी और भारतीय मनोविज्ञान में यह विशेष भेद है कि पश्चिमी मनोविज्ञान में मन और आत्मा में कोई अन्तर नहीं माना गया है, परन्तु हमारे यहाँ ऐसा नहीं। भारतीय मनोविज्ञान के अनुसार मन अथवा अन्तःकरण मानो जीवात्मा के हाथों का यन्त्र-मात्र है। इसीकी सहायता से वह शरीर अथवा बाहरी संसार में काम करता है। इस विषय में सभी का मत एक है। और सभी सम्प्रदाय एक स्वर से यह स्वीकार करते हैं कि जीवात्मा अनादि और अनन्त है। जब तक उसे सम्पूर्ण मुक्ति नहीं मिलती, तब तक उसे बार बार जन्म लेना होगा। इस विषय में सब सहमत हैं। एक और मुख्य विषय में सबकी एक राय है, और यही भारतीय और पश्चिमी चिन्तन-प्रणाली में विशेष मौलिक तथा अत्यन्त जीवन्त एवं महत्त्वपूर्ण अन्तर है, यहाँवाले जीवात्मा में सब शक्तियों की अवस्थिति स्वीकार करते हैं। यहाँ शक्ति और प्रेरणा के बाह्य आवाहन के स्थान पर उनका आन्तरिक स्फुरण स्वीकार किया गया है। हमारे शास्त्रों के अनुसार सब शक्तियाँ, सब प्रकार की महत्ता और पवित्रता आत्मा में ही विद्यमान है। योगी तुमसे कहेंगे कि अणिमा, लघिमा आदि सिद्धियाँ जिन्हें वे प्राप्त करना चाहते हैं, वास्तव में प्राप्त करने की नहीं, वे पहले से ही आत्मा में मौजूद हैं, सिर्फ़ उन्हें व्यक्त करना होगा। पतंजलि के मत में तुम्हारे पैरों तले चलनेवाले छोटे से छोटे कीड़ों तक में योगी की अष्ट सिद्धियाँ वर्तमान हैं; केवल अपने देहरूपी आधार की अनुपयुक्तता के कारण ही वे प्रकाशित नहीं हो पातीं। जब भी उन्हें उत्कृष्टतर शरीर प्राप्त होगा, वे शक्तियाँ अभिव्यक्त हो जायँगी, परन्तु होती हैं वे पहले से ही विद्यमान। उन्होंने अपने सूत्रों में एक जगह कहा है: **निमित्तमप्रयोजकं प्रकृतीनां वरणभेदस्तु ततः क्षेत्रिकवत्।**[1]—'शुभाशुभ कर्म प्रकृति के परिणाम (परिवर्तन) के प्रत्यक्ष कारण नहीं हैं, वरन् वे प्रकृति के विकास की बाधाओं को दूर करनेवाले निमित्त कारण हैं।' जैसे किसान को यदि अपने खेत में पानी लाना है तो सिर्फ़ खेत की मेंड़ काटकर पास के भरे तालाब से जल का योग कर देता है और पानी अपने स्वाभाविक प्रवाह से आकर खेत को भर देता है। यहाँ पतंजलि ने किसी बड़े तालाब से किसान द्वारा अपने खेत में जल लाने का प्रसिद्ध उदाहरण दिया है। तालाब लबालब भरा है और एक क्षण में उसका पानी किसान के पूरे खेत को भर सकता है, परन्तु तालाब तथा खेत के बीच में मिट्टी की एक मेंड़ है। ज्यों ही रुकावट पैदा करने-

---

१. पातंजल योगसूत्र ॥४।३॥

ाली यह मेंड़ तोड़ दी जाती है, त्यों ही तालाब का पानी अपनी ताक़त और वेग र खेत में पहुँच जाता है। ठीक उसी प्रकार जीवात्मा में सारी शक्ति, पूर्णता और वित्रता पहले ही से भरी है, केवल माया का परदा पड़ा हुआ है, जिससे वे प्रकट हीं होने पातीं। एक बार आवरण को हटा देने से आत्मा अपनी स्वाभाविक वित्रता प्राप्त करती है—उसकी सारी शक्ति व्यक्त हो जाती है। तुम्हें याद खना चाहिए कि प्राच्य और पाश्चात्य चिन्तन-प्रणाली में यह बड़ा भेद है। पश्चिम-ाले यह भयानक मत सिखाते हैं कि हम जन्म से ही महापापी हैं और जो लोग यह याावह मत नहीं मानते, उन्हें वे जन्मजात दुष्ट कहते हैं। वे यह कभी नहीं सोचते के अगर हम स्वभाव से ही बुरे हों तो हमारे भले होने की आशा नहीं, क्योंकि नुष्य की प्रकृति कभी बदल नहीं सकती। 'प्रकृति का परिवर्तन'—यह वाक्य व-विरोधी है। जिसका परिवर्तन होता है, उसे प्रकृति नहीं कहना चाहिए। यह वेषय हमें स्मरण रखना चाहिए। इस पर भारत के द्वैतवादी, अद्वैतवादी और भी सम्प्रदाय एकमत हैं।

भारत के सब सम्प्रदाय एक अन्य विषय पर भी एकमत हैं, वह है ईश्वर का अस्तित्व। इसमें सन्देह नहीं कि ईश्वर के बारे में सभी सम्प्रदायों की धारणा भिन्न भिन्न है। द्वैतवादी सगुण, केवल सगुण ईश्वर पर ही विश्वास करते हैं। मैं यह सगुण शब्द तुम्हें कुछ और भी अच्छी तरह समझाना चाहता हूँ। इस सगुण के अर्थ से देहधारी, सिंहासन पर बैठे हुए, संसार का शासन करनेवाले किसी पुरुष-विशेष से मतलब नहीं। सगुण अर्थ से गुणयुक्त समझना चाहिए। इस सगुण ईश्वर का वर्णन शास्त्रों में अनेक स्थलों में देखने को मिलता है, और सभी सम्प्रदाय इस संसार का शासक, स्रष्टा, पालक और संहर्ता सगुण ईश्वर मानते हैं। अद्वैत-वादी इस सगुण ईश्वर के सम्बन्ध में और भी कुछ ज्यादा मानते हैं। वे इस सगुण ईश्वर की एक उच्चतर अवस्था के विश्वासी हैं, जिसे सगुण-निर्गुण नाम दिया जा सकता है। जिसके कोई गुण नहीं है, उसका किसी विशेषण द्वारा वर्णन करना असम्भव है। और अद्वैतवादी उसे 'सत्-चित्-आनन्द' के सिवा कोई और विशेषण नहीं देना चाहते। शंकर ने ईश्वर को सच्चिदानन्द विशेषण से पुकारा है, परन्तु उपनिषदों में ऋषियों ने इससे भी आगे बढ़कर कहा है, 'नेति नेति' अर्थात् 'यह नहीं, यह नहीं।' इस विषय में सभी सम्प्रदाय एकमत हैं। अब मैं द्वैतवादियों के मत के पक्ष में कुछ कहूँगा। जैसा कि मैंने कहा है, रामानुज को मैं भारत का प्रसिद्ध द्वैतवादी तथा वर्तमान समय के द्वैतवादी सम्प्रदायों का सबसे बड़ा प्रतिनिधि मानता हूँ। खेद की बात है कि हमारे बंगाल के लोग भारत के उन बड़े बड़े धर्माचार्यों के विषय में जिनका जन्म दूसरे प्रान्तों में हुआ था, बहुत ही थोड़ा ज्ञान रखते

हैं। मुसलमानों के राज्यकाल में एक चैतन्य को छोड़कर बड़े बड़े और स
धार्मिक नेता दक्षिण भारत में पैदा हुए थे, और इस समय दाक्षिणात्यों का
मस्तिष्क वास्तव में भारत भर का शासन कर रहा है। यहाँ तक कि चैतन्य
इन्हीं सम्प्रदायों में से एक के, मध्वाचार्य के सम्प्रदाय के, अनुयायी थे। अस्
रामानुज के मतानुसार नित्य पदार्थ तीन हैं—ईश्वर, जीवात्मा और प्रकृति
सभी जीवात्माएँ नित्य हैं, परमात्मा के साथ उनका भेद सदैव बना रहेगा, और उनक
स्वतंत्र सत्ता का कभी लोप नहीं होगा। रामानुज कहते हैं, तुम्हारी आत्मा हमा
आत्मा से अनन्त काल के लिए पृथक् रहेगी और यह प्रकृति भी चिर काल त
पृथक् रूप से विद्यमान रहेगी, क्योंकि उसका अस्तित्व वैसे ही सत्य है, जैसे
जीवात्मा और ईश्वर का अस्तित्व। परमात्मा सर्वत्र अन्तर्निहित और आत्मा क
सार तत्त्व है। ईश्वर अन्तर्यामी है; और इसी अर्थ को लेकर रामानुज कहीं कहीं
परमात्मा को जीवात्मा से अभिन्न—जीवात्मा का सारभूत पदार्थ बताते हैं, औ
ये जीवात्माएँ प्रलय के समय, जब कि उनके मतानुसार सारी प्रकृति संकुचित अवस्था
को प्राप्त होती है, संकुचित हो जाती हैं और कुछ काल तक उसी संकुचित तथ
सूक्ष्म अवस्था में रहती हैं। और दूसरे कल्प के आरम्भ में वे अपने पिछले कर्म
के अनुसार फिर विकास पाती हैं और अपना कर्मफल भोगती हैं। रामानुज
का मत है कि जिस कर्म से आत्मा की स्वाभाविक पवित्रता और पूर्णता का संको
हो, वही अशुभ है, और जिससे उसका विकास हो, वह शुभ कर्म। जो कुछ आत्मा
के विकास में सहायता पहुँचाये, वह अच्छा है और जो कुछ उसे संकुचित करे, वह
बुरा। और इसी तरह आत्मा की प्रगति हो रही है, कभी तो वह संकुचित हो
रही है और कभी विकसित। अन्त में ईश्वर के अनुग्रह से उसे मुक्ति मिलती है।
रामानुज कहते हैं, जो शुद्ध स्वभाव हैं और अनुग्रह के लिए प्रयत्नशील हैं, वे ही
उसे पाते हैं।

श्रुति में एक प्रसिद्ध वाक्य है, **आहारशुद्धौ सत्त्वशुद्धिः सत्त्वशुद्धौ ध्रुवा स्मृतिः।**
—'जब आहार शुद्ध होता है, तब सत्त्व भी शुद्ध हो जाता है, और सत्त्व शुद्ध होने पर स्मृति अर्थात् ईश्वर-स्मरण (अद्वैतवादियों के लिए स्वकीय पूर्णता की स्मृति) ध्रुव, अचल और स्थायी हो जाता है।' इस वाक्य को लेकर भाष्यकारों में घनघोर विवाद हुआ है। पहली बात तो यह है कि इस 'सत्त्व' शब्द का क्या अर्थ है? हम लोग जानते हैं, सांख्य के अनुसार—और इस विषय को हमारे सभी दर्शन-सम्प्रदायों ने स्वीकार किया है कि—इस देह का निर्माण तीन प्रकार के उपादानों से हुआ है—गुणों से नहीं। साधारण मनुष्यों की यह धारणा है कि सत्त्व, रज और तम तीनों गुण हैं, परन्तु वास्तव में वे गुण नहीं, वे संसार के उपादान-कारण-

स्वरूप हैं। और आहार शुद्ध होने पर यह सत्त्व-पदार्थ निर्मल हो जाता है। शुद्ध सत्त्व को प्राप्त करना ही वेदान्त का एकमात्र उपदेश है। मैंने तुमसे पहले भी कहा है कि जीवात्मा स्वभावतः पूर्ण और शुद्धस्वरूप है और वेदान्त के मत में वह रज और तम दो पदार्थों से ढँका हुआ है। सत्त्व पदार्थ अत्यन्त प्रकाशस्वभाव है और उसके भीतर से आत्मा की ज्योति जगमगाती हुई स्वच्छन्दतापूर्वक उसी प्रकार निकलती है, जिस प्रकार शीशे के भीतर से आलोक। अतएव यदि रज और तम पदार्थ दूर हो जायँ तो केवल सत्त्व रह जाय, तो आत्मा की शक्ति और पवित्रता प्रकाशित हो जायगी, और वह अपने को पहले से अधिक व्यक्त कर सकेगी।

अतः यह सत्त्वप्राप्ति अत्यन्त आवश्यक है और श्रुति कहती है, 'आहार शुद्ध होने पर सत्त्व शुद्ध होता है।' रामानुज ने 'आहार' शब्द को भोज्य पदार्थ के अर्थ में ग्रहण किया है और उन्होंने इसे अपने दर्शन के अंगों में से एक मुख्य अंग माना है। इतना ही नहीं, इसका प्रभाव सम्पूर्ण भारत पर और भिन्न भिन्न सम्प्रदायों पर पड़ा है। अतएव हमारे लिए इसका अर्थ समझ लेना अत्यावश्यक है, क्योंकि रामानुज के मत से यह आहार-शुद्धि हमारे जीवन का एक मुख्य अवलम्ब है। आहार किन कारणों से दूषित होता है? रामानुज का कथन है कि तीन प्रकार के दोषों से खाद्य पदार्थ दूषित हो जाता है। प्रथम है जाति दोष अर्थात् भोज्य पदार्थों की जाति में प्रकृतिगत दोष जैसे कि लहसुन, प्याज़ और इसी प्रकार के अन्यान्य पदार्थों की गन्ध। दूसरा है आश्रय दोष अर्थात् जिस पदार्थ को कोई दूसरा छू लेता है अर्थात् जो पदार्थ किसी दूसरे के हाथ से मिलता है, वह छूनेवाले के दोषों से दूषित हो जाता है, दुष्ट मनुष्य के हाथ का भोजन तुम्हें भी दुष्ट कर देगा। मैंने स्वयं भारत के बड़े बड़े अनेक महात्माओं को उनके जीवन-काल में दृढ़तापूर्वक इस नियम का पालन करते हुए देखा है। और हाँ, भोजन देनेवाले के—यहाँ तक कि यदि किसीने कभी भोजन छुआ हो, तो उसके भी गुण-दोषों के समझ लेने की उनमें यथेष्ट शक्ति थी, और यह मैंने अपने जीवन में एक बार नहीं, सैकड़ों बार प्रत्यक्ष अनुभव किया है। तीसरा है निमित्त दोष, भोज्य पदार्थों में बाल, कीड़े या धूल पड़ जाने से निमित्त दोष होता है। हमें इस समय इस शेषोक्त दोष से बचने की विशेष चेष्टा करनी चाहिए। भारत पर इसका अत्यधिक प्रभाव है। यदि वह भोजन किया जाय, जो इन तीनों प्रकार के दोषों से मुक्त है, तो अवश्य ही सत्त्वशुद्धि होगी। अगर ऐसा ही है तो धर्म तो बायें हाथ का खेल हो गया। अगर पाक-साफ़ भोजन ही से धर्म होता हो तो फिर हर एक मनुष्य धर्मात्मा बन सकता है। जहाँ तक मेरा ख़्याल है, इस संसार में ऐसा कमज़ोर या असमर्थ कोई भी न होगा, जो अपने को इन बराइयों से न बचा सके। अस्तु। शंकराचार्य

कहते हैं, 'आहार' शब्द का अर्थ है, इन्द्रियों द्वारा मन में विचारों का समावेश, आहरण होना या आना, जब मन निर्मल होता है, तब सत्त्व भी निर्मल हो जाता है, किन्तु इसके पहले नहीं। तुम्हें जो रुचे, वही भोजन कर सकते हो। अगर केवल खाद्य पदार्थ ही सत्त्व को मलमुक्त करता है तो खिलाओ बन्दर को जिन्दगी भर दूध-भात, देखें तो वह एक बड़ा योगी होता है या नहीं! अगर ऐसा ही होता तो गायें और हिरन परम योगी हो गये होते। यह उक्ति प्रसिद्ध है :

नित नहाने से हरि मिले तो जल जन्तु होई।
फल फूल खाके हरि मिले तो बाँदुड़ बाँदराई।
तिरन भखन से हरि मिले तो बहुत मृगी अजा।

परन्तु इस समस्या का समाधान क्या है? आवश्यक दोनों ही हैं। इसमें सन्देह नहीं कि आहार के सम्बन्ध में शंकराचार्य का सिद्धान्त मुख्य है; परन्तु यह भी सत्य है कि शुद्ध भोजन से शुद्ध विचार होने में सहायता मिलती है। दोनों का एक दूसरे से घनिष्ठ सम्बन्ध है। दोनों आवश्यक हैं; परन्तु त्रुटि यही है कि आजकल हम भारतवासी शंकराचार्य का उपदेश भूल गये हैं। हम लोगों ने आहार का अर्थ शुद्ध भोजन मान लिया है। यही कारण है कि जब लोग मुझे यह कहते हुए सुनते हैं कि धर्म अब रसोई में घुस गया है, तब वे मुझ पर बिगड़ उठते हैं, परन्तु यदि मेरे साथ तुम मद्रास चलते, तो मेरे वाक्यों को स्वीकार कर लेते। बंगाली उनसे अच्छे हैं। मद्रास में किसी उच्च वर्ण के मनुष्य के भोजन पर यदि किसी नीच जाति की दृष्टि पड़ गयी तो वह भोजन फेंक दिया जाता है। परन्तु इतने पर भी, मैंने नहीं देखा कि वहाँ के लोग उन्नत हो गये। यदि केवल इस प्रकार या उस प्रकार का भोजन करने ही से और उसे इसकी उसकी दृष्टि से बचाने ही से लोग सिद्ध हो जाते, तो तुम देखते कि सभी मद्रासी सिद्ध-महात्मा हो गये होते, परन्तु वे वैसे नहीं हैं।

इस प्रकार, यद्यपि दोनों मत एकत्र करके एक सम्पूर्ण सिद्धान्त बनाना है, किन्तु घोड़े के आगे गाड़ी न जोतो। आजकल भोजन और वर्णाश्रम धर्म के सम्बन्ध में बड़ा शोरगुल उठ रहा है और बंगाली तो इन्हें लेकर और भी गला फाड़ रहे हैं। तुममें से हर एक से मेरा प्रश्न है कि तुम वर्णाश्रम के सम्बन्ध में क्या जानते हो? इस समय इस देश में चातुर्वर्ण्य विभाग कहाँ है? मेरे प्रश्नों का उत्तर भी दो। मैं तो वर्णचतुष्टय नहीं देखता। जिस प्रकार हमारे बंगालियों की कहावत है कि 'बिना सिर के सिरदर्द होता है', उसी प्रकार यहाँ तुम वर्णाश्रम विभाग की चर्चा करना चाहते हो। यहाँ अब चार जातियों का वास नहीं है। मैं केवल

ब्राह्मण और शूद्र देखता हूँ। यदि क्षत्रिय और वैश्य हैं, तो वे कहाँ हैं? और ऐ ब्राह्मणो, क्यों तुम उन्हें हिन्दू धर्म के नियमानुसार यज्ञोपवीत धारण करने की आज्ञा नहीं देते?—क्यों तुम उन्हें वेद नहीं पढ़ाते, जो हर एक हिन्दू को पढ़ना चाहिए?—और यदि वैश्य और क्षत्रिय न रहें, किन्तु केवल ब्राह्मण और शूद्र ही रहें तो शास्त्रानुसार ब्राह्मणों को उस देश में कदापि न रहना चाहिए, जहाँ केवल शूद्र हों; अतएव अपना बोरिया-बँधना लेकर यहाँ से कूच कर जाओ। क्या तुम जानते हो, जो लोग म्लेच्छ-भोजन खाते हैं और म्लेच्छों के राज्य में बसते हैं, जैसे कि तुम गत हज़ार वर्षों से बस रहे हो, उनके लिए शास्त्रों में क्या आज्ञा है? क्या उसका प्रायश्चित्त तुम्हें मालूम है? प्रायश्चित्त है तुषानल—अपने ही हाथों अपनी देह जला देना। तुम आचार्य के आसन पर बैठना चाहते हो, परन्तु कपटाचरण नहीं छोड़ते। यदि तुम्हें अपने शास्त्रों पर विश्वास है तो अपने को उसी प्रकार जला दो, जिस प्रकार उन एक ख्यातनामा ब्राह्मण ने, जो महावीर सिकन्दर के साथ यूनान गये थे, म्लेच्छ का भोजन खा लेने के कारण तुषानल में अपना शरीर जला दिया था। यदि तुम ऐसा कर सके तो देखोगे, सारी जाति तुम्हारा चरण चूमेगी। स्वयं तो तुम अपने शास्त्रों पर विश्वास नहीं करते और दूसरों का उन पर विश्वास कराना चाहते हो! अगर तुम समझते हो कि इस ज़माने में वैसा नहीं कर सकते, तो अपनी दुर्बलता स्वीकार करके दूसरों की भी दुर्बलता क्षमा करो, दूसरी जातियों को उन्नत करो, उनकी सहायता करो, उन्हें वेद पढ़ने दो, संसार के अन्य किन्हीं भी आर्यों के समकक्ष उन्हें भी आर्य बनने दो, और ऐ बंगाल के ब्राह्मणो, तुम भी वैसे ही सदाशय आर्य बनो।

यह घृण्य वामाचार छोड़ो, जो देश का नाश कर रहा है। तुमने भारत के अन्यान्य भाग नहीं देखे। जब मैं देखता हूँ कि हमारे समाज में कितना वामाचार फैला हआ है, तब अपनी संस्कृति के समस्त अहंकार के साथ यह (समाज) मेरी नज़रों में अत्यन्त गिरा हुआ स्थान मालूम होता है। इन वामाचार सम्प्रदायों ने मधुमक्खियों की तरह हमारे बंगाल के समाज को छा लिया है। वे ही जो दिन में गरज कर आचार के सम्बन्ध में प्रचार करते हैं, रात को घोर पैशाचिक कृत्य करने से बाज़ नहीं आते, और अति भयानक ग्रन्थसमूह उनके कर्म के समर्थक हैं। घोर दुष्कर्म करने का आदेश उन्हें ये शास्त्र देते हैं। तुम बंगालियों को यह विदित है। बंगालियों के शास्त्र वामाचार-तंत्र हैं। ये ग्रन्थ ढेरों प्रकाशित होते हैं, जिन्हें लेकर तुम अपनी सन्तानों के मन को विषाक्त करते हो, किन्तु उन्हें श्रुतियों की शिक्षा नहीं देते। ऐ कलकत्तावासियो, क्या तुम्हें लज्जा नहीं आती कि अनुवादसहित वामाचार-तंत्रों का यह बीभत्स संग्रह तुम्हारे बालकों और बालिकाओं के हाथ रखा जाय, उनका चित्त

विषविह्वल हों और वे जन्म से यही धारणा लेकर पलें कि हिन्दुओं के शास्त्र ये वामाचार ग्रन्थ हैं ? यदि तुम लज्जित हो तो अपने बच्चों से उन्हें अलग करो, और उन्हें यथार्थ शास्त्र, वेद, गीता, उपनिषद् पढ़ने दो।

भारत के द्वैतवादी सम्प्रदायों के अनुसार सभी जीवात्माएँ सदैव जीवात्मा ही रहेंगी। ईश्वर जगत् का निमित्त कारण है और उसने पहले ही से अवस्थित उपादान-कारण से संसार की सृष्टि की। उधर अद्वैतवादियों के मत से ईश्वर संसार का निमित्त और उपादान दोनों कारण है। वह केवल संसार का स्रष्टा ही नहीं, किन्तु उसने अपने ही से संसार का सर्जन किया। यही अद्वैतवादियों का सिद्धान्त है। कुछ अधकचरे द्वैतवादी सम्प्रदाय हैं, जिनका यह विश्वास है कि ईश्वर ने अपने ही भीतर से संसार की सृष्टि की और साथ ही वह विश्व से शाश्वत पृथक् भी है, तथा हर एक वस्तु चिर काल के लिए उस जगन्नियन्ता के शाश्वत अधीन है। ऐसे भी सम्प्रदाय हैं, जो यह मानते हैं कि ईश्वर ने अपने को उपादान बनाकर इस जगत् का उत्पादन किया, और जीव अन्त में सान्त भाव छोड़कर अनन्त होते हुए निर्वाण प्राप्त करेंगे, परन्तु ये सम्प्रदाय लुप्त हो चुके हैं। अद्वैतवादियों का एक वह सम्प्रदाय, जिसे कि तुम वर्तमान भारत में देखते हो, शंकर का अनुगामी है। शंकर का मत यह है कि माया के माध्यम से देखने के कारण ही ईश्वर संसार का निमित्त और उपादान दोनों कारण है, किन्तु वास्तव में नहीं। ईश्वर यह जगत् नहीं बना, बल्कि यह जगत् है ही नहीं, केवल ईश्वर ही है—**ब्रह्म सत्यं जगन्मिथ्या**। अद्वैत वेदान्त का यह मायावाद समझना अत्यन्त कठिन है। हमारे दार्शनिक विषय का यह बहुत ही कठिन अंश है, इसकी पर्यालोचना करने के लिए अब समय नहीं है। तुममें जो पश्चिमी दर्शनों से परिचित हैं, वे जानते हैं, इसका कुछ कुछ अंश कान्ट के दर्शन से मेल खाता है; परन्तु जिन्होंने कान्ट पर लिखे हुए प्रोफ़ेसर मैक्समूलर के निबन्ध पढ़े हैं, उन्हें मैं सावधान करता हूँ कि उनके निबन्धों में एक बड़ी भारी भूल है। प्रोफ़ेसर महोदय के मत में जो देश, काल और निमित्त हमारे ज्ञान के प्रतिबन्धक हैं, उन्हें पहले कान्ट ने आविष्कृत किया, परन्तु वास्तव में उनके प्रथम आविष्कर्ता शंकर हैं। शंकर ने देश, काल और निमित्त को माया के साथ अभिन्न रखकर उनका वर्णन किया है। सौभाग्य से शंकर के भाष्यों में वैसे दो एक स्थल मुझे मिल गये। उन्हें मैंने अपने मित्र प्रोफ़ेसर महोदय के पास भेज दिया। अतः कान्ट के पहले भी यह तत्त्व भारत में अज्ञात नहीं था। अस्तु, अद्वैत वेदान्तियों का यह मायावाद विचित्र सिद्धान्त है। उनके मत में सत्ता केवल ब्रह्म ही की है, यह जो भेद दृष्टिगोचर हो रहा है, वह केवल माया के कारण। यह एकत्व, यह **एकमेवाद्वितीयम** ब्रह्म ही हमारा चरम लक्ष्य है और यहीं पर भारतीय और पाश्चात्य विचारों का चिर द्वन्द्व भी स्पष्ट है। हज़ारों वर्षों से भारत ने

मायावाद की घोषणा करते हुए संसार को चुनौती दी है और संसार की विभिन्न जातियों ने यह चुनौती स्वीकार भी की, जिसका फल यह हुआ कि वे पराभूत हो गयी हैं और तुम जीवित हो। भारत की घोषणा यह है कि संसार भ्रम है, इन्द्रजाल है, माया है, अर्थात् चाहे तुम मिट्टी से एक एक दाना बीनकर भोजन करो या चाहे तुम्हारे लिए सोने की थाली में भोजन परोसा जाय, चाहे तुम महलों में रहो, चाहे कोई महाशक्तिशाली महाराजाधिराज हो अथवा चाहे द्वार-द्वार का भिक्षुक, किन्तु परिणाम सभी का एक है और वह है मृत्यु, गति सभी की एक है, सभी माया है। यही भारत की प्राचीन सूक्ति है। बारम्बार भिन्न भिन्न जातियाँ सिर उठाती और इसके खंडन करने की चेष्टा करती हैं; वे बढ़ती हैं, भोगसाधन को वे अपना ध्येय बनाती हैं, उनके हाथ में शक्ति आती हैं, पूर्णतया शक्ति का प्रयोग करती हैं, भोग की चरम सीमा को पहुँचती हैं और दूसरे ही क्षण वे विलुप्त हो जाती हैं। हम चिर काल से खड़े हैं, क्योंकि हम देखते हैं कि हर एक वस्तु माया है। महामाया के बच्चे सदा बचे रहते हैं, परन्तु भोग रूपी अविद्या के लाड़ले देखते ही देखते कूच कर जाते हैं।

यहाँ एक दूसरे विषय में भी प्राच्य और पाश्चात्य विचार-प्रणाली में भेद है। जिस तरह तुम जर्मन दर्शन में हेगेल और शॉपेनहॉवर के मत देखते हो, बिल्कुल उसी तरह के विचार प्राचीन भारत में भी मिलते हैं। परन्तु हमारे सौभाग्य से हेगेलीय मतवाद का उन्मूलन उसकी अंकुर-दशा में ही हो गया था; हमारी जन्मभूमि में उसे बढ़ने और उसकी विषाक्त शाखा-प्रशाखाओं को फैलने नहीं दिया गया। हेगेल का एक मत यह है कि एकमात्र परम सत्ता अन्धकारमय और विशृंखल है, और साकार व्यष्टि उसकी अपेक्षा श्रेष्ठ है अर्थात् अ-जगत् से (जगत् नहीं है, इस भाव से) जगत् (जगत् है यह भाव) श्रेष्ठ है, मुक्ति से संसार श्रेष्ठ है। हेगेल का यही मूल भाव है, अतएव उनके मत में तुम संसार में जितना ही अवगाहन करोगे, जितनी ही तुम्हारी आत्मा जीवन के कर्मजालों से आवृत होगी, उतना ही तुम उन्नत होगे। पश्चिमवाले कहते हैं—क्या तुम देखते नहीं, हम कैसी बड़ी बड़ी इमारतें उठाते हैं, सड़कें साफ़ रखते हैं, हर तरह के सुख भोगते हैं? इसके पीछे—प्रत्येक इन्द्रिय-भोग के पीछे—दुःख, वेदना, पैशाचिकता और घृणा-विद्वेष चाहे भले ही छिपे हों, किन्तु उससे कोई हानि नहीं!

दूसरी ओर हमारे देश के दार्शनिक पहले ही से यह घोषणा कर रहे हैं कि हर एक अभिव्यक्ति, जिसे तुम विकास कहते हो, उस अव्यक्त की अपने को व्यक्त करने की निरर्थक चेष्टा मात्र है। हे संसार के सर्वशक्तिशाली कारणस्वरूप, तुम छोटी छोटी गड़हियों में अपना स्वरूप देखने का वृथा प्रयत्न करते हो! कुछ दिनों के लिए यह प्रयत्न करके तुम समझोगे कि यह व्यर्थ था, और जहाँ से तुम आये हो, वहीं

लौटा चलने की ठानोगे। यही वैराग्य है, और यहीं से धर्म का प्रारम्भ होता है। बिना त्याग या वैराग्य के धर्म या नैतिकता का उदय कैसे हो सकता है? त्याग ही से धर्म का आरम्भ होता है और त्याग ही में उसकी परिसमाप्ति। वेद कहते हैं, 'त्याग करो, त्याग करो—इसके सिवा और दूसरा पथ नहीं है'। **न प्रजया धनेन न चेज्यया त्यागेनेकेन अमृतत्वमानशुः।**

'मुक्ति न सन्तानों से होती है, न धन से, न यज्ञ से, वह अमृतत्व केवल त्याग से मिलता है!'

यही भारत के सब शास्त्रों का आदेश है। यह सच है कि कितने ही राजा-महाराजों ने सिंहासन पर बैठे हुए भी संसार के बड़े बड़े त्यागियों के सदृश जीवन-निर्वाह किया है, परन्तु जनक जैसे श्रेष्ठ त्यागी को भी कुछ काल के लिए संसार से सम्बन्ध छोड़ना पड़ा था। उनसे बड़ा त्यागी क्या और कोई था? परन्तु इस समय हम सभी जनक कहलाना चाहते हैं? हाँ, वे जनक हैं,—नंगे, भूखे, अभागे बालकों के जनक। जनक शब्द उनके लिए केवल इसी अर्थ में आ सकता है। पूर्वकालीन जनक के समान उनमें ब्रह्मनिष्ठा नहीं है। ये हमारे आजकल के जनक हैं। इस जनकत्व की मात्रा ज़रा कम करके सीधे रास्ते पर आओ। यदि तुम त्याग कर सको तो तुम्हें धर्म मिल सकता है। यदि तुम त्याग नहीं कर सकते तो तुम पूर्व से लेकर पश्चिम तक, सारे संसार में जितनी पुस्तकें हैं उन्हें पढ़कर, समस्त पुस्तकालयों को निगलकर धुरन्धर पंडित हो सकते हो, परन्तु यदि तुम केवल उसी कर्मकांड में लगे रहे तो यह कुछ नहीं है, इसमें आध्यात्मिकता कहीं नहीं है। केवल त्याग के द्वारा ही इस अमृतत्व की प्राप्ति होती है। त्याग ही महाशक्ति है। जिसके भीतर इस महाशक्ति का आविर्भाव होता है, वह और की तो बात ही क्या, विश्व की ओर नज़र उठाकर नहीं देखता। तभी सारा ब्रह्मांड उसके निकट गाय के खुर से बनाये हुए गढ़े के समान नज़र आता है—**ब्रह्माण्ड गोष्पदायते।**

त्याग ही भारत की पताका है। इसी पताका को समग्र जगत् में फहराकर, मरती हुई सभी जातियों को भारत यही एक शाश्वत विचार बारंबार प्रेषित कर, उन्हें सब प्रकार के अत्याचारों एवं असाधुताओं के विरुद्ध सावधान कर रहा है। वह मानो ललकार कर उनसे कह रहा है, 'सावधान, त्याग के पथ का, शान्ति के पथ का अवलम्बन करो, नहीं तो मर जाओगे!' ऐ हिन्दुओ, इस त्याग की पताका को न छोड़ना—इसको और ऊँचा उठाओ। चाहे तुम दुर्बल भले ही हो, और त्याग चाहे भले ही न कर सको, परन्तु आदर्श को छोटा मत करो। हम दुर्बल हैं—हम संसार का त्याग नहीं कर सकते, परन्तु ढोंग रचने के इरादे में मत रहो, शास्त्रों का गला घोंटकर धोखे की युक्तियाँ देते हुए अज्ञानी लोगों की आँखों में धूल मत झोंको। ऐसा मत करो, बल्कि मान लो कि हम

दुर्बल हैं? कारण, यह त्याग का आदर्श अत्यन्त महान् है। क्या हानि है, यदि लड़ाई में लाखों गिर जायँ, पर दस सिपाही या केवल दो एक ही वीर विजयी होकर लौटें! युद्ध में जिन लाखों लोगों को वीरगति मिलती है, वे सचमुच धन्य हैं।—क्योंकि उनके शोणितरूपी मूल्य से विजय-लाभ होता है, एक को छोड़कर सारे वैदिक सम्प्रदायों ने इस त्याग ही को अपना एकमात्र आदर्श बनाया है। केवल बम्बई प्रान्त के वल्लभाचार्य सम्प्रदाय ने वैसा नहीं किया, और तुममें से अनेक को विदित है कि जहाँ त्याग नहीं, वहाँ अन्त में क्या दशा होती है। इस त्याग के आदर्श की रक्षा के लिए यदि हमें कट्टरता और निरी कट्टरता स्वीकार करनी पड़े, भस्ममंडित ऊर्ध्वबाहु जटाजूटधारियों को स्थान देना पड़े, तो वह भी अच्छा है। कारण, यद्यपि वे अस्वाभाविक हो सकते हैं तथापि पुरुषत्व का लोप करनेवाली जो विलासिता भारत में घुसकर हमारा खून पी रही है, सारी जाति को कपटाचरण की शिक्षा दे रही है, उस विलासिता के स्थान में त्याग का आदर्श रखकर समग्र जाति को सावधान करने के लिए वे हमारे लिए वांछनीय हैं। अतएव हमें थोड़ी त्याग-तपस्या चाहिए। प्राचीन काल में भारत में त्याग ही की विजय थी, अब भी भारत में इसे विजय प्राप्त करना है। यह त्याग भारत के आदर्शों में अब भी सर्वश्रेष्ठ और सर्वोच्च है। यह बुद्ध की भूमि, रामानुज की भूमि, रामकृष्ण परमहंस की भूमि, त्याग की भूमि, वह भूमि, जहाँ प्राचीन काल से कर्मकांड के विरुद्ध प्रतिवाद किया गया और जहाँ आज भी ऐसे सैकड़ों महापुरुष हैं जिन्होंने सब विषयों का त्याग कर दिया और जीवन्मुक्त बने बैठे हैं, क्या वह भूमि अपने आदर्श को छोड़ देगी? कदापि नहीं। यहाँ ऐसे मनुष्य रह सकते हैं, जिनका मस्तिष्क पश्चिमी विलासिता के आदर्श से विकृत हो गया है, यहाँ ऐसे हज़ारों नहीं, लाखों मनुष्य रह सकते हैं, जो विलास मद में चूर हो रहे हैं, जो पश्चिम के शाप में—इन्द्रिय-परतंत्रता में—संसार के शाप में डूबे हुए हैं, क़िन्तु इतने पर भी हमारी मातृभूमि में हज़ारों ऐसे भी होंगे, धर्म जिनके लिए शाश्वत सत्य है और जो ज़रूरत पड़ने पर फलाफल का विचार किये बिना ही सब कुछ त्याग देने के लिए सदा तैयार हो जायँगे।

हमारे इन सब सम्प्रदायों में एक और सामान्य आदर्श है। उसको भी मैं तुम्हारे सम्मुख रखना चाहता हूँ। यह भी एक व्यापक विषय है। यह अद्वितीय विचार केवल भारत ही में विशेष रूप से पाया जाता है कि धर्म का साक्षात्कार करना चाहिए। **नायमात्मा प्रवचनेन लभ्यो न मेधया न बहुना श्रुतेन।**—'इस आत्मा को न कोई वाग्बल से प्राप्त कर सकता है, न बुद्धि-कौशल से और न अधिक शास्त्राध्ययन से।' इतना ही नहीं, संसार में केवल हमारे ही शास्त्र ऐसे हैं, जो घोषणा करते हैं कि आत्मा को कोई न तो शास्त्रों का पाठ करके प्राप्त कर सकता है, न वार्ता

से और न व्याख्यान ही की बदौलत, किन्तु इसका साक्षात्कार होना चाहिए। यह गुरु से शिष्य को मिलता है। जब शिष्य में अन्तर्दृष्टि होती है, तब उसे हर एक वस्तु का स्पष्ट बोध हो जाता है, और इस तरह वह प्रत्यक्ष अनुभव करने में समर्थ होता है।

एक बात और है। बंगाल में एक अद्‌भुत रीति का प्रचलन है। वह है कुलगुरु प्रथा। वह यह कि 'मेरा बाप तुम्हारा गुरु था, अब मैं तुम्हारा गुरु बनूंगा। मेरा बाप तुम्हारे बाप का गुरु था, इसलिए मैं तुम्हारा गुरु हूँ!' गुरु किसको कहना चाहिए, इस सम्बन्ध में श्रुतिसम्मत अर्थ यह है—गुरु वे हैं, जो वेदों का रहस्य समझते हैं, कोई किताबी कीड़ा नहीं, वैयाकरण नहीं, बड़े पंडित नहीं, किन्तु वे, जिन्हें वेदों के यथार्थ तात्पर्य का ज्ञान है। पंडितों की अवस्था तो इस प्रकार है: **यथा खरश्चन्दनभारवाही भारस्य वेत्ता न तु चन्दनस्य।** —'जिस प्रकार चन्दन का भार ढोनेवाला गधा केवल चन्दन के भार को ही जानता है, परन्तु उसके मूल्यवान् गुणों को नहीं।' ऐसे मनुष्यों की हमें आवश्यकता नहीं। यदि उन्होंने स्वयं धर्मोपलब्धि नहीं की, तो वे हमें कौन बड़ी शिक्षा दे सकते हैं? जब मैं इस कलकत्ता शहर में एक बालक था, तब धर्म की शिक्षा के लिए जहाँ तहाँ जाया करता था, और एक लम्बा व्याख्यान सुनकर वक्ता महोदय से पूछता था, क्या आपने परमात्मा को देखा है: ईश्वर-दर्शन के नाम ही से उसके आश्चर्य का ठिकाना न रहता और एकमात्र श्री रामकृष्ण परमहंस ही थे, जिन्होंने मुझसे कहा, "हाँ, हमने ईश्वर को देखा है।" उन्होंने केवल इतना ही नहीं, किन्तु यह भी कहा, "हम तुम्हें भी ईश्वर-दर्शन के मार्ग पर ला सकते हैं।" शास्त्रों के पाठ को तोड़-मरोड़कर यथेष्ट अर्थ कर लेने ही से कोई गुरु नहीं हो जाता।

वाग्वैखरी शब्दझरी शास्त्रव्याख्यानकौशलम्।
वैदुष्यं विदुषां तद्वत् भुक्तये न तु मुक्तये॥

(विवेक चूड़ामणि, ५८)

—'हर तरह से शास्त्रों की व्याख्या कर लेने का कौशल केवल पंडितों के मनोरंजन के लिए है, मुक्ति के लिए नहीं?'

जो 'श्रोत्रिय' हैं—वेदों का रहस्य समझते हैं, और जो 'अवृजिन' हैं—निष्पाप हैं, जो 'अकामहत' हैं—जिन्हें काम छू भी नहीं गया है, जो तुम्हें शिक्षा देकर तुमसे अर्थप्राप्ति की आशा नहीं रखते, वे ही सन्त हैं, वे ही साधु हैं। जिस प्रकार वसन्त आकर हर एक पेड़-पौधे को पत्तियों और कलियों से हरा-भरा कर देता है, परन्तु

ौधे से प्रतिदान नहीं माँगता, क्योंकि भलाई करना उसका स्वाभाविक धर्म है, उसी कार वह आता हैं।

तीर्णाः स्वयं भीमभवार्णवं जनाः अहेतुनान्यानपि तारयन्तः।—'वे इस भीषण वसागर के उस पार स्वयं भी चले गये हैं और बिना किसी लाभ की आशा किये सरों को भी पार करते हैं!' ऐसे ही मनुष्य गुरु हैं, और ध्यान रखो दूसरा कोई रु नहीं कहा जा सकता। क्योंकि—

'अविद्यायामन्तरे वर्तमानाः स्वयं धीराः पंडितम्मन्यमानाः।
जङ्घन्यमानाः परियन्ति मूढा अन्धेनैव नीयमाना यथान्धाः॥'[1]

—'अविद्या के अन्धकार में डूबे हुए भी अपने को अहंकारवंश सुधी और महापंडित समझनेवाले ये मूर्ख दूसरों की सहायता करना चाहते हैं, परन्तु ये कुटिल मार्ग में ही भ्रमण किया करते हैं। अन्धे का हाथ पकड़कर चलनेवाले अन्धे की तरह ये गुरु और शिष्य दोनों ही गड्ढे में गिरते हैं।' यही वेदों की उक्ति है। इस उक्ति को अपनी वर्तमान प्रथा से मिलाओ। तुम वेदान्ती हो, तुम सच्चे हिन्दू हो, तुम परम्परानिष्ठ धर्म के माननेवाले हो। मैं तुम्हें और भी सच्चा परम्परानिष्ठ धर्मी बनाना चाहता हूँ। तुम सनातन मार्ग का जितना ही अवलम्बन करोगे, उतने ही बुद्धिमान बनोगे, और जितना ही तुम आजकल की कट्टरता के फेर में पड़ोगे, उतने ही तुम मूर्ख बनोगे। तुम अपने उसी अति प्राचीन सनातन पथ से चलो, क्योंकि उस समय के शास्त्रों के हर एक शब्द में सबल, स्थिर और निष्कपट हृदय की छाप लगी हुई है; उसका हर एक स्वर अमोघ है। इसके बाद राष्ट्र का पतन शुरू हुआ—शिल्प में, विज्ञान में, धर्म में, हर एक विषय में राष्ट्रीय अवनति का आरम्भ हो गया। उसके कारणों पर विचार-विमर्श करने का अब अवकाश नही है; परन्तु अवनति के काल में जो पुस्तकें लिखी गयी हैं, उन सबमें इसी व्याधि और राष्ट्रीय पतन के प्रमाण मिलते हैं—राष्ट्रीय ओज के बदले उनसे केवल रोने की आवाज़ सुनायी पड़ती है। जाओ, जाओ—उस प्राचीन समय के भाव लाओ जब राष्ट्रीय शरीर में वीर्य और जीवन था। तुम फिर वीर्यवान बनो, उसी प्राचीन झरने का पानी पिओ—भारत को पुनर्जीवित करने का एकमात्र उपाय अब यही है।

अद्वैतवादियों के मत में हम लोगों का व्यक्तित्व, जो इस समय विद्यमान है, भ्रम मात्र है। समग्र संसार के लिए इस बात को ग्रहण कर पाना बहुत ही कठिन रहा है। जैसे ही तुम किसी से कहो कि वह 'व्यक्ति' नहीं है, वह इतना डर जाता है

१. कठोपनिषद् २।५॥

कि उसका अपना व्यक्तित्व, चाहे वह कैसा ही क्यों न हो, मिट जायगा। परन्तु अद्वैतवादी कहते हैं कि व्यक्तित्व जैसी वस्तु कभी रहती ही नहीं। तुम जीवन में प्रति पल परिवर्तित हो रहे हो। कभी तुम बालक थे, तब तुम एक तरह विचार करते थे इस समय तुम युवक हो, अब दूसरी तरह के विचार करते हो, और जब तुम वृद्ध हो जाओगे, तब दूसरी ही तरह सोचोगे। हर एक व्यक्ति परिवर्तित हो रहा है। यदि यह सच है तो तुम्हारा निजी व्यक्तित्व कहाँ रह गया? यह 'मैं-पन' या निजी व्यक्तित्व, न शरीर के सम्बन्ध में रह जाता है, न मन के सम्बन्ध में और न विचारों के सम्बन्ध में। इनके परे वह आत्मा ही है। और अद्वैतवादी कहते हैं, यह आत्मा स्वयं ब्रह्म है, दो अनन्त कदापि नहीं रह सकते। केवल एक ही व्यक्ति है जो अनन्त-स्वरूप है। सच तो यह है कि हम विचारशील प्राणी हैं, अतः हम तर्क का सहारा लेना चाहते हैं। अच्छा, तो तर्क या युक्ति है क्या चीज़? वह है न्यूनाधिक वर्गीकरण, पदार्थों को क्रमशः ऊँची से ऊँची श्रेणी में अन्तर्भुक्त कर अन्त में किसी ऐसी जगह पर पहुँचाना जिसके ऊपर फिर उनकी गति न हो। किसी ससीम वस्तु को चिर विश्राम तभी मिल सकता है, जब वह असीम की श्रेणी तक पहुँचायी जायगी। किसी ससीम वस्तु को लेकर तुम उसका विश्लेषण करते रहो, परन्तु जब तक उसे चरम श्रेणी में या अनन्त तक नहीं पहुँचाते, तब तक तुम्हें शान्ति नहीं मिल सकती, और अद्वैतवादी कहते हैं, अस्तित्व केवल इसी अनन्त का है और सब माया है, किसी को कोई तात्त्विक सत्ता नहीं। कोई भी जड़ वस्तु क्यों न हो, उसमें जो यथार्थ सत्ता है, वह यही ब्रह्म है। हम यही ब्रह्म हैं, और नामरूप आदि जितने हैं सब माया है। नाम और रूप हटा दो तो तुम और हम सब एक हो जायँगे। तुम्हें इस 'अहम्' (मैं) शब्द को अच्छी तरह समझना चाहिए। प्रायः लोग कहते हैं, 'यदि मैं ब्रह्म हूँ तो जो मेरे जी में आया, उसे मैं क्यों नहीं कर सकता?' यहाँ इस शब्द का व्यवहार दूसरे ही अर्थ में किया जा रहा है। जब तुम अपने को बद्ध समझ रहे हो, तब तुम आत्मस्वरूप ब्रह्म, जिसे कोई अभाव नहीं, जो अन्तर्ज्योति हैं, नहीं रह गये। वह अन्तराराम है, आत्मतृप्त है, वह कुछ भी नहीं चाहता, उसमें कोई कामना नहीं है, वह सम्पूर्ण निर्भय और सम्पूर्ण स्वाधीन है। वही ब्रह्म है। उसी ब्रह्मस्वरूप में हम सभी एक हैं।

अतः द्वैतवादियों और अद्वैतवादियों में यह बड़ा अन्तर प्रतीत होता है। तुम देखोगे, शंकराचार्य जैसे बड़े बड़े भाष्यकारों ने भी अपने मत की पुष्टि के लिए, जगह जगह पर शास्त्रों का ऐसा अर्थ किया है जो मेरी समझ में समीचीन नहीं। रामानुज ने भी कहीं कहीं शास्त्रों का ऐसे ढंग से अर्थ किया है कि वह साफ़ समझ में नहीं आता। हमारे पंडितों तक की यह धारणा है कि इन इतने सम्प्रदायों में से एक ही सम्प्रदाय सत्य है, बाक़ी सब झूठे हैं, यद्यपि उन्होंने श्रुतियों में देखा है—

कं सद्विप्रा बहुधा वदन्ति—'सत्ता एक ही है, परन्तु मुनियों ने भिन्न भिन्न नामों । उसका वर्णन किया है।' और इस अत्यन्त अद्भुत भाव को हमें अब भी दुनिया ो देना है। हमारे जातीय जीवन का मूल मंत्र यही है, और **एकं सद्विप्रा बहुधा दन्ति**—इस मूल मंत्र को चरितार्थ करने में ही हमारी जाति की समग्र जीवन-समस्या का समाधान है। भारत में कुछ थोड़े से ज्ञानियों के अतिरिक्त, मेरा मतलब ;, बहुत कम आध्यात्मिक व्यक्तियों को छोड़कर हम सब सर्वदा ही इस तत्त्व को ूल जाते हैं। हम इस महान् तत्त्व को सदा भूल जाते हैं और तुम देखोगे, अधिकांश डित, लगभग ९८ फ़ी सदी, इस मत के पोषक हैं कि या तो अद्वैतवाद सत्य है, थवा विशिष्टाद्वैतवाद अथवा द्वैतवाद; और यदि तुम पाँच मिनट के लिए ाराणसी धाम के किसी घाट पर जाकर बैठो, तो तुम्हें मेरी बात का प्रत्यक्ष माण मिल जायगा। तुम देखोगे कि इन भिन्न भिन्न सम्प्रदायों का मत लेकर ोग निरन्तर लड़-झगड़ रहे हैं।

हमारे समाज और पंडितों की ऐसी ही दशा है। इस परिस्थिति में एक ऐसे हापुरुष का आविर्भाव हुआ जिनका जीवन उस सामंजस्य की व्याख्या था, जो ारत के सभी सम्प्रदायों का आधारस्वरूप था और जिसको उन्होंने कार्यरूप ं परिणत कर दिखाया। इस महापुरुष से मेरा मतलब श्री रामकृष्ण परमहंस । है। उनके जीवन से ही यह बात स्पष्ट हो जाती है कि ये दोनों मत आवश्यक हैं। ये गणितज्योतिष के भूकेन्द्रिक और सूर्यकेन्द्रिक मतों की तरह हैं। जब बालक को ज्योतिष की शिक्षा दी जाती है, तब उसे भूकेन्द्रिक मत ही पहले सिखलाया जाता है और वह ज्योतिर्विज्ञान के प्रश्नों को भूकेन्द्रिक सिद्धान्त पर घटित करता है। परन्तु जब वह ज्योतिष के सूक्ष्मातिसूक्ष्म तत्त्वों का अध्ययन करता है, तब सूर्यकेन्द्रिक मत की शिक्षा उसके लिए आवश्यक हो जाती है। एवं वह पहले से और अच्छा समझता है। पंचेन्द्रियों में फँसा हुआ जीव स्वभावतः द्वैतवादी होता है। जब तक हम पंचेन्द्रियों में पड़े हैं, तब तक हम सगुण ईश्वर ही देख सकते हैं—सगुण ईश्वर के सिवा और दूसरा भाव हम नहीं देख सकते। हम संसार को ठीक इसी रूप में देखेंगे। रामानुज कहते हैं, "जब तक तुम अपने को देह, मन या जीव सोचोगे तब तक तुम्हारे ज्ञान की हर एक क्रिया में जीव, जगत् और इन दोनों के कारणस्वरूप वस्तुविशेष का ज्ञान रहेगा।" परन्तु मनुष्य के जीवन में ऐसा भी समय आता है, जब शरीर-ज्ञान बिल्कुल चला जाता है, जब मन भी क्रमशः सूक्ष्मानुसूक्ष्म होता हुआ प्रायः अन्तर्हित हो जाता है, जब देहबुद्धि में डाल देनेवाली भावना, भीति और दुर्बलता सभी मिट जाते हैं। तभी—केवल तभी उस प्राचीन महान् उपदेश की सत्यता समझ में आती है। वह उपदेश क्या है?

इहैव तैर्जितः सर्गो येषां साम्ये स्थितं मनः।
निर्दोषं हि समं ब्रह्म तस्माद् ब्रह्मणि ते स्थिताः॥
(गीता ५।१९)

—'जिनका मन साम्यभाव में अवस्थित है, उन्होंने यहीं जन्म-मृत्यु रूप संसार चक्र को जीत लिया है। चूंकि ब्रह्म निर्दोष और सर्वत्र सम है, अतएव वे ब्रह्म ही में अवस्थित हैं।'

समं पश्यन् हि सर्वत्र समवस्थितमीश्वरम्।
न हिनस्त्यात्मनात्मानं ततो याति परां गतिम्॥
(गीता १३।१८)

'सर्वत्र ईश्वर को सम भाव से सर्वत्र अवस्थित देखते हुए वे आत्मा द्वारा आत्मा की हिंसा नहीं करते, अतः परम गति को प्राप्त होते हैं।'

अल्मोड़ा-अभिनन्दन का उत्तर

स्वामी जी के अल्मोड़ा पहुँचने पर वहाँ की जनता ने उन्हें निम्नलिखित मान-पत्र भेंट किया :

महात्मन्,

जिस समय से हम अल्मोड़ा-निवासियों ने यह सुना कि पाश्चात्य देशों में आध्यात्मिक दिग्विजय के पश्चात् आप इंग्लैण्ड से अपनी मातृभूमि भारत फिर वापस आ रहे हैं, उस समय से हम सब आपके दर्शन करने को स्वभावतः बड़े लालायित थे; और सर्वशक्तिमान परमेश्वर की कृपा से आखिर आज वह शुभ घड़ी आ गयी। भक्तशिरोमणि कविसम्राट् तुलसीदास ने कहा भी है, **जापर जाकर सत्य सनेहू, सो तेहि मिलहि न कछु सन्देहू।** और वही आज चरितार्थ भी हो गया। आज हम सब परम श्रद्धा तथा भक्ति से आपका स्वागत करने को यहाँ एकत्र हुए हैं और हमें हर्ष है कि इस नगर में अनेक कष्ट उठाकर एक बार[1] फिर पधारकर आपने हम सब पर बड़ी कृपा की है। आपकी इस कृपा के लिए धन्यवाद देने को हमारे पास शब्द भी नहीं हैं। महाराज, आप धन्य हैं और आपके वे पूज्य गुरुदेव भी धन्य हैं, जिन्होंने आपको योगमार्ग की दीक्षा दी। यह भारत-भूमि धन्य है, जहाँ इस भयावह कलियुग में भी आप जैसे आर्यवंशियों के नेता विद्यमान हैं। आपने अति अल्पावस्था में ही अपनी सरलता, निष्कपटता, महच्चरित्र, सर्वभूतानुकम्पा, कठोर साधना, आचरण और ज्ञानोपदेश की चेष्टा द्वारा समस्त संसार में अक्षय यश लाभ किया है और उस पर हमें गर्व है।

यदि सच पूछा जाय तो आपने वह कठिन कार्य कर दिखाया है, जिसका बीड़ा इस देश में श्री शंकराचार्य के समय से फिर किसीने नहीं उठाया। क्या हम में से किसीने कभी यह स्वप्न में भी आशा की थी कि प्राचीन भारतीय आर्यों की एक सन्तान केवल अपनी तपस्या के बल पर इंग्लैण्ड तथा अमेरिका के विद्वान् लोगों को यह सिद्ध कर दिखायेगी कि प्राचीन हिन्दू धर्म अन्य सब धर्मों की अपेक्षा श्रेष्ठ है। शिकागो की विश्व-धर्म-महासभा में संसार के विभिन्न धर्म-प्रतिनिधियों के

---

१. पाश्चात्य देशों में जाने से अनेक वर्ष पहले हिमालय-भ्रमणकाल में स्वामी जी यहाँ पधारे थे।

सम्मुख जो वहाँ एकत्र थे, आपने भारतीय सनातन धर्म की श्रेष्ठता इस योग्यत से सिद्ध कर दिखायी कि उन सबकी आँखें खुल गयीं। उस महती सभा में धुरंध विद्वानों ने अपने अपने धर्म की श्रेष्ठता अपने अपने ढंग से खूब समझायी; परन्त आप उन सबसे आगे निकल गये। आपने यह पूर्ण रूप से दिखा दिया कि वैदिक धर्म का मुक़ाबला संसार का कोई भी धर्म नहीं कर सकता। और इतना ही नहीं वरन् उपर्युक्त महाद्वीपों के भिन्न भिन्न स्थानों पर वैदिक ज्ञान का प्रचार करके आपने वहाँ के बहुत से विद्वानों का ध्यान प्राचीन आर्य-धर्म तथा दर्शन की ओर आकर्षित कर दिया। इंग्लैण्ड में भी आपने प्राचीन हिन्दू धर्म का झंडा आरोपित कर दिया है, जिसका अब वहाँ से हटना असम्भव है।

आज तक यूरोप तथा अमेरिका के आधुनिक सभ्य राष्ट्र हमारे धर्म के असली स्वरूप से नितान्त अनभिज्ञ थे, परन्तु आपने अपनी आध्यात्मिक शिक्षाओं द्वारा उनकी आँखें खोल दीं और उन्हें आज यह मालूम हो गया है कि हमारा प्राचीन धर्म, जिसे वे अज्ञानवश 'पाखंडियों की रूढ़ियों का धर्म अथवा केवल मूर्खों के लिए पोथों का ढेर' ही समझा करते थे, असल हीरों की खान है। सचमुच,

वरमेको गुणी पुत्रो न च मूर्खशतान्यपि।
एकश्चन्द्रस्तमो हन्ति न च तारागणोऽपि च॥

—'सौ मूर्ख पुत्रों की अपेक्षा एक ही गुणी पुत्र अच्छा है; एक ही चन्द्रमा अंधकार का विनाश करता है, तारागण नहीं।' असल में आप जैसे साधु तथा धार्मिक पुत्र का जीवन ही संसार के लिए कल्याणकर है और भारत माता को उसकी इस गिरी हुई दशा में आप जैसी पुण्यात्मा सन्तानों से ही सान्त्वना मिल रही है। वैसे तो आज तक कितने ही लोग समुद्र के इस पार से उस पार भटके हैं, परन्तु केवल आपने ही अपनी पूर्व सुकृति के बल से हमारे इस प्राचीन हिन्दू धर्म की महानता समुद्र के पार अन्य देशों में सिद्ध कर दिखलायी। मनसा, वाचा, कर्मणा आपने मानव जाति को आध्यात्मिकता का ज्ञान कराना ही अपने जीवन का ध्येय मान लिया है और धार्मिक ज्ञान का उपदेश देने के लिए आप सदैव ही प्रस्तुत हैं।

हमें यह सुनकर बड़ी प्रसन्नता हुई कि यहाँ हिमालय की गोद में आपका विचार एक मठ स्थापित करने का है और हमारी ईश्वर से प्रार्थना है कि आपका यह उद्देश्य सफल हो। शंकराचार्य ने भी अपनी आध्यात्मिक दिग्विजय के पश्चात् भारत के प्राचीन हिन्दू धर्म के रक्षणार्थ हिमालय में बदरिकाश्रम में एक मठ स्थापित किया था। इसी प्रकार यदि आपकी भी इच्छा पूर्ण हो जाय तो उससे भारतवर्ष का बड़ा हित होगा। इस मठ के स्थापित हो जाने से हम कुमायूँ निवासियों को बड़ा

आध्यात्मिक लाभ होगा और फिर हम इस बात का पूरा यत्न करेंगे कि हमारा प्राचीन धर्म हमारे बीच में से धीरे धीरे लुप्त न हो जाय।

आदि काल से भारतवर्ष का यह प्रदेश तपस्या की भूमि रहा है। भारतवर्ष के बड़े बड़े ऋषियों ने अपना समय इसी स्थान पर तपस्या तथा साधना में बिताया है, परन्तु वह तो अब पुरानी बात हो गयी और हमें पूर्ण विश्वास है कि यहाँ मठ की स्थापना करके कृपया आप हमें उसका फिर अनुभव करा देंगे। यही वह पुण्य-भूमि है जो भारतवर्ष भर में पवित्र मानी जाती थी तथा यही सच्चे धर्म, कर्म, साधना तथा सत्य का क्षेत्र था, यद्यपि आज समय के प्रभाव से वे सब बातें नष्ट होती जा रही हैं। और हमें विश्वास है कि आपके शुभ प्रयत्नों द्वारा यह प्रदेश फिर प्राचीन धार्मिक क्षेत्र में परिणत हो जायगा।

महाराज, हम शब्दों द्वारा प्रकट नहीं कर सकते कि आपके यहाँ पधारने से हमको कितना हर्ष हुआ है। ईश्वर आपको चिरंजीवी करे, आपको पूर्ण स्वास्थ्य प्रदान करे तथा आपका जीवन परोपकारी हो। आपकी आध्यात्मिक शक्तियों की उत्तरोत्तर उन्नति हो, जिससे आपके प्रयत्नों द्वारा भारतवर्ष की इस दुरवस्था का शीघ्र ही अन्त हो जाय।

लाला बदरी शा की ओर से पंडित हरिनाम पांडे ने और एक मानपत्र पढ़ा। एक अन्य पंडित जी ने भी इस अवसर पर एक संस्कृत मानपत्र पढ़ा। जितने दिन स्वामी जी अल्मोड़े में थे, उतने दिन वे शा जी के यहाँ अतिथि के रूप में रहे थ।

स्वामी जी न मानपत्रों का निम्नलिखित उत्तर दिया :

स्वामी जी का भाषण

यह स्थान हमारे पूर्वजों के स्वप्न का देश है, जिसमें भारत जननी श्री पार्वती जी ने जन्म लिया था। यह वही पवित्र स्थान है, जहाँ भारतवर्ष का प्रत्येक यथार्थ सत्य-पिपासु व्यक्ति अपने जीवन-काल के अन्तिम दिन व्यतीत करना चाहता है। इसी दिव्य स्थान के पहाड़ों की चोटियों पर, इसकी गुफाओं के भीतर तथा इसके कल-कल बहनेवाले झरनों के तट पर महर्षियों ने अनेकानेक गूढ़ भावों तथा विचारों को सोच निकाला है, उनका मनन किया है। और आज हम देखते हैं कि उन विचारों का केवल एक अंश ही इतना महान् है कि उस पर विदेशी तक मुग्ध हैं तथा संसार के धुरंधर विद्वानों एवं मनीषियों ने उसे अतुलनीय कहा है। यह वही स्थान है, जहाँ मैं बचपन से ही अपना जीवन व्यतीत करने की सोच रहा हूँ और जैसा तुम सब जानते हो मैंने कितनी ही बार इस बात की चेष्टा की है कि मैं यहां रह सकूँ। परन्तु उपयुक्त समय के न आने से, तथा मेरे सम्मुख बहुत सा कार्य

होने के कारण मैं इस पवित्र स्थान से वंचित रहा। लेकिन मेरी यही इच्छा कि मैं अपने जीवन के शेष दिन इसी गिरिराज में कहीं पर व्यतीत कर दूँ, ज अनेक ऋषि रह चुके हैं, जहाँ दर्शन का जन्म हुआ था। परन्तु मित्रो, सम्भव मैं यह सब उस ढंग से अब न कर सकूँ जिस ढंग से मैंने पहले विचार कर रखा था— मेरी कितनी इच्छा है कि मैं पूर्ण शान्ति में तथा बिना किसी के जाने हुए यह रहूँ—लेकिन हाँ, इतनी आशा ज़रूर है तथा मैं प्रार्थना करता हूँ और विश्वा भी करता हूँ कि संसार के अन्य सब स्थानों को छोड़ मेरे जीवन के अन्तिम दि यहीं व्यतीत होंगे।

इस पवित्र प्रदेश के निवासी बन्धुओ, तुम लोगों ने मेरे पाश्चात्य देशों में कि हुए छोटे से काम के लिए कृपापूर्वक जो प्रशंसासूचक शब्द कहे हैं उसके लिए तुम्हें अनेकानेक धन्यवाद देता हूँ। परन्तु इस समय मेरा मन प्राच्य या पाश्चात किसी देश के कार्य के सम्बन्ध में कुछ भी कहना नहीं चाहता। यहाँ आते समय जैसे जैसे गिरिराज की एक चोटी के बाद दूसरी चोटी मेरी दृष्टि के सामने आती गयी मेरी कार्य करने की समस्त इच्छाएँ तथा भाव, जो मेरे मस्तिष्क में वर्षों से भरे हुए थे, धीरे धीरे शान्त से होने लगे और इस विषय पर बातचीत करने के बजाय कि क्या कार्य हुआ है तथा भविष्य में क्या कार्य होगा, मेरा मन एकदम उसी शाश्वत भाव की ओर खिंच गया जिसकी शिक्षा हमें गिरिराज हिमालय सदैव से देता रहा है, जो इस स्थान के वातावरण में भी प्रतिध्वनित हो रहा है तथा जिसका निनाद मैं आज भी यहाँ की कलकलवाहिनी सरिताओं में सुनता हूँ, और वह भाव है—त्याग।

सर्वं वस्तु भयान्वितं भुवि नृणां वैराग्यमेवाभयम्—'इस संसार में प्रत्येक वस्तु में भय भरा है, यह भय केवल वैराग्य से ही दूर हो सकता है, इसीसे मनुष्य निर्भय हो सकता है।' सचमुच, यह वैराग्य का ही स्थान है। मित्रो, अब आज समय भी कम है तथा परिस्थिति भी ऐसी नहीं है कि मैं तुम्हारे समक्ष लम्बा भाषण कर सकूँ। अतएव मैं यही कहकर अपना भाषण समाप्त करता हूँ कि गिरिराज हिमालय वैराग्य एवं त्याग के सूचक हैं तथा वह सर्वोच्च शिक्षा, जो हम मानवता को सदैव देते रहेंगे, त्याग ही है। जिस प्रकार हमारे पूर्वज अपने जीवन के अन्तकाल में इस हिमालय पर खिंचे हुए चले आते थे, उसी प्रकार भविष्य में पृथ्वी भर की शक्तिशाली आत्माएँ इस गिरिराज की ओर आकर्षित होकर चली आयेंगी। यह उस समय होगा जब कि भिन्न भिन्न सम्प्रदायों के आपस के झगड़े आगे याद नहीं किये जायँगे, जब धार्मिक रूढ़ियों के सम्बन्ध का वैमनस्य नष्ट हो जायगा, जब हमारे और तुम्हारे धर्म सम्बन्धी झगड़े बिलकुल दूर हो जायँगे तथा जब

मनुष्य मात्र यह समझ लेगा कि केवल एक ही चिरन्तन धर्म है और वह है स्वयं में परमेश्वर की अनुभूति, और शेष जो कुछ है वह सब व्यर्थ है। यह जानकर अनेक व्यग्र आत्माएँ यहाँ आयेंगी कि यह संसार एक महा धोखे की टट्टी है, यहाँ सब कुछ मिथ्या है और यदि कुछ सत्य है तो वह है ईश्वर की उपासना—केवल ईश्वर की उपासनाएँ।

मित्रो, यह तुम्हारी कृपा हैं कि तुमने मेरे एक विचार का ज़िक्र किया है और मेरा वह विचार इस स्थान पर एक आश्रम स्थापित करने का है। मैंने शायद तुम लोगों को यह बात काफ़ी स्पष्ट रूप से समझा दी है कि यहाँ पर आश्रम की स्थापना क्यों की जाय तथा संसार में अन्य सब स्थानों को छोड़कर मैंने इसी स्थान को क्यों चुना है, जहाँ से इस विश्वधर्म की शिक्षा का प्रसार हो सके। कारण स्पष्ट ही है कि इन पर्वतश्रेणियों के साथ हमारी हिन्दू जाति की सर्वोत्तम स्मृतियाँ संबद्ध हैं। यदि यह हिमालय धामिक भारत के इतिहास से पृथक् कर दिया जाय तो शेष बहुत कम रह जायगा। अतएव यहीं पर एक केन्द्र होना चाहिए—जो कर्मप्रधान न हो, वरन् शान्ति का हो, ध्यान-धारण का हो, और मुझे पूर्ण आशा है कि एक न एक दिन ऐसा अवश्य होगा। मैं यह भी आशा करता हूँ कि तुम लोगों से फिर और कभी मिलूँगा जब तुमसे वार्तालाप का इससे अच्छा अवसर होगा। अभी मैं इतना ही कहता हूँ कि तुमने मेरे प्रति जो प्रेमभाव दिखलाया है, उसके लिए मैं बड़ा कृतज्ञ हूँ और मैं यह मानता हूँ कि तुमने यह प्रेम तथा कृपा मुझ व्यक्ति के प्रति नहीं दिखायी है, वरन् एक ऐसे के प्रति दिखायी है जो हमारे प्राचीन हिन्दू धर्म का प्रतिनिधि है। हमारे इस धर्म की भावना हमारे हृदयों में सदैव बनी रहे। ईश्वर करे, हम सब सदैव ऐसे ही शुद्ध बने रहें, जैसे हम इस समय हैं तथा हमारे हृदयों में आध्यात्मिकता के लिए उत्साह भी सदैव इतना ही तीव्र रहे।

वैदिक उपदेश : तात्त्विक और व्यावहारिक

जब स्वामी जी के अल्मोड़े में ठहरने की अवधि समाप्त हो रही थी, उस समय उनके वहाँ के मित्रों ने उनसे प्रार्थना की कि आप कृपया एक भाषण हिन्दी में दें। स्वामी जी ने उनकी प्रार्थना पर विचार कर उन्हें अपनी स्वीकृति दें दी। हिन्दी भाषा में व्याख्यान देने का उनका वह पहला ही अवसर था। स्वामी जी ने पहले धीरे धीरे बोलना शुरू किया, परन्तु शीघ्र ही अपने विषय पर आ गये और थोड़ी ही देर में उन्होंने यह अनुभव किया कि जैसे जैसे वे बोलते जाते थे, उनके मुँह से उपयुक्त शब्द तथा वाक्य निकलते जाते थे। वहाँ पर कुछ उपस्थित लोग, जो शायद यह अनुमान करते थे कि हिन्दी भाषा में व्याख्यान देने में शब्दों की बड़ी कठिनाई पड़ती है, कहने लगे कि इस व्याख्यान में स्वामी जी की पूर्ण विजय रही और सम्भवतः वह अपने ढंग का अद्वितीय था। उनके व्याख्यान में हिन्दी के अधिकृत प्रयोग से यह भी सिद्ध हो गया कि वक्तृत्व-कला की दिशा में इस भाषा में स्वप्नातीत सम्भावनाएँ हैं।

स्वामी जी ने और एक भाषण इंग्लिश क्लब में अंग्रेज़ी में भी दिया था। उस सभा के अध्यक्ष थे गुरखा रेजिमेन्ट के कर्नल पुली। उस भाषण का विषय था, 'वैदिक उपदेश : तात्त्विक और व्यावहारिक', जिसका सारांश इस प्रकार है :

पहले स्वामी जी ने इस बात का ऐतिहासिक वर्णन किया कि किसी जंगली जाति में उसके ईश्वर की उपासना किस प्रकार बढ़ती है तथा वह जाति ज्यों ज्यों अन्य जातियों को जीतती जाती है, उस ईश्वर की उपासना भी फैलती जाती है। इसके बाद उन्होंने वेदों के रूप, विशेषताओं तथा उनकी शिक्षाओं का संक्षेप में वर्णन किया और फिर आत्मा के विषय पर कुछ प्रकाश डाला। इस सिलसिले में पाश्चात्य प्रणाली से तुलना करते हुए उन्होंने बतलाया कि यह प्रणाली धार्मिक तथा मौलिक महत्त्व के रहस्यों का उत्तर बाह्य जगत् में ढूँढ़ने की चेष्टा करती है, जब कि प्राच्य प्रणाली इन सब बातों का समाधान बाह्य प्रकृति में न पाकर उसे अपनी अन्तरात्मा में ही ढूँढ़ निकालने की चेष्टा करती है। उन्होंने इस बात का ठीक ही दावा किया है कि हिन्दू जाति को ही इस बात का गौरव है कि केवल उसीने अंतःनिरीक्षण प्रणाली को खोज निकाला और यह उपाय उस जाति की अपनी चीज़ तथा विशेषता है। उसी जाति ने मानव-समाज को आध्यात्मिकता

की अमूल्य निधि भी दी है जो उसी प्रणाली का फल है। स्वभावत: इस विषय के बाद, जो किसी भी हिन्दू को अत्यन्त प्रिय है, स्वामी जी आध्यात्मिक गुरु होने के नाते उस समय मानो आध्यात्मिकता के शिखर पर ही पहुँच गये, जब वे आत्मा तथा ईश्वर के सम्बन्ध की चर्चा करने लगे, जब यह दर्शाने लगे कि आत्मा ईश्वर से एकरूप हो जाने के लिए कितनी लालायित रहती है तथा अन्त में किस प्रकार ईश्वर के साथ एकरूप हो जाती है। और कुछ समय के लिए सचमुच ऐसा ही भास हुआ कि वक्ता, वे शब्द, श्रोतागण तथा सभी को अभिभूत करनेवाली भावना मानो सब एकरूप हो गये हों। ऐसा कुछ भान ही नहीं रह गया कि 'मैं' या 'तू' अथवा 'मेरा' या 'तेरा' कोई चीज़ है। छोटी छोटी टोलियाँ जो उस समय वहाँ एकत्र हुई थीं, कुछ समय के लिए अपने अलग अलग अस्तित्व को भूल गयीं तथा उस महान् आचार्य के श्री मुख से निकले हुए शब्दों द्वारा प्रचंड आध्यात्मिक तेज में एकरूप हो गयीं, वे सब मानो मंत्रमुग्ध से रह गये।

जिन लोगों को स्वामी जी के भाषण सुनने का बहुधा अवसर प्राप्त हुआ है, उन्हें इस प्रकार के अन्य कई अवसरों का भी स्मरण हो आयेगा, जब वे वास्तव में जिज्ञासु तथा ध्यानमग्न श्रोताओं के सम्मुख भाषण देने वाले स्वयं स्वामी विवेकानन्द नहीं रह जाते थे, श्रोताओं के सब प्रकार के भेद-भाव तथा व्यक्तित्व विलुप्त हो जाते थे, नाम और रूप नष्ट हो जाते थे तथा केवल वह सर्वव्यापी आत्म-तत्त्व रह जाता था, जिसमें श्रोता, वक्ता तथा उच्चारित शब्द बस एकरूप होकर रह जाते थे।

भक्ति

(सियालकोट में दिया हुआ भाषण)

पंजाब तथा काश्मीर से निमंत्रण मिलने पर स्वामी विवेकानन्द ने उन प्रदेशों की यात्रा की। काश्मीर में वे एक महीने से ज्यादा समय तक रहे और काश्मीर नरेश तथा उनके भाइयों ने स्वामी जी के कार्य की बड़ी सराहना की। पश्चात् वे कुछ दिनों तक मरी, रावलपिंडी और जम्मू में रहे, जहाँ उन्होंने प्रत्येक स्थान पर व्याख्यान दिया। फिर वह सियालकोट गये और वहाँ उन्होंने दो व्याख्यान दिये। एक व्याख्यान अंग्रेज़ी में था और एक हिन्दी में। हिन्दी व्याख्यान का विषय था 'भक्ति', जिसका संक्षिप्त विवरण नीचे दिया जा रहा है :

संसार में जितने धर्म हैं उनकी उपासना प्रणाली में विभिन्नता होते हुए भी वे वस्तुतः एक ही हैं। किसी किसी स्थान पर लोग मन्दिरों का निर्माण कर उन्हीं में उपासना करते हैं, कुछ लोग अग्नि की उपासना करते हैं; किसी किसी स्थान में लोग मूर्ति-पूजा करते हैं तथा कितने ही आदमी ईश्वर के अस्तित्व में ही विश्वास नहीं करते। ये सब ठीक है, इन सबमें प्रबल विभिन्नता विद्यमान है, किन्तु यदि प्रत्येक धर्म के सार, उनके मूल तथ्य, उनके वास्तविक सत्य के ऊपर विचार कर देखें, तो वे सर्वथा अभिन्न हैं। इस प्रकार के भी धर्म हैं जो ईश्वरोपासना की आवश्यकता ही नहीं स्वीकार करते। यही क्या, वे ईश्वर का अस्तित्व भी नहीं मानते। किन्तु तुम देखोगे, ये सभी धर्मावलम्बी साधु-महात्माओं की ईश्वर की भाँति उपासना करते हैं। बौद्ध धर्म इस बात का उल्लेखनीय उदाहरण है। भक्ति सभी धर्मों में है, कहीं ईश्वर भक्ति है तो कहीं महात्माओं के प्रति भक्ति का आदेश है। सभी जगह इस भक्ति-रूप उपासना का सर्वोपरि प्रभाव देखा जाता है। ज्ञान-लाभ की अपेक्षा भक्ति-लाभ करना सहज है। ज्ञान-लाभ करने में कठिन अभ्यास और अनुकूल परिस्थितियों की आवश्यकता होती है। शरीर सर्वथा स्वस्थ एवं रोगशून्य न होने से तथा मन सर्वथा विषयों से अनासक्त न होने से योग का अभ्यास नहीं किया जा सकता, किन्तु सभी अवस्थाओं के लोग बड़ी सरलता से भक्ति साधना कर सकते हैं। भक्तिमार्ग के आचार्य शांडिल्य ऋषि ने कहा है कि ईश्वर के प्रति अतिशय अनुराग को भक्ति कहते हैं। प्रह्लाद ने भी यही बात कही है। यदि किसी व्यक्ति को एक दिन भोजन न मिले तो उसे महाकष्ट होगा। सन्तान की मृत्यु होने पर उसको कैसी यन्त्रणा होती है! जो भगवान् के प्रकृत भक्त हैं,

उनके भी प्राण भगवान् के विरह में इसी प्रकार छटपटाते हैं। भक्ति में यह बड़ा गुण है कि उसके द्वारा चित्त शुद्ध हो जाता है और परमेश्वर के प्रति दृढ़ भक्ति होने से केवल उसीके द्वारा चित्त शुद्ध हो जाता है। **नाम्नामकारि बहुधा निजसर्व-शक्तिः**[१]—'हे भगवन् तुम्हारे असंख्य नाम हैं और तुम्हारे प्रत्येक नाम में तुम्हारी अनन्त शक्ति वर्तमान है।' और प्रत्येक नाम में गम्भीर अर्थ गर्भित है। तुम्हारे नाम उच्चारण करने के लिए स्थान, काल आदि किसी भी चीज़ का विचार करना आवश्यक नहीं। हमें सदा मन में ईश्वर का चिन्तन करना चाहिए और इसके लिए स्थान, काल का विचार नहीं करना चाहिए।

ईश्वर विभिन्न साधकों के द्वारा विभिन्न नामों से उपासित होते हैं, किन्तु यह भेद केवल दृष्टिमात्र का है, वास्तव में कोई भेद नहीं है। कुछ लोग सोचते हैं कि हमारी ही साधना-प्रणाली अधिक कार्यकारी है, और दूसरे अपनी साधना-प्रणाली को ही मुक्ति पाने का अधिक सक्षम उपाय बताते हैं। किन्तु यदि दोनों की ही मूल भित्ति का अनुसन्धान किया जाय तो पता चलेगा कि दोनों ही एक हैं। शैव शिव को ही सर्वापेक्षा अधिक शक्तिशाली समझते हैं। वैष्णव विष्णु को ही सर्वशक्तिमान मानते हैं, देवी के उपासकों के लिए देवी ही जगत् में सबसे अधिक शक्तिशालिनी हैं। प्रत्येक उपासक अपने सिद्धान्त की अपेक्षा और किसी बात का विश्वास ही नहीं करता, किन्तु यदि मनुष्य को स्थायी भक्ति की उपलब्धि करनी है तो उसे यह द्वेष-बुद्धि छोड़नी ही होगी। द्वेष भक्ति-पथ में बड़ा बाधक है—जो मनुष्य उसे छोड़ सकेगा, वही ईश्वर को पा सकेगा। तब भी इष्ट-निष्ठा विशेष रूप से आवश्यक है। भक्तश्रेष्ठ हनुमान ने कहा है :

श्रीनाथे जानकीनाथे अभेदः परमात्मनि।
तथापि मम सर्वस्वं रामः कमललोचनः॥

—'मैं जानता हूँ, जो परमात्मा लक्ष्मीपति हैं, वे ही जानकीपति हैं, तथापि कमललोचन राम ही मेरे सर्वस्व हैं।' प्रत्येक मनुष्य का स्वभाव जन्म से ही औरों से भिन्न होता है और वह तो उसके साथ बना ही रहेगा। समस्त संसार किसी समय एक धर्मावलम्बी नहीं हो सकता, इसका मुख्य कारण यही भावों में विभिन्नता है। ईश्वर करे, संसार कभी भी एक धर्मावलम्बी न हो। यदि कभी ऐसा हो जाय तो संसार का सामंजस्य नष्ट होकर विश्रृंखलता आ जायगी। अस्तु, मनुष्य को अपनी ही प्रकृति का अनुसरण करना चाहिए। यदि मनुष्य को ऐसे गुरु मिल

---

१. श्री कृष्ण चैतन्य।

जायँ जो उसको उसीके भावानुरूप मार्ग पर अग्रसर करने में सहायक हों, तो वह मनुष्य उन्नति करने में समर्थ होगा। उसको उन्हीं भावों के विकास की साधना करनी होगी। जो व्यक्ति जिस पथ पर चलने की इच्छा करे, उसे उसी पथ पर चलने देना चाहिए; किन्तु यदि हम उसे दूसरे मार्ग पर घसीटने का यत्न करेंगे तो वह उसके पास जो कुछ है, उसे भी खो बैठेगा; वह किसी काम का न रह जायगा। जिस भाँति एक मनुष्य का चेहरा दूसरे के चेहरे से भिन्न होता है, उसी प्रकार एक मनुष्य की प्रकृति दूसरे की प्रकृति से भिन्न होती है। किसी मनुष्य को अपनी प्रकृति के ही अनुसार चलने देने में क्या आपत्ति है? एक नदी एक ओर बहती है—यदि उसके बहाव को ठीक कर नदी को उसी ओर बहाया जाय तो उसकी धारा अधिक तेज़ हो जायगी और वेग बढ़ जायगा। किन्तु यदि स्वाभाविक प्रवाह की दिशा को बदल कर उसे दूसरी दिशा में प्रवाहित करने का यत्न किया जाय तो तुम यह परिणाम देखोगे कि उसका परिमाण क्षीण हो जायगा और उसका वेग भी कम हो जायगा। यह जीवन एक बड़े महत्त्व की चीज़ है; अतः इसे अपने अपने भाव के अनुसार ही चलाना चाहिए। भारत में विभिन्न धर्मों में कभी विरोध नहीं था, वरन् प्रत्येक धर्म स्वाधीन भाव से अपना कार्य करता रहा, इसीलिए यहाँ अभी तक प्रकृत धर्मभाव बना है। इस स्थान पर यह बात भी ध्यान में रखनी होगी कि विभिन्न धर्मों में तब विरोध उत्पन्न होता है, जब मनुष्य यह विश्वास कर लेता है कि सत्य का मूल मंत्र मेरे ही पास है और जो मनुष्य मुझ जैसा विश्वास नहीं करता वह मूर्ख है; और दूसरा व्यक्ति सोचता है कि अमुक व्यक्ति ढोंगी है, क्योंकि अगर वह ऐसा न होता, तो मेरा अनुगमन करता।

यदि ईश्वर की यह इच्छा होती कि सभी लोग एक ही धर्म का अवलम्बन करें तो इतने विभिन्न धर्मों की उत्पत्ति क्यों होती? सब लोगों को एक धर्मावलम्बी बनाने के लिए अनेक प्रकार के उद्योग और चेष्टाएँ हुईं, किन्तु इससे कोई लाभ नहीं हुआ। तलवार के ज़ोर से जिस स्थान पर लोगों को एक धर्मावलम्बी बनाने की चेष्टा की गयी, वहाँ भी एक की जगह दस धर्मों की उत्पत्ति हो गयी—इतिहास इस बात का प्रमाण है। समस्त संसार में सबके अनुकूल एक धर्म नहीं हो सकता। क्रिया तथा प्रतिक्रिया इन दो शक्तियों से मनुष्य मननशील हुआ है। यदि इन शक्तियों का प्रयोग मन पर न होता तो मनुष्य कुछ सोच ही न सकता; इतना ही क्यों, वह मनुष्य ही न कहा जा सकता। मनुष्य मननशील प्राणी है, वह मनयुक्त है। 'मन्' धातु से मनुष्य शब्द बनता है, मनुष्य शब्द का अर्थ है मननशील। मननशीलता की शक्ति के लोप हो जाने पर मनुष्य और एक साधारण पशु में कोई अन्तर न रह जायगा। ऐसे व्यक्ति को देखकर सबके हृदय में घृणा का उद्रेक होगा।

ईश्वर करे, भारतवर्ष में कभी ऐसी अवस्था न उत्पन्न हो। अतः मनुष्यत्व क़ायम रखने के लिए एकत्व में अनेकत्व की आवश्यकता है। सभी विषयों में इस अनेकत्व या विविधता की आवश्यकता है, कारण जितने दिन यह अनेकत्व रहेगा, उतने ही दिन जगत् का अस्तित्व भी रहेगा। अवश्य ही अनेकत्व या विविधता कहने से केवल यह अर्थ नहीं समझना चाहिए कि उनमें छोटे-बड़े का अन्तर है। परन्तु यदि सब जीवन के अपने अपने कार्य को समान अच्छाई के साथ करते रहें, तब भी विविधता वैसे ही बनी रहेगी। सभी धर्मों में अच्छे अच्छे लोग हैं, इसलिए सभी धर्म लोगों की श्रद्धा को अपनी ओर आकर्षित करते हैं, अतएव किसी भी धर्म से घृणा करना उचित नहीं।

यहाँ पर यह प्रश्न उठ सकता है—जो धर्म अन्याय की पुष्टि करे, क्या उस धर्म के प्रति भी सम्मान दिखाना होगा? अवश्य ही इस प्रश्न का उत्तर 'नहीं' के सिवा दूसरा क्या हो सकता है? ऐसे धर्म को जितनी जल्दी दूर किया जा सके उतना ही अच्छा है, कारण उससे लोगों का अमंगल ही होगा। नैतिकता के ऊपर ही सब धर्मों की भित्ति प्रतिष्ठित है, सदाचार को धर्म की अपेक्षा भी उच्च स्थान देना होगा। यहाँ पर यह भी समझ लेना चाहिए कि आचार का अर्थ बाह्य और आभ्यन्तरिक दोनों प्रकार की शुद्धि से है। जल तथा अन्यान्य शास्त्रोक्त वस्तुओं के प्रयोग से शरीर-शुद्धि हो सकती है, आभ्यान्तर शुद्धि के लिए मिथ्या भाषण, सुरापान एवं अन्य गर्हित कार्यों का त्याग करना होगा। साथ ही परोपकार भी करना होगा। केवल मद्यपान, चोरी, जुआ, झूठ बोलना आदि असत् कार्यों के त्याग से ही काम न चलेगा। इतना तो प्रत्येक मनुष्य का कर्तव्य है। इतना करने से मनुष्य किसी प्रशंसा का पात्र न हो सकेगा। अपने कर्तव्य-पालन के साथ साथ दूसरों की कुछ सेवा भी करनी चाहिए। जैसे तुम आत्मकल्याण करते हो, वैसे दूसरों का भी अवश्य कल्याण करो।

अब मैं भोजन के नियम के सम्बन्ध में कुछ कहना चाहता हूँ। इस समय भोजन की समस्त प्राचीन विधियों का लोप हो गया है। लोगों में एक यही धारणा विद्यमान है कि 'इसके साथ मत खाओ, उसके साथ मत खाओ।' सैकड़ों वर्ष पूर्व भोजन सम्बन्धी जो सुन्दर नियम थे, उनमें आज केवल छुआछूत का नियम ही बचा है। शास्त्र में भोजन के तीन प्रकार के दोष लिखे हैं—(१) जाति दोष—जो खाद्य पदार्थ स्वभाव से ही अशुद्ध हैं, जैसे प्याज़, लहसुन आदि। यह जाति-दुष्ट खाद्य हुआ। जो व्यक्ति इन चीज़ों को अधिक मात्रा में खाता है, उसमें काम-वासना बढ़ती है और वह अनैतिक कार्यों में प्रवृत्त हो सकता है, जो ईश्वर तथा मनुष्य की दृष्टि में सब प्रकार से घृणित है। (२) गन्दे तथा कीड़े-मकोड़ों से

दूषित आहार को निमित्तदोष से युक्त कहते हैं। इस दोष से छुटकारा पाने के लिए ऐसे स्थान में भोजन करना होगा, जो खूब साफ़-सुथरा हो। (३) आश्रय दोष —दुष्ट व्यक्ति से छुआ हुआ खाद्य पदार्थ भी त्याज्य है। कारण, इस प्रकार का अन्न खाने से मन में अपवित्र भाव पैदा होते हैं। ब्राह्मण की संतान होने पर भी यदि वह व्यक्ति लम्पट एवं कुकर्मी हो, तो उसके हाथ का खाना उचित नहीं।

इस समय इन सब बातों के प्रकृत उद्देश्य पर किसी का ध्यान नहीं है। इस समय तो सिर्फ़ इसी बात का हठ मौजूद है कि ऊँची से ऊँची जाति का न होने से उसके हाथ का छुआ न खायेंगे, चाहे वह व्यक्ति कितना ही अधिक ज्ञानी या पवित्र आचरण का क्यों न हो। इन सब नियमों की किस भाँति उपेक्षा होती है, इसका प्रत्यक्ष प्रमाण किसी हलवाई की दूकान पर जाकर देखने से मिल जायगा। दिखायी पड़ेगा कि मक्खियाँ सब ओर भनभनाती हुई सब चीज़ों पर बैठती हैं, रास्ते की मिट्टी उड़कर मिठाई के ऊपर पड़ती है और हलवाई के कपड़े पर्याप्त साफ़-सुथरे नहीं हैं। क्यों नहीं सब खरीदनेवाले मिलकर कहते कि दूकान में शीशा बिना लगाये हम लोग मिठाई न खरीदेंगे। ऐसा करने से मक्खियाँ खाद्य पदार्थ पर न बैठ सकेंगी एवं अपने साथ हैज़ा तथा अन्यान्य संक्रामक बीमारियों के कीटाणु न ला सकेंगी। भोजन के नियमों में हमें सुधार करना चाहिए, किन्तु हम उन्नति न कर अवनति के मार्ग की ही ओर क्रमशः अग्रसर हुए हैं। मनुस्मृति में लिखा है, जल में थूकना न चाहिए, किन्तु हम नदियों में हर प्रकार का मैला फेंकते हैं! इन सब बातों की विवेचना करने पर स्पष्ट प्रतीत होता है कि बाह्य शौच की विशेष आवश्यकता है। शास्त्रकार भी इस बात को भली भाँति जानते थे। किन्तु इस समय इन सब पवित्र-अपवित्र विचारों का प्रकृत उद्देश्य लुप्त हो गया है, इस समय उसका आडम्बर मात्र शेष है। चोरों, लम्पटों, मतवालों, अपराधियों को हम लोग अपने जाति-बन्धु स्वीकार कर लेंगे, किन्तु यदि एक उच्च जातीय मनुष्य किसी नीच जातीय व्यक्ति के साथ, जो उसीके समान सम्माननीय है, बैठकर खाये, तो वह जाति-च्युत कर दिया जायगा और फिर वह सदा के लिए पतित मान लिया जायगा। यह प्रथा हमारे देश के लिए विनाशकारी सिद्ध हुई है। अस्तु, यह स्पष्ट समझ लेना चाहिए कि पापी के संसर्ग से पाप और साधु के संसर्ग से साधुता आती है और असत् संसर्ग का दूर से परिहार करना ही बाह्य शौच है।

आभ्यन्तरिक शुद्धि कहीं अधिक दुस्तर कार्य है। आभ्यन्तरिक शुद्धि के लिए सत्य भाषण, निर्धन, विपन्न और अभावग्रस्त व्यक्तियों की सेवा आदि की आवश्यकता है। किन्तु क्या हम सर्वदा सत्य बोलते हैं? अकसर होता यह है

क कोई मनुष्य अपने किसी काम के लिए किसी धनी व्यक्ति के मकान पर जाता है और उसे 'ग़रीब परवर,' 'दीनबन्धु' आदि बड़े बड़े विशेषणों से विभूषित करता है, चाहे वह धनी व्यक्ति अपने मकान पर आये हुए किसी ग़रीब व्यक्ति का गला ही क्यों न काटता हो। अतः ऐसे धनी व्यक्ति को ग़रीब परवर, दीनबन्धु कहना स्पष्ट झूठ है और हम ऐसी बातें कहकर ही अपने मन को मलिन करते हैं। इसीलिए शास्त्रों में लिखा है कि यदि कोई व्यक्ति बारह वर्ष तक सत्य भाषणादि के द्वारा चित्तशुद्धि करे और बारह वर्ष तक यदि उसके मन में कोई ख़राब विचार न आये तो वह जो कहेगा, वही सत्य निकलेगा। सत्य में ऐसी ही अमोघ शक्ति है, और जिसने बाह्य और आभ्यन्तरिक शुद्धि की है वही भक्ति का अधिकारी है। पर भक्ति की विशेषता इस बात में है कि वह स्वयं मन को बहुत शुद्ध कर देती है। यद्यपि यहूदी, मुसलमान तथा ईसाई बाह्य शौच को हिन्दुओं की तरह इतना विशेष महत्त्व नहीं देते, तथापि वे भी किसी न किसी प्रकार से बाह्य शौच का अवलम्बन करते ही हैं—उन्हें भी मालूम हो गया है कि बाह्य शौच की किसी न किसी परिमाण में आवश्यकता है। यद्यपि यहूदियों में मूर्ति-पूजा निषिद्ध थी, पर उनका भी एक मन्दिर था। उस मन्दिर में 'आर्क' नामक एक सन्दूक़ रखी हुई थी और उस सन्दूक़ के भीतर 'मूसा के दस ईश्वरादेश' सुरक्षित रखे हुए थे। इस सन्दूक़ के ऊपर विस्तारित पक्षयुक्त दो स्वर्गीय दूतों की मूर्तियाँ बनी थीं, और उनके ठीक बीच में वे बादल के रूप में ईश्वर के आविर्भाव का दर्शन करते थे। बहुत दिन हुए, यहूदियों का वह प्राचीन मन्दिर नष्ट हो गया; किन्तु उनके नये मन्दिरों की रचना ठीक इसी पुराने ढंग पर हुई है, और इन मन्दिरों में सन्दूक़ के भीतर धर्म-पुस्तकें रखी हुई हैं। रोमन कैथोलिक और यूनानी ईसाइयों में कुछ रूपों में मूर्ति-पूजा प्रचलित है। वे ईसा की मूर्ति और उनके माता-पिता की मूर्तियों की पूजा करते हैं। प्रोटेस्टेन्टों में मूर्ति-पूजा नहीं है, किन्तु वे भी ईश्वर को व्यक्तिविशेष समझकर उपासना करते हैं। यह भी मूर्ति-पूजा का रूपान्तर मात्र है। पारसियों और ईरानियों में अग्नि-पूजा ख़ूब प्रचलित है। मुसलमान अच्छे अच्छे पीरों-फ़क़ीरों की पूजा करते हैं और नमाज़ के समय काबे की ओर मुँह करते हैं। यह सब देखकर जान पड़ता है कि धर्म-साधना की प्रथमावस्था में मनुष्यों को कुछ बाह्य अवलम्बनों की आवश्यकता पड़ती है। जिस समय मन ख़ूब शुद्ध हो जाता है, उस समय सूक्ष्म से सूक्ष्म विषयों में चित्त एकाग्र करना सम्भव हो सकता है।

'जब जीव ब्रह्म से एकत्व का प्रयत्न करता है, यह सर्वोत्तम है; जब ध्यान का अभ्यास किया जाता है, यह मध्यम कोटि है, जब नाम का

जप किया जाता है, यह निम्न कोटि है और बाह्य पूजा निम्नातिनिम्न है।"[१]

किन्तु इस स्थान पर यह अच्छी तरह समझ लेना होगा कि बाह्य पूजा निम्नातिनिम्न होने पर भी उसमें कोई पाप नहीं है। जो व्यक्ति जैसी उपासना कर सकता है, उसके लिए वही ठीक है। यदि उसे अपने पथ से निवृत्त किया गया तो वह अपने कल्याण के लिए, अपने उद्देश्य की सिद्धि के लिए दूसरे किसी मार्ग का अवलम्बन करेगा। इसलिए जो मूर्ति-पूजा करते हैं, उनकी निन्दा करना उचित नहीं। वे उन्नति की जिस सीढ़ी तक चढ़ चुके हैं, उनके लिए वही आवश्यक है। ज्ञानी जनों को इन सब व्यक्तियों को अग्रसर होने में सहायता करने का प्रयत्न करना चाहिए; किन्तु उपासना-प्रणाली को लेकर झगड़ा करने की आवश्यकता नहीं है। कुछ लोग धन और कोई पुत्र की प्राप्ति के लिए ईश्वर की उपासना करते हैं और अपने को बड़े भागवत समझते हैं, किन्तु यह वास्तविक भक्ति नहीं है—वे लोग भी सच्चे भागवत नहीं हैं। अगर वे सुन लें कि अमुक स्थान पर एक साधु आया है और वह ताँबे का सोना बनाता है, तो वे दल के दल वहाँ एकत्र हो जायँगे, तिस पर भी वे अपने को भागवत कहने में लज्जित नहीं होते। पुत्र-प्राप्ति के लिए ईश्वरोपासना को भक्ति नहीं कह सकते, धनी होने के लिए ईश्वरोपासना को भक्ति नहीं कह सकते, स्वर्ग-लाभ के लिए ईश्वरोपासना को भक्ति नहीं कह सकते, यहाँ तक कि नरक की यंत्रणा से छूटने के लिए की गयी ईश्वरोपासना को भी भक्ति नहीं कह सकते। भय या लोभ से कभी भक्ति की उत्पत्ति नहीं हो सकती। वे ही सच्चे भागवत हैं, जो कह सकते हैं—"हे जगदीश्वर! मैं धन, जन, परम सुन्दरी स्त्री अथवा पांडित्य कुछ भी नहीं चाहता। हे ईश्वर! मैं प्रत्येक जन्म में आपकी अहेतुकी भक्ति चाहता हूँ।"[२] जिस समय यह अवस्था प्राप्त होती है, उस समय मनुष्य सब चीज़ों में ईश्वर को तथा ईश्वर में सब चीज़ों को देखने लगता है। उसी समय उसे पूर्ण भक्ति प्राप्त होती है। उसी समय वह ब्रह्मा से लेकर कीटाणु तक सभी वस्तुओं में विष्णु के दर्शन करता है। तभी वह पूरी तरह समझ सकता है कि ईश्वर के अतिरिक्त संसार में और कुछ नहीं है और केवल तभी वह अपने को हीन से हीन समझकर यथार्थ भक्त की भाँति ईश्वर

---

१. उत्तमो ब्रह्मसद्भावो ध्यानभावस्तु मध्यमः।
स्तुतिर्जपोऽधमो भावो बाह्यपूजाधमाधमा॥ महानिर्वाण तंत्र १४।१२२॥

२. न धनं न जनं न च सुन्दरीं कवितां वा जगदीश कामये।
मम जन्मनि जन्मनीश्वरे भवताद्भक्तिरहैतुकी त्वयि॥

की उपासना करता है। उस समय उसे बाह्य अनुष्ठान एवं तीर्थ-यात्रा आदि की प्रवृत्ति नहीं रह जाती—वह प्रत्येक मनुष्य को ही यथार्थ देवमन्दिरस्वरूप समझता है।

शास्त्रों में भक्ति का नाना प्रकार से वर्णन किया गया है। हम ईश्वर को अपना पिता कहते हैं, इसी प्रकार हम उसे माता आदि भी कहते हैं। हम लोगों में भक्ति की दृढ़ स्थापना के लिए इन सम्बन्धों की कल्पना की गयी है, जिससे हम ईश्वर के अधिक सान्निध्य और प्रेम का अनुभव कर सकें। ये शब्द अत्यन्त प्रेमपूर्ण हैं। सच्चे धार्मिक ईश्वर को अपने प्राणों से भी अधिक प्यार करते हैं, इसलिए वे उसे माता-पिता कहे बिना नहीं रह सकते। रासलीला में राधा और कृष्ण की कथा को लो। यह कथा भक्त के यथार्थ भाव को व्यक्त करती है, क्योंकि संसार में स्त्री-पुरुष के प्रेम से अधिक प्रबल कोई दूसरा प्रेम नहीं हो सकता। जहाँ इस प्रकार का प्रबल अनुराग होगा, वहाँ कोई भय, कोई वासना या कोई आसक्ति नहीं रह सकती—केवल एक अच्छेद्य बन्धन दोनों को तन्मय कर देता है। माता-पिता के प्रति सन्तान का जो प्रेम है वह भयमिश्रित है, कारण उनके प्रति उसका श्रद्धा-भाव रहता है। ईश्वर सृष्टि करता है या नहीं, वह हमारी रक्षा करता है या नहीं, इस सबसे हमारा क्या मतलब है और इसकी हम क्यों चिन्ता करें? वह हम लोगों का प्रियतम, आराध्य देवता है; अतः भय के भाव को छोड़कर हमें उसकी उपासना करनी चाहिए। जिस समय मनुष्य की सब वासनाएँ मिट जाती हैं, जिस समय वह और किसी विषय का चिन्तन नहीं करता, जिस समय वह ईश्वर के लिए पागल हो जाता है, उसी समय मनुष्य ईश्वर से वस्तुतः प्रेम करता है। सांसारिक प्रेमी जिस भाँति अपने प्रियतम से प्रेम करते हैं, उसी प्रकार हमें ईश्वर से भी प्रेम करना होगा। कृष्ण स्वयं ईश्वर थे, राधा उनके प्रेम में पागल थीं। जिन ग्रन्थों में राधा-कृष्ण की प्रेमकथाएँ वर्णित हैं, उन्हें पढ़ो तो पता चलेगा कि ईश्वर से कैसे प्रेम करना चाहिए। किन्तु इस अपूर्व प्रेम के तत्त्व को कितने लोग समझते हैं? बहुत से ऐसे मनुष्य हैं जिनका हृदय पाप से परिपूर्ण है, वे नहीं जानते कि पवित्रता या नैतिकता किसे कहते हैं। वे क्या इन तत्त्वों को समझ सकते हैं? वे किसी भाँति इन तत्त्वों को समझ ही नहीं सकते। जिस समय मन से सारे सांसारिक वासनापूर्ण विचार दूर हो जाते हैं और जब निर्मल नैतिक तथा आध्यात्मिक भाव-जगत् में मन की अवस्थिति हो जाती है, उस समय वे अशिक्षित होने पर भी शास्त्र की अति जटिल समस्याओं के रहस्य को समझने में समर्थ होते हैं। किन्तु इस प्रकार के मनुष्य संसार में कितने हैं या हो सकते हैं? ऐसा कोई धर्म नहीं है जिसे लोग विकृत न कर दें। उदाहरणार्थ ज्ञान की

दुहाई देकर लोग अनायास ही कह सकते हैं कि आत्मा जब देह से सम्पूर्णतय पृथक् है, तो देह चाहे जो पाप करे, आत्मा उस कार्य में लिप्त नहीं हो सकती यदि वे ठीक तरह से धर्म का अनुसरण करते तो हिन्दू, मुसलमान, ईसाई अथव कोई भी दूसरा धर्मावलम्बी क्यों न हो, सभी पवित्रता के अवतारस्वरूप होते किन्तु मनुष्य अपनी अपनी अच्छी या बुरी प्रकृति के अनुसार परिचालित हो हैं, यह अस्वीकार नहीं किया जा सकता। किन्तु संसार में सदा कुछ मनुष्य ऐसे भी होते हैं जो ईश्वर का नाम सुनते ही उन्मत्त हो जाते हैं, ईश्वर का गुणगा करते करते जिनकी आँखों से प्रेमाश्रु की प्रबल धारा बहने लगती है। इसी प्रका के लोग सच्चे भक्त हैं।

भक्ति की प्रथम अवस्था में भक्त ईश्वर को प्रभु और अपने को दास समझत है। अपनी दैनंदिन आवश्यकताओं की पूर्ति के लिए वह ईश्वर के प्रति कृतज्ञ अनुभव करता है, इत्यादि। इस प्रकार के भावों को एकदम छोड़ देना चाहिए केवल एक ही आकर्षक शक्ति है और वह है ईश्वर। उसी आकर्षक शक्ति के कारण सूर्य, चन्द्र एवं अन्यान्य सभी चीज़ें गतिमान होती हैं। इस संसार की अच्छी या बुरी सभी चीजें ईश्वराभिमुख चल रही हैं। हमारे जीवन की सारी घटनाएँ अच्छी या बुरी, हमें उसीकी ओर ले जाती हैं। एक मनुष्य ने दूसरे का अपने स्वार्थ के लिए खून किया। जो कुछ भी हो, अपने लिए हो या दूसरों के लिए हो प्रेम ही इस कार्य का मूल है। खराब हो या अच्छा हो, प्रेम ही सब चीज़ों का प्रेरक है। शेर जब भैंस को मारता है, तब वह अपनी या अपने बच्चों की भूख मिटाने के लिए ऐसा करता है।

ईश्वर प्रेम का मूर्त रूप है। सदा सब अपराधों को क्षमा करने के लिए प्रस्तुत, अनादि, अनन्त ईश्वर प्रत्येक वस्तु में विद्यमान है। लोग जानें या न जानें, वे उसकी ओर आकृष्ट हो रहे हैं। पति की परमानुरागिणी स्त्री नहीं जानती कि उसके पति में भी वही महान् दिव्य आकर्षक शक्ति है जो उसको अपने स्वामी की ओर ले जाती है। हमारा उपास्य है—केवल यही प्रेम का ईश्वर। जब तक हम उसे स्रष्टा, पालनकर्ता आदि समझते हैं, तब तक उसकी बाह्य पूजा आदि की आवश्यकता है, किन्तु जिस समय इन सारी भावनाओं का परित्याग कर उसे प्रेम का अवतारस्वरूप समझते हैं एवं सब वस्तुओं में उसे और उसमें सब वस्तुओं को देखते हैं, उसी समय हमें परा भक्ति प्राप्त होती है।

हिन्दू धर्म के सामान्य आधार

लाहौर पहुँचने पर आर्य समाज और सनातन धर्मसभा दोनों के नेताओं ने स्वामी जी का भव्य स्वागत किया। स्वामी जी ने अपने अल्पकालीन लाहौर-प्रवास के दौरान में तीन भाषण दिये। पहला 'हिन्दू धर्म के सामान्य आधार' पर, दूसरा 'भक्ति' पर और तीसरा विख्यात भाषण 'वेदान्त' पर था। उनका पहला भाषण निम्नलिखित है :

स्वामी जी का भाषण

यह वही भूमि है, जो पवित्र आर्यावर्त में पवित्रतम मानी जाती है, यह वही ब्रह्मावर्त है, जिसका उल्लेख हमारे महर्षि मनु ने किया है। यह वही भूमि है, जहाँ से आत्म-तत्त्व की उच्चाकांक्षा का वह प्रबल स्रोत प्रवाहित हुआ है, जो आनेवाले युगों में, जैसा कि इतिहास से प्रकट है, संसार को अपनी बाढ़ से आप्लावित करनेवाला है। यह वही भूमि है, जहाँ से उसकी वेगवती नद-नदियों के समान आध्यात्मिक महत्त्वाकांक्षाएँ उत्पन्न हुईं और धीरे धीरे एक धारा में सम्मिलित होकर शक्तिसम्पन्न हुईं और अन्त में संसार की चारों दिशाओं में फैल गयीं तथा वज्र-गम्भीर ध्वनि से उन्होंने अपनी महान् शक्ति की घोषणा समस्त जगत् में कर दी। यह वही वीर भूमि है, जिसे भारत पर चढ़ाई करनेवाले शत्रुओं के सभी आक्रमणों तथा अतिक्रमणों का आघात सबसे पहले सहना पड़ा था। आर्यावर्त में घुसनेवाली बाहरी बर्बर जातियों के प्रत्येक हमले का सामना इसी वीर भूमि को अपनी छाती खोलकर करना पड़ा था। यह वही भूमि है, जिसने इतनी आपत्तियाँ झेलने के बाद भी अब तक अपने गौरव और शक्ति को एकदम नहीं खोया। यही भूमि है, जहाँ बाद में दयालु नानक ने अपने अद्भुत विश्व-प्रेम का उपदेश दिया; जहाँ उन्होंने अपना विशाल हृदय खोलकर सारे संसार को—केवल हिन्दुओं को नहीं, वरन् मुसलमानों को भी—गले लगाने के लिए अपने हाथ फैलाये। यहीं पर हमारी जाति के सबसे बाद के तथा महान् तेजस्वी वीरों में से एक, गुरु गोविन्द सिंह ने धर्म की रक्षा के लिए अपना एवं अपने प्राण-प्रिय कुटुम्बियों का रक्त बहा दिया; और जिनके लिए यह खून की नदी बहायी गयी, उन लोगों ने भी जब उनका साथ छोड़

दिया, तब वे मर्माहत सिंह की भाँति चुपचाप दक्षिण देश में निर्जन-वास के लिए चले गये और अपने देश-भाइयों के प्रति अधरों पर एक भी कटु वचन न लाकर, तनिक भी असन्तोष प्रकट न कर, शान्त भाव से इहलोक छोड़ कर चले गये।

हे पंचनद देशवासी भाइयो! यहाँ अपनी इस प्राचीन पवित्र भूमि में, तुम लोगों के सामने मैं आचार्य के रूप में नहीं खड़ा हुआ हूँ; कारण, तुम्हें शिक्षा देने योग्य ज्ञान मेरे पास बहुत ही थोड़ा है। मैं तो पूर्वी प्रान्त से अपने पश्चिमी प्रान्त के भाइयों के पास इसीलिए आया हूँ कि उनके साथ हृदय खोलकर वार्तालाप करूँ, उन्हें अपने अनुभव बताऊँ और उनके अनुभव से स्वयं लाभ उठाऊँ। मैं यहाँ यह देखने नहीं आया कि हमारे बीच क्या क्या मतभेद है, वरन् मैं तो यह खोजने आया हूँ कि हम लोगों की मिलन-भूमि कौन सी है। यहाँ मैं यह जानने का प्रयत्न कर रहा हूँ कि वह कौन सा आधार है, जिस पर हम लोग आपस में सदा भाई बने रह सकते हैं; किस नींव पर प्रतिष्ठित होने से वह वाणी, जो अनन्त काल से सुनायी दे रही है, उत्तरोत्तर अधिक प्रबल होती रहेगी। मैं यहाँ तुम्हारे सामने कुछ रचनात्मक कार्यक्रम रखने आया हूँ, ध्वंसात्मक नहीं। कारण, आलोचना के दिन अब चले गये और आज हम रचनात्मक कार्य करने के लिए उत्सुक हैं। यह सत्य है कि संसार को समय समय पर आलोचना की ज़रूरत हुआ करती है,–यहाँ तक कि कठोर आलोचना की भी; पर वह केवल अल्प काल के लिए ही होती है। हमेशा के लिए तो उन्नतिकारी और रचनात्मक कार्य ही वांछित होते हैं, आलोचनात्मक या ध्वंसात्मक नहीं। लगभग पिछले सौ वर्ष से हमारे इस देश में सर्वत्र आलोचना की बाढ़ सी आ गयी है, उधर सभी अन्धकारमय प्रदेशों पर पाश्चात्य विज्ञान का तीव्र प्रकाश डाला गया है, जिससे लोगों की दृष्टि अन्य स्थानों की अपेक्षा कोनों और गली-कूचों की ओर ही अधिक खिंच गयी है। स्वभावतः इस देश में सर्वत्र महान् और तेजस्वी मेधासम्पन्न पुरुषों का जन्म हुआ, जिनके हृदय में सत्य और न्याय के प्रति प्रबल अनुराग था, जिनके अन्तःकरण में अपने देश के लिए और सबसे बढ़कर ईश्वर तथा अपने धर्म के लिए अगाध प्रेम था। क्योंकि ये महापुरुष अत्यधिक संवेदनशील थे, उनमें देश के प्रति इतना गहरा प्रेम था, इसलिए उन्होंने प्रत्येक वस्तु की, जिसे बुरा समझा, तीव्र आलोचना की। अतीतकालीन इन महापुरुषों की जय हो! उन्होंने देश का बहुत ही कल्याण किया है। पर आज हमें एक महावाणी सुनायी दे रही है, 'बस करो, बस करो!' निन्दा पर्याप्त हो चुकी, दोष-दर्शन बहुत हो चुका! अब तो पुनर्निर्माण का, फिर से संगठन करने का समय आ गया है। अब अपनी समस्त

बिखरी हुई शक्तियों को एकत्र करने का, उन सबको एक ही केन्द्र में लाने का और उस सम्मिलित शक्ति द्वारा देश को प्रायः सदियों से रुकी हुई उन्नति के मार्ग में अग्रसर करने का समय आ गया है। घर की सफ़ाई हो चुकी है। अब आवश्यकता है उसे नये सिरे से आबाद करने की। रास्ता साफ़ कर दिया गया है। आर्य सन्तानो, अब आगे बढ़ो!

सज्जनो! इसी उद्देश्य से प्रेरित होकर मैं आपके सामने आया हूँ और प्रारम्भ में ही यह प्रकट कर देना चाहता हूँ कि मैं किसी दल या विशिष्ट सम्प्रदाय का नहीं हूँ। सभी दल और सभी सम्प्रदाय मेरे लिए महान् और महिमामय हैं। मैं उन सबसे प्रेम करता हूँ, और अपने जीवन भर मैं यही ढूंढ़ने का प्रयत्न करता रहा कि उनमें कौन कौन सी बातें अच्छी और सच्ची हैं। इसीलिए आज मैंने संकल्प किया है कि तुम लोगों के सामने उन बातों को पेश करूँ, जिनमें हम एकमत हैं, जिससे कि हमें एकता की सम्मिलन-भूमि प्राप्त हो जाय; और यदि ईश्वर के अनुग्रह से यह सम्भव हो तो आओ, हम उसे ग्रहण करें और उसे सिद्धान्त की सीमाओं से बाहर निकालकर कार्यरूप में परिणत करें। हम लोग हिन्दू हैं। मैं 'हिन्दू' शब्द का प्रयोग किसी बुरे अर्थ में नहीं कर रहा हूँ, और मै उन लोगों से कदापि सहमत नहीं, जो उससे कोई बुरा अर्थ समझते हों। प्राचीन काल में उस शब्द का अर्थ था—सिन्धु नद के दूसरी ओर बसनेवाले लोग। हमसे घृणा करनेवाले बहुतेरे लोग आज उस शब्द का कुत्सित अर्थ.भले ही लगाते हों, पर केवल नाम में क्या धरा है? यह तो हम पर ही पूर्णतया निर्भर है कि 'हिन्दू' नाम ऐसी प्रत्येक वस्तु का द्योतक रहे, जो महिमामय हो, आध्यात्मिक हो, अथवा वह ऐसी वस्तु का द्योतक रहे जो कलंक का समानार्थी हो, जो एक पददलित, निकम्मी और धर्म-भ्रष्ट जाति का सूचक हो। यदि आज 'हिन्दू' शब्द का कोई बुरा अर्थ है तो उसकी परवाह मत करो। आओ, अपने कार्यों और आचरणों द्वारा यह दिखाने को तैयार हो जाओ कि समग्र संसार की कोई भी भाषा इससे ऊँचा, इससे महान् शब्द का आविष्कार नहीं कर सकी है। मेरे जीवन के सिद्धान्तों में से एक यह भी सिद्धान्त रहा है कि मैं अपने पूर्वजों की सन्तान कहलाने में लज्जित नहीं होता। मुझ जैसा गर्वीला मानव इस संसार में शायद ही हो, पर मैं यह स्पष्ट रूप से बता देना चाहता हूँ कि यह गर्व मुझे अपने स्वयं के गुण या शक्ति के कारण नहीं, वरन् अपने पूर्वजों के गौरव के कारण है। जितना ही मैंने अतीत का अध्ययन किया है, जितनी ही मैंने भूत काल की ओर दृष्टि डाली है, उतना ही यह गर्व मुझमें अधिक आता गया है। उससे मुझे श्रद्धा की उतनी ही दृढ़ता और साहस प्राप्त हुआ है, जिसने मुझे धरती की धूलि से ऊपर उठाया है और मैं अपने उन

महान् पूर्वजों के निश्चित किये हुए कार्यक्रम के अनुसार कार्य करने को प्रेरित हुआ हूँ। ऐ उन्हीं प्राचीन आर्य की सन्तानो! ईश्वर करे, तुम लोगों के हृदय में भी वही गर्व आविर्भूत हो जाय, अपने पूर्वजों के प्रति वही विश्वास तुम लोगों के रक्त में भी दौड़ने लगे, वह तुम्हारे जीवन से मिलकर एक हो जाय और संसार के उद्धार के लिए कार्यशील हो!

भाइयो! यह पता लगाने के पहले कि हम ठीक किस बात में एकमत हैं तथा हमारे जातीय जीवन का सामान्य आधार क्या है, हमें एक बात स्मरण रखनी होगी। जैसे प्रत्येक मनुष्य का एक व्यक्तित्व होता है, ठीक उसी तरह प्रत्येक जाति का भी अपना एक व्यक्तित्व होता है। जिस प्रकार एक व्यक्ति कुछ विशिष्ट बातों में, अपने विशिष्ट लक्षणों में अन्य व्यक्तियों से पृथक् होता है, उसी प्रकार एक जाति भी कुछ विशिष्ट लक्षणों में दूसरी जाति से भिन्न हुआ करती है। और जिस प्रकार प्रकृति की व्यवस्था में किसी विशेष उद्देश्य की पूर्ति करना हर एक मनुष्य का जीवनोद्देश्य होता है, जिस प्रकार अपने पूर्व कर्म द्वारा निर्धारित विशिष्ट मार्ग से उस मनुष्य को चलना पड़ता है, ठीक ऐसा ही जातियों के विषय में भी है। प्रत्येक जाति को किसी न किसी दैवनिर्दिष्ट उद्देश्य को पूरा करना पड़ता है, प्रत्येक जाति को संसार में एक सन्देश देना पड़ता है तथा प्रत्येक जाति को एक व्रतविशेष का उद्यापन करना होता है। अतः आरम्भ से ही हमें यह समझ लेना चाहिए कि हमारी जाति का वह व्रत क्या है, विधाता ने उसे भविष्य के किस निर्दिष्ट उद्देश्य के लिए नियुक्त किया है, विभिन्न राष्ट्रों की पृथक्-पृथक् उन्नति और अधिकार में हमें कौन सा स्थान ग्रहण करना है, विभिन्न जातीय स्वरों की समरसता में हमें कौन सा स्वर अलापना है। हम अपने देश में बचपन में यह क़िस्सा सुना करते हैं कि कुछ सर्पों के फन में मणि होती है और जब तक मणि वहाँ है, तब तक तुम सर्प को मारने का कोई भी उपाय करो, वह नहीं मर सकता। हम लोगों ने क़िस्से-कहानियों में दैत्यों और दानवों की बातें पढ़ी हैं। उनके प्राण 'हीरामन तोते' के कलेजे में बन्द रहते हैं और जब तक उस 'हीरामन तोते' की जान में जान रहेगी, तब तक उस दानव का बाल भी बाँका न होगा, चाहे तुम उसके टुकड़े टुकड़े ही क्यों न कर डालो। यह बात राष्ट्रों के सम्बन्ध में भी सत्य है। राष्ट्रविशेष का जीवन भी ठीक उसी प्रकार मानो किसी बिन्दु में केन्द्रित रहता है, वहीं उस राष्ट्र की राष्ट्रीयता रहती है और जब तक उस मर्मस्थान पर चोट नहीं पड़ती, तब तक वह राष्ट्र मर नहीं सकता। इस तथ्य के प्रकाश में, हम संसार के इतिहास की एक अद्वितीय एवं सबसे अपूर्व घटना को समझ सकते हैं। हमारी इस श्रद्धास्पद मातृभूमि पर बारम्बार बर्बर जातियों

के आक्रमणों के दौर आते रहे हैं। 'अल्लाहो अकबर' के गगनभेदी नारों से भारत-गगन सदियों तक गूँजता रहा है और मृत्यु की अनिश्चित छाया प्रत्येक हिन्दू के सिर पर मँडराती रही है। ऐसा कोई हिन्दू न रहा होगा, जिसे पल पल पर मृत्यु की आशंका न होती रही हो। संसार के इतिहास में इस देश से अधिक दुःख पानेवाला तथा अधिक पराधीनता भोगनेवाला और कौन देश है? पर तो भी हम जैसे पहले थे, आज भी लगभग वैसे ही बने हुए हैं, आज भी हम आवश्यकता पड़ने पर बारम्बार विपत्तियों का सामना करने को तैयार हैं; और इतना ही नहीं, हाल में ऐसे भी लक्षण दिखायी दिये हैं कि हम केवल शक्तिमान ही नहीं, वरन् बाहर जाकर दूसरों को अपने विचार देने के लिए भी उद्यत हैं; कारण, विस्तार ही जीवन का लक्षण है।

हम आज देखते हैं कि हमारे भाव और विचार भारत की सरहदों के पिंजड़े में ही बन्द नहीं हैं; बल्कि वे तो, हम चाहें या न चाहें, भारत के बाहर बढ़ रहे हैं, अन्य देशों के साहित्य में प्रविष्ट हो रहे हैं, उन देशों में अपना स्थान प्राप्त कर रहे हैं और इतना ही नहीं, कहीं कहीं तो वे आदेशदाता गुरु के आसन तक पहुँच गये हैं। इसका कारण यही है कि संसार की सम्पूर्ण उन्नति में भारत का दान सबसे श्रेष्ठ रहा है; क्योंकि उसने संसार को ऐसे दर्शन और धर्म का दान दिया है, जो मानव-मन को संलग्न रखनेवाला सबसे अधिक महान्, सबसे अधिक उदात्त और सबसे श्रेष्ठ विषय है। हमारे पूर्वजों ने बहुतेरे अन्य प्रयोग किये। हम सब यह जानते हैं कि अन्य जातियों के समान, वे भी पहले बहिर्जगत् के रहस्य के अन्वेषण में लग गये, और अपनी विशाल प्रतिभा से वह महान् जाति, प्रयत्न करने पर, उस दिशा में ऐसे ऐसे अद्भुत आविष्कार कर दिखाती, जिन पर समस्त संसार को सदैव अभिमान रहता। पर उन्होंने इस पथ को किसी उच्चतर ध्येय की प्राप्ति के लिए छोड़ दिया। वेद के पृष्ठों से उसी महान् ध्येय की प्रतिध्वनि सुनायी देती है—**अथ परा, यया तदक्षरमधिगम्यते**—'वही परा विद्या है, जिससे हमें उस अविनाशी पुरुष की प्राप्ति होती है।' इस परिवर्तनशील, नश्वर प्रकृति सम्बन्धी विद्या—मृत्यु, दुःख और शोक से भरे इस जगत् से सम्बन्धित विद्या बहुत बड़ी भले ही हो; एवं सचमुच ही वह बड़ी है; परन्तु जो अपरिणामी और आनन्दमय है, जो चिर शान्ति का निधान है, जो शाश्वत जीवन और पूर्णत्व का एकमात्र आश्रय-स्थान है, एकमात्र जहाँ ही सारे दुःखों का अवसान होता है, उस ईश्वर से सम्बन्ध रखनेवाली विद्या ही हमारे पूर्वजों की राय में सबसे श्रेष्ठ और उदात्त है। हमारे पूर्वज यदि चाहते, तो ऐसे विज्ञानों का अन्वेषण सहज ही कर सकते थे, जो हमें केवल अन्न, वस्त्र और अपने साथियों पर आधिपत्य

दे सकते हैं, जो हमें केवल दूसरों पर विजय प्राप्त करना और उन पर प्रभुत्व करना सिखाते हैं, जो बली को निर्बल पर हुक़ूमत करने की शिक्षा देते हैं। पर उस परमेश्वर की अपार दया से हमारे पूर्वजों ने उस ओर बिल्कुल ध्यान न देकर एकदम दूसरी दिशा पकड़ी, जो पूर्वोक्त मार्ग से अनन्त गुनी श्रेष्ठ और महान् थी, जिसमें पूर्वोक्त पथ की अपेक्षा अनन्त गुना आनन्द था। इस मार्ग को अपनाकर वे ऐसी अनन्य निष्ठा के साथ उस पर अग्रसर हुए कि आज वह हमारा जातीय विशेषत्व बन गया, सहस्रों वर्ष से पिता-पुत्र की उत्तराधिकार-परम्परा से आता हुआ आज वह हमारे जीवन से घुल-मिल गया है, हमारी रगों में बहनेवाले रक्त की बूँद बूँद से मिलकर एक हो गया है, वह मानो हमारा दूसरा स्वभाव ही बन गया है, यहाँ तक कि आज 'धर्म' और 'हिन्दू' ये दो शब्द समानार्थी हो गये हैं। यही हमारी जाति का वैशिष्ट्य है और इस पर कोई आघात नहीं कर सकता। बर्बर जातियों ने यहाँ आकर तलवारों और तोपों के बल पर अपने बर्बर धर्मों का प्रचार किया, पर उनमें से एक भी हमारे मर्मस्थल को स्पर्श न कर सका, सर्प की उस 'मणि' को न छू सका, जातीय जीवन के प्राणस्वरूप उस 'हीरामन तोते' को न मार सका। अतः यही हमारी जाति की जीवनी शक्ति है, और जब तक यह अव्याहत है, तब तक संसार में ऐसी कोई ताक़त नहीं, जो इस जाति का विनाश कर सके। यदि हम अपनी इस सर्वश्रेष्ठ विरासत आध्यात्मिकता को न छोड़ें तो संसार के सारे अत्याचार-उत्पीड़न और दुःख हमें बिना चोट पहुँचाये ही निकल जायँगे और हम लोग दुःख-कष्टाग्नि की उन ज्वालाओं में से प्रह्लाद के समान बिना जले बाहर निकल आयेंगे। यदि कोई हिन्दू धार्मिक नहीं है तो मैं उसे हिन्दू ही नहीं कहूँगा। दूसरे देशों में, भले ही मनुष्य पहले राजनीतिक हो और फिर धर्म से थोड़ा सा लगाव रखे, पर यहाँ भारत में तो हमारे जीवन का सबसे बड़ा और प्रथम कर्तव्य धर्म का अनुष्ठान है और फिर उसके बाद, यदि अवकाश मिले, तो दूसरे विषय भले ही आ जायँ। इस तथ्य को ध्यान में रखने से, हम यह बात अधिक अच्छी तरह समझ सकेंगे कि अपने जातीय हित के लिए हमें आज क्यों सबसे पहले अपनी जाति की समस्त आध्यात्मिक शक्तियों को ढूँढ़ निकालना होगा, जैसा कि अतीत काल में किया गया था और चिर काल तक किया जायगा। अपनी बिखरी हुई आध्यात्मिक शक्तियों को एकत्र करना ही भारत में जातीय एकता स्थापित करने का एकमात्र उपाय है। जिनकी हृत्तंत्री एक ही आध्यात्मिक स्वर में बँधी है, उन सबके सम्मिलन से ही भारत में जाति का संगठन होगा।

इस देश में पर्याप्त पन्थ या सम्प्रदाय हुए हैं। आज भी ये पन्थ पर्याप्त संख्या

में हैं और भविष्य में भी पर्याप्त संख्या में रहेंगे; क्योंकि हमारे धर्म की यह विशेषता रही है कि उसमें व्यापक तत्त्वों की दृष्टि से इतनी उदारता है कि यद्यपि बाद में उनमें से अनेक सम्प्रदाय फैले हैं और उनकी बहुविध शाखा-प्रशाखाएँ फूटी हैं तो भी उनके तत्त्व हमारे सिर पर फैले हुए इस अनन्त आकाश के समान विशाल हैं, स्वयं प्रकृति की भाँति नित्य और सनातन हैं। अतः सम्प्रदायों का होना तो स्वाभाविक ही है, परन्तु जिसका होना आवश्यक नहीं है, वह है इन सम्प्रदायों के बीच के झगड़े-झमेले। सम्प्रदाय अवश्य रहें, पर साम्प्रदायिकता दूर हो जाय। साम्प्रदायिकता से संसार की कोई उन्नति नहीं होगी; पर सम्प्रदायों के न रहने से संसार का काम नहीं चल सकता। एक ही साम्प्रदायिक विचार के लोग सब काम नहीं कर सकते। संसार की यह अनन्त शक्ति कुछ थोड़े से लोगों से परिचालित नहीं हो सकती। यह बात समझ लेने पर हमारी समझ में यह भी आ जायगा कि हमारे भीतर किसलिए यह सम्प्रदाय-भेदरूपी श्रमविभाग अनिवार्य रूप से आ गया है। भिन्न भिन्न आध्यात्मिक शक्ति-समूहों का परिचालन करने के लिए सम्प्रदाय क़ायम रहें। परन्तु जब हम देखते हैं कि हमारे प्राचीनतम शास्त्र इस बात की घोषणा कर रहे हैं कि यह सब भेद-भाव केवल ऊपर का है, देखने भर का है, और इन सारी विभिन्नताओं के बावजूद इनको एक साथ बाँधे रहनेवाला परम मनोहर स्वर्ण सूत्र इनके भीतर पिरोया हुआ है, तब इसके लिए हमें एक दूसरे के साथ लड़ने-झगड़ने की कोई आवश्यकता नहीं दिखायी देती। हमारे प्राचीनतम शास्त्रों ने घोषणा की है कि **एकं सद्विप्रा बहुधा वदन्ति**—'विश्व में एक ही सद्वस्तु विद्यमान है, ऋषियों ने उसी एक का भिन्न भिन्न नामों से वर्णन किया है।' अतः ऐसे भारत में, जहाँ सदा से सभी सम्प्रदाय समान रूप से सम्मानित होते आये हैं, यदि अब भी सम्प्रदायों के बीच ईर्ष्या-द्वेष और लड़ाई-झगड़े बने रहें तो धिक्कार है हमें, जो हम अपने को उन महिमान्वित पूर्वजों के वंशधर बताने का दुःसाहस करें!

मेरा विश्वास है कि कुछ ऐसे महान् तत्त्व हैं, जिन पर हम सब सहमत हैं, जिन्हें हम सभी मानते हैं—चाहे हम वैष्णव हों या शैव, शाक्त हों या गाणपत्य, चाहे प्राचीन वेदान्ती सिद्धान्तों को मानते हों या अर्वाचीनों के ही अनुयायी हों, पुरानी लकीर के फ़क़ीर हों अथवा नवीन सुधारवादी हों—और जो भी अपने को हिन्दू कहता है, वह इन तत्त्वों में विश्वास रखता है। सम्भव है कि इन तत्त्वों की व्याख्याओं में भेद हो—और वैसा होना भी चाहिए, क्योंकि हमारा यह मानदंड रहा है कि हम सबको ज़बरदस्ती अपने साँचे में न ढालें। हम जिस तरह की व्याख्या करें, सबको वही व्याख्या माननी पड़ेगी अथवा हमारी ही प्रणाली का अनुसरण

करना होगा—ज़बरदस्ती ऐसी चेष्टा करना पाप है। आज यहाँ पर जो लोग एकत्र हुए हैं, शायद वे सभी एक स्वर से यह स्वीकार करेंगे कि हम लोग वेदों को अपने धर्म-रहस्यों का सनातन उपदेश मानते हैं। हम सभी यह विश्वास करते हैं कि वेदरूपी यह पवित्र शब्द-राशि अनादि और अनन्त है। जिस प्रकार प्रकृति का न आदि है न अन्त, उसी प्रकार इसका भी आदि-अन्त नहीं है। और जब कभी हम इस पवित्र ग्रन्थ के प्रकाश में आते हैं, तब हमारे धर्म-सम्बन्धी सारे भेद-भाव और झगड़े मिट जाते हैं। इसमें हम सभी सहमत हैं कि हमारे धर्म विषयक जितने भी भेद हैं, उनकी अन्तिम मीमांसा करनेवाला यही वेद है। वेद क्या है, इस पर हम लोगों में मतभेद हो सकता है। कोई सम्प्रदाय वेद के किसी एक अंश को दूसरे अंश से अधिक पवित्र समझ सकता है। पर इससे तब तक कुछ बनता बिगड़ता नहीं, जब तक हम यह विश्वास करते हैं कि वेदों के प्रति श्रद्धालु होने के कारण हम सभी आपस में भाई भाई हैं तथा उन सनातन, पवित्र और अपूर्व ग्रन्थों से ही ऐसी प्रत्येक पवित्र, महान् और उत्तम वस्तु का उद्‌भव हुआ है, जिसके हम आज अधिकारी हैं। अच्छा, यदि हमारा ऐसा ही विश्वास है तो फिर सबसे पहले इसी तत्त्व का भारत में सर्वत्र प्रचार किया जाय। यदि यही सत्य है तो फिर वेद सर्वदा ही जिस प्राधान्य के अधिकारी हैं तथा जिसमें हम सभी विश्वास करते हैं, वह प्रधानता वेदों को दी जाय। अतः हम सबकी प्रथम मिलन-भूमि है 'वेद'।

दूसरी बात यह है कि हम सब ईश्वर में विश्वास करते हैं, जो संसार की सृष्टि-स्थिति-लय-कारिणी शक्ति है, जिसमें यह सारा चराचर कल्पान्त में लय होकर दूसरे कल्प के आरम्भ में पुनः अद्‌भुत जगत्-प्रपंच रूप से बाहर निकल आता एवं अभिव्यक्त होता है। हमारी ईश्वर विषयक कल्पना भिन्न भिन्न प्रकार की हो सकती है—कुछ लोग ईश्वर को सम्पूर्ण सगुण रूप में, कुछ उन्हें सगुण पर मानव भावापन्न रूप में नहीं, और कुछ उन्हें सम्पूर्ण निर्गुण रूप में ही मान सकते हैं, और सभी अपनी अपनी धारणा की पुष्टि में वेद के प्रमाण भी दे सकते हैं। पर इन सब विभिन्नताओं के होते हुए भी हम सभी ईश्वर में विश्वास करते हैं। इसी बात को दूसरे शब्दों में ऐसा भी कह सकते हैं कि जिससे यह समस्त चराचर उत्पन्न हुआ है, जिसके अवलम्ब से वह जीवित है और अन्त में जिसमें वह फिर से लीन हो जाता है, उस अद्‌भुत अनन्त शक्ति पर जो विश्वास नहीं करता, वह अपने को हिन्दू नहीं कह सकता। यदि ऐसी बात है तो इस तत्त्व को भी समग्र भारत में फैलाने की चेष्टा करनी होगी। तुम इस ईश्वर का चाहे जिस भाव से प्रचार करो, ईश्वर सम्बन्धी तुम्हारा भाव भले ही मेरे भाव से भिन्न हो, पर हम इसके लिए आपस में झगड़ा नहीं करेंगे। हम चाहते हैं, ईश्वर का प्रचार, फिर

वह किसी भी रूप में क्यों न हो। हो सकता है, ईश्वर सम्बन्धी इन विभिन्न धारणाओं में कोई अधिक श्रेष्ठ हो; पर याद रखना, उनमें कोई भी धारणा बुरी नहीं है। उन धारणाओं में कोई उत्कृष्ट, कोई उत्कृष्टतर और कोई उत्कृष्टतम हो सकती है, पर हमारे धर्म-तत्त्व की पारिभाषिक शब्दावली में 'बुरा' नाम का कोई शब्द नहीं है। अतः, ईश्वर के नाम का चाहे जो कोई जिस भाव से प्रचार करे, वह निश्चय ही ईश्वर के आशीर्वाद का भाजन होगा। उसके नाम का जितना ही अधिक प्रचार होगा, देश का उतना ही कल्याण होगा। हमारे बच्चे बचपन से ही इस भाव को हृदय में धारण करना सीखें—अत्यन्त दरिद्र और नीचातिनीच मनुष्य के घर से लेकर बड़े से बड़े धनी-मानी और उच्चतम मनुष्य के घर में भी ईश्वर के शुभ नाम का प्रवेश हो!

अब तीसरा तत्त्व मैं तुम लोगों के सामने प्रकट करना चाहता हूँ। हम लोग औरों की तरह यह विश्वास नहीं करते कि इस जगत् की सृष्टि केवल कई हजार वर्ष पहले हुई है और एक दिन इसका सदा के लिए ध्वंस हो जायगा। साथ ही, हम यह भी विश्वास नहीं करते कि इसी जगत् के साथ शून्य से जीवात्मा की भी सृष्टि हुई है। मैं समझता हूँ कि इस विषय में भी हम सब सहमत हो सकते हैं। हमारा विश्वास है कि प्रकृति अनादि और अनन्त है; पर हाँ, कल्पान्त में यह स्थूल बाह्य जगत् अपनी सूक्ष्म अवस्था को प्राप्त होता है, और कुछ काल तक उस सूक्ष्मावस्था में रहने के बाद पुनः उसका प्रक्षेपण होता है तथा प्रकृति नामक इस अनन्त प्रपंच की अभिव्यक्ति होती है। यह तरंगाकार गति अनन्त काल से—जब स्वयं काल का ही आरम्भ नहीं हुआ था तभी से—चल रही है और अनन्त काल तक चलती रहेगी।

पुनः हिन्दू मात्र का यह विश्वास है कि मनुष्य केवल यह स्थूल जड़ शरीर ही नहीं है, न ही उसके अभ्यन्तरस्थ यह 'मन' नामक सूक्ष्म शरीर ही प्रकृत मनुष्य है, वरन् प्रकृत मनुष्य तो इन दोनों से अतीत एवं श्रेष्ठ है। कारण, स्थूल शरीर परिणामी है और मन का भी वही हाल है; परन्तु इन दोनों से परे 'आत्मा' नामक अनिवर्चनीय वस्तु है जिसका न आदि है, न अन्त। मैं इस 'आत्मा' शब्द का अंग्रेजी में अनुवाद नहीं कर सकता, क्योंकि इसका कोई भी पर्याय गलत होगा। यह आत्मा 'मृत्यु' नामक अवस्था से परिचित नहीं। इसके सिवाय एक और विशिष्ट बात है, जिसनें हमारे साथ अन्यान्य जातियों का बिल्कुल मतभेद है। वह यह है कि आत्मा एक देह का अन्त होने पर दूसरी देह धारण करती है; ऐसा करते करते वह एक ऐसी अवस्था में पहुँचती है, जब उसे फिर शरीर धारण करने की कोई इच्छा या आवश्यकता नहीं रह जाती, तब वह मुक्त हो जाती है

और फिर से कभी जन्म नहीं लेती। यहाँ मेरा तात्पर्य अपने शास्त्रों के संसारवाद या पुनर्जन्मवाद तथा आत्मा के नित्यत्ववाद से है। हम चाहे जिस सम्प्रदाय के हों, पर इस विषय में हम सभी सहमत हैं। इस आत्मा-परमात्मा के पारस्परिक सम्बन्ध के बारे में हमारे मत भिन्न हो सकते हैं। एक सम्प्रदाय आत्मा को परमात्मा से अनन्त काल तक अलग मान सकता है, दूसरे के मत से आत्मा उसी अनन्त अग्नि की एक चिनगारी हो सकती है, और फिर अन्यों के मतानुसार वह उस अनन्त से एकरूप और अभिन्न हो सकती है। पर जब तक हम सब लोग इस मौलिक तत्त्व को मानते हैं कि आत्मा अनन्त है, उसकी सृष्टि कभी नहीं हुई और इसलिए उसका नाश भी कभी नहीं हो सकता, उसे तो भिन्न भिन्न शरीरों से क्रमशः उन्नति करते करते अन्त में मनुष्य शरीर धारण कर पूर्णत्व प्राप्त करना होगा—तब तक हम आत्मा एवं परमात्मा के इस सम्बन्ध के विषय में चाहे जैसी व्याख्या क्यों न करें, उससे कुछ बनता-बिगड़ता नहीं। इसके विषय में हम सभी सहमत हैं। और इसके बाद आध्यात्मिकता के क्षेत्र में सबसे उदात्त, सर्वाधिक विभेद को व्यक्त करनेवाले और आज तक के सबसे अपूर्व आविष्कार की बात आती है। तुम लोगों में से जिन्होंने पाश्चात्य चिन्तन-प्रणाली का अध्ययन किया होगा, उन्होंने सम्भवतः यह लक्ष्य किया होगा कि एक ऐसा मौलिक प्रभेद है, जो पाश्चात्य विचारों को एक ही आघात में पौर्वात्य विचारों से पृथक् कर देता है। वह यह है कि भारत में हम सभी, चाहे हम शाक्त हों या सौर या वैष्णव, अथवा बौद्ध या जैन ही क्यों न हों—हम सब के सब यही विश्वास करते हैं कि आत्मा स्वभावतः शुद्ध, पूर्ण, अनन्त, शक्तिसम्पन्न और आनन्दमय है। अन्तर केवल इतना है कि द्वैतवादियों के मत से आत्मा का वह स्वाभाविक आनन्दस्वभाव पिछले बुरे कर्मों के कारण संकुचित हो गया है एवं ईश्वर के अनुग्रह से वह फिर विकसित हो जायगा और आत्मा पुनः अपने पूर्ण स्वभाव को प्राप्त हो जायगी। पर अद्वैतवादी कहते हैं कि आत्मा के संकुचित होने की यह धारणा भी अंशतः भ्रमात्मक है—हम तो माया के आवरण के कारण ही ऐसा समझते हैं कि आत्मा अपनी सारी शक्ति गँवा बैठी है, जब कि वास्तव में उसकी समस्त शक्ति तब भी पूर्ण रूप से अभिव्यक्त रहती है। जो भी अन्तर हो, पर हम एक ही केन्द्रीय तत्त्व पर पहुँचते हैं कि आत्मा स्वभावतः ही पूर्ण है और यही प्राच्य और पाश्चात्य भावों के बीच एक ऐसा अन्तर डाल देता है जिसमें कहीं समझौता नहीं है। जो कुछ महान् है, जो कुछ शुभ है, पौर्वात्य उसका अन्वेषण अभ्यन्तर में करता है। जब हम पूजा-उपासना करते हैं, तब आँखें बन्द कर ईश्वर को अन्दर ढूँढ़ने का प्रयत्न करते हैं, और पाश्चात्य अपने बाहर ही ईश्वर को ढूँढ़ता फिरता है। पाश्चात्यों

के धर्मग्रन्थ प्रेरित (inspired) हैं, जब कि हमारे धर्मग्रन्थ अन्तःप्रेरित (expired) हैं, निःश्वास की तरह वे निकले हैं, ईश्वरनिःश्वसित हैं, मन्त्रद्रष्टा ऋषियों के हृदयों से निकले हैं।[१]

यह एक प्रधान बात है, जिसे अच्छी तरह समझ लेने की आवश्यकता है। प्यारे भाइयो! मैं तुम लोगों को यह बताये देता हूँ कि यही बात भविष्य में हमें विशेष रूप से बार बार बतलानी और समझानी पड़ेगी। क्योंकि यह मेरा दृढ़ विश्वास है और मैं तुम लोगों से भी यह बात अच्छी तरह समझ लेने को कहता हूँ कि जो व्यक्ति दिन-रात अपने को दीन-हीन या अयोग्य समझे हुए बैठा रहेगा, उसके द्वारा कुछ भी नहीं हो सकता। वास्तव में अगर दिन-रात वह अपने को दीन, नीच एवं 'कुछ नहीं' समझता है तो वह 'कुछ नहीं' ही बन जाता है। यदि तुम कहो कि 'मेरे अन्दर शक्ति है' तो तुममें शक्ति जाग उठेगी। और यदि तुम सोचो कि 'मैं 'कुछ नहीं हूँ,' दिन-रात यही सोचा करो, तो तुम सचमुच ही 'कुछ नहीं' हो जाओगे। तुम्हें यह महान् तत्त्व सदा स्मरण रखना चाहिए। हम तो उसी सर्व शक्तिमान परम पिता की सन्तान हैं, उसी अनन्त ब्रह्माग्नि की चिनगारियाँ हैं—भला हम 'कुछ नहीं' क्योंकर हो सकते हैं? हम सब कुछ हैं, हम सब कुछ कर सकते हैं, और मनुष्य को सब कुछ करना ही होगा, हमारे पूर्वजों में ऐसा ही दृढ़ आत्मविश्वास था। इसी आत्मविश्वास रूपी प्रेरणा-शक्ति ने उन्हें सभ्यता की उच्च से उच्चतर सीढ़ी पर चढ़ाया था। और, अब यदि हमारी अवनति हुई हो, हममें दोष आया हो तो मैं तुमसे सच कहता हूँ, जिस दिन हमारे पूर्वजों ने अपना यह आत्मविश्वास गँवाया, उसी दिन से हमारी यह अवनति, यह दुरवस्था आरम्भ हो गयी। आत्मविश्वास-हीनता का मतलब है ईश्वर में अविश्वास। क्या तुम्हें विश्वास है कि वही अनन्त मंगलमय विधाता तुम्हारे भीतर से काम कर रहा है? यदि तुम ऐसा विश्वास करो कि वही सर्वव्यापी अन्तर्यामी प्रत्येक अणु-परमाणु में—तुम्हारे शरीर, मन और आत्मा में ओत-प्रोत है, तो फिर क्या तुम कभी उत्साह से वंचित रह सकते हो? मैं पानी का एक छोटा सा बुलबुला हो सकता हूँ, और तुम एक पर्वताकार तरंग; तो इससे क्या? वह अनन्त समुद्र जैसा तुम्हारे लिए, वैसा ही मेरे लिए भी आश्रय है। उस जीवन, शक्ति और आध्यात्मिकता के असीम सागर पर जैसा तुम्हारा, वैसा ही मेरा भी अधिकार है। मेरे जन्म से ही, मुझमें जीवन होने से ही, यह प्रमाणित हो रहा है कि तुम्हारे समान, चाहे तुम पर्वताकार तरंग ही क्यों न हो, मैं भी उसी

---

१. Inspire का व्युत्पत्तिमूलक अर्थ है—श्वास का बाहर से अन्दर जाना और Expire का—श्वास का भीतर से बाहर निकलना।

अनन्त जीवन, अनन्त शिव और अनन्त शक्ति के साथ नित्यसंयुक्त हूँ। अतएव, भाइयो! तुम अपनी सन्तानों को उनके जन्म-काल से ही इस महान्, जीवनप्रद, उच्च और उदात्त तत्त्व की शिक्षा देना शुरू कर दो। उन्हें अद्वैतवाद की ही शिक्षा देने की आवश्यकता नहीं, तुम चाहे द्वैतवाद की शिक्षा दो या जिस किसी 'वाद' की, जो भी तुम्हें रुचे। परन्तु हम पहले ही देख चुके हैं कि यही सर्वमान्य 'वाद' भारत में सर्वत्र स्वीकृत है। आत्मा की पूर्णता के इस अपूर्व सिद्धान्त को सभी सम्प्रदायवाले समान रूप से मानते हैं। हमारे महान् दार्शनिक कपिल महर्षि ने कहा है कि पवित्रता यदि आत्मा की प्रकृति न हो, तो आत्मा बाद में कभी भी पवित्रता को प्राप्त नहीं हो सकती, क्योंकि जो स्वभावतः पूर्ण नहीं है, वह यदि किसी प्रकार पूर्णता पा भी ले, तो वह पूर्णता उसमें स्थिर भाव से नहीं रह सकती, उससे पुनः चली जायगी। यदि अपवित्रता ही मनुष्य का स्वभाव हो, तो भले ही वह कुछ समय के लिए पवित्रता प्राप्त कर ले, पर वह सदा के लिए अपवित्र ही बना रहेगा। कभी न कभी ऐसा समय आयेगा, जब वह पवित्रता धुल जायगी, दूर हो जायगी, और फिर वही पुरानी स्वाभाविक अपवित्रता अपना सिक्का जमा लेगी। अतएव हमारे सभी दार्शनिक कहते हैं कि पवित्रता ही हमारा स्वभाव है, अपवित्रता नहीं; पूर्णता ही हमारा स्वभाव है, अपूर्णता नहीं। इस बात को तुम सदा स्मरण रखो। उस महर्षि के सुन्दर दृष्टान्त को सदैव स्मरण रखो, जो शरीर त्याग करते समय अपने मन से अपने किये हुए उत्कृष्ट कार्यों और उच्च विचारों का स्मरण करने के लिए कहते हैं।[1] देखो, उन्होंने अपने मन से अपने दोषों और दुर्बलताओं की याद करने के लिए नहीं कहा है। यह सच है कि मनुष्य में दोष हैं, दुर्बलताएँ हैं, पर तुम सर्वदा अपने वास्तविक स्वरूप का स्मरण करो। बस यही इन दोषों और दुर्बलताओं के दूर करने का अमोघ उपाय है।

मैं समझता हूँ कि ये कतिपय तत्त्व भारतवर्ष के सभी भिन्न भिन्न सम्प्रदायवाले स्वीकार करते हैं, और सम्भवतः भविष्य में इसी सर्वस्वीकृत आधार पर समस्त सम्प्रदायों के लोग—वे उदार हों या कट्टर, पुरानी लकीर के फ़क़ीर हों या नयी रोशनीवाले—सभी के सभी आपस में मिलकर रहेंगे। पर सबसे बढ़कर एक अन्य बात भी हमें याद रखनी चाहिए, खेद है कि इसे हम प्रायः भूल जाते हैं। वह यह है कि भारत में धर्म का तात्पर्य है 'प्रत्यक्षानुभूति', इससे कम कदापि नहीं। हमें ऐसी बात कोई नहीं सिखा सकता कि 'यदि तुम इस मत को स्वीकार करो तो तुम्हारा उद्धार हो जायगा; क्योंकि हम उस बात पर विश्वास करते ही नहीं।

---

१. ॐ क्रतो स्मर कृतं स्मर क्रतो स्मर कृतं स्मर। ईशोपनिषद् १७॥

तुम अपने को जैसा बनाओगे, अपने को जैसे साँचे में ढालोगे, वैसे ही बनोगे। तुम जो कुछ हो, जैसे हो, वह ईश्वर की कृपा और अपने प्रयत्न से बने हो। किसी मतामत में विश्वास मात्र से तुम्हारा कोई विशेष उपकार नहीं होगा। 'अनुभूति', 'अनुभूति' की यह महती शक्तिमयी वाणी भारत के ही आध्यात्मिक गगनमंडल से आविर्भूत हुई है, और एकमात्र हमारे ही शास्त्रों ने यह बारम्बार कहा है कि 'ईश्वर के दर्शन करने होंगे। यह बात बड़े साहस की है, इसमें सन्देह नहीं; पर इसका लेशमात्र भी मिथ्या नहीं है, यह अक्षरशः सत्य है। धर्म की प्रत्यक्ष अनुभूति करनी होगी, केवल सुनने से काम नहीं चलेगा; तोते की तरह कुछ थोड़े से शब्द और धर्म विषयक बातें रट लेने से काम नहीं चलेगा; केवल बुद्धि द्वारा स्वीकार कर लेने से भी काम न चलेगा—आवश्यकता है हमारे अन्दर धर्म के प्रवेश करने की। अतः ईश्वर के अस्तित्व पर विश्वास रखने का सबसे बड़ा प्रमाण यह नहीं है कि तर्क से सिद्ध है; वरन् ईश्वर के अस्तित्व का सर्वोच्च प्रमाण तो यह है कि हमारे यहाँ के प्राचीन तथा अर्वाचीन सभी पहुँचे हुए लोगों ने ईश्वर का साक्षात्कार किया है। आत्मा के अस्तित्व पर हम केवल इसलिए विश्वास नहीं करते कि हमारे पास उसके प्रमाण में उत्कृष्ट युक्तियाँ हैं, वरन् इसलिए कि प्राचीन काल में भारतवर्ष के सहस्रों व्यक्तियों ने आत्मा के प्रत्यक्ष दर्शन किये हैं; आज भी ऐसे बहुत से हैं, जिन्होंने आत्मोपलब्धि की है; और भविष्य में भी ऐसे हज़ारों लोग होंगे, जिन्हें आत्मा की प्रत्यक्ष अनुभूति होगी। और जब तक मनुष्य ईश्वर के दर्शन न कर लेगा, आत्मा की उपलब्धि न कर लेगा, तब तक उसकी मुक्ति असम्भव है। अतएव, आओ, सबसे पहले हम इस बात को भली भाँति समझ लें; और हम इसे जितना ही अधिक समझेंगे, उतना ही भारत में साम्प्रदायिकता का ह्रास होगा, क्योंकि यथार्थ धार्मिक वही है, जिसने ईश्वर के दर्शन पाये हैं, जिसने अन्तर में उसकी प्रत्यक्ष उपलब्धि की है। तब तो, 'जिसने उसे देख लिया, जो हमारे निकट से भी निकट और फिर दूर से भी दूर है, उसके हृदय की गाँठें खुल जाती हैं, उसके सारे संशय दूर हो जाते हैं और वह कर्मफल के समस्त बन्धनों से छुटकारा पा जाता है।"[1]

हा हन्त! हम लोग बहुधा अर्थहीन वागाडम्बर को ही आध्यात्मिक सत्य समझ बैठते हैं, पांडित्य से भरी सुललित वाक्य-रचना को ही गम्भीर धर्मानुभूति समझ लेते हैं। इसीसे यह सारी साम्प्रदायिकता आती है, सारा विरोध-भाव उत्पन्न होता है। यदि हम एक बार इस बात को भली भाँति समझ लें कि

१. भिद्यते हृदयग्रन्थिश्छिद्यन्ते सर्वसंशयाः।
क्षीयन्ते चास्य कर्माणि तस्मिन् दृष्टे परावरे॥ मुंडकोपनिषद् २।२।८॥

प्रत्यक्षानुभूति ही प्रकृत धर्म है तो हम अपने ही हृदय को टटोलेंगे और यह समझने का प्रयत्न करेंगे कि हम धर्म-राज्य के सत्यों की उपलब्धि की ओर कहाँ तक अग्रसर हुए हैं। और तब हम यह समझ जायँगे कि हम स्वयं अन्धकार में भटक रहे हैं और अपने साथ दूसरों को भी उसी अन्धकार में भटका रहे हैं। बस, इतना समझने पर हमारी साम्प्रदायिकता और लड़ाई मिट जायगी। यदि कोई तुमसे साम्प्रदायिक झगड़ा करने को तैयार हो तो उससे पूछो, 'तुमने क्या ईश्वर के दर्शन किये हैं? क्या तुम्हें कभी आत्म-दर्शन प्राप्त हुआ है? यदि नहीं, तो तुम्हें ईश्वर के नाम का प्रचार करने का क्या अधिकार है? तुम तो स्वयं अँधेरे में भटक रहे हो और मुझे भी उसी अँधेरे में घसीटने की कोशिश कर रहे हो? 'अन्धा अन्धे को राह दिखावे' के अनुसार तुम मुझे भी गड्ढे में ले गिरोगे।" अतएव किसी दूसरे के दोष निकालने के पहले तुमको अधिक विचार कर लेना चाहिए। सबको अपनी अपनी राह से चलने दो—'प्रत्यक्ष अनुभूति' की ओर अग्रसर होने दो। सभी अपने अपने हृदय में उस सत्यस्वरूप आत्मा के दर्शन करने का प्रयत्न करें। और जब वे उस भूमा के, उस अनावृत सत्य के दर्शन कर लेंगे, तभी उससे प्राप्त होनेवाले अपूर्व आनन्द का अनुभव कर सकेंगे। आत्मोपलब्धि से प्रसूत होनेवाला यह अपूर्व आनन्द कपोल-कल्पित नहीं है; वरन् भारत के प्रत्येक ऋषि ने, प्रत्येक सत्य-द्रष्टा पुरुष ने इसका प्रत्यक्ष अनुभव किया है। और तब, उस आत्मदर्शी हृदय से आप ही आप प्रेम की वाणी फूट निकलेगी; क्योंकि उसे ऐसे परम पुरुष का स्पर्श प्राप्त हुआ है, जो स्वयं प्रेमस्वरूप है। बस तभी हमारे सारे साम्प्रदायिक लड़ाई-झगड़े दूर होंगे; और तभी हम 'हिन्दू' शब्द को तथा प्रत्येक हिन्दू-नामधारी व्यक्ति को यथार्थतः समझने, हृदय में धारण करने तथा गम्भीर रूप से प्रेम करने व आलिंगन करने में समर्थ होंगे। मेरी बात पर ध्यान दो, केवल तभी तुम वास्तव में हिन्दू कहलाने योग्य होगे, जब 'हिन्दू' शब्द को सुनते ही तुम्हारे अन्दर बिजली दौड़ने लग जायगी। केवल तभी तुम सच्चे हिन्दू कहला सकोगे, जब तुम किसी भी प्रान्त के, कोई भी भाषा बोलनेवाले प्रत्येक हिन्दू-संज्ञक व्यक्ति को एकदम अपना सगा और स्नेही समझने लगोगे। केवल तभी तुम सच्चे हिन्दू माने जाओगे, जब किसी भी हिन्दू कहलानेवाले का दुःख तुम्हारे हृदय में तीर की तरह आकर चुभेगा, मानो तुम्हारा अपना लड़का ही विपत्ति में पड़ गया हो! केवल तभी तुम यथार्थतः 'हिन्दू' नाम के योग्य होगे, जब तुम उनके लिए समस्त अत्याचार और उत्पीड़न सहने के लिए तैयार रहोगे। इसके ज्वलन्त दृष्टान्त हैं—तुम्हारे ही गुरु गोविन्द सिंह, जिनकी चर्चा मैं आरम्भ में ही कर चुका हूँ। इस महात्मा ने देश के शत्रुओं के विरुद्ध लोहा लिया, हिन्दू धर्म की रक्षा के लिए अपने हृदय का रक्त बहाया, अपने पुत्रों को

पनी आँखों के सामने मौत के घाट उतरते देखा—पर जिनके लिए इन्होंने अपना र अपने प्राणों से बढ़कर प्यारे पुत्रों का खून बहाया, उन्हीं लोगों ने, इनकी हायता करना तो दूर रहा, उल्टे इन्हें त्याग दिया! —यहाँ तक कि उन्हें इस प्रदेश भी हटना पड़ा। अन्त में मर्मान्तिक चोट खाये हुए सिंह की भाँति यह नरकेसरी न्तिपूर्वक अपने जन्म-स्थान को छोड़ दक्षिण भारत में जाकर मृत्यु की राह देखने गा; परन्तु अपने जीवन के अन्तिम मुहूर्त तक उसने अपने उन कृतघ्न देशवासियों के ति कभी अभिशाप का एक शब्द भी मुँह से नहीं निकाला। मेरी बात पर ध्यान दो। दि तुम देश की भलाई करना चाहते हो तो तुममें से प्रत्येक को गुरु गोविन्द सिंह नना पड़ेगा। तुम्हें अपने देशवासियों में भले ही हज़ारों दोष दिखायी दें, पर तुम नकी रग रग में बहनेवाले हिन्दू रक्त की ओर ध्यान दो। तुम्हें पहले अपने इन वजातीय नर-रूप देवताओं की पूजा करनी होगी, भले ही वे तुम्हारी बुराई के लिए ाख चेष्टा किया करें। इनमें से प्रत्येक व्यक्ति यदि तुम पर अभिशाप और निन्दा ी बौछार करे तो भी तुम इनके प्रति प्रेमपूर्ण वाणी का ही प्रयोग करो। यदि तुम्हें त्याग दें, पैरों से ठुकरा दें तो तुम उसी वीरकेसरी गोविन्द सिंह की भाँति माज से दूर जाकर नीरव भाव से मौत की राह देखो। जो ऐसा कर सकता है, ही सच्चा हिन्दू कहलाने का अधिकारी है। हमें अपने सामने सदा इसी प्रकार ा आदर्श उपस्थित रखना होगा। पारस्परिक विरोध-भाव को भूलकर चारों ोर प्रेम का प्रवाह बहाना होगा।

लोग भारत के पुनरुद्धार के लिए जो जी में आये, कहें। मैं जीवन भर काम रता रहा हूँ, कम से कम काम करने का प्रयत्न करता रहा हूँ; मैं अपने अनुभव के ल पर तुमसे कहता हूँ कि जब तक तुम सच्चे अर्थों में धार्मिक नहीं होते, तब तक भारत का उद्धार होना असम्भव है। केवल भारत ही क्यों, सारे संसार का कल्याण इसी पर निर्भर है। क्योंकि, मैं तुम्हें स्पष्टतया बताये देता हूँ कि इस समय पाश्चात्य सभ्यता अपनी नींव तक हिल गयी है। भौतिकवाद की कच्ची रेतीली नींव पर खड़ी होनेवाली बड़ी से बड़ी इमारतें भी एक न एक दिन अवश्य ही आपद्ग्रस्त होंगी, ढह जायँगी। इस विषय में संसार का इतिहास ही सबसे बड़ा साक्षी है। जाति पर जाति उठी हैं और भौतिकवाद की नींव पर उन्होंने अपने गौरव का प्रासाद खड़ा किया है। उन्होंने संसार के समक्ष यह घोषणा की है कि जड़ के सिवा मनुष्य और कुछ नहीं है। ध्यान दो, पाश्चात्य भाषा में 'मनुष्य आत्मा छोड़ता है' (A man gives up the ghost); पर हमारी भाषा में 'मनुष्य शरीर छोड़ता है।' पाश्चात्य मनुष्य अपने सम्बन्ध में पहले देह को ही लक्ष्य करता है, उसके बाद उसके एक आत्मा है। पर हम लोगों के अनुसार मनुष्य पहले आत्मा ही है, और फिर उसके एक देह

भी है। इन दो विभिन्न वाक्यों की छानबीन करने पर तुम देखोगे कि प्राच्य औ पाश्चात्य विचार-प्रणाली में आकाश पाताल का अन्तर है। इसीलिए जितनं सभ्यताएँ भौतिक सुख-स्वच्छन्दता की रेतीली नींव पर क़ायम हुई थीं, वे सभी थो ही समय के लिए जीवित रहकर एक एक करके संसार से लुप्त हो गयीं; परन्त भारत की सभ्यता, और भारत के चरणों के पास बैठकर शिक्षा ग्रहण करनेवाले चीन और जापान की सभ्यता आज भी जीवित है; और इतना ही नहीं, बल्कि उनमें पुनरुत्थान के लक्षण भी दिखायी दे रहे हैं। 'फ़िनिक्स'[१] के समान हज़ारों बार नष्ट होने पर भी वे पुनः अधिक तेजस्वी होकर प्रस्फुरित होने को तैयार हैं। पर भौतिक-वाद के आधार पर जो सभ्यताएँ स्थापित हैं, वे यदि एक बार नष्ट हो गयीं, तो फिर उठ नहीं सकतीं—एक बार यदि महल ढह पड़ा, तो बस सदा के लिए धूल में मिल गया! अतएव, धैर्य के साथ राह देखते रहो, हम लोगों का भविष्य उज्ज्वल है।

उतावले मत बनो, किसी दूसरे का अनुकरण करने की चेष्टा मत करो। दूसरे का अनुकरण करना सभ्यता की निशानी नहीं है; यह एक महान् पाठ है, जो हमें याद रखना है। मैं यदि आप ही राजा की सी पोशाक पहन लूँ तो क्या इतने ही से मैं राजा बन जाऊँगा? शेर की खाल ओढ़कर गधा कभी शेर नहीं बन सकता। अनुकरण करना, हीन और डरपोक की तरह अनुकरण करना कभी उन्नति के पथ पर आगे नहीं बढ़ा सकता। वह तो मनुष्य के अधःपतन का लक्षण है। जब मनुष्य अपने आप पर घृणा करने लग जाता है, तब समझना चाहिए कि उस पर अन्तिम चोट बैठ चुकी है। जब वह अपने पूर्वजों को मानने में लज्जित होता है तो समझ लो कि उसका विनाश निकट है। यद्यपि मैं हिन्दू जाति में एक नगण्य व्यक्ति हूँ, तथापि अपनी जाति और अपने पूर्वजों के गौरव से मैं अपना गौरव मानता हूँ। अपने को हिन्दू बताते हुए, हिन्दू कहकर अपना परिचय देते हुए, मुझे एक प्रकार का गर्व सा होता है। मैं तुम लोगों का एक तुच्छ सेवक होने में अपना गौरव समझता हूँ। तुम लोग आर्य ऋषियों के वंशधर हो—उन ऋषियों के, जिनकी महत्ता की तुलना नहीं हो सकती। मुझे इसका गर्व है कि मैं तुम्हारे देश का एक नगण्य नागरिक हूँ। अतएव, भाइयो, आत्मविश्वासी बनो। पूर्वजों के नाम से अपने को लज्जित नहीं, गौरवान्वित समझो। याद रहे, किसीका अनुकरण कदापि न करो। कदापि नहीं। जब कभी तुम औरों के विचारों का अनुकरण करते हो, तुम अपनी स्वाधीनता गँवा बैठते हो। यहाँ तक कि आध्यात्मिक विषय में भी यदि दूसरों के

१. यूनानी दन्तकथाओं के अनुसार फ़िनिक्स (Phoenix) एक चिड़िया है, जो अकेली ५०० वर्ष तक जीती है और पुनः अपने भस्म में से जी उठती है।

आज्ञाधीन हो कार्य करोगे, तो अपनी सारी शक्ति, यहाँ तक कि विचार की शक्ति भी खो बैठोगे। अपने स्वयं के प्रयत्नों द्वारा अपने अन्दर की शक्तियों का विकास करो। पर देखो, दूसरे का अनुकरण न करो। हाँ, दूसरों के पास जो कुछ अच्छाई हो, उसे अवश्य ग्रहण करो। हमें दूसरों से अवश्य सीखना होगा। ज़मीन में बीज बो दो, उसके लिए पर्याप्त मिट्टी, हवा और पानी की व्यवस्था करो; जब वह बीज अंकुरित होकर कालान्तर में एक विशाल वृक्ष के रूप में फैल जाता है, तब क्या वह मिट्टी बन जाता है, या हवा या पानी? नहीं, वह तो विशाल वृक्ष ही बनता है—मिट्टी, हवा और पानी से रस खींचकर वह अपनी प्रकृति के अनुसार एक महीरुह का रूप ही धारण करता है। उसी प्रकार तुम भी करो—औरों से उत्तम बातें सीखकर उन्नत बनो। जो सीखना नहीं चाहता, वह तो पहले ही मर चुका है। महर्षि मनु ने कहा है:

आददीत परां विद्यां प्रयत्नादवरादपि।
अन्त्यादपि परं धर्मं स्त्रीरत्नं दुष्कुलादपि॥

—'स्त्री-रत्न को, भले ही वह कुलीन न हो, अपनी पत्नी के रूप में स्वीकार करो और नीच व्यक्ति की सेवा करके उससे भी श्रेष्ठ विद्या सीखने का प्रयत्न करो। चांडाल द्वारा भी श्रेष्ठ धर्म की शिक्षा ग्रहण करो।' औरों के पास जो कुछ भी अच्छा पाओ, सीख लो; पर उसे अपने भाव के साँचे में ढालकर लेना होगा। दूसरे की शिक्षा ग्रहण करते समय उसके ऐसे अनुगामी न बनो कि अपनी स्वतन्त्रता गँवा बैठो। भारत के इस जातीय जीवन को भूल मत जाना। पल भर के लिए भी ऐसा न सोचना कि भारतवर्ष के सभी अधिवासी यदि अमुक जाति की वेश-भूषा धारण कर लेते या अमुक जाति के आचार-व्यवहारादि के अनुयायी बन जाते तो बड़ा अच्छा होता। यह तो तुम भली भाँति जानते हो कि कुछ ही वर्षों का अभ्यास छोड़ देना कितना कठिन होता है! फिर यह ईश्वर ही जानता है कि तुम्हारे रक्त में कितने सहस्र वर्षों का संस्कार जमा हुआ है; कितने सहस्र वर्षों से यह प्रबल जातीय जीवन-स्रोत एक विशेष दिशा की ओर प्रवाहित हो रहा है। और क्या तुम यह समझते हो कि वह प्रबल धारा, जो प्रायः अपने समुद्र के समीप पहुँच चुकी है, पुनः उलटकर हिमालय की हिमाच्छादित चोटियों पर वापस जा सकती है? यह असम्भव है! यदि ऐसी चेष्टा करोगे तो जाति ही नष्ट हो जायगी। अतः, इस जातीय जीवन-स्रोत को पूर्ववत् प्रवाहित होने दो। हाँ, जो बाँध इसके रास्ते में रुकावट डाल रहे हैं, उन्हें काट दो; इसका रास्ता साफ़ करके प्रवाह को मुक्त कर दो; देखोगे, यह जातीय जीवन-स्रोत अपनी स्वाभाविक प्रेरणा से फूट कर आगे बढ़ निकलेगा और

यह जाति अपनी सर्वांगीण उन्नति करते करते अपने चरम लक्ष्य की ओर अग्रस होती जायगी।

भाइयो ! यही कार्य-प्रणाली है, जो हमें भारत में धर्म के क्षेत्र में अपनानी होगी इसके सिवा और भी कई महती समस्याएँ हैं, जिनकी चर्चा समयाभाव के कार इस रात मैं नहीं कर सकता। उदाहरण के लिए जाति-भेद सम्बन्धी अद्भुत समस को ही ले लो। मैं जीवन भर इस समस्या पर हर एक पहलू से विचार करता र हूँ। भारत के प्रायः प्रत्येक प्रान्त में जाकर मैंने इस समस्या का अध्ययन किया है इस देश के लगभग हर एक भाग की विभिन्न जातियों से मैं मिला-जुला हूँ। प जितना ही मैं इस विषय पर विचार करता हूँ, मेरे सामने उतनी ही कठिनाइ आ पड़ती हैं और मैं इसके उद्देश्य अथवा तात्पर्य के विषय में किंकर्तव्यविमूढ़ सा ह जाता हूँ। अन्त में अब मेरी आँखों के सामने एक क्षीण आलोक-रेखा दिखायी दे लगी है, इधर कुछ ही समय से इसका मूल उद्देश्य मेरी समझ में आने लगा है

इसके बाद फिर खान-पान की समस्या भी बड़ी विषम है। वास्तव में यह ए बड़ी जटिल समस्या है। साधारणतः हम लोग इसे जितना अनावश्यक समझते हैं सच पूछो तो यह उतनी अनावश्यक नहीं है। मैं तो इस सिद्धान्त पर आ पहुँच हूँ कि आजकल खान-पान के बारे में हम लोग जिस बात पर ज़ोर देते हैं, वह ए बड़ी विचित्र बात है—वह शास्त्रानुमोदित नहीं है। तात्पर्य यह कि खान-पान वास्तविक पवित्रता की अवलेहना करके ही हम लोग कष्ट पा रहे हैं। हम शास्त्रानुमोदित आहार-प्रथा के वास्तविक अभिप्राय को बिल्कुल भूल गये हैं।

इसी प्रकार, और भी कई समस्याएँ हैं, जिन्हें मैं तुम लोगों के समक्ष रखन चाहता हूँ और साथ ही यह बतलाना चाहता हूँ कि इन समस्याओं के समाधान क्य हैं तथा किस प्रकार इन समाधानों को कार्यरूप में परिणत किया जा सकता है पर दुःख है, सभा के व्यवस्थित रूप से आरम्भ होने में देर हो गयी, और अब मैं तुम लोगों को और अधिक नहीं रोकना चाहता। अतः, जाति-भेद तथा अन्यान्य समस्याओं पर मैं फिर भविष्य में कभी कुछ कहूँगा।

अब केवल एक बात और कहकर मैं आध्यात्मिक तत्त्व विषयक अपना वक्तव्य समाप्त कर दूँगा। भारत में धर्म बहुत दिनों से गतिहीन बना हुआ है। हम चाहते हैं कि उसमें गति उत्पन्न हो। मैं चाहता हूँ कि प्रत्येक मनुष्य के जीवन में धर्म प्रतिष्ठित हो। मैं चाहता हूँ कि प्राचीन काल की तरह राजमहल से लेकर दरिद्र के झोपड़े तक सर्वत्र समान भाव से धर्म का प्रवेश हो। याद रहे, धर्म ही इस जाति का साधारण उत्तराधिकार एवं जन्मसिद्ध स्वत्व है। इस धर्म को हर एक आदमी के दरवाज़े तक निःस्वार्थ भाव से पहुँचाना होगा। ईश्वर के राज्य में जिस प्रकार

वायु सबके लिए समान रूप से प्राप्त होती है, उसी प्रकार भारतवर्ष में धर्म को सुलभ बनाना होगा। भारत में इसी प्रकार का कार्य करना होगा। पर छोटे छोटे दल बाँध आपसी मतभेदों पर विवाद करते रहने से नहीं बनेगा; हमें तो उन बातों का प्रचार करना होगा, जिनमें हम सब सहमत हैं और तब आपसी मतभेद आप ही आप दूर हो जायँगे। मैंने भारतवासियों से बारम्बार कहा है और अब भी कह रहा हूँ कि कमरे में यदि सैकड़ों वर्षों से अन्धकार फैला हुआ है, तो क्या 'घोर अन्धकार!', 'भयंकर अन्धकार!!' कहकर चिल्लाने से अन्धकार दूर हो जायगा? नहीं; रोशनी जला दो, फिर देखो कि अँधेरा आप ही आप दूर हो जाता है या नहीं। मनुष्य के सुधार का, उसके संस्कार का यही रहस्य है। उसके समक्ष उच्चतर बातें, उच्चतर प्रेरणाएँ रखो; पहले मनुष्य में, उसकी मनुष्यता में विश्वास रखो। ऐसा विश्वास लेकर क्यों प्रारम्भ करें कि मानव हीन और पतित है? मैं आज तक मनुष्य पर, बुरे से बुरे मनुष्य पर भी, विश्वास करके कभी विफल नहीं हुआ हूँ। जहाँ कहीं भी मैंने मानव में विश्वास किया, वहाँ मुझे इच्छित फल ही प्राप्त हुआ है—सर्वत्र सफलता ही मिली है, यद्यपि प्रारम्भ में सफलता के अच्छे लक्षण नहीं दिखायी देते थे। अतः, मनुष्य में विश्वास रखो, चाहे वह पंडित हो या घोर मूर्ख, साक्षात् देवता जान पड़े या मूर्तिमान शैतान; सबसे पहले मनुष्य में विश्वास रखो, और तदुपरान्त यह विश्वास लाने का प्रयत्न करो कि यदि उसमें दोष हैं, यदि वह ग़लतियाँ करता है, यदि वह अत्यन्त घृणित और असार सिद्धान्तों को अपनाता है तो वह अपने यथार्थ स्वभाव के कारण ऐसा नहीं करता, वरन् उच्चतर आदर्शों के अभाव में वैसा करता है। यदि कोई व्यक्ति असत्य की ओर जाता है, तो उसका कारण यही समझो कि वह सत्य को ग्रहण नहीं कर पाता। अतः, मिथ्या को दूर करने का एकमात्र उपाय यही है कि उसे सत्य का ज्ञान कराया जाय। उसे सत्य का ज्ञान दे दो और उसके साथ अपने पूर्व मन के भाव की तुलना उसे करने दो। तुमने तो उसे सत्य का असली रूप दिखा दिया, बस यहीं तुम्हारा काम समाप्त हो गया। अब वह स्वयं उस सत्य के साथ अपने पूर्व भाव की तुलना करके देखे। यदि तुमने वास्तव में उसे सत्य का ज्ञान करा दिया है तो निश्चय जानो, मिथ्या भाव अवश्य दूर हो जायगा। प्रकाश कभी अन्धकार का नाश किये बिना नहीं रह सकता। सत्य अवश्य ही उसके भीतर के सद्भावों को प्रकाशित करेगा। यदि सारे देश का आध्यात्मिक संस्कार करना चाहते हो, तो उसके लिए यही रास्ता है—**'नान्यः पन्था'**! वाद-विवाद या लड़ाई-झगड़ों से कभी अच्छा फल नहीं हो सकता। लोगों से यह भी कहने की आवश्यकता नहीं कि तुम लोग जो कुछ कर रहे हो, वह ठीक नहीं है, ख़राब है। जो कुछ अच्छा है, उसे उनके सामने रख दो; फिर देखो, वे कितने आग्रह के साथ उसे ग्रहण करते

हैं और फिर देखोगे कि मनुष्य मात्र में जो अविनाशी ईश्वरीय शक्ति है, वह जाग्र हो जाती है और जो कुछ उत्तम है, जो कुछ महिमामय है, उसे ग्रहण करने के लि हाथ फैला देती है।

जो हमारी समग्र जाति का स्रष्टा, पालक एवं रक्षक है, हमारे पूर्वजों क ईश्वर है; भले ही वह विष्णु, शिव, शक्ति या गणेश आदि नामों से पुकारा जाता हो सगुण या निर्गुण अथवा साकार या निराकार रूप से उसकी उपासना की जाती हो जिसे जानकर हमारे पूर्वज **एकं सद्विप्रा बहुधा वदन्ति** कह गये हैं, वह अपनी अनन्त प्रेम-शक्ति के साथ हममें प्रवेश करे, अपने शुभाशीर्वादों की हम पर वर्षा करे, हमें एक दूसरे को समझने की सामर्थ्य दे, जिससे हम यथार्थ प्रेम के साथ, सत्य के प्रति तीव्र अनुराग के साथ एक दूसरे के हित के लिए कार्य कर सकें, जिससे भारत के आध्यात्मिक पुनर्निर्माण के इस महत्कार्य में हमारे अन्दर अपने व्यक्तिगत नाम यश, व्यक्तिगत स्वार्थ, व्यक्तिगत बड़प्पन की वासना के अंकुर न फूटें।

भक्ति

[लाहौर में ९ नवम्बर, १८९७ को दिया हुआ भाषण]

समस्त उपनिषदों के गम्भीर निनादी प्रवाह के अंतराल से, बड़ी दूर से आनेवाली प्रतिध्वनि की तरह, एक शब्द हमारे कानों तक पहुँचता है। यद्यपि उसके आयतन और उच्चता में उसकी बहुत कुछ बृद्धि हुई है, पर समग्र वेदान्त साहित्य में, स्पष्ट होने पर भी वह उतना प्रबल नहीं है। उपनिषदों का प्रधान उद्देश्य हमारे आगे भूमा का भाव और चित्र अंकित करना ही जान पड़ता है। फिर भी इस अपूर्व उदात्त भाव के पीछे कहीं कहीं हमें कवित्व का भी आभास मिलता है, जैसे हम पढ़ते हैं :

न तत्र सूर्यो भाति न चन्द्रतारकम्।
नेमा विद्युतो भान्ति कुतोऽयमग्निः॥
(कठोपनिषद् २।२।१५)

—'वहाँ सूर्य प्रकाश नहीं करता; चन्द्र और सितारे भी वहाँ नहीं हैं, ये बिजलियाँ भी वहाँ नहीं चमकतीं, फिर इस भौतिक अग्नि का तो कहना ही क्या है!' इन दोनों अद्भुत पंक्तियों का अपूर्व हृदयस्पर्शी कवित्व सुनते सुनते हम मानों इस इन्द्रियगम्य जगत् से—यहाँ तक कि बुद्धि-जगत् से भी दूर, बहुत दूर, ऐसे एक जगत् में जा पहुँचते हैं जिसे किसी काल में ज्ञान का विषय नहीं बनाया जा सकता, यद्यपि वह सदा हमारे पास ही मौजूद रहता है। इसी महान् भाव की छाया की तरह उसका अनुगामी एक और महान् भाव है, जिसको मानव जाति और भी आसानी के साथ प्राप्त कर सकती है, जो मनुष्य के दैनिक जीवन में अनुसरण करने के अधिक उपयुक्त है, और जिसे मानव जीवन के प्रत्येक विभाग में प्रविष्ट कराया जा सकता है। वह क्रमशः पुष्ट होता आया है और परवर्ती युगों में पुराणों में और भी पूर्णता के साथ, और भी स्पष्ट भाषा में व्यक्त किया गया है—और वह है भक्ति का आदर्श। भक्ति का बीज पहले से ही विद्यमान है; संहिताओं में भी इसका थोड़ा बहुत परिचय मिलता है, उससे कुछ अधिक विकास उपनिषदों में देखने में आता है, किन्तु पुराणों में उसका विस्तृत निरूपण दिखायी देता है।

अतः भक्ति को भली भाँति समझने के लिए हमें अपने पुराणों को समझना

होगा। इस बीच पुराणों की प्रामाणिकता को लेकर बहुत कुछ वाद-विवाद हो चुका है, कितने ही अनिश्चित और असम्बद्ध अंशों को लेकर आलोचना-प्रत्यालोचना हो चुकी है, कितने ही समालोचकों ने कई अंशों के विषय में यह दिखाया है कि वर्तमान विज्ञान के आलोक में वे ठहर नहीं सकते, आदि आदि। परन्तु इन वाद-विवादों को छोड़ देने पर, पौराणिक उक्तियों के वैज्ञानिक, भौगोलिक और ज्योतिषिक सत्यासत्य का निर्णय करना छोड़ देने पर, तथा प्रायः सभी पुराणों का आरम्भ से अन्त तक भली भाँति निरीक्षण करने पर हमें एक तत्त्व निश्चित और स्पष्ट रूप से दिखायी देता है, वह है भक्तिवाद। साधु, महात्मा और राजर्षियों के चरित का वर्णन करते हुए भक्तिवाद बारम्बार उल्लिखित, उदाहृत और आलोचित हुआ है। सौन्दर्य के महान् आदर्श के—भक्ति के आदर्श के दृष्टान्तों को समझाना और दर्शाना ही सब पुराणों का प्रधान उद्देश्य जान पड़ता है। मैंने पहले ही कहा है कि यह आदर्श साधारण मनुष्यों के लिए अधिकतर उपयोगी है। ऐसे लोग बहुत कम हैं, जो वेदान्तालोक की पूर्ण छटा का वैभव समझ सकते हों, अथवा उसका यथोचित आदर कर सकते हों—उनके तत्त्वों पर अमल करना बड़ी दूर की बात है। क्योंकि वास्तविक वेदान्ती का सबसे पहला काम है 'अभी:' अर्थात् निर्भीक होना। यदि कोई वेदान्ती होने का दावा करता हो तो उसे अपने हृदय से भय को सदा के लिए निर्वासित कर देना होगा। और हम जानते हैं कि ऐसा करना कितना कठिन है। जिन्होंने संसार के सब प्रकार के लगाव छोड़ दिये हैं, और जिनके ऐसे बन्धन बहुत ही कम रह गये हैं जो उन्हें दुर्बल हृदय कापुरुष बना सकते हों, वे भी मन ही मन इस बात को अनुभव करते हैं कि वे समय समय पर कितने दुर्बल और कैसे निर्वीर्य हो जाते हैं। जिन लोगों के चारों ओर ऐसे बन्धन हैं, जो भीतर-बाहर सर्वत्र हज़ारों विषयों में उलझे हुए हैं, जीवन में प्रत्येक क्षण विषयों का दासत्व जिन्हें नीचे से नीचे लिये जा रहा है, वे कितने दुर्बल होते हैं, क्या यह भी कहना होगा? हमारे पुराण ऐसे ही लोगों को भक्ति का अत्यन्त मनोहारी संदेश देते हैं।

उन लोगों के लिए ही सुकोमल और कवित्वमय भावों का विस्तारपूर्वक वर्णन किया गया है; ध्रुव, प्रह्लाद तथा अन्यान्य सैकड़ों हज़ारों सन्तों की अद्भुत और अनोखी जीवन-कथाएँ वर्णित की गयी हैं। इन दृष्टान्तों का उद्देश्य यही है कि लोग उसी भक्ति का अपने अपने जीवन में विकास करें और उन्हें इन दृष्टान्तों द्वारा रास्ता साफ़ दिखायी दे। तुम लोग पुराणों की वैज्ञानिक सत्यता पर विश्वास करो या न करो, पर तुम लोगों में ऐसा कोई भी आदमी नहीं है, जिस पर प्रह्लाद, ध्रुव या इन पौराणिक सन्तों के आख्यानों में से किसी एक का कुछ भी असर न

पड़ा हो। और यह भी नहीं कहा जा सकता कि इन पुराणों की उपयोगिता केवल आजकल के ज़माने में ही है, पहले नहीं थी। पुराणों के प्रति हमारे कृतज्ञ रहने का एक और कारण यह भी है कि पिछले युग में अवनत बौद्ध धर्म हमें जिस राह से ले चल रहा था, पुराणों ने उसकी अपेक्षा प्रशस्ततर, उन्नततर और सर्वसाधारण के उपयुक्त धर्म-मार्ग बताया। भक्ति का सहज और सरल भाव सुबोध भाषा में व्यक्त अवश्य किया गया है, पर उतने से ही काम नहीं चलेगा। हमें अपने दैनिक जीवन में उस भाव का व्यवहार करना होगा। ऐसा करने से हम देखेंगे कि भक्ति का वही भाव क्रमशः परिस्फुट होकर अन्त में प्रेम का सारभूत बन जाता है। जब तक व्यक्तिगत और जड़ वस्तुओं के प्रति प्रीति रहेगी, तब तक कोई पुराणों के उपदेशों से आगे न बढ़ सकेगा। जब तक दूसरों की सहायता अपेक्षित रहेगी, अथवा दूसरों पर निर्भर किया जायगा, जब तक यह मानवीय दुर्बलता बनी रहेगी, तब तक ये पुराण भी किसी न किसी रूप में मौजूद रहेंगे। तुम उन पुराणों के नाम बदल सकते हो, उनकी निन्दा कर सकते हो, पर तुमको दूसरे कुछ नये पुराण बना लेने ही पड़ेंगे। अगर हम लोगों में किसी ऐसे महापुरुष का आविर्भाव हो जो इन पुराणों को ग्रहण करना अस्वीकार कर दे, तो तुम देखोगे कि उनके देहान्त हो जाने के बीस ही वर्ष बाद उनके शिष्यों ने उनके जीवन के आधार पर एक नया पुराण रच डाला है। बस यही अन्तर होगा।

मनुष्य की प्रकृति यही चाहती है, उसके लिए ये आवश्यक हैं। पुराणों की आवश्यकता केवल उन्हीं लोगों को नहीं है जो सारी मानवीय दुर्बलताओं के परे होकर परमहंसोचित निर्भीकता प्राप्त कर चुके हैं, जिन्होंने माया के सारे बन्धन काट डाले हैं, यहाँ तक कि स्वाभाविक अभावों तक को भी पार कर गये हैं जो सब कुछ जीत चुके हैं और जो इस लोक में देवता हैं, केवल ऐसे महापुरुषों को ही पुराणों की आवश्यकता नहीं है। सगुण रूप में ईश्वर की उपासना किये बिना साधारण मनुष्य का काम नहीं चल सकता। यदि वह प्रकृति के मध्य स्थित भगवान् की पूजा नहीं करता, तो उसे स्त्री, पुत्र, पिता, भाई, आचार्य या किसी न किसी व्यक्ति को भगवान् के स्थान पर प्रतिष्ठित करके उसकी पूजा करनी पड़ती है। पुरुषों की अपेक्षा स्त्रियों को ऐसा करने की अधिक आवश्यकता पड़ती है। प्रकाश का स्पन्दन सर्वत्र रहता है। बिल्ली या उसी श्रेणी के अन्य जानवर अँधेरे में भी देख पाते हैं। इसी बात से प्रकाश का स्पन्दन अन्धकार में होना भी सिद्ध होता है। परन्तु हम यदि किसी चीज़ को देखना चाहते हैं, तो उस चीज़ में उसी स्तर के अनुकूल स्पन्दन होना चाहिए, जिस स्तर में हम लोग मौजूद हैं। मतलब यह कि हम एक निर्गुण, निराकार सत्ता के विषय में बातचीत या चर्चा भले ही करें, पर जब तक

हम लोग इस मर्त्यलोक के साधारण मनुष्य की स्थिति में रहेंगे, तब तक हमें मनुष्यों में ही भगवान् को देखना पड़ेगा। इसीलिए हमारी भगवान् विषयक धारणा एवं उपासना स्वभावतः मानुषी है। सचमुच ही 'यह शरीर भगवान् का सर्वश्रेष्ठ मन्दिर है।' इसीसे हम देखते हैं कि युगों से मनुष्य मनुष्य की ही उपासना करता आ रहा है। लोगों का इस मनुष्योपासना के विषय में जब कभी स्वाभाविक रूप से विकसित अमिताचार देखने में आता है, तो उनकी निन्दा या आलोचना भी होती है। फिर भी हमें यह दिखायी देता है कि इसकी रीढ़ काफ़ी मज़बूत है। ऊपर की शाखा-प्रशाखाएँ भले ही खरी आलोचना के योग्य हों, पर उनकी जड़ बहुत ही गहराई तक पहुँची हुई और सुदृढ़ है। ऊपरी आडम्बरों के होने पर भी उसमें एक सार-तत्त्व है। मैं तुमसे यह कहना नहीं चाहता कि तुम बिना समझे-बूझे किन्हीं पुरानी कथाओं अथवा अवैज्ञानिक अनर्गल सिद्धान्तों को ज़बरदस्ती गले के नीचे उतार जाओ। दुर्भाग्यवश कई पुराणों में वामाचारी व्याख्याएँ प्रवेश पा गयी हैं। मैं यह नहीं चाहता कि तुम उन सब पर विश्वास करो। मैं ऐसा करने को नहीं कह सकता, बल्कि मेरा मतलब यह है कि इन पुराणों के अस्तित्व की रक्षा का कारण एक सार-तत्त्व है जिसे लुप्त नहीं होने देना चाहिए। और यह सार-तत्त्व है उनमें निहित भक्ति सम्बन्धी उपदेश, धर्म को मनुष्य के दैनिक जीवन में परिणत करना, दर्शनों के उच्चाकाश में विचरण करनेवाले धर्म को साधारण मनुष्यों के लिए दैनिक जीवनोपयोगी एवं व्यावहारिक बनाना।

'ट्रिब्यून' में प्रकाशित रिपोर्ट

इस भाषण की जो रिपोर्ट 'ट्रिब्यून' में प्रकाशित हुई उसका विवरण निम्नलिखित है:

वक्ता महोदय ने भक्ति की साधना में प्रतीक-प्रतिमाओं की उपयोगिता का समर्थन किया और उन्होंने कहा कि मनुष्य इस समय जिस अवस्था में है, ईश्वरेच्छा से यदि ऐसी अवस्था न होती, तो बड़ा अच्छा होता। परन्तु विद्यमान तथ्य का प्रतिवाद व्यर्थ है। मनुष्य चैतन्य और आध्यात्मिकता आदि विषयों पर चाहे जितनी बातें क्यों न बनाये, पर वास्तव में वह अभी जड़भावापन्न ही है। ऐसे जड़ मनुष्य को हाथ पकड़कर धीरे धीरे उठाना होगा—तब तक उठाना होगा, जब तक वह चैतन्यमय, सम्पूर्ण आध्यात्मिक भावापन्न न हो जाय। आजकल के ज़माने में ९९ फ़ी सदी ऐसे आदमी हैं, जिनके लिए आध्यात्मिकता को समझना कठिन है। जो प्रेरक शक्तियाँ हमें ढकेलकर आगे बढ़ा रही हैं, तथा हम जो फल प्राप्त करना चाहते हैं, वे सभी जड़ हैं। हर्बर्ट स्पेन्सर के शब्दों में मेरा कहना है कि हम

केवल उसी रास्ते से आगे बढ़ सकते हैं, जो अल्पतम प्रतिरोध का हो। और पुराण-प्रणेताओं को यह बात भली भाँति मालूम थी, तभी वे हमारे लिए ऐसी पद्धति बता गये हैं। इस प्रकार के कार्य में पुराणों को विस्मयजनक और बेजोड़ सफलता मिली है। भक्ति का आदर्श अवश्य ही आध्यात्मिक है, पर उसका रास्ता जड़ वस्तु के भीतर से होकर है और इस रास्ते के सिवा दूसरा रास्ता भी नहीं है। अतः, जड़ जगत् में जो कुछ ऐसा है, जो आध्यात्मिकता प्राप्त करने में हमारी सहायता कर सकता है, उसे ग्रहण करना होगा, और उसे इस तरह काम में लाना होगा कि मानव क्रमशः आगे बढ़ता हुआ पूर्ण आध्यात्मिक स्थिति में विकसित हो सके। शास्त्र आरम्भ से ही लिंग, जाति या धर्म का भेदभाव छोड़कर सबको वेद-पाठ करने का अधिकार प्रदान करते हैं। हमें भी इसी तरह उदार होना चाहिए। यदि मनुष्य जड़ मन्दिर बनाकर भगवान् में प्रीति कर सके तो अच्छा ही है। यदि भगवान् की मूर्ति बनाकर इस प्रेम के आदर्श पर पहुँचने में मनुष्य को कुछ भी सहायता मिलती है तो उसे एक की जगह बीस मूर्तियाँ पूजने दो। चाहे कोई भी काम क्यों न हो, यदि उसके द्वारा धर्म के उस उच्चतम आदर्श पर पहुँचने में सहायता मिलती हो तो उसे वह अबाध गति से करने दो, पर हाँ, वह काम नैतिकता के विरुद्ध न हो। 'नैतिकता के विरुद्ध न हो', ऐसा इसलिए कहा गया कि नैतिकता विरोधी काम हमारे धर्म-मार्ग के सहायक नहीं होते, बल्कि विघ्न ही उपस्थित किया करते हैं।

स्वामी जी ने मूर्ति-पूजा के विरोध की समीक्षा करते हुए कहा कि भारतवर्ष में सर्वप्रथम कबीर ने ही ईश्वरोपासना के लिए मूर्ति का व्यवहार करने के विरुद्ध आवाज़ उठायी थी। परन्तु भारत में ऐसे कितने ही बड़े बड़े दार्शनिक और धर्म-संस्थापक हुए हैं, जिन्होंने भगवान् का सगुण रूप अस्वीकार कर निर्भीकता के साथ अपने निर्गुण मत का प्रचार करने पर भी मूर्ति-पूजा की निन्दा नहीं की। हाँ, उन्होंने मूर्ति-पूजा को उच्च कोटि की उपासना नहीं माना है, और न किसी पुराण में ही मूर्ति-पूजन को ऊँचे दर्जे की उपासना ठहराया गया है।

यहूदियों के मूर्ति-पूजन के इतिहास का ज़िक्र करते हुए स्वामी जी ने कहा कि जिहोवा एक सन्दूक़ के भीतर रहते हैं, ऐसा विश्वास करनेवाले यहूदी लोग भी मूर्तिपूजक ही थे। इस ऐतिहासिक दृष्टान्त के उपस्थित रहते हमें मूर्ति-पूजा की इसलिए निन्दा नहीं करनी चाहिए कि और लोग उसे दोषपूर्ण बताते हैं। मूर्ति या किसी और भी जड़ वस्तु के प्रतीक को, जो मनुष्य को धर्म की प्राप्ति में सहायता करे, बिना संकोच ग्रहण करना चाहिए। पर हमारा कोई भी धर्मग्रन्थ ऐसा नहीं है, जो स्पष्ट शब्दों में यह नहीं कहता कि जड़ वस्तु की सहायता से अनुष्ठित होने-वाली उपासना निकृष्ट श्रेणी की है। सारे भारतवर्ष के सब लोगों को बलपूर्वक

मूर्तिपूजक बनाने की चेष्टा की गयी थी और इसकी जितनी निन्दा की जाय वह कम है। प्रत्येक व्यक्ति को कैसी उपासना करनी चाहिए, अथवा किस चीज़ की सहायता से उपासना करनी चाहिए—यह बात ज़ोर से या हुक्म से कराने की क्या आवश्यकता पड़ी थी? यह बात अन्य कोई कैसे जान सकता है कि कौन आदमी किस वस्तु के सहारे उन्नति कर सकता है? कोई प्रतिमा-पूजा द्वारा, कोई अग्नि-पूजा द्वारा, यहाँ तक कि कोई केवल एक खम्भे के सहारे उपासना की सिद्धि प्राप्त कर सकता है, यह किसी और को कैसे मालूम हो सकता है? इन बातों का निर्णय अपने अपने गुरुओं के द्वारा ही होना चाहिए। भक्ति विषयक ग्रन्थों में इष्टदेव सम्बन्धी जो नियम हैं, उन्हींमें इस बात की व्याख्या देखने में आती है—अर्थात व्यक्तिविशेष को अपनी विशिष्ट उपासना पद्धति से अपने इष्ट-देव के पास पहुँचने के लिए आगे बढ़ना पड़ेगा, और वह जिस निर्वाचित रास्ते से आगे बढ़ेगा, वही उसका इष्ट है। मनुष्य को चलना तो चाहिए अपनी ही उपासना पद्धति के मार्ग से, पर साथ ही अन्य मार्गों की ओर भी सहानुभूति की दृष्टि से देखना चाहिए। और इस मार्ग का अवलम्बन उसको तब तक करना पड़ेगा, जब तक वह अपने निर्दिष्ट स्थान पर नहीं पहुँच जाता—जब तक वह उस केन्द्रस्थल पर नहीं पहुँच जाता, जड़ वस्तु की सहायता की कोई आवश्यकता ही नहीं है।

इसी प्रसंग में भारतवर्ष के बहुतेरे स्थानों में प्रचलित कुलगुरु-प्रथा के विषय में, जो एक प्रकार से वंशगत गुरुआई की तरह हो गयी है, सावधान कर देना आवश्यक है। हम शास्त्रों में पढ़ते हैं—'जो वेदों का सार-तत्त्व समझते हैं, जो निष्पाप हैं, जो धन के लोभ से और किसी प्रकार के स्वार्थ से लोगों को शिक्षा नहीं देते, जिनकी कृपा हेतुविशेष से नहीं प्राप्त होती, वसन्त ऋतु जिस प्रकार पेड़-पौधों और लता-गुल्मों से बदले में कुछ न चाहते हुए सभी पेड़-पौधों में नया जीवन डालकर उन्हें हरा-भरा कर देती है, उनमें नयी नयी कोपलें निकल आती हैं, उसी प्रकार जिनका स्वभाव ही लोगों का कल्याण करनेवाला है, जिनका सारा जीवन ही दूसरों के हित के लिए है, जो इसके बदले लोगों से कुछ भी नहीं चाहते, ऐसे महान् व्यक्ति ही गुरु कहलाने योग्य हैं, दूसरे नहीं।' असद्गुरु के पास तो ज्ञान-लाभ की आशा ही नहीं है, उल्टे उनकी शिक्षा से विपत्ति की ही सम्भावना रहती है, क्योंकि गुरु केवल शिक्षक या उपदेशक ही नहीं है, शिक्षा देना तो उनके कर्तव्य का एक बहुत ही मामूली अंश है। हिन्दुओं का विश्वास है कि गुरु ही शिष्य में शक्ति का संचार करते हैं। इस बात को समझने के लिए जड़ जगत् का ही एक दृष्टान्त ले लो। मानो किसी ने रोग-निवारक टीका नहीं लिया, ऐसी अवस्था में उसके शरीर के अन्दर रोग के दूषित कीटाणुओं के प्रवेश कर जाने की बहुत आशंका है।

उसी प्रकार असद्‌गुरु से शिक्षा लेने में भी बुराइयों के सीख लेने की बहुत कुछ आशंका है। इसलिए भारत से इस कुलगुरु-प्रथा को एकदम उठा देना अत्यन्त आवश्यक हो रहा है। गुरु का काम व्यवसाय न हो जाय, इसे रोकने की चेष्टा करनी होगी, क्योंकि यह एकदम शास्त्र-विरुद्ध है। किसी भी आदमी को अपने को गुरु नहीं बतलाना चाहिए और कुलगुरु-प्रथा के कारण जो वर्तमान परिस्थिति है, उसका समर्थन भी नहीं करना चाहिए।

खाद्याखाद्य-विचार के सम्बन्ध में स्वामी जी ने कहा कि आजकल खान-पान के विषय में जिन कठोर नियमों पर ज़ोर दिया जाता है, वे अधिकांश छिछले हैं। जिस उद्देश्य से इन नियमों को आरम्भ में चलाया गया था, उस उद्देश्य की सिद्धि नहीं हो पाती। खाद्य वस्तुओं को स्पर्श करने का अधिकार किसे है?—यह प्रश्न विशेष ध्यान देने योग्य है, क्योंकि इसमें एक बड़ा भारी मनोवैज्ञानिक रहस्य छिपा हुआ है। पर साधारण मनुष्यों के दैनिक जीवन में उतनी सावधानी रखना अत्यन्त कठिन ही नहीं, असम्भव भी है। जिन लोगों ने केवल धर्म के लिए ही अपने जीवन को उत्सर्ग कर दिया है, ये नियम केवल उन्हींके लिए पालनीय हैं, पर इसकी जगह हर एक आदमी के लिए इन नियमों का पालन करना आवश्यक बताकर बड़ी भारी ग़लती की गयी है। क्योंकि सर्वसाधारण में अधिकतर ऐसे ही लोग हैं जो जड़ जगत् के सुखों से तृप्त नहीं हुए हैं, और ऐसे अतृप्त लोगों पर ज़बरदस्ती आध्यात्मिकता लादने की चेष्टा व्यर्थ है।

भक्तों के लिए जो उपासना पद्धतियाँ हैं, उनमें मनुष्य रूप की उपासना ही सबसे उत्तम है। वास्तव में यदि किसी रूप की पूजा करनी है, तो अपनी हैसियत के अनुसार प्रतिदिन छः या बारह दरिद्रों को अपने घर लाकर, उन्हें नारायण समझकर उनकी सेवा करना अच्छा है। मैंने कितनी जगहों में प्रचलित दान की प्रथाएँ देखी हैं; पर उनसे वैसा कोई सुफल होते नहीं देखा है। इसका कारण यही है कि वह दान की क्रिया यथोचित भाव से अनुष्ठित नहीं है। 'अरे! यह ले जा'—इस प्रकार के दान को दान या दया-धर्म का अनुष्ठान नहीं कह सकते। यह तो हृदय के अहंकार का परिचायक है। इस प्रकार दान देनेवाले का उद्देश्य यही रहता है कि लोग जानें या समझें कि वह दया-धर्म का अनुष्ठान कर रहा है। हिन्दुओं को यह जानना चाहिए कि स्मृतियों के मत में दान ग्रहण करनेवालों की अपेक्षा दान देनेवाला छोटा समझा जाता है। ग्रहण करनेवाला ग्रहण करते समय साक्षात् नारायण समझा जाता है। अतः मेरे मत में यदि इस प्रकार की नयी पूजा-पद्धति प्रचलित की जाय, तो बड़ा अच्छा हो—कुछ दरिद्रनारायण, अंधनारायण या क्षुधार्त्तनारायण को प्रतिदिन प्रतिगृह में लाना एवं प्रतिमा की

जिस प्रकार पूजा की जाती है, उसी प्रकार उनकी भी भोजन-वस्त्रादि के द्वारा पूजा करना। मैं किसी प्रकार की उपासना या पूजा-पद्धति की न तो निन्दा करता हूँ और न किसी को बुरा बताता हूँ; बल्कि मेरे कहने का सारांश यही है कि इस प्रकार की नारायण-पूजा सर्वापेक्षा श्रेष्ठ पूजा है, और भारत के लिए इसी पूजा की सबसे अधिक आवश्यकता है।

अन्त में स्वामी जी ने भक्ति की तुलना एक त्रिकोण के साथ की। उन्होंने कहा कि इस त्रिकोण का पहला कोण यह है कि भक्ति या प्रेम कोई प्रतिदान नहीं चाहता। प्रेम में भय नहीं है, यह उसका दूसरा कोण है। पुरस्कार या प्रतिदान पाने के उद्देश्य से प्रेम करना भिखारी का धर्म है, व्यवसायी का धर्म है, सच्चे धर्म के साथ उसका बहुत ही कम सम्बन्ध है। कोई भिक्षुक न बने, क्योंकि वैसा होना नास्तिकता का चिह्न है। 'जो आदमी रहता तो है गंगा के तीर पर, किन्तु पानी पीने के लिए कुआँ खोदता है, वह मूर्ख नहीं तो और क्या है?'—जड़ वस्तु की प्राप्ति के लिए भगवान् से प्रार्थना करना भी ठीक वैसा ही है। भक्त को भगवान् से सदा इस प्रकार कहने के लिए तैयार रहना चाहिए—'प्रभो, मैं तुमसे कुछ भी नहीं चाहता, मैं तुम्हारे लिए अपना सब कुछ अर्पित करने को तैयार हूँ।' प्रेम में भय नहीं रहता। क्या तुमने नहीं देखा है कि राह चलती हुई कमज़ोर हृदय-वाली स्त्री एक छोटे से कुत्ते के भोंकने से भाग खड़ी होती है, घर में घुस जाती है? दूसरे दिन वही उसी रास्ते से जा रही है। आज उसकी गोद में एक छोटा सा बच्चा भी है, एकाएक किसी शेर ने निकलकर उस पर चोट करना चाहा। ऐसी अवस्था में भी तुम उसे अपनी जान बचाने के लिए भागते या घर के अन्दर घुसते देखोगे? नहीं, कदापि नहीं। आज, अपने नन्हें बच्चे की रक्षा के लिए, यदि आवश्यकता पड़े तो वह शेर के मुँह में घुसने से भी बाज़ न आयेगी। अब इस त्रिकोण का तीसरा कोण यह है कि प्रेम ही प्रेम का लक्ष्य है। अन्त में भक्त इसी भाव पर आ पहुँचता है कि स्वयं प्रेम ही भगवान् है। और बाक़ी सब कुछ असत् है। भगवान् का अस्तित्व प्रमाणित करने के लिए मनुष्य को अब और कहाँ जाना होगा? इस प्रत्यक्ष संसार में जो कुछ भी पदार्थ हैं, सबके अन्दर सर्वापेक्षा स्पष्ट दिखायी देने-वाला तो भगवान् ही है। वही वह शक्ति है जो सूर्य, चन्द्र, और तारों को घुमाती एवं चलाती है तथा स्त्री-पुरुषों में, सभी जीवों में, सभी वस्तुओं में प्रकाशित हो रही है। जड़ शक्ति के राज्य में, मध्याकर्षण शक्ति के रूप में वही विद्यमान है, प्रत्येक स्थान में, प्रत्येक परमाणु में वही वर्तमान है—सर्वत्र उसकी ज्योति छिटकी हुई है। वही अनन्त प्रेमस्वरूप है, संसार की एकमात्र संचालिनी शक्ति है, और वही सर्वत्र प्रत्यक्ष दिखायी दे रहा है।

वेदान्त

(१२ नवम्बर, १८९७ को लाहौर में दिया गया व्याख्यान)

जगत् दो हैं जिनमें हम बसते हैं—एक बहिर्जगत् और दूसरा अन्तर्जगत्। ति प्राचीन काल से ही मनुष्य इन दोनों भूमियों में समानान्तर रेखाओं की तरह राबर उन्नति करते आये हैं। खोज पहले बहिर्जगत् में ही शुरू हुई। मनुष्यों पहले पहल दुरूह समस्याओं के उत्तर बाह्य प्रकृति से पाने की चेष्टा की। थमतः मनुष्यों ने अपने चारों ओर की वस्तुओं से सुन्दर और उदात्त ो तृष्णा निवृत्त करनी चाही। वे अपने को और अपने सभी भीतरी ावों को स्थूल भाषा में प्रकाशित करने के लिए प्रवृत्त हुए, तथा उन्हें जो सब त्तर मिले, ईश्वर-तत्त्व और उपासना-तत्त्व के जो सब अति अद्‌भुत सिद्धान्त न्हें प्राप्त हुए, और उस शिव-सुन्दर का उन्होंने जो उच्छ्‌वासमय वर्णन किया, ये सभी वास्तव में अति अपूर्व हैं। बहिर्जगत् से निस्सन्देह महान् भावों ा आविर्भाव हुआ। परन्तु बाद में मनुष्य जाति के लिए जो अन्य जगत् न्मुक्त हुआ, वह और भी महान्, और भी सुन्दर तथा अनन्त गुना विस्तृत ा। वेदों के कर्मकांड-भाग में हम धर्म के बड़े ही आश्चर्यमय तत्त्वों का वर्णन ाते हैं। हम संसार की सृष्टि, स्थिति और प्रलय करनेवाले विधाता के सम्बन्ध : वहाँ अत्यन्त अद्‌भुत तत्त्व-समूह देखते हैं, ये सब हमारे सामने मर्मस्पर्शी ाषा में रखे गये हैं। तुममें से अनेक को ऋग्वेद संहिता का वह श्लोक, जो लय के वर्णन में आया है, याद होगा। भावों को उद्दीप्त करनेवाला ऐसा दात्त वर्णन शायद कभी किसीने नहीं किया। इन सबके होते हुए भी हम देखते हैं कि इनमें केवल बहिर्जगत् की ही महत्ता का चित्रण किया गया है; वह वर्णन स्थूल का है, इसमें कुछ जड़त्व फिर भी लगा हुआ है। तथापि हम देखते हैं, जड़ और ससीम भाषा में यह असीम का ही वर्णन है। यह जड़ शरीर के अनन्त विस्तार का वर्णन है, किन्तु मन का नहीं; यह देश के अनन्तत्व का वर्णन है, किन्तु विचार का नहीं। इसलिए वेदों के दूसरे भाग में, अर्थात् ज्ञानकाण्ड में, हम देखते हैं, एक बिल्कुल ही भिन्न प्रणाली का अनुसरण किया गया है। पहली प्रणाली थी बाह्य प्रकृति में विश्व-ब्रह्माण्ड के प्रकृत सत्य का अनुसन्धान; यह जड़ संसार से जीवन

की सभी गम्भीर समस्याओं की मीमांसा करने की चेष्टा थी। **यस्यैते हिमवन्** **महित्वा**—'यह हिमालय पर्वत जिनकी महत्ता बतला रहा है।' यह बड़ा ऊँचा विच है अवश्य, किन्तु फिर भी भारत के लिए यह पर्याप्त नहीं था। भारतीय मन इस पथ का परित्याग करना पड़ा था। भारतीय गवेषणा पूर्णतया बहिर्जगत् छोड़कर दूसरी ओर मुड़ी—खोज अन्तर्जगत् में शुरू हुई, क्रमशः वे जड़ से चेत में आये। चारों ओर से यह प्रश्न उठने लगा, 'मृत्यु के पश्चात् मनुष्य का क्या हो होता है?' **अस्तीत्यैके नायमस्तीति चैके** (कठोपनिषद् १।१।२०)—'कि किसी का कथन है कि मनुष्य की मृत्यु के बाद भी आत्मा का अस्तित्व रहता और कोई कोई कहते हैं कि नहीं रहता; हे यमराज, इनमें कौन सा सत्य है?' य हम देखते हैं, एक दूसरी ही प्रणाली का अनुसरण किया गया है। भारतीय म को बहिर्जगत् से जो कुछ मिलना था, मिल चुका था, परन्तु उससे इसे तृप्ति न हुई। अनुसंधान के लिए वह और आगे बढ़ा। समस्या के समाधान के लिए उस अपने में ही ग़ोता लगाया, तब यथार्थ उत्तर मिला।

वेदों के इस भाग का नाम है उपनिषद् या वेदान्त या आरण्यक या रहस्य यहाँ हम देखते हैं, धर्म बाहरी दिखलावे से बिल्कुल अलग है; यहाँ हम देखते आध्यात्मिक विषयों का वर्णन जड़ की भाषा से नहीं हुआ, आत्मा की भाषा हुआ है। सूक्ष्मातिसूक्ष्म तत्त्वों के लिए तदनुरूप भाषा का व्यवहार किया ग है। यहाँ और कोई स्थूल भाव नहीं है, यहाँ जगत् के विषयों से कोई समझौता नह है। हमारी आज की धारणा के परे, उपनिषदों के वीर तथा साहसी महामना ऋ निर्भय भाव से बिना समझौता किये ही मनुष्य जाति के लिए ऊँचे से ऊँचे तत्त्वों क घोषणा कर गये हैं, जो कभी भी प्रचारित नहीं हुए। ऐ हमारे देशवासियो, उन्हींको तुम्हारे आगे रखना चाहता हूँ। वेदों का ज्ञानकाण्ड एक विशाल महासाग है; इसका थोड़ा ही अंश समझने के लिए अनेक जन्मों की आवश्यकता है। रामानु ने उपनिषदों के सम्बन्ध में यथार्थ ही कहा है कि वेदान्त वेदों का मुकुट है, औ सचमुच ही यह वर्तमान भारत की बाइबिल है। वेदों के कर्मकाण्ड पर हिन्दुओं क बड़ी श्रद्धा है, परन्तु हम जानते हैं, युगों तक श्रुति के नाम से केवल उपनिषदों क ही अर्थ लिया जाता था। हम जानते हैं, हमारे बड़े बड़े सब दर्शनकारों ने—व्या हों, चाहे पतंजलि या गौतम, यहाँ तक कि सभी दर्शनशास्त्रों के जनकस्वरू महापुरुष कपिल ने भी—जब अपने मत के समर्थन में प्रमाणों का संग्रह करना चाह तब उनमें से हर एक को उपनिषदों ही में प्रमाण मिले हैं, और कहीं नहीं; क्योंवि शाश्वत सत्य केवल उपनिषदों ही में हैं।

कुछ सत्य ऐसे हैं जो किसी विशेष पथ से, विशेष विशेष अवस्थाओं और समय

के अनुकूल, किसी किसी निर्दिष्ट लक्ष्य की ओर बढ़ने के लिए होते हैं। युग की प्रथाओं के अनुसार उनकी प्रतिष्ठा होती है और वे किसी खास समय के लिए ही उपयोगी होते हैं। और कुछ सत्य ऐसे हैं जिनकी प्रतिष्ठा मानव प्रकृति पर हुई है। उनका अस्तित्व तब तक वर्तमान रहेगा, जब तक मनुष्य जाति का अस्तित्व रहेगा। यही पिछले सत्य सार्वजनीन और सार्वकालिक कहे जा सकते हैं; और भारत में बहुत कुछ परिवर्तन होने पर भी, हमारे खान-पान, रहन-सहन, वेश-भूषा और उपासना प्रणालियों के बहुत कुछ परिवर्तित हो जाने पर भी श्रुतियों के ये सार्वभौम सत्य, वेदान्त के ये अपूर्व तत्त्व, अपनी ही महिमा से अचल, अजेय और अविनाशी बनकर आज भी विद्यमान हैं।

उपनिषदों में जो तत्त्व अच्छी तरह विकसित हो पाये हैं, उनके बीज पहले ही से कर्मकाण्ड में पाये जाते हैं। ब्रह्माण्ड-तत्त्व की धारणा, जिसका अस्तित्व सब सम्प्रदायों के वेदान्ती मानते हैं; यहाँ तक कि मनोविज्ञान-तत्त्व भी, जिसे भारत की सम्पूर्ण चिन्तन प्रणालियों का उद्‌गम-स्थान कहना चाहिए, कर्मकाण्ड में वर्णित एवं संसार के सम्मुख प्रचारित हो चुके हैं। अतः वेदान्त के आध्यात्मिक भाग पर कुछ कहने के पहले मुझे कर्मकाण्ड के सम्बन्ध में कुछ कहना आवश्यक प्रतीत हो रहा है, और वेदान्त शब्द मैं किस अर्थ में प्रयोग करता हूँ, इसकी व्याख्या सर्वप्रथम करना चाहता हूँ।

दुःख की बात है कि आजकल हम लोग प्रायः एक विशेष भ्रम में पड़ जाते हैं। हम वेदान्त से केवल अद्वैतवाद समझ लेते हैं। परन्तु तुम लोगों को याद रखना चाहिए कि यदि सभी धार्मिक पन्थों का अध्ययन करना है तो भारत के वर्तमान समय में प्रस्थानत्रय पढ़ने की भी उतनी ही आवश्यकता है। सबसे पहले हैं श्रुतियाँ अर्थात् उपनिषद्, दूसरे हैं व्याससूत्र जो अपने पहले के दर्शनों की समष्टि तथा चरम परिणति स्वरूप होने के कारण इतर दर्शनों से बढ़कर समझे जाते हैं। और बात ऐसी नहीं कि ये दर्शन एक दूसरे के विरोधी हैं; बल्कि वे एक दूसरे के आधार स्वरूप हैं—मानो सत्य की खोज करनेवाले मनुष्यों को सत्य का क्रम-विकास दिखलाते हुए, व्याससूत्रों में उनकी चरम परिणति हो गयी है। व्याससूत्रों में वेदान्त के अद्‌भुत सत्यों को क्रमबद्ध किया गया है और उपनिषदों तथा व्याससूत्रों के मध्य में वेदान्त की दिव्य टीका के रूप में गीता वर्तमान है।

अतः भारत का हर एक धर्माभिमानी सम्प्रदाय—चाहे वह द्वैतवादी, अद्वैतवादी या वैष्णव हो—उपनिषद, गीता तथा व्याससूत्र को प्रामाणिक ग्रथ मानता है। ये ही तीनों प्रस्थानत्रय कहे जाते हैं। हम देखते हैं शंकराचार्य हों चाहे रामानुज, मध्वाचार्य हों चाहे वल्लभाचार्य, अथवा चैतन्य हों, जिस किसीने एक नवीन

सम्प्रदाय की नींव डाली है, उसे इन तीनों प्रस्थानों को ग्रहण करना ही पड़ा और उन पर एक नये भाष्य की रचना करनी पड़ी। अतः वेदान्त को उपनिषदों के किसी एक ही भाव में, द्वैतवाद, विशिष्टाद्वैतवाद या अद्वैतवाद के रूप में आबद्ध कर देना ठीक नहीं। जब कि वेदान्त से ये सभी मत निकले हैं तो उसे इन मतों की समष्टि ही कहना चाहिए। एक अद्वैतवादी अपने को वेदान्ती कहकर परिचय देने का जितना अधिकारी है, उतना ही रामानुज सम्प्रदाय के विशिष्टाद्वैतवादी को भी है। परन्तु मैं कुछ और बढ़कर कहना चाहता हूँ कि हिन्दू शब्द कहने से हम लोगों का वही अभिप्राय है जो वास्तव में वेदान्ती का है। मैं तुमसे कहता हूँ कि ये तीनों भारत में स्मरणातीत काल से प्रचलित हैं। तुम कदापि यह विश्वास न करो कि अद्वैतवाद के आविष्कारक शंकर थे। उनके जन्म के बहुत पहले ही से यह मत यहाँ था। वे केवल इसके अन्तिम प्रतिनिधियों में से एक थे। रामानुज के मत के लिए भी यही बात कहनी चाहिए। उनके भाष्य ही से यह सूचित हो जाता है कि उनके आविर्भाव के बहुत पहले से वह मत विद्यमान था। जो द्वैतवादी सम्प्रदाय अन्य सम्प्रदायों के साथ साथ भारत में वर्तमान हैं, उन पर भी यही बात लागू होती है। और अपने थोड़े से ज्ञान के आधार पर मैं इस निष्कर्ष पर पहुँचा हूँ कि ये सब मत एक दूसरे के विरोधी नहीं हैं।

जिस तरह हमारे षड्दर्शन महान् तत्त्व के क्रमिक उद्घाटन मात्र हैं, जो संगीत की तरह पिछले धीमे स्वरवाले परदों से उठते हैं, और अन्त में समाप्त होते हैं अद्वैत की वज्रगम्भीर ध्वनि में, उसी तरह हम देखते हैं कि पूर्वोक्त तीनों मतों में भी मनुष्य मन उच्च से उच्चतर आदर्श की ओर अग्रसर हुआ है और अन्त में सभी मत अद्वैतवाद के उच्चतम सोपान पर पहुँचकर एक अद्भुत एकत्व में परिसमाप्त हुए हैं। अतः ये तीनों परस्पर विरोधी नहीं हैं। दूसरी ओर, मुझे यह कहना पड़ता है कि बहुत लोग इस भ्रम में पड़े हैं कि ये तीनों मत परस्पर विरोधी हैं। हम देखते हैं, अद्वैतवादी आचार्य, जिन श्लोकों में अद्वैतवाद की ही शिक्षा दी गयी है, उन्हें तो ज्यों का त्यों रख देते हैं, परन्तु जिनमें द्वैत या विशिष्टाद्वैतवाद के उपदेश हैं उन्हें ज़बरदस्ती अद्वैतवाद की ओर घसीट लाते हैं, उनका भी अद्वैत अर्थ कर डालते हैं। उधर द्वैतवादी आचार्य अद्वैतात्मक श्लोकों का द्वैतवाद का अर्थ ग्रहण करने की चेष्टा करते हैं। वे हमारे पूज्य आचार्य हैं, यह मैं मानता हूँ, परन्तु **दोषा वाच्यागुरोरपि** भी एक प्रसिद्ध वाक्य है। मेरा मत है कि केवल इसी एक विषय में उन्हें भ्रम हुआ है। हमें शास्त्रों की विकृत व्याख्या करने की आवश्यकता नहीं है। धार्मिक विषयों में हमें किसी प्रकार की बेईमानी का सहारा लेकर धर्म की व्याख्या करने की ज़रूरत नहीं है। व्याकरण के दाँव-पेंच दिखाने से क्या फ़ायदा!

श्लोकों का अर्थ लगाने में हमें अपने ऐसे भाव रखने की चेष्टा नहीं करनी चाहिए जो उनमें अभिप्रेत न थे। जब तुम अधिकार-भेद का अपूर्व रहस्य समझोगे, तब श्लोकों का यथार्थ अर्थ सहज ही तुम्हारी समझ में आ जायगा।

यह सच है कि सम्पूर्ण उपनिषदों का लक्ष्य एक है, **कस्मिन्नु भगवो विज्ञाते सर्वमिदं विज्ञातं भवति** (मुंडकोपनिषद् १।३)—'वह कौन सी वस्तु है जिसे जान लेने पर सम्पूर्ण ज्ञान करतलगत हो जाता है?' आजकल की भाषा में अगर कहा जाय तो यही कहना चाहिए कि उपनिषदों का उद्देश्य चरम एकत्व के आविष्कार की चेष्टा है, और भिन्नत्व में एकत्व की खोज ही ज्ञान है। हर एक विज्ञान इसी नींव पर प्रतिष्ठित है। मनुष्यों का सम्पूर्ण ज्ञान भिन्नत्व में एकत्व की खोज पर ही प्रतिष्ठित है। और, यदि दृश्य जगत् की थोड़ी सी घटनाओं में ही एकत्व के अनुसन्धान की चेष्टा क्षुद्र मानवीय विज्ञान का कार्य हो तो इस अपूर्व विचित्रता-संकुल विश्व के भीतर, हम जिसके नाम और रूपों में सहस्रधा वैभिन्न्य देख रहे हैं, जहाँ जड़ और चेतन में भेद वर्तमान हैं, जहाँ सभी चित्तवृत्तियाँ एक दूसरी से भिन्न हैं, जहाँ कोई रूप किसी दूसरे से नहीं मिलता, जहाँ प्रत्येक वस्तु अपर वस्तु से पृथक् है, एकत्व का आविष्कार करने का हमारा उद्देश्य कितना कठिन है! परन्तु इन विभिन्न स्तरों और अनन्त लोकों के भीतर एकत्व का आविष्कार करना ही उपनिषदों का लक्ष्य है। दूसरी ओर हमें अरुन्धती न्याय का भी सहारा लेना चाहिए। यदि किसी को अरुन्धती नक्षत्र दिखलाना है तो पहले पासवाला उससे कोई बड़ा और उज्ज्वलतर नक्षत्र दिखलाकर उस पर देखनेवाले की दृष्टि स्थिर करनी चाहिए, इसके बाद छोटे नक्षत्र अरुन्धती का दिखलाना आसान होगा। इसी तरह सूक्ष्मतम ब्रह्मतत्त्व समझाने के लिए, दूसरे कितने ही स्थूल भावों के उपदेश देकर ऋषियों ने उच्च तत्त्व को समझाया है। इस कथन को प्रमाणित करने के लिए मुझे ज्यादा कुछ नहीं करना, केवल उपनिषदों को तुम्हारे सामने रख देना है, फिर तुम स्वयं समझ जाओगे। प्रायः प्रत्येक अध्याय द्वैतवाद या उपासना के उपदेश से आरम्भ होता है। पहले शिक्षा दी गयी है कि ईश्वर संसार का सृष्टि-कर्ता है, संरक्षक है और अन्त में प्रत्येक वस्तु उसीमें विलीन हो जाती है; वही हमारा उपास्य है, वही शासक है, वही बहिर्प्रकृति और अन्तर्प्रकृति का प्रेरक है, फिर भी वह मानो प्रकृति के बाहर है। एक क़दम और बढ़कर हम देखते हैं, वे ही आचार्य बतलाते हैं कि ईश्वर प्रकृति के बाहर नहीं, बल्कि प्रकृति में अन्तर्व्याप्त है। अन्त में ये दोनों भाव छोड़ दिये गये हैं, और जो कुछ है सब वही है—कोई भेद नहीं। **तत्त्वमसि श्वेतकेतो**—'हे श्वेतकेतु, तुम वही (ब्रह्म) हो।' अन्त में यही घोषणा की गयी कि जो समग्र जगत् के भीतर विद्यमान है वही मनुष्यों की

आत्मा में भी विराजमान है। यहाँ किसी तरह की रियायत नहीं, यहाँ दूसरों के मतामत की परवाह नहीं की गयी। यहाँ सत्य, निरावरण सत्य निर्भीक भाषा में प्रचारित किया गया है। आजकल उस महान् सत्य का उसी निर्भीक भाषा से प्रचार करने में हमें हरगिज न डरना चाहिए, और ईश्वर की कृपा से मैं स्वयं तो कम से कम उसी प्रकार का एक निर्भीक प्रचारक होने की आशा रखता हूँ।

अब मैं पूर्व प्रसंग का अनुसरण करते हुए दो बातों को समझाता हूँ। एक है मनस्तात्त्विक पक्ष, जो सभी वेदान्तियों का सामान्य विषय है, और दूसरा है जगत्-सृष्टि पक्ष। पहले मैं जगत्-सृष्टि पक्ष पर विचार करूगा। हम देखते हैं, आजकल आधुनिक विज्ञान के विचित्र विचित्र आविष्कार हमें आकस्मिक रूप से चमत्कृत कर रहे हैं, और स्वप्न में भी अकल्पनीय, अद्भुत चमत्कारों को हमारे सामने रखकर हमारी आँखों को चकाचौंध कर देते हैं। परन्तु वास्तव में इन आविष्कारों का अधिकांश बहुत पहले के आविष्कृत सत्यों का पुनराविष्कार मात्र है। अभी हाल की बात है, आधुनिक विज्ञान ने विभिन्न शक्तियों में एकत्व का आविष्कार किया है। उसने अभी अभी यह आविष्कृत किया कि ताप, विद्युत्, चुम्बक आदि भिन्न भिन्न नामों से परिचित जितनी शक्तियाँ हैं, वे एक ही शक्ति में परिवर्तित की जा सकती हैं; अतः दूसरे उन्हें चाहे जिन नामों से पुकारते रहें, विज्ञान उनके लिए एक ही नाम व्यवहार में लाता है। यही बात संहिता में भी पायी जाती है। यद्यपि वह एक प्राचीन ग्रन्थ है, तथापि उसमें भी शक्ति विषयक ऐसा ही सिद्धान्त मिलता है जिसका मैंने उल्लेख किया है। जितनी शक्तियाँ हैं, चाहे तुम उन्हें गुरुत्वाकर्षण कहो, चाहे आकर्षण या विकर्षण कहो, अथवा ताप कहो, या विद्युत, वे सब उसी शक्ति-तत्त्व के विभिन्न रूप हैं। चाहे मनुष्यों के बाह्य इन्द्रियों का व्यापार कहो या उनके अन्तःकरण की चिन्तन-शक्ति ही कहो, हैं सब एक ही शक्ति से उद्भूत, जिसे प्राण-शक्ति कहते हैं। अब यह प्रश्न उठ सकता है कि प्राण क्या है? प्राण स्पन्दन या कम्पन है। जब सम्पूर्ण ब्रह्माण्ड का विलय इसके चिरन्तन स्वरूप में हो जाता है, तब ये अनन्त शक्तियाँ कहाँ चली जाती हैं? क्या तुम सोचते हो कि इनका भी लोप हो जाता है? नहीं, कदापि नहीं। यदि शक्तिराशि बिल्कुल नष्ट हो जाय तो फिर भविष्य में जगत्त रंग का उत्थान कैसे और किस आधार पर हो सकता है? क्योंकि गति तो तरंगाकार संचरण है जो उठती है, गिरती है; फिर उठती है, फिर गिरती है। इसी जगत्-प्रपंच के विकास को हमारे शास्त्रों में 'सृष्टि' कहा गया है। परन्तु, ध्यान रहे, 'सृष्टि' अंग्रेजी का (creation) नहीं। अंग्रेज़ी में संस्कृत शब्दों का यथार्थ अनुवाद नहीं होता। बड़ी मुश्किल से मैं संस्कृत के भाव अंग्रेज़ी में व्यक्त करता हूँ। 'सृष्टि' शब्द का वास्तविक अर्थ

—प्रक्षेपण। प्रलय होने पर जगत्-प्रपंच सूक्ष्मातिसूक्ष्म होकर अपनी प्राथमिक वस्था को प्राप्त होता है, कुछ काल उसी शान्त अवस्था में रहकर फिर विकसित ता है। यही सृष्टि है। अच्छा, तो फिर इन प्राणरूपिणी शक्तियों का क्या ता है? वे आदि-प्राण से मिल जाती हैं। यह प्राण उस समय बहुत कुछ गतिहीन जाता है, परन्तु इसकी गति बिल्कुल ही बन्द नहीं हो जाती। वैदिक सूक्तों **आनीदवातम्**—'वह गतिहीन भाव से स्पन्दित हुआ था'—इस वाक्य से इसी त्व का वर्णन किया गया है। वेदों के कितने ही पारिभाषिक शब्दों का अर्थ-निर्णय रना अत्यन्त कठिन काम है। उदाहरण के रूप में हम यहाँ 'वात' शब्द को ही ते हैं। कभी कभी तो इससे वायु का अर्थ निकलता है और कभी कभी गति सूचित ाती है। इन दोनों अर्थों में बहुधा लोगों को भ्रम हो जाता है। अतएव इस पर यान रखना चाहिए। अच्छा, तो उस समय भूतों की क्या अवस्था होती है? क्तियाँ सर्वभूतों में ओतप्रोत हैं। वे उस समय आकाश में लीन हो जाती हैं, स आकाश से फिर भूतसमूहों की सृष्टि होती है। यह आकाश ही आदि-भूत । यही आकाश प्राण की शक्ति से स्पन्दित होता रहता है, और प्रत्येक नयी ृष्टि के साथ ज्यों ज्यों प्राण का स्पन्दन द्रुत होता जाता है, त्यों त्यों आकाश की रंगें क्षुब्ध होती हुईं चन्द्र, सूर्य, ग्रह, नक्षत्र आदि के आकार धारण करती जाती । हम पढ़ते हैं, **यदिदं किंच जगत् सर्वं प्राण एजति निःसृतम्।** (ऋग्वेद, ०।१२९।२)—'इस ससार में जो कुछ है, प्राण के कम्पित होने से निःसृत होता ।' यहाँ 'एजति' शब्द पर ध्यान दो; क्योंकि 'एज्' धातु का अर्थ है काँपना, निःसृतम्' का अर्थ है प्रक्षिप्त और 'यदिदम् किंच' का अर्थ है इस संसार में जो ी कुछ।

जगत्-प्रपंच की सृष्टि का यह थोड़ा सा आभास दिया गया। इसके विषय में हुत सी छोटी छोटी बातें कही जा सकती हैं। उदाहरणस्वरूप किस तरह सृष्टि ोती है, किस तरह पहले आकाश की ओर आकाश से दूसरी वस्तुओं की सृष्टि ोती है, आकाश में कम्पन होने पर वायु की उत्पत्ति कैसे होती है, आदि कितनी ी बातें कहनी पड़ेंगी। परन्तु यहाँ एक बात पर ध्यान रखना चाहिए, वह यह कि ूक्ष्मतर तत्त्व से स्थूलतर तत्त्व की उत्पत्ति होती है, सबसे पीछे स्थूल भूत की सृष्टि ोती है। यही बाह्यतम वस्तु है, और इसके पीछे सूक्ष्मतर भूत विद्यमान हैं। यहाँ तक विश्लेषण करने पर भी, हमने देखा कि सम्पूर्ण संसार केवल दो तत्त्वों में पर्यवसित किया गया है, अभी तक चरम एकत्व पर हम नहीं पहुँचे। शक्ति-तत्त्व के एकत्व को प्राण, और जड़-तत्त्व के एकत्व को आकाश कहा गया है। क्या इन दोनों में भी कोई एकत्व पाया जा सकता है? ये भी क्या एक **तत्त्व में पर्यवसित** किये जा सकते

हैं ? हमारा आधुनिक विज्ञान यहाँ मूक है, वह किसी तरह की मीमांसा नहीं क
सका। और यदि उसे इसकी मीमांसा करनी ही पड़े तो जैसे उसने प्राचीन पुरु
की तरह आकाश और प्राणों का आविष्कार किया है, उसी तरह उनके मार्ग पर उ
आगे भी चलना होगा।

जिस एक तत्त्व से आकाश और प्राण की सृष्टि हुई है, वह सर्वव्यापी निर्गु
तत्त्व है, जो पुराणों में ब्रह्मा, चतुरानन ब्रह्मा, के नाम से परिचित है और मनस्तत्त्
के अनुसार जिसको 'महत्' भी कहा जाता है। यहीं उन दोनों तत्त्वों का मेल होत
है। जिसे मन कहते हैं वह मस्तिष्क जाल में फँसा हुआ उसी महत् का एक छोट
सा अंश है, और मस्तिष्क जाल में फँसे हुए संसार के सामूहिक मनों का नाम समष्टि
महत् है। परन्तु विश्लेषण को आगे भी अग्रसर होना है, यह अब भी पूर्ण नहीं है। हम
से हर एक मनुष्य मानो एक क्षुद्र ब्रह्माण्ड है और सम्पूर्ण जगत् विश्व ब्रह्माण्ड है
जो कुछ व्यष्टि में हो रहा है वही समष्टि में भी होता है—**यथा पिण्डे तथा ब्रह्माण्डे**
यह बात सहज ही हमारी समझ में आ सकती है। यदि हम अपने मन का विश्लेषण
कर सकते तो समष्टि मन में क्या होता है, इसका भी बहुत कुछ निश्चित अनुमान
कर सकते। अब प्रश्न यह है कि यह मन है क्या चीज़ ? इस समय पाश्चात्य देशों
में भौतिक विज्ञान की जैसी द्रुत उन्नति हो रही है और शरीरविज्ञान जिस तरह धीरे
धीरे प्राचीन धर्मों के एक के बाद दूसरे दुर्ग पर अपना अधिकार जमा रहा है, उसे
देखते हुए पाश्चात्यवासियों को कोई टिकाऊ आधार नहीं मिल रहा है; क्योंकि
आधुनिक शरीरविज्ञान में पद पद पर मन की मस्तिष्क के साथ अभिन्नता देखकर
वे बड़ी उलझन में पड़ गये हैं; परन्तु भारतवर्ष में हम लोग यह तत्त्व पहले ही से जानते
हैं। हिन्दू बालक को पहले ही यह तत्त्व सीखना पड़ता है कि मन जड़ पदार्थ है
परन्तु सूक्ष्मतर जड़ है। हमारा यह जो स्थूल शरीर है, इसके पश्चात् सूक्ष्म शरीर
अथवा मन है। यह भी जड़ है, केवल सूक्ष्मतर जड़ है; परन्तु यह आत्मा नहीं।

मैं इस 'आत्मा' शब्द का अंग्रेज़ी में अनुवाद नहीं कर सकता; कारण, यूरोप
में 'आत्मा' शब्द का द्योतक कोई भाव ही नहीं, अतएव इस शब्द का अनुवाद नहीं
किया जा सकता। जर्मन दार्शनिक इस 'आत्मा' शब्द का सेल्फ़ (self) शब्द
से अनुवाद करते हैं, परन्तु जब तक इस शब्द को सार्वभौम मान्यता प्राप्त न हो जाय,
तब तक इसे व्यवहार में लाना असम्भव है। अतएव उसे सेल्फ़ (self) कहो, चाहे
कुछ और कहो, हमारी आत्मा के सिवा वह और कुछ नहीं है। यही आत्मा मनुष्य
के भीतर यथार्थ मनुष्य है। यही आत्मा जड़ को अपने यंत्र के रूप में, अथवा
मनोविज्ञान की भाषा में कहो तो अपने अन्तःकरण के रूप में चलाती फिराती है, और
मन अन्तरिन्द्रियों की सहायता से शरीर की दृश्यमान बाह्य इन्द्रियों पर काम करता

है। अस्तु, यह मन है क्या ? अभी हाल में ही पाश्चात्य दार्शनिक यह जान सके हैं कि नेत्र वास्तव में दर्शनेन्द्रिय नहीं हैं, किन्तु यथार्थ इन्द्रिय इनके पीछे वर्तमान है, और यदि यह नष्ट हो जाय तो सहस्रलोचन इन्द्र की तरह चाहे मनुष्य की हज़ार आँखें हों, पर वह कुछ देख नहीं सकता। तुम्हारा दर्शन यह स्वतःसिद्ध सिद्धान्त लेकर आगे बढ़ता है कि दृष्टि का तात्पर्य वास्तव में बाह्य दृष्टि से नहीं, यथार्थ दृष्टि अन्तरिन्द्रिय की, भीतर रहनेवाले मस्तिष्क के केन्द्रसमूहों की है। तुम चाहे जिस नाम से पुकारो, परन्तु इन्द्रिय शब्द से हमारी नाक, कान आँखें नही सिद्ध होतीं। और इन इन्द्रियसमूहों की ही समष्टि, मन, बुद्धि, चित्त, अहंकार के साथ मिलकर अंग्रेज़ी में माइण्ड (mind) नाम से पुकारी जाती है। और यदि आधुनिक शरीर-वैज्ञानिक तुमसे आकर कहें कि मस्तिष्क ही माइण्ड (mind) है, और वह मस्तिष्क ही विभिन्न सूक्ष्म अवयवों से गठित है तो तुम्हारे लिए डरने का कोई कारण नहीं। उनसे तुम तत्काल कह सकते हो कि हमारे दार्शनिक बराबर यह बात जानते हैं, यह हमारे धर्म के प्रथम मुख्य सिद्धान्तों में से एक है।

ख़ैर, इस समय तुम्हें समझना होगा कि मन, बुद्धि, चित्त, अहंकार आदि शब्दों के क्या अर्थ हैं। सबसे पहले हम चित्त की मीमांसा करें। चित्त वास्तव में अन्तःकरण का मूल उपादान है, यह महत् का ही अंश है। विभिन्न अवस्थाओं के साथ मन का ही एक साधारण नाम चित्त है। उदाहरणार्थ ग्रीष्मकाल की उस स्थिर और शान्त झील को लो जिस पर एक भी तरंग नहीं है। सोचो, किसीने उस पर एक पत्थर फेंका। तो उससे क्या होगा ? पहले, पानी पर जो आघात किया गया उससे एक क्रिया हुई; इसके पश्चात् पानी उठकर पत्थर की ओर प्रतिक्रिया करने लगा और उसी प्रतिक्रिया ने तरंग का आकार धारण किया। पहले पहल पानी ज़रा काँप उठता है, उसके बाद ही तरंग के आकार में प्रतिक्रिया होती है। इस चित्त को झील की तरह समझो, और बाहरी वस्तुएँ उस पर फेंके गये प्रस्तर खंड हैं। जब कभी वह इन्द्रियों की सहायता से किसी बहिर्वस्तु के संस्पर्श में आता है, बहिर्वस्तुओं को भीतर ले जाने के लिए इन इन्द्रियों की ज़रूरत होती है, तभी एक कम्पन उत्थित होता है। वह मन है—संकल्प-विकल्पात्मक। इसके बाद ही एक प्रतिक्रिया होती है, वह निश्चयात्मिका बुद्धि है, और इस बुद्धि के साथ साथ अहंज्ञान और बाहरी वस्तु का बोध पैदा होता है। जैसे हमारे हाथ पर मच्छर ने बैठकर डंक मारा, संवेदना हमारे चित्त तक पहुँची, चित्त ज़रा काँप उठा--हमारे मनोविज्ञान के मत से वही मन है। इसके बाद एक प्रतिक्रिया उठी और साथ ही साथ हमारे भीतर यह भाव पैदा हुआ कि हमारे हाथ में मच्छर काट रहा है, इसे भगाना चाहिए। इसी प्रकार झील में पत्थर फेंके जाते हैं। परन्तु इतना ज़रूर समझना होगा कि झील पर जितने

आघात होते हैं सब बाहर से आते हैं, परन्तु मन की झील में बाहर से भी आघात आ सकते हैं और भीतर से भी। चित्त और उसकी इन भिन्न भिन्न अवस्थाओं का नाम ही अन्तःकरण है।

पहले जो कुछ कहा गया उसके साथ एक और भी बात समझनी होगी। उससे अद्वैतवाद समझने में हम लोगों को विशेष सुविधा होगी। तुममें से हर एक ने मुक्ता अवश्य ही देखी होगी, और तुममें से अनेक को मालूम भी होगा कि मुक्ता किस तरह बनती है। शुक्ति (सीप) के भीतर धूलि अथवा बालुका की कणिका पड़कर उसे उत्तेजित करती रहती है, और शुक्ति की देह इस उत्तेजना की प्रतिक्रिया करते हुए उस छोटी सी बालू की रज को अपने शरीर से निकले हुए रस से ढकती रहती है। वही कणिका एक निर्दिष्ट आकार को प्राप्त कर मुक्ता के रूप में परिणत होती है। यह मुक्ता जिस तरह निर्मित होती है, हम सम्पूर्ण संसार को उसी तरह रूपायित करते हैं। बाहरी संसार से हम आघात भर पाते हैं। यहाँ तक कि उस आघात के प्रति चैतन्य होने में भी हमें अपने भीतर से ही प्रतिक्रिया करनी पड़ती है और जब हम प्रतिक्रियाशील होते हैं, तब वास्तव में हम अपने मन के अंशविशेष को ही उस आघात के प्रति प्रक्षेपित करते हैं और जब हमें उसकी जानकारी होती है, तब वह और कुछ नहीं, उस आघात से आकार-प्राप्त हमारा अपना मन ही है। जो लोग बहिर्जगत् की यथार्थता पर विश्वास करना चाहते हैं, उन्हें यह बात माननी पड़ेगी, और आजकल इस शरीरविज्ञान की उन्नति के दिनों में इस बात को बिना माने दूसरा उपाय ही नहीं है। यदि बहिर्जगत् को हम 'क' मान लें तो वास्तव में हम 'क'+मन को ही जानते हैं और इस जानकारी के भीतर मन का भाग इतना अधिक है कि उसने 'क' को सर्वांशतः ढक लिया है और उस 'क' का यथार्थ रूप वास्तव में सदैव अज्ञात और अज्ञेय है। अतएव यदि बहिर्जगत् के नाम से कोई वस्तु हो भी तो वह सदैव अज्ञात और अज्ञेय है। हमारे मन के द्वारा वह जिस साँचे में ढाल दी जाती है, जैसी रूपायित होती है, हम उसको उसी रूप में जानते हैं। अन्तर्जगत् के सम्बन्ध में भी यही बात है। हमारी आत्मा के सम्बन्ध में भी यह बात बिल्कुल सच उतरती है। हम आत्मा को जानना चाहें तो उसे भी अपने मन के भीतर से समझेंगे; अतः हम आत्मा के सम्बन्ध में जो कुछ जानते हैं वह 'आत्मा+मन' के सिवा और कुछ नहीं। अर्थात् मन ही के द्वारा आवृत, मन ही के द्वारा रूपायित आत्मा को हम जानते हैं। इस तत्त्व के सम्बन्ध में हम आगे चलकर कुछ और विवेचना करेंगे, यहाँ हमें इतना ही स्मरण रखना होगा।

इसके पश्चात् हमें जो विषय समझना है, वह यह है कि यह देह एक निरवच्छिन्न जड़-प्रवाह का नाम है। प्रतिक्षण हम इसमें नये नये पदार्थ जोड़ रहे हैं, फिर प्रति-

क्षण इससे कितने ही पदार्थ निकलते जा रहे हैं। जैसे एक निरन्तर बहती हुई नदी है, उसकी सलिलराशि सदा ही एक स्थान से दूसरे स्थान को जा रही है, फिर भी हम अपनी कल्पना के बल से उसके समस्त अंशों को एक ही वस्तु मानकर उसे एक ही नदी कहते हैं। परन्तु वास्तव में नदी है क्या ? प्रतिक्षण नया पानी आ रहा है, प्रतिक्षण उसकी तटभूमि परिवर्तित हो रही है, प्रतिक्षण सारा वातावरण परिवर्तित होता जा रहा है। तब नदी है क्या ? वह इसी परिवर्तन-समष्टि का नाम है। मन के सम्बन्ध में भी यही बात है। बौद्धों ने इस सदा ही होनेवाले परिवर्तन को लक्ष्य करके महान् क्षणिक विज्ञानवाद की सृष्टि की थी। उसे ठीक ठीक समझना बड़ा कठिन काम है। परन्तु बौद्ध दर्शनों में यह मत सुदृढ़ युक्तियों द्वारा समर्थित और प्रमाणित हुआ है। भारत में यह वेदान्त के किसी किसी अंश के विरोध में उठ खड़ा हुआ था। इस मत को निरस्त करने की जरूरत आ पड़ी थी, और हम आगे देखेंगे, इस मत का खंडन करने में केवल अद्वैतवाद ही समर्थ हुआ था और कोई मत नहीं। आगे चलकर हम यह भी देखेंगे कि अद्वैतवाद के सम्बन्ध में लोगों की अनेक विचित्र धारणाएँ होने पर भी और अद्वैतवाद से लोगों के भयभीत होने पर भी, वास्तव में संसार का कल्याण इसीसे होता है, कारण इस अद्वैतवाद से ही सब प्रकार की समस्याओं का उत्तर मिलता है। द्वैतवाद और दूसरे जितने 'वाद' हैं उपासना आदि के लिए बहुत अच्छे हैं, उनसे मन को बड़ी तृप्ति होती है और हो सकता है कि उनसे मन के उच्च पथ पर बढ़ने में सहायता मिलती हो, परन्तु यदि कोई तर्कसंगत एवं धर्मपरायण होना चाहे तो उसके लिए एकमात्र गति द्वैतवाद ही है। अस्तु, मन को भी देह की तरह किसी नदी के सदृश समझना चाहिए। वह भी सदा एक ओर खाली और दूसरी ओर पूर्ण हो रहा है। परन्तु वह एकत्व कहाँ है, जिसे हम आत्मा कहते हैं ? हम देखते हैं कि हमारी देह और मन में इस तरह सदा ही परिवर्तन होने पर भी हमारे भीतर कोई ऐसी वस्तु है, जो अपरिवर्तनीय है, जिसके कारण हमारी वस्तु विषयक धारणाएँ अपरिवर्तनीय हैं। जब विभिन्न दिशाओं से आलोक-रश्मियाँ किसी यवनिका या दीवार अथवा किसी दूसरी अचल वस्तु पर पड़ती हैं, केवल तभी उनके लिए एकता-स्थापन संभव होता है, केवल तभी वे एक अखंड भाव की सृष्टि कर सकती हैं। मनुष्य के विभिन्न शारीरिक अवयवों में वह एकत्व कहाँ है, जिस पर पहुँचकर विभिन्न भावराशियाँ एकत्व और पूर्ण अखंडत्व को प्राप्त हो सकें ? इसमें कोई सन्देह नहीं कि वह वस्तु कभी मन नहीं हो सकती, क्योंकि वह परिवर्तनशील है। इसलिए अवश्य वह ऐसी वस्तु है जो न देह है, न मन है, जिसमें कभी परिवर्तन नहीं होता, जिसमें आकर हमारे समस्त भाव, बाहर के समस्त विषय एक अखंड भाव में परिणत हो जाते हैं—यही वास्तव में हमारी आत्मा है।

और जब कि हम देख रहे हैं कि सम्पूर्ण जड़ पदार्थ, जिसे तुम सूक्ष्म जड़ अथवा मन चाहे जिस नाम से पुकारो, परिवर्तनशील है और जब कि सम्पूर्ण स्थूल जड़ या बाह्य जगत् भी परिवर्तनशील है तो यह अपरिवर्तनीय वस्तु (आत्मा) कदापि जड़ पदार्थ नहीं हो सकती, अतएव वह चेतन-स्वभाव, अविनाशी और अपरिणामी है।

इसके बाद एक दूसरा प्रश्न उठता है। यह प्रश्न बहिर्जगत् सम्बन्धी पुराने सृष्टि-रचनावादों (Design Theories) से भिन्न है। इस संसार को देख कर किसने इसकी सृष्टि की, किसने जड़ पदार्थ बनाया, आदि प्रश्नों से जिस सृष्टि-रचनावाद की उत्पत्ति होती है, मैं उसकी बात नहीं कहता। मनुष्य की भीतरी प्रकृति से सत्य को जानना यही मुख्य बात है। आत्मा के अस्तित्व के सम्बन्ध में जिस तरह प्रश्न उठा था, यहाँ भी ठीक उसी तरह प्रश्न उठ रहा है। यदि यह ध्रुव सत्य माना जाय कि हर एक मनुष्य में शरीर और मन से पृथक् एक अपरिवर्तनीय आत्मा विद्यमान है, तो यह भी मानना पड़ता है कि इन आत्माओं के भीतर धारणा, भाव और सहानुभूति की एकता विद्यमान है। अन्यथा हमारी आत्मा तुम्हारी आत्मा पर कैसे प्रभाव डाल सकती है? परन्तु आत्माओं के बीच में रहनेवाली वह कौन सी वस्तु है जिसके भीतर से एक आत्मा दूसरी आत्मा पर कार्य कर सकती है? वह माध्यम कहाँ है, जिसके द्वारा वह क्रियाशील होती है। मैं तुम्हारी आत्मा के बारे में किस प्रकार कुछ भी अनुभव कर सकता हूँ? वह कौन सी वस्तु है, जो हमारी और तुम्हारी आत्मा में संलग्न है? अतः यहाँ एक दूसरी आत्मा के मानने की दार्शनिक आवश्यकता प्रतीत होती है; क्योंकि वह आत्मा सम्पूर्ण भिन्न भिन्न आत्माओं और जड़ वस्तुओं के भीतर से अपना कार्य करती है, वह संसार की असंख्य आत्माओं में ओतप्रोत भाव से विद्यमान रहती है; उसीकी सहायता से दूसरी आत्माओं में जीवनी शक्ति का संचार होता है; एक आत्मा दूसरी आत्मा को प्यार करती है, एक दूसरे से सहानुभूति रखती है या एक दूसरे के लिए कार्य करती है। इसी सर्वव्यापी आत्मा को परमात्मा कहते हैं। वह सम्पूर्ण संसार का प्रभु है, ईश्वर है। और जब कि आत्मा जड़ पदार्थ से नहीं बनी, जब कि वह चेतन स्वरूप है, तो वह जड़ के नियमों का अनुसरण नहीं कर सकती—उसका विचार जड़ के नियमानुसार नहीं किया जा सकता। अतएव वह अजेय, अजन्मा, अविनाशी तथा अपरिणामी है।

नैनं छिन्दन्ति शस्त्राणि नैनं दहति पावकः।
न चैनं क्लेदयन्त्यापो न शोषयति मारुतः।।
नित्यः सर्वगतः स्थाणुरचलोऽयं सनातनः।।

(गीता २।२३-२४)

—'इस आत्मा को न आग जला सकती है, न कोई शस्त्र इसे छेद सकता है, न वायु इसे सुखा सकता है, न पानी गीला कर सकता है, यह आत्मा नित्य, सर्वगत, कूटस्थ और सनातन है।' गीता और वेदान्त के अनुसार जीवात्मा विभु है, कपिल के मत में यह सर्वव्यापी है। यह सच है कि भारत में ऐसे अनेक सम्प्रदाय हैं जिनके मतानुसार यह जीवात्मा अणु है; किन्तु उनका यह भी मत है कि आत्मा का प्रकृत स्वरूप विभु है, केवल व्यक्त अवस्था में ही वह अणु है।

इसके बाद एक दूसरे विषय की ओर ध्यान देना चाहिए। बहुत सम्भव है, यह तुम्हें आश्चर्यजनक प्रतीत हो, परन्तु यह तत्त्व भी विशेष रूप से भारतीय है और हमारे सभी सम्प्रदायों में वह सामान्य रूप में विद्यमान है। इसीलिए मैं तुमसे इस तत्त्व की ओर ध्यान देने और उसे याद रखने का अनुरोध करता हूँ, कारण, यह सभी भारतीय विषयों की बुनियाद है। पाश्चात्य देशों में जर्मन और अंग्रेज पण्डितों द्वारा प्रचारित भौतिक विकासवाद तुम लोगों ने सुना होगा। उस मत के अनुसार वास्तव में सभी प्राणियों के शरीर अभिन्न हैं; जो भेद हम देखते हैं वे एक ही शृंखला की भिन्न भिन्न अभिव्यक्ति मात्र हैं और क्षुद्रतम कीट से लेकर श्रेष्ठतम साधु तक सभी वास्तव में एक हैं, एक ही दूसरे में परिणत हो रहा है तथा इसी तरह चलते हुए क्रमशः उन्नत होकर जीव पूर्णत्व प्राप्त कर रहे हैं। यह सिद्धान्त परिणामवाद के नाम से हमारे शास्त्रों में भी है। योगी पतंजलि कहते हैं, **जात्यन्तरपरिणामः प्रकृत्यापूरात्।** (पातंजल योगसूत्र, ४।२)—'एक जाति, एक श्रेणी दूसरी जाति, दूसरी श्रेणी में परिणत होती है।' 'परिणाम' का अर्थ है एक वस्तु का दूसरी वस्तु में परिवर्तित होना। परन्तु यहाँ यूरोपवालों से हमारा मतभेद कहाँ पर होता है? पतंजलि कहते हैं, **प्रकृत्यापूरात्**—प्रकृति के आपूरण से। यूरोपीय कहते हैं कि प्रतिद्वन्द्विता, प्राकृतिक और यौन-निर्वाचन आदि ही एक प्राणी को दूसरे प्राणी का शरीर ग्रहण करने के लिए बाध्य करते हैं; परन्तु हमारे शास्त्रों में इस **जात्यन्तर-परिणाम** का जो कारण बतलाया गया है, उसे देखते हुए यही कहना पड़ता है कि यहाँवालों ने यूरोपीयों से और भी अच्छा विश्लेषण किया है—इन्होंने वहाँवालों से और भी गहरे पहुँचने की कोशिश की है। ये कहते हैं, **प्रकृत्यापूरात्**—'प्रकृति के आपूरण से।' इसका क्या अर्थ है? हम यह मानते हैं कि जीवाणु क्रमशः उन्नत होते हुए बुद्ध बन जाता है, किन्तु साथ ही हमारी यह भी दृढ़ धारणा है कि किसी यन्त्र में यदि किसी न किसी तरह की शक्ति यथोचित मात्रा में न भर दी जाय तो उस यन्त्र से तदनुरूप कार्य सम्भव नहीं हो सकता। उस शक्ति का विकास चाहे जिस किसी रूप में हो, पर शक्तिसमष्टि की मात्रा सदा एक ही रहती है। यदि तुम्हें एक प्रान्त में शक्ति का विकास देखना है तो दूसरे प्रान्त में उसका प्रयोग करना होगा—वह

शक्ति किसी दूसरे आकार में प्रकाशित भले ही हो, परन्तु उसका परिमाण एक होना ही चाहिए। अतएव बुद्ध यदि परिणाम का एक प्रान्त हो तो दूसरे प्रान्त का जीवाणु अवश्य ही बुद्ध के सदृश होगा। यदि बुद्ध क्रमविकसित परिणत जीवाणु हो तो वह जीवाणु भी क्रमसंकुचित (अव्यक्त) बुद्ध ही है। यदि यह ब्रह्माण्ड अनन्त शक्ति का व्यक्त रूप हो तो जब इस ब्रह्माण्ड में प्रलय की अवस्था होती है, तब भी दूसरे किसी आकार में उसी अनन्त शक्ति की विद्यमानता स्वीकार करनी पड़ेगी। इससे अन्यथा कुछ भी नहीं हो सकता। अतएव यह निश्चित है कि प्रत्येक आत्मा अनन्त है। हमारे पैरों तले रेंगते रहनेवाले क्षुद्र कीट से लेकर महत्तम और उच्चतम साधु तक सब में वह अनन्त शक्ति, अनन्त पवित्रता और सभी गुण अनन्त परिमाण में मौजूद हैं। भेद केवल अभिव्यक्ति की न्यूनाधिक मात्रा में है। कीट में उस महाशक्ति का थोड़ा ही विकास पाया जाता है, तुममें उससे भी अधिक, और किसी दूसरे देवोपम पुरुष में तुमसे भी कुछ अधिक शक्ति का विकास हुआ है; भेद बस इतना ही है, परन्तु है सभी में वही एक शक्ति। पतंजलि कहते हैं, **ततः क्षेत्रिकवत्** (पातंजल योगसूत्र, ४।३)—'किसान जिस तरह अपने खेत में पानी भरता है।' किसी जलाशय से वह अपने खेत का एक कोना काटकर पानी भर रहा है, और जल के वेग से खेत के बह जाने के भय से उसने नाली का मुँह बन्द कर रखा है। जब पानी की ज़रूरत पड़ती है, तब वह द्वार खोल देता है, पानी अपनी ही शक्ति से उसमें भर जाता है। पानी आने के वेग को बढ़ाने की कोई आवश्यकता नहीं, क्योंकि वह जलाशय के जल में पहले ही से विद्यमान है। इसी तरह हममें से हर एक के पीछे अनन्त शक्ति, अनन्त पवित्रता, अनन्त सत्ता, अनन्त वीर्य, अनन्त आनन्द का भाण्डार परिपूर्ण है, केवल यह द्वार—यही देहरूपी द्वार हमारे वास्तविक रूप के पूर्ण विकास में बाधा पहुँचाता है।

और इस देह का संगठन जितना ही उन्नत होता जाता है, जितना ही तमोगुण रजोगुण में और रजोगुण सत्त्वगुण में परिणत होता है, यह शक्ति और शुद्धता उतनी ही प्रकाशित होती रहती है, और इसीलिए भोजन-पान के सम्बन्ध में हम इतना सावधान रहते हैं। यह सम्भव है कि हम लोग मूल तत्त्व भूल गये हों, जैसे हम अपनी विवाह-प्रथा के सम्बन्ध में कह सकते हैं। यह विषय यद्यपि यहाँ अप्रासंगिक है, फिर भी हम दृष्टान्त के तौर पर यहाँ इसका ज़िक्र कर सकते हैं। यदि कोई दूसरा अवसर मिलेगा तो मैं इन विषयों पर विशेष रूप से कहूँगा, परन्तु इस समय मैं तुमसे इतना ही कहता हूँ कि जिन मूल भावों से हमारी विवाह-प्रथा का प्रचलन हुआ है, उनके ग्रहण करने से ही यथार्थ सभ्यता का संचार हो सकता है, किसी दूसरे उपाय से कदापि नहीं। यदि हर एक स्त्री-पुरुष को जिस किसी पुरुष या स्त्री

को पति अथवा पत्नी के रूप से ग्रहण करने की स्वाधीनता दी जाय, यदि व्यक्तिगत सुख, पाशव प्रकृति की परितृप्ति, समाज में बिना किसी बाधा के संचरित होती रहे, तो उसका फल अवश्य ही अशुभ होगा। उससे दुष्ट प्रकृति और आसुर स्वभाव की सन्तान उत्पन्न होगी। प्रत्येक देश में एक ओर मनुष्य इस तरह की पशु प्रकृति की सन्तान उत्पन्न कर रहे हैं, दूसरी ओर इनके दमन के लिए पुलिस की संख्या बढ़ा रहे हैं। इस तरह की सामाजिक व्याधि के प्रतिकार की चेष्टा में कोई फल नहीं होता, बल्कि समाज में इन दोषों की उत्पत्ति को कैसे रोका जाय, सन्तानों की सृष्टि किस उपाय से रोकी जाय, यह समस्या उठ खड़ी होती है। और जब तक तुम समाज में हो, तब तक तुम्हारे विवाह का प्रभाव समाज के प्रत्येक मनुष्य पर अवश्य ही पड़ेगा; अतएव तुम्हें किस तरह विवाह करना चाहिए, किस तरह का नहीं, इस पर तुम्हें आदेश देने का अधिकार समाज को है। भारतीय विवाह-प्रथा के पीछे इसी तरह के ऊँचे भाव हैं। जन्मपत्रों में वर-कन्या की जैसी जाति, गण आदि लिखे रहते हैं, अब भी उन्हींके अनुसार हिन्दू समाज में विवाह होते हैं और प्रसंग के अनुसार मैं यह भी कहना चाहता हूँ कि मनु के मत से कामोद्भूत पुत्र आर्य नहीं है। गर्भाधान से लेकर मृत्युपर्यन्त जिस संतान के संस्कार वैदिक विधि के अनुसार हों, वही वास्तव में आर्य है। आजकल सभी देशों में ऐसी आर्य सन्तान बहुत कम पैदा होती है, और इसीका फल है कि कलियुग नाम की दोषराशि की उत्पत्ति हो रही है। हम प्राचीन महान् आदर्शों को भूल गये हैं। यह सच है कि हम लोग इस समय इन भावों को पूर्ण रूप से कार्य में परिणत नहीं कर सकते; यह भी सम्पूर्ण सत्य है कि हम लोगों ने इन सब महान् भावों में से कुछ को हास्यास्पद बना दिया है। यह बिल्कुल सच है और शोक का विषय है कि आजकल प्राचीन काल के से पिता-माता नहीं हैं, समाज भी अब पहले सा शिक्षित नहीं है, और प्राचीन समाज में जिस तरह समाज के सभी लोगों पर प्रीति रहती थी, अब वैसी नहीं रहती; किन्तु व्यावहारिक रूप में दोषों के आ जाने पर भी वह मूल तत्त्व बड़े ही महत्त्व का है, और यदि उसका कार्यान्वित होना सदोष है, यदि इसके लिए कोई ख़ास तरीक़ा नाक़ामयाब हुआ है, तो उसी मूल तत्त्व को लेकर ऐसी चेष्टा करनी चाहिए, जिससे वह अच्छी तरह काम में आ सके। मूल तत्त्व के नष्ट करने की चेष्टा क्यों? भोजन सम्बन्धी समस्या के लिए भी यही बात है। वह तत्त्व भी जिस तरह काम में लाया जा रहा है, वह निस्सन्देह बहुत ही ख़राब है; किन्तु इसमें उस तत्त्व का कोई दोष नहीं। वह सनातन है, वह सदा ही रहेगा, ऐसा पुनः प्रयत्न करो जिससे वह तत्त्व ठीक ठीक भाव से काम में लाया जा सके।

भारत में हमारे सभी सम्प्रदायों को आत्मा सम्बन्धी इस तत्त्व पर विश्वास

करना पड़ता है। केवल द्वैतवादी कहते हैं, जैसा हम आगे विचार करेंगे, असत् कर्मों से वह संकुचित हो जाती है, उसकी सम्पूर्ण शक्ति और स्वभाव संकोच को प्राप्त हो जाते हैं, फिर सत्कर्म करने से उस स्वभाव का विकास होता है। और अद्वैतवादी कहते हैं, आत्मा का न कभी संकोच होता है, न विकास, इस तरह होने की प्रतीति मात्र होती है। द्वैतवादी और अद्वैतवादियों में बस इतना ही भेद है; परन्तु यह बात सभी मानते हैं कि हमारी आत्मा में पहले ही से सम्पूर्ण शक्ति विद्यमान है, ऐसा नहीं कि कुछ बाहर से आत्मा में आये या कोई चीज़ इसमें आसमान से टपक पड़े। ध्यान देने योग्य बात है कि तुम्हारे वेद प्रेरित (inspired) नहीं हैं, ऐसे नहीं कि वे बाहर से भीतर जा रहे हैं, किन्तु अन्तःस्फुरित (expired) हैं, अर्थात् भीतर से बाहर आ रहे हैं—वे सनातन नियम हैं जिनकी अवस्थिति प्रत्येक आत्मा में है। चींटी से लेकर देवता तक सबकी आत्मा में वेद अवस्थित हैं। चींटी को केवल विकसित होकर ऋषि-शरीर प्राप्त करना है; तभी उसके भीतर वेद अर्थात् सनातन तत्त्व प्रकाशित होगा। इस महान् भाव को समझने की आवश्यकता है कि हमारी शक्ति पहले ही से हमारे भीतर मौजूद है—मुक्ति पहले ही से हम में है। उसके लिए इतना कह सकते हो कि वह संकुचित हो गयी है, अथवा माया के आवरण से आवृत हो गयी है, परन्तु इससे कुछ अन्तर नहीं पड़ता। पहले ही से वह वहीं मौजूद है, यह तुम्हें समझ लेना होगा। इस पर तुम्हें विश्वास करना होगा—विश्वास करना होगा कि बुद्ध के भीतर जो शक्ति है, वह एक छोटे से छोटे मनुष्य में भी है। यही हिन्दुओं का आत्म-तत्त्व है।

परन्तु यहीं बौद्धों के साथ महा विरोध खड़ा हो जाता है। वे देह का विश्लेषण करके उसे एक जड़ स्रोत मात्र कहते हैं और उसी तरह मन का विश्लेषण करके उसे भी एक दूसरा जड़-प्रवाह बतलाते हैं। आत्मा के सम्बन्ध में वे कहते हैं, यह अनावश्यक है और उसके अस्तित्व की कल्पना करने की कोई आवश्यकता नहीं। किसी द्रव्य और उसमें संलग्न गुणराशि की कल्पना का क्या काम? हम लोग शुद्ध गुण ही मानते हैं। जहाँ सिर्फ़ एक कारण मान लेने पर सब विषयों की व्याख्या हो जाती है, वहाँ दो कारण मानना युक्तिसंगत नहीं है। इसी तरह बौद्धों के साथ विवाद छिड़ा, और जो मत द्रव्य विशेष का अस्तित्व मानते थे, उनका खंडन करके बौद्धों ने उनको धूल में मिला दिया। जो द्रव्य और गुण दोनों का अस्तित्व मानते हैं, जो कहते हैं—'तुममें एक अलग आत्मा है, हममें एक अलग, हर एक के शरीर और मन से अलग एक एक आत्मा है, हर एक का एक स्वतन्त्र व्यक्तित्व है'—उनकी तर्क-पद्धति में पहले ही से कुछ त्रुटि थी।

यहाँ तक तो द्वैतवाद का मत ठीक है, हम पहले ही देख चुके हैं कि यह शरीर

, यह सूक्ष्म मन है, यह आत्मा है और सब आत्माओं में है वह परमात्मा। यहाँ मुश्किल इतनी ही है कि आत्मा और परमात्मा दोनों ही द्रव्य बतलाये जा रहे हैं और देह-मन आदि तथाकथित द्रव्य उनसे गुणवत संलग्न हैं, ऐसा स्वीकार किया जा रहा है। अब बात यह है कि किसीने कभी जिस द्रव्य को नहीं देखा, उसके सम्बन्ध में वह कभी विचार नहीं कर सकता। अतः वे कहते हैं, ऐसी दशा में इस तरह के द्रव्य के मानने की जरूरत क्या है? तो फिर क्षणिकविज्ञानवादी क्यों नहीं हो जाते और क्यों नहीं कहते कि मानसिक तरंगों के सिवा और किसी भी वस्तु का अस्तित्व नहीं है?—उनमें से कोई एक दूसरी से मिली हुई नहीं, वे आपस में मिलकर एक वस्तु नहीं हुईं, समुद्र की तरंगों की तरह एक दूसरी के पीछे पीछे चली आ रही हैं, वे कभी भी सम्पूर्ण नहीं, वे कभी एक अखंड इकाई नहीं बनातीं। मनुष्य बस इसी तरह की तरंग-परम्परा है—जब एक तरंग चली जाती है, तब दूसरी तरंग पैदा कर जाती है, ऐसा ही चलता रहता है और इन्हीं तरंगों की निवृत्ति को निर्वाण कहते हैं। तुम देखते हो, इसके सामने द्वैतवाद मूक है; यह असम्भव है कि वह इसके विरुद्ध कोई युक्ति दे सके, और द्वैतवाद का ईश्वर भी यहाँ नहीं टिक सकता। जो सर्वव्यापी है तथा व्यक्तिविशेष है, बिना हाथों के संसार की सृष्टि कर रहा है, बिना पैरों के जो चल सकता है—इसी प्रकार और भी, कुम्भकार जिस तरह घट का निर्माण करता है, उसी तरह जो विश्व की सृष्टि करता है—उसके लिए बौद्ध कहते हैं, इस तरह की कल्पना बच्चों की जैसी है और यदि ईश्वर इस तरह का है तो वे उस ईश्वर के साथ विरोध करने को तैयार हैं, उसकी उपासना करने के अभिलाषी नहीं। यह संसार दुःख से परिपूर्ण है; यदि यह ईश्वर का काम हो तो बौद्ध कहते हैं, हम इस तरह के ईश्वर के साथ लड़ने को तैयार हैं। और दूसरे, इस तरह के ईश्वर का अस्तित्व अयौक्तिक और असम्भव है। सृष्टि-रचनावाद (Design Theory) की त्रुटियों पर विचार करने की आवश्यकता नहीं है, क्योंकि क्षणिकविज्ञानवादियों ने उनके सम्पूर्ण युक्तिजाल का खंडन कर डाला है। अतएव वैयक्तिक ईश्वर नहीं टिक सकता।

सत्य, एकमात्र सत्य अद्वैतवादियों का लक्ष्य है। **सत्यमेव जयते नानृतम्। सत्येन पन्था विततो देवयानः**—'सत्य ही की विजय होती है, मिथ्या को कभी विजय नहीं मिलती, सत्य से ही देवयान मार्ग की प्राप्ति होती है।' (मुण्डकोपनिषद्, ३।१।६) सत्य की पताका सभी उड़ाया करते हैं, किन्तु यह केवल दुर्बलों को पद-दलित करने के लिए। तुम अपने ईश्वर विषयक द्वैतवादात्मक विचार लेकर किसी बेचारे प्रतिमापूजक के साथ विवाद करने जा रहे हो, सोच रहे हो, तुम बड़े युक्ति-वादी हो, उसे अनायास ही परास्त कर सकते हो; यदि वह उल्टे तुम्हारे ही वैयक्तिक

ईश्वर को उड़ा दे—उसे काल्पनिक कहे तो फिर तुम्हारी क्या दशा हो? त
तुम धर्म की दुहाई देने लगते हो, अपने प्रतिद्वन्द्वी को नास्तिक नाम से पुकार क
चिल्ल-पों मचाने लगते हो, और यह तो दुर्बल मनुष्यों का सदा ही नारा रहा है—ज
मुझे परास्त करेगा वह घोर नास्तिक है! यदि युक्तिवादी होना चाहते हो तो आ
से अन्त तक युक्तिवादी ही बने रहो, और अगर न रह सको तो तुम अपने लि
जितनी स्वाधीनता चाहते हो, उतनी ही दूसरे को भी क्यों नहीं देते? तुम इस तर
के ईश्वर का अस्तित्व कैसे प्रमाणित करोगे? दूसरी ओर, वह प्रायः अप्रमाणि
किया जा सकता है। ईश्वर के अस्तित्व के सम्बन्ध में रंचमात्र प्रमाण नहीं, बल्कि
नास्तित्व के सम्बन्ध में कुछ अति प्रबल प्रमाण हैं भी। तुम्हारा ईश्वर, उसके गुण
द्रव्यस्वरूप असंख्य जीवात्मा, प्रत्येक जीवात्मा का एक व्यष्टि भाव, इन सबको लेक
तुम उसका अस्तित्व कैसे प्रमाणित कर सकते हो? तुम व्यक्ति हो किस विषय
में? देह के सम्बन्ध में तुम व्यक्ति हो ही नहीं, क्योंकि इस समय प्राचीन बौद्धों
की अपेक्षा तुम्हें और अच्छी तरह मालूम है कि जो जड़राशि कभी सूर्य में रही होगी
वही तुममें आ गयी है, और वही तुम्हारे भीतर से निकलकर वनस्पतियों में चल
जा सकती है। इस तरह तुम्हारा व्यक्तित्व कहाँ रह जाता है? तुम्हारे भीत
आज रात एक तरह का विचार है तो कल सुबह दूसरी तरह का। तुम उसी रीति से
अब विचार नहीं करते जिस रीति से बचपन में करते थे; कोई व्यक्ति अपनी
युवावस्था में जिस ढंग से विचार करता था, वैसे वृद्धावस्था में नहीं करता। तो
फिर तुम्हारा व्यक्तित्व कहाँ रह जाता है? यह मत कहो कि ज्ञान में ही तुम्हार
व्यक्तित्व है—ज्ञान अहंकार मात्र है और यह तुम्हारे प्रकृत अस्तित्व के एक बहुत
छोटे अंश में व्याप्त है। जब मैं तुमसे बातचीत करता हूँ, तब मेरी सभी इन्द्रिय
काम करती रहती हैं, परन्तु उनके सम्बन्ध में मैं कुछ नहीं जान सकता। यदि वस्त
की सत्ता का प्रमाण ज्ञान ही हो तो कहना पड़ेगा कि उनका (इन्द्रियों का) अस्तित्व
नहीं है, क्योंकि मुझे उनके अस्तित्व का ज्ञान नहीं रहता। तो अब तुम अपने वैयक्तिक
ईश्वर सम्बन्धी सिद्धान्तों को लेकर कहाँ रह जाते हो? इस तरह का ईश्वर तुम
कैसे प्रमाणित कर सकते हो?

फिर और, बौद्ध खड़े होकर यह घोषणा करेंगे कि यह केवल अयौक्तिक ही
नहीं, वरन् अनैतिक भी है, क्योंकि वह मनुष्य को कापुरुष बन जाना और बाहर से
सहायता लेने की प्रार्थना करना सिखलाता है— इस तरह कोई भी तुम्हारी सहायता
नहीं कर सकता। यह जो ब्रह्माण्ड है इसका निर्माण मनुष्य ने ही किया है। तो
फिर बाहर क्यों एक काल्पनिक व्यक्ति विशेष पर विश्वास करते हो जिसे न कभी
देखा, न जिसका कभी अनुभव किया अथवा जिससे न कभी किसीको कोई सहायता

मिली ? क्यों फिर अपने को कापुरुष बना रहे हो और अपनी सन्तानों को सिखलाते हो कि कुत्ते की तरह हो जाना मनुष्य की सर्वोच्च अवस्था है, और चूँकि हम कमजोर, अपवित्र और संसार में अत्यन्त हेय और अधम हैं, इसलिए इस काल्पनिक सत्ता के सामने घुटने टेककर बैठ जाना चाहिए ? दूसरी ओर, बौद्ध, तुमसे कहेंगे, तुम अपने को इस तरह कहकर केवल झूठ ही नहीं कहते, किन्तु तुम अपनी सन्तानों के लिए घोर पाप का संचय कर रहे हो; क्योंकि, स्मरण रहे, यह संसार एक प्रकार का सम्मोहन है, मनुष्य जैसा सोचते हैं, वैसे ही हो जाते हैं। अपने सम्बन्ध में तुम जैसा कहोगे, वही बन जाओगे। भगवान् बुद्ध की पहली बात यह है —'तुमने अपने सम्बन्ध में जो कुछ सोचा है, तुम वही हुए हो; भविष्य में जो कुछ सोचोगे वैसे ही होगे।' यदि यह सत्य है तो कभी यह मत सोचना कि तुम कुछ नहीं हो, या जब तक तुम किसी दूसरे की, जो यहाँ नहीं रहता, स्वर्ग में रहता है, सहायता नहीं पाते, तब तक कुछ नहीं कर सकते। इस तरह सोचने से उसका फल यह होगा कि तुम प्रतिदिन अधिकाधिक कमज़ोर होते जाओगे। 'हम महा अपवित्र हैं; हे प्रभो, हमें पवित्र करो'—इसका परिणाम होगा कि तुम अपने को हर प्रकार के पापों के लिए विवश कर दोगे। बौद्ध कहते हैं, प्रत्येक समाज में जिन पापों को देखते हो उसमें नब्बे फ़ी सदी बुराइयाँ इसी वैयक्तिक ईश्वर की धारणा के कारण उत्पन्न हुई हैं; मनुष्य-जीवन का, अद्भुत मनुष्य-जीवन का, एकमात्र उद्देश्य एवं लक्ष्य अपने को कुत्ते की तरह बना डालना—यह मनुष्य की एक भयानक धारणा है। बौद्ध वैष्णवों से कहते हैं, यदि तुम्हारा आदर्श, तुम्हारे जीवन का लक्ष्य और उद्देश्य भगवान् के बैकुंठ नामक स्थान में जाकर अनन्त काल तक हाथ जोड़कर उनके सामने खड़ा रहना ही है तो इससे आत्महत्या कर डालना अधिक अच्छा है। बौद्ध यहाँ तक कह सकते हैं, इस भाव से बचने के लिए निर्वाण या विनाश की चेष्टा वे कर रहे हैं। मैं तुम लोगों के सामने ठीक बौद्धों की ही तरह ये बातें कह रहा हूँ; क्योंकि आजकल लोग कहा करते हैं कि अद्वैतवाद से लोगों में अनैतिकता घुस जाती है। इसलिए दूसरे पक्ष के लोगों का जो कुछ कहना है, वही मैं तुमसे कहने की चेष्टा कर रहा हूँ। हमें दोनों पक्षों पर निर्भीक भाव से विचार करना है।

एक वैयक्तिक ईश्वर ने संसार की सृष्टि की—इसे प्रमाणित नहीं किया जा सकता। यह हमने सर्वप्रथम समझ लिया। क्या एक बालक भी आजकल इस बात पर विश्वास कर सकता है ? चूँकि एक कुम्भकार ने घट का निर्माण किया, अतएव एक ईश्वर ने इस जगत् की सृष्टि की ! यदि ऐसा ही हो तो ईश्वर भी तुम्हारा एक कुम्भकार ही हुआ! और यदि कोई तुमसे कहे कि सिर और हाथों के न रहने पर भी वह काम करता है, तो तुम उसे पागलखाने में रखने की ठानोगे। तुम्हारे

ईश्वर ने—इस संसार के सष्टिकर्ता वैयक्तिक ईश्वर ने, जिसके पास तुम जीवन भर से चिल्ला रहे हो, क्या कभी तुम्हें कोई सहायता दी? आधुनिक विज्ञान तुम लोगों के सामने यह एक और प्रश्न पेश करके उसके उत्तर के लिए चुनौती दे रहा है। वे प्रमाणित कर देंगे कि इस तरह की जो सहायता तुम्हें मिली है, उसे तुम अपनी ही चेष्टा से प्राप्त कर सकते थे। इस तरह के रोदन से वृथा शक्तिक्षय करने की तुम्हारे लिए कोई आवश्यकता न थी, इस तरह न रोकर तुम अपना उद्देश्य अनायास ही प्राप्त कर सकते थे। और भी, हम लोग पहले देख चुके हैं कि इस तरह के वैयक्तिक ईश्वर की धारणा से ही अत्याचार और पुरोहित-प्रपंच का आविर्भाव हुआ। जहाँ यह धारणा विद्यमान थी, वहाँ अत्याचार और पुरोहित-प्रपंच प्रचलित थे और बौद्धों का कथन है कि जब तक वह मिथ्या भाव जड़ समेत नष्ट नहीं होता, तब तक यह अत्याचार बन्द नहीं हो सकता। जब तक मनुष्य सोचता है कि किसी दूसरे अलौकिक पुरुष के सामने उसे विनीत भाव से रहना होगा, तब तक पुरोहित का अस्तित्व अवश्य रहेगा। वे विशेष अधिकार या दावे पेश करेंगे, ऐसी चेष्टा करेंगे जिससे मनुष्य उनके सामने सिर झुकाये, और बेचारे असहाय व्यक्ति मध्यस्थता करने के लिए पुरोहितों के प्रार्थी बने रहेंगे। तुम लोग ब्राह्मणों को निर्मूल कर सकते हो, परन्तु इस बात पर ध्यान रखो कि जो लोग ऐसा करेंगे, वे ही उनके स्थान पर अपना अधिकार जमायेंगे, और वे फिर ब्राह्मणों की अपेक्षा अधिक अत्याचारी बन जायँगे। क्योंकि ब्राह्मणों में फिर भी कुछ उदारता है, परन्तु ये स्वयसिद्ध ब्राह्मण सदा से ही बड़े दुराचारी हुआ करते हैं। भिक्षुक को यदि कुछ धन मिल जाय तो वह सम्पूर्ण संसार को एक तिनके के बराबर समझता है। अतएव जब तक इस वैयक्तिक ईश्वर की धारणा बनी रहेगी, तब तक ये सब पुरोहित भी रहेंगे। और समाज में किसी तरह की उच्च नैतिकता की आशा की ही नहीं जा सकेगी। पुरोहित-प्रपंच और अत्याचार सदा एक साथ रहेंगे। क्यों लोगों ने इस वैयक्तिक ईश्वर की कल्पना की? कारण इसका यह है कि प्राचीन समय में कुछ बलवान मनुष्यों ने साधारण मनुष्यों को अपने वश में लाकर उनसे कहा था, तुम्हें हमारा आदेश मानकर चलना होगा, नहीं तो हम तुम्हारा नाश कर डालेंगे। यही इसका अथ और इति है। इसका कोई दूसरा कारण नहीं—**महद्भयं वज्रमुद्यतम्**—एक ऐसा पुरुष है, जो हाथ में सदा ही वज्र लिये रहता है, और जो उसकी आज्ञा का उल्लंघन करता है, उसका वह तत्काल विनाश कर डालता है।

इसके बाद बौद्ध कहते हैं, तुम्हारा यह कथन पूर्णतया युक्तिसम्मत है कि सब कुछ कर्मवाद का फल है। तुम लोग असंख्य जीवात्माओं के सम्बन्ध में विश्वास करते हो, और तुम्हारे मत में इस जीवात्मा का न जन्म है, न मृत्यु। यहाँ तक तो तुम्हारी

बात बिल्कुल युक्तिपूर्ण रही, इसमें कोई सन्देह नहीं। कारण के रहने ही से कार्य होगा; वर्तमान समय में जो कुछ घटित हो रहा है, वह अतीत कारण का कार्य है, फिर वही वर्तमान भविष्य में दूसरा फल उत्पन्न करेगा। हिन्दू कहते हैं, कर्म जड़ है, चैतन्य नहीं; अतएव कर्म के फल का लाभ पाने के लिए किसी तरह का चैतन्य चाहिए। इस पर बौद्ध कहते हैं, वृक्ष से फल प्राप्त करने के लिए क्या किसी तरह के चेतन की जरूरत पड़ती है? यदि बीज गाड़कर पौधे को पानी से सींचा जाय तो उसके फल लगने में तो किसी तरह के चैतन्य की आवश्यकता नहीं होती। तुम कह सकते हो, ऐसे काम कुछ आदि-चैतन्य की शक्ति से हुआ करते हैं, किन्तु जब कि जीवात्मा ही चैतन्य है तो अन्य चैतन्य मानने की क्या आवश्यकता है? यदि जीवात्माओं में चैतन्य रहे तो ईश्वर को मानने की क्या आवश्यकता है? अवश्य बौद्ध जीवात्मा के अस्तित्व पर विश्वास नहीं करते, किन्तु जैन जीवात्मा पर तो विश्वास करते हैं, परन्तु ईश्वर नहीं मानते। अब कहो, तुम्हारी युक्ति और तुम्हारी नैतिकता की भित्ति कहाँ रह गयी? जब तुम अद्वैतवाद की आलोचना करते हो और डरते हो कि अद्वैतवाद से अनैतिकता की सृष्टि होगी तो तुम्हें चाहिए कि द्वैतवादी सम्प्रदायों ने भारत में क्या किया, थोड़ा सा पढ़कर देखो। यदि बीस हज़ार अद्वैतवादी बदमाश होंगे तो द्वैतवादी भी बीस हज़ार बदमाश देखोगे। संक्षेप में यही कहना है कि द्वैतवादी बदमाशों ही की संख्या अधिक होगी, क्योंकि अद्वैतवाद समझने के लिए उनकी अपेक्षा कुछ अधिक बुद्धिसम्पन्न मनुष्य की आवश्यकता होती है; और उन्हें भय दिखलाकर उनसे सहज ही कोई काम निकाल लेना ज़रा मुश्किल भी है। तो हिन्दुओ, अब तुम्हारे लिए रह क्या जाता है? बौद्धों के वारों से बचने के लिए कोई उपाय नहीं है। तुम वेदों के वाक्य उद्धृत कर सकते हो, परन्तु बौद्ध तो वेद मानते नहीं। वे कहेंगे, "हमारे त्रिपिटक कुछ और कहते हैं, वे अनादि और अनन्त हैं—यहाँ तक कि वे बुद्ध के लिखे भी नहीं, क्योंकि बुद्ध स्वयं कहते हैं कि हम उनकी आवृत्तिमात्र करते हैं, किन्तु हैं वे सनातन।" बौद्ध यह भी कहते हैं, "तुम्हारे वेद मिथ्या हैं, हमारे त्रिपिटक ही सच्चे वेद हैं; तुम्हारे वेद ब्राह्मण पुरोहितों द्वारा कल्पित किये हुए हैं—उन्हें दूर करो।" अब तुम कैसे बच सकते हो?

बाहर निकलने का उपाय यह है। बौद्धों से जो दार्शनिक विरोध है, वह केवल द्रव्य और गुण को एक दूसरे से भिन्न मानने के कारण। परन्तु अद्वैतवादी कहते हैं—"नहीं, वे परस्पर भिन्न नहीं हैं—द्रव्य और गुण में कोई भिन्नता नहीं है। तुम्हें 'सर्प-रज्जु-भ्रम' वाला प्राचीन दृष्टान्त स्मरण होगा। जब तुम सर्प देखते हो, तब तुम्हें रज्जु बिल्कुल ही नहीं दीख पड़ती, उस समय रज्जु का अस्तित्व ही लुप्त हो जाता है। द्रव्य और गुण के रूप में किसी वस्तु के अलग अलग हिस्से करना

दार्शनिकों के मस्तिष्क में एक दार्शनिक व्यापार मात्र है; क्योंकि द्रव्य और गु के नामों से वास्तव में किसी पदार्थ का अस्तित्व नहीं है। यदि तुम एक साधार मनुष्य हो तो तुम केवल गुणराशि देखोगे, और यदि तुम कोई बड़े योगी हो तो तु द्रव्य का ही अस्तित्व देखोगे; परन्तु दोनों को एक ही समय में तुम कदापि नहीं दे सकते। अतएव, हे बौद्ध, द्रव्य और गुण को लेकर तुम जो विवाद कर रहे हो सच तो यह है कि वह बेबुनियाद है। परन्तु, यदि द्रव्य गुणरहित है तो केवल ए ही द्रव्य का अस्तित्व सिद्ध होता है। यदि तुम आत्मा से गुणराशि उठा लो औ यह सिद्ध करो कि गुणराशि का अस्तित्व मन में ही है, आत्मा पर उसका आरो मात्र किया गया है तो दो आत्मा भी नहीं रह जातीं, क्योंकि एक आत्मा से दूसरी आत्मा की विशेषता गुणों ही की बदौलत सिद्ध होती है। तुम्हें कैसे मालूम होत है कि एक आत्मा दूसरी आत्मा से पृथक् है?—कुछ भेदात्मक लिंगों, कुछ गुण के कारण। और जहाँ गुणों की सत्ता नहीं है, वहाँ कैसे भेद रह सकता है? अत आत्मा दो नहीं, आत्मा 'एक' ही है, और तुम्हारा परमात्मा अनावश्यक है, व आत्मा ही है। इसी एक आत्मा को परमात्मा कहते हैं, इसे जीवात्मा और दूसरे नामों से भी पुकारते हैं। और हे सांख्य तथा अपर द्वैतवादियो, तुम लोग कहते रहते हो—आत्मा सर्वव्यापी विभु है, इस पर तुम लोग किस तरह अनेक आत्माओं क अस्तित्व स्वीकार करते हो? असीम क्या कभी दो हो सकते हैं? एक होना ही सम्भव है। एक ही असीम आत्मा है, और सब उसी की अभिव्यक्तियाँ हैं। इसके उत्तर में बौद्ध मौन हैं, परन्तु अद्वैतवादी चुप नहीं रह जाते।

दुर्बल मतों की तरह केवल दूसरे मतों की समालोचना करके ही अद्वैत पक्ष निरस्त नहीं होता। अद्वैतवादी तभी उन सभी मतों की समालोचना करते हैं जब वे उसके बहुत निकट आ जाते हैं और उसके खंडन की चेष्टा करते हैं वह सिर्फ़ इतना ही करता है कि दूसरे मतों का निराकरण कर अपने सिद्धान्त को स्थापित करता है। एकमात्र अद्वैतवादी ही ऐसा है जो दूसरे मतों का खंडन तो करता है, परन्तु दूसरों की तरह उसके खंडन का आधार शास्त्रों की दुहाई देना नहीं है। अद्वैतवादियों की युक्ति इस प्रकार है, वे कहते हैं, तुम संसार को एक अविराम गति-प्रवाह मात्र कहते हो; ठीक है, व्यष्टि में सब गतिशील हैं भी, तुममें भी गति है और मेज़ में भी गति है, गति सर्वत्र है। इसलिए इसका नाम संसार है, इसलिए इसका नाम जगत् है—अविराम गति।[1] यदि यही है तो हमारे संसार में व्यक्तित्व

---

१. सृ धातु का अर्थ 'सरकना' या 'गति' होता है और जगत् में गम् धातु क्विप् प्रत्यय के साथ है।

ɛ नाम से कुछ भी नहीं रह जाता; कारण व्यक्तित्व के नाम से ऐसा कुछ सूचित होता है, जो अपरिणामी है। परिवर्तनशील व्यक्तित्व हो ही नहीं सकता, यह स्वविरोधी वाक्य है। इसलिए हमारे इस क्षुद्र जगत् में व्यक्तित्व के नाम से कुछ भी नहीं रह जाता। विचार, भाव, मन, शरीर, जीव-जन्तु और वनस्पति— इनका सदा ही परिवर्तन होता रहता है। अस्तु। अब सम्पूर्ण विश्व को एक समष्टि की इकाई के रूप में ग्रहण करो। क्या यह परिवर्तित या गतिशील हो सकती है? कदापि नहीं। किसी अल्प गतिशील या सम्पूर्ण गतिहीन वस्तु से तुलना करने पर ही गति का निश्चय होता है। अतः समष्टि के रूप में विश्व गति और परिणाम से रहित है। यहाँ मालूम हो जाता है कि जब तुम अपने को सम्पूर्ण विश्व से अभिन्न समझोगे, जब 'मैं ही विश्वब्रह्माण्ड हूँ' यह अनुभव होगा, तभी—केवल तभी, तुम्हारे यथार्थ व्यक्तित्व का विकास होगा। यही कारण है कि अद्वैतवादी कहते हैं, जब तक द्वैत है, तब तक भय से छूटने का कोई उपाय नहीं है। जब कोई दूसरी वस्तु दिखलायी नहीं पड़ती, किसी भिन्न भाव का अनुभव नहीं होता, जब केवल एक ही सत्ता रह जाती है, तभी भय दूर होता है, तभी मनुष्य मृत्यु के पार जा सकता है। और तभी संसार-बोध लोप हो जाता है। अद्वैतवाद हमें यह शिक्षा देता है कि मनुष्य का यथार्थ व्यक्तित्व है समष्टि-ज्ञान में, व्यष्टि-ज्ञान में नहीं। जब तुम अपने को सम्पूर्ण समझोगे, तभी तुम अमर होगे। तभी तुम निर्भय और अमृतस्वरूप हो सकोगे, जब विश्व, ब्रह्माण्ड और तुम एक हो जाओगे, और तभी जिसे तुम परमात्मा कहते हो, जिसे सत्ता कहते हो और जिसे पूर्ण कहते हो, वह विश्व से एक हो जायगा। और हमारी तरह की मनोवृत्तिवाले लोग एक ही अखंड सत्ता को विविधतापूर्ण विश्व के रूप में देखते हैं। जो लोग कुछ और अच्छे कर्म करते हैं तथा उन्हीं सत्कर्मों के बल से जिनकी मनोवृत्ति कुछ और उत्तम हो जाती है, वे मृत्यु के पश्चात् इसी ब्रह्माण्ड में इन्द्रादि देवों का स्वर्गलोक देखते हैं। उनसे भी ऊँचे लोग इसमें ही ब्रह्म-लोक देखते हैं। और जो लोग पूर्ण सिद्ध हो गये हैं, वे पृथ्वी, स्वर्ग या कोई दूसरा लोक नहीं देखते, उनके लिए यह ब्रह्माण्ड अन्तर्हित हो जाता है, उसकी जगह एकमात्र ब्रह्म ही विराजमान रहता है।

क्या हम इस ब्रह्म को जान सकते हैं? मैंने तुमसे पहले ही संहिता में अनन्त के वर्णन की कथा कही है। यहाँ हमको उसका ठीक विपरीत पक्ष मिलता है—यहाँ आन्तरिक अनन्त है। संहिता में बहिर्जगत् के अनन्त का वर्णन है। यहाँ चिन्तन-जगत्, भाव-जगत् के अनन्त का वर्णन है। संहिता में अस्तिभाव का बोध करानेवाली भाषा में अनन्त के वर्णन की चेष्टा हुई थी; यहाँ उस भाषा से काम नहीं निकला, नास्तिभावात्मक या

'नेति-नेति' की भाषा में अनन्त के वर्णन का प्रयत्न किया गया। यह विश्व ब्रह्मांड है, माना कि यह ब्रह्म है। क्या हम इसे जान सकते हैं? नहीं—नहीं जान सकते। तुम्हें इस विषय को स्पष्ट रीति से फिर समझना होगा। तुम्हारे मन में बार बार इस सन्देह का आविर्भाव होगा कि यदि यह ब्रह्म है तो किस तरह हम इसे जान सकते हैं। **विज्ञातारमरे केन विजानीयात्।** (बृहदारण्यकोपनिषद्, २।४।१४)—'विज्ञाता को किस तरह जाना जाता है?' विज्ञाता को कैसे जान सकते हैं? आँखें सब वस्तुओं को देखती हैं, पर क्या वे अपने को भी देख सकती हैं? नहीं देख सकतीं। ज्ञान की क्रिया ही एक नीची अवस्था है। ऐ आर्य सन्तानो, तुम्हें यह विषय अच्छी तरह याद रखना चाहिए, क्योंकि इस तत्त्व में महान् तथ्य निहित हैं। तुम्हारे निकट पश्चिम के जो सारे प्रलोभन आया करते हैं, उनकी दार्शनिक बुनियाद एक यही है कि इन्द्रिय-ज्ञान से बढ़कर दूसरा ज्ञान नहीं है; पूर्व में हमारे वेदों में कहा गया है कि यह वस्तु-ज्ञान वस्तु की अपेक्षा नीचे दर्जे का है, क्योंकि ज्ञान के अर्थ से सदा ससीम भाव ही समझ में आता है। जब कभी तुम किसी वस्तु को जानना चाहते हो, तभी वह तुम्हारे मन से सीमाबद्ध हो जाती है। पूर्व कथित दृष्टान्त में जिस तरह शुक्ति से मुक्ता बनती है, उस पर विचार करो, तभी समझोगे कि ज्ञान का अर्थ सीमाबद्ध करना कैसे हुआ। किसी वस्तु को चुनकर तुम उसे चेतना के घेरे में ले आते हो, और उसको सम्पूर्ण भाव से जान नहीं पाते हो। यही बात समस्त ज्ञान के सम्बन्ध में ठीक है। यदि ज्ञान का अर्थ सीमाबद्ध करना ही हो तो क्या उस अनन्त के सम्बन्ध में भी तुम ऐसा कर सकते हो? जो सब ज्ञानों का उपादान (आधार) है, जिसे छोड़कर तुम किसी तरह का ज्ञान अर्जित नहीं कर सकते, जिसके कोई गुण नहीं है, जो सम्पूर्ण संसार और हम लोगों की आत्मा का साक्षी स्वरूप है, उसके सम्बन्ध में तुम वैसा कैसे कर सकते हो—उसे तुम कैसे सीमा में ला सकते हो? उसे तुम कैसे जान सकते हो? किस उपाय से उसे बाँधोगे? हर एक वस्तु, यह सम्पूर्ण संसार-प्रपंच, उस अनन्त के जानने की वृथा चेष्टा मात्र है। मानो यह अनन्त आत्मा अपने मुखावलोकन की चेष्टा कर रही है, और सर्वोच्च देवता से लेकर निम्नतम प्राणी तक सभी, मानो उसके मुख का प्रतिबिम्ब ग्रहण करने के दर्पण हैं। एक एक करके एक एक दर्पण में अपने मुख का प्रतिबिम्ब देखने की चेष्टा करके, उसे उपयुक्त न देख अन्त में मनुष्य देह में आत्मा समझ पाती है कि यह सब ससीम है, और अनन्त कभी सान्त के भीतर अपने को प्रकाशित नहीं कर सकता। उसी समय पीछे की ओर की यात्रा शुरू होती है, और इसीको त्याग या वैराग्य कहते हैं। इन्द्रियों से पीछे हट जाओ, इन्द्रियों की ओर मत जाओ,

यही वैराग्य का मूल मन्त्र है, यही सब तरह की नैतिकताओं और निःश्रेयस् का मूल मन्त्र है, क्योंकि तुम्हें स्मरण रखना चाहिए कि त्याग-तपस्या से ही संसार की सृष्टि हुई है। और जितना ही पीछे की ओर तुम जाओगे उसी क्रम से तुम्हारे सामने भिन्न भिन्न रूप, भिन्न भिन्न देह अभिव्यक्त होते रहेंगे और एक एक करके उनका त्याग होगा; अन्त में तुम वास्तव में जो कुछ हो, वही रह जाओगे, यही मोक्ष या मुक्ति है।

यह तत्त्व हमें समझ लेना चाहिए; **विज्ञातारमरे केन विजानीयात**— 'विज्ञाता को कैसे जानोगे?' ज्ञाता को कोई जान नहीं सकता, क्योंकि यदि वह समझ में आने योग्य होता, तो वह कभी ज्ञाता न रह जाता। और यदि तुम आइने में अपनी आँखों का बिम्ब देखो, तो तुम उन्हें अपनी आँखें नहीं कह सकते, वे कुछ और ही हैं, वे बिम्बमात्र हैं। अब बात यह है कि यदि यह आत्मा—यह अनन्त सर्वव्यापी पुरुष साक्षी मात्र हो, तो इससे क्या हुआ? यह हमारी तरह न चल फिर सकता है, न जीता है, न संसार का सम्भोग ही कर सकता है। यह बात लोगों की समझ में नहीं आती कि जो साक्षी स्वरूप है, वह किस तरह आनन्द का उपभोग कर सकता है। "हे हिन्दुओ, तुम सब साक्षी स्वरूप हो, इस मत से तुम लोग निष्क्रिय और अकर्मण्य हो गये हो"—यह बात लोग कहा करते हैं। उनकी इस बात का उत्तर यह है, 'जो साक्षीस्वरूप है, वही वास्तव में आनन्दोपभोग कर सकता है।' अगर कहीं कुश्ती लड़ी जाती है तो अधिक आनन्द किन्हें मिलता है?—जो लोग कुश्ती लड़ रहे हैं उन्हें या जो दर्शक हैं उन्हें? इस जीवन में जितना ही तुम किसी विषय में साक्षी स्वरूप हो सकोगे उतना ही तुम्हें उससे अधिक आनन्द मिलता रहेगा। यथार्थ आनन्द यही है और इस युक्ति से तुम्हारे लिए अनन्त आनन्द की प्राप्ति तभी सम्भव है, जब तुम इस विश्व ब्रह्मांड के साक्षी स्वरूप हो सको। तभी मुक्त पुरुष हो सकोगे। जो साक्षी स्वरूप है, वही निष्काम भाव से स्वर्ग जाने की इच्छा न रख, निन्दा-स्तुति को समदृष्टि से देखता हुआ कार्य कर सकता है। जो साक्षी स्वरूप है आनन्द वही पा सकता है, दूसरा नहीं। अद्वैतवाद के नैतिक भाग की विवेचना करते समय उसके दार्शनिक तथा नैतिक भाग के अन्तर्गत एक और विषय आ जाता है, वह मायावाद है। अद्वैतवाद के अन्तर्गत एक एक विषय के समझने में ही वर्षों लग जाते हैं और व्याख्या करने में महीनों लग जाते हैं, इसलिए इसका मैं उल्लेख मात्र ही करूँगा। इस मायावाद को समझना सभी युगों में बड़ा कठिन रहा है। मैं तुमसे संक्षेप में कहता हूँ, मायावाद वास्तव में कोई वाद या मत विशेष नहीं है, वह देश, काल और निमित्त की समष्टि मात्र है—

और इस देश, काल, निमित्त को आगे नाम-रूप में परिणत किया गया है। मान लो समुद्र में एक तरंग है। समुद्र से समुद्र की तरंगों का भेद सिर्फ़ नाम और रूप में है, और इस नाम और रूप की तरंग से पृथक् कोई सत्ता भी नहीं है, नाम और रूप दोनों तरंग के साथ ही हैं, तरंगें विलीन हो जा सकती हैं; और तरंग में जो नाम और रूप हैं, वे भी चाहे चिर काल के लिए विलीन हो जायँ, पर पानी पहले की तरह सम मात्रा में ही बना रहेगा। इस प्रकार यह माया ही तुममें और हममें, पशुओं में और मनुष्यों में, देवताओं में और मनुष्यों में भेद-भाव पैदा करती है। सच तो यह है कि यह माया ही है जिसने आत्मा को मानो लाखों प्राणियों में बाँध रखा है और उनकी परस्पर भिन्नता का बोध नाम और रूप से ही होता है। यदि उनका त्याग कर दिया जाय, नाम और रूप दूर कर दिये जायँ, तो वह सदा के लिए अन्तर्हित हो जायगी, तब तुम वास्तव में जो कुछ हो, वही रह जाओगे। यही माया है। और फिर यह कोई सिद्धान्त भी नहीं है, केवल तथ्यों का कथन मात्र है।

जब कोई यथार्थवादी कहता है कि इस मेज़ का अस्तित्व है, तब उसके कहने का अभिप्राय होता है कि उस मेज़ की अपनी एक ख़ास निरपेक्ष सत्ता है, उसका अस्तित्व संसार की किसी भी दूसरी वस्तु पर अवलम्बित नहीं, और यदि यह सम्पूर्ण विश्व नष्ट हो जाय तो भी वह ज्यों की त्यों ही बनी रहेगी। कुछ थोड़ा सा विचार करने पर ही तुम्हारी समझ में आ जायगा कि ऐसा कभी हो नहीं सकता। इस इन्द्रियग्राह्य संसार की सभी चीज़ें एक दूसरी पर अवलम्बित हैं, वे एक दूसरी की अपेक्षा रखती हैं; वे सापेक्ष और परस्पर सम्बन्धित हैं—एक का अस्तित्व दूसरे पर निर्भर है। हमारे वस्तु-ज्ञान के तीन सोपान हैं। पहला यह है कि प्रत्येक वस्तु स्वतन्त्र है और एक दूसरी से अलग है; दूसरा यह कि सभी वस्तुओं में पारस्परिक सम्बन्ध है; और अन्तिम सोपान यह है कि वस्तु एक ही है, जिसे हम लोग अनेक रूपों में देख रहे हैं। ईश्वर के सम्बन्ध में अज्ञ मनुष्य की पहली धारणा यह होती है कि वह इस ब्रह्मांड के बाहर कहीं रहता है, जिसका मतलब है कि उस समय का ईश्वर विषयक ज्ञान पूर्णतः मानवीय होता है, अर्थात् जो कुछ मनुष्य करते हैं, ईश्वर भी वही करता है, भेद केवल यही है कि ईश्वर के कार्य अधिक बड़े पैमाने पर तथा अधिक उच्च प्रकार के होते हैं। हम लोग पहले समझ चुके हैं कि ईश्वर सम्बन्धी ऐसी धारणा थोड़े ही शब्दों में कैसे अयौक्तिक और अपर्याप्त प्रमाणित की जा सकती है। ईश्वर के सम्बन्ध में दूसरी धारणा यह है कि वह एक शक्ति है, और उसीकी सर्वत्र अभिव्यक्तियाँ हैं। इसे वास्तव में हम सगुण ईश्वर कह सकते हैं, 'चंडी' में इसी ईश्वर की बात कही

गयी है। परन्तु इस पर ध्यान रहे कि यह ईश्वर केवल सम्पूर्ण कल्याणकारी गुणों का ही आधार नहीं है। ईश्वर और शैतान—दो देवता नहीं रह सकते, एक ही ईश्वर का अस्तित्व मानना पड़ेगा और हिम्मत बाँधकर भला और बुरा उसी ईश्वर को मानना पड़ेगा, और यह युक्तिसम्मत सिद्धान्त मान लेने पर जो कुछ ठहरता है, उसे भी लेना होगा। हम 'चंडी' में पढ़ते हैं, 'जो देवी सभी प्राणियों में शान्ति के रूप में अवस्थित है, उसे हम नमस्कार करते हैं। जो देवी सभी प्राणियों में शुद्धिरूपा होकर स्थित है, उसे हम नमस्कार करते हैं।'[1] उन्हें सर्वस्वरूप कहने से उसका फल चाहे जैसा हो, साथ ही उसे भी लेना होगा। 'हे गार्गि, सब कुछ आनन्द है, इस संसार में जो कुछ आनन्द देख रही हो, सब उसी आध्यात्मिक तत्त्व का अंश है।' इसकी सहायता से तुम हर एक काम कर सकते हो। मेरे सामने के इस प्रकाश में चाहे तुम किसी ग़रीब को हज़ार रुपये गिन दो और चाहे कोई दूसरा इसी प्रकाश में तुम्हारा जाली हस्ताक्षर करे, प्रकाश दोनों ही के लिए बराबर है। यह हुआ ईश्वर-ज्ञान का दूसरा सोपान। तीसरा सोपान यह है कि ईश्वर न तो प्रकृति के बाहर ही है और न भीतर ही; बल्कि ईश्वर प्रकृति, आत्मा, विश्व—ये सब पर्यायवाची शब्द हैं। दो वस्तुएँ वास्तव में हैं ही नहीं, कुछ दार्शनिक शब्दों ने ही तुम्हें धोखा दिया है। तुम सोच रहे हो, तुम शरीर भी हो और आत्मा भी हो, और एक साथ ही तुम शरीर और आत्मा बन गये हो। यह कैसे हो सकता है? मन ही मन इसकी जाँच करो। यदि तुम लोगों में कोई योगी होगा तो वह अपने को चैतन्य स्वरूप जानता होगा, उसके लिए शरीर है ही नहीं। यदि तुम साधारण मनुष्य होगे तो तुम अपने को देह सोचोगे, उस समय चैतन्य के सम्पूर्ण ज्ञान का लोप हो जायगा। मनुष्य के देह है, आत्मा है, और भी बहुत सी चीज़ें हैं—इन सब दार्शनिक धाराओं के रहने के कारण तुम लोग सोचते होगे कि ये सब एक ही समय में मौजूद हैं, परन्तु ऐसा नहीं है। एक समय में एक वस्तु का अस्तित्व है। जब तुम जड़ वस्तु देख रहे हो, तब ईश्वर की चर्चा मत करो, क्योंकि तुम केवल कार्य ही देख रहे हो, उसका कारण तुम्हें नहीं दिखायी पड़ता। और जिस समय तुम कारण

---

१. या देवी सर्वभूतेषु शान्तिरूपेण संस्थिता।
नमस्तस्यै नमस्तस्यै नमस्तस्यै नमो नमः॥
या देवी सर्वभूतेषु शुद्धिरूपेण संस्थिता।
नमस्तस्यै नमस्तस्यै नमस्तस्यै नमो नमः॥
—चंडी ५।४७-९; ५।७४-६॥

देखोगे उस समय कार्य का लोप हो जायगा। तब यह संसार न जाने कहाँ चला जाता है, न जाने कौन इसका ग्रास कर लेता है!

हे महात्मन्, हे तत्त्वविद्, समाधि अवस्था में ज्ञानी के हृदय में अनिर्वचनीय, केवल आनन्दस्वरूप, उपमारहित, अपार, नित्यमुक्त, निष्क्रिय, असीम, आकाशतुल्य, अंशहीन, भेदरहित, पूर्णस्वरूप ऐसा ही ब्रह्म प्रकाशमान होता है।

हे महात्मन्, हे तत्त्वविद्, समाधि अवस्था में ज्ञानी के हृदय में ऐसा पूर्ण ब्रह्म प्रकाशमान होता है जो प्रकृति की विकृति से रहित है, अचिन्त्य स्वरूप है, समभाव होने पर भी जिसकी समता करनेवाला कोई नहीं है, जिसमें किसी तरह के परिणाम का सम्बन्ध नहीं है (जो अपरिमेय है), जो वेद-वाक्यों द्वारा सिद्ध है और जिसे हम अपनी सत्ता कहते हैं तथा जो उसका सार है।

हे महात्मन्, हे तत्त्वविद्, समाधि अवस्था में ज्ञानी के हृदय में ऐसा ब्रह्म प्रकाशमान होता है, जो जरा और मृत्यु से रहित है, जो पूर्ण, अद्वय और अतुलनीय है और जो महाप्रलयकालीन जलप्लावन में निमग्न उस समस्त विश्व के सदृश है, जिसके ऊपर, नीचे चारों तरफ़ जल ही जल है और जल की सतह पर तरंग की कौन कहे एक छोटी सी लहर भी नहीं है—निस्तब्धता और शान्ति है, समस्त दर्शन आदि का अन्त हो गया है, मूर्खों तथा सन्तों के सभी लड़ाई-झगड़ों और युद्धों का सदा के लिए अन्त हो गया है।[1]

मनुष्य की ऐसी अवस्था भी होती है, और जब यह अवस्था आती है तब संसार विलीन हो जाता है।

अब हमने देखा कि सत्यस्वरूप ब्रह्म अज्ञात और अज्ञेय है, परन्तु अज्ञेयवादियों की दृष्टि से नहीं। हम 'उसे' जान गये, यह कहना ही पाखण्डपूर्ण बात है; क्योंकि पहले ही से तुम वही (ब्रह्म) हो। हमने यह भी देखा है कि एक तरीक़े से ब्रह्म यह मेज़ नहीं है, फिर दूसरे तरीक़े से वह मेज़ है भी। नाम और रूप उठा लो, फिर जो सत्य वस्तु बची रहती है, वह वही है। वह हर एक वस्तु के भीतर सत्यस्वरूप है।

'तुम्हीं स्त्री हो, पुरुष भी तुम्हीं हो, तुम कुमार, तुम्हीं कुमारी भी हो और तुम्हीं दंड का सहारा लिए हुए वृद्ध हो, विश्व में सर्वत्र तुम ही हो।'[2]

---

१. द्र० विवेकचूड़ामणि ॥४०८–४१०॥

२. त्वं स्त्री त्वं पुमानसि त्वं कुमार उत वा कुमारी।
त्वं जीर्णो दंडेन वंचसि त्वं जातो भवसि विश्वतोमुखः ॥

—श्वेताश्वतरोपनिषद् ४।३॥

अद्वैतवाद का यही विषय है। इस सम्बन्ध में कुछ बातें और हैं। इस अद्वैतवाद से सभी वस्तुओं के मूल तत्त्व की व्याख्या मिल जाती है। हमने देखा है, तर्कशास्त्र और विज्ञान के आक्रमणों के विरोध में हम केवल इसी अद्वैतवाद को लेकर खड़े हो सकते हैं। अन्त में सारे तर्कों को यहीं ठहरने की एक दृढ़ भूमि मिलती है। भारतीय वेदान्ती अपने सिद्धान्त के पूर्ववर्ती सोपानों पर कभी दोषारोपण नहीं करते, बल्कि वे अपने सिद्धान्त पर ठहर कर, उन पर नज़र डालते हुए, उनका समर्थन करते हैं; वे जानते हैं, वे सत्य हैं, सिर्फ़ वे ग़लत ढंग से उपलब्ध हुए हैं—भ्रम के आधार पर उनका वर्णन किया गया है। वे भी वही सत्य हैं, अन्तर इतना ही है कि वे माया के माध्यम से देखे गये हैं, कुछ विकृत होने पर भी वे सत्य—केवल सत्य ही हैं। एक ही ब्रह्म है, जिसे अज्ञ प्रकृति के बाहर किसी स्थान में अवस्थित देखता है, जिसे अल्पज्ञ संसार का अन्तर्यामी देखता है, जिसका अनुभव ज्ञानी आत्म-स्वरूप या सम्पूर्ण संसार के स्वरूप में करता है। यह सब एक ही वस्तु है, एक ही वस्तु भिन्न भिन्न भावों से दृष्टिगोचर हो रही है, माया के विभिन्न शीशों के भीतर से दिखायी दे रही है, विभिन्न मन से दिखायी दे रही है, और पृथक् पृथक् मन से दिखायी देने के कारण ही यह सब विभिन्नता है। केवल इतना ही नहीं, उनमें से एक भाव दूसरे में ले जाता है। विज्ञान और सामान्य ज्ञान में क्या भेद है? रास्ते पर जब कभी कोई असाधारण घटना घट जाती है तो पथिकों में से किसी से उसका कारण पूछो। दस आदमियों में से कम से कम नौ आदमी कहेंगे, यह घटना भूतों की करामात है। वे बाहर सदा भूत-प्रेतों के पीछे दौड़ते हैं; क्योंकि अज्ञान का स्वभाव ही है कार्य के बाहर कारण की खोज करना। एक पत्थर गिरने पर अज्ञ कहता है, भूत या शैतान का फेंका हुआ पत्थर है। परन्तु वैज्ञानिक कहता है वह प्रकृति का नियम या गुरुत्वाकर्षण है।

विज्ञान और धर्म में सर्वत्र कौन सा विरोध है? प्रचलित धर्म जितने हैं, सभी बहिरागत व्याख्या द्वारा आच्छन्न हैं। सूर्य के अधिष्ठाता देवता, चन्द्र के अधिष्ठाता देवता—इस तरह के अनन्त देवता हैं; और जितनी घटनाएँ हो रही हैं, सब कोई न कोई देवता या भूत ही कर रहा है; इसका सारांश यही है कि किसी विषय के कारण की खोज उसके बाहर की जाती है, और विज्ञान का अर्थ यह है कि किसी वस्तु के कारण की व्याख्या उसी प्रकृति से की जाती है। धीरे धीरे विज्ञान ज्यों ज्यों प्रगति कर रहा है, त्यों त्यों वह प्राकृतिक घटनाओं की व्याख्या भूत-प्रेतों और देवदूतों के हाथ से छीनता जा रहा है। और चूँकि आध्यात्मिक क्षेत्र में अद्वैतवाद इसकी साधना कर चुका है, इसलिए यही सबसे अधिक विज्ञान-सम्मत धर्म है। इस जगत् को विश्व के बाहर के किसी ईश्वर ने नहीं बनाया,

संसार के बाहर की किसी प्रतिभा ने इसकी सृष्टि नहीं की। यह आप ही आप सृष्ट हो रहा है, आप ही आप उसकी अभिव्यक्ति हो रही है, आप ही आप उसका प्रलय हो रहा है—एक ही अनन्त सत्ता ब्रह्म है। **तत्त्वमसि श्वेतकेतो** 'हे श्वेतकेतो, तुम वही हो।'

इस तरह तुम देख रहे हो, यही, एकमात्र यही वैज्ञानिक धर्म बन सकता है, कोई दूसरा नहीं। और इस अर्धशिक्षित वर्तमान भारत में आजकल प्रतिदिन विज्ञान की जो बकवास चल रही है, प्रतिदिन मैं जिस युक्तिवाद और विचारशीलता की दुहाई सुन रहा हूँ, उससे मुझे आशा है, तुम्हारे समस्त सम्प्रदाय अद्वैतवादी होंगे और बुद्ध के शब्दों में **बहुजनहिताय, बहुजनसुखाय** संसार में इस अद्वैतवाद का प्रचार करने का साहस करेंगे। यदि तुम ऐसा न कर सको, तो मैं तुम्हें डरपोक समझूंगा। यदि तुमने अपनी कायरता दूर नहीं की, यदि अपने भय को तुमने बहाना बना लिया, तो दूसरे को भी वैसी ही स्वाधीनता दो। बेचारे मूर्तिपूजक को बिल्कुल उड़ा देने की चेष्टा न करो, उसे शैतान मत कहो। जो तुम्हारे साथ पूर्णतया सहमत न हो, उसीके पास अपना मत प्रचार करने के लिए न जाओ। पहले यह समझो कि तुम ख़ुद कायर हो और यदि तुम्हें समाज का भय है, यदि तुम्हें अपने ही प्राचीन कुसंस्कारों का इतना भय है तो यह भी सोच लो कि जो लोग अज्ञ हैं, उन्हें अपने कुसंस्कारों का और कितना अधिक भय और बन्धन होगा। अद्वैतवादियों की यही बात है। दूसरों पर दया करो। परमात्मा करे कल ही सम्पूर्ण संसार केवल मत में ही नहीं, अनुभूति के सम्बन्ध में भी अद्वैतवादी हो जाय! परन्तु यदि वैसा नहीं हो सकता तो हमको जो अच्छा करते बने, वही करना चाहिए। अज्ञ का हाथ पकड़कर उनकी शक्ति के अनुसार उन्हें धीरे धीरे आगे ले चलो, जितना वे आगे बढ़ सकते हैं। और समझो कि भारत में सभी धर्मों का विकास क्रमोन्नति के नियमानुसार धीरे धीरे हुआ है। बात ऐसी नहीं कि बुरे से भला हो रहा है, बल्कि भले से और भी भला हो रहा है।

अद्वैतवाद के नैतिक सम्बन्धों के विषय में कुछ और कहना आवश्यक है। हमारे लड़के आजकल प्रमुदित भाव से बातचीत करते हैं—किसीसे उन लोगों ने सुना होगा, परमात्मा जाने किससे सुना—कि अद्वैतवाद से लोग दुराचारी हो जाते हैं, क्योंकि अद्वैतवाद सिखलाता है कि हम सब एक हैं, सभी ईश्वर हैं, अतएव हमें अब सदाचार अपनाने की कोई आवश्यकता नहीं। इस बात के उत्तर में पहले तो यहाँ कहना है कि यह युक्ति पशुप्रकृति मनुष्य के मुख में शोभा देती है, कशाघात के बिना जिसके दमन करने का कोई दूसरा उपाय नहीं है। यदि तुम ऐसे ही हो तो इस तरह कशाघात द्वारा शासित करने योग्य मनष्य कहलाने की अपेक्षा आत्म-

हत्या कर लेना कदाचित् तुम्हारे लिए श्रेयस्कर होगा। कशाघात बन्द होते ही तुम लोग असुर हो जाओगे! यदि ऐसा ही हो तो इसी समय तुम्हारा, अन्त कर देना उचित होगा। तुम्हारे लिए दूसरा उपाय और कोई नहीं। इस तरह तो सदा ही तुम्हें कोड़े और डंडे के भय से चलना होगा और तुम्हारे उद्धार तथा निस्तार का रास्ता अब नहीं रह गया।

दूसरे अद्वैतवाद, केवल अद्वैतवाद से ही नैतिकता की व्याख्या हो सकती है। हर एक धर्म यही प्रचार कर रहा है कि सब नैतिक तत्त्वों का सार दूसरों की हित-साधना ही है। क्यों हम दूसरों का हित करें? निःस्वार्थ होना चाहिए। क्यों हमें निःस्वार्थ होना चाहिए? कोई देवता ऐसा कह गये हैं? वे देवता मेरे लिए मान्य नहीं हैं। शास्त्रों ने ऐसा कहा है—शास्त्र कहते रहें, क्यों हम उसे मानें? शास्त्र यदि ऐसा कहते हैं तो मेरे लिए उनका क्या महत्त्व है? संसार के अधिकांश आदमियों की यही नीति है कि वे अपना ही भला ताकते हैं। हर एक व्यक्ति अपना अपना हित साधन करे, कोई न कोई सबसे पीछे रहेगा। किस कारण मैं नैतिक बनूँ? जब तक गीता में वर्णित इस सत्य को न जानोगे, तब तक तुम इसकी व्याख्या नहीं कर सकते। 'जो महात्मा अपनी आत्मा को सब भूतों में स्थित देखता है और आत्मा में सब भूतों को देखता है, वह इस तरह ईश्वर को सर्वत्र सम भाव से अवस्थित देखता हुआ आत्मा द्वारा आत्मा की हिंसा नहीं करता।'[1]

अद्वैतवाद की शिक्षा से तुम्हें यह ज्ञान होता है कि दूसरों की हिंसा करते हुए तुम अपनी ही हिंसा करते हो, क्योंकि वे सब तुम्हारे ही स्वरूप हैं। तुम्हें मालूम हो या न हो, सब हाथों से तुम्हीं कार्य कर रहे हो, सब पैरों से तुम्हीं चल रहे हो, राजा के रूप में तुम्हीं प्रासाद में सुखों का भोग कर रहे हो, फिर तुम्हीं रास्ते के भिखारी के रूप में अपना दुःखमय जीवन बिता रहे हो। अज्ञ में भी तुम हो, विद्वान् में भी तुम हो, दुर्बल में भी तुम हो, सबल में भी तुम हो। इस तत्त्व का ज्ञान प्राप्त कर तुम्हें सबके प्रति सहानुभूति रखनी चाहिए। चूँकि दूसरे को कष्ट पहुँचाना अपने ही को कष्ट पहुँचाना है, इसलिए हमें कदापि दूसरों को कष्ट नहीं देना चाहिए। इसीलिए यदि मैं बिना भोजन के मर भी जाऊँ तो भी मुझे इसकी चिन्ता नहीं, क्योंकि जिस समय मैं भूखा मर रहा हूँ उस समय मैं लाखों मुँह से भोजन भी कर रहा हूँ। अतएव यह 'मैं', 'मेरा' —इन सब विषयों पर

---

१. सर्वभूतस्थमात्मानं सर्वभूतानि चात्मनि ॥गीता ६।२९॥
सम्मं पश्यन् हि सर्वत्र समवस्थितमीश्वरम्।
न हिनस्त्यात्मनात्मानं ततो याति परां गतिम्॥ गीता १३।२८॥

हमें ध्यान ही नहीं देना चाहिए, यह सम्पूर्ण संसार मेरा ही है, मैं ही एक दूसरी रीति से संसार के सम्पूर्ण आनन्द का भोग कर रहा हूँ। और, मेरा या इस संसार का विनाश भी कौन कर सकता है? इस तरह देखते हो, अद्वैतवाद ही नैतिक तत्त्वों की एकमात्र व्याख्या है। अन्यान्य वाद तुम्हें नैतिकता की शिक्षा दे सकते हैं, परन्तु हम क्यों नीतिपरायण हों, इसका हेतुनिर्देश नहीं कर सकते। यह सब तो हुई व्याख्या की बात।

अद्वैतवाद की साधना में लाभ क्या है? उससे शक्ति प्राप्त होती है। तुमने जगत् पर सम्मोहन का जो पर्दा डाल रखा है उसे हटा दो। मनुष्य को दुर्बल न सोचो, उसे दुर्बल न कहो। समझ लो कि एक दुर्बलता शब्द से ही सब पापों और सम्पूर्ण अशुभ कर्मों का निर्देश हो जाता है। सारे दोषपूर्ण कार्यों की मूल प्रेरक दुर्बलता ही है। दुर्बलता के कारण ही मनुष्य सभी स्वार्थों में प्रवृत्त होता है। दुर्बलता के कारण ही मनुष्य दूसरों को कष्ट पहुँचाता है; दुर्बलता के कारण ही मनुष्य अपना सच्चा स्वरूप प्रकाशित नहीं कर सकता। सब लोग जाने कि **वे** क्या हैं? दिन-रात वे अपने स्वरूप—**सोऽहम्** का जप करें। माता के स्तन-पान के साथ '**सोऽहम्**' (मैं वही हूँ)—इस ओजमयी वाणी का पान करें। **श्रोतव्यो मन्तव्यो निदिध्यासितव्यः** आदि का पहले श्रवण करें। तत्पश्चात् वे उसका चिन्तन करें, और उसी चिन्तन, उसी मनन से ऐसे कार्य होंगे, जिन्हें संसार ने कभी देखा ही नहीं था। किस तरह यह काम में लाया जाय? कोई कोई कहते हैं—यह अद्वैतवाद कार्य में परिणत नहीं किया जा सकता, अर्थात् भौतिक धरातल पर उसकी शक्ति का प्रकाश नहीं हुआ। इस कथन में आंशिक सत्य अवश्य है। वेद की उस वाणी का स्मरण करो :

ओमित्येकाक्षरं ब्रह्म ओमित्येकाक्षरं परम्।
ओमित्येकाक्षरं ज्ञात्वा यो यदिच्छति तस्य तत्॥

—'ॐ, यही ब्रह्म है। ॐ, यह परम सत्ता है! जो इस ओंकार का रहस्य जानते हैं, वे जो कुछ चाहते हैं, वही उन्हें मिलता है।'

अतएव पहले तुम इस ओंकार का रहस्य समझो। वह ओंकार तुम्हीं हो, इसका ज्ञान प्राप्त करो। इस **तत्त्वमसि** महावाक्य का रहस्य समझो, तभी, केवल तभी, तुम जो कुछ चाहोगे, वह पाओगे। यदि भौतिक दृष्टि से बड़े होना चाहो तो विश्वास करो, तुम बड़े हो। मैं एक छोटा सा बुलबुला हो सकता हूँ, तुम पर्वताकार ऊँची तरंग हो सकते हो, परन्तु यह समझ रखो कि हम दोनों के लिए पृष्ठभूमि अनन्त समुद्र ही है। अनन्त ब्रह्म हमारी सब शक्ति

ौर वीर्य का भंडार है, और हम दोनों ही क्षुद्र हों या महान् उससे अपनी इच्छा
र शक्ति-संग्रह कर सकते हैं। अतएव अपने पर विश्वास करो। अद्वैतवाद का
ह रहस्य है कि पहले अपने पर विश्वास करो, फिर अन्य सब पर। संसार के
तिहास में देखोगे कि केवल वे ही राष्ट्र महान् एवं प्रबल हो सके हैं, जो आत्म-
श्वास रखते हैं। हर एक राष्ट्र के इतिहास में तुम देखोगे, जिन व्यक्तियों ने
पने पर विश्वास किया वे ही महान् तथा सबल हो सके। यहाँ, इस भारत
एक अंग्रेज़ आया था, वह एक साधारण क्लर्क था, रुपये-पैसे के अभाव से
ौर दूसरे कारणों से भी उसने अपने सिर में गोली मारकर दो बार आत्महत्या
रने की चेष्टा की, और जब वह उसमें असफल हुआ तब उसे विश्वास हो गया
क बड़े बड़े काम करने के लिए वह पैदा हुआ है—वही लॉर्ड क्लाइव इस साम्राज्य
ा प्रतिष्ठाता बन गया! यदि वह पादरियों पर विश्वास करके घुटने टेककर
े प्रभु, मैं दुर्बल हूँ दीन हूँ,' ऐसा किया करता तो जानते हो उसे कहाँ जगह मिलती?
निस्सन्देह उसे पागलखाने में रहना पड़ता। इस प्रकार की कुशिक्षाओं ने तुम्हें
ागल बना डाला है। मैंने सारे संसार में देखा है, दीनता के उस उपदेश से,
ो दौर्बल्य का पोषक है, बड़े अशुभ परिणाम हुए हैं—मनुष्य जाति को उसने
ष्ट कर डाला है। हमारी सन्तानों को जब ऐसी ही शिक्षा दी जाती है, तब इसमें
या आश्चर्य यदि वे अन्त में अर्धविक्षिप्त हो जाते हैं!

यह अद्वैतवाद के व्यावहारिक पक्ष की शिक्षा है। अतएव अपने पर विश्वास
खो, और यदि तुम्हें भौतिक ऐश्वर्य की आकांक्षा हो तो इसको कार्यान्वित करो,
न तुम्हारे पास आयेगा। यदि विद्वान् और बुद्धिमान होने की इच्छा है तो
सी ओर अद्वैतवाद का प्रयोग करो, तुम महामनीषी हो जाओगे। और यदि
ुम मुक्ति लाभ करना चाहते हो तो तुम्हें आध्यात्मिक भूमि में इस अद्वैतवाद का
योग करना होगा, तभी तुम परमानन्द स्वरूप निर्वाण लाभ करोगे। इतनी
ी भूल हुई थी कि आज तक उसका प्रयोग आध्यात्मिकता की ओर ही हुआ था—
स। अब व्यावहारिक जीवन में उसके प्रयोग का समय आया है। अब उसे
हस्य मात्र या गोपनीय रखने से काम नहीं चलेगा, अब वह हिमालय की गुफाओं
ौर जंगलों में साधु-संन्यासियों ही के पास बँधा नहीं रहेगा—अब लोगों के दैनिक
ीवन के कार्यों में उसका प्रयोग अवश्य होना चाहिए। राजप्रासाद में, साधु-
ंन्यासियों की गुहा में, ग़रीबों की कुटियों में सर्वत्र, यहाँ तक कि रास्ते के
भिखारी द्वारा भी वह कार्यान्वित होगा, कारण क्या गीता में नहीं बतलाया गया?
—**स्वल्पमप्यस्य धर्मस्य त्रायते महतो भयात्।** (गीता, २।४०)—'इस
र्म का अल्प मात्र उपयोग भी बड़े बड़े भय से हमारा उद्धार कर सकता है।'

अतएव चाहे तुम स्त्री हो चाहे शूद्र अथवा चाहे और ही कुछ हो, तुम्हारे लिए भ का अल्प मात्र भी कारण नहीं; कारण, श्री कृष्ण कहते हैं, यह धर्म इतना महा है कि इसका अल्प मात्र अनुष्ठान करने से भी महाकल्याण की प्राप्ति होती है

अतएव हे आर्यसन्तान, आलसी होकर बैठे मत रहो—जागो, उठो और ज तक इस चरम लक्ष्य तक न पहुँच जाओ तब तक मत रुको। अब अद्वैतवाद क व्यावहारिक क्षेत्र में प्रयोग करने का समय आया है। उसे अब स्वर्ग से मर्त्य में आना होगा। इस समय विधाता का विधान यही है। हमारे प्राचीन काल के पूर्वज की वाणी से हमें निर्देश मिल रहा है कि इस अद्वैतवाद को स्वर्ग से पृथ्वी पर ले आओ। तुम्हारे उस प्राचीन शास्त्र का उपदेश सम्पूर्ण संसार में इस प्रका व्याप्त हो जाय कि समाज के प्रत्येक मनुष्य की वह साधारण सम्पत्ति हो जाय हमारी नस नस में, रुधिर के प्रत्येक कण में उसका प्रवाह हो जाय।

तुम्हें सुनकर आश्चर्य होगा कि हम लोगों से कहीं बढ़कर अमेरिकनों ने वेदान्त को अपने व्यावहारिक जीवन में चरितार्थ कर लिया है। मैं न्यूयार्क के समुद्र तट पर खड़ा खड़ा देखा करता था—भिन्न भिन्न देशों से लोग बसने के लिए अमेरिका आ रहे हैं। उन्हें देखकर मुझे यह मालूम होता था, मानो उनका हृदय झुलस गया है, वे पैरों तले कुचले गये हैं, उनकी आशा मुरझा गयी है किसीसे निगाह मिलाने की उनमें हिम्मत नहीं है, कपड़ों की एक पोटली मा उनका सर्वस्व है और वे कपड़े भी फटे हुए हैं, पुलिस का आदमी देखते ही भ से दूसरी ओर के फ़ुटपाथ पर चलने का इरादा करते हैं। और फिर छः ही महीने में उन्हें देखो, वे साफ़ कपड़े पहने हुए सिर उठाकर सीधे चल रहे हैं और डटक लोगों की नज़र से नज़र मिलाते हैं। ऐसा विचित्र परिवर्तन किसने किया? सोचो, वह आदमी आरमेनिया या किसी दूसरी जगह से आ रहा है, वहाँ को उसे कुछ समझते नहीं थे ; सभी पीस डालने की चेष्टा करते थे। वहाँ सभी उससे कहते थे—"तू ग़ुलाम होकर पैदा हुआ है, ग़ुलाम ही रहेगा।" वहाँ उसके ज़रा भी हिलने डुलने की चेष्टा करने पर वह कुचल डाला जाता था। चारों ओर की सभी वस्तुएँ मानो उससे कहती थीं—"ग़ुलाम, तू ग़ुलाम है—जो कुछ है, तू वही बना रह; निराशा के जिस अँधेरे में पैदा हुआ था, उसीमें जीवन भर पड़ा रह।" हवा भी मानो गूँजकर उससे कहती थी—"तेरे लिए कोई आशा नहीं—ग़ुलाम होकर चिरकाल तू नैराश्य के अन्धकार में पड़ा रह।" वहाँ बलवानों ने पीसकर उसकी जान निकाल ली थी। और ज्यों ही वह जहाज़ से उतरकर न्यूयार्क के रास्तों पर चलने लगा, उसने देखा कि अच्छे कपड़े पहने हुए किसी भले आदमी ने उससे हाथ मिलाया। एक तो फटे कपड़े पहने हुए था और दूसरा अच्छे अच्छे

कपड़ों से सुसज्ज था। इससे कोई अन्तर नहीं पड़ा। और कुछ आगे बढ़कर भोजनालय में जाकर उसने देखा—भद्रमंडली मेज़ के चारों ओर बैठी भोजन कर रही थी; उसी मेज़ के एक ओर उससे भी बैठने के लिए कहा गया। वह चारों ओर घूमने लगा—देखा, यह एक नया जीवन है। उसने देखा, ऐसी जगह भी है, जहाँ और पाँच आदमियों में वह भी एक आदमी गिना जा रहा है। कभी मौक़ा मिला तो वाशिंगटन जाकर संयुक्तराज्य के राष्ट्रपति से हाथ मिला आया; वहाँ उसने देखा, दूर के गाँवों से मैले कपड़े पहने हुए किसान आकर राष्ट्रपति से हाथ मिला रहे हैं। तब उससे माया का पर्दा दूर हो गया। वह ब्रह्म ही है—मायावश इस तरह दुर्बलता तथा दासता के सम्मोह में पड़ा हुआ था। अब उसने फिर से जागकर देखा—मनुष्यों के संसार में वह भी एक मनुष्य है। हमारे इस देश में, इस वेदान्त की जन्मभूमि में हमारा जन साधारण शत शत वर्षों से सम्मोहित बना कर इस तरह की हीन अवस्था में डाल दिया गया है। उनके स्पर्श में अपवित्रता समायी है, उनके साथ बैठने से छूत समा जाती है। उनसे कहा जा रहा है, निराशा के अन्धकार में तुम्हारा जन्म हुआ है, सदा तुम इसी अँधेरे में पड़े रहो। और उसका परिणाम यह हुआ कि वे लगातार डूबते चले जा रहे हैं, गहरे अँधेरे से और गहरे अँधेरे में डूबते चले जा रहे हैं। अन्त में मनुष्य जितनी निकृष्ट अवस्था तक पहुँच सकता है, वहाँ तक वे पहुँच चुके हैं। क्योंकि, ऐसा देश कहाँ है जहाँ मनुष्य को जानवरों के साथ एक ही जगह पर सोना पड़ता हो? इसके लिए किसी दूसरे पर दोषारोपण न करो—अज्ञ मनुष्य जो भूल किया करते हैं, वही भूल तुम मत करो। कार्य-कारण दोनों यहीं विद्यमान हैं। दोष वास्तव में हमारा ही है। हिम्मत बाँधकर खड़े हो जाओ—अपने ही सिर सब दोष ले लो। दूसरे पर दोष न मढ़ो। तुम जो कष्ट भोग रहे हो उसके एकमात्र कारण तुम्हीं हो।

अतः लाहौर के युवको, निश्चयपूर्वक समझो इस आनुवंशिक तथा राष्ट्रीय महापाप के लिए हमीं लोग उत्तरदायी हैं। बिना इसे दूर किये हमारे लिए कोई दूसरा उपाय नहीं है। तुम चाहे हज़ारों समितियाँ गढ़ लो, चाहे बीस हज़ार राजनीतिक सम्मेलन करो, चाहे पचास हज़ार संस्थाएँ स्थापित करो, इसका कोई फल न होगा, जब तक तुम्हारे भीतर वह सहानुभूति, वह प्रेम न आयेगा, जब तक तुम्हारे भीतर वह हृदय न आयेगा, जो सबके लिए सोचता है। जब तक फिर से भारत को बुद्ध का हृदय प्राप्त नहीं होता और भगवान् कृष्ण की वाणी व्यावहारिक जीवन में परिणत नहीं की जाती, तब तक हमारे लिए कोई आशा नहीं। तुम लोग यूरोपियनों और उनकी सभा-समितियों का अनुकरण कर रहे हो, परन्तु उनके हृदय के भावों का तुमने क्या अनुकरण किया है?

मैं तुमसे एक आँखों देखा क़िस्सा कहूँगा। यहाँ के यूरोपियनों का एक दल कुछ बर्मी लोगों को लेकर लन्दन गया, बाद में पता चला कि वे यूरेशियन थे। वहाँ उन्होंने उन लोगों की एक प्रदर्शनी खोलकर ख़ूब धनोपार्जन किया। अन्त में सब धन आपस में बाँटकर उन्होंने उन लोगों को यूरोप के किसी दूसरे देश में ले जाकर छोड़ दिया। ये ग़रीब बेचारे यूरोप की किसी भाषा का एक शब्द भी नहीं जानते थे। लेकिन आस्ट्रिया के अंग्रेज़ वैदेशिक प्रतिनिधि ने इन्हें लन्दन भेज दिया। वे लोग लन्दन में भी किसीको नहीं जानते थे, अतएव वहाँ जाकर भी निराश्रय अवस्था में पड़ गये। परन्तु एक अंग्रेज़ महिला को इनकी सूचना मिली। वे इन बर्मी विदेशियों को अपने घर ले गयीं और अपने कपड़े, अपने बिछौने तथा जो कुछ आवश्यक हुआ, सब देकर उनकी सेवा करने लगीं और समाचार पत्रों में उन्होंने इनका हाल प्रकाशित कर दिया। देखो, उसका फल कैसा हुआ! उसके दूसरे ही दिन मानो सारा राष्ट्र सचेत हो गया। चारों ओर से उनकी सहायता के लिए रुपये आने लगे। अन्त में वे बर्मा वापस भेज दिये गये। उनकी राजनीतिक और दूसरी जितनी सभा-समितियाँ हैं वे ऐसी ही सहानुभूति पर प्रतिष्ठित हैं, कम से कम अपने लिए उनकी दृढ़ नींव प्रेम पर आधारित है। वे सम्पूर्ण संसार को चाहे प्यार न कर सकें, बर्मी चाहे उनके शत्रु भले ही हों, परन्तु इतना तो निश्चय ही है कि अपनी जाति के लिए उनका प्रेम अगाध है और अपने द्वार पर आये हुए विदेशियों के साथ भी वे सत्य, न्याय और दया का व्यवहार करते हैं। पश्चिमी देशों के सभी स्थानों में उन्होंने किस तरह मेरा आतिथ्य-सत्कार और ख़ातिरदारी की थी, इसका यदि मैं तुमसे उल्लेख न करूँ तो यह मेरी अकृतज्ञता होगी। यहाँ वह हृदय कहाँ है, जिसकी बुनियाद पर इस जाति की दीवार उठायी जायगी? हम पाँच आदमी मिलकर एक छोटी सी सम्मिलित पूँजी की कम्पनी खोलते हैं। कुछ दिनों के अन्दर ही हम लोग आपस में एक दूसरे को पट्टी पढ़ाना शुरू कर देते हैं, अन्त में सब कारोबार नष्ट-भ्रष्ट हो जाता है। तुम लोग अंग्रेज़ों के अनुकरण की बात कहते हो और उनकी तरह विशाल राष्ट्र का संगठन करना चाहते हो, परन्तु तुम्हारी वह नींव कहाँ है? हमारी नींव बालू की है, इसीलिए उस पर जो घर उठाया जाता है, वह थोड़े ही दिनों में टूटकर ध्वस्त हो जाता है।

अतः, हे लाहौर के युवको, फिर अद्वैत की वही प्रबल पताका फहराओ, क्योंकि और किसी आधार पर तुम्हारे भीतर वैसा अपूर्व प्रेम नहीं पैदा हो सकता। जब तक तुम लोग उसी एक भगवान् को सर्वत्र एक ही भाव से अवस्थित नहीं देखते, तब तक तुम्हारे भीतर वह प्रेम पैदा नहीं हो सकता—उसी प्रेम की पताका फहराओ।

उठो, जागो, जब तक लक्ष्य पर नहीं पहुँचते तब तक मत रुको। उठो, एक बार और उठो, क्योंकि त्याग के बिना कुछ हो नहीं सकता। दूसरे की यदि सहायता करना चाहते हो, तो तुम्हें अपने अहंभाव को छोड़ना होगा। ईसाइयों की भाषा में कहता हूँ—तुम ईश्वर और शैतान की सेवा एक साथ ही नहीं कर सकते। चाहिए वैराग्य। तुम्हारे पूर्व पुरुषों ने बड़े बड़े कार्य करने के लिए संसार का त्याग किया था। वर्तमान समय में ऐसे अनेक मनुष्य हैं, जिन्होंने अपनी ही मुक्ति के लिए संसार का त्याग किया है। तुम सब कुछ दूर फेंको—यहाँ तक कि अपनी मुक्ति का विचार भी दूर रखो—जाओ, दूसरों की सहायता करो। तुम सदा बड़ी बड़ी साहसिक बातें करते हो, परन्तु अब तुम्हारे सामने यह व्यावहारिक वेदान्त रखा गया है। तुम अपने इस तुच्छ जीवन की बलि देने के लिए तैयार हो जाओ। यदि यह जाति बची रहे तो तुम्हारे और हमारे जैसे हज़ारों आदमियों के भूखों मरने से भी क्या हानि होगी? यह जाति डूब रही है। लाखों प्राणियों का शाप हमारे सिर पर है, सदा ही अजस्र जलधारवाली नदी के समीप रहने पर भी तृष्णा के समय पीने के लिए हमने जिन्हें नाबदान का पानी दिया, उन अगणित लाखों मनुष्यों का, जिनके सामने भोजन के भाण्डार रहते हुए भी जिन्हें हमने भूखों मार डाला, जिन्हें हमने अद्वैतवाद का तत्त्व सुनाया और जिनसे हमने तीव्र घृणा की, जिनके विरोध में हमने लोकाचार का आविष्कार किया, जिनसे ज़बानी तो यह कहा कि सब बराबर हैं, सब वही एक ब्रह्म हैं, परन्तु इस उक्ति को काम में लाने का तिल मात्र भी प्रयत्न नहीं किया। 'मन में रखने ही से काम हो जायगा, परन्तु व्यावहारिक संसार में अद्वैतवाद को घसीटना?—हरे! हरे!!' अपने चरित्र का यह दाग़ मिटा दो। उठो, जागो। यदि यह क्षुद्र जीवन चला भी जाय तो क्या हानि है? सभी मरेंगे—साधु या असाधु, धनी या दरिद्र—सभी मरेंगे। चिर काल तक किसी का शरीर नहीं रहेगा। अतएव उठो, जागो और सम्पूर्ण रूप से निष्कपट हो जाओ। भारत में घोर कपट समा गया है। चाहिए चरित्र, चाहिए इस तरह की दृढ़ता और चरित्र का बल जिससे मनुष्य आजीवन दृढ़व्रत बन सके। 'नीतिनिपुण मनुष्य चाहे निन्दा करें चाहे स्तुति, लक्ष्मी आये या चली जाय, मृत्यु आज ही हो चाहे शताब्दी के पश्चात्, जो धीर हैं वे न्यायमार्ग से एक पग भी नहीं हिलते।'[१] उठो, जागो, समय बीता जा रहा है और व्यर्थ के वितंडावाद में हमारी सम्पूर्ण शक्ति का क्षय होता जा रहा है। उठो, जागो, छोटे छोटे विषयों

---

१. निन्दन्तु नीतिनिपुणाः यदि वा स्तुवन्तु लक्ष्मीःसमाविशतु गच्छतु वा यथेष्टम्।
अद्यैव वा मरणमस्तु युगान्तरे वा न्याय्यात्पथः प्रविचलन्ति पदं न धीराः॥

और मतमतान्तरों को लेकर व्यर्थ का विवाद मत करो। तुम्हारे सामने सबसे महान् कार्य पड़ा हुआ है—लाखों आदमी डूब रहे हैं, उनका उद्धार करो। इस बात पर अच्छी तरह ध्यान दो कि मुसलमान जब भारत में पहले पहल आये थे, तब भारत में कितने अधिक हिन्दू रहते थे। आज उनकी संख्या कितनी घट गयी है। इसका कोई प्रतिकार हुए बिना यह दिन दिन और घटती ही जायगी; अन्ततः वे पूर्णतः विलुप्त हो जायँगे। हिन्दू जाति लुप्त हो जाय तो होने दो, लेकिन साथ ही—उनके सैकड़ों दोष रहने पर भी, संसार के सम्मुख उनके सैकड़ों विकृत चित्र उपस्थित करने पर भी—अब तक वे जिन जिन महान् भावों के प्रतिनिधि स्वरूप हैं, वे भी लुप्त हो जायँगे। और उनके लोप के साथ साथ सारे अध्यात्म ज्ञान का शिरोभूषण अपूर्व अद्वैत तत्त्व भी लुप्त हो जायगा। अतएव उठो, जागो, संसार की आध्यात्मिकता की रक्षा के लिए हाथ बढ़ाओ। और पहले अपने देश के कल्याण के लिए इस तत्त्व को काम में लाओ। हमें आध्यात्मिकता की उतनी आवश्यकता नहीं, जितनी इस भौतिक संसार में अद्वैतवाद को थोड़ा कार्य में परिणत करने की। पहले रोटी और तब धर्म चाहिए। ग़रीब बेचारे भूखों मर रहे हैं, और हम उन्हें आवश्यकता से अधिक धर्मोपदेश दे रहे हैं। मतमतान्तरों से पेट नहीं भरता। हमारे दो दोष बड़े ही प्रबल हैं: पहला दोष हमारी दुर्बलता है, दूसरा है घृणा करना, हृदयहीनता। लाखों मत-मतान्तरों की बात कह सकते हो, करोड़ों सम्प्रदाय संगठित कर सकते हो, परन्तु जब तक उनके दुःख का अपने हृदय में अनुभव नहीं करते, वैदिक उपदेशों के अनुसार जब तक स्वयं नहीं समझते कि वे तुम्हारे ही शरीर के अंश हैं, जब तक तुम और वे—धनी और दरिद्र, साधु और असाधु सभी उसी एक अनन्त पूर्ण के, जिसे तुम ब्रह्म कहते हो, अंश नहीं हो जाते, तब तक कुछ न होगा।

सज्जनो, मैंने तुम्हारे सामने अद्वैतवाद के कुछ प्रधान भावों को प्रकाशित करने की चेष्टा की और अब इसे काम में लाने का समय आ गया है। केवल इसी देश में नहीं, सब जगह। आधुनिक विज्ञान के लोहे के मुद्गरों की चोट खाकर द्वैतवादात्मक धर्मों की मज़बूत दीवार चूर चूर हो रही है। ऐसा नहीं कि द्वैतवादी सम्प्रदाय केवल यहीं शास्त्रों का अर्थ खींच-खींच कर कुछ का कुछ कर रहे हैं। खींचातानी की हद हो गयी है—कहाँ तक खींचातानी हो—श्लोक रबर नहीं हैं। ऐसा नहीं कि केवल यहीं ये द्वैतवादी आत्मरक्षा के लिए अँधेरे के किसी कोने में छिपने की चेष्टा कर रहे हैं; नहीं, यूरोप और अमेरिका में तो यह प्रयत्न और भी ज़्यादा है। और वहाँ भी भारत के इस अद्वैतवाद का कुछ अंश जाना चाहिए। वह वहाँ पहुँच भी गया है। वहाँ दिन दिन उसका प्रसार बढ़ाना चाहिए। पश्चिमी

सभ्यता की भी इससे रक्षा होगी। कारण, पश्चिमी देशों में पहले का भाव उठ गया है और एक नया ढंग—कांचन की पूजा के रूप में शैतान की पूजा प्रवर्तित हुई है। इस आधुनिक धर्म अर्थात् पारस्परिक प्रतियोगिता और कांचन की पूजा की अपेक्षा तो पहले के अपरिमार्जित धर्म की राह अच्छी थी। कोई भी राष्ट्र हो, चाहे वह कितना ही प्रबल क्यों न हो, ऐसी बुनियाद पर कभी नहीं टिक सकता। और संसार का इतिहास हमसे कह रहा है, जिन किन्हीं लोगों ने ऐसी बुनियाद पर अपने समाज की प्रतिष्ठा की, वे विनष्ट हो गये। भारत में कांचन-पूजा की यह तरंग न आ सके, उसकी ओर पहले ही से नज़र रखनी होगी। अतएव सबमें यह अद्वैतवाद प्रचारित करो, जिससे धर्म आधुनिक विज्ञान के प्रबल आघातों से भी अक्षत बना रहे। केवल इतना ही नहीं, तुम्हें दूसरों की भी सहायता करनी होगी—तुम्हारे विचार यूरोप और अमेरिका के सहायक होंगे; परन्तु सबसे पहले तुम्हें याद दिलाता हूँ कि व्यावहारिक कार्य की आवश्यकता है; और उसका प्रथमांश यह है कि घोर से घोरतम दारिद्र्य और अज्ञान-तिमिर में डूबे हुए साधारण लाखों भारतीयों की उन्नति-साधना के लिए उनके समीप जाओ। और उनको अपने हाथ का सहारा दो और भगवान् कृष्ण की यह वाणी याद रखो :

इहैव तैर्जितः सर्गो येषां साम्ये स्थितं मनः।
निर्दोषं हि समं ब्रह्म तस्माद्ब्रह्मणि ते स्थिताः॥

(गीता ५।१९)

—'जिनका मन इस साम्य भाव में अवस्थित है, उन्होंने इस जीवन में ही संसार पर विजय प्राप्त कर ली है। चूंकि ब्रह्म निर्दोष और सबके लिए सम है, इसलिए वे ब्रह्म में अवस्थित हैं।'

वेदान्त

(खेतड़ी में दिया हुआ भाषण)

२० दिसम्बर, १८९७ को स्वामी जी अपने शिष्यों के साथ महाराज के बँगले में ठहरे हुए थे, जहाँ उन्होंने वेदान्त के सम्बन्ध में क़रीब डेढ़ घंटे तक व्याख्यान दिया। स्थानीय बहुत से सज्जन एवं कई यूरोपीय महिलाएँ उपस्थित थीं। खेतड़ी के राजा साहब सभापति थे, उन्होंने ही उपस्थित श्रोताओं से स्वामी का परिचय कराया। स्वामी जी ने बड़ा सुन्दर व्याख्यान दिया, परन्तु खेद का विषय है कि उस समय कोई शीघ्रलिपि का लेखक उपस्थित नहीं था। अतः समस्त व्याख्यान उपलब्ध नहीं है। स्वामी जी के दो शिष्यों ने जो नोट लिये थे उसीका अनुवाद नीचे दिया जाता है :

स्वामी जी का भाषण

यूनानी और आर्य, प्राचीन काल की ये दो जातियाँ, भिन्न भिन्न वातावरणों और परिस्थितियों में पड़ीं। प्रकृति में जो कुछ सुन्दर था, जो कुछ मधुर था, जो कुछ लोभनीय था, उन्हींके मध्य स्थापित होकर स्फूर्तिप्रद जलवायु में विचरण कर यूनानी जाति ने एवं चारों ओर सब प्रकार महिमामय प्राकृतिक दृश्यों के मध्य अवस्थित होकर तथा अधिक शारीरिक परिश्रम के अनुकूल जलवायु न पाकर हिन्दू जाति ने, दो प्रकार की विभिन्न तथा विशिष्ट सभ्यताओं के आदर्शों का विकास किया। यूनानी लोग बाह्य प्रकृति की अनन्त एवं आर्य लोग आभ्यन्तरिक प्रकृति की अनन्त सम्बन्धी खोज में दत्तचित्त हुए। यूनानी लोग बृहत् ब्रह्मांड की खोज में व्यस्त हुए और आर्य लोग क्षुद्र ब्रह्मांड या सूक्ष्म जगत् के तत्त्वानुसन्धान में मग्न हुए। संसार की सभ्यता में दोनों को ही अपना अपना निर्दिष्ट अंश विशेष सम्पन्न करना पड़ा था। आवश्यक नहीं है कि इनमें से एक को दूसरे से कुछ उधार लेना है। लेकिन परस्पर तुलनात्मक अध्ययन से दोनों लाभान्वित होंगे। आर्यों की प्रकृति विश्लेषण-प्रिय थी। गणित और व्याकरण में आर्यों की अद्‌भुत उपलब्धियाँ प्राप्त हुईं और मन के विश्लेषण में वे चरम सीमा को पहुँच गये थे। हमें पाइथागोरस, सक्रेटिस, प्लेटो एवं मिस्र के नव्य प्लेटोवादियों के विचारों में भारतीय विचार की झलक दीख पड़ती है।

इसके पश्चात् स्वामी जी ने यूरोप पर भारतीय विचारों के प्रभाव की विस्तृत समीक्षा करके दिखाया कि विभिन्न युगों में स्पेन, जर्मनी एवं अन्यान्य यूरोपीय देशों के ऊपर इन विचारों की कैसी छाप पड़ी थी। भारतीय राजकुमार दारा-शिकोह ने उपनिषद् का अनुवाद फ़ारसी में किया। शॉपेनहॉवर नामक जर्मन दार्शनिक उसका लेटिन अनुवाद देखकर उसकी ओर विशेष रूप से आकृष्ट हुआ। उसके दर्शन में उपनिषदों का यथेष्ट प्रभाव देखा जाता है। इसके बाद ही काण्ट के दर्शन-ग्रन्थों में भी उपनिषदों के भावों के चिह्न देखे जाते हैं। यूरोप में साधारणतया तुलनात्मक भाषा-विज्ञान की अभिरुचि के कारण ही विद्वान् लोग संस्कृत के अध्ययन की ओर आकृष्ट होते हैं। परन्तु अध्यापक डॉयसन जैसे व्यक्ति भी हैं जो केवल दार्शनिक ज्ञान के लिए ही दर्शनों का अध्ययन करते हैं। स्वामी जी ने आशा प्रकट की कि भविष्य में यूरोप में संस्कृत के पठन-पाठन में और अधिक दिलचस्पी ली जायगी। इसके बाद स्वामी जी ने दिखलाया कि पूर्वकाल में 'हिन्दू' शब्द सार्थक था और वह सिन्धु नदी के इस पार बसनेवालों के लिए प्रयुक्त होता था, किन्तु इस समय वह सर्वथा निरर्थक है, क्योंकि इस समय सिन्धु नदी के इस पार नाना धर्मावलम्बी बहुत सी जातियाँ बसती हैं।

इसके बाद स्वामी जी ने वेदों के सम्बन्ध में विस्तृत रूप से प्रकाश डाला। उन्होंने कहा, "वेद किसी व्यक्ति विशेष के वाक्य नहीं हैं। पहले कतिपय विचारों का शनैः शनैः विकास हुआ, अंततः उन्हें ग्रंथ का रूप दिया गया, और वह ग्रंथ प्रमाण बन गया।" स्वामी जी ने कहा, "अनेक धर्म इसी भाँति ग्रन्थबद्ध हुए हैं। ग्रन्थों का प्रभाव भी असीम प्रतीत होता है। हिन्दुओं के ग्रन्थ वेद हैं जिन पर अभी हज़ारों वर्षों तक हिन्दुओं को निर्भर रहना होगा। लेकिन उन्हें वेदों के सम्बन्ध में अपने विचार बदलने होंगे और उन्हें नये सिरे से दृढ़ चट्टान की नींव पर स्थापित करना होगा। वेदों का वाङ्मय विशाल है, किन्तु वेदों का नब्बे प्रतिशत अंश इस समय उपलब्ध नहीं है। विशेष विशेष परिवार में एक एक वेदांश थे। उन परिवारों के लोप हो जाने से वे वेदांश भी लुप्त हो गये, किन्तु जो इस समय भी मिलते हैं, वे भी इस जैसे कमरे में समा नहीं सकते। ये वेद अत्यन्त प्राचीन तथा अति सरल भाषा में लिखे गये हैं। वेदों का व्याकरण भी इतना अस्पष्ट है कि बहुतों के विचार में वेदों के कई अंशों का कोई अर्थ ही नहीं निकलता।"

इसके बाद स्वामी जी ने वेद के दो भागों—कर्मकांड और ज्ञानकांड की विस्तृत समीक्षा की। कर्मकांड कहने से संहिता और ब्राह्मण का बोध होता है। ब्राह्मणों में यज्ञ आदि का वर्णन है। संहिता अनुष्टुप्, त्रिष्टुप्, जगती प्रभृति छंदों में रचित गेय पद हैं। साधारणतः उनमें इन्द्र, वरुण अथवा अन्य किसी देवता की

स्तुति है। इस पर प्रश्न यह उठा, ये देवता कौन थे? इनके सम्बन्ध में अनेक मत निर्धारित हुए, किन्तु अन्यान्य मतों द्वारा वे मत खंडित कर दिये गये। ऐसा बहुत दिनों तक चलता रहा।

इसके बाद स्वामी जी ने उपासना प्रणाली सम्बन्धी विभिन्न धारणाओं की चर्चा की। बेबिलोन के प्राचीन निवासियों की आत्मा के सम्बन्ध में यह धारणा थी कि वह केवल एक प्रतिरूप देह (double) मात्र है, उसका अपना कोई व्यक्तित्व नहीं होता और वह देह मूल देह से अपना सम्बन्ध कदापि विच्छिन्न नहीं कर सकती। इस 'प्रतिरूप' देह को भी मूल शरीर की भाँति क्षुधा, तृषा, मनोवृत्ति आदि के विकार होते हैं, ऐसा उनका विश्वास था; साथ ही यह भी विश्वास था कि मृत मूल शरीर पर किसी प्रकार का आघात करने से 'प्रतिरूप' देह भी आहत होगी। मूल शरीर के नष्ट होने पर 'प्रतिरूप' देह भी नष्ट हो जायगी। इसलिए मृत शरीर की रक्षा करने की प्रथा आरम्भ हुई। इसीसे ममी, समाधि, मन्दिर, क़ब्र आदि की उत्पत्ति हुई। मिस्र और बेबिलोन के निवासी एवं यहूदियों की विचार-धारा इससे अधिक अग्रसर न हो सकी, वे आत्म-तत्त्व तक नहीं पहुँच सके।

प्रो० मैक्समूलर का कहना है कि ऋग्वेद में पितर-पूजा का सामान्य चिह्न भी नहीं दिखायी पड़ता। ममी आँख फाड़े हुए हम लोगों की ओर देख रहे हैं। ऐसा बीभत्स और भयावह दृश्य भी वेदों में नहीं मिलता। देवता मनुष्यों के प्रति मित्रभाव रखते हैं। उपास्य और उपासक का सम्बन्ध सहज और सौम्य है। उसमें किसी प्रकार की म्लानता का भाव नहीं है, उनमें सहज आनन्द और सरल हास्य का अभाव नहीं है। स्वामी जी ने कहा, वेदों की चर्चा करते समय मानो मैं देवताओं की हास्य-ध्वनि स्पष्ट सुनता हूँ। वैदिक ऋषिगण अपने सम्पूर्ण भाव भाषा में भले ही न प्रकट कर सके हों, किन्तु वे संस्कृति और सहृदयता के आगार थे। हम लोग उनकी तुलना में जंगली हैं।

इसके बाद स्वामी जी ने अपने कथन की पुष्टि में अनेक वैदिक मंत्रों का उच्चारण किया। 'जिस स्थान पर पितृगण निवास करते हैं, उसको उसी स्थान पर ले जाओ—जहाँ कोई दुःख शोक नहीं है।' इत्यादि। इसी भाँति इस देश में इस धारणा का आविर्भाव हुआ कि जितनी जल्दी शव जला दिया जायगा, उतना ही अच्छा है। उनको क्रमशः ज्ञात हो गया कि स्थूल देह के अतिरिक्त एक सूक्ष्म देह है, वह सूक्ष्म देह स्थूल देह के त्याग के पश्चात् एक ऐसे स्थान में पहुँच जाती है, जिस स्थान में केवल आनन्द है, दुःख का तो नामोनिशान भी नहीं है। सेमेटिक धर्म में भय और कष्ट के भाव प्रचुर हैं। उनकी यह धारणा थी कि यदि मनुष्य ने ईश्वर का दर्शन कर लिया तो वह मर जायगा। किन्तु ऋग्वेद का भाव यह

है कि ईश्वर के साक्षात्कार के पश्चात् ही मनुष्य का यथार्थ जीवन आरम्भ होता है।

अब यह प्रश्न उठा, ये देवता कौन थे? इन्द्र समय समय पर मनुष्यों की सहायता करते हैं। कभी कभी वे अत्यधिक सोम का पान भी करते हैं; स्थान स्थान पर उनके लिए सर्वशक्तिमान, सर्वव्यापी प्रभृति विशेषणों का भी प्रयोग हुआ है। वरुण के सम्बन्ध में भी इसी प्रकार की नाना धारणाएँ हैं। देवों के चरित्र सम्बन्धी ये सब वर्णनात्मक मंत्र कहीं कहीं बहुत ही अपूर्व हैं और भाषा भी अत्यन्त उदात्त है। इसके पश्चात् स्वामी जी ने प्रलय वर्णनात्मक विख्यात नासदीय सूक्त—जिसमें अन्धकार का अन्धकार से आवृत होना वर्णित है—सुनाया और कहा, जिन लोगों ने इन सब महान् भावों का इस प्रकार की कविता में वर्णन किया है, यदि वे ही असभ्य और असंस्कृत थे तो फिर हमें अपने को क्या कहना चाहिए? इन ऋषियों की अथवा उनके देवता इन्द्र, वरुण आदि की किसी प्रकार की समालोचना करने या उनके बारे में कोई निर्णय देने में मैं अक्षम हूँ। मानो क्रमागत दृश्य पर दृश्य बदलता चला आ रहा है और सबके पीछे **एकं सद्विप्रा बहुधा वदन्ति** की यवनिका है। इन देवताओं का वर्णन बड़ा ही रहस्यमय, अपूर्व और अति सुन्दर है। वह बिल्कुल अगम्य प्रतीत होता है—पर्दा इतना सूक्ष्म है कि मानो स्पर्श मात्र से ही फट जायगा और मृगमरीचिका की भाँति लुप्त हो जायगा।

आगे चलकर स्वामी जी ने कहा, "मुझे एक बात बहुत सम्भव और स्पष्ट मालूम होती है और वह यह है कि यूनानियों की भाँति आर्य लोग भी संसार की समस्या हल करने के लिए पहले बाह्य प्रकृति की ओर उन्मुख हुए—सुन्दर रमणीय बाह्य प्रकृति भी उन्हें प्रलोभित करके धीरे धीरे बाह्य जगत् में ले गयी। किन्तु भारत की यही विशेषता है कि जिस वस्तु में कुछ उदात्तता नहीं होती उसका यहाँ कुछ मूल्य ही नहीं होता। मृत्यु के पश्चात् क्या होता है, इसकी यथार्थ तात्त्विक विवेचना साधारणतः यूनानियों के मन में उठी ही नहीं। किन्तु भारत में आरम्भ से ही यह प्रश्न बार बार पूछा जा रहा है—'मैं कौन हूँ? मृत्यु के पश्चात् मेरी क्या अवस्था होगी?' यूनानियों के मत में मनुष्य मर कर स्वर्ग जाता है। स्वर्ग जाने का क्या अर्थ है? सब कुछ के बाहर जाना; भीतर कुछ नहीं है। सब कुछ केवल बाहर है। उनका लक्ष्य केवल बाहर की ओर था, केवल इतना ही नहीं, मानो वे स्वयं भी अपने आप से बाहर थे। और उन्होंने सोचा, जिस समय वे एक ऐसे स्थान में जा पहुँचेंगे जो बहुत कुछ इसी संसार की भाँति है, किन्तु वहाँ इस संसार के दुःख-क्लेश का सर्वथा अभाव है, तभी उन्हें ईप्सित सभी वस्तुएँ प्राप्त हो जायँगी और वे तृप्त हो जायँगे। उनकी धर्म सम्बन्धी भावना इसके और ऊपर नहीं उठ सकी।

किन्तु हिन्दुओं का मन इतने से तृप्त नहीं हुआ। उनके विचार में स्वर्ग भी स्थूल जगत् के अन्तर्गत है। हिन्दुओं का मत है कि जो कुछ संयोगोत्पन्न है उसका विनाश अवश्यम्भावी है। उन्होंने बाह्य प्रकृति से पूछा, "आत्मा क्या है, इसे क्या तुम जानती हो?" उत्तर मिला, "नहीं।" प्रश्न हुआ, "क्या कोई ईश्वर है?" प्रकृति ने उत्तर दिया, "मैं नहीं जानती।" तब वे प्रकृति से विमुख हो गये और वे समझने लगे कि बाह्य प्रकृति कितनी ही महान् और भव्य क्यों न हो, वह देश-काल की सीमा से आबद्ध है। तब एक अन्य वाणी सुनायी देती है : नये उदात्त भावों की धारणा उनके मन में उदित होती है। यह वाणी थी 'नेति, नेति'—'यह नहीं, यह नहीं'—उस समय विभिन्न देवगण एक हो गये, सूर्य, चन्द्र, तारा, इतना ही क्यों, समग्र ब्रह्मांड एक हो गया—उस समय इस नूतन आदर्श पर उनके धर्म का आध्यात्मिक आधार प्रतिष्ठित हुआ।

न तत्र सूर्यो भाति न चन्द्रतारकं नेमा विद्युतो भान्ति कुतोऽयमग्निः।
तमेव भान्तमनुभाति सर्वं तस्य भासा सर्वमिदं विभाति।।

(कठोपनिषद् ३।१)

—'वहाँ सूर्य भी प्रकाशित नहीं होता, न चन्द्र, न तारा, न विद्युत्, फिर इस भौतिक अग्नि का तो कहना ही क्या! उसीके प्रकाशमान होने से ही सब कुछ प्रकाशित होता है, उसीके प्रकाश से ही सब चीज़ें प्रकाशित हैं।' उस सीमाबद्ध, अपरिपक्व व्यक्तिविशेष, सबके पाप-पुण्यों का विचार करनेवाले क्षुद्र ईश्वर की धारणा शेष नहीं रही, अब बाहर का अन्वेषण समाप्त हुआ, अपने भीतर अन्वेषण आरम्भ हुआ। इस भाँति उपनिषद् भारत के बाइबिल हो गये। इन उपनिषदों का यह विशाल साहित्य है। और भारत में जो विभिन्न मतवाद प्रचलित हैं, सभी उपनिषदों की भित्ति पर प्रतिष्ठित हुए।

इसके बाद स्वामी जी ने द्वैत, विशिष्टाद्वैत, अद्वैत मतों का वर्णन करके उनके सिद्धान्तों का निम्नलिखित कथन से समन्वय किया। उन्होंने कहा, "इनमें प्रत्येक मानो एक एक सोपान है—एक सोपान पर चढ़ने के बाद परवर्ती सोपान पर चढ़ना होता है, सबके अन्त में अद्वैतवाद की स्वाभाविक परिणति है और अन्तिम सोपान है **तत्त्वमसि**।" उन्होंने बताया कि प्राचीन भाष्यकार शंकराचार्य, रामानुजाचार्य और मध्वाचार्य आदि भी उपनिषद् को ही एकमात्र प्रमाण मानते थे, तथापि सभी इस भ्रम में पड़े कि उपनिषद् एक ही मत की शिक्षा देते हैं। सबने ग़लतियाँ की हैं। शंकराचार्य इस भ्रम में पड़े थे कि सब उपनिषदों में केवल अद्वैतवाद की शिक्षा है, दूसरा कुछ है ही नहीं। इसलिए जिस स्थान पर स्पष्ट द्वैत भावात्मक श्लोक मिलते

थे, उन्होंने अपने मत की पुष्टि के लिए खींचतान कर उनका विकृत अर्थ किया। रामानुजाचार्य और मध्वाचार्य ने भी शुद्ध अद्वैतभाव प्रतिपादक वेदांशों की द्वैत व्याख्या करके वैसी ही भूल की है। यह सर्वथा सत्य है कि उपनिषद् एक तत्त्व की शिक्षा देते हैं, किन्तु इस तत्त्व में सोपानारोहण की भाँति शिक्षा दी गयी है। इसके बाद स्वामी जी ने कहा कि खेद की बात है कि वर्तमान भारत में धर्म का मूल तत्त्व नहीं रह गया है, सिर्फ़ थोड़े बाह्य अनुष्ठान मात्र शेष बचे हैं। भारतवासी इस समय न तो हिन्दू ही हैं और न वेदान्ती ही। वे केवल छुआछूत मत के पोषक हैं। रसोई-घर ही उनके मन्दिर हैं और रसोई की हँड़िया और बर्तन ही उनके देवता हैं। इस स्थिति का अन्त होना ही चाहिए; और जितना शीघ्र इसका अन्त हो, उतना ही हमारे धर्म के लिए अच्छा है। उपनिषद् अपनी महिमा में उद्भासित हों और साथ ही विभिन्न सम्प्रदायों में विवाद की इति भी हो जाय।

शरीर स्वस्थ न होने से इतना ही बोल कर स्वामी जी थक गये। अतः उन्होंने आध घंटे विश्राम किया। उनके व्याख्यान का शेषांश सुनने के लिए श्रोतागण इस बीच धैर्यपूर्वक प्रतीक्षा करते रहे। स्वामी जी बाहर आये और उन्होंने फिर आध घंटे भाषण किया। उन्होंने समझाया कि बहुत्व में एकत्व की खोज को ही ज्ञान कहते हैं और किसी विज्ञान का चरम उत्कर्ष तब माना जाता है, जब सारे अनेकत्व में एक एकत्व का अनुसंधान पूरा हो जाता है। यह नियम भौतिक विज्ञान तथा आध्यात्मिक विज्ञान दोनों पर समान रूप से लागू होता है।

इंग्लैंड में भारतीय आध्यात्मिक विचारों का प्रभाव

११वीं मार्च, सन् १८९८ ई० को स्वामी जी की शिष्या सिस्टर निवेदिता (कुमारी एम० ई० नोबल) ने कलकत्ते के स्टार थियेटर में 'इंग्लैण्ड में भारतीय आध्यात्मिक विचारों का प्रभाव' नामक विषय पर एक व्याख्यान दिया। सभापति का आसन स्वयं स्वामी विवेकानन्द ने ही ग्रहण किया था। स्वामी जी ने उठकर पहले श्रोताओं को उक्त महिला का परिचय देते हुए नीचे लिखी बातें कहीं :

स्वामी जी का भाषण

देवियो और सज्जनो,

मैं जिस समय एशिया के पूर्वी हिस्से में भ्रमण कर रहा था, उस समय एक विषय की ओर मेरी दृष्टि विशेष रूप से आकृष्ट हुई थी। मैंने देखा कि उन स्थानों में भारतीय आध्यात्मिक विचार व्याप्त हैं। चीन और जापान के कितने ही मन्दिरों की दीवारों के ऊपर कई सुपरिचित संस्कृत मंत्रों को लिखा हुआ देखकर मैं कितना विस्मित हुआ था, यह तुम लोग आसानी से समझ सकते हो। और यह सुनकर शायद तुम्हें और भी आश्चर्य होगा, और कुछ लोगों को सम्भवतः प्रसन्नता भी होगी कि वे सब मंत्र पुरानी बँगला लिपि में लिखे हुए हैं। हमारे बंगाल के पूर्वपुरुषों का धर्म-प्रचार में कितना उत्साह और स्फूर्ति थी, मानो यही बताने के लिए आज भी वे मंत्र उन पर स्मारक के रूप में मौजूद हैं।

भारतीय आध्यात्मिक विचारों की पहुँच एशिया महाद्वीप के इन देशों तक ही हुई है, ऐसा नहीं, वरन् वे बहुत दूर तक फैले हुए हैं और उनके चिह्न सुस्पष्ट हैं। यहाँ तक कि पाश्चात्य देशों में भी कितने ही स्थानों के आचार-व्यवहार के मर्म में पैठकर मैंने उसके प्रभाव-चिह्न देखे। प्राचीन काल में भारत के आध्यात्मिक विचार भारत के पूर्व और पश्चिम दोनों ही ओर फैले। यह बात अब ऐतिहासिक सत्य के रूप में प्रमाणित हो चुकी है। सारा संसार भारत के अध्यात्म-तत्त्व के लिए कहाँ तक ऋणी है तथा यहाँ की आध्यात्मिक शक्ति ने मानव जाति को जीवन-संगठन के कार्य में प्राचीन अथवा अर्वाचीन समय में कितनी बड़ी सहायता पहुँचायी है, यह बात अब सब लोग जान गये हैं। ये सब तो पुरानी बातें हैं। मैं संसार में एक और सर्वाधिक उल्लेखनीय बात देखता हूँ। वह यही है कि उस अद्भुतकर्मा

ऐंग्लो-सैक्सन जाति ने मानवता तथा सामाजिक उन्नति की दिशा में कार्य करने की, सभ्यता और प्रगति की महती क्षमता का विकास किया है। इतना ही नहीं, कुछ और आगे बढ़कर मैं यह भी कह सकता हूँ कि यदि उस ऐंग्लो-सैक्सन जाति की शक्ति का प्रभाव इतना विस्तारित नहीं हुआ होता तो हम शायद इस तरह इकट्ठे भी नहीं होते और आज यहाँ पर 'भारतीय आध्यात्मिक विचारों का प्रभाव' विषय पर चर्चा भी न कर पाते। फिर पाश्चात्य से प्राच्य को, अपने स्वदेश को, लौटकर देखता हूँ कि वही ऐंग्लो-सैक्सन शक्ति अपने समस्त दोषों के साथ भी अपने गुणों की निश्चित विशिष्टताओं की रक्षा करते हुए अपना कार्य यहाँ कर रही है और मेरा विश्वास है कि अन्ततः महान् परिणाम सिद्ध होगा। ब्रिटिश जाति का विस्तार और उन्नति का भाव हमें बलपूर्वक उन्नति की ओर अग्रसर कर रहा है। साथ ही हमें यह भी याद रखना चाहिए कि पाश्चात्य सभ्यता का मूल स्रोत यूनानी सभ्यता है और यूनानी सभ्यता का प्रधान भाव है---अभिव्यक्ति। हम भारतवासी मननशील तो हैं, परन्तु कभी कभी दुर्भाग्यवश हम इतने मननशील हो जाते हैं कि हममें भाव व्यक्त करने की शक्ति बिल्कुल नहीं रह जाती। मतलब यह कि धीरे धीरे संसार के समक्ष भारतवासियों की भाव प्रकाशित करने की शक्ति अव्यक्त ही रह गयी और उसका फल क्या हुआ? फल यही हुआ कि हमारे पास जो कुछ था, सबको हम गुप्त रखने की चेष्टा करने लगे। भाव गुप्त रखने का यह सिलसिला आरम्भ तो हुआ व्यक्ति विशेष की ओर से, पर क्रमशः बढ़ता हुआ यह अन्त में जातीय स्वभाव बन गया। और आज भाव को अभिव्यक्त करने की शक्ति का हममें इतना अभाव हो गया है कि हमारी जाति एक मरी हुई जाति समझी जाने लगी है। ऐसी अवस्था में अभिव्यक्त किये बिना हमारी जाति के जीवित रहने की सम्भावना कहाँ है? पाश्चात्य सभ्यता का मेरुदंड है विस्तार और अभिव्यक्ति। भारतवर्ष में ऐंग्लो-सैक्सन जाति के कामों में से जिस कार्य की ओर मैंने तुम लोगों का ध्यान आकृष्ट करना चाहा है, वही हमारी जाति को जगाकर एक बार फिर हमें अपने को अभिव्यक्त करने के लिए तैयार करेगा। और आज भी यही शक्तिशाली ऐंग्लो-सैक्सन जाति अपने भाव-विनिमय के साधनों की सहायता से हमें संसार के आगे अपने गुप्त रत्नों को प्रकट करने के लिए उत्साहित कर रही है। ऐंग्लो-सैक्सन जाति ने भारतवर्ष की भावी उन्नति का रास्ता खोल दिया है और हमारे पूर्वपुरुषों के भाव जिस तरह धीरे धीरे बहुतेरे स्थानों में फैलते जा रहे हैं, यह वास्तव में विलक्षण है। लेकिन जब हमारे पूर्वपुरुषों ने अपना सत्य और मुक्ति का संदेश प्रचारित किया, तब उन्हें कितना सुभीता था! भगवान् बुद्ध ने किस तरह सार्वजनीन भ्रातृभाव के महान् तत्त्व का प्रचार किया था। उस समय भी

यहाँ, हमारे प्रिय भारतवर्ष में वास्तविक आनन्द प्राप्त करने के यथेष्ट सुभीते थे और हम बहुत ही सुगमता के साथ पृथ्वी की एक छोर से दूसरे छोर तक अपने भावों और विचारों को प्रचारित कर सकते थे, परन्तु अब हम उससे और भी आगे बढ़कर ऐंग्लो-सैक्सन जाति तक अपने भावों का प्रचार करने में कृतकार्य हो रहे हैं।

इसी तरह क्रिया-प्रतिक्रिया इस समय चल रही है और हम देख रहे हैं कि हमारे देश का संदेश वहाँवाले सुनते हैं, और केवल सुनते ही नहीं हैं, बल्कि उन पर अनुकूल प्रभाव भी पड़ रहा है। इसी बीच इंग्लैंड ने अपने कई महान् मतिमान व्यक्तियों को हमारे काम में सहायता पहुँचाने के लिए भेज दिया है। तुम लोगों ने शायद मेरी मित्र मिस मूलर की बात सुनी है और सम्भव है तुम लोगों में से बहुतों का उनके साथ परिचय भी हो—वे इस समय इसी मंच पर उपस्थित हैं। उच्च कुल में उत्पन्न इस सुशिक्षित महिला ने भारत के प्रति अगाध प्रेम होने के कारण अपना समग्र जीवन भारत के कल्याण के लिए न्यौछावर कर दिया है। उन्होंने भारत को अपना घर तथा भारतवासियों को ही अपना परिवार बना लिया है। तुम सभी उन सुप्रसिद्ध उदारहृदया अंग्रेज़ महिला के नाम से भी परिचित हो—उन्होंने भी अपना सारा जीवन भारत के कल्याण तथा पुनरुत्थान के लिए अर्पण कर दिया है। मेरा अभिप्राय श्रीमती बेसेन्ट से है। प्यारे भाइयो, आज इस मंच पर दो अमेरिकन महिलाएँ उपस्थित हैं—ये भी अपने हृदय में वैसा ही उद्देश्य धारण किये हुए हैं; और मैं आप लोगों से निश्चयपूर्वक कह सकता हूँ कि ये भी हमारे इस ग़रीब देश के कल्याण के लिए अपने जीवन को उत्सर्ग करने को तैयार हैं। इस अवसर पर मैं तुम लोगों को एक स्वदेशवासी का नाम याद दिलाना चाहता हूँ। इन्होंने इंग्लैंड और अमेरिका आदि देशों को देखा है, उनके ऊपर मेरा बड़ा विश्वास और भरोसा है, इन्हें मैं विशेष सम्मान और प्रेम की दृष्टि से देखता हूँ, आध्यात्मिक राज्य में ये बहुत आगे बढ़े हुए हैं, ये बड़ी दृढ़ता के साथ और चुपचाप हमारे देश के कल्याण के लिए कार्य कर रहे हैं; आज यदि उन्हें किसी और जगह कोई विशेष काम न होता, तो वे अवश्य ही इस सभा में उपस्थित होते—यहाँ पर मेरा मतलब श्री मोहिनीमोहन चट्टोपाध्याय से है। इन लोगों के अतिरिक्त अब इंग्लैंड ने कुमारी मारगरेट नोबल को उपहारस्वरूप भेजा है—इनसे हम बहुत कुछ आशा रखते हैं। बस और अधिक बातें न कर मैं तुम लोगों से कुमारी मारगरेट नोबल का परिचय कराता हूँ, जो तुम्हारे समक्ष भाषण करेंगी।

जब सिस्टर निवेदिता ने अपना दिलचस्प व्याख्यान समाप्त कर दिया, तब स्वामी जी फिर खड़े हुए और उन्होंने कहा :

मैं अब केवल दो चार बातें और कहना चाहता हूँ। हमारी धारणा है कि हम भारतवासी भी कुछ काम कर सकते हैं। भारतवासियों में हम बंगाली लोग भले ही इस बात की हँसी उड़ा सकें, पर मैं वैसा नहीं करता। तुम लोगों के अन्दर एक अदम्य उत्साह, एक अदम्य चेष्टा जाग्रत कर देना ही मेरा जीवन-व्रत है। चाहे तुम अद्वैतवादी हो, चाहे विशिष्टाद्वैतवादी हो अथवा तुम द्वैतवादी ही क्यों न हो, इससे कुछ अंतर नहीं पड़ता। परन्तु एक बात की ओर जिसे दुर्भाग्यवश हम लोग हमेशा भूल जाया करते हैं, इस समय मैं तुम्हारा ध्यान आकृष्ट करना चाहता हूँ। वह यह कि 'ऐ मानव, तू अपने आप पर विश्वास कर।' केवल इसी एक उपाय से हम ईश्वर के विश्वास-परायण बन सकते हैं। तुम चाहे अद्वैतवादी हो या द्वैतवादी, तुम्हारा विश्वास चाहे योगशास्त्र पर हो या शंकराचार्य पर, चाहे तुम व्यास के अनुयायी हो या विश्वामित्र के, इससे कोई फ़र्क़ नहीं पड़ता। बात यह है कि पूर्वोक्त आत्मा सम्बन्धी विश्वास के विषय में भारतवासियों के विचार संसार की अन्य सभी जातियों के विचारों से निराले हैं। एक पल के लिए इसे ध्यान में रखो कि जब अन्यान्य सभी धर्मों और देशों में आत्मा की शक्ति को लोग बिल्कुल स्वीकार नहीं करते—वे आत्मा को प्रायः शक्तिहीन, दुर्बल और जड़ वस्तु की तरह समझते हैं, हम लोग भारतवर्ष में आत्मा को अनन्त शक्ति-सम्पन्न समझते हैं और हमारी धारणा है कि आत्मा शाश्वत पूर्ण ही रहेगी। हमें सदा उपनिषदों में दिये गये उपदेशों को स्मरण रखना चाहिए।

अपने जीवन के महान् व्रत को याद रखो। हम भारतवासी और विशेषतः हम बंगाली बहुत परिमाण में विदेशी भावों से आक्रान्त हो गये हैं, जो हमारे जातीय धर्म की सम्पूर्ण जीवनी शक्ति को चूसे डालते हैं। हम आज इतने पिछड़े हुए क्यों हैं? क्यों हममें से निन्यानबे फ़ी सदी आदमी सम्पूर्णतः पाश्चात्य भावों और उपादानों से विनिर्मित हो रहे हैं? अगर हम लोग राष्ट्रीय गौरव के उच्च शिखर पर आरोहण करना चाहते हैं तो हमें इस विदेशी भाव को दूर फेंक देना होगा, साथ ही यदि हम ऊपर चढ़ना चाहते हैं तो हमें यह भी याद रखना होगा कि हमें पाश्चात्य देशों से बहुत कुछ सीखना बाक़ी है। पाश्चात्य देशों से हमें उनका शिल्प और विज्ञान सीखना होगा, उनके यहाँ के भौतिक विज्ञानों को सीखना होगा और उधर पाश्चात्य देशवासियों को हमारे पास आकर धर्म और अध्यात्म-विद्या की शिक्षा ग्रहण करनी होगी। हम हिन्दुओं को विश्वास करना होगा कि हम संसार के गुरु हैं। हम यहाँ पर राजनीतिक अधिकार तथा इसी प्रकार की अन्यान्य बातों के लिए चिल्ला रहे हैं। अच्छी बात है, परन्तु अधिकार और सुभीते केवल मित्रता के द्वारा ही प्राप्त हो सकते हैं और मित्रता की आशा वहीं की जाती है, जहाँ दोनों पक्ष समान होते हैं। यदि एक पक्ष-

वाला जीवन भर भीख माँगता रहे, तो क्या यहाँ पर मित्रता स्थापित हो सकत है? ये सब बातें कह देना बहुत आसान है, पर मेरा तात्पर्य यह है कि पारस्परि सहयोग के बिना हम लोग कभी शक्तिसम्पन्न नहीं हो सकते। इसीलिए मैं तुम लोग को भिखमंगों की तरह नहीं, धर्माचार्य के रूप में इंग्लैण्ड और अमेरिका आदि देश में जाने के लिए कह रहा हूँ। हमें अपने सामर्थ्य के अनुसार विनिमय के नियम क प्रयोग करना होगा। यदि हमें इस लोक में सुखी रहने के उपाय सीखने हैं त हम भी उसके बदले में क्यों न उन्हें अनन्त काल तक सुखी रहने के उपाय बतायें?

सर्वोपरि, समग्र मानव जाति के कल्याण के लिए कार्य करते रहो। तुम ए संकीर्ण घेरे के अन्दर बँधे रहकर अपने को 'शुद्ध' हिन्दू समझने का जो गर्व कर हो, उसे छोड़ दो। मृत्यु सबके लिए राह देख रही है और इसे कभी मत भूलो, ज सर्वाधिक अद्भुत ऐतिहासिक सत्य है कि संसार की सब जातियों को भारती साहित्य में निबद्ध सनातन सत्यसमूह को सीखने के लिए धैर्य धारण कर भार के चरणों के समीप बैठना पड़ेगा। भारत का विनाश नहीं है, चीन का भी नह है और जापान का भी नहीं। अतएव हमें अपने धर्मरूपी मेरुदंड की बात को सर्वद स्मरण रखना होगा,और ऐसा करने के लिए,हमें रास्ता बताने के लिए एक पथप्रदर्श की आवश्यकता है—वह रास्ता जिसके विषय में मैं अभी तुम लोगों से कह रह था। यदि तुम लोगों में कोई ऐसा व्यक्ति हो जो यह विश्वास न करता हो, यदि हमारे यहाँ कोई ऐसा हिन्दू बालक हो जो यह विश्वास करने के लिए उद्यत न ह कि हमारा धर्म पूर्णतः आध्यात्मिक है तो मैं उसे हिन्दू मानने को तैयार नह हूँ। मुझे याद है, एक बार काश्मीर राज्य के किसी गाँव में मैंने एक बूढ़ी और से बातचीत करते समय पूछा था, "तुम किस धर्म को मानती हो?" इस पर वृद्ध ने तपाक से जवाब दिया था, "ईश्वर को धन्यवाद उसकी कृपा से मैं मुसलमा हूँ।" इसके बाद किसी हिन्दू से भी यही प्रश्न पूछा तो उसने साधारण ढंग से क दिया, "मैं हिन्दू हूँ।" कठोपनिषद् का वह महावाक्य स्मरण आता है—'श्रद्ध या अद्भुत विश्वास। नचिकेता के जीवन में 'श्रद्धा' का एक सुन्दर दृष्टान्त दिखाय देता है। इस श्रद्धा का प्रचार करना ही मेरा जीवनोद्देश्य है। मैं तुम लोगों फिर एक बार कहना चाहता हूँ कि यह श्रद्धा ही मानव जाति के जीवन का औ संसार के सब धर्मों का महत्त्वपूर्ण अंग है। सबसे पहले अपने आप पर विश्वा करने का अभ्यास करो। यह जान लो कि कोई आदमी छोटे से जल-बुद्बुद के बराबर हो सकता है और दूसरा व्यक्ति पर्वताकार तरंग के समान बड़ा। पर उ छोटे जल-बुद्बुद और पर्वताकार तरंग, दोनों के ही पीछे अनन्त समुद्र है। अतए सबका जीवन आशाप्रद है, सबके लिए मुक्ति का रास्ता खुला हुआ है और सभ

जल्दी या देरी से माया के बन्धन से मुक्त होंगे। यही हमारा सबसे पहला कर्तव्य है। अनन्त आशा से ही अनन्त आकांक्षा और चेष्टा की उत्पत्ति होती है। यदि यह विश्वास हमारे अन्दर बैठ जाय तो वह हमारे जातीय जीवन में व्यास और अर्जुन का समय—वह समय, जब कि हमारे यहाँ से समग्र मानव जाति के लिए कल्याणकर उदात्त मतवाद प्रचारित हुआ था—ले आयेगा। आज हम लोग आध्यात्मिक अन्तर्दृष्टि और आध्यात्मिक विचारों में बहुत ही पिछड़ गये हैं—भारत में यथेष्ठ परिमाण में आध्यात्मिकता विद्यमान थी, इतने अधिक परिमाण में थी कि उसकी आध्यात्मिक महानता ने ही भारतीयों को सारे संसार की जातियों का सिरमौर बना दिया था। और यदि परम्परा तथा लोगों की आशा पर विश्वास किया जाय तो हमारा वह दिन फिर लौट आयेगा, और वह तुम लोगों के ऊपर ही निर्भर करता है। ऐ बंगाली नवयुवको, तुम लोग धनी-मानियों और बड़े आदमियों का मुँह ताकना छोड़ दो। याद रखो, संसार में जितने भी बड़े बड़े और महान् कार्य हुए हैं, उन्हें ग़रीबों ने ही किया है। इसलिए ऐ ग़रीब बंगालियो, उठो और काम में लग जाओ, तुम लोग सब काम कर सकते हो और तुम्हें सब काम करने पड़ेंगे। यद्यपि तुम ग़रीब हो, फिर भी बहुत लोग तुम्हारा अनुसरण करेंगे। दृढ़चित्त बनो और इससे भी बढ़कर पूर्ण पवित्र और धर्म के मूल तत्त्व के प्रति निष्ठावान बनो। विश्वास रखो कि तुम्हारा भविष्य अत्यन्त गौरवपूर्ण है। ऐ बंगाली नवयुवको, तुम लोगों के द्वारा ही भारत का उद्धार होनेवाला है। तुम इस पर विश्वास करो या न करो, पर तुम इस बात पर विशेष रूप से ध्यान रखो और ऐसा मत समझो कि यह काम आज या कल ही पूरा हो जायगा। मुझे अपनी देह और अपनी आत्मा के अस्तित्व पर जैसा दृढ़ विश्वास है, इस पर भी मेरा वैसा ही अटल विश्वास है। इसीलिए ऐ बंगीय नवयुवको, तुम्हारे प्रति मेरा हृदय इतना आकृष्ट है। जिनके पास धन-दौलत नहीं है, जो ग़रीब हैं, केवल उन्हीं लोगों का भरोसा है, और चूँकि तुम ग़रीब हो, इसलिए तुम्हारे द्वारा यह कार्य होगा। चूंकि तुम्हारे पास कुछ नहीं है, इसीलिए तुम सच्चे हो सकते हो, और सच्चे होने के कारण ही तुम सब कुछ त्याग करने के लिए तैयार हो सकते हो। बस, केवल यही बात मैं तुमसे अभी अभी कह रहा था। और पुनः तुम्हारे समक्ष मैं इसे दुहराता हूँ—यही तुम लोगों का जीवन-व्रत है और यही मेरा भी जीवन-व्रत है। तुम चाहे किसी भी दार्शनिक मत का अवलम्बन क्यों न करो, मैं यहाँ पर केवल यही प्रमाणित करना चाहता हूँ कि सारे भारत में मानव जाति की पूर्णता में अनन्त विश्वासरूप प्रेम-सूत्र ओतप्रोत भाव से विद्यमान है। मैं चाहता हूँ कि इस विश्वास का सारे भारत में प्रचार हो।

संन्यास : उसका आदर्श तथा साधन

१९ जून, सन् १८९९ को जब स्वामी जी दूसरी बार पाश्चात्य देशों को जाने लगे, उस अवसर पर बिदाई के उपलक्ष्य में बेलुड़ मठ के युवा संन्यासियों ने उन्हें एक मानपत्र दिया। उसके उत्तर में स्वामी जी ने जो कहा था, उसका सारांश निम्नलिखित है :

स्वामी जी का भाषण

यह समय लम्बा भाषण देने का नहीं है, परन्तु संक्षेप में मैं कुछ उन बातों की चर्चा करूँगा जिनका तुम्हें आचरण करना चाहिए। पहले हमें अपने आदर्श को भली भाँति समझ लेना चाहिए और फिर उन साधनों को भी जानना चाहिए, जिनके द्वारा हम उसको चरितार्थ कर सकते हैं। तुम लोगों में से जो संन्यासी हैं, उन्हें सदैव दूसरों के प्रति भलाई करते रहने का यत्न करना चाहिए, क्योंकि संन्यास का यही अर्थ है। इस समय 'त्याग' पर भी एक लम्बा भाषण देने का अवसर नहीं है, परन्तु संक्षेप में मैं इसकी परिभाषा इस प्रकार करूँगा कि 'त्याग' का अर्थ है, 'मृत्यु के प्रति प्रेम।' सांसारिक लोग जीवन से प्रेम करते हैं, परन्तु संन्यासी के लिए प्रेम करने को मृत्यु है। तो प्रश्न यह उठता है कि क्या फिर हम आत्महत्या कर लें ? नहीं नहीं, इससे बहुत दूर। आत्महत्या करनेवालों को मृत्यु तो कभी प्यारी नहीं होती, क्योंकि यह बहुधा देखा गया है कि कोई मनुष्य आत्महत्या करने जाता है और यदि वह अपने यत्न में असफल रहता है तो दुबारा फिर वह उसका कभी नाम भी नहीं लेता। तो फिर प्रश्न यह है कि मृत्यु के लिए प्रेम कैसा होता है ?

हम यह निश्चित जानते हैं कि हम एक न एक दिन अवश्य मरेंगे और जब ऐसा है तो फिर किसी सत्कार्य के लिए ही हम क्यों न मरें ! हमें चाहिए कि हम अपने सारे कार्यों को जैसे खाना-पीना, सोना, उठना, बैठना आदि सभी—आत्म-त्याग की ओर लगा दें। भोजन द्वारा तुम अपने शरीर को पुष्ट करते हो, परन्तु उससे क्या लाभ हुआ, यदि तुमने उस शरीर को दूसरों की भलाई के लिए अर्पण न किया ? इसी प्रकार तुम पुस्तकें पढ़कर अपने मस्तिष्क को पुष्ट करते हो, परन्तु उससे भी कोई लाभ नहीं, यदि समस्त संसार के हित के लिए तुमने उस मस्तिष्क को लगा कर आत्म-त्याग न किया। चूँकि सारा संसार एक है और तुम इसके एक

अत्यन्त अकिंचन अंश हो, इसीलिए केवल इस तुच्छ स्वयं के अभ्युदयार्थ यत्न करने की अपेक्षा यह श्रेष्ठ है कि तुम अपने करोड़ों भाइयों की सेवा करते रहो।

सर्वतः पाणिपादं तत् सर्वतोऽक्षिशिरोमुखम्।
सर्वतः श्रुतिमल्लोके सर्वमावृत्य तिष्ठति॥
(गीता १३।१३)

—'सर्वत्र उसके हाथ और पैर हैं, सर्वत्र उसके नेत्र, शिर और मुख हैं तथा लोक में सर्वत्र उसके कान हैं। वह ईश्वर सर्वव्यापी होकर सर्वत्र विद्यमान है।'

इस प्रकार धीरे धीरे मृत्यु को प्राप्त हो जाओ। ऐसी ही मृत्यु में स्वर्ग है, उसीमें सारी भलाई है। और इसके विपरीत समस्त अमंगल तथा नरक है।

अब हमें यह विचार करना चाहिए कि किन उपायों अथवा साधनों द्वारा हम इन आदर्शों को कार्यरूप में परिणत कर सकते हैं। सबसे पहले हमें यह समझ लेना चाहिए कि हमारा आदर्श ऐसा न हो जो असम्भव हो। अत्यन्त उच्च आदर्श रखने में एक बुराई यह है कि उससे राष्ट्र कमजोर हो जाता है तथा धीरे धीरे गिरने लगता है। यही हाल बौद्ध तथा जैन सुधारों के बाद हुआ। परन्तु साथ ही हमें यह भी समझ लेना चाहिए कि अत्यधिक व्यावहारिकता भी ठीक नहीं है, क्योंकि यदि तुममें थोड़ी भी कल्पना-शक्ति नहीं है, यदि तुम्हारे पथ-प्रदर्शन के लिए तुम्हारे सामने कोई भी आदर्श नहीं है, तो तुम निरे जंगली ही हो। अतएव हमें अपने आदर्श को कभी नीचा नहीं करना चाहिए और साथ ही यह भी न होना चाहिए कि हम व्यावहारिकता को बिल्कुल भूल बैठें। इन दो 'अतियों' से हमें बचना चाहिए। हमारे देश में तो प्राचीन पद्धति यह है कि हम एक गुफ़ा में बैठ जायँ, वहीं ध्यान करें और बस् वहीं मर जायँ, परन्तु मुक्ति-लाभ के लिए यह ग़लत सिद्धान्त है कि हम दूसरों से आगे ही बढ़ते चले जायँ। आगे या पीछे साधक को यह समझ लेना चाहिए कि यदि वह अपने अन्य भाइयों की मुक्ति के लिए भी यत्न नहीं करता है तो उसे मुक्ति नहीं प्राप्त हो सकती। अतएव तुम्हें इस बात का यत्न करना चाहिए कि तुम्हारे जीवन में उच्च आदर्श तथा उत्कृष्ट व्यावहारिकता का सुन्दर सामंजस्य हो। तुम्हें इस बात के लिए तैयार होना चाहिए कि एक क्षण तो तुम पूर्ण रूप से ध्यान में मग्न हो सको, पर दूसरे ही क्षण (मठ के चरागाह की भूमि की ओर इशारा करके स्वामी जी ने कहा) इन खेतों को जोतने के लिए उद्यत हो जाओ। अभी तुम इस बात के योग्य बनो कि शास्त्रों की कठिन गुत्थियों को स्पष्ट रूप से समझा सको, पर दूसरे ही क्षण उसी उत्साह से इन खेतों की फ़सल को ले जाकर बाजार में भी बेच सको। छोटे से छोटे सेवा-टहल के कार्य

के लिए भी तुम्हें उद्यत रहना चाहिए और वह भी केवल यहीं नहीं, वरन् सर्वत्र।

अब दूसरी बात जो ध्यान में रखने योग्य है, वह यह है कि इस मठ का उद्देश्य है 'मनुष्य' का निर्माण करना। तुम्हें केवल वही नहीं सीखना चाहिए, जो हमें ऋषियों ने सिखाया है। वे ऋषि चले गये और उनकी सम्मतियाँ भी उन्हींके साथ चली गयीं। अब तुम्हें स्वयं ऋषि बनना होगा। तुम भी वैसे ही मनुष्य हो जैसे कि बड़े से बड़े व्यक्ति जो कभी पैदा हुए, यहाँ तक कि तुम अवतारों के सदृश हो। केवल ग्रन्थों के पढ़ने से ही क्या होगा? केवल ध्यान-धारणा से भी क्या होगा तथा केवल मंत्र-तंत्र भी क्या कर सकते हैं? तुम्हें तो अपने ही पैरों पर खड़े होना चाहिए और इस नये ढंग से कार्य करना चाहिए—वह ढंग जिससे मनुष्य 'मनुष्य' बन जाता है। सच्चा 'नर' वही है जो इतना शक्तिशाली हो जितनी शक्ति स्वयं है, परन्तु फिर भी जिसका हृदय एक नारी के सदृश कोमल हो। तुम्हारे चारों ओर जो करोड़ों व्यक्ति हैं, उनके लिए तुम्हारे हृदय में प्रेम भाव होना चाहिए, परन्तु साथ ही तुम लोहे के समान दृढ़ और कठोर बने रहो, पर ध्यान रहे कि साथ ही तुममें आज्ञा-पालन की नम्रता भी हो। मैं जानता हूँ कि ये गुण एक दूसरे के विरोधी प्रतीत होते हैं, परन्तु हाँ, ऐसे ही परस्पर विरोधी प्रतीत होनेवाले गुण तुममें होने चाहिए। यदि तुम्हारे वरिष्ठ तुम्हें इस बात की आज्ञा दें कि तुम नदी में कूद पड़ो और एक मगर को पकड़ लाओ तो तुम्हारा कर्तव्य यह होना चाहिए कि पहले तुम आज्ञा-पालन करो, और फिर कारण पूछो। भले ही तुम्हें दी हुई आज्ञा ठीक न हो, परन्तु फिर भी तुम पहले उसका पालन करो और फिर उसका प्रतिवाद करो। हमारे सम्प्रदायों में, विशेषकर बंगीय सम्प्रदायों में एक विशेष दोष यह है कि यदि किसीके मत में कुछ अन्तर होता है तो बिना कुछ सोचे-बिचारे वह झट से एक नया सम्प्रदाय शुरू कर देता है। थोड़ा सा भी रुकने का उसमें धीरज नहीं होता। अतएव अपने संघ के प्रति तुममें अटूट श्रद्धा तथा विश्वास होना चाहिए। यहाँ अवज्ञा को तनिक भी स्थान नहीं मिल सकता और यदि कहीं वह दिखायी दे तो निर्दयतापूर्वक उसे कुचलकर नष्ट कर डालो। हमारे इस संघ में एक भी अवज्ञाकारी सदस्य नहीं रह सकता; और यदि कोई हो तो उसे निकाल बाहर करो। हमारे इस शिविर में दग़ाबाज़ी नहीं चल सकती, यहाँ एक भी धोखेबाज़ नहीं रह सकता। इतने स्वतंत्र रहो जितनी वायु, पर हाँ, साथ ही ऐसे आज्ञापालक तथा नम्र जैसा कि यह पौधा या कुत्ता।

मैंने क्या सीखा ?

(ढाका में मार्च, सन् १९०१ में दिया गया व्याख्यान)

ढाका में स्वामी जी ने दो भाषण अंग्रेज़ी में दिये। प्रथम भाषण का विषय था, 'मैंने क्या सीखा ?' और द्वितीय का विषय था, 'वह धर्म जिसमें हम पैदा हुए।' बंगला भाषा में एक शिष्य ने प्रथम भाषण की जो रिपोर्ट ली, उसमें व्याख्यान का सारांश आ गया है और उसीका हिन्दी रूपान्तर निम्नलिखित है :

स्वामी जी का भाषण

सर्वप्रथम मैं इस बात पर हर्ष प्रकट करता हूँ कि मुझे पूर्वी बंगाल में आने और देश के इस भाग की सविशेष जानकारी प्राप्त करने का अवसर मिला। यद्यपि मैं पश्चिम के बहुत से सभ्य देशों में घूम चुका हूँ, पर अपने देश के इस भाग के दर्शन का सौभाग्य मुझे नहीं मिला था। अपनी ही जन्मभूमि बंगाल के इस अंचल की विशाल नदियों, विस्तृत उपजाऊ मैदानों और रमणीक ग्रामों का दर्शन पाने पर मैं अपनी कृतज्ञता प्रकट करता हूँ। मैं नहीं जानता था कि इस देश के जल और स्थल सभी में इतना सौन्दर्य तथा आकर्षण भरा पड़ा है। किन्तु नाना देशों के भ्रमण से मुझे यह लाभ हुआ है कि मैं विशेष रूप से अपने देश के सौन्दर्य का मूल्यांकन कर सकता हूँ।

इसी भाँति मैं पहले धर्म-जिज्ञासा से नाना सम्प्रदायों में--अनेक ऐसे सम्प्रदायों में जिन्होंने दूसरे राष्ट्रों के भावों को अपना लिया है--भ्रमण करता था, दूसरों के द्वार पर भिक्षा माँगता था। तब मैं जानता न था कि मेरे देश का धर्म, मेरी जाति का धर्म इतना सुन्दर और महान् है। कई वर्ष हुए मुझे पता लगा कि हिन्दू धर्म संसार का सर्वाधिक पूर्ण सन्तोषजनक धर्म है। अतः मुझे यह देखकर हार्दिक क्लेश होता है कि यद्यपि हमारे देशवासी अप्रतिम धर्मनिष्ठ होने का दावा करते हैं, पर हमारे इस महान् देश में यूरोपीय ढंग के विचार फैलने के कारण उनमें धर्म के प्रति व्यापक उदासीनता आ गयी है। हाँ, यह बात ज़रूर है और उससे मैं भली भाँति अवगत हूँ कि उन्हें जिन भौतिक परिस्थितियों में जीवन-यापन करना पड़ता है, वे प्रतिकूल हैं।

वर्तमान काल में हम लोगों के बीच ऐसे कुछ सुधारक हैं जो हिन्दू जाति के पुनरुत्थान के लिए हमारे धर्म में सुधार या यों कहिए कि उलट-पलट करना चाहते हैं। निस्सन्देह उन लोगों में कुछ विचारशील व्यक्ति हैं, लेकिन साथ ही ऐसे बहुत से लोग भी हैं जो अपने उद्देश्य को बिना जाने दूसरों का अन्धानुकरण करते हैं और अत्यन्त मूर्खतापूर्ण कार्य करते हैं। इस वर्ग के सुधारक हमारे धर्म में विजातीय विचारों का प्रवेश करने में बड़ा उत्साह दिखाते हैं। यह सुधारक वर्ग मूर्ति-पूजा का विरोधी है। इस दल के सुधारक कहते हैं कि हिन्दू धर्म सच्चा धर्म नहीं है, क्योंकि इसमें मूर्ति-पूजा का विधान है। मूर्ति-पूजा क्या है? यह अच्छी है या बुरी—इसका अनुसन्धान कोई नहीं करता, केवल दूसरों के इशारे पर वे हिन्दू धर्म को बदनाम करने का साहस करते हैं। एक दूसरा वर्ग और भी है जो हिन्दुओं के प्रत्येक रीति-रिवाजों में वैज्ञानिकता ढूँढ़ निकालने का लचर प्रयत्न कर रहा है। वे सदा विद्युत् शक्ति, चुम्बकीय शक्ति, वायु-कम्पन तथा उसी तरह की अन्य बातें किया करते हैं। कौन कह सकता है कि वे लोग एक दिन ईश्वर की परिभाषा करने में उसे विद्युत्-कम्पन का समूह न कह डालें! जो कुछ भी हो, माँ इनका भी भला करे! जगदम्बा ही भिन्न भिन्न प्रकृतियों और प्रवृत्तियों के द्वारा अपना कार्य साधन करती हैं।

उक्त विचारवालों के विपरीत एक और वर्ग है, यह प्राचीन वर्ग कहता है कि हम लोग तुम्हारी बाल की खाल निकालनेवाला तर्कवाद नहीं जानते और न हमें जानने की इच्छा ही है; हम लोग तो ईश्वर और आत्मा का साक्षात्कार करना चाहते हैं। हम सुख-दुःखमय इस संसार को छोड़कर इसके अतीत प्रदेश में, जहाँ परम आनन्द है, जाना चाहते हैं। यह वर्ग कहता है कि 'सविश्वास गंगा-स्नान करने से मुक्ति होती है; शिव, राम, विष्णु आदि किसी एक में ईश्वर-बुद्धि रखकर श्रद्धा-भक्तिपूर्वक उपासना करने से मुक्ति होती है।' मुझे गर्व है कि मैं इन दृढ़ आस्थावालों के प्राचीन वर्ग का हूँ।

इसके अतिरिक्त एक और वर्ग है जो ईश्वर और संसार दोनों की एक साथ ही उपासना करने के लिए कहता है। वह सच्चा नहीं है। वे जो कहते हैं वह उनके हृदय का भाव नहीं रहता। प्रकृत महात्माओं का उपदेश है:

जहाँ राम तहँ काम नहिं, जहाँ काम नहिं राम।
तुलसी कबहूँ होत नहिं, रवि-रजनी इक ठाम॥

महापुरुषों की वाणी हमसे इस बात की घोषणा करती है कि 'यदि ईश्वर को पाना चाहते हो, तो काम-कांचन का त्याग करना होगा। यह संसार असार, मायामय

और मिथ्या है। लाख यत्न करो, पर इसे बिना छोड़े कदापि ईश्वर को नहीं पा सकते। यदि यह न कर सको तो मान लो कि तुम दुर्बल हो, किन्तु स्मरण रहे कि अपने आदर्श को कदापि नीचा न करो। सड़ते हुए मुर्दे को सोने के पत्ते से ढकने का यत्न न करो!' अस्तु। उनके मतानुसार यदि धर्म की उपलब्धि करनी है, यदि ईश्वर की प्राप्ति करनी है तो तुम्हारा प्रथम कर्तव्य है कि तुम लुकाछिपी का खेल खेलना छोड़ दो। मैंने क्या सीखा? मैंने इस प्राचीन सम्प्रदाय से क्या सीखा? यही सीखा:

दुर्लभं त्रयमेवैतत् देवानुग्रहहेतुकम्।
मनुष्यत्वं मुमुक्षुत्वं महापुरुषसंश्रयः॥
(विवेकचूड़ामणि ३)

—'मनुष्यत्व, मुमुक्षुत्व और महापुरुष का संसर्ग इन तीनों का मिलना बहुत दुर्लभ है। ये तीनों बिना ईश्वर की कृपा के नहीं मिल सकते।' मुक्ति के लिए सबसे आवश्यक वस्तु है—मनुष्यत्व या मनुष्य के रूप में जन्म; क्योंकि मुक्ति की साधना के लिए मनुष्य-शरीर ही उपयुक्त है। इसके बाद चाहिए मुमुक्षुत्व। सम्प्रदाय और व्यक्ति-भेद से हमारी साधन प्रणालियाँ भिन्न भिन्न हैं। विभिन्न व्यक्ति यह भी दावा कर सकते हैं कि ज्ञानोपार्जन के उनके विशेष अधिकार एवं साधन हैं और जीवन में श्रेणी-भेद के कारण उनमें भी विभेद है, किन्तु यह निःसंकोच कहा जा सकता है कि मुमुक्षुत्व के बिना ईश्वरोपलब्धि असम्भव है। मुमुक्षुत्व क्या है? इस संसार के सुख-दुःख से छुटकारा पाने की तीव्र इच्छा, इस संसार से प्रबल निर्वेद। जिस समय भगवान् के दर्शन के लिए यह तीव्र व्याकुलता होगी उसी समय समझना कि तुम ईश्वर-प्राप्ति के अधिकारी हुए हो।

इसके बाद चाहिए ब्रह्मदर्शी महापुरुष का संग अर्थात् गुरु-लाभ। गुरु-परम्परा से बिना क्रमभंग के जो शक्ति प्राप्त होती है, उसीके साथ अपना संयोग स्थापित करना होगा, क्योंकि वैराग्य और तीव्र मुमुक्षुत्व रहने पर भी उसके बिना कुछ न हो सकेगा। शिष्य को चाहिए कि वह अपने गुरु को परामर्शदाता, दार्शनिक, सुहृद् और पथप्रदर्शक के रूप में अंगीकार करे। गुरु करना आवश्यक ही नहीं, अनिवार्य है। **श्रोत्रियोऽवृजिनोऽकामहतो यो ब्रह्मवित्तमः।** (विवेकचूड़ामणि ३३) —'जिसे वेदों का रहस्य-ज्ञान है, जो निष्पाप है, जिसे कोई इच्छा न हो, जो ब्रह्म-ज्ञानियों में श्रेष्ठ हो अर्थात् श्रोत्रिय हो, जो केवल शास्त्रों का पंडित ही न हो, वरन् उनके सूक्ष्म रहस्यों का भी ज्ञाता हो और जिसे शास्त्रों के वास्तविक तात्पर्य का बोध हो'—वही गुरु होने योग्य है। 'विविध शास्त्रों को पढ़ने मात्र से तो

वे बस तोते बन गये हैं। उस व्यक्ति को वास्तविक पंडित समझना चाहिए जिसने शास्त्रों का केवल एक अक्षर पढ़कर (दिव्य) प्रेम का लाभ कर लिया।"[1] केवल पोथी ज्ञान से पंडित हुए लोगों से काम न चलेगा। आजकल प्रत्येक व्यक्ति गुरु बनना चाहता है। कंगाल भिक्षुक लाख रुपये का दान करना चाहता है! तो गुरु अवश्य ही ऐसा व्यक्ति होना चाहिए जिसे पाप छू तक न गया हो, जो अकामहत हो, अर्थात् जो कामनाओं से सन्तप्त न हो, विशुद्ध परोपकार के सिवा जिसका दूसरा कोई इरादा न हो, जो अहेतुक दयासिन्धु हो और जो नाम-यश के लिए अथवा किसी स्वार्थ-सिद्धि के लिए धर्मोपदेश न करता हो। जो ब्रह्म को भली भाँति जान चुका है, अर्थात् जिसने ब्रह्म-साक्षात्कार कर लिया है, जिसके लिए ईश्वर 'करतलामलकवत्' है—श्रुति का कहना है कि वही गुरु होने योग्य है। जब यह आध्यात्मिक संयोग स्थापित हो जाता है तब ईश्वर का साक्षात्कार होता है—तब ईश्वर-दृष्टि सुलभ होती है।

गुरु से दीक्षा लेने के पश्चात् सत्यान्वेषी साधक के लिए आवश्यकता पड़ती है अभ्यास की। गुरूपदिष्ट साधनों के सहारे इष्ट के निरन्तर ध्यान द्वारा सत्य को कार्यरूप में परिणत करने के सच्चे और बारंबार प्रयास को अभ्यास कहते हैं। मनुष्य ईश्वर-प्राप्ति के लिए चाहे कितना ही व्याकुल क्यों न हो चाहे कितना ही अच्छा गुरु क्यों न मिले, साधना—अभ्यास बिना किये उसे कभी ईश्वरोपलब्धि न होगी। जिस समय अभ्यास दृढ़ हो जायगा, उसी समय ईश्वर प्रत्यक्ष होगा।

इसीलिए कहता हूँ कि हे हिन्दुओ, हे आर्य सन्तानो, तुम लोग हमारे धर्म के हिन्दुओं के इस महान् आदर्श को कभी न भूलो। हिन्दुओं का प्रधान लक्ष्य इस भवसागर के पार जाना है—केवल इसी संसार को छोड़ना होगा, ऐसा नहीं है, अपितु स्वर्ग को भी छोड़ना पड़ेगा—अशुभ के ही छोड़ने से काम नहीं चलेगा, शुभ का भी त्याग आवश्यक है; और इसी प्रकार सृष्टि-संसार, बुरा-भला इन सबके अतीत होना होगा और अन्ततोगत्वा सच्चिदानन्द ब्रह्म का साक्षात्कार करना होगा।

---

१. पोथी पढ़ तूती भयो, पंडित भया न कोय।
अक्षर एक जो प्रेम से, पढ़े तो पंडित होय।।

वह धर्म जिसमें हम पैदा हुए

३१ मार्च, १९०१ को ढाका में एक सभा का आयोजन खुले मैदान में किया गया था। स्वामी जी ने इस सभा में उपर्युक्त विषय पर अंग्रेज़ी में दो घण्टे व्याख्यान दिया। श्रोताओं की बहुत बड़ी भीड़ एकत्र थी। एक शिष्य ने उक्त भाषण की रिपोर्ट बँगला में तैयार की, जिसका हिन्दी रूपान्तर निम्नलिखित है :

प्राचीन काल में हमारे देश में आध्यात्मिक भाव की अतिशय उन्नति हुई थी। हमें आज वही प्राचीन गाथा स्मरण करनी होगी। किन्तु प्राचीन गौरव के अनुचिन्तन में सबसे बड़ी आपत्ति यह है कि हम कोई नवीन काम करना पसन्द नहीं करते और केवल अपने प्राचीन गौरव के स्मरण और कीर्तन से ही सन्तुष्ट होकर अपने को सर्वश्रेष्ठ समझने लग जाते हैं। हमें इस सम्बन्ध में सावधान रहना चाहिए। यह सही है कि प्राचीन काल में ऐसे अनेक ऋषि-महर्षि थे जिन्हें सत्य का साक्षात्कार हुआ था। किन्तु प्राचीन गौरव के स्मरण से वास्तविक उपकार तभी होगा, जब हम भी उनके सदृश ऋषि हो सकें। केवल इतना ही नहीं, मेरा तो दृढ़ विश्वास है कि हम और भी श्रेष्ठ ऋषि हो सकेंगे। भूतकाल में हमारी खूब उन्नति हुई थी—मुझे उसे स्मरण करते हुए बड़े गौरव का अनुभव होता है। वर्तमान अवनत अवस्था को देखकर भी मैं दुःखी नहीं होता और भविष्य में जो होगा, उसकी कल्पना कर मैं आशान्वित होता हूँ। ऐसा क्यों ? क्योंकि मैं जानता हूँ कि बीज का सम्पूर्ण रूपान्तरण होना होता है ; हाँ, जब बीज का बीजत्व भाव नष्ट होगा, तभी वह वृक्ष हो सकेगा। इसी प्रकार हमारी वर्तमान अवनत अवस्था के भीतर ही, चाहे थोड़े समय के लिए ही, भविष्य की हमारी धार्मिक महानता की सम्भावनाएँ प्रसुप्त हैं जो अधिक शक्तिशाली एवं गौरवशाली रूपों में उठ खड़ी होने के लिए तत्पर हैं। अब हमें विचार करना चाहिए कि जिस धर्म में हमने जन्म लिया है, उसमें सहमत होने के लिए समान भूमियाँ क्या हैं ? ऊपर से विचार करने पर हमें पता चलता है कि हमारे धर्म में नाना प्रकार के विरोध हैं। कुछ लोग अद्वैतवादी, कुछ विशिष्टाद्वैतवादी और कुछ द्वैतवादी हैं। कोई अवतार मानते हैं, कोई मूर्ति-पूजा में विश्वास रखते हैं तो कोई निराकारवादी हैं। आचार के सम्बन्ध में भी नाना प्रकार की विभिन्नता दिखायी पड़ती है। जाट लोग मुसलमान या ईसाई की कन्या से विवाह करने पर भी जातिच्युत नहीं होते। वे बिना किसी विरोध के सब हिन्दू मन्दिरों

में प्रवेश कर सकते हैं। पंजाब के अनेक गाँवों में जो व्यक्ति सूअर का मांस नहीं खाता, उसे लोग हिन्दू समझते ही नहीं। नेपाल में ब्राह्मण चारों वर्णों में विवाह कर सकता है, जब कि बंगाल में ब्राह्मण अपनी जाति की अन्य शाखाओं में भी विवाह नहीं कर सकता। इसी प्रकार की और भी विभिन्नताएँ देखने में आती हैं। किन्तु इन सभी विभिन्नताओं के बावजूद एकता का एक समान बिन्दु है कि हमारे धर्म के अन्तर्विभागों में भी एकता की एक समान भूमि है, जैसे कोई भी हिन्दू गोमांस भक्षण नहीं करता। इसी प्रकार हमारे धर्म के सभी अन्तर्भागों में एक महान् सामंजस्य है।

पहले तो शास्त्रों की आलोचना करते समय एक महत्त्वपूर्ण तथ्य हमारे सामने आता है कि केवल उन्हीं धर्मों ने उत्तरोत्तर उन्नति की, जिनके पास अपने एक या अनेक शास्त्र थे, फिर चाहे उन पर कितने ही अत्याचार किये गये हों। यूनानी धर्म अपनी विशिष्ट सुन्दरताओं के होते हुए भी शास्त्र के अभाव में लुप्त हो गया, जब कि यहूदी धर्म आदि धर्म-ग्रन्थ (Old Testament) के बल पर आज भी अक्षुण्ण रूप से प्रतापशाली है। संसार के सबसे प्राचीन ग्रन्थ वेद पर आधारित होने के कारण यही हाल हिन्दू धर्म का भी है। वेद के दो भाग हैं—कर्मकाण्ड और ज्ञानकाण्ड। भारतवर्ष के सौभाग्य अथवा दुर्भाग्य से कर्मकाण्ड का आजकल लोप हो गया है, हालाँकि दक्षिण में अब भी कुछ ब्राह्मण कभी कभी अजा-बलि देकर यज्ञ करते हैं, और हमारे विवाह-श्राद्धादि के मन्त्रों में भी वैदिक क्रियाकाण्ड का आभास दिखायी पड़ जाता है। इस समय उसे पूर्व की भाँति पुनः प्रतिष्ठित करने का उपाय नहीं है। कुमारिल भट्ट ने एक बार चेष्टा की थी, किन्तु वे अपने प्रयत्न में असफल ही रहे। इसके बाद ज्ञानकाण्ड है, जिसे उपनिषद्, वेदान्त या श्रुति भी कहते हैं। आचार्य लोग जब कभी श्रुति का कोई वाक्य उद्धृत करते हैं तो वह उपनिषद् का ही होता है। यही वेदान्त धर्म इस समय हिन्दुओं का धर्म है। यदि कोई सम्प्रदाय सिद्धान्तों की दृढ़ प्रतिष्ठा करना चाहता है तो उसे वेदान्त का ही आधार लेना होगा। द्वैतवादी अथवा अद्वैतवादी सभी को उसी आधार की शरण लेनी होगी। यहाँ तक कि वैष्णवों को भी अपने सिद्धान्तों की सत्यता सिद्ध करने के लिए गोपालतापनी उपनिषद् की शरण लेनी पड़ती है। यदि किसी नये सम्प्रदाय को अपने सिद्धान्तों के पुष्टिकारक वचन उपनिषद् में नहीं मिलते तो वे एक नये उपनिषद् की रचना करके उसे व्यवहृत करने का यत्न करते हैं। अतीत में इसके कतिपय उदाहरण मिलते हैं।

वेदों के सम्बन्ध में हिन्दुओं की यह धारणा है कि वे प्राचीन काल में किसी व्यक्ति विशेष की रचना अथवा ग्रन्थ मात्र नहीं हैं। वे उसे ईश्वर की अनन्त

ज्ञानराशि मानते हैं जो किसी समय व्यक्त और किसी समय अव्यक्त रहती है। टीकाकार सायणाचार्य ने एक स्थान पर लिखा है, **यो वेदेभ्योऽखिलं जगत् निर्ममे**-- जिसने वेदज्ञान के प्रभाव से सारे जगत् की सृष्टि की है। वेद के रचयिता को कभी किसीने नहीं देखा। इसलिए इसकी कल्पना करना भी असम्भव है। ऋषि लोग उन मन्त्रों अथवा शाश्वत नियमों के मात्र अन्वेषक थे। उन्होंने आदि काल से स्थित ज्ञानराशि वेदों का साक्षात्कार किया था।

ये ऋषिगण कौन थे ? वात्स्यायन कहते हैं, जिसने यथाविहित धर्म की प्रत्यक्ष अनुभूति की है, केवल वही ऋषि हो सकता है, चाहे वह जन्म से म्लेच्छ ही क्यों न हो। इसी लिए प्राचीन काल में जारज-पुत्र वशिष्ठ, धीवर-तनय व्यास, दासी-पुत्र नारद प्रभृति ऋषि कहलाते थे। सच्ची बात यह है कि सत्य का साक्षात्कार हो जाने पर किसी प्रकार का भेद-भाव नहीं रह जाता। उपर्युक्त व्यक्ति यदि ऋषि हो सकते हैं तो हे आधुनिक कुलीन ब्राह्मण, तुम सभी और भी उच्च ऋषि हो सकते हो। इसी ऋषित्व के लाभ करने की चेष्टा करो, अपना लक्ष्य प्राप्त करने तक रुको नही, समस्त संसार तुम्हारे चरणों के सामने स्वयं ही नत हो जायगा।

ये वेद ही हमारे एकमात्र प्रमाण हैं और इन पर सबका अधिकार है।

यथेमां वाचं कल्याणीमावादानि जनेभ्यः।
ब्रह्मराजन्याभ्यां शूद्राय चार्याय च स्वाय चारणाय॥[१]

क्या तुम हमें वेद में ऐसा कोई प्रमाण दिखला सकते हो, जिससे यह सिद्ध हो जाय कि वेद में सबका अधिकार नहीं है? पुराणों में अवश्य लिखा है कि वेद की अमुक शाखा में अमुक जाति का अधिकार है या अमुक अंश सत्ययुग के लिए और अमुक अंश कलियुग के लिए है। किन्तु, ध्यान रखो, वेद में इस प्रकार का कोई ज़िक्र नहीं है, ऐसा केवल पुराणों में ही है। क्या नौकर कभी अपने मालिक को आज्ञा दे सकता है? स्मृति, पुराण, तन्त्र—ये सब वहीं तक ग्राह्य हैं, जहाँ तक वे वेद का अनुमोदन करते हैं। ऐसा न होने पर उन्हें अविश्वसनीय मान कर त्याग देना चाहिए। किन्तु आजकल हम लोगों ने पुराणों को वेद की अपेक्षा श्रेष्ठ समझ रखा है। वेदों की चर्चा तो बंगाल प्रान्त में लोप ही हो गयी है। मैं वह दिन शीघ्र देखना चाहता हूँ, जिस दिन प्रत्येक घर में गृहदेवता शालग्राम की मूर्ति के साथ साथ वेद की पूजा भी होने लगेगी, जब बच्चे, बूढ़े और स्त्रियाँ वेद-अर्चना का शुभारम्भ करेंगे।

---

१. शुक्ल यजुर्वेद, माध्यन्दिनीया शाखा, २६ अध्याय, २ मंत्र

वेदों के सम्बन्ध में पाश्चात्य विद्वानों के सिद्धान्तों में मेरा विश्वास नहीं है। आज वेदों का समय वे कुछ निश्चित करते हैं और कल उसे बदलकर फिर एक हज़ार वर्ष पीछे घसीट ले जाते हैं। पुराणों के विषय में हम ऊपर कह आये हैं कि वे वहीं तक ग्राह्य हैं, जहाँ तक वेदों का समर्थन करते हैं। पुराणों में ऐसी अनेक बातें हैं जिनका वेदों के साथ मेल नहीं खाता। उदाहरण के लिए पुराण में लिखा है कि कोई व्यक्ति दस हज़ार वर्ष तक और कोई दूसरे बीस हज़ार वर्ष तक जीवित रहे; किन्तु वेदों में लिखा है—**शतायुर्वै पुरुषः**। इनमें से हमारे लिए कौन सा मत स्वीकार्य है ? निश्चय ही वेद। इस प्रकार के कथनों के बावजूद मैं पुराणों की निन्दा नहीं करता। उनमें योग, भक्ति, ज्ञान और कर्म की अनेक सुन्दर सुन्दर बातें देखने में आती हैं, और हमें उन सभी को ग्रहण करना ही चाहिए। इसके बाद हैं तन्त्र। तन्त्र का वास्तविक अर्थ है शास्त्र, जैसे कापिल तन्त्र। किन्तु तन्त्र शब्द प्रायः सीमित अर्थ में प्रयुक्त किया जाता है। बौद्ध धर्मावलम्बी एवं अहिंसा के प्रचारक-प्रसारक नृपतियों के शासन-काल में वैदिक याग-यजनों का लोप हो गया। तब राजदण्ड के भय से कोई जीव हिंसा नहीं कर सकता था। किन्तु कालान्तर में बौद्ध धर्म में ही इन याग-यज्ञों के श्रेष्ठ अंश गुप्त रूप से सम्मिलित हो गये। इसीसे तन्त्रों की उत्पत्ति हुई। तन्त्रों में वामाचार प्रभृति बहुत से अंश खराब होने पर भी, तन्त्रों को लोग जितना खराब समझते हैं, वे उतने खराब नहीं हैं। उनमें वेदान्त सम्बन्धी कुछ उच्च एवं सूक्ष्म विचार निहित हैं। वास्तविक बात तो यह है कि वेदों के ब्राह्मण भाग को ही कुछ परिवर्तित कर तन्त्रों में समाहित कर लिया गया था। वर्तमान काल की पूजा विधियाँ और उपासना पद्धति तन्त्रों के अनुसार होती हैं।

अब हमें अपने धर्म के सिद्धान्तों पर भी थोड़ा विचार करना चाहिए। हमारे धर्म के सम्प्रदायों में अनेक विभिन्नताएँ एवं अन्तर्विरोध होते हुए भी एकता के अनेक क्षेत्र हैं। प्रथम, सभी सम्प्रदाय तीन चीज़ों का अस्तित्व स्वीकार करते हैं—ईश्वर, आत्मा और जगत्। ईश्वर वह है, जो अनन्त काल से सम्पूर्ण जगत् का सर्जन, पालन और संहार करता आ रहा है। सांख्य दर्शन के अतिरिक्त सभी इस सिद्धान्त पर विश्वास करते हैं। इसके बाद आत्मा का सिद्धान्त और पुनर्जन्म की बात आती है। इसके अनुसार असंख्य जीवात्माएँ बार बार अपने कर्मों के अनुसार शरीर धारण कर जन्म-मृत्यु के चक्र में घूमती रहती हैं। इसीको संसारवाद या प्रचलित रूप से पुनर्जन्मवाद कहते हैं। इसके बाद यह अनादि अनन्त जगत् है। यद्यपि कुछ लोग इन तीनों को भिन्न भिन्न मानते हैं तथा कुछ इन्हें एक ही के भिन्न भिन्न तीन रूप और कुछ अन्य प्रकारों से इनका अस्तित्व स्वीकार करते हैं। पर इन तीनों का अस्तित्व ये सभी मानते हैं।

यहाँ पर यह स्मरण रखना चाहिए कि चिर काल से हिन्दू आत्मा को मन से पृथक् मानते आ रहे हैं। पाश्चात्य विद्वान् मन के परे किसी चीज़ की कल्पना नहीं कर सके। वे लोग जगत् को आनन्दपूर्ण मानते हैं और इसीलिए उसे मौज मारने की जगह समझते हैं। जब कि प्राच्य लोगों की जन्म से ही यह धारणा होती है कि यह संसार नित्य परिवर्तनशील तथा दुःखपूर्ण है। और इसीलिए यह मिथ्या के सिवा कुछ नहीं है और न ही इसके क्षणिक सुखों के लिए आत्मा का धन गँवाया जा सकता है। इसी कारण पाश्चात्य लोग संघबद्ध कर्म में विशेष पटु हैं और प्राच्य लोग अन्तर्जगत् के अन्वेषण में ही विशेष साहस दिखाते हैं।

जो कुछ भी हो, यहाँ अब हमें हिन्दू धर्म की दो एक और बातों पर विचार करना आवश्यक है। हिन्दुओं में अवतारवाद प्रचलित है। वेदों में हमें केवल मत्स्यावतार का ही उल्लेख मिलता है। सभी लोग इस पर विश्वास करते हैं या नहीं, यह कोई विचारणीय विषय नहीं है। पर इस अवतारवाद का वास्तविक अर्थ है मनुष्य-पूजा—मनुष्य के भीतर ईश्वर को साक्षात् करना ही ईश्वर का वास्तविक साक्षात्कार करना है। हिन्दू प्रकृति के द्वारा प्रकृति के ईश्वर तक नहीं पहुँचते—मनुष्य के द्वारा मनुष्य के ईश्वर के निकट जाते हैं।

इसके बाद है मूर्ति-पूजा। शास्त्रों में विहित हर एक शुभ कर्म में उपास्य पंच देवताओं के अतिरिक्त अन्य देवता केवल उनके द्वारा अधिष्ठित पदों के भिन्न भिन्न नाम मात्र हैं। किन्तु ये पाँचों उपास्य देवता भी उसी एक भगवान् के भिन्न भिन्न नाम मात्र हैं। यह बाह्य मूर्ति-पूजा हमारे सब शास्त्रों में अधमतम कोटि की पूजा मानी गयी है, किन्तु इसका यह तात्पर्य नहीं है कि मूर्ति-पूजा करना ग़लत है। वर्तमान समय में प्रचलित इस मूर्ति-पूजा के भीतर नाना प्रकार के कुत्सित भावों के प्रवेश कर लेने पर भी, मैं उसकी निन्दा नहीं कर सकता। यदि उसी कट्टर मूर्ति-पूजक ब्राह्मण (श्री रामकृष्ण) की पद-धूलि से मैं पुनीत न बनता तो आज मैं कहाँ होता ?

वे सुधारक जो मूर्ति-पूजा के विरुद्ध प्रचार करते हैं अथवा उसकी निन्दा करते हैं, उनसे मैं कहूँगा कि भाइयो, यदि तुम बिना किसी सहायता के निराकार ईश्वर की उपासना कर सकते हो तो तुम भले ही वैसा करो, किन्तु जो लोग ऐसा नहीं कर सकते हैं, उनकी निन्दा क्यों करते हो ? प्राचीनतम समय का गौरवान्वित स्मृति-चिह्नरूप एक सुन्दर एवं भव्य मकान उपेक्षा या अव्यवहार के कारण जर्जर हो गया है। यह हो सकता है कि उसमें हर कहीं धूल जमी हुई है, यह भी हो सकता है कि उसके कुछ हिस्से ज़मीन पर भहरा पड़े हों। पर तुम उसे क्या करोगे ? क्या तुम उसकी सफ़ाई-मरम्मत करके उसकी पुरानी धज लौटा दोगे या उसे, उस इमारत को गिरा कर उसके स्थान पर एक संदिग्ध स्थायित्व वाले कुत्सित आधुनिक योजना के

अनुसार कोई दूसरी इमारत खड़ी करोगे ? हमें उसका सुधार करना होगा, इसके अर्थ हैं उसकी उचित सफ़ाई-मरम्मत करना न कि उसे ध्वस्त कर देना। यहीं पर सुधार का काम समाप्त हो जाता है। यदि ऐसा कर सकते हो तो करो, अन्यथा दूर रहो। जीर्णोद्धार हो जाने पर उसकी और क्या आवश्यकता ? किन्तु हमारे देश के सुधारक एक स्वतन्त्र सम्प्रदाय का संगठन करना चाहते हैं। तो भी उन्होंने बड़ा कार्य किया है। ईश्वर के आशीर्वादों की उनके शिर पर वर्षा हो। किन्तु तुम लोग अपने को क्यों महान् समुदाय से पृथक् करना चाहते हो ? हिन्दू नाम लेने ही से क्यों लज्जित होते हो ?—जो कि तुम लोगों की महान् और गौरवपूर्ण सम्पत्ति है। ओ अमर पुत्रो, मेरे देशवासियो, यह हमारा जातीय जहाज़ युगों तक मुसाफ़िरों को ले आता, ले जाता रहा है और इसने अपनी अतुलनीय सम्पदा से संसार को समृद्ध बनाया है। अनेक गौरवपूर्ण शताब्दियों तक हमारा यह जहाज़ जीवन-सागर में चलता रहा है और करोड़ों आत्माओं को उसने दुःख से दूर संसार के उस पार पहुँचाया है। आज शायद उसमें एक छेद हो गया हो और इससे वह क्षत हो गया हो, यह चाहे तुम्हारी अपनी ग़लती से या चाहे किसी और कारण से। तुम जो इस जहाज़ पर चढ़े हुए हो, अब क्या करोगे ? क्या तुम दुर्वचन कहते हुए आपस में झगड़ोगे ? क्या तुम सब मिलकर उस छेद को बन्द करने की पूर्ण चेष्टा करोगे ? हम सब लोगों को अपनी पूरी जान लड़ाकर खुशी खुशी उसे बन्द कर देना चाहिए। अगर न कर सकें तो हम लोगों को एक संग डूब मरना होगा।

और ब्राह्मणों से भी मैं कहना चाहता हूँ कि तुम्हारा जन्मगत तथा वंशगत अभिमान मिथ्या है, उसे छोड़ दो। शास्त्रों के अनुसार तुम में भी अब ब्राह्मणत्व शेष नहीं रह गया, क्योंकि तुम भी इतने दिनों से म्लेच्छ राज्य में रह रहे हो। यदि तुम लोगों को अपने पूर्वजों की कथाओं में विश्वास है तो जिस प्रकार प्राचीन कुमारिल भट्ट ने बौद्धों के संहार करने के अभिप्राय से पहले बौद्धों का शिष्यत्व ग्रहण किया, पर अन्त में उनकी हत्या के प्रायश्चित्त के लिए उन्होंने तुषाग्नि में प्रवेश किया, उसी प्रकार तुम भी तुषाग्नि में प्रवेश करो। यदि ऐसा न कर सको तो अपनी दुर्बलता स्वीकार कर लो। और सभी के लिए ज्ञान का द्वार खोल दो और पददलित जनता को उनका उचित एवं प्रकृत अधिकार दे दो।

पत्रावली—५

पत्रावली

(स्वामी रामकृष्णानन्द को लिखित)

हाई व्यू, कैवरशम्, रीडिंग,
३ जुलाई, १८९६

प्रिय शशि,

इस पत्र को देखते ही काली (स्वामी अभेदानन्द) को इंग्लैण्ड रवाना कर देना। पहले पत्र में ही तुम्हें सब कुछ लिख चुका हूँ। कलकत्ते के मेसर्स ग्रिण्डले कम्पनी के पास उसका द्वितीय श्रेणी का मार्ग-व्यय तथा वस्त्रादि खरीदने के लिए आवश्यक धन भी भेजा जा चुका है। अधिक वस्त्रादि की आवश्यकता नहीं है।

काली को अपने साथ कुछ पुस्तकें लानी होंगी। मेरे पास केवल ऋग्वेद-संहिता है। यजुर्वेद, सामवेद तथा अथर्वन् संहिताएँ एवं शतपथादि जितने भी 'ब्राह्मण' प्राप्त हो सकें तथा कुछ सूत्र एवं यास्क के निरुक्त यदि उपलब्ध हों तो इन ग्रन्थों को वह अपने ही साथ लेता आये। अर्थात् इन पुस्तकों की मुझे आवश्यकता है।...उनको काठ के बक्स में भरकर लाने की व्यवस्था करे।

शरत् के आने में जैसा विलम्ब हुआ था, वैसा नहीं होना चाहिए; काली फ़ौरन आये। शरत् अमेरिका रवाना हो चुका है, क्योंकि यहाँ पर उसकी कोई आवश्यकता नहीं रह गयी। कहने का मतलब यह कि वह छः महीने की देर करके आया और फिर जब वह आया, उस समय मैं खुद ही यहाँ पहुँच चुका था। काली के बारे में यह बात नहीं होनी चाहिए। शरत् के आने के समय जैसे चिट्ठी खो जाने से गड़बड़ी हुई थी, अब की बार वैसे ही कहीं चिट्ठी न खो जाय। शीघ्रता से उसे भेज देना।

सस्नेह,
विवेकानन्द

(फ़्रैन्सिस लेगेट को लिखित)

६३, सेण्ट जार्जेस रोड, लन्दन,
६ जुलाई, १८९६

प्रिय फ़्रैन्सिस,

. . .अटलाण्टिक महासागर के इस पार मेरा कार्य बहुत अच्छी रीति से चल रहा है।

मेरी रविवार की वक्तृताएँ बहुत सफल हुईं और उसी तरह कक्षाएँ भी। काम का मौसम खत्म हो चुका है और मैं भी बेहद थक चुका हूँ। अब मैं कुमारी मूलर के साथ स्विट्ज़रलैण्ड के भ्रमण के लिए जा रहा हूँ। गाल्सवर्दी परिवार ने मेरे साथ बड़ा सदय व्यवहार किया है। जो[1] ने बड़ी चतुरता से उन्हें मेरी तरफ़ आकृष्ट किया। उनकी चतुरता और शान्तिपूर्ण कार्य-शैली की मैं मुक्तकण्ठ से प्रशंसा करता हूँ। वे एक राजनीतिज्ञ कुशल महिला कही जा सकती हैं। वे एक राज चला सकती हैं। मनुष्य में ऐसी प्रखर, साथ ही अच्छी सहज-बुद्धि मैंने बिरले ही देखी है। अगली शरद् ऋतु में मैं अमेरिका लौटूंगा और वहाँ का कार्य फिर आरम्भ करूँगा।

परसों रात को मैं श्रीमती मार्टिन के यहाँ एक पार्टी में गया था, जिनके सम्बन्ध में तुमने अवश्य ही 'जो' से बहुत कुछ सुना होगा।

इंग्लैण्ड में यह कार्य चुपचाप पर निश्चित रूप से बढ़ रहा है। यहाँ प्राय: हर दूसरे पुरुष अथवा स्त्री ने मेरे पास आकर मेरे कार्य के सम्बन्ध में बातचीत की। ब्रिटिश साम्राज्य के कितने ही दोष क्यों न हों, पर भाव-प्रचार का ऐसा उत्कृष्ट यन्त्र अब तक कहीं नहीं रहा है। मैं इस यन्त्र के केन्द्रस्थल में अपने विचार रख देना चाहता हूँ, और वे सारी दुनिया में फैल जायँगे। यह सच है कि सभी बड़े काम बहुत धीरे धीरे होते हैं, और उनकी राह में असंख्य विघ्न उपस्थित होते हैं, विशेषकर इसलिए कि हम हिन्दू पराधीन जाति हैं। परन्तु इसी कारण हमें सफलता अवश्य मिलेगी, क्योंकि आध्यात्मिक आदर्श सदा पददलित जातियों में से ही पैदा हुए हैं। यहूदी अपने आध्यात्मिक आदर्शों से रोम साम्राज्य पर छा गये थे। तुम्हें यह सुनकर प्रसन्नता होगी कि मैं भी दिनोंदिन धैर्य, और विशेषकर सहानुभूति के सबक़ सीख रहा हूँ। मैं समझता हूँ कि शक्तिशाली ऐंग्लोइण्डियनों तक के भीतर मैं परमात्मा को प्रत्यक्ष कर रहा हूँ। मेरा विचार है कि मैं धीरे

---

१. कुमारी जोसेफ़िन मैक्लिऑड

धीरे उस अवस्था की ओर बढ़ रहा हूँ, जहाँ खुद 'शैतान' को भी, अगर वह हो तो मैं प्यार कर सकूँगा।

बीस वर्ष की अवस्था में मैं अत्यन्त असहिष्णु और कट्टर था। कलकत्ते में सड़कों के जिस किनारे पर थियेटर हैं, मैं उस ओर के पैदल-मार्ग से ही नहीं चलता था; अब तैंतीस वर्ष की उम्र में मैं वेश्याओं के साथ एक ही मकान में ठहर सकता हूँ और उनसे तिरस्कार का एक शब्द कहने का विचार भी मेरे मन में नहीं आयेगा। क्या यह अधोगति है? अथवा मेरा हृदय विस्तृत होता हुआ मुझे उस विश्वव्यापी प्रेम की ओर ले जा रहा है, जो साक्षात् भगवान् है? लोग कहते हैं कि वह मनुष्य, जो अपने चारों ओर होनेवाली बुराइयों को नहीं देख पाता, अच्छा काम नहीं कर सकता, उसकी परिणति एक तरह के भाग्यवाद में होती है। मैं तो ऐसा नहीं देखता। वरन् मेरी कार्य करने की शक्ति अत्यधिक बढ़ रही है और अत्यधिक प्रभावशील भी होती जा रही है। कभी कभी मुझे एक प्रकार का दिव्य भावावेश होता है। ऐसा अनुभव करता हूँ कि मैं प्रत्येक प्राणी और वस्तु को आशीर्वाद दूँ—प्रत्येक से प्रेम करूँ और गले लगा लूँ और मैं यह भी देखता हूँ कि बुराई एक भ्रान्ति मात्र है। प्रिय फ़्रैन्सिस, इस समय मैं ऐसी ही अवस्था में हूँ और अपने प्रति तुम्हारे तथा श्रीमती लेगेट के प्रेम और सहानुभूति का स्मरण कर मैं सचमुच आनन्द के आँसू बहा रहा हूँ। मैं जिस दिन पैदा हुआ था, उस दिन को धन्यवाद देता हूँ। यहाँ पर मुझे कितनी सहानुभूति, कितना प्रेम मिला है! और जिस अनन्त प्रेमस्वरूप भगवान् ने मुझे जन्म दिया है, उसने मेरे हर एक भले और बुरे (बुरे शब्द से डरो मत) काम पर दृष्टि रखी है—क्योंकि मैं उसीके हाथ के एक औज़ार के सिवा और हूँ ही क्या, और रहा ही क्या? उसीकी सेवा के लिए मैंने अपना सब कुछ—अपने प्रियजनों को, अपना सुख, अपना जीवन—त्याग दिया है। वह मेरा लीलामय प्रियतम है और मैं उसकी लीला का साथी हूँ। इस विश्व में कोई युक्ति-परिपाटी नहीं है। ईश्वर पर भला किस युक्ति का वश चलेगा? वह लीलामय इस नाटक की समस्त भूमिकाओं पर हास्य और रुदन का अभिनय कर रहा है। जैसा 'जो' कहती हैं—अजब तमाशा है! अजब तमाशा है!

यह दुनिया बड़े मज़े की जगह है, और सबसे मज़ेदार है—वह असीम प्रियतम! क्या यह तमाशा नहीं है? सब एक दूसरे के भाई हों या खेल के साथी, पर वास्तव में हैं ये मानो पाठशाला के हल्ला मचानेवाले बच्चे, जो कि इस संसाररूपी मैदान में खेल-कूद करने के लिए छोड़ दिये गये हैं। यही है न? किसकी तारीफ़ करूँ और किसे बुरा कहूँ—सब तो उसीका खेल है। लोग इसकी व्याख्या चाहते हैं। पर ईश्वर की व्याख्या तुम कैसे करोगे? वह मस्तिष्कहीन है, उसके पास युक्ति भी

नहीं है। वह छोटे मस्तिष्क तथा सीमित तर्क-शक्तिवाले हम लोगों को मूर्ख बन रहा है, पर इस बार वह मुझे ऊँघता नहीं पा सकेगा।

मैंने दो-एक बातें सीखी हैं : प्रेम और प्रियतम—तर्क, पाण्डित्य और वागाडम्ब के बहुत परे। ऐ साक़ी, प्याला भर दे और हम पीकर मस्त हो जायँ।

तुम्हारा ही प्रेमोन्मत्त
विवेकानन्द

(हेल बहनों को लिखित)

लन्दन,
७ जुलाई, १८९६

प्रिय बच्चियो,

यहाँ कार्य में आश्चर्यजनक प्रगति हुई। भारत का एक संन्यासी यहाँ मेरे साथ था, जिसे मैंने अमेरिका भेज दिया है। भारत से एक और संन्यासी बुला भेजा है कार्य का समय समाप्त हो गया है, इसलिए कक्षाओं के लगने तथा रविवासरीय व्याख्यानों का कार्य भी आगामी १६ तारीख़ से बन्द हो जायगा। १९ तारीख़ को मैं क़रीब एक महीने के लिए शान्तिपूर्ण आवास तथा विश्राम के निमित्त स्विट्ज़रलैण्ड के पहाड़ों पर चला जाऊँगा और आगामी शरद् ऋतु में लन्दन वापस आकर फिर कार्य आरम्भ करूँगा। यहाँ का कार्य बड़ा सन्तोषजनक रहा है। यहाँ लोगों में दिलचस्पी पैदा कर मैं भारत के लिए उसकी अपेक्षा सचमुच कहीं अधिक कार्य कर रहा हूँ, जो भारत में रहकर करता। माँ ने मुझको लिखा है कि यदि तुम लोग अपना मकान किराये पर उठा दो तो तुम लोगों को साथ लेकर मिस्र-भ्रमण करने में उन्हें प्रसन्नता होगी। मैं तीन अंग्रेज़ मित्रों के साथ स्विट्ज़रलैण्ड के पहाड़ों पर जा रहा हूँ। बाद में, शीत ऋतु के अन्त के क़रीब कुछ अंग्रेज़ मित्रों के साथ भारत जाने की मुझे आशा है। ये लोग वहाँ मेरे मठ में रहनेवाले हैं, जिसके निर्माण की अभी तो केवल कल्पना भर है। हिमालय पर्वत के अंचल में किसी जगह उसके निर्माण का उद्योग किया जा रहा है।

तुम लोग कहाँ पर हो? ग्रीष्म ऋतु का पूरा ज़ोर है, यहाँ तक कि लन्दन में भी बड़ी गरमी पड़ रही है। कृपया श्रीमती ऐडम्स, श्रीमती कोंगोर और शिकागो के अन्य सभी मित्रों के प्रति मेरा हार्दिक प्रेम ज्ञापित करना।

तुम्हारा सस्नेह भाई,
विवेकानन्द

(श्रीमती ओलि बुल को लिखित)

६३, सेण्ट जार्जेस रोड, लन्दन,
८ जुलाई, १८९६

प्रिय श्रीमती बुल,

अंग्रेज़ जाति अत्यन्त उदार है। उस दिन करीब तीन मिनट के अन्दर ही आगामी शरद् में कार्य संचालनार्थ नवीन मकान के लिए मेरी कक्षा से १५० पौण्ड का चन्दा मिला। यदि माँगा जाता तो तत्काल ही वे ५०० पौण्ड प्रदान करने में किंचिन्मात्र भी नहीं हिचकते। किन्तु हम लोग धीरे धीरे कार्य करना चाहते हैं, एक साथ जल्दी अधिक ख़र्च करने का कोई अभिप्राय हमारा नहीं है। यहाँ पर इस कार्य का संचालन करने के लिए हमें अनेक व्यक्ति प्राप्त होंगे एवं वे लोग त्याग की भावना से भी कुछ कुछ परिचित हैं—अंग्रेज़ों के चरित्र की गहराई का पता यहीं मिलता है।

शुभाकांक्षी,
विवेकानन्द

(डॉ० नंजुन्दा राव को लिखित)

इंग्लैण्ड,
१४ जुलाई, १८९६

प्रिय नंजुन्दा राव,

'प्रबुद्ध भारत' की प्रतियाँ मिलीं तथा उनका कक्षा में वितरण भी कर दिया गया है। यह अत्यन्त सन्तोषजनक है; इसमें कोई सन्देह नहीं कि भारत में इसकी बहुत बिक्री होगी। कुछ ग्राहक तो अमेरिका में ही बन जाने की आशा है। अमेरिका में इसका विज्ञापन देने की व्यवस्था मैंने पहले ही कर दी है एवं 'गुड इयर' ने उसे कार्य में भी परिणत कर दिया है। किन्तु यहाँ इंग्लैण्ड में कार्य अपेक्षाकृत कुछ धीरे धीरे अग्रसर होगा। यहाँ पर बड़ी मुश्किल यह है कि सब कोई अपना अपना पत्र निकालना चाहते हैं। ऐसा ठीक भी है, क्योंकि कोई भी विदेशी व्यक्ति असली अंग्रेज़ों की तरह अच्छी अंग्रेज़ी कभी नहीं लिख सकता तथा अच्छी अंग्रेज़ी में लिखने से विचारों का सुदूर तक जितना विस्तार हो सकेगा उतना हिन्दू-अंग्रेज़ी के द्वारा नहीं। साथ ही विदेशी भाषा में लेख लिखने की अपेक्षा कहानी लिखना और भी कठिन है।

मैं आपके लिए यहाँ ग्राहक बनाने की पूरी चेष्टा कर रहा हूँ; किन्तु आप विदेशी सहायता पर क़तई निर्भर न रहें। व्यक्ति की तरह जाति को भी अपनी सहायता

आप ही करनी चाहिए। यही यथार्थ स्वदेश-प्रेम है। यदि कोई जाति ऐसा करने में असमर्थ हो तो यह कहना पड़ेगा कि उसका अभी समय नहीं आया, उसे प्रतीक्षा करनी पड़ेगी। मद्रास से ही यह नवीन आलोक भारत के चारों ओर फैलना चाहिए—इसी उद्देश्य को लेकर आपको कार्य-क्षेत्र में अग्रसर होना पड़ेगा। एक बात पर मुझे अपना मत व्यक्त करना है, वह यह कि पत्र का मुखपृष्ठ एकदम गँवारू, देखने में नितान्त रद्दी तथा भद्दा है। यदि सम्भव हो तो इसे बदल दें। इसे भावव्यंजक तथा साथ ही सरल बनायें—इसमें मानव-चित्र बिल्कुल नहीं होने चाहिए। 'वटवृक्ष' क़तई प्रबुद्ध होने का चिह्न नहीं है और न पहाड़, न सन्त ही, यूरोपीय दम्पति भी नहीं। 'कमल' ही पुनरभ्युत्थान का प्रतीक है। 'ललित कला' में हम लोग बहुत ही पिछड़े हुए हैं, ख़ासकर 'चित्रकला' में। उदाहरणस्वरूप, वन में वसन्त के पुनरागमन का एक छोटा सा दृश्य बनाइए—नवपल्लव तथा कलिकाएँ प्रस्फुटित हो रही हों। धीरे धीरे आगे बढ़िए, सैकड़ों भाव हैं जिन्हें प्रकाश में लाया जा सकता है।

मैंने 'राजयोग' के लिए जो प्रतीक बनाया था, उसे देखिए। 'लांगमैन ग्रीन एण्ड कम्पनी' ने यह पुस्तक प्रकाशित की है। आपको यह बम्बई में मिल सकती है। राजयोग पर न्यूयार्क में जो व्याख्यान दिये थे, वही इसमें हैं।

आगामी रविवार को मैं स्विट्ज़रलैण्ड जा रहा हूँ, और शरत्काल में इंग्लैण्ड वापस आकर पुनः कार्य प्रारम्भ करूँगा। यदि सम्भव हो सका तो स्विट्ज़रलैण्ड से मैं धारावाहिक रूप से आपको कुछ लेख भेजूंगा। आपको मालूम ही होगा कि मेरे लिए विश्राम अत्यन्त आवश्यक हो उठा है।

शुभाकांक्षी,
विवेकानन्द

(श्रीमती ओलि बुल को लिखित)

सैन्स ग्रैण्ड, स्विट्ज़रलैण्ड,
२५ जुलाई, १८९६

प्रिय श्रीमती बुल,

कम से कम दो मास के लिए मैं जगत् को एकदम भूल जाना चाहता हूँ, और कठोर साधना करना चाहता हूँ। यही मेरा विश्राम है।...पहाड़ों तथा बर्फ़ के दृश्य से मेरे हृदय में एक अपूर्व शान्ति सी छा जाती है। यहाँ पर मुझे जैसी अच्छी नींद आ रही है, दीर्घ काल तक मुझे वैसी नींद नहीं आयी।

सभी मित्रों को मेरा प्यार।

शुभाकांक्षी,
विवेकानन्द

(श्री ई० टी० स्टर्डी को लिखित)

ग्रैण्ड होटल, वेलै,
स्विट्ज़रलैण्ड

प्रिय स्टर्डी,

. . .मैं थोड़ा बहुत अध्ययन कर रहा हूँ—उपवास बहुत कर रहा हूँ तथा साधना उससे भी अधिक कर रहा हूँ। वनों में भ्रमण करना अत्यन्त आनन्ददायक है। हमारे रहने का स्थान तीन विशाल हिमनदों के नीचे है तथा प्राकृतिक दृश्य भी अत्यन्त मनोरम है।

एक बात है कि स्विट्ज़रलैण्ड की झील में आर्यों के आदि निवास-स्थान सम्बन्धी मेरे मन में जो कुछ भी थोड़ा सा सन्देह था, वह एकदम निर्मूल हो चुका है; 'तातार' जाति के माथे से लम्बी चोटी हटा देने पर जो दशा होती है, स्विट्ज़रलैण्ड के निवासी ठीक उसी प्रकार के हैं।

शुभाकांक्षी,
विवेकानन्द

(श्री लाला बद्री शाह को लिखित)

द्वारा ई० टी० स्टर्डी
हाई व्यू, कैवरशम्, रीडिंग, लंदन
५ अगस्त, १८९६

प्रिय शाह जी,

आपके सहृदय अभिनन्दन के लिए धन्यवाद। आपसे एक बात मैं जानना चाहता हूँ। यदि लिखने का कष्ट करें तो इस कृपा के लिए मैं विशेष अनुग्रहीत होऊँगा। मैं एक मठ स्थापित करना चाहता हूँ—मेरी इच्छा है कि वह अल्मोड़ा में या अच्छा हो उसके समीप किसी स्थान में हो। मैंने सुना है कि श्री रैमसे नामक कोई सज्जन अल्मोड़ा के समीप एक बँगले में रहते थे, उस बँगले के चारों ओंर एक बग़ीचा था। क्या वह बँगला ख़रीदा जा सकता है? उसका मूल्य क्या होगा? यदि ख़रीदना सम्भव न हो तो किराये पर मिल सकता है या नहीं?

क्या आप अल्मोड़ा के समीप किसी ऐसे उपयुक्त स्थान को जानते हैं, जहाँ बग़ीचे आदि के साथ मैं अपना मठ बना सकूँ? बग़ीचे का होना नितान्त आवश्यक है। मैं चाहता हूँ कि अलग एक छोटी सी पहाड़ी मिल जाय तो अच्छा हो।

आशा है कि पत्र का उत्तर शीघ्र प्राप्त होगा। आप एवं अल्मोड़ा के अन्य मित्रों को मेरा आशीर्वाद तथा प्रेम।

भवदीय,
विवेकानन्द

(श्री ई० टी० स्टर्डी को लिखित)

स्विट्ज़रलैण्ड,
५ अगस्त, १८९६

प्रिय स्टर्डी,

आज सुबह प्रोफ़ेसर मैक्समूलर का एक पत्र मिला; उससे पता चला कि श्री रामकृष्ण परमहंस सम्बन्धी उनका लेख 'दि नाइन्टीन्थ सेन्चुरी' पत्रिका के अगस्त अंक में प्रकाशित हुआ है। क्या तुमने उसे पढ़ा है? उन्होंने इस लेख के बारे में मेरा अभिमत माँगा है। अभी तक मैंने उसे नहीं देखा है, अतः उन्हें कुछ भी नहीं लिख पाया हूँ। यदि तुम्हें वह प्रति प्राप्त हुई हो तो कृपया मुझे भेज देना। 'ब्रह्मवादिन्' की भी यदि कोई प्रति आयी हो तो उसे भी भेजना। मैक्समूलर महोदय हमारी योजनाओं से परिचित होना चाहते हैं...तथा पत्रिकाओं से भी उन्होंने अधिकाधिक सहायता प्रदान करने का वचन दिया है तथा श्री रामकृष्ण परमहंस पर एक पुस्तक लिखने को वे प्रस्तुत हैं।

मैं समझता हूँ कि पत्रिकादि के विषय में उनके साथ तुम्हारा सीधा पत्र-व्यवहार होना ही उचित है। 'दि नाइन्टीन्थ सेन्चुरी' पढ़ने के बाद उनके पत्र का जवाब लिख कर जब मैं तुमको उनका पत्र भेज दूँगा, तब तुम देखोगे कि वे हमारे प्रयास पर कितने प्रसन्न हैं तथा यथासाध्य सहायता प्रदान करने के लिए तैयार हैं।...

पुनश्च—आशा है कि तुम पत्रिका को बड़े आकार की करने के प्रश्न पर भली भाँति विचार करोगे। अमेरिका से कुछ धनराशि एकत्र करने की व्यवस्था हो सकती है एवं साथ ही पत्रिका अपने लोगों के हाथों ही रखी जा सकती है। इस बारे में तुम्हारी तथा मैक्समूलर महोदय की निश्चित योजना से अवगत होने के बाद मैं अमेरिका पत्र लिखना चाहता हूँ।

सेवितव्यो महावृक्षः फलछायासमन्वितः।
यदि दैवात् फलं नास्ति छाया केन निवार्यते॥

—'जिस वृक्ष में फल एवं छाया हो, उसी का आश्रय लेना चाहिए; कदाचित् फल न भी मिले, फिर भी उसकी छाया से तो कोई भी वंचित नहीं कर सकता।' अतः मूल बात यह है कि महान् कार्य को इसी भावना से प्रारम्भ करना चाहिए।

शुभाकांक्षी,
विवेकानन्द

(श्री आलासिंगा पेरुमल को लिखित)

स्विट्ज़रलैण्ड,
६ अगस्त, १८९६

प्रिय आलासिंगा,

तुम्हारे पत्र से 'ब्रह्मवादिन्' की आर्थिक दुर्दशा का समाचार विदित हुआ। लन्दन लौटने पर तुम्हें सहायता भेजने की चेष्टा करूँगा। तुम पत्रिका का स्तर नीचा न करना, उसको उन्नत रखना; अत्यन्त शीघ्र ही मैं तुम्हारी ऐसी सहायता कर सकूँगा कि इस बेहूदे अध्यापन-कार्य से तुम्हें मुक्ति मिल सके। डरने की कोई बात नहीं है वत्स, सभी महान् कार्य सम्पन्न होंगे। साहस से काम लो। 'ब्रह्मवादिन्' एक रत्न है, इसे नष्ट नहीं होना चाहिए। यह ठीक है कि ऐसी पत्रिकाओं को सदा निजी दान से ही जीवित रखना पड़ता है, हम भी वैसा ही करेंगे। कुछ महीने और जमे रहो।

मैक्समूलर महोदय का श्री रामकृष्ण सम्बन्धी लेख 'दि नाइन्टीन्थ सेन्चुरी' में प्रकाशित हुआ है। मुझे मिलते ही मैं उसकी एक प्रतिलिपि तुम्हारे पास भेज दूँगा। वे मुझे अत्यन्त सुन्दर पत्र लिखते हैं। श्री रामकृष्ण देव की एक बड़ी जीवनी लिखने के लिए वे सामग्री चाहते हैं। तुम कलकत्ते एक पत्र लिखकर सूचित कर दो कि जहाँ तक हो सके सामग्री एकत्र करके उन्हें भेज दी जाय।

अमेरिकी पत्र के लिए भेजा हुआ समाचार मुझे पहले ही मिल चुका है। भारत में उसे प्रकाशित करने की आवश्यकता नहीं है, समाचार-पत्र द्वारा इस प्रकार का प्रचार बहुत हो चुका है। इस विषय में खासकर मेरी अब कुछ भी रुचि नहीं है। मूर्खों को बकने दो, हमें तो अपना कार्य करना है। सत्य को कोई नहीं रोक सकता।

यह तो तुम्हें पता ही है कि मैं इस समय स्विट्ज़रलैण्ड में हूँ और बराबर घूम रहा हूँ। पढ़ने अथवा लिखने का कार्य कुछ भी नहीं कर पा रहा हूँ, और करना भी उचित प्रतीत नहीं होता। लन्दन में मुझे एक महान् कार्य करना है, आगामी माह से उसे प्रारम्भ करना है। अगले जाड़ों में भारत लौटकर मैं वहाँ के कार्य को भी ठीक करने की कोशिश करूँगा।

सब लोगों को मेरा प्रेम! बहादुरो, कार्य करते रहो, पीछे न हटो—'नहीं' मत कहो। कार्य करते रहो—तुम्हारी सहायता के लिए प्रभु तुम्हारे पीछे खड़े हैं। महाशक्ति तुम्हारे साथ विद्यमान हैं।

शुभाकांक्षी,
विवेकानन्द

पुनश्च—डरने की कोई बात नहीं है, धन तथा अन्य वस्तुएँ शीघ्र ही प्राप्त होंगी।

(श्री आलासिंगा पेरुमल को लिखित)

स्विट्ज़रलैंड
८ अगस्त, १८९६

प्रिय आलासिंगा,

कई दिन पहले मैंने अपने पत्र में तुम्हें इस बात का आभास दिया था कि मैं 'ब्रह्मवादिन्' के लिए कुछ करने की स्थिति में हूँ। मैं तुम्हें एक या दो वर्षों तक १०० रुपया माहवार दूंगा—अर्थात् साल में ६० अथवा ७० पौंड—यानी जितने से सौ रुपये माहवार हो सके। तब तुम मुक्त होकर 'ब्रह्मवादिन्' का कार्य कर सकोगे तथा इसे और भी सफल बना सकोगे। श्रीयुत मणि अय्यर और कुछ मित्र कोष इकट्ठा करने में तुम्हारी सहायता कर सकते हैं—जिससे छपाई आदि की क़ीमत पूरी हो जायगी। चंदे से कितनी आमदनी होती है? क्या इस रक़म से लेखकों को पारिश्रमिक देकर उनसे अच्छी सामग्री नहीं लिखवायी जा सकती? यह आवश्यक नहीं कि 'ब्रह्मवादिन्' में प्रकाशित होनेवाली सभी रचनाएँ सभी की समझ में आयें—परन्तु यह ज़रूरी है कि देशभक्ति और सुकर्म की भावना—प्रेरणा से ही लोग इसे ख़रीदें। लोग से मेरा मतलब हिन्दुओं से है।

यों, बहुत सी बातें आवश्यक हैं। पहली बात है—पूरी ईमानदारी। मेरे मन में इस बात की रत्ती भर शंका नहीं कि तुम लोगों में से कोई भी इससे उदासीन रहोगे। बल्कि, व्यावसायिक मामलों में हिन्दुओं में एक अजीब ढिलाई देखी जाती है—बेतरतीब हिसाब-किताब और बेसिलसिले का कारबार। दूसरी बात: उद्देश्य के प्रति पूर्ण निष्ठा—यह जानते हुए कि 'ब्रह्मवादिन्' की सफलता पर ही तुम्हारी मुक्ति निर्भर करती है।

इस पत्र (ब्रह्मवादिन्) को अपना इष्टदेवता बनाओ और तब देखना, सफलता किस तरह आती है। मैंने अभेदानन्द को भारत से बुला भेजा है। आशा है, अन्य संन्यासी की भाँति उसे देरी नहीं लगेगी। पत्र पाते ही तुम 'ब्रह्मवादिन्' के आय-व्यय का पूरा लेखा-जोखा भेजो, जिसे देखकर मैं यह सोच सकूँ कि इसके लिए क्या किया जा सकता है? यह याद रखो कि पवित्रता, निःस्वार्थ भावना और गुरु की आज्ञाकारिता ही सभी सफलताओं के रहस्य हैं।...

किसी धार्मिक पत्र की खपत—विदेश में असंभव है। इसे हिन्दुओं की ही सहायता मिलनी चाहिए—यदि उनमें भले-बुरे का ज्ञान हो।

बहरहाल, श्रीमती एनी बेसेन्ट ने अपने निवास स्थान पर मुझे—भक्ति पर बोलने के लिए—निमंत्रित किया था। मैंने वहाँ एक रात व्याख्यान दिया। कर्नल अल्कॉट भी वहाँ थे। मैंने सभी सम्प्रदाय के प्रति अपनी सहानुभूति प्रदर्शित करने के लिए ही भाषण देना स्वीकार किया। हमारे देशवासियों को यह याद रखना चाहिए कि अध्यात्म के बारे में हम ही जगद्गुरु हैं—विदेशी नहीं—किन्तु, सांसारिकता अभी हमें उनसे सीखना है।

मैंने मैक्समूलर का लेख पढ़ा है। हालाँकि छः माह पूर्व जब कि उन्होंने इसे लिखा था—उनके पास मजूमदार के पर्चे के सिवा और कोई सामग्री नहीं थी। इस दृष्टि से यह लेख सुन्दर है। इधर उन्होंने मुझे एक लम्बी और प्यारी चिट्ठी लिखी है, जिसमें उन्होंने श्री रामकृष्ण पर एक किताब लिखने की इच्छा प्रकट की है। मैंने उन्हें बहुत सारी सामग्री दी है, किन्तु भारत से और भी अधिक मँगाने की आवश्यकता है।

काम करते चलो। डटे रहो बहादुरी से। सभी कठिनाइयों को झेलने की चुनौती दो।

देखते नहीं वत्स, यह संसार—दुःखपूर्ण है।

प्यार के साथ,
विवेकानन्द

(श्री जे० जे० गुडविन को लिखित)

स्विट्ज़रलैण्ड
८ अगस्त, १८९६

प्रिय गुडविन,

मैं अब विश्राम कर रहा हूँ। भिन्न भिन्न पत्रों से मुझे कृपानन्द के विषय में बहुत कुछ मालूम होता रहता है। मुझे उसके लिए दुःख है। उसके मस्तिष्क में अवश्य कुछ दोष होगा। उसे अकेला छोड़ दो। तुममें से किसीको भी उसके लिए परेशान होने की आवश्यकता नहीं।

मुझे आघात पहुँचाने की देव या दानव किसीमें भी शक्ति नहीं है। इसलिए निश्चिन्त रहो। अचल प्रेम और पूर्ण निःस्वार्थ भाव की ही सर्वत्र विजय होती है। प्रत्येक कठिनाई के आने पर हम वेदान्तियों को स्वतः यह प्रश्न करना चाहिए, 'मैं इसे क्यों देखता हूँ?' 'प्रेम से मैं क्यों नहीं इस पर विजय पा सकता हूँ?'

स्वामी का जो स्वागत किया गया, उससे मैं अति प्रसन्न हूँ और वे जो अच्छा कार्य कर रहे हैं, उससे भी। बड़े काम में बहुत समय तक लगातार और महान्

प्रयत्न की आवश्यकता होती है। यदि थोड़े से व्यक्ति असफल भी हो जायँ तो भी उसकी चिन्ता हमें नहीं करनी चाहिए। संसार का यह नियम ही है कि अनेक नीचे गिरते हैं, कितने ही दुःख आते हैं, कितनी ही भयंकर कठिनाइयाँ सामने उपस्थित होती हैं, स्वार्थपरता तथा अन्य बुराइयों का मानव हृदय में घोर संघर्ष होता है। और तभी आध्यात्मिकता की अग्नि में इन सभी का विनाश होनेवाला होता है। इस जगत् में श्रेय का मार्ग सबसे दुर्गम और पथरीला है। आश्चर्य की बात है कि इतने लोग सफलता प्राप्त करते हैं, कितने लोग असफल होते हैं यह आश्चर्य नहीं। सहस्रों ठोकर खाकर चरित्र का गठन होता है।

मुझे अब बहुत ताज़गी मालूम होती है। मैं खिड़की से बाहर दृष्टि डालता हूँ, मुझे बड़ी बड़ी हिम-नदियाँ दिखती हैं और मुझे ऐसा अनुभव होता है कि मैं हिमालय में हूँ। मैं बिल्कुल शान्त हूँ। मेरे स्नायुओं ने अपनी पुरानी शक्ति पुनः प्राप्त कर ली है, और छोटी छोटी परेशानियाँ, जिस तरह की परेशानियों का तुमने ज़िक्र किया है, मुझे स्पर्श भी नहीं करतीं। मैं बच्चों के इस खेल से कैसे विचलित हो सकता हूँ। सारा संसार बच्चों का खेल मात्र है—प्रचार करना, शिक्षा देना तथा सभी कुछ। **ज्ञेयः स नित्यसंन्यासी यो न द्वेष्टि न कांक्षति**—'उसे संन्यासी समझो जो न द्वेष करता है, न इच्छा करता है।' और इस संसार की छोटी सी कीचड़ भरी तलैया में, जहाँ दुःख, रोग तथा मृत्यु का चक्र निरन्तर चलता रहता है, क्या है जिसकी इच्छा की जा सके? **त्यागात् शान्तिरनन्तरम्**—'जिसने सब इच्छाओं को त्याग दिया है, वही सुखी है।'

यह विश्राम—नित्य और शान्तिमय विश्राम—इस रमणीक स्थान में अब उसकी झलक मुझे मिल रही है। **आत्मानं चेद् विजानीयात् अयमस्मीति पूरुषः। किमिच्छन् कस्य कामाय शरीरमनुसंजरेत्।**—'एक बार यह जानकर कि इस आत्मा का ही केवल अस्तित्व है और किसीका नहीं, किस चीज़ की या किसके लिए इच्छा करके तुम इस शरीर के लिए दुःख उठाओगे?'

मुझे ऐसा विदित होता है कि जिसको वे लोग 'कर्म' कहते हैं, उसका मैं अपने हिस्से का अनुभव कर चुका हूँ। मैं भर पाया, अब निकलने की मुझे उत्कट अभिलाषा है। **मनुष्याणां सहस्रेषु कश्चित् यतति सिद्धये। यततामपि सिद्धानां कश्चिन्मां वेत्ति तत्त्वतः।**—'सहस्रों मनुष्यों में कोई एक लक्ष्य को प्राप्त करने का यत्न करता है। और यत्न करनेवाले उद्योगी पुरुषों में थोड़े ही ध्येय तक पहुँचते हैं। **इन्द्रियाणि प्रमाथीनि हरन्ति प्रसभं मनः**—'क्योंकि इन्द्रियाँ बलवती हैं और वे मनुष्य को नीचे की ओर खींचती हैं।'

'साधु संसार', 'सुखी जगत्' और 'सामाजिक उन्नति', ये सब 'उष्ण बरफ़

अथवा 'अन्धकारमय प्रकाश' के समान ही हैं। यदि संसार साधु होता तो यह संसार ही न होता। जीव मूर्खतावश असीम अनन्त को सीमित भौतिक पदार्थ द्वारा, चैतन्य को जड़ द्वारा अभिव्यक्त करना चाहता है, परन्तु अन्त में अपने भ्रम को समझकर वह उससे छुटकारा पाने की चेष्टा करता है। यह निवृत्ति ही धर्म का प्रारम्भ है और उसका उपाय है, ममत्व का नाश अर्थात् प्रेम। स्त्री, सन्तान या किसी अन्य व्यक्ति के लिए प्रेम नहीं, परन्तु छोटे से अपने ममत्व को छोड़कर, सबके लिए प्रेम। वह 'मानवी उन्नति' और इसके समान जो लम्बी चौड़ी बातें तुम अमेरिका में बहुत सुनोगे, उसके भुलावे में मत आना। सभी क्षेत्रों में 'उन्नति' नहीं हो सकती, उसके साथ साथ कहीं न कहीं अवनति हो रही होगी। एक समाज में एक प्रकार के दोष हैं तो दूसरे में दूसरे प्रकार के। यही बात इतिहास के विशिष्ट कालों की भी है। मध्य युग में चोर डाकू अधिक थे, अब छल-कपट करनेवाले अधिक हैं। एक विशिष्ट काल में वैवाहिक जीवन का सिद्धान्त कम है तो दूसरे में वेश्यावृत्ति अधिक। एक में शारीरिक कष्ट अधिक है, तो दूसरे में उससे सहस्र गुनी अधिक मानसिक यातनाएँ। इसी प्रकार ज्ञान की भी स्थिति है। क्या प्रकृति में गुरुत्वाकर्षण का निरीक्षण और नाम रखने से पहले उसका अस्तित्व ही न था? फिर उसके जानने से क्या अन्तर पड़ा? क्या तुम रेड इन्डियनों (उत्तर अमेरिका के आदिवासियों) से अधिक सुखी हो?

यह सब व्यर्थ है, निरर्थक है—इसे यथार्थ रूप में जानना ही ज्ञान है। परन्तु थोड़े, बहुत थोड़े ही कभी इसे जान पायेंगे। **तमेवैकं जानथ आत्मानमन्या वाचो विमुंचथ**—उस एक आत्मा को ही जानो और सब बातों को छोड़ दो। इस संसार में ठोकरें खाने से इस एक ज्ञान की ही हमें प्राप्ति होती है। मनुष्य जाति को इस प्रकार पुकारना कि **उत्तिष्ठत जाग्रत प्राप्य वरान्निबोधत**—'जागो, उठो, और ध्येय की उपलब्धि के बिना रुको नहीं।' यही एकमात्र कर्म है। त्याग ही धर्म का सार है, और कुछ नहीं।

ईश्वर व्यक्तियों की एक समष्टि है। फिर भी वह स्वयं एक व्यक्ति है, उसी प्रकार जिस प्रकार मानवी शरीर एक ईकाई है और उसका प्रत्येक 'कोश' एक व्यक्ति है। समष्टि ही ईश्वर है, व्यष्टि या अंश आत्मा या जीव है। इसलिए ईश्वर का अस्तित्व जीव पर निर्भर है, जैसे कि शरीर का उसके कोश पर, इसी प्रकार इसका विलोम समझिए। इस प्रकार, जीव और ईश्वर परस्परावलम्बो हैं। जब तक एक का अस्तित्व है, तब तक दूसरे का भी रहेगा। और हमारी इस पृथ्वी को छोड़कर अन्य सब ऊँचे लोकों में शुभ की मात्रा अशुभ से अत्यधिक होती है, इसलिए वह समष्टिस्वरूप ईश्वर, शिवस्वरूप, सर्वशक्तिमान और सर्वज्ञ

कहा जा सकता है। ये प्रत्यक्ष गुण हैं और ईश्वर से सम्बद्ध होने के कारण उन्हें प्रमाणित करने के लिए तर्क की आवश्यकता नहीं।

ब्रह्म इन दोनों से परे है और वह कोई विशिष्ट अवस्था नहीं है। यह एक ऐसी ईकाई है जो अनेक की समष्टि से नहीं बनी। यह एक ऐसी सत्ता है जो कोश से लेकर ईश्वर तक सब में व्याप्त है और उसके बिना किसीका अस्तित्व नहीं हो सकता। वही सत्ता अथवा ब्रह्म वास्तविक है। जब मैं सोचता हूँ, 'मैं ब्रह्म हूँ' तब मेरा ही यथार्थ अस्तित्व होता है। ऐसा ही सब के बारे में है। विश्व की प्रत्येक वस्तु स्वरूपतः वही सत्ता है।...

कुछ दिन हुए कृपानन्द को लिखने की मुझे अकस्मात् प्रबल इच्छा हुई। शायद वह दुःखी था और मुझे याद करता होगा। इसलिए मैंने उसे सहानुभूतिपूर्ण पत्र लिखा। आज अमेरिका से खबर मिलने पर मेरी समझ में आया कि ऐसा क्यों हुआ। हिम-नदियों के पास से तोड़े हुए पुष्प मैंने उसे भेजे। कुमारी वाल्डो से कहना कि अपना आन्तरिक स्नेह प्रदर्शित करते हुए उसे कुछ धन भेज दें। प्रेम का कभी नाश नहीं होता। पिता का प्रेम अमर है, सन्तान चाहे जो करे या जैसे भी हो। वह मेरा पुत्र जैसा है। अब वह दुःख में है इसलिए वह समान या अपने भाग से अधिक मेरे प्रेम तथा सहायता का अधिकारी है।

शुभाकांक्षी,
विवेकानन्द

(श्री ई० टी० स्टर्डी को लिखित)

ग्रैंड होटल सस फी,
वैले, स्विट्ज़रलैंड,
८ अगस्त, १८९६

महाभाग एवं परम प्रिय,

तुम्हारे पत्र के साथ ही पत्रों का एक बड़ा पुलिंदा मिला। मैक्समूलर ने मुझको जो पत्र लिखा है, उसे तुम्हारे पास भेज रहा हूँ। मेरे प्रति उनकी बड़ी कृपा और सौजन्य है।

कुमारी मूलर का विचार है कि वे बहुत जल्द इंग्लैण्ड चली जायँगी। तब मैं 'प्योरिटी कांग्रेस' में शरीक़ होने के लिए वर्न जा सकूँगा, जिसके लिए मैंने वादा किया था। यदि सेवियर दम्पति मुझे अपने साथ ले चलने को राज़ी हो गये, तभी मैं कील जाऊँगा और सूचनार्थ तुम्हें पहले ही पत्र लिख दूँगा। सेवियर दम्पति बड़े सज्जन और कृपालु हैं, किन्तु उनकी उदारता से लाभ उठाने का मुझे

अधिकार नहीं। क्योंकि वहाँ का खर्च भयानक है। ऐसी दशा में बर्न कांग्रेस में शरीक होने का विचार त्याग देना ही मेरे विचार से सर्वोत्तम है, क्योंकि बैठक सितम्बर के मध्य में होगी जिसमें अभी बहुत देर है।

अतः जर्मनी में जाने का मेरा विचार हो रहा है। वहाँ की यात्रा का अन्तिम स्थान कील होगा, जहाँ से इंग्लैंड वापस आऊँगा।

बाल गंगाधर तिलक (श्री तिलक) नाम है और 'ओरायन' उनकी पुस्तक का नाम है।

तुम्हारा,
विवेकानन्द

पुनश्च—जेकबी की भी एक (पुस्तक) है—शायद उन्हीं पद्धतियों पर वह अनूदित है तथा उसके वे ही निष्कर्ष हैं।

पुनश्च—मुझे आशा है कि तुम ठहरने के स्थान और हाल के विषय में कुमारी मूलर की राय ले लोगे, क्योंकि यदि उनकी तथा अन्य लोगों की सलाह न ली गयी तो वे बहुत अप्रसन्न होंगी।

वि०

कल रात कुमारी मूलर ने प्रोफ़ेसर डॉयसन को तार भेजा और आज सबेरे ८ अगस्त को तार का जवाब आ गया, जिसमें उन्होंने मेरा स्वागत किया है। १० सितम्बर को मैं कील में डॉयसन के यहाँ पहुँचनेवाला हूँ। तो तुम मुझसे कहाँ मिलोगे? कील में? कुमारी मूलर स्विट्ज़रलैंड से इंग्लैंड जा रही हैं; मैं सेवियर दम्पति के साथ कील जा रहा हूँ। १० सितम्बर को मैं वहाँ रहूँगा।

वि०

पुनश्च—व्याख्यान के विषय में अभी तक मैंने कुछ निर्धारित नहीं किया है। पढ़ने का मुझे अवकाश नहीं। बहुत सम्भव है कि 'सालेम सोसायटी' किसी हिन्दू सम्प्रदाय का संगठन है, झक्कियों का नहीं।

वि०

(श्री ई० टी० स्टर्डी को लिखित)

स्विट्ज़रलैंड,
१२ अगस्त, १८९६

प्रिय श्री स्टर्डी,

आज मुझे एक पत्र अमेरिका से मिला जिसे मैं तुम्हारे पास भेज रहा हूँ। मैंने उनको लिख दिया है **कि मैं चाहता हूँ** कि कम से कम वर्तमान प्रारम्भिक

कार्य में ध्यान केन्द्रित किया जाय। मैंने उनको यह भी सलाह दी है कि कई पत्रिकाएँ शुरू करने के बजाय 'ब्रह्मवादिन्' में अमेरिका में लिखित कुछ लेख रख कर काम शुरू करें और चन्दा कुछ बढ़ा दें, जिससे अमेरिका में होनेवाला खर्च निकल जाये। पता नहीं, वे क्या करेंगे।

हम लोग अगले सप्ताह जर्मनी की तरफ़ रवाना होंगे। जैसे हम जर्मनी पहुँचे, कुमारी मूलर इंग्लैण्ड रवाना हो जायँगी।

कैप्टेन तथा श्रीमती सेवियर और मैं कील में तुम्हारी प्रतीक्षा करेंगे।

मैंने अब तक कुछ नहीं लिखा और न कुछ पढ़ा ही है। वस्तुतः मैं पूर्ण विश्राम ले रहा हूँ। चिन्ता न करना, तुमको लेख तैयार मिलेगा। मुझे मठ से इस आशय का पत्र मिला है कि दूसरा स्वामी रवाना होने के लिए तैयार है। मुझे आशा है कि वह तुम्हारी इच्छा के उपयुक्त व्यक्ति होगा। वह हमारे संस्कृत के अच्छे विद्वानों में से है...और जैसा कि मैंने सुना है उसने अपनी अंग्रेज़ी काफ़ी सुधार ली है। सारदानन्द के बारे में मुझे अमेरिका से अख़बारों की बहुत सी कतरनें मिली हैं। उनसे पता चलता है कि उसने वहाँ बहुत अच्छा काम किया है। मनुष्य के अन्दर जो कुछ है, उसे विकसित करने के लिए अमेरिका एक अत्यन्त सुन्दर प्रशिक्षण केन्द्र है। वहाँ का वातावरण कितना सहानुभूतिपूर्ण है। मुझे गुडविन तथा सारदानन्द के पत्र मिले हैं। सारदानन्द ने तुमको, श्रीमती स्टर्डी तथा बच्चे को स्नेह भेजा है।

शुभाकांक्षी
विवेकानन्द

(श्रीमती ओलि बुल को लिखित)

ल्यूकर्नि, स्विट्ज़रलैण्ड
२३ अगस्त, १८९६

प्रिय श्रीमती बुल,

आपका अन्तिम पत्र मुझे आज मिला, आपके भेजे हुए ५ पौंड की रसीद अब तक आपको मिल चुकी होगी। आपने जो सदस्य होने की बात लिखी है, उसे मैं ठीक ठीक नहीं समझ सका, फिर भी किसी संस्था की सदस्य-सूची में मेरे नामोल्लेख के सम्बन्ध में मुझे कोई आपत्ति नहीं है। किन्तु इस विषय में स्टर्डी का क्या अभिमत है, मैं नहीं जानता। मैं इस समय स्विट्ज़रलैण्ड में भ्रमण कर रहा हूँ। यहाँ से मैं जर्मनी जाऊँगा, बाद में इंग्लैण्ड जाना है तथा अगले जाडे में भारत। यह जानकर कि सारदानन्द तथा गुडविन अमेरिका में अच्छी तरह से प्रचार-कार्य

चला रहे हैं, मुझे अत्यन्त प्रसन्नता हुई। मेरी अपनी बात तो यह है कि किसी कार्य के प्रतिदान स्वरूप मैं उस ५०० पौंड पर अपना कोई हक़ क़ायम करना नहीं चाहता। मैं तो यह समझता हूँ कि मैं काफ़ी परिश्रम कर चुका। अब मैं अवकाश लेने जा रहा हूँ। मैंने भारत से एक और व्यक्ति माँगा है; आगामी माह में वह मेरे पास आ जायगा। मैंने कार्य प्रारम्भ कर दिया है, अब दूसरे लोग उसको पूरा करें। आप तो देखती ही हैं कि कार्य को चालू करने के लिए कुछ समय के लिए मुझे रुपया-पैसा छूना पड़ा। अब मेरा यह दृढ़ विश्वास है कि मेरा कर्तव्य समाप्त हो चुका है। वेदान्त अथवा जगत् के अन्य किसी दर्शन अथवा स्वयं कार्य के प्रति अब मुझे कोई आकर्षण नहीं है। मैं प्रस्थान करने के लिए तैयारी कर रहा हूँ—इस जगत् में, इस नरक में, मैं फिर लौटना नहीं चाहता। यहाँ तक कि इस कार्य की आध्यात्मिक उपादेयता के प्रति भी मेरी अरुचि होती जा रही है। मैं चाहता हूँ कि माँ मुझे शीघ्र ही अपने पास बुला लें! फिर कभी मुझे लौटना न पड़े!

ये सब कार्य तथा उपकार आदि कार्य चित्तशुद्धि के साधन मात्र हैं, इसे मैं बहुत देख चुका। जगत् अनन्त काल तक सदैव जगत् ही रहेगा। हम लोग जैसे हैं, वैसे ही उसे देखते हैं। कौन कार्य करता है और किसका कार्य है? जगत् नामक कोई भी वस्तु नहीं है, यह सब कुछ स्वयं भगवान् हैं। भ्रम से हम इसे जगत् कहते हैं। यहाँ पर न तो मैं हूँ और न तुम और न आप—एकमात्र वही है, प्रभु—**एकमेवाद्वितीयम्**। अतः अब रुपये-पैसे के मामलों से मैं अपना कोई भी सम्बन्ध नहीं रखना चाहता। यह सब आप लोगों का ही पैसा है, आप लोगों को जो रुपया मिले, आप अपनी इच्छा के अनुसार खर्च करें। आप लोगों का कल्याण हो।

प्रभुपदाश्रित, आपका
विवेकानन्द

पुनश्च—डॉक्टर जेन्स के कार्य के प्रति मेरी पूर्ण सहानुभूति है एवं मैंने उनको यह बात लिख दी है। यदि गुडविन तथा सारदानन्द अमेरिका में कार्य को बढ़ा सकते हैं तो भगवान् उन्हें सफलता दे। स्टर्डी के, मेरे अथवा अन्य किसी के पास तो उन्होंने अपने को गिरवी नहीं रखा। 'ग्रीनएकर' के कार्यक्रम में यह एक भारी भूल हुई है कि उसमें यह छापा गया है कि स्टर्डी ने कृपा कर सारदानन्द को वहाँ रहने की (इंग्लैण्ड से अवकाश लेकर वहाँ रहने की) अनुमति प्रदान की है। स्टर्डी अथवा और कोई एक संन्यासी को अनुमति देनेवाला कौन होता है? स्टर्डी को स्वयं इस पर हँसी आयी और खेद भी हुआ। यह निरी मूर्खता है, और

कुछ भी नहीं! यह स्टर्डी का अपमान है, और यह समाचार यदि भारत में पहुँच जाता तो मेरे कार्य में अत्यन्त हानि होती। सौभाग्यवश मैंने उन विज्ञापनों को टुकड़े टुकड़े कर फाड़कर नाली में फेंक दिया है। मुझे आश्चर्य है कि क्या यह वही प्रसिद्ध 'यांकी' आचरण है जिसके बारे में बातें करके अंग्रेज़ लोग मज़ा लेते हैं? यहाँ तक कि मैं खुद भी जगत् के एक भी संन्यासी का स्वामी नहीं हूँ। संन्यासियों को जो कार्य करना उचित प्रतीत होता है, उसे वे करते हैं और मैं चाहता हूँ कि मैं उनकी कुछ सहायता कर सकूँ—बस, इतना ही उनसे मेरा सम्बन्ध है। पारिवारिक बन्धन रूपी लोहे की साँकल मैं तोड़ चुका हूँ—अब मैं धर्मसंघ की सोने की साँकल पहिनना नहीं चाहता। मैं मुक्त हूँ, सदा मुक्त रहूँगा। मेरी अभिलाषा है कि सभी कोई मुक्त हो जायँ—वायु के समान मुक्त। यदि न्यूयार्क, बोस्टन अथवा अमेरिका के अन्य किसी स्थल के निवासी वेदान्त चर्चा के लिए आग्रहशील हों तो उन्हें वेदान्त के आचार्यों को आदरपूर्वक ग्रहण करना, उनकी देखभाल तथा उनके प्रतिपालन की व्यवस्था करनी चाहिए। जहाँ तक मेरी बात है, मैं तो एक प्रकार से अवकाश ले चुका हूँ। जगत् की नाट्यशाला में मेरा अभिनय समाप्त हो चुका है!

भवदीय,
विवेकानन्द

(स्वामी रामकृष्णानन्द को लिखित)

लेक ल्यूकर्न, स्विट्ज़रलैण्ड,
२३ अगस्त, १८९६

प्रिय शशि,

आज रामदयाल बाबू का पत्र मुझे मिला, जिसमें वे लिखते हैं कि दक्षिणेश्वर में श्री रामकृष्ण के वार्षिकोत्सव के दिन बहुत सी वेश्याएँ वहाँ आयी थीं, इसलिए बहुत से लोगों को वहाँ जाने की इच्छा कम होती है। इसके अतिरिक्त उनके विचार से पुरुषों के जाने के लिए एक दिन नियुक्त होना चाहिए और स्त्रियों के लिए दूसरा। इस विषय पर मेरा निर्णय यह है:

१. यदि वेश्याओं को दक्षिणेश्वर जैसे महान् तीर्थ में जाने की अनुमति नहीं है, तब वे और कहाँ जायँ। ईश्वर विशेषकर पापियों के लिए प्रकट होते हैं, पुण्यवानों के लिए कम।

२. लिंग, जाति, धन, विद्या और इनके समान और बहुत सी बातों के भेद-भावों को, जो साक्षात् नरक के द्वार हैं, संसार में ही सीमाबद्ध रहने दो। यदि

तीर्थों के पवित्र स्थानों में ये भेदभाव बने रहेंगे तो उनमें और नरक में क्या अन्तर रह जायगा?

३. अपनी विशाल जगन्नाथपुरी है, जहाँ पापी और पुण्यात्मा, महात्मा और दुरात्मा, पुरुष, स्त्री और बालक—बिना किसी उम्र अथवा अवस्था के भेदभाव के—सबको समान अधिकार हैं। वर्ष में कम से कम एक दिन के लिएं सहस्रों स्त्री-पुरुष पाप और भेदभाव से छुटकारा पाते हैं और परमात्मा का नाम सुनते और गाते हैं। यह स्वयं परम श्रेय है।

४. यदि तीर्थ स्थान में भी एक दिन के लिए लोगों की पापप्रवृत्ति पर नियंत्रण नहीं किया जा सकता, तब समझो कि दोष तुम्हारा है, उनका नहीं। आध्यात्मिकता की एक ऐसी शक्तिशाली लहर उठा दो कि उसके समीप जो भी आ जायँ, वे उसमें बह जायँ।

५. जो लोग मन्दिर में भी यह सोचते हैं कि यह वेश्या है, यह मनुष्य नीच जाति का है, दरिद्र है तथा यह मामूली आदमी है—ऐसे लोगों की संख्या (जिन्हें तुम सज्जन कहते हो) जितनी कम हो उतना ही अच्छा। क्या वे लोग, जो भक्तों की जाति, लिंग या व्यवसाय देखते हैं, हमारे प्रभु को समझ सकते हैं? मैं प्रभु से प्रार्थना करता हूँ कि सैकड़ों वेश्याएँ आयें और 'उनके' चरणों में अपना सिर नवायें, और यदि एक भी सज्जन न आये तो भी कोई हानि नहीं। आओ वेश्याओ, आओ शराबियो, आओ चोरो, सब आओ—श्री प्रभु का द्वार सबके लिए खुला है। 'It is easier for a camel to pass through the eye of a needle than for a rich man to enter the Kingdom of God.' (धनवान का ईश्वर के राज्य में प्रवेश करने की अपेक्षा ऊँट का सुई के छेद में घुसना सहज है।) कभी कोई ऐसे क्रूर और राक्षसी भावों को अपने मन में न आने दो।

६. परन्तु कुछ सामाजिक सावधानी की आवश्यकता है—हम यह कैसे रख सकते हैं? कुछ पुरुष (यदि वृद्ध हों तो अच्छा हो) पहरेदारी का भार दिन भर के लिए ले लें। वे उत्सव के स्थान में परिभ्रमण करें, और यदि वे किसी पुरुष अथवा स्त्री की बातचीत या आचरण में अशिष्ट व्यवहार पायें तो वे उन्हें तुरन्त ही उद्यान से निकाल दें। परन्तु जब तक शिष्ट स्त्री-पुरुषों के समान उनका आचरण रहे, तब तक वे भक्त हैं और आदरणीय हैं—चाहे वे पुरुष हों या स्त्री, सच्चरित्र या दुश्चरित्र।

मैं इस समय स्विट्ज़रलैण्ड में भ्रमण कर रहा हूँ और प्रोफ़ेसर डॉयसन से भेंट करने शीघ्र ही जर्मनी जानेवाला हूँ। वहाँ से मैं २३ या २४ सितम्बर तक

इंग्लैण्ड लौटकर आऊँगा और आगामी जाड़े में तुम मुझे भारत में पाओगे। तुम्हें और सबको मेरा प्यार।

तुम्हारा,
विवेकानन्द

(डॉ० नंजुन्दा राव को लिखित)

स्विट्ज़रलैण्ड,
२६ अगस्त, १८९६

प्रिय नंजुन्दा राव,

मुझे तुम्हारा पत्र अभी मिला। मैं बराबर घूम रहा हूँ, मैं आल्प्स के बहुत से पहाड़ों पर चढ़ा हूँ और मैंने कई हिम नदियाँ पार की हैं। अब मैं जर्मनी जा रहा हूँ। प्रोफ़ेसर डॉयसन ने मुझे कील आने का निमन्त्रण दिया है। वहाँ से मैं इंग्लैण्ड जाऊँगा। सम्भव है कि इसी सर्दी में मैं भारत लौटूँ।

मैंने 'प्रबुद्ध भारत' के मुख-पृष्ठ की डिज़ाइन की जिस बात पर आपत्ति की थी वह सिर्फ़ इसका फूहड़पन ही नहीं था, बल्कि इसमें अनेक चित्रों की निरुद्देश्य भरमार भी है। डिज़ाइन सरल, प्रतीकात्मक एवं संक्षिप्त होनी चाहिए। मैं 'प्रबुद्ध भारत' के लिए लन्दन में डिज़ाइन बनाने की कोशिश करूँगा और तुम्हारे पास इसे भेजूंगा।

मुझे बड़ा हर्ष है कि काम अति सुन्दर रूप से चल रहा है।...परन्तु मैं तुम्हें एक सलाह दूँगा। भारत में जो काम साझे में होता है वह एक दोष के बोझ से डूब जाता है। हमने अभी तक व्यावसायिक दृष्टिकोण नहीं विकसित किया। अपने वास्तविक अर्थ में व्यवसाय व्यवसाय ही है, मित्रता नहीं, जैसी कि हिन्दू कहावत है, 'मुँहदेखी' न होनी चाहिए। अपने ज़िम्मे जो हिसाब-किताब हो, वह बहुत ही सफ़ाई से रखना चाहिए और कभी एक कोष का धन किसी दूसरे काम में कदापि न लाना चाहिए, चाहे दूसरे क्षण भूखे ही क्यों न रहना पड़े। यही है व्यावसायिक ईमानदारी। दूसरी बात यह है कि कार्य करने की अटूट शक्ति होनी चाहिए। जो कुछ तुम करते हो, उस समय के लिए उसे अपनी पूजा समझो। इस समय इस पत्रिका को अपना ईश्वर बना लो, और तुम्हें सफलता प्राप्त होगी।

तुम इस पत्रिका के संचालन में सफल होने के बाद इसी प्रकार भारतीय भाषाओं में—तमिल, तेलुगु और कन्नड़ आदि में—भी पत्रिकाएँ शुरू करो। मद्रासी गुणवान हैं, पुरुषार्थी हैं, यह सब कुछ है; परन्तु ऐसा मालूम होता है कि शंकराचार्य की जन्मभूमि ने त्याग का भाव खो दिया है।

मेरे बच्चों को संघर्ष में कूदना होगा, संसार त्यागना होगा—तब दृढ़ नींव पड़ेगी।

वीरता से आगे बढ़ो—डिज़ाइन और दूसरी छोटी छोटी बातों की चिन्ता न करो—'घोड़े के साथ लगाम भी मिल जायगी।' मृत्युपर्यन्त काम करो—मैं तुम्हारे साथ हूँ, और जब मैं न रहूँगा, तब मेरी आत्मा तुम्हारे साथ काम करेगी। यह जीवन आता और जाता है—नाम, यश, भोग, यह सब थोड़े दिन के हैं। संसारी कीड़े की तरह मरने से अच्छा है—कहीं अधिक अच्छा है कर्तव्य क्षेत्र में सत्य का उपदेश देते हुए मरना। आगे बढ़ो।

शुभाकांक्षी,
विवेकानन्द

(स्वामी कृपानन्द को लिखित)

स्विट्ज़रलैण्ड,
अगस्त, १८९६

प्रिय कृपानन्द,

तुम पवित्र तथा सर्वोपरि निष्ठावान बनो; एक मुहूर्त के लिए भी भगवान् के प्रति अपनी आस्था न खोओ, इसीसे तुम्हें प्रकाश दिखायी देगा। जो कुछ सत्य है, वही चिरस्थायी बनेगा, किन्तु जो सत्य नहीं है, उसकी कोई भी रक्षा नहीं कर सकता। आधुनिक समय में तीव्र गति से प्रत्येक वस्तु की खोज की जाती है, इस समय हमारा जन्म होने के कारण हमें बहुत कुछ सुविधा प्राप्त हुई है। और लोग चाहे कुछ भी क्यों न सोचें, तुम कभी अपनी पवित्रता, नैतिकता तथा भगवत्प्रीति के आदर्श को छोटा न बनाना। सभी प्रकार की गुप्त संस्थाओं से सावधान रहना, इस बात का सबसे अधिक ख्याल रखना। भगवत्प्रेमियों को किसी इन्द्रजाल से नहीं डरना चाहिए। स्वर्ग तथा मर्त्य लोक में सर्वत्र केवल पवित्रता ही सर्वश्रेष्ठ तथा दिव्यतम शक्ति है। **सत्यमेव जयते नानृतम्, सत्येन पन्था विततो देवयानः।** —'सत्य की ही जय होती है, मिथ्या की नहीं; सत्य के ही मध्य होकर देवयान मार्ग अग्रसर हुआ है' कोई तुम्हारा सहगामी बना या न बना, इस विषय को लेकर माथापच्ची करने की आवश्यकता नहीं है; केवल प्रभु का हाथ पकड़ने में भूल न होनी चाहिए, बस इतना ही पर्याप्त है।...

कल मैं 'माँन्टि रोसा' हिमनद के किनारे गया था तथा चिरकालिक हिम के प्रायः मध्य में उत्पन्न कुछ एक सदाबहार फूल तोड़ लाया था। उनमें से एक इस पत्र के अन्दर रखकर तुम्हारे लिए भेज रहा हूँ—आशा है कि इस पार्थिव जीवन के समस्त

हिम तथा वर्फ़ के बीच में तुम भी उसी प्रकार की आध्यात्मिक दृढ़ता प्राप्त करोगे।...

तुम्हारा स्वप्न अति सुन्दर है। स्वप्न में हमें अपने एक ऐसे मानसिक 'स्तर का परिचय मिलता है, जिसकी अनुभूति जाग्रत दशा में नहीं होती और कल्पना चाहे कितनी ही ख्याली क्यों न हो--अज्ञात आध्यात्मिक सत्य सदा कल्पना के पीछे रहते हैं। साहस से काम लो। मानव जाति के कल्याण के लिए हम यथासाध्य प्रयास करेंगे, शेष सब प्रभु पर निर्भर है।...

अधीर न बनो, उतावली न करो। धैर्यपूर्ण, एकनिष्ठ तथा शान्तिपूर्ण कर्म के द्वारा ही सफलता मिलती है। प्रभु सर्वोपरि है। वत्स, हम अवश्य सफल होंगे--सफलता अवश्य मिलेगी। 'उसका' नाम धन्य है!

अमेरिका में कोई आश्रम नहीं है। यदि एक आश्रम होता तो क्या ही सुन्दर होता! उससे मुझे न जाने कितना आनन्द मिलता और उसके द्वारा इस देश का न जाने कितना कल्याण होता!

शुभाकांक्षी
विवेकानन्द

(श्री ई० टी० स्टर्डी को लिखित)

कील,
१० सितम्बर, १८९६

प्रिय मित्र,

आखिर प्रोफ़ेसर डॉयसन के साथ मेरी भेंट हुई।...उनके साथ दर्शनीय स्थलों को देखने तथा वेदान्त पर विचार-विमर्श करने में कल का सारा दिन बहुत ही अच्छी तरह बीता।

मैं समझता हूँ कि वे एक 'लड़ाकू अद्वैतवादी' (A warring Advaitist) हैं। अद्वैतवाद को छोड़कर और किसी से वे मेल करना नहीं चाहते। 'ईश्वर' शब्द से वे आतंकित हो उठते हैं। यदि उनसे सम्भव होता तो वे इसको एकदम निर्मूल कर देते। मासिक पत्रिका सम्बन्धी तुम्हारी योजना से वे अत्यन्त आनन्दित हैं तथा इस बारे में तुम्हारे साथ लन्दन में विचार-विमर्श करना चाहते हैं, शीघ्र ही वे वहाँ जा रहे हैं।...

शुभाकांक्षी,
विवेकानन्द

(कुमारी हैरियेट हेल को लिखित)

एयरली लॉज, रिजवे गार्डन्स,
विम्बलडन, इंग्लैण्ड,
१७ सितम्बर, १८९६

प्रिय बहन,

स्विट्ज़रलैण्ड से यहाँ वापस आने पर अभी अभी तुम्हारा अत्यन्त शुभ समाचार मिला। 'चिरकुमारी आश्रम' (Old Maids Home) में प्राप्य सुख के बारे में आखिर तुमने अपना मतपरिवर्तन किया है, उससे मुझे बहुत ही खुशी हुई। अब तुम्हारा यह सिद्धान्त बिल्कुल ठीक है कि नब्बे प्रतिशत व्यक्तियों के लिए विवाह जीवन का सर्वोत्तम ध्येय है, और जब वे इस चिरन्तन सत्य का अनुभव कर उसका अनुसरण करने को प्रस्तुत हो जायँगे, उन्हें सहनशीलता और क्षमा-शीलता अपनानी पड़ेगी तथा जीवन-यात्रा में मिल-जुल कर चलना पड़ेगा, तभी उनका जीवन अत्यन्त सुखपूर्ण होगा।

प्रिय हैरियेट, तुम यह निश्चित जानना कि 'सम्पन्न जीवन' में अन्तर्विरोध है। अतः हमें सर्वदा इस बात की सम्भावना स्वीकार करनी चाहिए कि हमारे उच्चतम आदर्श से निम्न श्रेणी की ही वस्तुएँ हमें मिलेंगी, यह समझ लेने पर प्रत्येक वस्तु का हम अधिक से अधिक सदुपयोग करेंगे। मैं जहाँ तक तुमको जानता हूँ, उससे मेरी धारणा बनी है कि तुम्हारे अन्दर ऐसी प्रशांत शक्ति विद्यमान है, जो क्षमा तथा सहनशीलता से पर्याप्त पूर्ण है। अतः मैं निश्चित रूप से यह भविष्यवाणी कर सकता हूँ कि तुम्हारा दाम्पत्य-जीवन अत्यन्त सुखमय होगा।

तुम तथा तुम्हारे वाग्दत्त पति को मेरा आशीर्वाद। प्रभु तुम्हारे पति के हृदय में सर्वदा यह बात जाग्रत रखें कि तुम जैसी पवित्र, सच्चरित्र, बुद्धिशालिनी, स्नेहमयी तथा सुन्दरी सहधर्मिणी को पाना उनका सौभाग्य था। इतने शीघ्र 'अटलांटिक' महासागर पार करने की मेरी कोई सम्भावना नहीं है, यद्यपि मेरी यह हार्दिक अभिलाषा है कि तुम्हारे विवाह में उपस्थित रहूँ।

ऐसी दशा में हम लोगों की एक पुस्तक में से कुछ अंश उद्धृत करना ही मेरे लिए उत्तम है: 'अपने पति को इहलोक की समस्त काम्य वस्तुओं की प्राप्ति करने में सहायता प्रदान कर, तुम सर्वदा उनके ऐकान्तिक प्रेम की अधिकारिणी बनो; अनन्तर पौत्र-पौत्रियों की प्राप्ति के बाद जब आयु समाप्त होने लगे, तब जिस सच्चिदानन्द सागर के जलस्पर्श से सब प्रकार के विभेद दूर हो जाते हैं एवं हम सब एक में परिणत होते हैं, उन्हें प्राप्त करने के लिए तुम दोनों परस्पर सहायक बनो।'

'उमा की तरह तुम जीवन भर पवित्र तथा निष्काम रहो तथा तुम्हारे पति का जीवन शिव जैसा उमागतप्राण हो!'

तुम्हारा स्नेहाधीन भाई,
विवेकानन्द

(कुमारी मेरी हेल को लिखित)

एयरली लॉज, रिजवे गार्डेन्स
विम्बल्डन, इंग्लैण्ड,
१७ सितम्बर, १८९६

प्रिय बहन,

स्विट्ज़रलैण्ड में दो महीने तक पर्वतारोहण, पद-यात्रा और हिमनदों का दृश्य देखने के बाद आज लन्दन पहुँचा। इससे मुझे एक लाभ हुआ—शरीर का व्यर्थ का मुटापा छँट गया और वज़न कुछ पौंड घट गया। ठीक, किन्तु उसमें भी खैरियत नहीं, क्योंकि इस जन्म में जो ठोस शरीर प्राप्त हुआ है, उसने अनन्त विस्तार की होड़ में मन को मात देने की ठान रखी है। अगर यह रवैया जारी रहा तो मुझे जल्द ही अपने शारीरिक रूप में अपनी व्यक्तिगत पहिचान खोनी पड़ेगी—कम से कम शेष सारी दुनिया की निगाह में।

हैरियट के पत्र के शुभ संवाद से मुझे जो प्रसन्नता हुई, उसे शब्दों में व्यक्त करना मेरे लिए असम्भव है। मैंने उसे आज पत्र लिखा है। खेद है कि उसके विवाह के अवसर पर मैं न आ सकूँगा, किन्तु समस्त शुभकामनाओं और आशीर्वादों के साथ मैं अपने 'सूक्ष्म शरीर' से उपस्थित रहूँगा। खैर, अपनी प्रसन्नता की पूर्णता के निमित्त मैं तुमसे तथा अन्य बहनों से भी इसी प्रकार के समाचार की अपेक्षा करता हूँ।

इस जीवन में मुझे एक बड़ी नसीहत मिली है, और प्रिय मेरी, मैं अब उसे तुम्हें बताना चाहता हूँ। वह है—'जितना ही ऊँचा तुम्हारा ध्येय होगा, उतना ही अधिक तुम्हें सन्तप्त होना पड़ेगा।' कारण यह है कि 'संसार में' अथवा इस जीवन में भी आदर्श नाम की वस्तु की उपलब्धि नहीं हो सकती। जो संसार में पूर्णता चाहता है वह पागल है, क्योंकि वह हो नहीं सकती।

ससीम में असीम तुम्हें कैसे मिलेगा? इसलिए मैं तुम्हें बता देना चाहता हूँ कि हैरियट का जीवन अत्यन्त आनन्दमय और सुखमय होगा, क्योंकि वह इतनी कल्पनाशील और भावुक नहीं है कि अपने को मूर्ख बना ले। जीवन को सुमधुर बनाने के लिए उसमें पर्याप्त भावुकता है और जीवन की कठोर गुत्थियों

को, जो प्रत्येक के सामने आती ही हैं, सुलझाने के लिए उसमें काफ़ी समझदारी तथा कोमलता भी है। उससे भी अधिक मात्रा में वे ही गुण मैकर्किडले में भी हैं। वह ऐसी लड़की है जो सर्वोत्तम पत्नी होने लायक़ है, पर यह दुनिया ऐसे मूढ़ों की खान है कि इने-गिने लोग ही आन्तरिक सौन्दर्य परख पाते हैं! जहाँ तक तुम्हारा और आइसाबेल का सवाल है, मैं तुम्हें सच बताऊँगा और मेरी भाषा स्पष्ट है।

मेरी, तुम तो एक बहादुर अरब जैसी हो—शानदार और भव्य। तुम भव्य राजमहिषी बनने योग्य हो—शारीरिक दृष्टि से और मानसिक दृष्टि से भी। तुम किसी तेज़-तर्राक़, बहादुर और जोखिम उठानेवाले वीर पति की पार्श्ववर्ती बन कर चमक उठोगी; किन्तु प्रिय बहन, पत्नी के रूप में तुम खराब से खराब सिद्ध होगी। सामान्य दुनिया में जो आराम से जीवन व्यतीत करनेवाले, व्याव-हारिक तथा कार्य के बोझ से पिसनेवाले पति हुआ करते हैं, उनकी तो तुम जान ही निकाल लोगी। सावधान, बहन, यद्यपि किसी उपन्यास की अपेक्षा वास्तविक जीवन में अधिक रूमानिअत है, लेकिन वह है बहुत कम। अतएव तुम्हें मेरी सलाह है कि जब तक तुम अपने आदर्शों को व्यावहारिक स्तर पर न ले आ सको, तब तक हरगिज़ विवाह मत करना। यदि कर लिया तो दोनों का जीवन दुःखमय होगा। कुछ ही महीनों में सामान्य कोटि के उत्तम, भले युवक के प्रति तुम अपना सारा आदर खो बैठोगी और तब जीवन नीरस हो जायगा। बहन आइसाबेल का स्वभाव भी तुम्हारे ही जैसा है। अन्तर इतना ही है कि किंडरगार्टन की अध्यापिका होने के नाते उसने धैर्य और सहिष्णुता का अच्छा पाठ सीख लिया है। सम्भवतः वह अच्छी पत्नी बनेगी।

दुनिया में दो तरह के लोग हैं। एक कोटि तो उन लोगों की है जो दृढ़ स्नायुओंवाले, शान्त तथा प्रकृति के अनुरूप आचरण करनेवाले होते हैं; वे अधिक कल्पनाशील नहीं होते, फिर भी अच्छे, दयालु, सौम्य आदि होते हैं। दुनिया ऐसे लोगों के लिए ही है—वे ही सुखी रहने के लिए पैदा हुए हैं। दूसरी कोटि उन लोगों की है जिनके स्नायु अधिक तनाव के हैं, जिनमें प्रगाढ़ भावना है, जो अत्यधिक कल्पनाशील हैं, सदा एक क्षण में बहुत ऊँचे चले जाते हैं और दूसरे क्षण नीचे उतर आते हैं—उनके लिए सुख नहीं। प्रथम कोटि के लोगों का सुख-काल प्रायः सम होता है और द्वितीय कोटि के लोगों को हर्ष विषाद के द्वन्द्व में जीवन व्यतीत करना पड़ता है। किन्तु इसी द्वितीय कोटि में ही उन लोगों का आविर्भाव होता है, जिन्हें हम प्रतिभासम्पन्न कहते हैं। इस हाल के सिद्धान्त में कुछ सत्य है कि 'प्रतिभा एक प्रकार का पागलपन है।'

इस कोटि के लोग यदि महान् बनना चाहें तो उन्हें वारे-न्यारे की लड़ाई लड़नी होगी---युद्ध के लिए मैदान साफ़ करना पड़ेगा। कोई बोझ नहीं---न जोरू न जाँता, न बच्चे और न किसी वस्तु के प्रति आवश्यकता से अधिक आसक्ति। अनुरक्ति केवल एक 'भाव' के प्रति और उसीके निमित्त जीना-मरना। मैं इसी प्रकार का व्यक्ति हूँ। मैंने केवल वेदान्त का भाव ग्रहण किया है और 'युद्ध के लिए मैदान साफ़ कर लिया है।' तुम और आइसाबेल भी इसी कोटि में हो, परन्तु मैं तुम्हें बता देना चाहता हूँ, यद्यपि है यह कटु सत्य, कि 'तुम लोग अपना जीवन व्यर्थ चौपट कर रही हो।' या तो तुम लोग एक भाव ग्रहण कर लो, तन्निमित्त मैदान साफ़ कर लो और जीवन अर्पित कर दो; या सन्तुष्ट एवं व्यावहारिक बनो; आदर्श नीचा करो, विवाह कर लो एवं 'सुखमय जीवन' व्यतीत करो। या तो 'भोग' या 'योग'---सांसारिक सुख भोगो या सब त्याग कर योगी बनो। 'एक साथ दोनों की उपलब्धि किसीको नहीं हो सकती।' अभी या फिर कभी नहीं---शीघ्र चुन लो। कहावत है कि 'जो बहुत सविशेष होता है, उसके हाथ कुछ नहीं लगता।' अब सच्चे दिल से वास्तव में और सदा के लिए कर्म-संग्राम के लिए 'मैदान साफ़ करने' का संकल्प करो; कुछ भी ले लो, दर्शन या विज्ञान या धर्म अथवा साहित्य कुछ भी ले लो और अपने शेष जीवन के लिए उसीको अपना ईश्वर बना लो। या तो सुख ही लाभ करो या महानता। तुम्हारे और आइसाबेल के प्रति मेरी सहानुभूति नहीं, तुमने इसे चुना है न उसे। मैं तुम्हें सुखी---जैसा कि हैरियट ने ठीक ही चुना है---अथवा 'महान्' देखना चाहता हूँ। भोजन, मद्यपान, शृंगार तथा सामाजिक अल्हड़पन ऐसी वस्तुएँ नहीं कि जीवन को उनके हवाले कर दो---विशेषतः तुम, मेरी। तुम एक उत्कृष्ट मस्तिष्क और योग्यताओं में घुन लगने दे रही हो, जिसके लिए ज़रा भी कारण नहीं है। तुममें महान् बनने की महत्त्वाकांक्षा होनी चाहिए। मैं जानता हूँ कि तुम मेरी इन कटूक्तियों को समुचित भाव से ग्रहण करोगी, क्योंकि तुम्हें मालूम है कि मैं तुम्हें बहन कह कर जो सम्बोधित करता हूँ, वैसा ही या उससे भी अधिक तुम्हें प्यार करता हूँ। इसे बताने का मेरा बहुत पहले से विचार था और ज्यों ज्यों अनुभव बढ़ता जा रहा है, त्यों त्यों इसे बता देने का विचार हो रहा है। हैरियट से जो हर्षमय समाचार मिला, उससे हठात् तुम्हें यह सब कहने को प्रेरित हुआ। तुम्हारे भी विवाहित हो जाने और सुखी होने पर, जहाँ तक इस संसार में सुख सुलभ हो सकता है, मुझे बेहद ख़ुशी होगी, अन्यथा मैं तुम्हारे बारे में यह सुनना पसन्द करूँगा कि तुम महान् कार्य कर रही हो।

जर्मनी में प्रोफ़ेसर डॉयसन से मेरी भेंट मज़ेदार थी। मुझे विश्वास है कि

तुमने सुना होगा कि वे जीवित जर्मन दार्शनिकों में सर्वश्रेष्ठ हैं। हम दोनों साथ ही इंग्लैंड आये और आज साथ ही यहाँ अपने मित्र से मिलने आये, जहाँ इंग्लैण्ड के प्रवास-काल में मैं ठहरनेवाला हूँ। संस्कृत में वार्तालाप उन्हें अत्यन्त प्रिय है और पाश्चात्य देशों में संस्कृत के विद्वानों में वे ही एक ऐसे व्यक्ति हैं जो उसमें बातचीत कर सकते हैं। वह अभ्यस्त बनना चाहते हैं, इसलिए संस्कृत के सिवा अन्य किसी भाषा में वे मुझसे बातें नहीं करते।

यहाँ मैं अपने मित्रों के बीच आया हूँ, कुछ सप्ताह कार्य करूँगा और तब जाड़ों में भारत वापस लौट जाऊँगा।

तुम्हारा सदैव सस्नेह भाई,
विवेकानन्द

(श्री आलासिंगा पेरुमल को लिखित)

द्वारा कुमारी मूलर,
एयरली लॉज, रिजवे गार्डन्स,
विम्बलडन, इंग्लैण्ड,
२२ सितम्बर, १८९६

प्रिय आलासिंगा,

मैक्समूलर द्वारा लिखित रामकृष्ण पर जो लेख मैंने तुम्हें भेजा था, आशा है मिला होगा। उन्होंने कहीं भी मेरे नाम की चर्चा नहीं की है—इसके लिए दुःखित मत होना। क्योंकि मुझसे परिचय होने के छः माह पूर्व उन्होंने यह लेख लिखा था। और, यदि उनका मूल वक्तव्य सही है तो फिर इससे क्या लेना देना कि किसका नाम उन्होंने लिया और नहीं लिया। जर्मनी में प्रोफ़ेसर डॉयसन के साथ मेरा समय आनन्दपूर्वक कटा। इसके बाद हम दोनों साथ ही लन्दन आये और हमारी मित्रता घनिष्ठ हो गयी है।

मैं शीघ्र ही उनके सम्बन्ध में एक लेख भेज रहा हूँ। सिर्फ़ एक प्रार्थना है, मेरे लेख के पहले पुराने ढंग का—'प्रिय महाशय' मत जोड़ा करो। तुमने 'राजयोग' पुस्तक अभी तक देखी है या नहीं, इस वर्ष के लिए मैं एक प्रारूप भेजने की चेष्टा करूँगा। मैं तुम्हें 'डेली न्यूज़' में प्रकाशित रूस के ज़ार द्वारा लिखित यात्रा-पुस्तक की समीक्षा भेज रहा हूँ। जिस परिच्छेद में उन्होंने भारत को अध्यात्म और ज्ञान का देश कहा है—उसको तुम अपने पत्र में उद्धृत करके एक निबन्ध 'इंडियन मिरर' को भेज दो।

तुम ज्ञानयोग के व्याख्यान को खुशी से प्रकाशित कर सकते हो। और

डॉक्टर नन्जुन्दा राव भी उसे अपने 'प्रबुद्ध भारत' के लिए ले सकते हैं किन्तु सिर्फ़ सरल और सहज भाषणों को। उन व्याख्यानों को एक बार सावधानी से देखकर उसमें पुनरावृत्ति और परस्पर विरोधी विचारों को निकाल देना है। मुझे पूरी आशा है कि लिखने के लिए अब अधिक समय मिलेगा। पूरी शक्ति के साथ कार्य में जुटे रहो।

सभी को प्यार—

तुम्हारा,

विवेकानन्द

पुनश्च—मैंने उद्धृत होनेवाले परिच्छेद को रेखांकित कर दिया है। बाक़ी अंश किसी पत्रिका के लिए निरर्थक हैं।

मैं नहीं समझता कि अभी पत्रिका को मासिक बनाने से कोई लाभ होगा—जब तक कि तुमको यह विश्वास न हो जाय कि उसका कलेवर मोटा होगा। जैसा कि अभी है—कलेवर और सामग्री सभी मामूली है। अभी भी एक बहुत बड़ा क्षेत्र पड़ा हुआ है, जो अभी तक छुआ नहीं गया है। यथा—तुलसीदास, कबीर और नानक तथा दक्षिण भारत के सन्तों के जीवन और कृति के सम्बन्ध में लिखना। इसे विद्वत्तापूर्ण शैली तथा पूरी जानकारी के साथ लिखना होगा—ढीले ढाले और अधकचरे ढंग से नहीं; असल में, पत्र को आदर्श—वेदान्त के प्रचार के अलावा भारतीय अनुसंधान और ज्ञानपिपासाओं का—मुख-पत्र बनाना होगा। हाँ, धर्म ही इसका आधार होगा। तुम्हें अच्छे लेखकों से मिलकर अच्छी सामग्री के लिए आग्रह करना होगा तथा उनकी लेखनी से अच्छी रचना वसूल करनी होगी।

लगन के साथ कार्य में लगे रहो—

तुम्हारा,

विवेकानन्द

(कुमारी जोसेफ़िन मैक्लिऑड को लिखित)

द्वारा कुमारी मूलर,
एयरली लॉज, रिजवे गार्डन्स,
विम्बलडन, इंग्लैण्ड,
७ अक्तूबर, १८९६

प्रिय जो,

पुनः उसी लन्दन में! और कक्षाएँ भी यथावत शुरू हो गयी हैं। मेरा मन आप-ही उस परिचित मुख को चारों ओर ढूँढ़ रहा था, जिसमें कभी निरुत्साह की एक रेखा तक नहीं दिखती थी; जो कभी परिवर्तित नहीं होता था और जिससे मुझे

सदा सहायता मिलती थी तथा जो मुझमें शक्ति एवं उत्साह का संचार करता था। और कई हज़ार मील की दूरी के बावजूद वही मुखमंडल मेरे मनश्चक्षु के सम्मुख उदित हुआ, क्योंकि उस अतीन्द्रिय भूमि में दूरत्व का स्थान ही कहाँ है? अस्तु, तुम तो अपने शान्तिमय तथा पूर्ण विश्रामदायक घर लौट चुकी हो—परन्तु मेरे समक्ष प्रतिक्षण कर्मों का तांडव बढ़ता ही जा रहा है! फिर भी तुम्हारी शुभ-कामनाएँ सदा ही मेरे साथ हैं—ठीक है न?

किसी गुफ़ा में जाकर चुपचाप निवास करना ही मेरा स्वाभाविक संस्कार है; किन्तु पीछे से मेरा अदृष्ट मुझे आगे की ओर ढकेल रहा है और मैं आगे बढ़ता जा रहा हूँ। अदृष्ट की गति को कौन रोक सकता है?

ईसा मसीह ने अपने 'पर्वत पर उपदेश' (Sermon on the Mount) में यह क्यों नहीं कहा—'जो सदा आनन्दमय तथा आशावादी हैं, वे ही धन्य हैं, क्योंकि उनको स्वर्ग का राज्य तो पहले ही प्राप्त हो चुका है।' मेरा विश्वास है कि उन्होंने निश्चय ही ऐसा कहा होगा, यद्यपि वह लिपिबद्ध नहीं हुआ; कारण यह है कि उन्होंने अपने हृदय में विश्व के अनन्त दुःख को धारण किया था एवं यह कहा था कि साधु का हृदय शिशु के अन्तःकरण के सदृश है। मैं समझता हूँ, उनके हज़ारों उपदेशों में से शायद एकाध उपदेश, जो याद रहा, लिपिबद्ध किया गया है।

हमारे अधिकांश मित्र आज आये थे। गाल्सवर्दी परिवार की एक सदस्या—विवाहित पुत्री भी आयी थी। श्रीमती गाल्सवर्दी आज नहीं आ सकीं, सूचना बहुत देर से दी गयी थी। अब हमारे पास एक हॉल भी है, खासा बड़ा जिसमें लगभग दो सौ व्यक्ति अथवा इससे अधिक भी आ सकते हैं। इसमें एक बड़ा सा कोना है जिसमें पुस्तकालय की व्यवस्था की जायगी। अब मेरी सहायता के लिए भारत से एक और व्यक्ति आ गया है।

मुझे स्विट्ज़रलैण्ड में बड़ा आनन्द आया, जर्मनी में भी। प्रोफ़ेसर डॉयसन बहुत ही कृपालु रहे—हम दोनों साथ लन्दन आये और दोनों ने यहाँ काफ़ी आनन्द लिया। प्रोफ़ेसर मैक्समूलर भी बहुत अच्छे मित्र हैं। कुल मिलाकर इंग्लैण्ड का काम मजबूत हो रहा है—और सम्माननीय भी, यह देखकर कि बड़े बड़े विद्वान् सहानुभूति प्रदर्शित कर रहे हैं। शायद मैं अगली सर्दियों में कुछ अंग्रेज मित्रों के साथ भारत जाऊँगा। यह तो बात हुई अपने बारे में।

उस धार्मिक परिवार का क्या हाल है? मुझे विश्वास है कि सब कुछ बिल्कुल ठीक चल रहा है। अब तो तुम्हें फ़ोक्स का समाचार सुनने को मिला होगा। मुझे डर है कि उसके जहाज़ी यात्रा शुरू करने के एक दिन पहले, मेरे यह कहने से कि तुम तब तक मेबेल से विवाह नहीं कर सकते, जब तक तुम काफ़ी कमाने न लगो,

वह कुछ निराश हो गया था ! क्या मेबेल अभी तुम्हारे यहाँ है ? उससे मेरा प्यार कहना। तुम अपना वर्तमान पता भी मुझको लिखना।

माँ कैसी है ? मुझे विश्वास है कि फ़ान्सिस पूर्ववत् पक्के खरे सोने की तरह है। अल्बर्टा तो संगीत और भाषाएँ सीख रही होगी, पूर्ववत खूब हँसती होगी और खूब सेब खाती होगी ? हाँ, आजकल फल-बादाम ही मेरा मुख्य आहार है, एवं वे मुझे काफ़ी अनुकूल जान पड़ते हैं। यदि कभी उस अज्ञात 'उच्च देशीय' बूढ़े डॉक्टर के साथ तुम्हारी भेंट हो तो यह रहस्य उन्हें बतलाना। मेरी चर्बी बहुत कुछ घट चुकी है; जिस दिन भाषण देना होता है, उस दिन अवश्य पौष्टिक भोजन करना पड़ता है। हालिस का क्या समाचार है ? उसकी तरह के मधुर स्वभाव का कोई दूसरा बालक मुझे दिखायी नहीं दिया। उसका समग्र जीवन सर्वविध आशीर्वाद से पूर्ण हो।

मैंने सुना है कि जरथुष्ट्र के मतवाद के समर्थन में तुम्हारे मित्र कोला भाषण दे रहे हैं ? इसमें सन्देह नहीं कि उनका भाग्य विशेष अनुकूल नहीं है। कुमारी एण्ड्रीज़ तथा हमारे योगानन्द का क्या समाचार है ? 'ज़ ज़ ज़' गोष्ठी की क्या खबर है ? और हमारी श्रीमती (नाम याद नहीं है) कैसी हैं ? ऐसा सुना जा रहा है कि हाल ही में आधा जहाज़ भरकर हिन्दू, बौद्ध, मुसलमान तथा अन्य और न जाने कितने ही सम्प्रदाय के लोग अमेरिका आ पहुँचे हैं; तथा महात्माओं की खोज करनेवालों, ईसाई धर्म-प्रचारकों आदि का दूसरा दल भारत में घुसा है। बहुत खूब ! भारतवर्ष तथा अमेरिका––ये दोनों देश धर्म-उद्योग के लिए बने जान पड़ते हैं ! किन्तु 'जो', सावधान ! विधर्मियों की छूत खतरनाक है। श्रीमती स्टर्लिंग से आज रास्ते में भेंट हुई। आजकल वे मेरे भाषण सुनने नहीं आतीं। यह उनके लिए उचित ही है, क्योंकि अत्यधिक दार्शनिकता भी ठीक नहीं है। क्या तुम्हें उस महिला की याद है जो मेरी हर सभा में इतनी देर से आती थी कि उसको कुछ भी सुनने को न मिलता था, किन्तु तुरन्त बाद में वह मुझे पकड़कर इतनी देर तक बातचीत में लगाये रखती कि भूख से मेरे उदर में 'वाटरलू' का महासंग्राम छिड़ जाता था। वह आयी थी। लोग आ रहे हैं तथा और भी आयेंगे। यह आनन्द का विषय है।

रात बढ़ती जा रही है, अतः 'जो', विदा––(न्यूयार्क में भी क्या ठीक ठीक अदब-क़ायदे का पालन करना आवश्यक है ?) प्रभु, निरन्तर तुम्हारा कल्याण करें !

'मनुष्य के प्रवीण रचयिता ब्रह्मा को एक ऐसे निर्दोष रूप की रचना करने की इच्छा हुई जिसका अनुपम सौष्ठव सृष्टि की सुन्दरतम कृतियों में सर्वोत्तम हो।

इसके लिए उसने महाकांक्षा से समस्त सुन्दर वस्तुओं का एक साथ आवाहन कर अपने शाश्वत मन में एकत्र किया और उनको एक चित्र की भाँति उत्कृष्ट तथा आदर्श रूप दिया। ऐसे दिव्य, ऐसे आश्चर्यजनक आदि रूप से उस सौन्दर्य राशि की रचना हुई।' (कालिदास कृत अभिज्ञानशाकुन्तलम्)

'जो', 'जो' तुम वह हो, मैं केवल इतना और जोड़ देना चाहता हूँ कि उसी रचयिता ने समस्त पवित्रता, समस्त उदाराशयता तथा अन्य समस्त गुणों को भी एकत्र किया और तब 'जो' की रचना हुई।

शुभाकांक्षी,
विवेकानन्द

पुनश्च—सेवियर दम्पति तुम्हें अपनी शुभकामनाएँ भेज रहे हैं। उनके निवासस्थान से ही मैं यह पत्र लिख रहा हूँ।

विवेकानन्द

(कुमारी एलेन वाल्डो या हरिदासी नामक एक शिष्या को लिखित)

एयरली लॉज, रिजवे गार्डन्स,
विम्बलडन, इंग्लैण्ड
८ अक्तूबर, १८९६

प्रिय वाल्डो,

. . .स्विट्ज़रलैण्ड में मुझे पूर्ण विश्राम मिला एवं प्रोफ़ेसर पॉल डॉयसन के साथ मेरी विशेष मित्रता हो गयी है। वस्तुतः अन्य स्थानों की अपेक्षा यूरोप में मेरा कार्य अधिक सन्तोषजनक रूप से बढ़ रहा है तथा भारतवर्ष में इसका बहुत ज़्यादा प्रभाव पड़ेगा। लन्दन में पुनः कक्षाएँ चालू हो गयी हैं—आज तत्सम्बन्धी प्रथम व्याख्यान होगा। अब मुझे एक ऐसा सभागृह मिल गया है, जिस पर मेरा ही नियंत्रण है; उसमें दो सौ या उससे भी अधिक व्यक्ति बैठ सकते हैं. . .

यह तो तुम जानती ही हो कि अंग्रेज़ लोग कितने दृढ़चित्त होते हैं; अन्य जातियों की अपेक्षा उन लोगों में पारस्परिक ईर्ष्या की भावना भी बहुत ही कम होती है और यही कारण है कि उनका प्रभुत्व सारे संसार पर है। दासता की प्रतीक ख़ुशामद से सर्वथा दूर रहकर उन्होंने आज्ञा-पालन, पूर्ण स्वतन्त्रता के साथ नियमों के पालन के रहस्य का पता लगा लिया है।

प्रोफ़ेसर मैक्समूलर अब मेरे मित्र हैं। मुझ पर लन्दन की छाप लग चुकी है। 'र' नामक युवक के बारे में मुझे विशेष कुछ ज्ञात नहीं। वह बंगाली है तथा कुछ कुछ संस्कृत भी पढ़ा सकता है। तुम तो मेरी इस दृढ़ धारणा से परिचित ही हो कि

जिसने काम-कांचन पर विजय नहीं पायी, उस पर मुझे क़तई भरोसा नहीं। तुम उसे सैद्धान्तिक विषयों की शिक्षा देने का अवसर प्रदान कर देख सकती हो; किन्तु वह 'राजयोग' कभी भी न सिखा पाये। जो नियमित रूप से उसमें प्रशिक्षित नहीं उसके लिए इससे खिलवाड़ करना नितान्त ख़तरनाक है। सारदानन्द के सम्बन्ध में कोई डर नहीं है, वर्तमान भारत के सर्वश्रेष्ठ योगी का आशीर्वाद उसे प्राप्त है। तुम क्यों नहीं शिक्षा देना प्रारम्भ करती हो? . . .इस 'र' बालक की अपेक्षा तुम्हारा दार्शनिक ज्ञान कहीं अधिक है। 'कक्षा' की नोटिस निकालो तथा नियमित रूप से धर्मचर्चा करो और व्याख्यान दो।

अनेक हिन्दुओं, यहाँ तक कि मेरे किसी गुरुभाई को अमेरिका में सफलता मिली है—इस संवाद से मुझे जो आनन्दानुभव होता है, उससे सहस्र गुना अधिक आनन्द मुझे तब प्राप्त होगा, जब मैं यह देखूँगा कि तुम लोगों में से किसीने इसमें हाथ बँटाया है। मनुष्य दुनिया को जीतना चाहता है; किन्तु अपनी सन्तान के निकट पराजित होना चाहता है। . . .ज्ञानाग्नि प्रज्वलित करो! ज्ञानाग्नि प्रज्वलित करो!

शुभाकांक्षी,
विवेकानन्द

(श्रीमती ओलि बुल को लिखित)

विम्बलडन, इंग्लैण्ड,
८ अक्तूबर, १८९६

प्रिय श्रीमती बुल,

. . .जर्मनी में प्रोफ़ेसर डॉयसन के साथ मेरी भेंट हुई थी। कील में मैं उनका अतिथि था। हम दोनों एक साथ लन्दन आये थे तथा यहाँ पर भी कई बार उनसे मिल कर मुझे विशेष आनन्द मिला. . .। धर्म तथा समाज सम्बन्धी कार्य के विभिन्न अंगों के प्रति यद्यपि मेरी पूर्ण सहानुभूति है, फिर भी मुझे ऐसा प्रतीत हो रहा है कि प्रत्येक के कार्यों का विशेष विभाग होना नितान्त आवश्यक है। वेदान्त-प्रचार ही हमारा मुख्य कार्य है। अन्य कार्यों में सहायता पहुँचाना भी इसी आदर्श का सहायक होना चाहिए। आशा है कि आप इस विषय को सारदानन्द के हृदय में अच्छी तरह दृढ़ता के साथ जमा देंगे।

क्या आपने प्रोफ़ेसर मैक्समूलर रचित श्री रामकृष्ण सम्बन्धी लेख पढ़ा? . . .यहाँ पर इंग्लैण्ड में प्रायः सभी लोग हमारे सहायक बनते जा रहे हैं। न केवल हमारे कार्यों का यहाँ पर विस्तार हो रहा है, अपितु उनको सम्मान भी मिल रहा है।

शुभाकांक्षी,
विवेकानन्द

(१८९६ ई० के अन्त में डॉ० बरोज़ की भारतव्यापी व्याख्यान-यात्रा के पूर्व 'इण्डियन मिरर' नामक पत्र में स्वामी जी का एक पत्र प्रकाशित हुआ था, जिसमें उन्होंने अपने देशवासियों को डॉ० बरोज़ का परिचय प्रदान करते हुए उनका उपयुक्त अभिनन्दन करने के लिए अनुरोध किया था। नीचे उसी का कुछ अंश दिया जा रहा है।)

लन्दन,

२८ अक्टूबर, १८९६

शिकागो विश्व मेला में सम्मेलनों की विराट् कल्पना को सफल बनाने के लिए श्री सी० बॉनी ने डॉ० बरोज़ को अपना सहकारी निर्वाचित कर सबसे उपयुक्त व्यक्ति पर ही कार्यभार सौंपा था; डॉ० बरोज़ के नेतृत्व में उन सम्मेलनों में धर्म-महासभा को जो महत्त्व प्राप्त हुआ था, वह आज इतिहास-प्रसिद्ध है।

डॉ० बरोज़ का अद्भुत साहस, अथक परिश्रम, अविचलित धैर्य तथा स्वभाव-सिद्ध भद्रता के फलस्वरूप ही इस सम्मेलन को अपूर्व सफलता प्राप्त हुई थी।

उस आश्चर्यजनक शिकागो-सम्मेलन के द्वारा ही भारत, भारतवासी तथा भारतीय भावनाएँ संसार के समक्ष पहले से भी अधिक उज्ज्वल रूप से प्रकट हुई हैं एवं इस स्वजातीय कल्याण के लिए उस सभा से सम्बन्धित अन्य व्यक्तियों की अपेक्षा हम डॉ० बरोज़ के ही अधिक ऋणी हैं।

इसके सिवाय वे हमारे समीप धर्म के पवित्र नाम तथा मानव जाति के एक श्रेष्ठ आचार्य का नाम लेकर आ रहे हैं एवं मेरा यह विश्वास है कि 'नेज़रथ के पैग़म्बर' द्वारा प्रचारित धर्म की उनकी व्याख्या अत्यन्त उदार होगी तथा मन को उन्नत बनायेगी। ईसा की शक्ति का जो परिचय वे देना चाहते हैं, वह दूसरों के मत के प्रति असहिष्णु, प्रभुत्वपूर्ण और दूसरों के प्रति घृणापूर्ण मनोवृत्तिप्रसूत नहीं है। परन्तु एक भाई की तरह उन्नति-अभिलाषी भारत के विभिन्न वर्गों के सहयोगी भाइयों में सम्मिलित होने की आकांक्षा से प्रेरित होकर—वे जा रहे हैं। सबसे पहले हमें यह स्मरण रखना है कि कृतज्ञता तथा अतिथि-सेवा ही भारतीय जीवन का वैशिष्ट्य है; अतः अपने देशवासियों के समीप मेरा यह विनम्र अनुरोध है कि पृथिवी के दूसरे छोर से भारत जानेवाले इस विदेशी सज्जन के प्रति वे ऐसा आचरण करें जिससे उन्हें यह पता चल सके कि दुःख, दारिद्र्य तथा अवनति की स्थिति में भी हमारा हृदय, अतीत की तरह ही अर्थात् जब भारतवर्ष आर्यभूमि के नाम से प्रख्यात था एवं उसके ऐश्वर्य की बात जगत् की सब जातियों की जिह्वा पर रहती थी, आज भी मित्रतापूर्ण है।

(कुमारी मेरी हेल को लिखित)

१४, ग्रेकोट गार्डन्स,
वेस्टमिनिस्टर, लन्दन,
१ नवम्बर, १८९६

प्रिय मेरी,

'सोना और चाँदी मेरे पास किंचित् मात्र नहीं है, किन्तु जो मेरे पास है वह मैं तुम्हें मुक्तहस्त दे रहा हूँ।'—और वह यह ज्ञान है कि स्वर्ण का स्वर्णत्व, रजत का रजतत्व, पुरुष का पुरुषत्व, स्त्री का स्त्रीत्व और सब वस्तुओं का सत्यस्वरूप परमात्मा ही है, और इस परमात्मा को प्राप्त करने के लिए बाह्य जगत् में हम अनादि काल से प्रयत्न करते आ रहे हैं, और इस प्रयत्न में हम अपनी कल्पना की 'विचित्र' वस्तुओं—पुरुष, स्त्री, बालक, शरीर, मन, पृथ्वी, सूर्य, चन्द्र, तारे, संसार, प्रेम, द्वेष, धन, सम्पत्ति इत्यादि को; और भूत, राक्षस, देवदूत, देवता, ईश्वर इत्यादि को भी—त्यागते रहे हैं।

सच तो यह है कि प्रभु हममें ही है, हम स्वयं प्रभु हैं—जो नित्य द्रष्टा, सच्चा 'अहम्' तथा अतीन्द्रिय है। उसे द्वैत भाव से देखने की प्रवृत्ति तो केवल समय और बुद्धि को नष्ट करना ही है। जब जीव को यह ज्ञान हो जाता है, तब वह विषयों का आश्रय लेना छोड़ देता है और आत्मा की ओर अधिकाधिक प्रवृत्त होता है। यही क्रम-विकास है अर्थात् अन्तर्दृष्टि का अधिकाधिक विकास एवं बहिर्दृष्टि का अधिकाधिक लोप। सर्वाधिक विकसित रूप मानव है, क्योंकि वह मननशील है—वह ऐसा प्राणी है जो विचार करता है, ऐसा प्राणी नहीं जो केवल इन्द्रियों से सम्बद्ध है। धर्मशास्त्र में इसे 'त्याग' कहते हैं। समाज का निर्माण, विवाह की व्यवस्था, सन्तान-प्रेम, हमारे शुभ कर्म, शुद्धाचरण और नैतिकता, ये सब त्याग के विभिन्न रूप हैं। सब समाजों में हम लोगों का जीवन इच्छा, पिपासा या कामना के दमन में ही निहित है। इच्छा अथवा मिथ्या आत्मा के इस परित्याग—स्वार्थ से निकलने की अभिलाषा, नित्य द्रष्टा को द्वैत भाव से देखने के प्रयत्न के विरुद्ध संघर्ष के भिन्न भिन्न रूप तथा उनकी अवस्थाएँ ही संसार के भिन्न भिन्न समाज एवं सामाजिक नियम हैं। मिथ्या आत्मा के समर्पण तथा स्वार्थनिग्रह का सबसे सरल उपाय है प्रेम तथा इसका विपरीत उपाय है द्वेष।

स्वर्ग-नरक तथा आकाश के परे राज करनेवाले शासकों से सम्बद्ध अनेक कथाओं अथवा अंधविश्वासों के द्वारा मनुष्य को भुलावे में डालकर उसे आत्मसमर्पण के लक्ष्य की ओर अग्रसर किया जाता है। इन सब अन्धविश्वासों से दूर रहकर तत्त्वज्ञानी वासना के त्याग द्वारा जानबूझकर इस लक्ष्य की ओर आगे बढ़ता है।

बाह्य स्वर्ग या राम-राज्य का अस्तित्व केवल कल्पना में ही है, परन्तु मनुष्य के भीतर इनका अस्तित्व पहले से ही है। कस्तूरी की सुगन्ध के कारण की व्यर्थ खोज करने के बाद, कस्तूरी-मृग अन्त में उसे अपने में ही पाता है।

बाह्य समाज सर्वदा शुभ और अशुभ का सम्मिश्रण होगा—बाह्य जीवन की अनुगामी उसकी छाया अर्थात् मृत्यु, सर्वदा उसके साथ रहेगी, और जीवन जितना लम्बा होगा, उसकी छाया भी उतनी ही लम्बी होगी। केवल जब सूर्य हमारे सिर पर होता है, तब कोई छाया नहीं होती। जब ईश्वर, शुभ और अन्य सब कुछ हममें ही हैं तो अशुभ कहाँ? परन्तु बाह्य जीवन में प्रत्येक क्रिया की प्रतिक्रिया होती है और हर शुभ के साथ अशुभ उसकी छाया की तरह जाता है। उन्नति में अधोगति का समान अंश रहता है, कारण यह है कि अशुभ और शुभ एक ही पदार्थ हैं, दो नहीं, भेद अभिव्यक्ति में है—मात्रा में है, न कि जाति में।

हमारा जीवन स्वयं दूसरों की मृत्यु पर अवलम्बित है, चाहे वनस्पतियाँ हों, चाहे पशु, चाहे कीटाणु। एक बड़ी भारी भूल जो हम लोग बहुधा करते हैं, वह यह कि शुभ को हम सदा बढ़नेवाली वस्तु समझते हैं और अशुभ को एक निश्चित राशि मानते हैं। इससे हम तर्क द्वारा सिद्ध करते हैं कि यदि अशुभ दिन दिन घट रहा है तो एक समय ऐसा आयेगा, जब शुभ ही अकेला शेष रह जायगा। मिथ्या पूर्व पक्ष को स्वीकार कर लेने से हमारा तर्क अशुद्ध हो जाता है। यदि शुभ की मात्रा बढ़ रही है तो अशुभ की भी बढ़ती है। मेरी जाति की जनता की अपेक्षा मेरी आकाक्षाएँ बहुत बढ़ गयी हैं। मेरा सुख उनसे अत्यधिक है, परन्तु मेरा दुःख भी उनसे लाखों गुना तीव्र है। जिस स्वभाव के कारण तुम्हें शुभ के स्पर्श मात्र का आभास होता है, उसीसे तुम्हें अशुभ के स्पर्श मात्र का भी आभास होगा। जिन स्नायुओं द्वारा सुख का अनुभव होता है, उन्हींके द्वारा दुःख का भी; और एक ही मन दोनों का अनुभव करता है। संसार की उन्नति का अर्थ है सुख और दुःख—दोनों की अधिक मात्रा। जीवन और मृत्यु, शुभ और अशुभ, ज्ञान और अज्ञान का सम्मिश्रण—यही 'माया' कहलाती है—यही है विश्व का नियम। तुम अनन्त काल तक इस जाल में सुख और दुःख की खोज करो—तुम्हें बहुत सुख और बहुत दुःख दोनों मिलेंगे। यह कहना कि संसार में केवल शुभ ही हो, अशुभ नहीं, बालकों का प्रलाप मात्र है। दो मार्ग हमारे सामने हैं—एक तो सब प्रकार की आशा को छोड़कर संसार जैसा है वैसा स्वीकार करके, दुःख की वेदना को सहन करें, इस आशा में कि कभी कभी सुख का अल्पांश मिल जाया करेगा। दूसरा मार्ग यह है कि हम सुख को दुःख का ही एक दूसरा रूप समझकर सुख की खोज को त्याग दें तथा सत्य की खोज करें—और जो सत्य की खोज करने का साहस रखते हैं, वे उसे नित्य अपने

में ही विद्यमान पाते हैं। फिर हमें यह भी पता लग जाता है कि वही सत्य किस प्रकार हमारे व्यावहारिक जीवन के भ्रम और ज्ञान दोनों रूपों में प्रकट हो रहा है— हमें यह भी पता लग जाता है कि वही सत्य 'आनन्द' है, जो शुभ और अशुभ दोनों रूपों में अभिव्यक्त हो रहा है। साथ ही हमें यह भी पता लग जाता है कि वही 'सत्' जीवन और मृत्यु दोनों रूपों में प्रकट हो रहा है।

इस प्रकार हम यह अनुभव करते हैं कि ये सब बातें उसी एक अस्तित्व— सत्-चित्-आनन्द, सब चीज़ों के अस्तित्व स्वरूप, मेरे यथार्थ स्वरूप की भिन्न भिन्न प्रतिच्छायाएँ मात्र हैं। तब और केवल तभी बिना बुराई के भलाई करना सम्भव होता है, क्योंकि ऐसी आत्मा ने उस पदार्थ को, जिससे कि शुभ और अशुभ दोनों का निर्माण होता है, जान लिया है और अपने वश में कर लिया है, और वह अपनी इच्छानुसार एक या दूसरे का विकास कर सकता है। हम यह भी जानते हैं कि वह केवल शुभ का ही विकास करता है। यही 'जीवन्मुक्ति' है जो वेदान्त का और सब तत्त्व-ज्ञानों का अन्तिम लक्ष्य है।

मानवी समाज पर चारों वर्ण—पुरोहित, सैनिक, व्यापारी और मज़दूर बारी बारी से शासन करते हैं। हर शासन का अपना गौरव और अपना दोष होता है। जब ब्राह्मण का राज्य होता है, तब आनुवंशिक आधार पर भयंकर पृथकता रहती है—पुरोहित स्वयं और उनके वंशज नाना प्रकार के अधिकारों से सुरक्षित रहते हैं, उनके अतिरिक्त किसीको कोई ज्ञान नहीं होता, और उनके अतिरिक्त किसीको शिक्षा देने का अधिकार नहीं है। इस विशिष्ट युग में सब विद्याओं की नींव पड़ती है, यह इसका गौरव है। ब्राह्मण मन को उन्नत करते हैं, क्योंकि मन द्वारा ही वे राज्य करते हैं।

क्षत्रिय शासन क्रूर और अन्यायी होता है, परन्तु उनमें पृथकता नहीं रहती और उनके युग में कला और सामाजिक संस्कृति उन्नति के शिखर पर पहुँच जाती है।

उसके बाद वैश्य शासन आता है। इसमें कुचलने की और खून चूसने की मौन शक्ति अत्यन्त भीषण होती है। इसका लाभ यह है कि व्यापारी सब जगह जाता है, इसलिए वह पहले दोनों युगों में एकत्र किये हुए विचारों को फैलाने में सफल होता है। उनमें क्षत्रियों से भी कम पृथकता होती है, परन्तु सभ्यता की अवनति आरम्भ हो जाती है।

अन्त में आयेगा मज़दूरों का शासन। उसका लाभ होगा भौतिक सुखों का समान वितरण—और उससे हानि होगी, कदाचित् संस्कृति का निम्न स्तर पर गिर जाना। साधारण शिक्षा का बहुत प्रचार होगा, परन्तु असामान्य प्रतिभाशाली व्यक्ति कम होते जायँगे।

यदि ऐसा राज्य स्थापित करना सम्भव हो जिसमें ब्राह्मण युग का ज्ञान, क्षत्रिय युग की सभ्यता, वैश्य युग का प्रचार-भाव और शूद्र युग की समानता रखी जा सके---उनके दोषों को त्याग कर---तो वह आदर्श राज्य होगा। परन्तु क्या यह सम्भव है ?

परन्तु पहले तीनों का राज्य हो चुका है। अब शूद्र शासन का युग आ गया है---वे अवश्य राज्य करेंगे, और उन्हें कोई रोक नहीं सकता। सिक्के का स्वर्ण अथवा रजतमान रखने में क्या क्या कठिनाइयाँ हैं, मैं यह सब नहीं जानता (और मैंने देखा है कि कोई भी इस विषय में अधिक नहीं जानता), परन्तु मैं यह देखता हूँ कि स्वर्णमान ने धनवानों को अधिक धनी तथा दरिद्रों को और भी अधिक दरिद्र बना दिया है। ब्रायन ने यह ठीक ही कहा था कि 'सोने के भी क्रॉस पर हम लटकाये जाना पसंद न करेंगे।' रजतमान हो जाने पर इस असमान युद्ध में ग़रीबों के पक्ष में कुछ बल आ जायगा। मैं समाजवादी हूँ, इसलिए नहीं कि मैं इसे पूर्ण रूप से निर्दोष व्यवस्था समझता हूँ, परन्तु इसलिए कि रोटी न मिलने से आधी रोटी ही अच्छी है।

और सब मतवाद काम में लाये जा चुके हैं और दोषयुक्त सिद्ध हुए हैं। इसकी भी अब परीक्षा होने दो---यदि और किसी कारण से नहीं तो उसकी नवीनता के लिए ही। सर्वदा एक ही वर्ग के व्यक्तियों को सुख और दुःख मिलने की अपेक्षा सुख और दुःख का बटवारा करना अच्छा है। शुभ और अशुभ की समष्टि संसार में समान ही रहती है। नये मतवादों से वह भार कंधे से कंधा बदल लेगा, और कुछ नहीं।

इस दुःखी संसार में सब को सुख-भोग का अवसर दो, जिससे इस तथाकथित सुख के अनुभव के पश्चात् वे संसार, शासन-विधि और अन्य झंझटों को छोड़कर प्रभु के पास आ सकें।

तुम सबको मेरा प्यार।

शुभाकांक्षी,
विवेकानन्द

(श्री आलासिंगा पेरुमल को लिखित)

१४, ग्रेकोट गार्डन्स,
वेस्टमिनिस्टर, एस० डब्ल्यू०,
११ नवम्बर, १८९६

प्रिय आलासिंगा,

बहुत संभव है कि मैं १६ दिसम्बर या उसके दो एक दिन बाद यहाँ से प्रस्थान

करूं। यहाँ से इटली जाऊँगा और वहाँ के कुछ स्थानों को देखने के बाद नेपुल्स में स्टीमर पर सवार हो जाऊँगा। कुमारी मूलर, श्री और श्रीमती सेवियर तथा गुडविन नामक एक युवक मेरे साथ चल रहे हैं। सेवियर दम्पति अल्मोड़े में बसने जा रहे हैं, और कुमारी मूलर भी। सेवियर भारतीय सेना में पाँच साल तक अफ़सर के पद पर थे। अतः भारत के बारे में उन्हें काफ़ी जानकारी है। कुमारी मूलर थियोसॉफ़िस्ट थीं जिन्होंने अक्षय को गोद लिया। गुडविन अंग्रेज़ हैं जिनके द्वारा शीघ्रलिपि में तैयार की गयी टिप्पणियों से पुस्तिकाओं का प्रकाशन सम्भव हुआ।

मैं कोलम्बो से सर्वप्रथम मद्रास पहुँचूंगा। अन्य लोग अल्मोड़े जायँगे। वहाँ से मैं कलकत्ता जाऊँगा। जब मैं यहाँ से प्रस्थान करूँगा, तब ठीक ठीक सूचना देते हुए पत्र लिखूंगा।

तुम्हारा शुभाकांक्षी,
विवेकानन्द

पुनश्च---'राजयोग' पुस्तक के प्रथम संस्करण की सभी प्रतियाँ बिक गयीं और द्वितीय संस्करण छपने के लिए प्रेस में है। भारत और अमेरिका सबसे बड़े खरीदार हैं।

वि०

(श्रीमती बुल को लिखित)

ग्रेकोट गार्डन्स,
वेस्ट मिनिस्टर,
१३ नवम्बर, १८९६

प्रिय श्रीमती बुल,

...मैं शीघ्र ही भारत के लिए प्रस्थान करनेवाला हूँ, कदाचित् १६ दिसम्बर को। अमेरिका आने से पहले मुझे एक बार भारत जाने की तीव्र अभिलाषा है, और मैंने अपने साथ इंग्लैण्ड से कई मित्रों को भारत ले जाने का प्रबन्ध किया है, इसलिए चाहे मेरी कितनी ही इच्छा हो, परन्तु अमेरिका होते हुए जाना मेरे लिए असम्भव है।

निश्चय ही डॉ० जेन्स अति उत्तम काम कर रहे हैं। उन्होंने मेरी और मेरे कार्य की जो सहायता की है, उसके लिए और उनके कृपाभाव के लिए कृतज्ञता प्रकट करने में मैं असमर्थ सा हूँ... यहाँ का कार्य अत्यन्त सुन्दर रूप से आगे पढ़ रहा है।

तुम्हारा,
विवेकानन्द

(श्री आलासिंगा पेरुमल को लिखित)

३९, विक्टोरिया स्ट्रीट, लन्दन,
२० नवम्बर, १८९६

प्रिय आलासिंगा,

मैं इंग्लैण्ड से इटली के लिए १६ दिसम्बर को रवाना होऊँगा और नेपल्स से 'नार्थ जर्मन लॉयड एस० एस० प्रिन्स रीजेन्ट लिओपोल्ड' नामक जहाज़ से प्रस्थान करूँगा। जहाज़ आगामी १४ जनवरी को कोलम्बो पहुँचनेवाला है।

श्रीलंका में कुछ चीज़ें देखने की मेरी इच्छा है; वहाँ से फिर मद्रास पहुँचूंगा। मेरे साथ तीन अंग्रेज़ दोस्त हैं—कैप्टन तथा श्रीमती सेवियर तथा श्री गुडविन। श्री सेवियर और उसकी पत्नी अल्मोड़ा के पास हिमालय में एक मठ बनाने की सोच रहे हैं, जिसे मैं अपना 'हिमालय केन्द्र' बनाना चाहता हूँ। और वहीं पाश्चात्य शिष्यों को ब्रह्मचारी और संन्यासी के रूप में रखूँगा। गुडविन एक अविवाहित नवयुवक है। वह मेरे साथ भ्रमण करेगा और मेरे ही साथ रहेगा। वह संन्यासी जैसा ही है।

मेरी तीव्र अभिलाषा है कि श्री रामकृष्ण देव के जन्मोत्सव से पहले मैं कलकत्ता पहुँच जाऊँ।...मेरी वर्तमान कार्य-योजना यह है कि युवक प्रचारकों के प्रशिक्षण के लिए कलकत्ता और मद्रास में दो केन्द्र स्थापित करना है। कलकत्ते के केन्द्र के लिए मेरे पास पर्याप्त धन है। कलकत्ता श्री रामकृष्ण के कर्म-जीवन का क्षेत्र रह चुका है, इसलिए वह मेरा ध्यान पहले आकर्षित करता है। मद्रास के केन्द्र के लिए मैं आशा करता हूँ कि भारत से मुझे धन मिल जायगा।

इन तीन केन्द्रों से हम काम आरम्भ करेंगे। फिर इसके बाद बम्बई और इलाहाबाद में भी केन्द्र बनायेंगे। इन तीन स्थानों से, यदि भगवान् की कृपा हुई तो, हम भारत भर में ही नहीं, परन्तु संसार के प्रत्येक देश में प्रचारकों का दल भेजेंगे। यह हमारा पहला कर्तव्य होना चाहिए। दिल लगाकर काम करते रहो। कुछ समय के लिए लन्दन का मुख्य कार्यालय ३९, विक्टोरिया स्ट्रीट में रहेगा, क्योंकि कार्य यहीं से होगा। स्टर्डी के पास सन्दूक़ भर 'ब्रह्मवादिन्' पत्रिका है, जिसका मुझे पहले पता नहीं था। वह अब इसके लिए ग्राहक बनाने के लिए प्रचार-कार्य कर रहा है।

चूंकि अब अंग्रेज़ी भाषा में भारत से एक पत्रिका आरम्भ हो गयी है, अतः अब भारतीय भाषाओं में भी हम कोई पत्रिका आरम्भ कर सकते हैं। विम्बलडन की कुमारी एम० नोबल बड़ी काम करनेवाली है। वह मद्रास की दोनों पत्रिकाओं

के लिए प्रचार-कार्य भी करेगी। वह तुम्हें लिखेगी। ऐसे कार्य धीरे धीरे, किन्तु निश्चित रूप से आगे बढ़ेंगे। ऐसी पत्रिकाओं को अनुयायियों के छोटे से समुदाय द्वारा ही सहायता मिलती है। एक ही समय में उनसे अनेक कार्य करने की आशा नहीं करनी चाहिए। उनको पुस्तकें खरीदनी पड़ती हैं; इंग्लैण्ड का कार्य चलाने के लिए पैसा एकत्र करना पड़ता है; यहाँ की पत्रिका के लिए ग्राहक ढूंढ़ने पड़ते हैं; और फिर भारतीय पत्रिकाओं को खरीदना पड़ता है। यह बहुत ज्यादती है। यह शिक्षा प्रचार की अपेक्षा व्यापार-कार्य अधिक जान पड़ता है। ऐसी स्थिति में तुम धीरज रखो। फिर भी मुझे आशा है कि कुछ ग्राहक बन ही जायँगे। इसके अलावा मेरे जाने के बाद यहाँ लोगों के पास करने के लिए काम होना चाहिए, नहीं तो सब किया-कराया मिट्टी में मिल जायगा। इसलिए धीरे धीरे यहाँ और अमेरिका में भी पत्रिका होनी चाहिए। भारतीय पत्रिकाओं की सहायता भारतवासियों को ही करनी चाहिए। किसी पत्रिका के सब राष्ट्रों में समान भाव से अपनाये जाने के लिए, सब राष्ट्रों के लेखकों का एक बड़ा भारी विभाग रखना पड़ेगा, जिसके माने हैं प्रतिवर्ष एक लाख रुपये का खर्च।

...तुम्हें यह न भूलना चाहिए कि मेरे कार्य अन्तर्राष्ट्रीय हैं, केवल भारतीय नहीं। मेरा तथा अभेदानन्द दोनों का स्वास्थ्य अच्छा है।

शुभाकांक्षी,

विवेकानन्द

(श्री लाला बद्री शाह को लिखित)

३९, विक्टोरिया स्ट्रीट, लन्दन
२१ नवम्बर, १८९६

प्रिय लाला जी,

७ जनवरी तक मैं मद्रास पहुँचूंगा; कुछ दिन समतल क्षेत्र में रहकर मेरी अल्मोड़ा जाने की इच्छा है।

मेरे साथ मेरे तीन अंग्रेज मित्र हैं, उनमें दो, सेवियर दम्पति, अल्मोड़ा में निवास करेंगे। आपको शायद यह पता होगा कि वे मेरे शिष्य हैं एवं मेरे लिए हिमालय में वे एक मठ बनवायेंगे। इसीलिए मैंने आपको एक उपयुक्त स्थान ढूंढ़ने के लिए लिखा था। हमारे लिए एक ऐसी पूरी पहाड़ी चाहिए, जहाँ से हिम-दृश्य दिखायी देता हो। इसमें सन्देह नहीं कि उपयुक्त स्थान निर्वाचित कर आश्रम निर्माण के लिए समय चाहिए। इस बीच क्या आप मेरे मित्रों के रहने के लिए किराये पर एक छोटे से बँगले की व्यवस्था करने की कृपा करेंगे? उसमें तीन

व्यक्तियों के रहने लायक़ स्थान होना आवश्यक है। बहुत बड़ा मकान नहीं चाहिए, इस समय छोटे से ही कार्य चल सकेगा। मेरे मित्र वहाँ पर रहकर आश्रम के लिए उपयुक्त स्थान तथा मकान की तलाश करेंगे।

इस पत्र के उत्तर देने की कोई आवश्यकता नहीं है, क्योंकि उत्तर मिलने से पहले ही मैं भारत की ओर रवाना हो जाऊँगा। मद्रास पहुँच कर मैं आपको तार से सूचित करूँगा।

आप सब लोगों को स्नेह तथा आशीर्वाद।

भवदीय,
विवेकानन्द

(कुमारी मेरी तथा हैरियट हेल को लिखित)

३९, विक्टोरिया स्ट्रीट,
लन्दन,
२८ नवम्बर, १८९६

प्रिय बहनो,

चाहे जिस कारण से भी हो, मुझे ऐसा प्रतीत होता है कि तुम चारों से ही मैं सबसे अधिक स्नेह करता हूँ एवं मुझे अत्यन्त गर्व के साथ यह विश्वास है कि तुम चारों भी मुझसे वैसा ही स्नेह करती हो। इसलिए भारत रवाना होने से पूर्व तुम लोगों को यह पत्र स्वयं ही आत्मप्रेरित होकर लिख रहा हूँ। लन्दन में हमारे कार्य को ज़बरदस्त सफलता मिली है। अंग्रेज़ लोग अमेरिकनों की तरह उतने अधिक सजीव नहीं हैं, किन्तु यदि कोई एक बार उनके हृदय को छू ले तो फिर सदा के लिए वे उसके गुलाम बन जाते हैं। धीरे धीरे मैं उन पर अपना अधिकार जमा रहा हूँ। आश्चर्य है कि छः माह के अन्दर ही, सार्वजनिक भाषणों के अलावा भी मेरी कक्षा में १२० व्यक्ति नियमित रूप से उपस्थित हो रहे हैं। अंग्रेज़ लोग अत्यन्त कार्यशील हैं, अतः यहाँ के सभी लोग क्रियात्मक रूप से कुछ करना चाहते हैं। कैप्टन तथा श्रीमती सेवियर एवं श्री गुडविन कार्य करने के लिए मेरे साथ भारत रवाना हो रहे हैं और उसका व्यय-भार भी वे स्वयं उठायेंगे। यहाँ पर और भी बहुत से लोग इस प्रकार कार्य करने को प्रस्तुत हैं। प्रतिष्ठित स्त्री-पुरुषों के मस्तिष्क में एक बार किसी भावना को प्रवेश करा देने पर, उसे कार्य में परिणत करने के लिए वे अपना सब कुछ त्याग करने के लिए कटिबद्ध हो जाते हैं! और सबसे अधिक आनन्दप्रद समाचार (यह कोई साधारण बात नहीं) यह है कि भारत में कार्य प्रारम्भ करने के लिए हमें आर्थिक सहायता प्राप्त हो गयी है एवं आगे चलकर और भी प्राप्त होगी। अंग्रेज़ जाति के सम्बन्ध में मेरी धारणा पूर्णतया

बदल चुकी है। अब मुझे यह पता चल रहा है कि अन्यान्य जातियों की अपेक्षा प्रभु ने उन पर अधिक कृपा क्यों की है। वे दृढ़संकल्प तथा अत्यन्त निष्ठावान हैं; साथ ही उनमें हार्दिक सहानुभूति है—बाहर उदासीनता का केवल एक आवरण रहता है। उसको तोड़ देना है, बस फिर तुम्हें अपनी पसन्द का व्यक्ति मिल जायगा।

इस समय कलकत्ता तथा हिमालय में मैं एक एक केन्द्र स्थापित करने जा रहा हूँ। प्रायः ७००० फ़ुट ऊँची एक समूची पहाड़ी पर हिमालय-केन्द्र स्थापित होगा। वह पहाड़ी गर्मी की ऋतु में शीतल तथा जाड़े में ठंडी रहेगी। कैप्टन तथा श्रीमती सेवियर वहीं रहेंगे एवं यूरोपीय कार्यकर्ताओं का वह केन्द्र होगा, क्योंकि मैं उनको भारतीय रहन सहन अपनाने तथा निदाघतप्त भारतीय समतल भूमि में बसने के लिए बाध्य कर मार डालना नहीं चाहता। मैं चाहता हूँ कि सैकड़ों की संख्या में हिन्दू युवक प्रत्येक सभ्य देश में जाकर वेदान्त का प्रचार करें और वहाँ से नर-नारियों को एकत्र कर कार्य करने के लिए भारत भेजें। यह आदान-प्रदान बहुत ही उत्तम होगा। केन्द्रों को स्थापित कर मैं 'जॉब का ग्रन्थ'[१] में वर्णित उस व्यक्ति की तरह ऊपर नीचे चारों ओर घूमँगा।

आज यहीं पर पत्र को समाप्त करना चाहता हूँ—नहीं तो आज की डाक से रवाना न हो सकेगा। सभी ओर से मेरे कार्यों के लिए सुविधा मिलती जा रही है—तदर्थ मैं अत्यन्त सुखी हूँ एवं मैं समझता हूँ कि तुम लोगों को भी मेरी तरह सुख का अनुभव होगा। तुम्हें अनन्त कल्याण तथा सुख-शान्ति प्राप्त हो। अनन्त प्यार के साथ —

शुभाकांक्षी,
विवेकानन्द

पुनश्च—धर्मपाल का क्या समाचार है? वह क्या कर रहा है? उससे भेंट होने पर मेरा स्नेह कहना।

वि०

---

१. Book of Job (जॉब का ग्रन्थ) बाइबिल के प्राचीन व्यवस्थान का अंशविशेष है। इसमें एक कथा इस प्रकार है, एक बार शैतान ईश्वर से मिलने गया। ईश्वर ने उससे पूछा कि वह कहाँ से आ रहा है। उत्तर में उसने कहा "इस पृथिवी के इधर उधर चक्कर लगाकर तथा उसके ऊपर नीचे घूमता हुआ मैं आ रहा हूँ।" यहाँ पर स्वामी जी ने इधर उधर घूमने के प्रसंग में परिहासपूर्वक बाइबिल की उस घटना को लक्ष्य कर उक्त वाक्य का प्रयोग किया है।

(कुमारी जोसेफ़िन मैक्लिऑड को लिखित)

ग्रेकोट गार्डन्स,

वेस्टमिनिस्टर एस० डब्ल्यू०, लन्दन,

३ दिसम्बर, १८९६

प्रिय 'जो',

तुम्हारे कृपापूर्ण निमंत्रण के लिए अनेक धन्यवाद। किन्तु, प्रिय जो-जो, प्यारे भगवान् ने यह विधान किया है कि मुझे १६ तारीख़ को कप्तान तथा श्रीमती सेवियर एवं श्री गुडविन के साथ भारत के लिए प्रस्थान करना है। सेवियर दम्पति मेरे साथ नेपुल्स में स्टीमर पर सवार होंगे। चूँकि चार दिन रोम में रुकना है, इसलिए मैं अल्बर्टा से विदा लेने जाऊँगा।

यहाँ अब कुछ चहल-पहल शुरू हो गयी है; ३९, विक्टोरिया के बड़े हाल में कक्षा लगती है, जो भर गया है, फिर भी और लोग कक्षा में शामिल होना चाहते हैं।

साथ ही, उस प्राचीन भले देश की पुकार है; मुझे जाना ही है। इसलिए इस अप्रैल में रूस जाने की सभी परियोजनाओं को नमस्कार।

मैं भारत में कर्म-चक्र का प्रवर्तन मात्र कर पुनः सदा रमणीय अमेरिका तथा इंग्लैण्ड इत्यादि के लिए प्रस्थान कर दूँगा।

मेबुल का पत्र भेज कर तुमने बड़ी कृपा की—सचमुच शुभ समाचार है। केवल थोड़ा अफ़सोस है तो बेचारे फ़ॉक्स के लिए। चाहे जो हो मेबुल उससे बच गयी; यह बेहतर हुआ।

न्यूयार्क में क्या हो रहा है, इसके बारे में तुमने कुछ नहीं लिखा। आशा है वहाँ सब अच्छा ही होगा। बेचारा कोला! क्या वह अब जीविकोपार्जन में समर्थ हो पाया?

गुडविन का आगमन बड़े मौक़े से हुआ, क्योंकि इससे व्याख्यानों का विवरण ठीक तौर से तैयार होने लगा जिसका प्रकाशन पत्रिका के रूप में हो रहा है। ख़र्च भर के लिए काफ़ी ग्राहक बन गये हैं।

अगले सप्ताह तीन व्याख्यान होंगे और इस मौसम का मेरा लन्दन का कार्य समाप्त हो जायगा। यहाँ इस वक़्त धूम मची है, इसलिए मेरे छोड़कर चले जाने को सभी लोग नादानी समझते हैं, परन्तु प्यारे प्रभु का आदेश है, 'प्राचीन भारत को प्रस्थान करो।' मैं आदेश का पालन कर रहा हूँ।

फ्रैंकिनसेंस, माँ, होलिस्टर तथा अन्य सबको मेरा चिर प्रेम तथा आशीर्वाद और वही तुम्हारे लिए भी।

तुम्हारा शुभाकांक्षी,
विवेकानन्द

(कुमारी अल्बर्टा स्टारगीज़ को लिखित)

१४, ग्रेकोट गार्डन्स,
वेस्टमिनिस्टर, एस० डब्ल्यू०, लन्दन,
३ दिसम्बर, १८९६

प्रिय अल्बर्टा,

इस पत्र के साथ 'जो-जो' को लिखित मैबेल का पत्र भेज रहा हूँ। इसमें उल्लिखित समाचार से मुझे बड़ी खुशी हुई और मुझे विश्वास है, तुम्हें भी होगी।

यहाँ से १६ तारीख़ को भारत रवाना हो रहा हूँ और नेपुल्स में स्टीमर पर सवार हो जाऊँगा। अतः कुछ दिन इटली में और तीन चार दिन रोम में रहूँगा। बिदाई के समय तुमसे मिल कर बड़ी प्रसन्नता होगी।

कप्तान सेवियर और श्रीमती सेवियर दोनों मेरे साथ इंग्लैण्ड से भारत जा रहे हैं और वे भी मेरे साथ इटली में रहेंगे। पिछली ग्रीष्म ऋतु में तुम उनसे मिल चुकी हो। लगभग एक वर्ष में अमेरिका लौटने का मेरा इरादा है और वहाँ से यूरोप आऊँगा।

सप्रेम एवं साशीष,
विवेकानन्द

(श्रीमती ओलि बुल को लिखित)

३८, विक्टोरिया स्ट्रीट,
लन्दन,
९ दिसम्बर, १८९६

प्रिय श्रीमती बुल,

आपके इस अत्यन्त उदारतापूर्ण दान के लिए कृतज्ञता प्रकट करना अनावश्यक है। कार्य के प्रारम्भ में ही अधिक धन संग्रह कर मैं अपने को संकट में डालना नहीं चाहता हूँ; किन्तु कार्य-विस्तार के साथ साथ उस धन का प्रयोग करने पर मुझे बड़ी खुशी होगी। अत्यन्त छोटे पैमाने पर मैं कार्य प्रारम्भ करना चाहता हूँ। अभी तक मेरी कोई स्पष्ट योजना नहीं है। भारत के कार्यक्षेत्र में पहुँचने पर वास्तविक स्थिति का पता चलेगा। भारत पहुँच कर मैं अपनी योजना

तथा उसे कार्य में परिणत करने के व्यावहारिक उपाय आपको विशद रूप से सूचित करूँगा। मैं १६ तारीख़ को रवाना हो रहा हूँ एवं इटली में दो चार दिन रहकर नेपल्स से जहाज़ पकड़ूँगा।

कृपया श्रीमती वागान, सारदानन्द तथा वहाँ के अन्य मित्रों को मेरा स्नेह दीजियेगा। आपके बारे में मैं इतना ही कह सकता हूँ कि सदा ही से मैं आपको अपना सर्वोत्तम मित्र मानता आया हूँ एवं जीवन भर वैसे ही मानता रहूँगा। मेरा आन्तरिक स्नेह तथा आशीर्वाद ग्रहण करें।

शुभाकांक्षी,
विवेकानन्द

(एक अमेरिकन महिला को लिखित)

लन्दन,
१३ दिसम्बर, १८९६

प्रिय श्रीमती जी,

नैतिकता का क्रमविन्यास समझ लेने के बाद सब चीज़ें समझ में आने लगती हैं।

त्याग, अप्रतिरोध, अहिंसा के आदर्शों को सांसारिकता, प्रतिरोध और हिंसा की प्रवृत्तियों को निरंतर कम करते रहने से प्राप्त किया जा सकता है। आदर्श सामने रखो और उसकी ओर बढ़ने का प्रयत्न करो। इस संसार में बिना प्रतिरोध, बिना हिंसा और बिना इच्छा के कोई रह ही नहीं सकता। अभी संसार उस अवस्था में नहीं पहुँचा कि ये आदर्श समाज में प्राप्त किये जा सकें।

सब प्रकार की बुराइयों में से गुज़रते हुए संसार की जो उन्नति हो रही है, वह उसे धीरे धीरे तथा निश्चित रूप से इन आदर्शों के उपयुक्त बना रही है। अधिकांश जनता को तो इस मंद विकास के साथ चलना पड़ेगा, पर असाधारण लोगों को वर्तमान परिस्थितियों में इन आदर्शों की प्राप्ति के लिए अपना मार्ग अलग बनाना पड़ेगा।

जो जिस समय का कर्तव्य है, उसका पालन करना सबसे श्रेष्ठ मार्ग है, और यदि वह केवल कर्तव्य समझ कर किया जाय तो वह मनुष्य को आसक्त नहीं बनाता।

संगीत सर्वोत्तम कला है और जो उसे समझते हैं उनके लिए वह सर्वोत्तम उपासना भी है।

हमें अज्ञान और अशुभ का नाश करने का भरसक प्रयत्न करना चाहिए, केवल यह समझ लेना है कि शुभ की वृद्धि से ही अशुभ का नाश होता है।

शुभाकांक्षी,
विवेकानन्द

(श्री फ़्रैंसिस लेगेट को लिखित)

१३ दिसम्बर, १८९६

प्रिय फ्रैंकिनसेंस,

तो गोपाल[1] देवी शरीर धारण कर पैदा हुए! ऐसा होना ठीक ही था— समय और स्थान के विचार से। आजीवन उस पर प्रभु की कृपा बनी रहे! उसकी प्राप्ति के लिए तीव्र इच्छा थी और प्रार्थनाएँ भी की गयी थीं और वह तुम तथा तुम्हारी पत्नी के लिए जीवन में वरदान स्वरूप आयी है। मुझे इसमें रंच भी सन्देह नहीं है।

मेरी इच्छा थी कि चाहे यह रहस्य ही पूरा करने के ख़्याल से कि 'पाश्चात्य शिशु के लिए प्राच्य मुनि उपहार ला रहे हैं,' मैं इस समय अमेरिका आ जाता। किन्तु सब प्रार्थनाओं और आशीर्वादों से भरपूर मेरा हृदय वहीं पर है और शरीर की अपेक्षा मन अधिक शक्तिशाली होता है।

मैं इस महीने की १६वीं तारीख़ को रवाना हो रहा हूँ और नेपुल्स में स्टीमर पर सवार हो जाऊँगा। अल्बर्टा से रोम में अवश्य ही मिलूँगा।

पावन परिवार को बहुत बहुत प्यार।

सदा प्रभुपदाश्रित
विवेकानन्द

(स्वामी ब्रह्मानन्द को लिखित)

होटल मिनर्वा, फ़्लोरेन्स,
२० दिसम्बर, १८९६

प्रिय राखाल,

इस पत्र से ही तुम्हें यह ज्ञात हो रहा होगा कि मैं अभी तक मार्ग में हूँ। लन्दन छोड़ने से पहले ही तुम्हारा पत्र तथा पुस्तिका मुझे मिली थी। मजूमदार के पागलपन पर कोई ध्यान न देना। इसमें कोई सन्देह नहीं कि ईर्ष्या ने उनका दिमाग

---

१. गोपाल का प्रयोग श्री कृष्ण के शिशु रूप के लिए किया जाता है; यहाँ पुत्र-जन्म की प्रतीक्षा में पुत्री के जन्म का संकेत किया गया है।

राब कर दिया है। उन्होंने जिस अभद्रोचित भाषा का प्रयोग किया है, उसे नकर सभ्य देश के लोग उनका उपहास ही करेंगे। इस प्रकार की अशिष्ट भाषा ा प्रयोग कर उन्होंने स्वयं ही अपने उद्देश्य को विफल कर डाला है।

फिर भी हम कभी अपनी ओर से हरमोहन अथवा अन्य किसी व्यक्ति को ाह्मसमाजियों या और किसीके साथ झगड़ने की अनुमति नहीं दे सकते। जनता स बात को अच्छी तरह से जान ले कि किसी सम्प्रदाय के साथ हमारा कोई विवाद हीं है और यदि कोई झगड़ा करता है तो उसके लिए वह स्वयं उत्तरदायी है। रस्पर विवाद करना तथा आपस में निन्दा करना हमारा जातीय स्वभाव है! ालसी, कर्महीन, कटुभाषी, ईर्ष्यापरायण, डरपोक तथा विवादप्रिय—यही तो म बंगालियों की प्रकृति है। मेरा मित्र कहकर अपना परिचय देनेवाले को हले इन्हें त्यागना होगा। न ही हरमोहन को कोई पुस्तक छापने की अनुमति देनी ोगी, क्योंकि इस प्रकार के प्रकाशन केवल जनता को छलने के लिए होते हैं।

कलकत्ते में यदि संतरे मिलते हों तो मद्रास में आलासिंगा के पते पर सौ संतरे भेज देना, जिससे मद्रास पहुँचने पर मुझे प्राप्त हो सके।

मुझे पता चला है कि मजूमदार ने यह लिखा है कि 'ब्रह्मवादिन्' पत्रिका में काशित श्री रामकृष्ण के उपदेश यथार्थ नहीं हैं, मिथ्या हैं। यदि ऐसा ही है तो ुरेश दत्त तथा रामबाबू को 'इण्डियन मिरर' में इसका प्रतिवाद करने को कहना। मुझे यह पता नहीं है कि उन उपदेशों का संग्रह किस प्रकार किया गया है, अतः इस बारे में मैं कुछ नहीं कह सकता हूँ।

सस्नेह तुम्हारा,
विवेकानन्द

पुनश्च—इन मूर्खों की ओर कोई ध्यान न देना; कहावत है कि 'वृद्ध मूर्ख जैसा और कोई दूसरा मूर्ख नहीं है।' उन्हें चिल्लाने दो। अहा, उन बेचारों का पेशा ही मारा गया है! कुछ चिल्लाकर ही उन्हें सन्तुष्ट होने दो।

वि०

(श्री आलासिंगा पेरुमल को लिखित)

१४, ग्रेकोट गार्डन्स,
वेस्टमिनिस्टर, लन्दन,
१८९६

प्रिय आलासिंगा,

लगभग तीन सप्ताह हुए मैं स्विट्ज़रलैण्ड से लौटा हूँ, पर इसके पूर्व तुम्हें पत्र न लिख सका। पिछली डाक से मैंने तुम्हें कील के पॉल डॉयसन पर लिखा एक लेख भेजा था। स्टर्डी की पत्रिका की योजना में अभी भी विलम्ब है।

जैसा कि तुम जानते हो मैंने सेंट जार्ज रोड स्थित मकान छोड़ दिया है। ३९
विक्टोरिया स्ट्रीट पर एक लेक्चर हॉल हमें मिल गया है। ई० टी० स्टर्डी के मार्फ़
भेजने पर चिट्ठी-पत्री मुझे एक साल तक मिल जाया करेगी। ग्रेकोट गार्डन्स के कम
मेरे तथा मात्र तीन महीने के लिए आये हुए स्वामियों के आवास के लिए हैं। लन्द
में काम शीघ्रता से बढ़ रहा है और हमारी कक्षाएँ बड़ी होती जा रही है
इसमें मुझे कोई सन्देह नहीं कि यह इसी रफ़्तार से बढ़ता ही जायगा, क्यों
अंग्रेज़ लोग दृढ़ एवं निष्ठावान हैं। यह सही है कि मेरे छोड़ते ही इसक
अधिकांश तानाबाना टूट जायगा। कुछ घटित अवश्य होगा। कोई शक्तिशा
व्यक्ति इसे वहन करने के लिए उठ खड़ा होगा। ईश्वर जानता है कि क्या अच्
है। अमेरिका में वेदान्त और योग पर बीस उपदेशकों की आवश्यकता है। प
ये उपदेशक और इन्हें यहाँ लाने के लिए धन कहाँ मिलेगा? यदि कुछ सच
और शक्तिशाली मनुष्य मिल जायँ तो आधा संयुक्त राज्य दस वर्ष में जीता ज
सकता है। वे कहाँ हैं? वहाँ के लिए हम सब अहमक़ हैं। स्वार्थी, कायर, दे
भक्ति की केवल मुख से बकवास करनेवाले, और अपनी कट्टरता तथा धार्मिक
के अभिमान से चूर!! मद्रासियों[1] में अधिक स्फूर्ति और दृढ़ता होती है, पर
वहाँ हर मूर्ख विवाहित है। ओफ़, विवाह! विवाह! विवाह! और फि
आजकल के विवाह का तरीक़ा जिसमें लड़कों को जोत दिया जाता है! अनासक
गृहस्थ होने की इच्छा करना बहुत अच्छा है, परन्तु मद्रास में अभी उसक
आवश्यकता नहीं है—बल्कि अविवाह की है. .

मेरे बच्चे, मैं जो चाहता हूँ वह है लोहे की नसें और फ़ौलाद के स्नायु जिन
भीतर ऐसा मन वास करता हो, जो कि वज्र के समान पदार्थ का बना हो। ब
पुरुषार्थ, क्षात्रवीर्य और ब्रह्मतेज। हमारे सुन्दर होनहार लड़के—उनके पा
सब कुछ है यदि वे विवाह नाम की क्रूर वेदी पर लाखों की गिनती में बलिदान
किये जायँ! हे भगवान्, मेरे हृदय का क्रन्दन सुनो। मद्रास तभी जाग्रत होग
जब उसके प्रत्यक्ष हृदय स्वरूप सौ शिक्षित नवयुवक संसार को त्याग कर और कम
कस कर, देश देश में भ्रमण करते हुए सत्य का संग्राम लड़ने के लिए तैया
होंगे। भारत के बाहर का एक आघात भारत के अन्दर के एक लाख आघात
के बराबर है। ख़ैर, यदि प्रभु की इच्छा होगी तो सभी कुछ हो जायगा।

मिस मूलर ही वह व्यक्ति हैं जिनसे मैंने तुम्हें रुपये दिलाने का वचन दिया था

---

१. मद्रासी शब्द का प्रयोग स्वामी जी ने सदैव एक व्यापक संदर्भ में किय है, जिसके अन्तर्गत संपूर्ण दक्षिणवासी आ जाते हैं।

मैंने उन्हें तुम्हारे नये प्रस्ताव के विषय में बतला दिया है। वे उसके बारे में सोच रही हैं। इस बीच मैं सोचता हूँ उन्हें कुछ काम दे देना उचित रहेगा। उन्होंने 'ब्रह्मवादिन्' और 'प्रबुद्ध भारत' का प्रतिनिधि बनना स्वीकार कर लिया है। इसके विषय में क्या तुम उन्हें लिखोगे ? उनका पता है: एयरली लॉज, रिजवे गार्डन्स, विम्बल्डन, इंग्लैण्ड। वहीं उनके साथ पिछले कई हफ़्तों से मैं रह रहा था। लेकिन लन्दन का काम मेरे वहाँ रहे बिना संभव नहीं है। इसीलिए मैंने अपना आवास बदल दिया है। मुझे दुःख है कि इससे मिस मूलर की भावनाओं को थोड़ी ठेस पहुँची है। लेकिन किया ही क्या जा सकता है! उनका पूरा नाम है मिस हेनरियेटा मूलर। मैक्समूलर के साथ गाढ़ी मित्रता हो रही है। मैं शीघ्र ही ऑक्सफ़ोर्ड में दो व्याख्यान देनेवाला हूँ।

मैं वेदान्त दर्शन पर कुछ बड़ी चीज़ लिख रहा हूँ और भिन्न भिन्न वेदों से वाक्य संग्रह करने में लगा हूँ, जो कि वेदान्त की तीनों अवस्थाओं से सम्बन्ध रखते हैं। पहले अद्वैतवाद सम्बन्धी विचार, फिर विशिष्टाद्वैत और द्वैत से जो वाक्य सम्बन्ध रखते हों, वे संहिता, ब्राह्मण, उपनिषद् और पुराण में से किसीसे संग्रह करा कर तुम मेरी सहायता कर सकते हो। वे श्रेणीबद्ध होने चाहिए, शुद्ध अक्षरों में लिखे जाने चाहिए और प्रत्येक के साथ ग्रन्थ और अध्याय के नाम उद्धृत होने चाहिए। पुस्तक रूप में दर्शन शास्त्र को पश्चिम में छोड़े बिना पश्चिम से चल देना दयनीय होगा।

मैसूर से तमिल अक्षरों में एक पुस्तक प्रकाशित हुई थी, जिसमें सभी १०८ उपनिषद् सम्मिलित थे। मैंने प्रोफ़ेसर डॉयसन के पुस्तकालय में वह पुस्तक देखी थी। क्या वह देवनागरी अक्षरों में भी मुद्रित हुई है? यदि हो तो मुझे एक प्रति भेजना। यदि न हो तो मुझे तमिल संस्करण तथा एक काग़ज़ पर तमिल अक्षर और संयुक्ताक्षर लिखकर भेज देना। उसके साथ देवनागरी समानार्थक अक्षर भी लिख देना जिससे मैं तमिल अक्षर पहचानना सीख जाऊँ।

श्री सत्यनाथन्, जिनसे कुछ दिन हुए मैं लन्दन में मिला था, कहते थे कि 'मद्रास मेल' ने जो मद्राम का मुख्य ऐंग्लो इण्डियन समाचार पत्र है, मेरी पुस्तक 'राजयोग' की अनुकूल समीक्षा की है। मैंने सुना है कि अमेरिका के प्रधान शरीर-शास्त्रज्ञ मेरे विचारों पर मुग्ध हो गये हैं। उसके साथ ही इंग्लैण्ड में कुछ लोगों ने मेरे विचारों का मज़ाक उड़ाया है। यह ठीक ही है; क्योंकि इसमें सन्देह नहीं कि मेरे विचार नितान्त साहसिक हैं और बहुत कुछ उनमें से हमेशा के लिए अर्थहीन रहेंगे, परन्तु उनमें कुछ ऐसे संकेत भी हैं जिन्हें शरीर-शास्त्रज्ञ यदि शीघ्र ही ग्रहण कर लें तो अच्छा हो। फिर भी उसके परिणाम से मैं बिल्कुल सन्तुष्ट हूँ। वे चाहे मेरी निन्दा

ही करें, पर चर्चा तो करें। यह मेरा आदर्श-वाक्य है। इंग्लैण्ड में बेशक भद्र लोग हैं और बेहूदी बातें नहीं करते, जैसा कि मैंने अमेरिका में पाया। और फिर इंग्लैण्ड के लगभग सभी मिशनरी भिन्नमतावलम्बी वर्ग के हैं। वे इंग्लैण्ड के भद्र-जन वर्ग से नहीं आते। यहाँ के सभी धार्मिक भद्रजन इंग्लिश चर्च को मानते हैं। उन भिन्नमतावलम्बियों की इंग्लैण्ड में कोई पूछ नहीं है और वे शिक्षित भी नहीं हैं। उनके बारे में मैं यहाँ कुछ भी नहीं सुनता, जिनके विषय में तुम मुझे बार बार आगाह करते हो। उनको यहाँ कोई नहीं जानता और यहाँ बकवास करने की उनको हिम्मत भी नहीं है। आशा है आर० के० नायडू मद्रास में ही होंगे और तुम कुशलपूर्वक हो।

डटे रहो मेरे बहादुर बच्चो! हमने अभी कार्य आरम्भ ही किया है। निराश न हो! कभी न कहो कि बस इतना काफ़ी है! . . . जैसे ही मनुष्य पश्चिम में आकर दूसरे राष्ट्रों को देखता है, उसकी आँखें खुल जाती हैं। इसी तरह मुझे शक्तिशाली कार्यकर्ता मिल जाते हैं—केवल बातों से नहीं, प्रत्यक्ष दिखाने से कि हमारे पास भारत में क्या है और क्या नहीं। मेरी कितनी इच्छा है कि कम से कम दस लाख हिन्दू पूरे संसार का भ्रमण किये हुए होते!

प्रेमपूर्वक सदैव तुम्हारा,
विवेकानन्द

(कुमारी अल्बर्टा स्टारगीज़ को लिखित)

होटल मिनर्वा, फ़्लोरेंस
२० दिसम्बर, १८९६

प्रिय अल्बर्टा,

कल हम लोग रोम पहुँच रहे हैं। चूँकि हम लोग रोम रात में देर से पहुँचेंगे, इससे सम्भवतः मैं परसों ही तुमसे मिलने के लिए आ सकूँगा। हम लोग 'होटल कांटिनेन्टल' में ठहरेंगे।

सस्नेह और साशीष,
विवेकानन्द

(श्री आलासिंगा पेरुमल को लिखित)

अमेरिका,
१८९६

प्रिय आलासिंगा,

गत सप्ताह मैंने तुमको 'ब्रह्मवादिन्' के सम्बन्ध में लिखा था। उसमें भक्ति

विषयक व्याख्यानों के बारे में लिखना मैं भूल गया था। उनको एक साथ पुस्तकाकार प्रकाशित करना चाहिए। 'गुड ईयर' के नाम से न्यूयार्क, अमेरिका के पते पर उसकी एक सौ प्रतियाँ भेज सकते हो। मैं बीस दिन के अन्दर जहाज़ से इंग्लैण्ड रवाना हो रहा हूँ। कर्मयोग, ज्ञानयोग तथा राजयोग सम्बन्धी मेरी और भी बड़ी बड़ी पुस्तकें हैं। 'कर्मयोग' प्रकाशित हो चुका है। 'राजयोग' का आकार अत्यन्त बृहत् होगा—वह भी प्रेस में पहुँच चुका है। 'ज्ञानयोग' सम्भवत: इंग्लैण्ड में छपवाना होगा।

तुमने 'ब्रह्मवादिन्' में 'क' का एक पत्र प्रकाशित किया है, उसका प्रकाशन न होना ही अच्छा था। थियोसॉफ़िस्टों ने 'क' की जो खबर ली है, उससे वह जल भुन रहा है। साथ ही उस प्रकार का पत्र सभ्यजनोचित भी नहीं है, उससे सभी लोगों पर छींटाकशी होती है। 'ब्रह्मवादिन्' की नीति से वह मेल भी नहीं खाता। अत: भविष्य में यदि कभी 'क' किसी सम्प्रदाय के विरुद्ध, चाहे वह कितना ही खब्ती और उद्धत हो, कुछ लिखे तो उसे नरम करके ही छापना। कोई भी सम्प्रदाय, चाहे वह बुरा हो या भला, उसके विरुद्ध 'ब्रह्मवादिन्' में कोई लेख प्रकाशित नहीं होना चाहिए। इसका अर्थ यह भी नहीं है कि प्रवंचकों के साथ जानबूझ कर सहानुभूति दिखानी चाहिए। पुन: तुम लोगों को मैं यह बतला देना चाहता हूँ कि उक्त पत्र (ब्रह्मवादिन्) इतना अधिक शास्त्रीय (technical) बन चुका है कि यहाँ पर उसकी ग्राहक संख्या बढ़ने की आशा नहीं है। साधारणतया पश्चिम के लोगों का इतनी अधिक क्लिष्ट संस्कृत भाषा तथा उसकी बारीकियों का ज्ञान नहीं है और न उनमें जानने की इच्छा ही है। हाँ, इतना अवश्य है कि भारत के लिए वह पत्र बहुत उपयोगी सिद्ध हुआ है। किसी मतविशेष का समर्थन किया जा रहा हो, ऐसी एक भी बात उसके सम्पादकीय लेख में नहीं रहनी चाहिए। और तुम्हें यह सदा ध्यान रखना है कि तुम केवल भारत को नहीं, वरन् सारे संसार को सम्बोधित कर बातें कह रहे हो और तुम जो कुछ कहना चाहते हो, संसार उसके बारे में बिल्कुल अनजान है। प्रत्येक संस्कृत श्लोक का अनुवाद अत्यन्त सावधानी के साथ करना और जहाँ तक हो सके उसे सरल भाषा में व्यक्त करने की चेष्टा करना।

तुम्हारे पत्र के जवाब मिलने से पहले ही मैं इंग्लैण्ड पहुँच जाऊँगा। अत: मुझे पत्र का जवाब द्वारा ई० टी० स्टर्डी, हाई व्यू, कैवरशम्, इंग्लैण्ड के पते पर देना।

तुम्हारा,
विवेकानन्द

(स्वामी अभेदानन्द को लिखित)

द्वारा ई० टी० स्टर्डी,
हाई व्यू, कैवरशम्, रीडिंग, इंग्लैण्ड
१८९६

प्रेमास्पद,

मेरा पहला पत्र मिला होगा। अब इंग्लैण्ड में मुझे पत्रादि उपर्युक्त पते पर भेजना। श्री स्टर्डी को तारक दादा (स्वामी शिवानन्द) जानते हैं। उन्होंने ही मुझे इंग्लैड बुलाया है तथा हम दोनों मिलकर इंग्लैण्ड में आन्दोलन चलाना चाहते हैं। नवम्बर महीने में पुनः अमेरिका जाने का मेरा विचार है। अत: यहाँ पर एक ऐसे व्यक्ति की आवश्यकता है, जो संस्कृत तथा अंग्रेज़ी, खासकर अंग्रेज़ी अच्छी तरह से जानता हो। मैं समझता हूँ कि इसके लिए शशि, सारदा अथवा तुम उपयुक्त हो। इन तीनों में से यदि तुम्हारा शरीर पूर्णतया स्वस्थ हो गया हो तो तुम्हीं चले आना। मेरी राय में यही अधिक अच्छा होगा, अन्यथा शरत् को भेजना। कार्य केवल इतना ही है कि मैं जिन शिष्य-सेवकों को यहाँ छोड़ जाऊँगा उन्हें शिक्षा देना तथा वेदान्त पढ़ाना होगा और थोड़ा-बहुत अंग्रेज़ी में अनुवाद करना तथा बीच बीच में भाषण आदि भी देना पड़ेगा। **कर्मणा बाध्यते बुद्धिः**।—को आने की अत्यन्त अभिलाषा है, किन्तु जड़ मज़बूत किये बिना सब कुछ व्यर्थ हो जायगा। इस पत्र के साथ एक चेक भेज रहा हूँ, उससे कपड़े-लत्ते ख़रीद लेना। महेन्द्र बाबू (मास्टर महाशय) के नाम चेक भेजा जा रहा है। गंगाधर का तिब्बती चोग़ा मठ में है; उसी तरह का एक चोग़ा गेरू से रँग लेना। कॉलर कुछ ऊँचा होना चाहिए, जिससे गला ढका जा सके।...सबसे पहले एक अत्यन्त गरम ओवरकोट की आवश्यकता है; यहाँ पर अत्यधिक ठण्ड है।...ओवरकोट के बिना जहाज़ में विशेष कष्ट होगा।...द्वितीय श्रेणी का टिकट भेज रहा हूँ; प्रथम श्रेणी तथा द्वितीय श्रेणी में कोई विशेष अन्तर नहीं है।...

बम्बई पहुँचकर—मेसर्स किंग किंग एण्ड कम्पनी, फ़ोर्ट, बम्बई ऑफ़िस में जाकर यह कहना कि 'मैं स्टर्डी साहब का आदमी हूँ', इससे वे तुम्हारे लिए इंग्लैण्ड तक का एक टिकट देंगे। यहाँ से एक पत्र उक्त कम्पनी को भेजा जा रहा है। खेतड़ी के राजा साहब को भी मैं एक पत्र इस आशय का लिख रहा हूँ कि उनके बम्बई के एजेण्ट तुम्हारी अच्छी तरह से देखभाल कर टिकट आदि की व्यवस्था कर दें। यदि इन १५० रुपयों में उपयुक्त कपड़े-लत्ते की व्यवस्था न हो तो राखाल बाक़ी रुपयों का इन्तज़ाम कर दे, बाद में मैं उसे भेज दूँगा। इसके अलावा ५० रुपये जेब खर्च के लिए रखना—ये भी राखाल से देने को कहना। मैं बाद में भेज दूँगा। चुनी

बू के लिए मैंने जो रुपया भेजा है, आज तक उसका कोई समाचार मुझे नहीं ला। पत्र के देखते ही रवाना हो जाना। महेन्द्र बाबू से कहना कि वे मेरे कलकत्ते एजेण्ट हैं। इस पत्र को देखते ही वे श्री स्टर्डी को यह उल्लेख करते हुए एक पत्र जें कि कलकत्ता सम्बन्धी हमें जो काम काज इत्यादि करने होंगे, वे उन कार्यों ो करने के लिए प्रस्तुत हैं। अर्थात् श्री स्टर्डी मेरे इंग्लैण्ड के सेक्रेटरी हैं, महेन्द्र बू कलकत्ते के, आलासिंगा मद्रास के। मद्रास में यह समाचार भेज देना। सभी आन्तरिक प्रयास के बिना क्या कोई कार्य हो सकता है? **उद्योगिनं पुरुषसिंह-पैति लक्ष्मीः**—'उद्योगी पुरुषसिंह ही लक्ष्मी को प्राप्त करता है।' पीछे की ोर देखने की आवश्यकता नहीं है—आगे बढ़ो। हमें अनन्त शक्ति, अनन्त उत्साह, नन्त साहस तथा अनन्त धैर्य चाहिए, तभी महान् कार्य सम्पन्न होगा। दुनिया आग फूँकनी है।

जिस दिन जहाज़ का प्रबन्ध हो, तत्काल ही श्री स्टर्डी को पत्र लिखना कि मुक जहाज़ में मैं आ रहा हूँ।' अन्यथा लन्दन पहुँचने पर गड़बड़ी होने की सम्भावना । जो जहाज़ सीधे लन्दन आता हो, उसीसे आना; क्योंकि यद्यपि उससे ाने में दो चार दिन की देरी हो सकती है, किन्तु किराया कम लगता है। इस समय मारे पास तो धन अधिक नहीं है। समय आने पर लोगों को हम चारों ओर ज सकेंगे। किमधिकमिति।

विवेकानन्द

पुनश्च—इस पत्र को देखते ही खेतड़ी के राजा साहब को लिखना कि तुम म्बई जा रहे हो, अतः उनके एजेण्ट तुम्हें जहाज़ में बिठाने के लिए सहायता करें।

वि०

यह पता किसी डायरी में लिखकर अपने साथ रखना—किसी प्रकार गड़बड़ी हो।

(स्वामी रामकृष्णानन्द को लिखित)

ई० टी० स्टर्डी का मकान,
हाई व्यू, कैवरशम्, रीडिंग,
१८९६

प्रय शशि,

मुझे स्मरण नहीं है कि मैंने अपने पूर्व पत्र में इसका उल्लेख किया है या नहीं, अतः इस पत्र द्वारा तुम्हें यह सूचित करता हूँ कि काली अपने रवाना होने के दिन अथवा उससे पूर्व श्री ई० टी० स्टर्डी को पत्र डाल दे, ताकि वे जाकर जहाज़ से उसे

लिवा लायें। यह लन्दन शहर मनुष्यों का सागर है—दस पन्द्रह कलकत्ता इसमें इकट्ठे समा सकते हैं। अतः उस प्रकार की व्यवस्था किये बिना गड़बड़ी होने की सम्भावना है। आने में देरी न हो, पत्र देखते ही उसे निकलने को कहना। शरत् की तरह आने में विलम्ब नहीं होना चाहिए। और बाक़ी बातें स्वयं सोच-विचार कर ठीक कर लेना।...काली को जैसे भी हो शीघ्र भेजना। यदि शरत् की तरह आने में विलम्ब हो तो फिर किसीके आने की आवश्यकता नहीं है—ढुलमुल नीति वाले आलसी से यह कार्य नहीं हो सकता, यह तो महान् रजोगुण का कार्य है।... तमोगुण से हमारा देश छाया हुआ है—जहाँ देखो वहीं तम; रजोगुण चाहिए उसके बाद सत्त्व; वह तो अत्यन्त दूर की बात है।

सस्नेह

नरेन्द्र

(कुमारी मेरी हेल को लिखित)

डैम्पफ़र

'प्रिंस रीजेण्ट लियोपोल्ड'

३ जनवरी, १८९७

प्रिय मेरी,

तुम्हारा पत्र मिला जो लन्दन पहुँचने के बाद रोम के लिए प्रेषित किया गया था। तुम्हारी कृपा थी जो इतना सुन्दर पत्र लिखा और उसका शब्द शब्द मुझे अच्छा लगा। यूरोप में वाद्य-वृन्द के विकास के विषय में मुझे कुछ मालूम नहीं। नेपुल्स से चार दिनों की भयावह समुद्र-यात्रा के पश्चात् हम लोग पोर्ट सईद के निकट पहुँच रहे हैं। जहाज़ अत्यधिक दोलायित हो रहा है, अतएव ऐसी परिस्थितियों में अपनी खराब लिखावट के लिए तुमसे क्षमा चाहता हूँ।

स्वेज से एशिया महाद्वीप आरम्भ हो जाता है। एक बार फिर एशिया आया। मैं क्या हूँ? एशियाई, यूरोपीय या अमेरीकी? मैं तो अपने में व्यक्तित्वों की एक अजीब खिचड़ी पाता हूँ। तुमने धर्मपाल के बारे में, उनके आने जाने तथा कार्यों के विषय में कुछ नहीं लिखा। गाँधी की अपेक्षा उनके प्रति मेरी दिलचस्पी बहुत ज्यादा है।

कुछ ही दिनों में मैं कोलम्बो में जहाज़ से उतरूँगा और फिर लंका को थोड़ा देखने का विचार है। एक समय था, जब लंका की आबादी दो करोड़ से भी अधिक थी और उसकी राजधानी विशाल थी। राजधानी के ध्वंसावशेष का विस्तार लगभग एक सौ वर्ग मील है।

लंकावासी द्राविड़ नहीं हैं, बल्कि विशुद्ध आर्य हैं। ईसा के जन्म से ८ सौ वर्ष पूर्व बंगाल के लोग वहाँ जाकर बसे और तब से लेकर आज तक लंकावासियों ने अपना इतिहास बड़ा स्पष्ट रखा है। प्राचीन दुनिया का वह सबसे बड़ा व्यापार-केन्द्र था और अनुराधापुर प्राचीनों का लन्दन था।

पश्चिमी देशों के सभी स्थानों की अपेक्षा रोम मुझे ज़्यादा अच्छा लगा और पाम्पियाई देखने के बाद तो तथाकथित आधुनिक सभ्यता के प्रति समादर की मेरी सारी भावना लुप्त हो गयी। वाष्प तथा विद्युत् शक्ति के अतिरिक्त उनके पास और सब कुछ था और कला सम्बन्धी उनके विचार तथा कृतियाँ तो आधुनिकों की अपेक्षा लाख गुनी अधिक थीं।

कृपया कुमारी लॉक (Miss Locke) से कहना कि मैंने उन्हें जो यह बताया था कि मानव-मूर्ति-कला का जितना विकास यूनान में हुआ था, उतना भारत में नहीं, वह मेरी ग़लती थी। फ़र्ग्युसन तथा अन्य प्रामाणिक लेखकों की पुस्तकों में मुझे यह पढ़ने को मिल रहा है कि उड़ीसा या जगन्नाथ में, जहाँ मैं नहीं गया हूँ, ध्वंसावशेषों में जो मानवीय मूर्तियाँ मिली हैं, वे सौन्दर्य तथा शारीरिक रचना-नैपुण्य में यूनानियों की किसी भी कृति की बराबरी कर सकती हैं। मृत्यु की एक महाकाय प्रतिमा है। उसमें मृत्यु को नारी के वृहदाकार अस्थि-पंजर के रूप में दिखाया गया है, जिसके चमड़े पर तमाम झुर्रियाँ पड़ी हुई हैं——शरीर-रचना की बारीक़ियों का इतना सच्चा प्रदर्शन परम भयावह और बीभत्स है। मेरे लेखक का मत है कि गवाक्ष में निर्मित एक नारी-मूर्ति बिल्कुल 'वीनस डी मेडिसी' से मिलती जुलती है, इत्यादि। पर तुम्हें याद रखना चाहिए कि प्रायः सब कुछ मूर्ति-भंजक मुसलमानों ने नष्ट कर डाला, फिर भी जो कुछ बचा है, वह यूरोप के तमाम भग्नावशेषों की तुलना में श्रेष्ठ है! मैंने आठ वर्ष परिभ्रमण किया, किन्तु बहुत सी श्रेष्ठतम कलाकृतियों को नहीं देखा है।

बहन लॉक से यह भी कहना कि भारत के वन-प्रान्त में एक मन्दिर के खण्डहर हैं और उसके साथ यदि यूनान के 'पार्थेनान' की समीक्षा की जाय तो फ़र्ग्युसन का मत है कि दोनों ही स्थापत्य कला के चरम बिन्दु तक पहुँच गये हैं——दोनों अपने अपने ढंग के निराले हैं——एक कल्पना में और दूसरा कल्पना एवं अलंकरण में। बाद की मुग़लकालीन इमारतों आदि में भारतीय तथा मुस्लिम कलाओं का संकर है और वे प्राचीन काल की सर्वोत्कृष्ट स्थापत्य कला की आंशिक समता भी नहीं कर सकतीं।...

तुम्हारा सस्नेह,
विवेकानन्द

पुनश्च--संयोग से फ़्लोरेंस में 'मदर चर्च' और 'फ़ादर पोप' के दर्शन हुए। इसे तुम जानती ही हो।

वि०

(कुमारी मेरी हेल को लिखित)

रामनाड़,
शनिवार, ३० जनवरी, १८९७

प्रिय मेरी,

परिस्थितियाँ अत्यन्त आश्चर्यजनक रूप से मेरे लिए अनुकूल होती जा रही हैं। कोलम्बो में मैंने जहाज़ छोड़ा तथा भारत के दक्षिण स्थित प्रायः अन्तिम भूखण्ड रामनाड़ में मैं इस समय वहाँ के राजा का अतिथि हूँ। मेरी यात्रा एक विराट् जुलूस के समान रही--बेशुमार जनता की भीड़, रोशनी, मानपत्र वग़ैरह वग़ैरह। भारत की भूमि पर, जहाँ मैंने प्रथम पदार्पण किया, वहाँ पर ४० फ़ुट ऊँचा एक स्मृति-स्तम्भ बनवाया जा रहा है। रामनाड़ के राजा साहब ने अपना मानपत्र एक अत्यन्त सुन्दर नक़्क़ाशी किये हुए असली सोने के बड़े बॉक्स में रखकर मुझे प्रदान किया है; उसमें मुझे 'परम पवित्र' (His Most Holiness) कहकर सम्बोधित किया गया है। मद्रास तथा कलकत्ते में लोग बड़ी उत्कण्ठा के साथ मेरी प्रतीक्षा कर रहे हैं, मानो सारा देश मुझे सम्मानित करने के लिए उठ खड़ा हुआ है। अतः मेरी, तुम यह देख रही हो कि मैं अपने भाग्य के उच्चतम शिखर पर आरूढ़ हूँ। फिर भी मेरा मन शिकागो के उन निस्तब्ध, विश्रान्तिपूर्ण दिनों की ओर दौड़ रहा है--कितने सुन्दर विश्रामदायक, शान्ति तथा प्रेमपूर्ण थे वे दिन! इसीलिए मैं अभी तुमको पत्र लिखने बैठा हूँ। आशा है कि तुम सभी सकुशल तथा आनन्दपूर्वक होगे। डाक्टर बरोज़ की अभ्यर्थना करने के लिए मैंने लन्दन से अपने देशवासियों को पत्र लिखा था। उन लोगों ने अत्यन्त आवभगत के साथ उनकी अभ्यर्थना की थी। किन्तु वे यहाँ के लोगों में प्रेरणा-संचार नहीं कर सके, इसके लिए मैं दोषी नहीं हूँ। कलकत्ते के लोगों में कोई नवीन भावना पैदा करना बहुत कठिन है। अब मैं सुन रहा हूँ कि डॉक्टर बरोज़ के मन में मेरे प्रति अनेक धारणाएँ उठ रही हैं। इसीका नाम तो संसार है!

माता जी, पिता जी तथा तुम सभी को मेरा प्यार।

तुम्हारा स्नेहबद्ध,
विवेकानन्द

(स्वामी ब्रह्मानन्द को लिखित)

मद्रास,
१२ फ़रवरी, १८९७

प्रिय राखाल,

आगामी रविवार को 'यस० यस० मोम्बासा' जहाज़ से मेरे रवाना होने की बात है। स्वास्थ्य अनुकूल न होने के कारण पूना तथा और भी अनेक स्थानों के निमंत्रण मुझे अस्वीकार करने पड़े। अत्यधिक परिश्रम तथा गर्मी के कारण स्वास्थ्य बहुत खराब हो चुका है।

थियोसॉफ़िस्ट तथा अन्य लोगों की इच्छा मुझे अत्यन्त भयभीत करने की थी; अतः उन्हें दो चार बातें स्पष्ट रूप से कहने के लिए मुझे बाध्य होना पड़ा था। तुम तो यह जानते हो कि उनके साथ सम्मिलित न होने के कारण उन लोगों ने अमेरिका में मुझे बराबर कष्ट दिया है। यहाँ पर भी उसी प्रकार के आचरण करने की उन लोगों की इच्छा थी। इसीलिए मुझे अपना अभिमत स्पष्ट रूप से व्यक्त करना पड़ा था। इससे यदि मेरे कलकत्ते के मित्रों में से कोई असन्तुष्ट हुए हों, तो भगवान् उन पर कृपा करे। तुम्हारे लिए डरने की कोई बात नहीं है, मैं अकेला नहीं हूँ, प्रभु सदा मेरे साथ है। इसके सिवाय और मैं कर ही क्या सकता था?

तुम्हारा,
विवेकानन्द

पुनश्च—मकान तैयार हो गया हो तो उसे ले लेना।

वि०

अनुक्रमणिका